Steuerrichtlinien

Anweisung zum Einordnen
183. Ergänzungslieferung März 2022
(Anschluss an die 182. Ergänzungslieferung Dezember 2021)

Herauszunehmen:	Zahl der Blätter	Einzufügen:	Zahl der Blätter
Titelblatt, Geleitwort	2	Titelblatt, Geleitwort	2
Inhalt 1/2	1	Inhalt 1/2	1
20 1–232	116	**20** 1–234	117
500 1–4	2	**500** 1–4	2
11/12	1	11/12	1
71/72	1	71–72a	2
131–134	2	131–134a	3
403/404	1	403/404	1
439–444	3	439–444a	4
495–500	3	495–500	3
513/514	1	513/514	1
697–700	2	697–700	2
741–752	6	741–752a	7
500 Anl. 8 1/2	1	**500 Anl. 8** 1/2	1
7/8	1	7–10	2
800 1–5a	3	**800** 1–5a	3
12–14a	3	12–14b	4
23/24	1	23/24	1
51–108a	37	51–108b	39
201–202c	4	201–202c	4
233–238	3	233–238	3
289/289a	1	289/289a	1
321–324a	4	321–324a	4
337–369a	20	337–369a	20
393/394	1	393/394	1
Insgesamt herauszunehmen:	220	Insgesamt einzufügen:	229

STEUERRICHTLINIEN

Einkommensteuer-Richtlinien, Lohnsteuer-Richtlinien,
Wohnungsbau-Prämienrichtlinien, Körperschaftsteuer-Richtlinien,
Bewertungsrichtlinien, Erbschaftsteuer-Richtlinien,
Grundsteuer-Richtlinien, Gewerbesteuer-Richtlinien,
Umsatzsteuer-Anwendungserlass,
Anwendungserlass zur Abgabenordnung

Textsammlung
der Richtlinien des Bundes zum Steuerrecht
mit Verweisungen und Sachverzeichnissen

Stand: 31. März 2022
(183. Ergänzungslieferung)

C.H.BECK

Dieses Titelblatt stammt aus der 183. Ergänzungslieferung März 2022
ISBN 978 3 406 78129 2
die an die 182. Ergänzungslieferung Dezember 2021 anschließt.

Redaktioneller Hinweis

Vom Verlag erstellte Fußnoten sind urheber- und wettbewerbsrechtlich geschützt; amtliche Fußnoten sind als solche gekennzeichnet.
Die Angaben zum Stand der Sammlung auf dem Titelblatt beziehen sich auf das Verkündungsdatum der maßgeblichen Veröffentlichungsblätter.
Verbesserungsvorschläge und Fehlerhinweise sind jederzeit willkommen.

Verlag C. H. Beck
Wilhelmstraße 9, 80801 München
Fax: (089) 38189-398 · Internet: www.beck.de
E-Mail: kundenservice@beck.de

www.beck.de

ISBN 978 3 406 46020 3 (Grundwerk zur Fortsetzung)
ISBN 978 3 406 73770 1 (Grundwerk ohne Fortsetzung)
Ergänzt bis 978 3 406 78129 2

Wilhelmstraße 9, 80801 München
Druck: Druckerei C. H. Beck Nördlingen
(Adresse wie Verlag)

CO2 neutral
chbeck.de/nachhaltig

Gedruckt auf säurefreiem, alterungsbeständigem Papier
(hergestellt aus chlorfrei gebleichtem Zellstoff)

Geleitwort

zur 183. Ergänzungslieferung März 2022

Mit der vorliegenden 183. Ergänzungslieferung erhält die Sammlung den Stand 31. März 2022. Vereinzelt konnten noch aktuellere Hinweise auf Rechtsprechung und Verwaltungsanweisungen aufgenommen werden.

Hauptbestandteil der Lieferung sind zum einen die **Lohnsteuer-Hinweise 2022** (LStH 2022), zum anderen der **Anwendungserlass zur Abgabenordnung** (AEAO), der wieder umfangreich geändert wurde, diesmal vor allem im Bereich der Anweisungen zum Gemeinnützigkeitsrecht. Hinzuweisen ist außerdem auf weitere Änderungen des Umsatzsteuer-Anwendungserlasses durch fünf BMF-Schreiben, zuletzt vom 30.3.2022.

Informationen zu aktuellen Gesetzen und Verwaltungsanweisungen sowie sonstige aktuelle steuerliche Fachinformationen finden Sie in der Rubrik Fach-News auf unseren Internetseiten unter www.dstr.de.

München, im April 2022 VERLAG C. H. BECK

Systematisches Inhaltsverzeichnis

20. Lohnsteuer-Richtlinien 2015/2021 (LStR 2015/2021)

Allgemeine Verwaltungsvorschrift zum Steuerabzug vom Arbeitslohn

Vom 10.12.2007 (BStBl. I Sondernummer 1)
in der Fassung der LStÄR 2011 vom 23.11.2010 (BStBl. I 2010, 1325), der LStÄR 2013 vom 8. Juli 2013 (BStBl. I S. 851), der LStÄR 2015 vom 22. Oktober 2014 (BStBl. I S. 1344) und der LStÄR 2021 vom 3.6.2021 (BStBl. I 2021, 776)[1]

Mit den Lohnsteuer-Hinweisen 2022

Nach Artikel 108 Abs. 7 des Grundgesetzes wird folgende Allgemeine Verwaltungsvorschrift erlassen:

Inhaltsverzeichnis

[1] Die LStÄR 2021 enthalten lediglich punktuelle Änderungen von R 3.12 Abs. 3 und Abs. 5 LStR.

Seite

Einführung[1)]

(1) Die Lohnsteuer-Richtlinien in der geänderten Fassung (Lohnsteuer-Richtlinien 2015 – LStR 2015 –)[2)] enthalten im Interesse einer einheitlichen Anwendung des Lohnsteuerrechts durch die Finanzbehörden Erläuterungen der Rechtslage, Weisungen zur Auslegung des Einkommensteuergesetzes und seiner Durchführungsverordnungen sowie Weisungen zur Vermeidung unbilliger Härten und zur Verwaltungsvereinfachung.

(2) [1]Die LStR 2015 sind beim Steuerabzug vom Arbeitslohn für Lohnzahlungszeiträume anzuwenden, die nach dem 31.12.2014 enden, und für sonstige Bezüge, die dem Arbeitnehmer nach dem 31.12.2014 zufließen. [2]Sie gelten auch für frühere Zeiträume, soweit sie geänderte Vorschriften des Einkommensteuergesetzes betreffen, die vor dem 1.1.2015 anzuwenden sind. [3]Die LStR 2015 sind auch für frühere Jahre anzuwenden, soweit sie lediglich eine Erläuterung der Rechtslage darstellen. [4]R 19a ist nur bis zum 31.12.2015 anzuwenden. [5]Die obersten Finanzbehörden der Länder können mit Zustimmung des Bundesministeriums der Finanzen (BMF) die in den Lohnsteuer-Richtlinien festgelegten Höchst- und Pauschbeträge ändern, wenn eine Anpassung an neue Rechtsvorschriften oder an die wirtschaftliche Entwicklung geboten ist.

(3) Sämtliche Regelungen dieser Richtlinien zu Ehegatten und Ehen gelten entsprechend auch für Lebenspartner und Lebenspartnerschaften.

(4) Anordnungen, die mit den nachstehenden Richtlinien im Widerspruch stehen, sind nicht mehr anzuwenden.

(5) Diesen Richtlinien liegt, soweit im Einzelnen keine andere Fassung angegeben ist, das Einkommensteuergesetz i. d. F. der Bekanntmachung vom 8.10.2009 (BGBl. I S. 3366, S. 3862, BStBl. I S. 1346), zuletzt geändert durch Artikel 1 bis 3 des Gesetzes zur Anpassung des nationalen Steuerrechts an den Beitritt Kroatiens zur EU und zur Änderung weiterer steuerlicher Vorschriften vom 25.7.2014 (BGBl. I S. 1266), zu Grunde.

Zu § 1 EStG

H 1

Erweiterte unbeschränkte Steuerpflicht und unbeschränkte Steuerpflicht auf Antrag. → R 1 EStR, H 1a EStH.

[1)] **Anwendung der LStH 2022** (aus dem Vorwort zum Amtlichen LSt-Handbuch 2022):
Die für den Lohnsteuerabzug in 2022 maßgeblichen Hinweise wurden von den obersten Finanzbehörden des Bundes und der Länder beschlossen. Sie machen den Rechtsanwender aufmerksam auf höchstrichterliche Rechtsprechung, BMF-Schreiben und Rechtsquellen außerhalb des Einkommensteuerrechts, die in das Einkommensteuerrecht hineinwirken. Sie enthalten den ausgewählten aktuellen Stand (18.11.2021) der höchstrichterlichen Rechtsprechung und der im Bundessteuerblatt veröffentlichten BMF-Schreiben.

Die im Bundessteuerblatt veröffentlichten Urteile und Beschlüsse des BFH sind in gleich gelagerten Fällen anzuwenden, soweit hierzu kein „Nichtanwendungserlass" ergangen ist.

[2)] Die LStÄR 2021, BStBl. I 2021, 776, enthalten lediglich punktuelle Änderungen von R 3.12 Abs. 3 und Abs. 5 LStR.

Zu § 2 EStG

H 2 → R 2 EStR, H 2 EStH.[1]

Zu § 3 EStG

(§ 2 Abs. 2 Nr. 3 LStDV)

H 3.0

Steuerbefreiungen nach anderen Gesetzen, Verordnungen und Verträgen. → R 3.0 EStR, H 3.0 EStH.[1]

R 3.2 Leistungen nach dem Dritten Buch Sozialgesetzbuch (§ 3 Nr. 2 EStG)

(1) [1] Steuerfrei sind das Arbeitslosengeld und das Teilarbeitslosengeld nach dem Dritten Buch Sozialgesetzbuch.[2] [2] Etwaige spätere Zahlungen des Arbeitgebers an die Agentur für Arbeit auf Grund des gesetzlichen Forderungsübergangs (§ 115 SGB X)[2] sind ebenfalls steuerfrei, wenn über das Vermögen des Arbeitgebers das Insolvenzverfahren eröffnet worden ist oder einer der Fälle des § 165 Abs. 1 Satz 2 Nr. 2 oder 3 SGB III[2] vorliegt. [3] Hat die Agentur für Arbeit in den Fällen der § 157 Abs. 3 und § 158 Abs. 4 SGB III[2] zunächst Arbeitslosengeld gezahlt und zahlt der Arbeitnehmer dieses auf Grund dieser Vorschriften der Agentur für Arbeit zurück, bleibt die Rückzahlung mit Ausnahme des Progressionsvorbehalts (→ R 32b EStR)[1] ohne steuerliche Auswirkung (§ 3c EStG); der dem Arbeitnehmer vom Arbeitgeber nachgezahlte Arbeitslohn ist grundsätzlich steuerpflichtig.

(2) Steuerfrei sind außerdem das Insolvenzgeld (§ 165 SGB III)[2] und Leistungen des Insolvenzverwalters oder des ehemaligen Arbeitgebers auf Grund von § 169 Satz 1 SGB III an die Bundesagentur oder Leistungen der Einzugsstelle an die Agentur für Arbeit auf Grund von § 175 Abs. 2 SGB III.

(3) Zu den steuerfreien Leistungen nach dem SGB III[2] gehört auch das Wintergeld, das als Mehraufwands-Wintergeld zur Abgeltung der witterungsbedingten Mehraufwendungen bei Arbeit und als Zuschuss-Wintergeld für jede aus Arbeitszeitguthaben ausgeglichene Ausfallstunde (zur Vermeidung der Inanspruchnahme des Saison-Kurzarbeitergeldes) gezahlt wird (§ 102 SGB III).

(4) Steuerfrei sind auch das Übergangsgeld und der Gründungszuschuss, die behinderten oder von Behinderung bedrohten Menschen nach den §§ 45 bis 52 SGB IX[2] bzw. § 33 Abs. 3 Nr. 5 SGB IX geleistet werden, weil es sich um Leistungen im Sinne des SGB III,[2] SGB VI,[2] SGB VII[2] oder des Bundesversorgungsgesetzes (BVG) handelt.

H 3.2

Zahlungen des Arbeitgebers an die Agentur für Arbeit. Leistet der Arbeitgeber auf Grund des gesetzlichen Forderungsübergangs nach § 115

[1] Nr. **1.**
[2] **Aichberger SGB** Nr. **3,** Nr. **6,** Nr. **7,** Nr. **9** bzw. Nr. **10.**

SGB X[1)] eine Lohnnachzahlung unmittelbar an die Arbeitsverwaltung, führt dies beim Arbeitnehmer zum Zufluss von Arbeitslohn (→ BFH vom 15.11.2007 – BStBl. 2008 II S. 375). Sind die Voraussetzungen von R 3.2 Abs. 1 Satz 2 nicht erfüllt, d. h. liegt kein Konkurs-, Gesamtvollstreckungs- oder Insolvenzverfahren vor, sind die Zahlungen des Arbeitgebers steuerpflichtiger Arbeitslohn (→ BFH vom 16.3.1993 – BStBl. II S. 507); in diesen Fällen ist R 39b.6 Abs. 3 zu beachten.

R 3.4 Überlassung von Dienstkleidung und anderen Leistungen an bestimmte Angehörige des öffentlichen Dienstes (§ 3 Nr. 4 EStG)

[1]Die Steuerfreiheit nach § 3 Nr. 4 Buchstaben a und b EStG gilt für sämtliche Dienstbekleidungsstücke, die die Angehörigen der genannten Berufsgruppen nach den jeweils maßgebenden Dienstbekleidungsvorschriften zu tragen verpflichtet sind. [2]Zu den Angehörigen der Bundeswehr oder der Bundespolizei i. S. d. § 3 Nr. 4 EStG gehören nicht die Zivilbediensteten.

R 3.5 Geld- und Sachbezüge an Wehrpflichtige und Zivildienstleistende (§ 3 Nr. 5 EStG)[2)] *(unbesetzt)*

R 3.6 Gesetzliche Bezüge der Wehr- und Zivildienstbeschädigten, Kriegsbeschädigten, ihrer Hinterbliebenen und der ihnen gleichgestellten Personen (§ 3 Nr. 6 EStG)

(1) [1]Steuerfreie Bezüge nach § 3 Nr. 6 EStG sind die Leistungen nach dem BVG ohne Rücksicht darauf, ob sie sich unmittelbar aus diesem oder aus Gesetzen, die es für anwendbar erklären, ergeben, ferner Leistungen nach den § 41 Abs. 2, §§ 63, 63a, 63b, 63e, 63f, 85 und 86 des Soldatenversorgungsgesetzes (SVG)[3)] sowie nach § 35 Abs. 5 und nach § 50 des Zivildienstgesetzes (ZDG).[4)] [2]Zu den Gesetzen, die das BVG für anwendbar erklären, gehören

1. das SVG (§§ 80, 81b, 81e, 81 f des Gesetzes),
2. das ZDG (§§ 47, 47b des Gesetzes),
3. das Häftlingshilfegesetz (§§ 4 und 5 des Gesetzes, § 8 des Gesetzes i. V. m. § 86 BVG),[5)]
4. das Gesetz über die Unterhaltsbeihilfe für Angehörige von Kriegsgefangenen (§ 3 des Gesetzes i. V. m. § 86 BVG),
5. das Gesetz über den Bundesgrenzschutz vom 18.8.1972 in der jeweils geltenden Fassung (§ 59 Abs. 1 des Gesetzes i. V. m. dem SVG),

---

[1)] **Aichberger SGB** Nr. 10.

[2)] § 3 Nr. 5 EStG neugef. durch „JStG 2019“ v. 12.12.2019, BGBl. I 2019, 2451, mWv 1.1.2020.

[3)] **Sartorius** Nr. 625.

[4)] **Bundesversorgungsgesetz** Nr. 200.

[5)] **Bundesversorgungsgesetz** Nr. 150.

6. das Gesetz zur Regelung der Rechtsverhältnisse der unter Artikel 131 des Grundgesetzes fallenden Personen (§§ 66, 66a des Gesetzes) unter Beachtung der Anwendungsregelung des § 2 Dienstrechtliches Kriegsfolgen-Abschlussgesetz,
7. das Gesetz zur Einführung des BVG im Saarland vom 16.8.1961 (§ 5 Abs. 1 des Gesetzes),
8. das Gesetz über die Entschädigung für Opfer von Gewalttaten (§§ 1, 10a des Gesetzes),[1]
9. das Infektionsschutzgesetz (§ 60 des Gesetzes),[2]
10. das Strafrechtliche Rehabilitierungsgesetz (§§ 21, 22 des Gesetzes),[3]
11. das Verwaltungsrechtliche Rehabilitierungsgesetz (§§ 3, 4 des Gesetzes).[4]

(2) Zu den nach § 3 Nr. 6 EStG versorgungshalber gezahlten Bezügen, die nicht auf Grund der Dienstzeit gewährt werden, gehören auch

1. Bezüge der Berufssoldaten der früheren Wehrmacht, der Angehörigen des Vollzugsdienstes der Polizei, des früheren Reichswasserschutzes, der Beamten der früheren Schutzpolizei der Länder sowie der früheren Angehörigen der Landespolizei und ihrer Hinterbliebenen,
2. die Unfallfürsorgeleistungen an Beamte auf Grund der §§ 32 bis 35, 38, 40, 41, 43 und 43a des Beamtenversorgungsgesetzes (BeamtVG),[5] Unterhaltsbeiträge nach § 38a BeamtVG oder vergleichbarem Landesrecht, die einmalige Unfallentschädigung und die entsprechende Entschädigung für Hinterbliebene nach § 20 Abs. 4 und 5 des Einsatz-Weiterverwendungsgesetzes,
3. die Dienstbeschädigungsvollrenten und die Dienstbeschädigungsteilrenten nach den Versorgungsordnungen der Nationalen Volksarmee (VSO-NVA), der Volkspolizei, der Feuerwehr und des Strafvollzugs des Ministeriums des Innern (VSO-MdI), der DDR-Zollverwaltung (VSO-Zoll) und des Ministeriums für Staatssicherheit/Amtes für Nationale Sicherheit (VSO-MfS/AfNS) sowie der Dienstbeschädigungsausgleich, der ab dem 1.1.1997 nach dem Gesetz über einen Ausgleich für Dienstbeschädigungen im Beitrittsgebiet vom 11.11.1996 (BGBl. I S. 1676) anstelle der vorbezeichneten Renten gezahlt wird.

H 3.6

Bezüge aus EU-Mitgliedstaaten. § 3 Nr. 6 EStG ist auch auf Bezüge von Kriegsbeschädigten und gleichgestellten Personen anzuwenden, die aus öffentlichen Mitteln anderer EU-Mitgliedstaaten gezahlt werden (→ BFH vom 22.1.1997 – BStBl. II S. 358).

---

[1] **Habersack II** Nr. **93a.**
[2] **Aichberger SGB** Nr. **20/30.**
[3] **Sartorius III** Nr. **90.**
[4] **Sartorius III** Nr. **92.**
[5] **Sartorius** Nr. **155.**

Erhöhtes Unfallruhegehalt nach § 37 BeamtVG[1] ist ein Bezug, der auf Grund der Dienstzeit gewährt wird, und somit nicht nach § 3 Nr. 6 EStG steuerbefreit ist (→ BFH vom 29.5.2008 – BStBl. 2009 II S. 150).

Unterhaltsbeitrag nach § 38 BeamtVG ist ein Bezug, der „versorgungshalber" gezahlt wird und somit nach § 3 Nr. 6 EStG steuerbefreit ist (→ BFH vom 16.1.1998 – BStBl. II S. 303).

R 3.11 Beihilfen und Unterstützungen, die wegen Hilfsbedürftigkeit gewährt werden (§ 3 Nr. 11 EStG)

Beihilfen und Unterstützungen aus öffentlichen Mitteln

(1) [1]Steuerfrei sind

1. Beihilfen in Krankheits-, Geburts- oder Todesfällen nach den Beihilfevorschriften des Bundes oder der Länder sowie Unterstützungen in besonderen Notfällen, die aus öffentlichen Kassen gezahlt werden;
2. Beihilfen in Krankheits-, Geburts- oder Todesfällen oder Unterstützungen in besonderen Notfällen an Arbeitnehmer von Körperschaften, Anstalten oder Stiftungen des öffentlichen Rechts auf Grund von Beihilfevorschriften (Beihilfegrundsätzen) oder Unterstützungsvorschriften (Unterstützungsgrundsätzen) des Bundes oder der Länder oder von entsprechenden Regelungen;
3. Beihilfen und Unterstützungen an Arbeitnehmer von Verwaltungen, Unternehmen oder Betrieben, die sich überwiegend in öffentlicher Hand befinden, wenn
   a) die Verwaltungen, Unternehmen oder Betriebe einer staatlichen oder kommunalen Aufsicht und Prüfung der Finanzgebarung bezüglich der Entlohnung und der Gewährung der Beihilfen unterliegen und
   b) die Entlohnung sowie die Gewährung von Beihilfen und Unterstützungen für die betroffenen Arbeitnehmer ausschließlich nach den für Arbeitnehmer des öffentlichen Dienstes geltenden Vorschriften und Vereinbarungen geregelt sind;
4. Beihilfen und Unterstützungen an Arbeitnehmer von Unternehmen, die sich nicht überwiegend in öffentlicher Hand befinden, z.B. staatlich anerkannte Privatschulen, wenn
   a) hinsichtlich der Entlohnung, der Reisekostenvergütungen und der Gewährung von Beihilfen und Unterstützungen nach den Regelungen verfahren wird, die für den öffentlichen Dienst gelten,
   b) die für die Bundesverwaltung oder eine Landesverwaltung maßgeblichen Vorschriften über die Haushalts-, Kassen- und Rechnungsführung und über die Rechnungsprüfung beachtet werden und
   c) das Unternehmen der Prüfung durch den Bundesrechnungshof oder einen Landesrechnungshof unterliegt.

---

[1] **Sartorius** Nr. **155**.

– Zu den steuerfreien Erziehungs- und Ausbildungsbeihilfen gehören **nicht** die Unterhaltszuschüsse an Beamte im Vorbereitungsdienst – Beamtenanwärter (→ BFH vom 12.8.1983 – BStBl. II S. 718), die zur Sicherstellung von Nachwuchskräften gezahlten Studienbeihilfen und die für die Fertigung einer Habilitationsschrift gewährten Beihilfen (→ BFH vom 4.5.1972 – BStBl. II S. 566).

Stipendien. → R 3.44 EStR, H 3.44 EStH.[1)]

R 3.12 Aufwandsentschädigungen aus öffentlichen Kassen (§ 3 Nr. 12 Satz 2 EStG)

(1) [1] Öffentliche Dienste leisten grundsätzlich alle Personen, die im Dienst einer juristischen Person des öffentlichen Rechts stehen und hoheitliche (einschl. schlichter Hoheitsverwaltung) Aufgaben ausüben, die nicht der Daseinsvorsorge zuzurechnen sind. [2] Keine öffentlichen Dienste im Sinne dieser Vorschrift leisten hingegen Personen, die in der fiskalischen Verwaltung tätig sind.

(2) [1] Voraussetzung für die Anerkennung als steuerfreie Aufwandsentschädigung nach § 3 Nr. 12 Satz 2 EStG ist, dass die gezahlten Beträge dazu bestimmt sind, Aufwendungen abzugelten, die steuerlich als Werbungskosten oder Betriebsausgaben abziehbar wären. [2] Eine steuerfreie Aufwandsentschädigung liegt deshalb insoweit nicht vor, als die Entschädigung für Verdienstausfall oder Zeitverlust oder zur Abgeltung eines Haftungsrisikos gezahlt wird oder dem Empfänger ein abziehbarer Aufwand nicht oder offenbar nicht in Höhe der gewährten Entschädigung erwächst. [3] Das Finanzamt hat das Recht und die Pflicht zu prüfen, ob die als Aufwandsentschädigung gezahlten Beträge tatsächlich zur Bestreitung eines abziehbaren Aufwands erforderlich sind. [4] Dabei ist nicht erforderlich, dass der Steuerpflichtige alle seine dienstlichen Aufwendungen bis ins kleinste nachweist. [5] Entscheidend ist auch nicht, welche Aufwendungen einem einzelnen Steuerpflichtigen in einem einzelnen Jahr tatsächlich erwachsen sind, sondern ob Personen in gleicher dienstlicher Stellung im Durchschnitt der Jahre abziehbare Aufwendungen etwa in Höhe der Aufwandsentschädigung erwachsen. [6] Eine Nachprüfung ist nur geboten, wenn dazu ein Anlass von einigem Gewicht besteht. [7] Werden im kommunalen Bereich ehrenamtlich tätigen Personen Bezüge unter der Bezeichnung Aufwandsentschädigung gezahlt, so sind sie nicht nach § 3 Nr. 12 Satz 2 EStG steuerfrei, soweit sie auch den Aufwand an Zeit und Arbeitsleistung sowie den entgangenen Arbeitsverdienst und das Haftungsrisiko abgelten oder den abziehbaren Aufwand offensichtlich übersteigen.

(3) [1] Zur Erleichterung der Feststellung, inwieweit es sich in den Fällen des § 3 Nr. 12 Satz 2 EStG um eine steuerfreie Aufwandsentschädigung handelt, ist wie folgt zu verfahren:

[2] Sind die Anspruchsberechtigten und der Betrag oder auch ein Höchstbetrag der aus einer öffentlichen Kasse gewährten Aufwandsentschädigung durch Gesetz oder Rechtsverordnung bestimmt, so ist die Aufwandsentschädigung

---

1) Nr. **1**.

1. bei hauptamtlich tätigen Personen in voller Höhe steuerfrei,
2. bei ehrenamtlich tätigen Personen in Höhe von $^1/_3$ der gewährten Aufwandsentschädigung, mindestens 250 Euro[1)] monatlich steuerfrei.

[3] Sind die Anspruchsberechtigten und der Betrag oder auch ein Höchstbetrag nicht durch Gesetz oder Rechtsverordnung bestimmt, so kann bei hauptamtlich und ehrenamtlich tätigen Personen in der Regel ohne weiteren Nachweis ein steuerlich anzuerkennender Aufwand von 250 Euro[1)] monatlich angenommen werden. [4] Ist die Aufwandsentschädigung niedriger als 250 Euro[1)] monatlich, so bleibt nur der tatsächlich geleistete Betrag steuerfrei. [5] Bei Personen, die für mehrere Körperschaften des öffentlichen Rechts tätig sind, sind die steuerfreien monatlichen Mindest- und Höchstbeträge auf die Entschädigung zu beziehen, die von der einzelnen öffentlich-rechtlichen Körperschaft an diese Personen gezahlt wird. [6] Aufwandsentschädigungen für mehrere Tätigkeiten bei einer Körperschaft sind für die Anwendung der Mindest- und Höchstbeträge zusammenzurechnen. [7] Bei einer gelegentlichen ehrenamtlichen Tätigkeit sind die steuerfreien monatlichen Mindest- und Höchstbeträge nicht auf einen weniger als einen Monat dauernden Zeitraum der ehrenamtlichen Tätigkeit umzurechnen. [8] Soweit der steuerfreie Monatsbetrag von 250 Euro[1)] nicht ausgeschöpft wird, ist eine Übertragung in andere Monate dieser Tätigkeiten im selben Kalenderjahr möglich. [9] Maßgebend für die Ermittlung der Anzahl der in Betracht kommenden Monate ist die Dauer der ehrenamtlichen Funktion bzw. Ausübung im Kalenderjahr. [10] Die für die Finanzverwaltung zuständige oberste Landesbehörde kann im Benehmen mit dem Bundesministerium der Finanzen und den obersten Finanzbehörden der anderen Länder Anpassungen an die im Lande gegebenen Verhältnisse vornehmen.

(4) [1] Die Empfänger von Aufwandsentschädigungen können dem Finanzamt gegenüber einen höheren steuerlich abziehbaren Aufwand glaubhaft machen; der die Aufwandsentschädigung übersteigende Aufwand ist als Werbungskosten oder Betriebsausgaben abziehbar. [2] Wenn einer hauptamtlich tätigen Person neben den Aufwendungen, die durch die Aufwandsentschädigung ersetzt werden sollen, andere beruflich veranlasste Aufwendungen entstehen, sind diese unabhängig von der Aufwandsentschädigung als Werbungskosten abziehbar; in diesem Fall ist aber Absatz 3 nicht anzuwenden, sondern nach Absatz 2 Satz 3 bis 6 zu verfahren. [3] Bei ehrenamtlich tätigen Personen sind alle durch die Tätigkeit veranlassten Aufwendungen als durch die steuerfreie Aufwandsentschädigung ersetzt anzusehen, so dass nur ein die Aufwandsentschädigung übersteigender Aufwand als Werbungskosten oder Betriebsausgaben abziehbar ist.

(5) [1] Von Pauschalentschädigungen, die Gemeinden oder andere juristische Personen des öffentlichen Rechts für eine gelegentliche ehrenamtliche Tätigkeit zahlen, darf ein Betrag bis zu 8 Euro[2)] täglich ohne nähere Prüfung als steuerfrei anerkannt werden. [2] Bei höheren Pauschalentschädigungen hat das Finanzamt zu prüfen, ob auch ein Aufwand an Zeit und Arbeitsleistung sowie ein entgangener Verdienst abgegolten worden ist. [3] Anstelle dieser Regelung kann auch Absatz 3 angewendet werden.

[1)] Erhöhung auf **250 €** durch LStÄR 2021 mWv 1.1.2021.
[2)] Erhöhung auf **8 €** durch LStÄR 2021 mWv 1.1.2021.

H 3.12[1)]

Allgemeines zu § 3 Nr. 12 Satz 2 EStG. Aufwandsentschädigungen, bei denen die Voraussetzungen des § 3 Nr. 12 Satz 1 EStG nicht vorliegen, sind nach § 3 Nr. 12 Satz 2 EStG nur steuerfrei, wenn sie aus öffentlichen Kassen (→ H 3.11) an Personen gezahlt werden, die öffentliche Dienste für einen inländischen Träger öffentlicher Gewalt leisten (→ BFH vom 3.12.1982 – BStBl. 1983 II S. 219). Dabei kann es sich auch um eine Nebentätigkeit handeln. Aufwandsentschädigungen können nicht nur bei Personen steuerfrei sein, die öffentlich-rechtliche (hoheitliche) Dienste leisten, sondern auch bei Personen, die im Rahmen des öffentlichen Dienstes Aufgaben der schlichten Hoheitsverwaltung erfüllen (→ BFH vom 15.3.1968 – BStBl. II S. 437, vom 1.4.1971 – BStBl. II S. 519 und vom 27.2.1976 – BStBl. II S. 418).

Beamte bei Postunternehmen. → § 3 Nr. 35 EStG.

Begriff der Aufwandsentschädigung.

- Zur Abgeltung von Werbungskosten/Betriebsausgaben → BFH vom 9.7.1992 (BStBl. 1993 II S. 50) und vom 29.11.2006 (BStBl. 2007 II S. 308).
- Zur Prüfung dieser Voraussetzung durch das Finanzamt → BFH vom 3.8.1962 (BStBl. III S. 425) und vom 9.6.1989 (BStBl. 1990 II S. 121 und 123).

Daseinsvorsorge.

Beispiel:
Ein kirchlicher Verein erbringt Pflegeleistungen im Rahmen der Nachbarschaftshilfe.
Die den Pflegekräften gewährten Entschädigungen sind nicht nach § 3 Nr. 12 Satz 2 EStG steuerbefreit, da Pflegeleistungen zur Daseinsvorsorge gehören; ggf. kann eine Steuerbefreiung nach § 3 Nr. 26 oder Nr. 26a EStG in Betracht kommen.

Entschädigungen für Zeitaufwand nach § 41 Abs. 3 Satz 2 SGB IV. Die den ehrenamtlich tätigen Versichertenberatern und Mitgliedern eines Widerspruchsausschusses gewährten Entschädigungen für Zeitaufwand nach § 41 Abs. 3 Satz 2 SGB IV sind nicht nach § 3 Nr. 12 Satz 2 EStG steuerfrei (→ BFH vom 3.7.2018 – BStBl. II S. 715).

Fiskalische Verwaltung. Keine öffentlichen Dienste i. S. d. § 3 Nr. 12 Satz 2 EStG leisten Personen, die in der fiskalischen Verwaltung tätig sind (→ BFH vom 13.8.1971 – BStBl. II S. 818, vom 9.5.1974 – BStBl. II S. 631 und vom 31.1.1975 – BStBl. II S. 563). Dies ist insbesondere dann der Fall, wenn sich die Tätigkeit für die juristische Person des öffentlichen Rechts ausschließlich oder überwiegend auf die Erfüllung von Aufgaben

1. in einem land- oder forstwirtschaftlichen Betrieb einer juristischen Person des öffentlichen Rechts oder
2. in einem **Betrieb gewerblicher Art** einer juristischen Person des öffentlichen Rechts i. S. d. § 1 Abs. 1 Nr. 6 KStG bezieht.

---

1) Die Aufwandsentschädigungen für die ehrenamtlichen Erhebungsbeauftragten nach § 20 Abs. 3 Zensusgesetz 2022 v. 26.11.2019, BGBl. I 2019, 1851, unterliegen nicht der Besteuerung nach dem EStG.

Ob es sich um einen Betrieb gewerblicher Art einer juristischen Person des öffentlichen Rechts handelt, beurteilt sich nach dem Körperschaftsteuerrecht (§ 4 KStG und R 4.1 KStR 2015).[1] Hierbei kommt es nicht darauf an, ob der Betrieb gewerblicher Art von der Körperschaftsteuer befreit ist. Zu den Betrieben gewerblicher Art in diesem Sinne gehören insbesondere die von einer juristischen Person des öffentlichen Rechts unterhaltenen Betriebe, die der Versorgung der Bevölkerung mit Wasser, Gas, Elektrizität oder Wärme (→ BFH vom 19.1.1990 – BStBl. II S. 679), dem öffentlichen Verkehr oder dem Hafenbetrieb dienen, sowie die in der Rechtsform einer juristischen Person des öffentlichen Rechts betriebenen Sparkassen (→ BFH vom 13.8.1971 – BStBl. II S. 818).

Öffentliche Dienste. Ehrenamtliche Vorstandsmitglieder eines Versorgungswerks leisten öffentliche Dienste i. S. d. § 3 Nr. 12 Satz 2 EStG, wenn sich das Versorgungswerk als juristische Person des öffentlichen Rechts im Rahmen seiner gesetzlichen Aufgabenzuweisungen auf die Gewährleistung der Alters-, Invaliden- und Hinterbliebenenversorgung für seine Zwangsmitglieder beschränkt und dabei die insoweit bestehenden Anlagegrundsätze beachtet (→ BFH vom 27.8.2013 – BStBl. 2014 II S. 248).

Öffentliche Kassen. → H 3.11.

Steuerlicher Aufwand. Zur Voraussetzung der Abgeltung steuerlich zu berücksichtigender Werbungskosten/Betriebsausgaben → BFH vom 3.8.1962 (BStBl. III S. 425), vom 9.6.1989 (BStBl. 1990 II S. 121 und 123), vom 9.7.1992 (BStBl. 1993 II S. 50) und vom 29.11.2006 (BStBl. 2007 II S. 308).

Übertragung nicht ausgeschöpfter steuerfreier Monatsbeträge (Beispiel):

Für öffentliche Dienste in einem Ehrenamt in der Zeit vom 1. 1. bis 31. 5. werden folgende Aufwandsentschädigungen im Sinne von § 3 Nr. 12 Satz 2 EStG und R 3.12 Abs. 3 Satz 3 LStR gezahlt:
Januar 275 €, Februar 75 €, März 205 €, April 325 €, Mai 500 €; Zeitaufwand wird nicht vergütet. Für den Lohnsteuerabzug können die nicht ausgeschöpften steuerfreien Monatsbeträge i. H. v. 250 € wie folgt mit den steuerpflichtigen Aufwandsentschädigungen der anderen Lohnzahlungszeiträume dieser Tätigkeit verrechnet werden:

	Gezahlte Aufwandsentschädigung	Steuerliche Behandlung nach R 3.12 Abs. 3 Satz 3 LStR		Steuerliche Behandlung bei Übertragung nicht ausgeschöpfter steuerfreier Monatsbeträge	
		Steuerfrei sind:	Steuerpflichtig sind:	Steuerfreier Höchstbetrag:	Steuerpflichtig sind:
Januar	275 €	250 €	25 €	250 €	25 €
Februar	75 €	75 €	0 €	2 × 250 € = 500 €	0 € (275 + 75 – 500), Aufrollung des Januar

[1] Nr. **100**.

	Gezahlte Aufwandsentschädigung	Steuerliche Behandlung nach R 3.12 Abs. 3 Satz 3 LStR		Steuerliche Behandlung bei Übertragung nicht ausgeschöpfter steuerfreier Monatsbeträge	
		Steuerfrei sind:	Steuerpflichtig sind:	Steuerfreier Höchstbetrag:	Steuerpflichtig sind:
März	205 €	205 €	0 €	3×250 € = 750 €	0 € (275 + 75 + 205 – 750)
April	325 €	250 €	75 €	4×250 € = 1 000 €	0 € (275 + 75 + 205 + 325 – 1000)
Mai	500 €	250 €	250 €	5×250 € = 1000 €	130 € (275 + 75 + 205 + 325 + 500 – 1250)
Summe	1 380 €	1 030 €	350 €	5×250 € = 1250 €	130 €

Bei Verrechnung des nicht ausgeschöpften Freibetragsvolumens mit abgelaufenen Lohnzahlungszeiträumen ist im Februar der Lohnsteuereinbehalt für den Monat Januar zu korrigieren.

Werbungskostenabzug bei Dienstaufwandsentschädigungen. Sollen steuerfrei gewährte Dienstaufwandsentschädigungen den gesamten beruflich veranlassten Aufwand ersetzen, können Werbungskosten nur insoweit berücksichtigt werden, als diese die Entschädigung übersteigen. Dies gilt auch für die nicht durch die steuerfreie Reisekostenvergütung nach § 3 Nr. 13 EStG abgegoltenen Reisekosten, wenn auch diese durch die Dienstaufwandsentschädigung abgegolten werden (→ BFH vom 19.10.2016 – BStBl. 2017 II S. 345).

R **3.13** Reisekostenvergütungen, Umzugskostenvergütungen und Trennungsgelder aus öffentlichen Kassen (§ 3 Nr. 13 EStG)

(1) [1] Nach § 3 Nr. 13 EStG sind Leistungen (Geld und Sachbezüge) steuerfrei, die als Reisekostenvergütungen, Umzugskostenvergütungen oder Trennungsgelder aus einer öffentlichen Kasse gewährt werden; dies gilt nicht für Mahlzeiten, die dem Arbeitnehmer während einer beruflichen Auswärtstätigkeit oder im Rahmen einer doppelten Haushaltsführung vom Arbeitgeber oder auf dessen Veranlassung von einem Dritten zur Verfügung gestellt werden. [2] Die Steuerfreiheit von Verpflegungszuschüssen ist auf die nach § 9 Abs. 4a EStG maßgebenden Beträge begrenzt. [3] R 3.16 Satz 1 bis 3 ist entsprechend anzuwenden.

(2) [1] Reisekostenvergütungen sind die als solche bezeichneten Leistungen, die dem Grunde und der Höhe nach unmittelbar nach Maßgabe der reisekostenrechtlichen Vorschriften des Bundes oder der Länder gewährt werden. [2] Reisekostenvergütungen liegen auch vor, soweit sie auf Grund von Tarifverträgen oder anderen Vereinbarungen (z. B. öffentlich-rechtliche Satzung) gewährt werden, die den reisekostenrechtlichen Vorschriften des Bundes oder eines Landes dem Grund und der Höhe nach vollumfänglich entsprechen. [3] § 12 Nr. 1 EStG bleibt unberührt.

(3) [1]Werden bei Reisekostenvergütungen aus öffentlichen Kassen die reisekostenrechtlichen Vorschriften des Bundes oder der Länder nicht oder nur teilweise angewendet, können auf diese Leistungen die zu § 3 Nr. 16 EStG erlassenen Verwaltungsvorschriften angewendet werden. [2]Im Übrigen kann auch eine Steuerbefreiung nach § 3 Nr. 12, 26, 26a oder 26b EStG in Betracht kommen; → R 3.12 und 3.26.

(4) [1]Die Absätze 2 und 3 gelten sinngemäß für Umzugskostenvergütungen und Trennungsgelder nach Maßgabe der umzugskosten- und reisekostenrechtlichen Vorschriften des Bundes und der Länder. [2]Werden anlässlich eines Umzugs Verpflegungszuschüsse nach dem Bundesumzugskostengesetz (BUKG)[1)] gewährt, sind diese nur im Rahmen der zeitlichen Voraussetzungen des § 9 Abs. 4a EStG steuerfrei. [3]Trennungsgeld, das bei täglicher Rückkehr zum Wohnort gewährt wird, ist nur in den Fällen des § 9 Abs. 1 Satz 3 Nr. 4a Satz 1 EStG steuerfrei. [4]Trennungsgeld, das bei Bezug einer Unterkunft am Beschäftigungsort gewährt wird, ist regelmäßig nach Maßgabe von § 9 Abs. 1 Satz 3 Nr. 5 und Abs. 4a EStG steuerfrei. [5]R 9.9 Abs. 2 Satz 1 ist entsprechend anzuwenden.

H 3.13

Beamte bei Postunternehmen. → § 3 Nr. 35 EStG.

Klimabedingte Kleidung. Der Beitrag zur Beschaffung klimabedingter Kleidung (§ 19 AUV) sowie der Ausstattungsbeitrag (§ 21 AUV) sind nicht nach § 3 Nr. 13 Satz 1 EStG steuerfrei (→ BFH vom 27.5.1994 – BStBl. 1995 II S. 17 und vom 12.4.2007 – BStBl. II S. 536).

Mietbeiträge anstelle eines Trennungsgelds sind nicht nach § 3 Nr. 13 EStG steuerfrei (→ BFH vom 16.7.1971 – BStBl. II S. 772).

Öffentliche Kassen. → H 3.11.

Pauschale Reisekostenvergütungen. Nach einer öffentlich-rechtlichen Satzung geleistete pauschale Reisekostenvergütungen können bei Beachtung von R 3.13 Abs. 2 Satz 2 auch ohne Einzelnachweis steuerfrei sein, sofern die Pauschale die tatsächlich entstandenen Reiseaufwendungen nicht ersichtlich übersteigt (→ BFH vom 8.10.2008 – BStBl. 2009 II S. 405).

Prüfung, ob Werbungskosten vorliegen. Es ist nur zu prüfen, ob die ersetzten Aufwendungen vom Grundsatz her Werbungskosten sind (→ BFH vom 12.4.2007 – BStBl. II S. 536). Daher sind z. B. Arbeitgeberleistungen im Zusammenhang mit Incentive-Reisen nicht nach § 3 Nr. 13 EStG steuerfrei (→ R 3.13 Abs. 2 Satz 3), soweit diese dem Arbeitnehmer als geldwerter Vorteil zuzurechnen sind (→ H 19.7).

H 3.15 Zu § 3 Nr. 15 EStG

Allgemeine Grundsätze. → BMF vom 15.8.2019 (BStBl. I S. 875).

Zusätzlichkeitsvoraussetzung. → § 8 Abs. 4 EStG.

---

1) Nr. **29**.

R 3.16 Steuerfreie Leistungen für Reisekosten, Umzugskosten und Mehraufwendungen bei doppelter Haushaltsführung außerhalb des öffentlichen Dienstes (§ 3 Nr. 16 EStG)

[1] Zur Ermittlung der steuerfreien Leistungen (Geld und Sachbezüge) für Reisekosten dürfen die einzelnen Aufwendungsarten zusammengefasst werden; die Leistungen sind steuerfrei, soweit sie die Summe der nach § 9 Abs. 1 Satz 3 Nr. 4a Satz 1, 2 und 4, Nr. 5a und Abs. 4a EStG[1] sowie R 9.8 zulässigen Leistungen nicht übersteigen.[2] [2] Hierbei können mehrere Reisen zusammengefasst abgerechnet werden. [3] Dies gilt sinngemäß für Umzugskosten und für Mehraufwendungen bei einer doppelten Haushaltsführung. [4] Wegen der Höhe der steuerfrei zu belassenden Leistungen für Reisekosten, Umzugskosten und Mehraufwendungen bei einer doppelten Haushaltsführung → § 9 Abs. 1 Satz 3 Nr. 5 EStG und R 9.7 bis 9.9 und 9.11.

H 3.16

Gehaltsumwandlung. Vergütungen zur Erstattung von Reisekosten können auch dann steuerfrei sein, wenn sie der Arbeitgeber aus umgewandeltem Arbeitslohn zahlt. Voraussetzung ist, dass Arbeitgeber und Arbeitnehmer die Lohnumwandlung vor der Entstehung des Vergütungsanspruchs vereinbaren (→ BFH vom 27.4.2001 – BStBl. II S. 601).

R 3.26 Steuerbefreiung für nebenberufliche Tätigkeiten (§ 3 Nr. 26 EStG)

Begünstigte Tätigkeiten[3]

(1)[4] [1] Die Tätigkeiten als Übungsleiter, Ausbilder, Erzieher oder Betreuer haben miteinander gemeinsam, dass sie auf andere Menschen durch persönlichen Kontakt Einfluss nehmen, um auf diese Weise deren geistige und körperliche Fähigkeiten zu entwickeln und zu fördern. [2] Gemeinsames Merkmal der Tätigkeiten ist eine pädagogische Ausrichtung. [3] Zu den begünstigten Tätigkeiten gehören z. B. die Tätigkeit eines Sporttrainers, eines Chorleiters oder Orchesterdirigenten, die Lehr- und Vortragstätigkeit im Rahmen der allgemeinen Bildung und Ausbildung, z. B. Kurse und Vorträge an Schulen und Volkshochschulen, Mütterberatung, Erste-Hilfe-Kurse, Schwimm-Unterricht, oder im Rahmen der beruflichen Ausbildung und Fortbildung, nicht dagegen die Ausbildung von Tieren, z. B. von Rennpferden oder Diensthunden. [4] Die Pflege alter, kranker oder behinderter Menschen umfasst außer der Dauerpflege auch Hilfsdienste bei der häuslichen Betreuung durch ambulante Pflegedienste, z. B. Unterstützung bei der Grund- und Behandlungspflege, bei häuslichen Verrichtungen und Einkäufen, beim Schriftverkehr, bei der Altenhilfe entsprechend § 71 SGB XII,[5] z. B. Hilfe bei der Wohnungs- und Heimplatz-

---

[1] Siehe ab VZ 2020 auch § 9 Abs. 1 Satz 3 Nr. 5b EStG i. d. F. des G v. 12.12.2019, BGBl. I 2019, 2451.

[2] Gilt auch für die unmittelbare Zuwendung der Leistung; siehe BFH v. 19.11.2008 VI R 80/06, BStBl. II 2009, 547.

[3] Zu Einzelfällen siehe ausführlich OFD Ffm v. 2.9.2019 – S 2245 A – 002 – St 29, StEd 2019, 617.

[4] Die Tätigkeit als gerichtlich bestellte(r) Dolmetscher(in)/Übersetzer(in) fällt nicht darunter; siehe BFH v. 11.5.2005 VI R 25/04, BStBl. II 2005, 791.

[5] **Aichberger SGB** Nr. 12.

beschaffung, in Fragen der Inanspruchnahme altersgerechter Dienste, und bei Sofortmaßnahmen gegenüber Schwerkranken und Verunglückten, z. B. durch Rettungssanitäter und Ersthelfer. [5] Eine Tätigkeit, die ihrer Art nach keine übungsleitende, ausbildende, erzieherische, betreuende oder künstlerische Tätigkeit und keine Pflege alter, kranker oder behinderter Menschen ist, ist keine begünstigte Tätigkeit, auch wenn sie die übrigen Voraussetzungen des § 3 Nr. 26 EStG erfüllt, z. B. eine Tätigkeit als Vorstandsmitglied, als Vereinskassierer oder als Gerätewart bei einem Sportverein bzw. als ehrenamtlich tätiger Betreuer (§ 1896 Abs. 1 Satz 1, § 1908i Abs. 1 BGB), Vormund (§ 1773 Abs. 1 Satz 1 BGB) oder Pfleger (§§ 1909 ff., 1915 Abs. 1 Satz 1 BGB); ggf. ist § 3 Nr. 26a bzw. 26b EStG anzuwenden.

Nebenberuflichkeit

(2) [1] Eine Tätigkeit wird nebenberuflich ausgeübt, wenn sie – bezogen auf das Kalenderjahr – nicht mehr als ein Drittel der Arbeitszeit eines vergleichbaren Vollzeiterwerbs in Anspruch nimmt.[1)] [2] Es können deshalb auch solche Personen nebenberuflich tätig sein, die im steuerrechtlichen Sinne keinen Hauptberuf ausüben, z. B. Hausfrauen, Vermieter, Studenten, Rentner oder Arbeitslose. [3] Übt ein Steuerpflichtiger mehrere verschiedenartige Tätigkeiten im Sinne des § 3 Nr. 26 EStG aus, ist die Nebenberuflichkeit für jede Tätigkeit getrennt zu beurteilen. [4] Mehrere gleichartige Tätigkeiten sind zusammenzufassen, wenn sie sich nach der Verkehrsanschauung als Ausübung eines einheitlichen Hauptberufs darstellen, z. B. Unterricht von jeweils weniger als dem dritten Teil des Pensums einer Vollzeitkraft in mehreren Schulen. [5] Eine Tätigkeit wird nicht nebenberuflich ausgeübt, wenn sie als Teil der Haupttätigkeit anzusehen ist.

Arbeitgeber/Auftraggeber

(3) [1] Der Freibetrag wird nur gewährt, wenn die Tätigkeit im Dienst oder im Auftrag einer der in § 3 Nr. 26 EStG genannten Personen erfolgt. [2] Als juristische Personen des öffentlichen Rechts kommen beispielsweise in Betracht Bund, Länder, Gemeinden, Gemeindeverbände, Industrie- und Handelskammern, Handwerkskammern, Rechtsanwaltskammern, Steuerberaterkammern, Wirtschaftsprüferkammern, Ärztekammern, Universitäten oder die Träger der Sozialversicherung. [3] Zu den Einrichtungen i. S. d. § 5 Abs. 1 Nr. 9 KStG gehören Körperschaften, Personenvereinigungen, Stiftungen und Vermögensmassen, die nach der Satzung oder dem Stiftungsgeschäft und nach der tatsächlichen Geschäftsführung ausschließlich und unmittelbar gemeinnützige, mildtätige oder kirchliche Zwecke verfolgen. [4] Nicht zu den begünstigten Einrichtungen gehören beispielsweise Berufsverbände (Arbeitgeberverband, Gewerkschaft) oder Parteien. [5] Fehlt es an einem begünstigten Auftraggeber/Arbeitgeber, kann der Freibetrag nicht in Anspruch genommen werden.

Förderung gemeinnütziger, mildtätiger und kirchlicher Zwecke

(4) [1] Die Begriffe der gemeinnützigen, mildtätigen und kirchlichen Zwecke ergeben sich aus den §§ 52 bis 54 der Abgabenordnung (AO).[2)] [2] Eine Tätig-

---

[1)] **[Amtl. Anm.:]** → H 3.26 (Nebenberuflichkeit).

[2)] **Steuergesetze** Nr. **800.** – Siehe auch AEAO zu §§ 51–54 AO (Nr. **800**).

keit dient auch dann der selbstlosen Förderung begünstigter Zwecke, wenn sie diesen Zwecken nur mittelbar zugute kommt.

(5) [1]Wird die Tätigkeit im Rahmen der Erfüllung der Satzungszwecke einer juristischen Person ausgeübt, die wegen Förderung gemeinnütziger, mildtätiger oder kirchlicher Zwecke steuerbegünstigt ist, so ist im Allgemeinen davon auszugehen, dass die Tätigkeit ebenfalls der Förderung dieser steuerbegünstigten Zwecke dient. [2]Dies gilt auch dann, wenn die nebenberufliche Tätigkeit in einem so genannten Zweckbetrieb i. S. d. §§ 65 bis 68 AO ausgeübt wird, z. B. als nebenberuflicher Übungsleiter bei sportlichen Veranstaltungen nach § 67a Abs. 1 AO, als nebenberuflicher Erzieher in einer Einrichtung über Tag und Nacht (Heimerziehung) oder sonstigen betreuten Wohnform nach § 68 Nr. 5 AO. [3]Eine Tätigkeit in einem steuerpflichtigen wirtschaftlichen Geschäftsbetrieb einer im Übrigen steuerbegünstigten juristischen Person (§§ 64, 14 AO) erfüllt dagegen das Merkmal der Förderung gemeinnütziger, mildtätiger oder kirchlicher Zwecke nicht.

(6) [1]Der Förderung begünstigter Zwecke kann auch eine Tätigkeit für eine juristische Person des öffentlichen Rechts dienen, z. B. nebenberufliche Lehrtätigkeit an einer Universität, nebenberufliche Ausbildungstätigkeit bei der Feuerwehr, nebenberufliche Fortbildungstätigkeit für eine Anwalts- oder Ärztekammer. [2]Dem steht nicht entgegen, dass die Tätigkeit in den Hoheitsbereich der juristischen Person des öffentlichen Rechts fallen kann.

Gemischte Tätigkeiten

(7) [1]Erzielt der Stpfl. Einnahmen, die teils für eine Tätigkeit, die unter § 3 Nr. 26 EStG fällt, und teils für eine andere Tätigkeit gezahlt werden, ist lediglich für den entsprechenden Anteil nach § 3 Nr. 26 EStG der Freibetrag zu gewähren. [2]Die Steuerfreiheit von Bezügen nach anderen Vorschriften, z. B. nach § 3 Nr. 12, 13, 16 EStG, bleibt unberührt; wenn auf bestimmte Bezüge sowohl § 3 Nr. 26 EStG als auch andere Steuerbefreiungsvorschriften anwendbar sind, sind die Vorschriften in der Reihenfolge anzuwenden, die für den Stpfl. am günstigsten ist.

Höchstbetrag

(8) [1]Der Freibetrag nach § 3 Nr. 26 EStG ist ein Jahresbetrag. [2]Dieser wird auch dann nur einmal gewährt, wenn mehrere begünstigte Tätigkeiten ausgeübt werden. [3]Er ist nicht zeitanteilig aufzuteilen, wenn die begünstigte Tätigkeit lediglich wenige Monate ausgeübt wird.

Werbungskosten- bzw. Betriebsausgabenabzug

(9) [1]Ein Abzug von Werbungskosten bzw. Betriebsausgaben, die mit den steuerfreien Einnahmen nach § 3 Nr. 26 EStG in einem unmittelbaren wirtschaftlichen Zusammenhang stehen, ist nur dann möglich, wenn die Einnahmen aus der Tätigkeit und gleichzeitig auch die jeweiligen Ausgaben den Freibetrag übersteigen.[1)] [2]In Arbeitnehmerfällen ist in jedem Fall der Arbeitnehmer-Pauschbetrag anzusetzen, soweit er nicht bei anderen Dienstverhältnissen verbraucht ist.

---

1) **[Amtl. Anm.:]** → H 3.26 (Verluste aus einer ehrenamtlichen Tätigkeit).

Lohnsteuerverfahren

(10) [1] Beim Lohnsteuerabzug ist eine zeitanteilige Aufteilung des steuerfreien Höchstbetrags nicht erforderlich; das gilt auch dann, wenn feststeht, dass das Dienstverhältnis nicht bis zum Ende des Kalenderjahres besteht. [2] Der Arbeitnehmer hat dem Arbeitgeber jedoch schriftlich zu bestätigen, dass die Steuerbefreiung nicht bereits in einem anderen Dienst- oder Auftragsverhältnis berücksichtigt worden ist oder berücksichtigt wird. [3] Diese Erklärung ist zum Lohnkonto zu nehmen.

H 3.26

Abgrenzung der Einkunftsart. → R 19.2, H 19.2.

Aufteilung des steuerfreien Höchstbetrags im Lohnsteuerverfahren.

Beispiel 1:

Ein beim Verein A beschäftigter Jugendtrainer beendet zum 31.5. seine begünstigte Tätigkeit und nimmt ab 1.6. beim Verein B eine neue begünstigte Tätigkeit auf. Der Verein A hat den Arbeitslohn nach Abzug von insgesamt 1250 Euro (= $^5/_{12}$ des steuerfreien Höchstbetrags von 3000 Euro) dem Lohnsteuerabzug unterworfen.
Auch der Verein B kann den Arbeitslohn nach Abzug von bis zu 1750 Euro (= $^7/_{12}$ des steuerfreien Höchstbetrags von 3000 Euro) dem Lohnsteuerabzug unterwerfen. Voraussetzung ist, dass der Jugendtrainer dem Verein B schriftlich bestätigt, dass der Jahresbetrag in diesem Umfang nicht bereits in anderen Dienst- oder Auftragsverhältnissen berücksichtigt worden ist oder berücksichtigt wird.

Beispiel 2:

Der Jugendtrainer ist zeitgleich bei den Vereinen A und B beschäftigt. Er bestätigt den Vereinen A und B jeweils schriftlich, dass die Steuerbefreiung im Umfang eines Teilbetrags von 1500 Euro nicht bereits in einem anderen Dienst- oder Auftragsverhältnis berücksichtigt worden ist oder berücksichtigt wird. Eine alternative Aufteilung des steuerfreien Jahreshöchstbetrags von 3000 Euro ist ebenfalls zulässig.

Begrenzung der Steuerbefreiung. Die Steuerfreiheit ist auch bei Einnahmen aus mehreren nebenberuflichen Tätigkeiten, z. B. Tätigkeit für verschiedene gemeinnützige Organisationen, und bei Zufluss von Einnahmen aus einer in mehreren Jahren ausgeübten Tätigkeit i. S. d. § 3 Nr. 26 EStG in einem Jahr auf einen einmaligen Jahresbetrag von 3000 Euro begrenzt (→ BFH vom 23.6.1988 – BStBl. II S. 890 und vom 15.2.1990 – BStBl. II S. 686).

Entschädigungen für Zeitaufwand nach § 41 Abs. 3 Satz 2 SGB IV. Die den ehrenamtlich tätigen Versichertenberatern und Mitgliedern eines Widerspruchsausschusses gewährten Entschädigungen für Zeitaufwand nach § 41 Abs. 3 Satz 2 SGB IV sind nicht nach § 3 Nr. 26 EStG steuerfrei (→ BFH vom 3.7.2018 – BStBl. II S. 715).

Künstlerische Tätigkeit. Eine nebenberufliche künstlerische Tätigkeit liegt auch dann vor, wenn sie die eigentliche künstlerische (Haupt-)Tätigkeit nur unterstützt und ergänzt, sofern sie Teil des gesamten künstlerischen Geschehens ist (→ BFH vom 18.4.2007 – BStBl. II S. 702).

Mittelbare Förderung. Die mittelbare Förderung eines begünstigten Zwecks reicht für eine Steuerfreiheit aus, wenn es sich um eine begünstigte Tätigkeit

(→ R 3.26 Abs. 1) handelt. So dient die Unterrichtung eines geschlossenen Kreises von Pflegeschülern an einem Krankenhaus mittelbar dem Zweck der Gesundheitspflege (→ BFH vom 26.3.1992 – BStBl. 1993 II S. 20).

Nebenberuflichkeit.[1)]

– Selbst bei dienstrechtlicher Verpflichtung zur Übernahme einer Tätigkeit im Nebenamt unter Fortfall von Weisungs- und Kontrollrechten des Arbeitgebers kann Nebenberuflichkeit vorliegen (→ BFH vom 29.1.1987 – BStBl. II S. 783).
– Zum zeitlichen Umfang → BFH vom 30.3.1990 (BStBl. II S. 854).
– **Beispiel 1:**

Ein ehrenamtlicher Helfer wird je nach Bedarf wöchentlich für 13 Stunden als Sanitäter oder Altenpfleger eingesetzt, für deren Tätigkeitsbereiche unterschiedliche tarifliche Arbeitszeiten vereinbart sind (41-Stunden-Woche bzw. 38,5-Stunden-Woche).
Bei der Prüfung der Ein-Drittel-Grenze sind die tariflichen Arbeitszeiten aus Vereinfachungsgründen unbeachtlich. Daher ist bei einer regelmäßigen Wochenarbeitszeit von maximal 14 Stunden pauschalierend von einer nebenberuflichen Tätigkeit auszugehen. Im Einzelfall kann auch eine höhere tarifliche Arbeitszeit nachgewiesen werden.

– **Beispiel 2:**

Ein hauptberuflich beschäftigter Arbeitnehmer reduziert für einen befristeten Zeitraum seine Arbeitszeit auf 12 Stunden wöchentlich, um neben seiner Berufstätigkeit seine pflegebedürftige Mutter zu versorgen.
Eine nebenberufliche Tätigkeit liegt nicht vor. Eine vorübergehende Reduzierung der regelmäßigen Wochenarbeitszeit führt nicht dazu, dass eine hauptberufliche Tätigkeit während des Zeitraums, für den die Reduzierung der Arbeitszeit gilt, als nebenberuflich angesehen werden kann.

– **Beispiel 3:**

Ein Lehrer ist zu 50 % teilzeitbeschäftigt (14 Pflichtstunden wöchentlich). Eine nebenberufliche Tätigkeit liegt nicht vor, da bei Lehrern zur Prüfung der Ein-Drittel-Grenze auf die Pflichtstunden (Deputat) bei Vollzeitbeschäftigung abzustellen ist.

– **Beispiel 4:**

Ein Arbeitnehmer wird für einen Zeitraum von zwei Monaten als Lehrkraft in Vollzeit beschäftigt.
Eine nebenberufliche Tätigkeit liegt nicht vor. Eine typischerweise hauptberuflich ausgeübte Tätigkeit kann nicht wegen ihrer zeitlichen Befristung als nebenberuflich angesehen werden.

Prüfer. Die Tätigkeit als Prüfer bei einer Prüfung, die zu Beginn, im Verlaufe oder als Abschluss einer Ausbildung abgenommen wird, ist mit der Tätigkeit eines Ausbilders vergleichbar (→ BFH vom 23.6.1988 – BStBl. II S. 890).

Rundfunkessays. Die Tätigkeit als Verfasser und Vortragender von Rundfunkessays ist nicht nach § 3 Nr. 26 EStG begünstigt (→ BFH vom 17.10.1991 – BStBl. 1992 II S. 176).

Vergebliche Aufwendungen. Aufwendungen für eine Tätigkeit i. S. d. § 3 Nr. 26 EStG sind auch dann als vorweggenommene Betriebsausgaben abzugsfähig, wenn es nicht mehr zur Ausübung der Tätigkeit kommt; das Ab-

1) Zu Einzelfällen siehe ausführlich OFD Ffm v. 2.9.2019 – S 2245 A – 002 – St 29, StEd 2019, 617. – Zur Tätigkeit in regionalen Impf-/Testzentren und mobilen Impf-/Testteams siehe OFD Ffm v. 15.3.2021 – S 2331 A – 49 – St 210, DStR 2021, 870.

zugsverbot des § 3c EStG steht dem nicht entgegen (→ BFH vom 6.7.2005 – BStBl. 2006 II S. 163).

Verluste aus einer ehrenamtlichen Tätigkeit. Aufwendungen für eine Tätigkeit i. S. d. § 3 Nr. 26 EStG sind auch insoweit abzugsfähig, als sie die unterhalb des maßgebenden Höchstbetrags steuerfreien Einnahmen übersteigen, wenn hinsichtlich der Tätigkeit eine Einkunftserzielungsabsicht vorliegt (→ BFH vom 20.12.2017 – BStBl. 2019 II S. 469 und vom 20.11.2018 – BStBl. 2019 II S. 422).

H **3.26a** Zu § 3 Nr. 26a EStG[1]

Allgemeine Grundsätze. → BMF vom 21.11.2014 (BStBl. I S. 1581).

R **3.28** Leistungen nach dem Altersteilzeitgesetz (AltTZG)[2] (§ 3 Nr. 28 EStG)

(1) [1] Aufstockungsbeträge und zusätzliche Beiträge zur gesetzlichen Rentenversicherung i. S. d. § 3 Abs. 1 Nr. 1 sowie Aufwendungen i. S. d. § 4 Abs. 2 AltTZG sind steuerfrei, wenn die Voraussetzungen des § 2 AltTZG, z. B. Vollendung des 55. Lebensjahres, Verringerung der tariflichen regelmäßigen wöchentlichen Arbeitszeit auf die Hälfte, vorliegen. [2] Die Vereinbarung über die Arbeitszeitverminderung muss sich zumindest auf die Zeit erstrecken, bis der Arbeitnehmer eine Rente wegen Alters beanspruchen kann. [3] Dafür ist nicht erforderlich, dass diese Rente ungemindert ist. [4] Der frühestmögliche Zeitpunkt, zu dem eine Altersrente in Anspruch genommen werden kann, ist die Vollendung des 60. Lebensjahres. [5] Die Steuerfreiheit kommt nicht mehr in Betracht mit Ablauf des Kalendermonats, in dem der Arbeitnehmer die Altersteilzeitarbeit beendet oder die für ihn geltende gesetzliche Altersgrenze für die Regelaltersrente erreicht hat (§ 5 Abs. 1 Nr. 1 AltTZG).

(2) [1] Die Leistungen sind auch dann steuerfrei, wenn der Förderanspruch des Arbeitgebers an die Bundesagentur für Arbeit nach § 5 Abs. 1 Nr. 2 und 3, Abs. 2 bis 4 Altersteilzeitgesetz erlischt, nicht besteht oder ruht, z. B. wenn der frei gewordene Voll- oder Teilarbeitsplatz nicht wieder besetzt wird. [2] Die Leistungen sind auch dann steuerfrei, wenn mit der Altersteilzeit erst nach dem 31.12.2009 begonnen wurde und diese nicht durch die Bundesagentur für Arbeit nach § 4 AltTZG gefördert wird (§ 1 Abs. 3 Satz 2 AltTZG). [3] Durch eine vorzeitige Beendigung der Altersteilzeit (Störfall) ändert sich der Charakter der bis dahin erbrachten Arbeitgeberleistungen nicht, weil das Altersteilzeitgesetz keine Rückzahlung vorsieht. [4] Die Steuerfreiheit der Aufstockungsbeträge bleibt daher bis zum Eintritt des Störfalls erhalten.[3]

(3) [1] Aufstockungsbeträge und zusätzliche Beiträge zur gesetzlichen Rentenversicherung sind steuerfrei, auch soweit sie über die im AltTZG genannten Mindestbeträge hinausgehen. [2] Dies gilt nur, soweit die Aufstockungsbeträge

---

[1] Erhöhung des Freibetrags **ab VZ 2021 auf 840 €/Jahr;** § 3 Nr. 26a EStG i. d. F. des JStG 2020 (BGBl. I 2020, 3096).

[2] **Aichberger SGB** Nr. **3/30.**

[3] Zur zeitversetzten Auszahlung von Zuschlägen für Sonntags-, Feiertags- oder Nachtarbeit vgl. R 3b Abs. 8 LStR.

zusammen mit dem während der Altersteilzeit bezogenen Nettoarbeitslohn monatlich 100% des maßgebenden Arbeitslohns nicht übersteigen. [3]Maßgebend ist bei laufendem Arbeitslohn der Nettoarbeitslohn, den der Arbeitnehmer im jeweiligen Lohnzahlungszeitraum ohne Altersteilzeit üblicherweise erhalten hätte; bei sonstigen Bezügen ist auf den unter Berücksichtigung des nach R 39b.6 Abs. 2 ermittelten voraussichtlichen Jahresnettoarbeitslohn unter Einbeziehung der sonstigen Bezüge bei einer unterstellten Vollzeitbeschäftigung abzustellen. [4]Unangemessene Erhöhungen vor oder während der Altersteilzeit sind dabei nicht zu berücksichtigen. [5]Aufstockungsbeträge, die in Form von Sachbezügen gewährt werden, sind steuerfrei, wenn die Aufstockung betragsmäßig in Geld festgelegt und außerdem vereinbart ist, dass der Arbeitgeber anstelle der Geldleistung Sachbezüge erbringen darf.

H 3.28

Begrenzung auf 100% des Nettoarbeitslohns.

Beispiel 1 (laufend gezahlter Aufstockungsbetrag):

Ein Arbeitnehmer mit einem monatlichen Vollzeit-Bruttogehalt in Höhe von 8750 € nimmt von der Vollendung des 62. bis zur Vollendung des 64. Lebensjahres Altersteilzeit in Anspruch. Danach scheidet er aus dem Arbeitsverhältnis aus.
Der Mindestaufstockungsbetrag nach § 3 Abs. 1 Nr. 1 Buchst. a Altersteilzeitgesetz beträgt 875 €. Der Arbeitgeber gewährt eine weitere freiwillige Aufstockung in Höhe von 3000 € (Aufstockungsbetrag insgesamt 3875 €). Der steuerfreie Teil des Aufstockungsbetrags ist wie folgt zu ermitteln:

a) Ermittlung des maßgebenden Arbeitslohns

Bruttoarbeitslohn bei fiktiver Vollarbeitszeit	8750 €
./. gesetzliche Abzüge (Lohnsteuer, Solidaritätszuschlag, Kirchensteuer, Sozialversicherungsbeiträge)	3750 €
= maßgebender Nettoarbeitslohn	5000 €

b) Vergleichsberechnung

Bruttoarbeitslohn bei Altersteilzeit	4375 €
./. gesetzliche Abzüge (Lohnsteuer, Solidaritätszuschlag, Kirchensteuer, Sozialversicherungsbeiträge)	1725 €
= Zwischensumme	2650 €
+ Mindestaufstockungsbetrag	875 €
+ freiwilliger Aufstockungsbetrag	3000 €
= Nettoarbeitslohn	6525 €

Durch den freiwilligen Aufstockungsbetrag von 3000 € ergäbe sich ein Nettoarbeitslohn bei der Altersteilzeit, der den maßgebenden Nettoarbeitslohn um 1525 € übersteigen würde. Demnach sind steuerfrei:

Mindestaufstockungsbetrag		875 €
+ freiwilliger Aufstockungsbetrag	3000 €	
abzgl.	1525 €	1475 €
= steuerfreier Aufstockungsbetrag		2350 €

c) Abrechnung des Arbeitgebers

Bruttoarbeitslohn bei Altersteilzeit	4375 €
+ steuerpflichtiger Aufstockungsbetrag	1525 €
= steuerpflichtiger Arbeitslohn	5900 €
./. gesetzliche Abzüge (Lohnsteuer, Solidaritätszuschlag, Kirchensteuer, Sozialversicherungsbeiträge)	2300 €
= Zwischensumme	3600 €
+ steuerfreier Aufstockungsbetrag	2350 €
= Nettoarbeitslohn	5950 €

Beispiel 2 (sonstiger Bezug als Aufstockungsbetrag):

Ein Arbeitnehmer in Altersteilzeit hätte bei einer Vollzeitbeschäftigung Anspruch auf ein monatliches Bruttogehalt in Höhe von 4000 € sowie im März auf einen sonstigen Bezug (Ergebnisbeteiligung) in Höhe von 1500 € (brutto).

Nach dem Altersteilzeitvertrag werden im März folgende Beträge gezahlt:

– laufendes Bruttogehalt	2000 €
– laufende steuerfreie Aufstockung (einschließlich freiwilliger Aufstockung des Arbeitgebers)	650 €
– Brutto-Ergebnisbeteiligung (50 % der vergleichbaren Vergütung auf Basis einer Vollzeitbeschäftigung)	750 €
– Aufstockungsleistung auf die Ergebnisbeteiligung	750 €

a) Ermittlung des maßgebenden Arbeitslohns

jährlicher laufender Bruttoarbeitslohn bei fiktiver Vollarbeitszeitbeschäftigung	48 000 €
+ sonstiger Bezug bei fiktiver Vollzeitbeschäftigung	1500 €
./. gesetzliche jährliche Abzüge (Lohnsteuer, Solidaritätszuschlag, Kirchensteuer, Sozialversicherungsbeiträge)	18 100 €
= maßgebender Jahresnettoarbeitslohn	31 400 €

b) Vergleichsberechnung

jährlicher laufender Bruttoarbeitslohn bei Altersteilzeit	24 000 €
+ steuerpflichtiger sonstiger Bezug bei Altersteilzeit	750 €
./. gesetzliche jährliche Abzüge (Lohnsteuer, Solidaritätszuschlag, Kirchensteuer, Sozialversicherungsbeiträge)	6000 €
= Zwischensumme	18 750 €
+ Aufstockung Ergebnisbeteiligung	750 €
+ steuerfreie Aufstockung (12 × 650)	7800 €
= Jahresnettoarbeitslohn	27 300 €

Durch die Aufstockung des sonstigen Bezugs wird der maßgebende Jahresnettoarbeitslohn von 31 400 € nicht überschritten. Demnach kann die Aufstockung des sonstigen Bezugs (im Beispiel: Aufstockung der Ergebnisbeteiligung) in Höhe von 750 € insgesamt steuerfrei bleiben.

Progressionsvorbehalt. Die Aufstockungsbeträge unterliegen dem Progressionsvorbehalt (→ § 32b Abs. 1 Satz 1 Nr. 1 Buchstabe g EStG). Zur Aufzeichnung und Bescheinigung → § 41 Abs. 1 Satz 4 und § 41b Abs. 1 Satz 2 Nr. 5 EStG.

R 3.30 Werkzeuggeld (§ 3 Nr. 30 EStG)

[1]Die Steuerbefreiung beschränkt sich auf die Erstattung der Aufwendungen, die dem Arbeitnehmer durch die betriebliche Benutzung eigener Werkzeuge entstehen. [2]Als Werkzeuge sind allgemein nur Handwerkzeuge anzusehen, die zur leichteren Handhabung, zur Herstellung oder zur Bearbeitung eines Gegenstands verwendet werden; Musikinstrumente und deren Einzelteile gehören ebenso wie Datenverarbeitungsgeräte o. Ä. nicht dazu. [3]Eine betriebliche Benutzung der Werkzeuge liegt auch dann vor, wenn die Werkzeuge im Rahmen des Dienstverhältnisses außerhalb einer Betriebsstätte des Arbeitgebers eingesetzt werden, z. B. auf einer Baustelle. [4]Ohne Einzelnachweis der tatsächlichen Aufwendungen sind pauschale Entschädigungen steuerfrei, soweit sie

1. die regelmäßigen Absetzungen für Abnutzung der Werkzeuge,
2. die üblichen Betriebs-, Instandhaltungs- und Instandsetzungskosten der Werkzeuge sowie
3. die Kosten der Beförderung der Werkzeuge

abgelten. [5]Soweit Entschädigungen für Zeitaufwand des Arbeitnehmers gezahlt werden, z.B. für die ihm obliegende Reinigung und Wartung der Werkzeuge, gehören sie zum steuerpflichtigen Arbeitslohn.

H 3.30

Musikinstrumente sind keine Werkzeuge (→ BFH vom 21.8.1995 – BStBl. II S. 906).

R 3.31 Überlassung typischer Berufskleidung (§ 3 Nr. 31 EStG)

(1) [1]Steuerfrei ist nach § 3 Nr. 31 erster Halbsatz EStG nicht nur die Gestellung, sondern auch die Übereignung typischer Berufskleidung durch den Arbeitgeber. [2]Erhält der Arbeitnehmer die Berufskleidung von seinem Arbeitgeber zusätzlich zum ohnehin geschuldeten Arbeitslohn (→ R 3.33 Abs. 5), ist anzunehmen, dass es sich um typische Berufskleidung handelt, wenn nicht das Gegenteil offensichtlich ist. [3]Zur typischen Berufskleidung gehören Kleidungsstücke, die

1. als Arbeitsschutzkleidung auf die jeweils ausgeübte Berufstätigkeit zugeschnitten sind oder
2.[1)] nach ihrer z.B. uniformartigen Beschaffenheit oder dauerhaft angebrachten Kennzeichnung durch Firmenemblem objektiv eine berufliche Funktion erfüllen,

wenn ihre private Nutzung so gut wie ausgeschlossen ist. [4]Normale Schuhe und Unterwäsche sind z.B. keine typische Berufskleidung.

(2) [1]Die Steuerbefreiung nach § 3 Nr. 31 zweiter Halbsatz EStG beschränkt sich auf die Erstattung der Aufwendungen, die dem Arbeitnehmer durch den beruflichen Einsatz typischer Berufskleidung in den Fällen entstehen, in denen der Arbeitnehmer z.B. nach Unfallverhütungsvorschriften, Tarifvertrag oder Betriebsvereinbarung einen Anspruch auf Gestellung von Arbeitskleidung hat, der aus betrieblichen Gründen durch die Barvergütung abgelöst wird. [2]Die Barablösung einer Verpflichtung zur Gestellung von typischer Berufskleidung ist z.B. betrieblich begründet, wenn die Beschaffung der Kleidungsstücke durch den Arbeitnehmer für den Arbeitgeber vorteilhafter ist. [3]Pauschale Barablösungen sind steuerfrei, soweit sie die regelmäßigen Absetzungen für Abnutzung und die üblichen Instandhaltungs- und Instandsetzungskosten der typischen Berufskleidung abgelten. [4]Aufwendungen für die Reinigung gehören regelmäßig nicht zu den Instandhaltungs- und Instandsetzungskosten der typischen Berufsbekleidung.

H 3.31

Abgrenzung zwischen typischer Berufskleidung und bürgerlicher Kleidung. → BFH vom 18.4.1991 (BStBl. II S. 751).[2)]

[1)] Siehe BFH v. 22.6.2006 VI R 21/05, BStBl. II 2006, 915 (Gestellung einheitlicher bürgerlicher Kleidung ist nicht zwangsläufig Arbeitslohn), siehe auch H 19.3 LStH „Beispiele: Nicht zum Arbeitslohn gehören".

[2)] Überlassung exklusiver Kleidung zu Repräsentationszwecken ist Arbeitslohn; siehe BFH v. 11.4.2006 VI R 60/02, BStBl. II 2006, 691, siehe auch H 19.3 LStH „Beispiele: Zum Arbeitslohn gehören".

Lodenmantel ist keine typische Berufskleidung (→ BFH vom 19.1.1996 – BStBl. II S. 202).

R 3.32 Sammelbeförderung von Arbeitnehmern zwischen Wohnung und erster Tätigkeitsstätte (§ 3 Nr. 32 EStG)

Die Notwendigkeit einer Sammelbeförderung ist z. B. in den Fällen anzunehmen, in denen

1. die Beförderung mit öffentlichen Verkehrsmitteln nicht oder nur mit unverhältnismäßig hohem Zeitaufwand durchgeführt werden könnte oder
2. der Arbeitsablauf eine gleichzeitige Arbeitsaufnahme der beförderten Arbeitnehmer erfordert.

H 3.32

Lohnsteuerbescheinigung. Bei steuerfreier Sammelbeförderung zwischen Wohnung und erster Tätigkeitsstätte sowie bei Fahrten nach § 9 Abs. 1 Satz 3 Nr. 4a Satz 3 EStG ist der Großbuchstabe F anzugeben → BMF-Schreiben zur Ausstellung von Lohnsteuerbescheinigungen.[1)]

Sammelbeförderung. Sammelbeförderung i. S. d. § 3 Nr. 32 EStG ist die durch den Arbeitgeber organisierte oder zumindest veranlasste Beförderung mehrerer Arbeitnehmer; sie darf nicht auf dem Entschluss eines Arbeitnehmers beruhen. Das Vorliegen einer Sammelbeförderung bedarf grundsätzlich einer besonderen Rechtsgrundlage. Dies kann ein Tarifvertrag oder eine Betriebsvereinbarung sein (→ BFH vom 29.1.2009 – BStBl. 2010 II S. 1067).[2)]

R 3.33 Unterbringung und Betreuung von nicht schulpflichtigen Kindern (§ 3 Nr. 33 EStG)

(1)[3)] [1]Steuerfrei sind zusätzliche Arbeitgeberleistungen (→ Absatz 5) zur Unterbringung, einschließlich Unterkunft und Verpflegung, und Betreuung von nicht schulpflichtigen Kindern des Arbeitnehmers in Kindergärten oder vergleichbaren Einrichtungen. [2]Dies gilt auch, wenn der nicht beim Arbeitgeber beschäftigte Elternteil die Aufwendungen trägt. [3]Leistungen für die Vermittlung einer Unterbringungs- und Betreuungsmöglichkeit durch Dritte sind nicht steuerfrei.[4)] [4]Zuwendungen des Arbeitgebers an einen Kindergarten oder vergleichbare Einrichtung, durch die er für die Kinder seiner Arbeitnehmer ein Belegungsrecht ohne Bewerbungsverfahren und Wartezeit erwirbt, sind den Arbeitnehmern nicht als geldwerter Vorteil zuzurechnen.

(2) [1]Es ist gleichgültig, ob die Unterbringung und Betreuung in betrieblichen oder außerbetrieblichen Kindergärten erfolgt. [2]Vergleichbare Einrichtungen

---

1) Siehe BMF v. 9.9.2019, BStBl. I 2019, 911, v. 9.9.2020, BStBl. I 2020, 926 (Muster für 2021) u. v. 18.8.2021, BStBl. I 2021, 1079 (Muster für 2022).

2) Die unentgeltliche bzw. verbilligte Überlassung eines Dienstwagens durch den Arbeitgeber an den Arbeitnehmer für dessen Privatnutzung führt zum Lohnzufluss (Ls. 1 des zitierten BFH-Urteils v. 29.1.2009 VI R 56/07, BStBl. II 2010, 1067).

3) Als Sonderausgaben abziehbare Kinderbetreuungskosten sind um steuerfreie Arbeitgeberzuschüsse zu kürzen, siehe BFH v. 14.4.2021 III R 30/20, BStBl. II 2021, 772.

4) Ab VZ 2015 siehe aber § 3 Nr. 34a EStG.

sind z. B. Schulkindergärten, Kindertagesstätten, Kinderkrippen, Tagesmütter, Wochenmütter und Ganztagspflegestellen. [3]Die Einrichtung muss gleichzeitig zur Unterbringung und Betreuung von Kindern geeignet sein. [4]Die alleinige Betreuung im Haushalt, z. B. durch Kinderpflegerinnen, Hausgehilfinnen oder Familienangehörige, genügt nicht. [5]Soweit Arbeitgeberleistungen auch den Unterricht eines Kindes ermöglichen, sind sie nicht steuerfrei. [6]Das Gleiche gilt für Leistungen, die nicht unmittelbar der Betreuung eines Kindes dienen, z. B. die Beförderung zwischen Wohnung und Kindergarten.

(3) [1]Begünstigt sind nur Leistungen zur Unterbringung und Betreuung von nicht schulpflichtigen Kindern. [2]Ob ein Kind schulpflichtig ist, richtet sich nach dem jeweiligen landesrechtlichen Schulgesetz. [3]Die Schulpflicht ist aus Vereinfachungsgründen nicht zu prüfen bei Kindern, die

1. das 6. Lebensjahr noch nicht vollendet haben oder
2. im laufenden Kalenderjahr das 6. Lebensjahr nach dem 30. Juni vollendet haben, es sei denn, sie sind vorzeitig eingeschult worden, oder
3. im laufenden Kalenderjahr das 6. Lebensjahr vor dem 1. Juli vollendet haben, in den Monaten Januar bis Juli dieses Jahres.

[4]Den nicht schulpflichtigen Kindern stehen schulpflichtige Kinder gleich, solange sie mangels Schulreife vom Schulbesuch zurückgestellt oder noch nicht eingeschult sind.

(4) [1]Sachleistungen an den Arbeitnehmer, die über den nach § 3 Nr. 33 EStG steuerfreien Bereich hinausgehen, sind regelmäßig mit dem Wert nach § 8 Abs. 2 Satz 1 EStG dem Arbeitslohn hinzuzurechnen. [2]Barzuwendungen an den Arbeitnehmer sind nur steuerfrei, soweit der Arbeitnehmer dem Arbeitgeber die zweckentsprechende Verwendung nachgewiesen hat. [3]Der Arbeitgeber hat die Nachweise im Original als Belege zum Lohnkonto aufzubewahren.

(5) [1]Die Zusätzlichkeitsvoraussetzung erfordert, dass die zweckbestimmte Leistung zu dem Arbeitslohn hinzukommt, den der Arbeitgeber arbeitsrechtlich schuldet. [2]Wird eine zweckbestimmte Leistung unter Anrechnung auf den arbeitsrechtlich geschuldeten Arbeitslohn oder durch dessen Umwandlung gewährt, liegt keine zusätzliche Leistung vor. [3]Eine zusätzliche Leistung liegt aber dann vor, wenn sie unter Anrechnung auf eine andere freiwillige Sonderzahlung, z. B. freiwillig geleistetes Weihnachtsgeld, erbracht wird. [4]Unschädlich ist es, wenn der Arbeitgeber verschiedene zweckgebundene Leistungen zur Auswahl anbietet oder die übrigen Arbeitnehmer die freiwillige Sonderzahlung erhalten.

H 3.33

Zusätzlichkeitsvoraussetzung. → § 8 Abs. 4 EStG.

H 3.34 Zu § 3 Nr. 34 EStG

Umsetzungshilfe. → BMF vom 20.4.2021 (BStBl. I S. 700).

Zusätzlichkeitsvoraussetzung. → § 8 Abs. 4 EStG.

H 3.34a Zu § 3 Nr. 34a EStG

Zusätzlichkeitsvoraussetzung. → § 8 Abs. 4 EStG.

H 3.37 Zu § 3 Nr. 37 EStG

Zusätzlichkeitsvoraussetzung.
- → § 8 Abs. 4 EStG.
- Zur Bewertung der steuerpflichtigen Fahrradgestellung in den Fällen der Gehaltsumwandlung → Gleich lautende Ländererlasse vom 9.1.2020 (BStBl. I S. 174).

H 3.39 Zu § 3 Nr. 39 EStG

Allgemeine Grundsätze. → BMF vom 16.11.2021 (BStBl. I S. 2308).

Darlehensforderung. Darlehensforderungen i. S. d. § 2 Abs. 1 Nr. 1 Buchstabe k des 5. VermBG können in der Regel dann unter dem Nennwert bewertet werden, wenn die Forderung unverzinslich ist (→ R B 12.1 Abs. 1 Nr. 1 ErbStR); eine Bewertung über dem Nennwert ist im Allgemeinen dann gerechtfertigt, wenn die Forderung hochverzinst und von Seiten des Schuldners (Arbeitgebers) für längere Zeit unkündbar ist (→ R B 12.1 Abs. 1 Nr. 2 ErbStR).

Wert der Vermögensbeteiligung.
- Veräußerungssperren mindern den Wert der Vermögensbeteiligung nicht (→ BMF vom 16.11.2021 – BStBl. I S. 2308, Tz. 1.3).
- Der gemeine Wert nicht börsennotierter Aktien lässt sich nicht i. S. d. § 11 Abs. 2 Satz 2 BewG aus Verkäufen ableiten, wenn nach den Veräußerungen, aber noch vor dem Bewertungsstichtag weitere objektive Umstände hinzutreten, die dafür sprechen, dass diese Verkäufe nicht mehr den gemeinen Wert der Aktien repräsentieren, und es an objektiven Maßstäben für Zu- und Abschläge fehlt, um von den festgestellten Verkaufspreisen der Aktien auf deren gemeinen Wert zum Bewertungsstichtag schließen zu können (→ BFH vom 29.7.2010 – BStBl. 2011 II S. 68).
- Der gemäß § 11 Abs. 2 Satz 2 BewG zu ermittelnde gemeine Wert nicht börsennotierter Aktien ist vorrangig aus der Wertbestätigung am Markt abzuleiten, also von dem Preis, der bei einer Veräußerung im gewöhnlichen Geschäftsverkehr tatsächlich erzielt wurde. Bei nicht börsennotierten Aktien kann der gemeine Wert grundsätzlich vom Wert der börsennotierten gattungsgleichen Aktien abgeleitet werden. Die grundsätzlich auf den Zeitpunkt des Lohnzuflusses stichtagsbezogen vorzunehmende Bewertung von Sachlohn gebietet es, den gemeinen Wert nicht börsennotierter Aktien aus Verkäufen abzuleiten, die am Bewertungsstichtag oder, wenn solche Verkäufe nicht feststellbar sind, möglichst in zeitlicher Nähe zum Bewertungsstichtag getätigt wurden (→ BFH vom 1.9.2016 – BStBl. 2017 II S. 149).

Zuflusszeitpunkt der Vermögensbeteiligung. → BMF vom 16.11.2021 *(BStBl. I S. 2308), Tz. 1.6.*

R 3.45[1)] Betriebliche Datenverarbeitungs- und Telekommunikationsgeräte (§ 3 Nr. 45 EStG)

[1]Die Privatnutzung betrieblicher Datenverarbeitungs- und Telekommunikationsgeräte durch den Arbeitnehmer ist unabhängig vom Verhältnis der beruflichen zur privaten Nutzung steuerfrei. [2]Die Steuerfreiheit umfasst auch die Nutzung von Zubehör und Software. [3]Sie ist nicht auf die private Nutzung im Betrieb beschränkt, sondern gilt beispielsweise auch für Mobiltelefone im Auto oder Personalcomputer in der Wohnung des Arbeitnehmers. [4]Die Steuerfreiheit gilt nur für die Überlassung zur Nutzung durch den Arbeitgeber oder auf Grund des Dienstverhältnisses durch einen Dritten. [5]In diesen Fällen sind auch die vom Arbeitgeber getragenen Verbindungsentgelte (Grundgebühr und sonstige laufende Kosten) steuerfrei. [6]Für die Steuerfreiheit kommt es nicht darauf an, ob die Vorteile zusätzlich zum ohnehin geschuldeten Arbeitslohn[2)] oder auf Grund einer Vereinbarung mit dem Arbeitgeber über die Herabsetzung von Arbeitslohn erbracht werden.

H 3.45

Anwendungsbereich. Die auf Arbeitnehmer beschränkte Steuerfreiheit für die Vorteile aus der privaten Nutzung von betrieblichen Personalcomputern und Telekommunikationsgeräten (§ 3 Nr. 45 EStG) verletzt nicht den Gleichheitssatz (→ BFH vom 21.6.2006 – BStBl. II S. 715).

Beispiele für die Anwendung des § 3 Nr. 45 EStG:

Beispiel 1:

Der Arbeitgeber least einen PC und überlässt dieses Gerät dem Arbeitnehmer zur ausschließlich privaten Nutzung. Gegenüber dem Leasinggeber schuldet der Arbeitgeber die Leasingraten. In entsprechender Höhe wird eine Herabsetzung des Bruttogehalts vereinbart (Gehaltsumwandlung).

Da die Steuerbefreiungsvorschrift des § 3 Nr. 45 EStG keine Zusätzlichkeitsvoraussetzung enthält, ist die Herabsetzung des Bruttogehalts im Wege der Gehaltsumwandlung anzuerkennen; die Vereinbarung einer etwaigen Rückfallklausel/Ausstiegsklausel steht der Anerkennung nicht entgegen.

Beispiel 2:

Der Arbeitgeber „kauft" vom Arbeitnehmer ein Mobiltelefon zu einem nicht marktüblichen Preis von z. B. 1 Euro und stellt es anschließend dem Arbeitnehmer zur privaten Nutzung zur Verfügung. Die Verbindungsentgelte des Arbeitnehmers werden nach dem „Kauf" vom Arbeitgeber übernommen.

Eine Steuerbefreiung der Verbindungsentgelte nach § 3 Nr. 45 EStG kommt nicht in Betracht, da der Kaufvertrag einem Fremdvergleich nicht standhält und es sich somit bei der Zurverfügungstellung des Mobiltelefons nicht um ein betriebliches Telekommunikationsgerät des Arbeitgebers handelt.

Beispiele für begünstigte Geräte und Leistungen:

– **Betriebliche Datenverarbeitungsgeräte und Telekommunikationsgeräte.** Begünstigt sind u. a. Personalcomputer, Laptop, Handy, Smartphone, Smartwatch, Tablet, Autotelefon.
Regelmäßig nicht begünstigt sind Smart TV, Konsole, MP3-Player, Spielautomat, E-Book-Reader, Gebrauchsgegenstand mit eingebautem Mikrochip, Digitalkamera und

---

1) Zur betriebsgewöhnlichen Nutzungsdauer von Computerhardware und Software siehe BMF v. 22.2.2022, BStBl. I 2022, 187.

2) Siehe § 8 Abs. 4 EStG.

digitaler Videocamcorder, weil es sich nicht um betriebliche Geräte des Arbeitgebers handelt. Nicht begünstigt ist auch ein vorinstalliertes Navigationsgerät im Pkw (→ BFH vom 16.2.2005 – BStBl. II S. 563).

– **System- und Anwendungsprogramme.** Begünstigt sind u. a. im Betrieb des Arbeitgebers eingesetzte Betriebssysteme, Browser, Virenscanner, Softwareprogramme (z. B. Home-Use-Programme, Volumenlizenzvereinbarungen).
  Regelmäßig nicht begünstigt sind mangels Einsatz im Betrieb des Arbeitgebers u. a. Computerspiele.
– **Zubehör.** Begünstigt sind u. a. betriebliche Monitore, Drucker, Beamer, Scanner, Modems, Netzwerkswitches, Router, Hubs, Bridges, ISDN-Karten, Sim-Karten, UMTS-Karte, LTE-Karten, Ladegeräte und Transportbehältnisse.
– **Dienstleistung.** Begünstigt ist insbesondere die Installation oder Inbetriebnahme der begünstigten Geräte und Programme i. S. d. § 3 Nr. 45 EStG durch einen IT-Service des Arbeitgebers.

H 3.46 Zu § 3 Nr. 46 EStG

Anwendungsbereich. → BMF vom 29.9.2020 (BStBl. I S. 972).

Zusätzlichkeitsvoraussetzung. → § 8 Abs. 4 EStG.

R 3.50 Durchlaufende Gelder, Auslagenersatz (§ 3 Nr. 50 EStG)

(1) [1] Durchlaufende Gelder oder Auslagenersatz liegen vor, wenn

1. der Arbeitnehmer die Ausgaben für Rechnung des Arbeitgebers macht, wobei es gleichgültig ist, ob das im Namen des Arbeitgebers oder im eigenen Namen geschieht und
2. über die Ausgaben im Einzelnen abgerechnet wird.

[2] Dabei sind die Ausgaben des Arbeitnehmers bei ihm so zu beurteilen, als hätte der Arbeitgeber sie selbst getätigt. [3] Die Steuerfreiheit der durchlaufenden Gelder oder des Auslagenersatzes nach § 3 Nr. 50 EStG ist hiernach stets dann ausgeschlossen, wenn die Ausgaben durch das Dienstverhältnis des Arbeitnehmers veranlasst sind (→ R 19.3). [4] Durchlaufende Gelder oder Auslagenersatz werden immer zusätzlich gezahlt, da sie ihrem Wesen nach keinen Arbeitslohn darstellen. [5] Sie können daher auch keinen anderen Arbeitslohn ersetzen.

(2) [1] Pauschaler Auslagenersatz führt regelmäßig zu Arbeitslohn. [2] Ausnahmsweise kann pauschaler Auslagenersatz steuerfrei bleiben, wenn er regelmäßig wiederkehrt und der Arbeitnehmer die entstandenen Aufwendungen für einen repräsentativen Zeitraum von drei Monaten im Einzelnen nachweist. [3] Dabei können bei Aufwendungen für Telekommunikation auch die Aufwendungen für das Nutzungsentgelt einer Telefonanlage sowie für den Grundpreis der Anschlüsse entsprechend dem beruflichen Anteil der Verbindungsentgelte an den gesamten Verbindungsentgelten (Telefon und Internet) steuerfrei ersetzt werden. [4] Fallen erfahrungsgemäß beruflich veranlasste Telekommunikationsaufwendungen an, können aus Vereinfachungsgründen ohne Einzelnachweis bis zu 20% des Rechnungsbetrags, höchstens 20 Euro monatlich steuerfrei ersetzt werden. [5] Zur weiteren Vereinfachung kann der monatliche Durchschnittsbetrag, der sich aus den Rechnungsbeträgen für einen repräsentativen Zeitraum von drei Monaten ergibt, für den pauschalen Auslagenersatz fortgeführt werden. [6] Der pauschale Auslagenersatz bleibt grundsätzlich so

lange steuerfrei, bis sich die Verhältnisse wesentlich ändern. [7] Eine wesentliche Änderung der Verhältnisse kann sich insbesondere im Zusammenhang mit einer Änderung der Berufstätigkeit ergeben.

H 3.50

Allgemeines.

- **Nicht** nach § 3 Nr. 50 EStG **steuerfrei:**
  - Ersatz von Werbungskosten
  - Ersatz von Kosten der privaten Lebensführung des Arbeitnehmers.[1)]
- **Steuerfrei** ist z. B. der Ersatz von Gebühren für ein geschäftliches Telefongespräch, das der Arbeitnehmer für den Arbeitgeber außerhalb des Betriebs führt.

Ersatz von Reparaturkosten. Ersetzt der Arbeitgeber auf Grund einer tarifvertraglichen Verpflichtung dem als Orchestermusiker beschäftigten Arbeitnehmer die Kosten der Instandsetzung des dem Arbeitnehmer gehörenden Musikinstruments, so handelt es sich dabei um steuerfreien Auslagenersatz (→ BFH vom 28.3.2006 – BStBl. II S. 473).

Garagenmiete. Stellt der Arbeitnehmer den Dienstwagen in einer von ihm angemieteten Garage unter, handelt es sich bei der vom Arbeitgeber erstatteten Garagenmiete um steuerfreien Auslagenersatz (→ BFH vom 7.6.2002 – BStBl. II S. 829).

Pauschaler Auslagenersatz führt regelmäßig zu Arbeitslohn (→ BFH vom 10.6.1966 – BStBl. III S. 607). Er ist nur dann steuerfrei, wenn der Steuerpflichtige nachweist, dass die Pauschale den tatsächlichen Aufwendungen im Großen und Ganzen entspricht (→ BFH vom 2.10.2003 – BStBl. 2004 II S. 129).
→ BMF vom 29.9.2020 (BStBl. I S. 972), Rdnr. 22–26.

H 3.51 Zu § 3 Nr. 51 EStG

Freiwillige Sonderzahlungen an Arbeitnehmer eines konzernverbundenen Unternehmens sind keine steuerfreien Trinkgelder (→ BFH vom 3.5.2007 – BStBl. II S. 712).

Notarassessoren. Freiwillige Zahlungen von Notaren an Notarassessoren für deren Vertretungstätigkeit sind keine steuerfreien Trinkgelder (→ BFH vom 10.3.2015 – BStBl. II S. 767).

Spielbank.

- Aus dem Spielbanktronc finanzierte Zahlungen an die Arbeitnehmer der Spielbank sind keine steuerfreien Trinkgelder (→ BFH vom 18.12.2008 – BStBl. 2009 II S. 820).
- Freiwillige Zahlungen von Spielbankkunden an die Saalassistenten einer Spielbank für das Servieren von Speisen und Getränken können steuerfreie Trinkgelder sein. Die Steuerfreiheit entfällt nicht dadurch, dass der Arbeitgeber als eine Art Treuhänder bei der Aufbewahrung und Verteilung der Gelder eingeschaltet ist (→ BFH vom 18.6.2015 – BStBl. 2016 II S. 751).

---

1) Kein steuerfreier Auslagenersatz für Zuschuss zu Sicherheitsmaßnahmen am Wohnhaus des Arbeitnehmers; siehe BFH v. 5.4.2006 IX R 109/00, BStBl. II 2006, 541.

H 3.55 Zu § 3 Nr. 55 EStG

Übertragung der betrieblichen Altersversorgung. → BMF vom 12.8.2021 (BStBl. I S. 1050), Rn. 57–62.

H 3.55a Zu § 3 Nr. 55a EStG

Allgemeine Grundsätze. → BMF vom 21.12.2017 (BStBl. 2018 I S. 93), Rz. 319; → BMF vom 19.8.2013 (BStBl. I S. 1087), Rz. 270 ff.

H 3.55b Zu § 3 Nr. 55b EStG

Allgemeine Grundsätze. → BMF vom 21.12.2017 (BStBl. 2018 I S. 93), Rz. 323–324; → BMF vom 19.8.2013 (BStBl. I S. 1087), Rz. 270 ff.

H 3.55c Zu § 3 Nr. 55c EStG

Allgemeine Grundsätze. → BMF vom 12.8.2021 (BStBl. I S. 1050), Rn. 63; → BMF vom 21.12.2017 (BStBl. 2018 I S. 93), Rz. 150 ff.

H 3.56 Zu § 3 Nr. 56 EStG

Allgemeine Grundsätze. → BMF vom 12.8.2021 (BStBl. I S. 1050), Rn. 76–82.

R 3.58 Zuschüsse und Zinsvorteile aus öffentlichen Haushalten (§ 3 Nr. 58 EStG)

Öffentliche Haushalte i. S. d. § 3 Nr. 58 EStG sind die Haushalte des Bundes, der Länder, der Gemeinden, der Gemeindeverbände, der kommunalen Zweckverbände und der Sozialversicherungsträger.

H 3.58 Zu § 3 Nr. 58 EStG

Öffentliche Haushalte. Die Handwerkskammer führt als Körperschaft des öffentlichen Rechts einen öffentlichen Haushalt i. S. d. § 3 Nr. 58 EStG (→ BFH vom 3.7.2019 – BStBl. 2020 II S. 241).

Steuerfreiheit von Zinsvergünstigungen. Eine Steuerbefreiung nach § 3 Nr. 58 EStG kann nur gewährt werden, wenn die Einkommensgrenzen des im Einzelfall einschlägigen Wohnraumförderungsgesetzes oder des Landesgesetzes zur Wohnraumförderung eingehalten sind (→ BFH vom 3.7.2019 – BStBl. 2020 II S. 241).

R 3.59 Steuerfreie Mietvorteile (§ 3 Nr. 59 EStG)

[1] Steuerfrei sind Mietvorteile, die im Rahmen eines Dienstverhältnisses gewährt werden und die auf der Förderung nach dem Zweiten Wohnungsbaugesetz, dem Wohnungsbaugesetz für das Saarland, nach dem Wohnraumförderungsgesetz (WoFG) oder den Landesgesetzen zur Wohnraumförderung beruhen. [2] Mietvorteile, die sich aus dem Einsatz von Wohnungsfürsorgemitteln aus öffentlichen Haushalten ergeben, sind ebenfalls steuerfrei. [3] Bei einer Wohnung, die ohne Mittel aus öffentlichen Haushalten errichtet worden ist, gilt Folgendes: [4] Die Mietvorteile im Rahmen eines Dienstverhältnisses sind *steuerfrei, wenn die Wohnung* im Zeitpunkt ihres Bezugs durch den Arbeitnehmer für eine Förderung mit Mitteln aus öffentlichen Haushalten in Be-

tracht gekommen wäre. [5] § 3 Nr. 59 EStG ist deshalb nur auf Wohnungen anwendbar, die im Geltungszeitraum der in Satz 1 genannten Gesetze errichtet worden sind, d.h. auf Baujahrgänge ab 1957. [6] Es muss nicht geprüft werden, ob der Arbeitnehmer nach seinen Einkommensverhältnissen als Mieter einer geförderten Wohnung in Betracht kommt. [7] Der Höhe nach ist die Steuerbefreiung auf die Mietvorteile begrenzt, die sich aus der Förderung nach den in Satz 1 genannten Gesetzen ergeben würden. [8] § 3 Nr. 59 EStG ist deshalb nicht anwendbar auf Wohnungen, für die der Förderzeitraum abgelaufen ist. [9] Wenn der Förderzeitraum im Zeitpunkt des Bezugs der Wohnung durch den Arbeitnehmer noch nicht abgelaufen ist, ist ein Mietvorteil bis zur Höhe des Teilbetrags steuerfrei, auf den der Arbeitgeber gegenüber der Vergleichsmiete verzichten müsste, wenn die Errichtung der Wohnung nach den in Satz 1 genannten Gesetzen gefördert worden wäre. [10] Der steuerfreie Teilbetrag verringert sich in dem Maße, in dem der Arbeitgeber nach den Förderregelungen eine höhere Miete verlangen könnte. [11] Mit Ablauf der Mietbindungsfrist läuft auch die Steuerbefreiung aus. [12] Soweit später zulässige Mieterhöhungen z.B. nach Ablauf des Förderzeitraums im Hinblick auf das Dienstverhältnis unterblieben sind, sind sie in den steuerpflichtigen Mietvorteil einzubeziehen.

H 3.59

Steuerfreie Mietvorteile im Zusammenhang mit einem Arbeitsverhältnis. R 3.59 Sätze 2 bis 4 LStR sind unabhängig vom BFH-Urteil vom 16.2.2005 (BStBl. II S. 750) weiterhin anzuwenden (→ BMF vom 10.10.2005 – BStBl. I S. 959).

R 3.62 Zukunftssicherungsleistungen (§ 3 Nr. 62 EStG, § 2 Abs. 2 Nr. 3 LStDV)

Leistungen auf Grund gesetzlicher Verpflichtungen

(1) [1] Zu den nach § 3 Nr. 62 EStG steuerfreien Ausgaben des Arbeitgebers für die Zukunftssicherung des Arbeitnehmers (§ 2 Abs. 2 Nr. 3 Satz 1 und 2 LStDV) gehören insbesondere die Beitragsanteile des Arbeitgebers am Gesamtsozialversicherungsbeitrag (Rentenversicherung, Krankenversicherung, Pflegeversicherung, Arbeitslosenversicherung), Beiträge des Arbeitgebers nach § 172a SGB VI[1)] zu einer berufsständischen Versorgungseinrichtung für Arbeitnehmer, die nach § 6 Abs. 1 Satz 1 Nr. 1 SGB VI von der Versicherungspflicht in der gesetzlichen Rentenversicherung befreit sind, und Beiträge des Arbeitgebers nach § 249b SGB V[1)] und nach §§ 168 Abs. 1 Nr. 1b oder 1c, 172 Abs. 3 oder 3a, 276a Abs. 1 SGB VI für geringfügig Beschäftigte. [2] Dies gilt auch für solche Beitragsanteile, die auf Grund einer nach ausländischen Gesetzen bestehenden Verpflichtung an ausländische Sozialversicherungsträger, die den inländischen Sozialversicherungsträgern vergleichbar sind, geleistet werden. [3] Steuerfrei sind nach § 3 Nr. 62 EStG auch vom Arbeitgeber nach § 3 Abs. 3 Satz 3 SvEV[2)] übernommene Arbeitnehmeranteile am Gesamtsozialversicherungsbeitrag sowie Krankenversicherungsbeiträge, die der Arbeitgeber nach § 9 der Mutterschutz-

---

1) **Aichberger SGB** Nr. **5** bzw. Nr. **6**.
2) **Steuergesetze** Nr. **21**.

und Elternzeitverordnung oder nach entsprechenden Rechtsvorschriften der Länder erstattet. [4]Zukunftssicherungsleistungen auf Grund einer tarifvertraglichen Verpflichtung sind dagegen nicht nach § 3 Nr. 62 EStG steuerfrei.

(2) Für Ausgaben des Arbeitgebers zur Kranken- und Pflegeversicherung des Arbeitnehmers gilt Folgendes:

1. [1]Die Beitragsteile und Zuschüsse des Arbeitgebers zur gesetzlichen Krankenversicherung und zur sozialen Pflegeversicherung eines gesetzlich krankenversicherungspflichtigen Arbeitnehmers sind steuerfrei, soweit der Arbeitgeber zur Tragung der Beiträge verpflichtet ist (§ 249 SGB V,[1)] § 58 SGB XI).[1)] [2]Der Zusatzbeitrag (§ 242 SGB V)[1)·2)] sowie der Beitragszuschlag für Kinderlose i. H. v. 0,25 %[3)] (§ 55 Abs. 3 SGB XI) sind vom Arbeitnehmer allein zu tragen und können deshalb vom Arbeitgeber nicht steuerfrei erstattet werden.
2. [1]Zuschüsse des Arbeitgebers zur gesetzlichen Krankenversicherung und zur sozialen Pflegeversicherung oder privaten Pflege-Pflichtversicherung eines nicht gesetzlich krankenversicherungspflichtigen Arbeitnehmers, der in der gesetzlichen Krankenversicherung freiwillig versichert ist, sind nach § 3 Nr. 62 EStG steuerfrei, soweit der Arbeitgeber nach § 257 Abs. 1 SGB V[1)] und nach § 61 Abs. 1 SGB XI[1)] zur Zuschussleistung verpflichtet ist. [2]Soweit bei Beziehern von Kurzarbeitergeld ein fiktives Arbeitsentgelt maßgebend ist, bleiben die Arbeitgeberzuschüsse in voller Höhe steuerfrei (§ 257 Abs. 1 i. V. m. § 249 Abs. 2 SGB V). [3]Übersteigt das Arbeitsentgelt nur auf Grund von einmalig gezahltem Arbeitsentgelt die Beitragsbemessungsgrenze und hat der Arbeitnehmer deshalb für jeden Monat die Höchstbeiträge an die Kranken- und Pflegekasse zu zahlen, sind die Arbeitgeberzuschüsse aus Vereinfachungsgründen entsprechend der Höchstbeiträge steuerfrei. [4]Dies gilt auch dann, wenn das im Krankheitsfall fortgezahlte Arbeitsentgelt die monatliche Beitragsbemessungsgrenze unterschreitet und der Arbeitnehmer dennoch für die Dauer der Entgeltfortzahlung die Höchstbeiträge an die Kranken- und Pflegekasse zu zahlen hat.
3. [1]Zuschüsse des Arbeitgebers zu den Kranken- und Pflegeversicherungsbeiträgen eines nicht gesetzlich krankenversicherungspflichtigen Arbeitnehmers, der eine private Kranken- und Pflege-Pflichtversicherung abgeschlossen hat, sind ebenfalls nach § 3 Nr. 62 EStG steuerfrei, soweit der Arbeitgeber nach § 257 Abs. 2 SGB V[1)] sowie nach § 61 Abs. 2 SGB XI[1)] zur Zuschussleistung verpflichtet ist. [2]Der Anspruch auf den Arbeitgeberzuschuss an den bei einem privaten Krankenversicherungsunternehmen versicherten Arbeitnehmer setzt voraus, dass der private Krankenversicherungsschutz Leistungen zum Inhalt hat, die ihrer Art nach auch den Leistungen des SGB V entsprechen. [3]Die Höhe des Arbeitgeberzuschusses bemisst sich nach § 257 Abs. 2 Satz 2 SGB V. [4]Eine leistungsbezogene Begrenzung des Zuschusses sieht § 257 Abs. 2 Satz 2 SGB V

---

1) **Aichberger SGB** Nr. **5** bzw. Nr. **11**.

2) **[Amtl. Anm.:]** Seit 2019 wird der Zusatzbeitrag vom Arbeitgeber und Arbeitnehmer je zur Hälfte getragen (GKV-Versichertenentlastungsgesetz). Ein Beitragsanteil des Arbeitnehmers am Zusatzbeitrag kann vom Arbeitgeber nicht steuerfrei erstattet werden.

3) **[Amtl. Anm.:]** Ab 2022 0,35% (Gesundheitsversorgungsweiterentwicklungsgesetz v. 11.7.2021, BGBl. I 2021, 2754).

nicht vor, so dass Beiträge zur privaten Krankenversicherung im Rahmen des § 257 SGB V zuschussfähig sind, auch wenn der Krankenversicherungsvertrag Leistungserweiterungen enthält (§ 11 Abs. 1, § 257 Abs. 2 Satz 1 SGB V). [5] Die für Zwecke des Sonderausgabenabzugs bestehenden Regelungen der Krankenversicherungsbeitragsanteils-Ermittlungsverordnung (KVBEVO) bilden keine Grundlage für die Bemessung des Arbeitgeberzuschusses. [6] Nummer 2 Satz 4 und 5 gilt entsprechend. [7] Für die private Pflege-Pflichtversicherung gilt, dass der Versicherungsschutz Leistungen zum Inhalt haben muss, die nach Art und Umfang den Leistungen der sozialen Pflegeversicherung nach dem SGB XI entsprechen (§ 61 Abs. 2 Satz 1 SGB XI). [8] Die Höhe des Arbeitgeberzuschusses bemisst sich nach § 61 Abs. 2 Satz 2 SGB XI. [9] Der Arbeitgeber darf Zuschüsse zu einer privaten Krankenversicherung und zu einer privaten Pflege-Pflichtversicherung des Arbeitnehmers nur dann steuerfrei lassen, wenn der Arbeitnehmer eine Bescheinigung des Versicherungsunternehmens vorlegt, in der bestätigt wird, dass die Voraussetzungen des § 257 Abs. 2a SGB V und des § 61 Abs. 5 SGB XI vorliegen und dass es sich bei den vertraglichen Leistungen um Leistungen i. S. d. SGB V und SGB XI handelt. [10] Die Bescheinigung muss außerdem Angaben über die Höhe des für die vertraglichen Leistungen i. S. d. SGB V und SGB XI zu zahlenden Versicherungsbeitrags enthalten. [11] Der Arbeitgeber hat die Bescheinigung als Unterlage zum Lohnkonto aufzubewahren. [12] Soweit der Arbeitgeber die steuerfreien Zuschüsse unmittelbar an den Arbeitnehmer auszahlt, hat der Arbeitnehmer die zweckentsprechende Verwendung durch eine Bescheinigung des Versicherungsunternehmens über die tatsächlichen Kranken- und Pflege-Pflichtversicherungsbeiträge nach Ablauf eines jeden Kalenderjahrs nachzuweisen; der Arbeitgeber hat diese Bescheinigung als Unterlage zum Lohnkonto aufzubewahren. [13] Diese Bescheinigung kann mit der Bescheinigung nach den Sätzen 9 und 10 verbunden werden.

Den gesetzlichen Pflichtbeiträgen gleichgestellte Zuschüsse

(3)[1)] [1] Nach § 3 Nr. 62 Satz 2 EStG sind den Ausgaben des Arbeitgebers für die Zukunftssicherung des Arbeitnehmers, die auf Grund gesetzlicher Verpflichtung geleistet werden, die Zuschüsse des Arbeitgebers gleichgestellt, die zu den Beiträgen des Arbeitnehmers für eine Lebensversicherung – auch für die mit einer betrieblichen Pensionskasse abgeschlossene Lebensversicherung –, für die freiwillige Versicherung in der gesetzlichen Rentenversicherung oder für eine öffentlich-rechtliche Versicherungs- oder Versorgungseinrichtung der Berufsgruppe geleistet werden, wenn der Arbeitnehmer von der Versicherungspflicht in der gesetzlichen Rentenversicherung nach einer der folgenden Vorschriften auf eigenen Antrag befreit worden ist:

---

1) Kein Arbeitslohn bei Sonderzahlungen an Zusatzversorgungskasse, siehe BFH v. 14.9.2005 VI R 32/04, BStBl. II 2006, 500, u. VI R 148/98, BStBl. II 2006, 532; ebenso bei Gegenwertzahlungen beim Ausscheiden eines öffentlichen Arbeitgebers aus Versorgungssystem, siehe BFH v. 15.2.2006 VI R 92/04, BStBl. II 2006, 528. – Zur freiwilligen Rentenversicherung für Kirchenbeamte siehe BFH v. 5.9.2006 VI R 38/04, BStBl. II 2007, 181, und Nichtanwendungserlass BMF v. 13.2.2007, BStBl. I 2007, 270.

1. § 18 Abs. 3 des Gesetzes über die Erhöhung der Einkommensgrenzen in der Sozialversicherung und der Arbeitslosenversicherung und zur Änderung der Zwölften Verordnung zum Aufbau der Sozialversicherung vom 13.8.1952 (BGBl. I S. 437),
2. Artikel 2 § 1 des Angestelltenversicherungs-Neuregelungsgesetzes vom 23.2.1957 (BGBl. I S. 88, 1074) oder Artikel 2 § 1 des Knappschaftsrentenversicherungs-Neuregelungsgesetzes vom 21.5.1957 (BGBl. I S. 533), jeweils in der bis zum 30.6.1965 geltenden Fassung,
3. § 7 Abs. 2 des Angestelltenversicherungsgesetzes (AVG) i. d. F. des Artikels 1 des Angestelltenversicherungs-Neuregelungsgesetzes vom 23.2.1957 (BGBl. I S. 88, 1074),
4. Artikel 2 § 1 des Angestelltenversicherungs-Neuregelungsgesetzes oder Artikel 2 § 1 des Knappschaftsrentenversicherungs-Neuregelungsgesetzes, jeweils i. d. F. des Rentenversicherungs-Änderungsgesetzes vom 9.6.1965 (BGBl. I S. 476),
5. Artikel 2 § 1 des Zweiten Rentenversicherungs-Änderungsgesetzes vom 23.12.1966 (BGBl. I S. 745),
6. Artikel 2 § 1 des Angestelltenversicherungs-Neuregelungsgesetzes oder Artikel 2 § 1 des Knappschaftsrentenversicherungs-Neuregelungsgesetzes, jeweils i. d. F. des Finanzänderungsgesetzes 1967 vom 21.12.1967 (BGBl. I S. 1259),
7. Artikel 2 § 1 Abs. 2 des Angestelltenversicherungs-Neuregelungsgesetzes oder Artikel 2 § 1 Abs. 1a des Knappschaftsrentenversicherungs-Neuregelungsgesetzes, jeweils i. d. F. des Dritten Rentenversicherungs-Änderungsgesetzes vom 28.7.1969 (BGBl. I S. 956),
8. § 20 des Gesetzes über die Sozialversicherung vom 28.6.1990 (GBl. der Deutschen Demokratischen Republik I Nr. 38 S. 486) i. V. m. § 231a SGB VI i. d. F. des Gesetzes zur Herstellung der Rechtseinheit in der gesetzlichen Renten- und Unfallversicherung (Renten-Überleitungsgesetz – RÜG) vom 25.7.1991 (BGBl. I S. 1606).

[2] Zuschüsse des Arbeitgebers im Sinne des § 3 Nr. 62 Satz 2 EStG liegen nicht vor, wenn der Arbeitnehmer kraft Gesetzes in der gesetzlichen Rentenversicherung versicherungsfrei ist. [3] Den Beiträgen des Arbeitnehmers für eine freiwillige Versicherung in der allgemeinen Rentenversicherung stehen im Übrigen Beiträge für die freiwillige Versicherung in der knappschaftlichen Rentenversicherung oder für die Selbstversicherung/Weiterversicherung in der gesetzlichen Rentenversicherung gleich.

Höhe der steuerfreien Zuschüsse, Nachweis

(4) [1] Die Steuerfreiheit der Zuschüsse beschränkt sich nach § 3 Nr. 62 Satz 3 EStG im Grundsatz auf den Betrag, den der Arbeitgeber als Arbeitgeberanteil zur gesetzlichen Rentenversicherung aufzuwenden hätte, wenn der Arbeitnehmer nicht von der gesetzlichen Versicherungspflicht befreit worden wäre. [2] Soweit der Arbeitgeber die steuerfreien Zuschüsse unmittelbar an den Arbeitnehmer auszahlt, hat dieser die zweckentsprechende Verwendung durch eine entsprechende Bescheinigung des Versicherungsträgers bis zum 30. April *des folgenden Kalenderjahres* nachzuweisen. [3] Die Bescheinigung ist als Unterlage zum Lohnkonto aufzubewahren.

H 3.62

Ausländische Krankenversicherung. Die nach § 3 Nr. 62 Satz 1 EStG für die Steuerfreiheit vorausgesetzte gesetzliche Verpflichtung zu einer Zukunftssicherungsleistung des Arbeitgebers ergibt sich für einen Arbeitgeberzuschuss zu einer privaten Krankenversicherung aus § 257 Abs. 2a Satz 1 SGB V. § 257 Abs. 2a SGB V findet auch auf Steuerpflichtige Anwendung, die eine Krankenversicherung bei einem Versicherungsunternehmen abgeschlossen haben, das in einem anderen Land der EU seinen Sitz hat und ist vom Steuerpflichtigen nachzuweisen. Die Vorlage der Bescheinigung nach § 257 Abs. 2a SGB V ist nicht konstitutive Voraussetzung der Steuerbefreiung (→ BFH vom 22.7.2008 – BStBl. II S. 894).

Ausländische Versicherungsunternehmen. Zahlungen des Arbeitgebers an ausländische Versicherungsunternehmen sind nicht steuerfrei, wenn sie auf vertraglicher Grundlage entrichtet werden (→ BFH vom 28.5.2009 – BStBl. II S. 857).

Ausländischer Sozialversicherungsträger.

- Arbeitgeberanteile zur ausländischen Sozialversicherung sind nicht steuerfrei, wenn sie auf vertraglicher Grundlage und damit freiwillig entrichtet werden (→ BFH vom 18.5.2004 – BStBl. II S. 1014).
- Zu Zuschüssen zu einer ausländischen gesetzlichen Krankenversicherung → BMF vom 30.1.2014 (BStBl. I S. 210).
- Bei Beiträgen zu einer ausländischen gesetzlichen Rentenversicherung ist die Anwendung des § 3 Nr. 62 EStG nicht durch die inländische Beitragsbemessungsgrenze begrenzt (→ BMF vom 27.7.2016 – BStBl. I S. 759).

Beitragszuschlag. Der Beitragszuschlag für Kinderlose in der sozialen Pflegeversicherung i. H. v. 0,35% ist vom Arbeitnehmer allein zu tragen und kann deshalb vom Arbeitgeber nicht steuerfrei erstattet werden (→ § 55 Abs. 3 i. V. m. § 58 Abs. 1 SGB XI).[1]

Entscheidung des Sozialversicherungsträgers. Bei der Frage, ob die Ausgaben des Arbeitgebers für die Zukunftssicherung des Arbeitnehmers auf einer gesetzlichen Verpflichtung beruhen, ist der Entscheidung des zuständigen Sozialversicherungsträgers des Arbeitnehmers zu folgen, wenn sie nicht offensichtlich rechtswidrig ist (→ BFH vom 6.6.2002 – BStBl. 2003 II S. 34 und vom 21.1.2010 – BStBl. II S. 703).

Gegenwärtiger Versicherungsstatus. Für die Steuerfreiheit von Arbeitgeberzuschüssen zu einer Lebensversicherung des Arbeitnehmers ist dessen gegenwärtiger Versicherungsstatus maßgeblich. Die Zuschüsse sind nicht nach § 3 Nr. 62 Satz 2 EStG steuerfrei, wenn der Arbeitnehmer als nunmehr beherrschender Gesellschafter-Geschäftsführer kraft Gesetzes rentenversicherungsfrei geworden ist, auch wenn er sich ursprünglich auf eigenen Antrag von der Rentenversicherungspflicht hatte befreien lassen (→ BFH vom 10.10.2002 – BStBl. II S. 886).

---

[1] **Aichberger SGB** Nr. **11**.

Gesetzliche Verpflichtung.
- Beiträge für eine Krankenversicherung der Arbeitnehmer können steuerfrei sein, wenn der Arbeitgeber nach einer zwischenstaatlichen Verwaltungsvereinbarung, die ihrerseits auf einer gesetzlichen Ermächtigung beruht, zur Leistung verpflichtet ist (§ 3 Nr. 62 Satz 1 3. Alternative EStG; → BFH vom 14.4.2011 – BStBl. II S. 767).
- Zuschüsse, die eine AG Vorstandsmitgliedern zur freiwilligen Weiterversicherung in der gesetzlichen Rentenversicherung oder einem Versorgungswerk gewährt, sind nicht nach § 3 Nr. 62 Satz 1 EStG steuerfrei (→ BFH vom 24.9.2013 – BStBl. 2014 II S. 124).

Gesetzlicher Beitragszuschuss des Arbeitgebers in der Pflege-Pflichtversicherung.[1]

Beispiel:
Ein Arbeitgeber zahlt für Juli 2022 einem privat krankenversicherten Arbeitnehmer einen Zuschuss zur privaten Pflege-Pflichtversicherung in Höhe von 50% des Gesamtbeitrags von 100 €. Die Beitragsbemessungsgrenze 2022 beträgt 58 050 € (mtl. 4837,50 €). Der steuerfreie Betrag errechnet sich wie folgt:

a) Die Betriebsstätte befindet sich in Sachsen (Arbeitgeberanteil: 1,025%):

1. Begrenzung		
4837,50 € × 1,025% = 49,58 € mtl. Arbeitgeberanteil		
2. Begrenzung		
Privater Pflege-Pflichtversicherungsbeitrag mtl.	100,00 €	
davon 50%	50,00 €	
Vergleich		
1. Begrenzung	49,58 €	
2. Begrenzung	50,00 €	
damit steuerfreier Zuschuss des Arbeitgebers nach § 3 Nr. 62 EStG		49,58 €
somit steuerpflichtiger Zuschuss des Arbeitgebers		0,42 €

b) Die Betriebsstätte befindet sich im übrigen Bundesgebiet (Arbeitgeberanteil: 1,525%):

1. Begrenzung		
4837,50 € × 1,525% = 73,77 € mtl. Arbeitgeberanteil		
2. Begrenzung		
Privater Pflege-Pflichtversicherungsbeitrag mtl.	100,00 €	
davon 50%	50,00 €	
Vergleich		
1. Begrenzung		73,77 €
2. Begrenzung		50,00 €
damit steuerfreier Zuschuss des Arbeitgebers nach § 3 Nr. 62 EStG		50,00 €

Rückzahlung von Beitragsanteilen an den Arbeitgeber. Beitragsanteile am Gesamtsozialversicherungsbeitrag, die der Arbeitgeber ohne gesetzliche Verpflichtung übernommen hat, sind kein Arbeitslohn, wenn sie dem Arbeitgeber zurückgezahlt worden sind und der Arbeitnehmer keine Versicherungsleistungen erhalten hat (→ BFH vom 27.3.1992 – BStBl. II S. 663).

Umlagezahlungen. Umlagezahlungen des Arbeitgebers an die VBL sind Arbeitslohn (→ § 19 Abs. 1 Satz 1 Nr. 3 Satz 1 EStG); sie sind nicht nach § 3 Nr. 62 EStG steuerfrei (→ BFH vom 7.5.2009 – BStBl. 2010 II S. 194). Zur Steuerfreistellung → § 3 Nr. 56 EStG.

---

[1] Beitragsbemessungsgrenze **2022: 58 050 €;** Beitragssatz: **3,05 % (3,4%).**

H 3.63 Zu § 3 Nr. 63 EStG

Allgemeine Grundsätze. → BMF vom 12.8.2021 (BStBl. I S. 1050), Rn. 23–50; → BMF vom 8.8.2019 (BStBl. I S. 834).

Beiträge des Arbeitgebers. → BMF vom 12.8.2021 (BStBl. I S. 1050), Rn. 26.

Umlagezahlungen.

– Zur Abgrenzung gegenüber dem Kapitaldeckungsverfahren → BMF vom 12.8.2021 (BStBl. I S. 1050), Rn. 74, 77–82.
– → § 3 Nr. 56 EStG.

H 3.63a Zu § 3 Nr. 63a EStG

Allgemeine Grundsätze. → BMF vom 12.8.2021 (BStBl. I S. 1050), Rn. 51–52.

R 3.64 Kaufkraftausgleich (§ 3 Nr. 64 EStG)

(1) [1]Wird einem Arbeitnehmer außerhalb des öffentlichen Dienstes von einem inländischen Arbeitgeber ein Kaufkraftausgleich gewährt, so bleibt er im Rahmen des Absatzes 2 steuerfrei, wenn der Arbeitnehmer aus dienstlichen Gründen in ein Gebiet außerhalb des Inlands entsandt wird und dort für einen begrenzten Zeitraum einen Wohnsitz i. S. d. § 8 AO oder gewöhnlichen Aufenthalt i. S. d. § 9 AO hat. [2]Eine Entsendung für einen begrenzten Zeitraum ist anzunehmen, wenn eine Rückkehr des Arbeitnehmers nach Beendigung der Tätigkeit vorgesehen ist. [3]Es ist unerheblich, ob der Arbeitnehmer tatsächlich zurückkehrt oder nicht.

(2) [1]Der Umfang der Steuerfreiheit des Kaufkraftausgleichs bestimmt sich nach den Sätzen des Kaufkraftzuschlags zu den Auslandsdienstbezügen im öffentlichen Dienst. [2]Die für die einzelnen Länder in Betracht kommenden Kaufkraftzuschläge werden im BStBl. Teil I bekannt gemacht.[1)]

(3) [1]Die Zuschläge beziehen sich jeweils auf den Auslandsdienstort einer Vertretung der Bundesrepublik Deutschland und gelten, sofern nicht im Einzelnen andere Zuschläge festgesetzt sind, jeweils für den gesamten konsularischen Amtsbezirk der Vertretung. [2]Die konsularischen Amtsbezirke der Vertretungen ergeben sich vorbehaltlich späterer Änderungen, die im Bundesanzeiger veröffentlicht werden, aus dem Verzeichnis der Vertretungen der Bundesrepublik Deutschland im Ausland.

(4) [1]Die regionale Begrenzung der Zuschlagssätze gilt auch für die Steuerbefreiung nach § 3 Nr. 64 EStG. [2]Für ein Land, das von einer Vertretung der Bundesrepublik Deutschland nicht erfasst wird, kann jedoch der Zuschlagssatz angesetzt werden, der für einen vergleichbaren konsularischen Amtsbezirk eines Nachbarlandes festgesetzt worden ist.

(5) [1]Die Zuschlagssätze werden im öffentlichen Dienst auf 60% der Dienstbezüge, die bei Verwendung im Inland zustehen, und der Auslandsdienstbe-

[1)] Gesamtübersicht: Stand 1.1.2022 siehe BMF v. 4.1.2022, BStBl. I 2022, 123, Stand 1.4.2022: BMF v. 13.4.2022.

züge angewendet. [2]Da eine vergleichbare Bemessungsgrundlage außerhalb des öffentlichen Dienstes regelmäßig nicht vorhanden ist, ist der steuerfreie Teil des Kaufkraftausgleichs durch Anwendung eines entsprechenden Abschlagssatzes nach den Gesamtbezügen einschließlich des Kaufkraftausgleichs zu bestimmen. [3]Dabei ist es gleichgültig, ob die Bezüge im Inland oder im Ausland ausgezahlt werden. [4]Der Abschlagssatz errechnet sich nach folgender Formel:

$$\frac{\text{Zuschlagssatz} \times 600}{1000 + 6 \times \text{Zuschlagssatz}}.$$

[5]Ergibt sich durch Anwendung des Abschlagssatzes ein höherer Betrag als der tatsächlich gewährte Kaufkraftausgleich, so ist nur der niedrigere Betrag steuerfrei. [6]Zu den Gesamtbezügen, auf die der Abschlagssatz anzuwenden ist, gehören nicht steuerfreie Reisekostenvergütungen und steuerfreie Vergütungen für Mehraufwendungen bei doppelter Haushaltsführung.

(6) [1]Wird ein Zuschlagssatz rückwirkend erhöht, so ist der Arbeitgeber berechtigt, die bereits abgeschlossenen Lohnabrechnungen insoweit wiederaufzurollen und bei der jeweils nächstfolgenden Lohnzahlung die gegebenenfalls zu viel einbehaltene Lohnsteuer zu erstatten. [2]Dabei ist § 41c Abs. 2 und 3 EStG anzuwenden. [3]Die Herabsetzung eines Zuschlagssatzes ist erstmals bei der Lohnabrechnung des Arbeitslohns zu berücksichtigen, der für einen nach der Veröffentlichung der Herabsetzung beginnenden Lohnzahlungszeitraum gezahlt wird.

H 3.64

Abschlagssätze.

Zuschlagssatz	Abschlagssatz	Zuschlagssatz	Abschlagssatz	Zuschlagssatz	Abschlagssatz
5	2,91	40	19,35	75	31,03
10	5,66	45	21,26	80	32,43
15	8,26	50	23,08	85	33,77
20	10,71	55	24,81	90	35,06
25	13,04	60	26,47	95	36,31
30	15,25	65	28,06	100	37,50
35	17,36	70	29,58		

EU-Recht. Eine Anwendung des § 3 Nr. 64 EStG auf die dem Kaufkraftausgleich vergleichbaren Auslandszahlungen ist aus EU-rechtlichen Gründen nicht erforderlich (→ EuGH vom 15.9.2011 – BStBl. 2013 II S. 56).

EU-Tagegeld. Das EU-Tagegeld ist Arbeitslohn. Es bleibt jedoch steuerfrei, soweit es auf steuerfreie Auslandsdienstbezüge angerechnet wird (→ BMF vom 12.4.2006 – BStBl. I S. 340).[1)]

Wohnungsgestellung am ausländischen Dienstort. → R 8.1 Abs. 6 Satz 10.

[1)] Abgedruckt in **Doppelbesteuerungsabkommen** unter DBA-Allg. Nr. **15.7**.

R 3.65 Insolvenzsicherung (§ 3 Nr. 65 EStG)

(1) [1]Die Steuerbefreiung gilt für etwaige Beiträge des Trägers der Insolvenzsicherung an eine Pensionskasse oder an ein Lebensversicherungsunternehmen zur Versicherung seiner Verpflichtungen im Sicherungsfall. [2]Sie gilt auch für die Übertragung von Direktzusagen oder für Zusagen, die von einer Unterstützungskasse erbracht werden sollen, wenn die Betriebstätigkeit eingestellt und das Unternehmen liquidiert wird (§ 4 Abs. 4 des Betriebsrentengesetzes – BetrAVG).[1)] [3]Im Falle der Liquidation einer Kapitalgesellschaft greift die Steuerbefreiung auch bei der Übertragung von Versorgungszusagen, die an Gesellschafter-Geschäftsführer gegeben worden sind; dies gilt auch dann, wenn es sich um Versorgungszusagen an beherrschende Gesellschafter-Geschäftsführer handelt. [4]Die Sätze 2 und 3 gelten nicht bei einer Betriebsveräußerung, wenn das Unternehmen vom Erwerber fortgeführt wird.

(2) [1]Die Mittel für die Durchführung der Insolvenzsicherung werden auf Grund öffentlich-rechtlicher Verpflichtung durch Beiträge aller Arbeitgeber aufgebracht, die Leistungen der betrieblichen Altersversorgung unmittelbar zugesagt haben oder eine betriebliche Altersversorgung über eine Unterstützungskasse, eine Direktversicherung oder einen Pensionsfonds durchführen (§ 10 BetrAVG).[1)] [2]Die Beiträge an den Träger der Insolvenzsicherung gehören damit als Ausgaben des Arbeitgebers für die Zukunftssicherung des Arbeitnehmers, die auf Grund gesetzlicher Verpflichtung geleistet werden, zu den steuerfreien Einnahmen i. S. d. § 3 Nr. 62 EStG.

(3) [1]Durch die Insolvenzsicherung der betrieblichen Altersversorgung werden nicht neue oder höhere Ansprüche geschaffen, sondern nur bereits vorhandene Ansprüche gegen Insolvenz geschützt. [2]Die in Insolvenzfällen zu erbringenden Versorgungsleistungen des Trägers der Insolvenzsicherung bzw. bei Rückversicherung der Pensionskasse oder des Lebensversicherungsunternehmens behalten deshalb grundsätzlich ihren steuerlichen Charakter, als wäre der Insolvenzfall nicht eingetreten. [3]Das bedeutet z. B., dass Versorgungsleistungen an einen Arbeitnehmer, die auf einer Pensionszusage beruhen oder die über eine Unterstützungskasse durchgeführt werden sollten, auch nach Eintritt des Insolvenzfalles und Übernahme der Leistungen durch ein Versicherungsunternehmen zu den Einnahmen aus nichtselbständiger Arbeit gehören.

(4) § 3 Nr. 65 Satz 1 Buchstabe c EStG ist in den Fällen der Übertragung oder Umwandlung einer Rückdeckungsversicherung (→ R 40b.1 Abs. 3) nicht anwendbar.[2)]

H 3.65

Allgemeine Grundsätze. → BMF vom 12.8.2021 (BStBl. I S. 1050), Rn. 53–55.

H 3.66 Zu § 3 Nr. 66 EStG

Allgemeines. → BMF vom 12.8.2021 (BStBl. I S. 1050), Rn. 56.

---

1) **Steuergesetze** Nr. **70**.
2) **[Amtl. Anm.:]** Siehe aber § 3 Nr. 65 Satz 1 Buchstabe d EStG.

H 3.67 Zu § 3 Nr. 67 EStG

Allgemeine Grundsätze. Wird einem Stpfl. für die Erziehung eines vor dem 1. Januar 2015 geborenen Kindes oder für die vor dem 1. Januar 2015 begonnene Pflege einer pflegebedürftigen Person ein Zuschlag nach den §§ 50a bis 50e BeamtVG oder nach den §§ 70 bis 74 SVG oder nach vergleichbaren Regelungen der Länder gewährt, sind für diesen Stpfl. sämtliche Zuschläge, die nach diesen Vorschriften für Zeiten nach dem 31. Dezember 2014 anzurechnen sind, nach § 3 Nr. 67 Buchstabe d EStG steuerfrei (→ BMF vom 8.3.2016 – BStBl. I S. 278).

Zu § 3b EStG

R 3b. Steuerfreiheit der Zuschläge für Sonntags-, Feiertags- oder Nachtarbeit (§ 3b EStG)

Allgemeines

(1) [1]Die Steuerfreiheit setzt voraus, dass neben dem Grundlohn tatsächlich ein Zuschlag für Sonntags-, Feiertags- oder Nachtarbeit gezahlt wird. [2]Ein solcher Zuschlag kann in einem Gesetz, einer Rechtsverordnung, einem Tarifvertrag, einer Betriebsvereinbarung oder einem Einzelarbeitsvertrag geregelt sein. [3]Bei einer Nettolohnvereinbarung ist der Zuschlag nur steuerfrei, wenn er neben dem vereinbarten Nettolohn gezahlt wird. [4]Unschädlich ist es, wenn neben einem Zuschlag für Sonntags-, Feiertags- oder Nachtarbeit, die gleichzeitig Mehrarbeit ist, keine gesonderte Mehrarbeitsvergütung oder ein Grundlohn gezahlt wird, mit dem die Mehrarbeit abgegolten ist. [5]Auf die Bezeichnung der Lohnzuschläge kommt es nicht an. [6]Die Barabgeltung eines Freizeitanspruchs oder eines Freizeitüberhangs oder Zuschläge wegen Mehrarbeit oder wegen anderer als durch die Arbeitszeit bedingter Erschwernisse oder Zulagen, die lediglich nach bestimmten Zeiträumen bemessen werden, sind keine begünstigten Lohnzuschläge.[1)] [7]§ 3b EStG ist auch bei Arbeitnehmern anwendbar, deren Lohn nach § 40a EStG pauschal versteuert wird.

Grundlohn[2)]

(2) [1]Grundlohn ist nach § 3b Abs. 2 EStG der auf eine Arbeitsstunde entfallende Anspruch auf laufenden Arbeitslohn, den der Arbeitnehmer für den jeweiligen Lohnzahlungszeitraum auf Grund seiner regelmäßigen Arbeitszeit erwirbt. [2]Im Einzelnen gilt Folgendes:

1. Abgrenzung des Grundlohns
   a) [1]Der Anspruch auf laufenden Arbeitslohn ist nach R 39b.2 vom Anspruch auf sonstige Bezüge abzugrenzen. [2]Soweit Arbeitslohn-Nachzahlungen oder -Vorauszahlungen zum laufenden Arbeitslohn gehören, erhöhen sie den laufenden Arbeitslohn der Lohnzahlungszeiträume, für die sie nach- oder vorausgezahlt werden; § 41c EStG ist anzuwenden.

---

1) Siehe auch BFH v. 9.6.2005 IX R 68/03, BFH/NV 2006, 37, zur finanziellen Abgeltung des durch Arbeit erworbenen Freizeitanspruchs.

2) Nach § 3b Abs. 2 Satz 1 EStG beträgt der Grundlohn höchstens 50 €, nach § 1 Nr. 1 SvEV (BGBl. I 2006, 3385 – **Steuergesetze** Nr. **21**) höchstens 25 €.

b) [1]Ansprüche auf Sachbezüge, Aufwendungszuschüsse und vermögenswirksame Leistungen gehören zum Grundlohn, wenn sie laufender Arbeitslohn sind. [2]Das Gleiche gilt für Ansprüche auf Zuschläge und Zulagen, die wegen der Besonderheit der Arbeit in der regelmäßigen Arbeitszeit gezahlt werden, z. B. Erschwerniszulagen oder Schichtzuschläge, sowie für Lohnzuschläge für die Arbeit in der nicht durch § 3b EStG begünstigten Zeit. [3]Regelmäßige Arbeitszeit ist die für das jeweilige Dienstverhältnis vereinbarte Normalarbeitszeit.

c) [1]Nicht zum Grundlohn gehören Ansprüche auf Vergütungen für Überstunden (Mehrarbeitsvergütungen), Zuschläge für Sonntags-, Feiertags- oder Nachtarbeit in der nach § 3b EStG begünstigten Zeit, und zwar auch insoweit, als sie wegen Überschreitens der dort genannten Zuschlagssätze steuerpflichtig sind. [2]Dies gilt auch für steuerfreie und nach § 40 EStG pauschal besteuerte Bezüge. [3]Zum Grundlohn gehören aber die nach § 3 Nr. 56 oder 63 EStG steuerfreien Beiträge des Arbeitgebers, soweit es sich um laufenden Arbeitslohn handelt.

2. Ermittlung des Grundlohnanspruchs für den jeweiligen Lohnzahlungszeitraum

a) [1]Es ist der für den jeweiligen Lohnzahlungszeitraum vereinbarte Grundlohn i. S. d. Nummer 1 zu ermitteln (Basisgrundlohn). [2]Werden die für den Lohnzahlungszeitraum zu zahlenden Lohnzuschläge nach den Verhältnissen eines früheren Lohnzahlungszeitraums bemessen, ist auch der Ermittlung des Basisgrundlohns der frühere Lohnzahlungszeitraum zugrunde zu legen. [3]Werden die Zuschläge nach der Arbeitsleistung eines früheren Lohnzahlungszeitraums aber nach dem Grundlohn des laufenden Lohnzahlungszeitraums bemessen, ist der Basisgrundlohn des laufenden Lohnzahlungszeitraums zugrunde zu legen. [4]Soweit sich die Lohnvereinbarung auf andere Zeiträume als auf den Lohnzahlungszeitraum bezieht, ist der Basisgrundlohn durch Vervielfältigung des vereinbarten Stundenlohns mit der Stundenzahl der regelmäßigen Arbeitszeit im Lohnzahlungszeitraum zu ermitteln. [5]Bei einem monatlichen Lohnzahlungszeitraum ergibt sich die Stundenzahl der regelmäßigen Arbeitszeit aus dem 4,35fachen der wöchentlichen Arbeitszeit. [6]Arbeitszeitausfälle, z. B. durch Urlaub oder Krankheit, bleiben außer Betracht.

b) [1]Zusätzlich ist der Teil des für den jeweiligen Lohnzahlungszeitraum zustehenden Grundlohns i. S. d. Nummer 1 zu ermitteln, dessen Höhe nicht von im voraus bestimmbaren Verhältnissen abhängt (Grundlohnzusätze), z. B. der nur für einzelne Arbeitsstunden bestehende Anspruch auf Erschwerniszulagen oder Spätarbeitszuschläge oder der von der Zahl der *tatsächlichen* Arbeitstage abhängende Anspruch auf Fahrtkostenzuschüsse. [2]Diese Grundlohnzusätze sind mit den Beträgen anzusetzen, die dem Arbeitnehmer für den jeweiligen Lohnzahlungszeitraum tatsächlich zustehen.

3. Umrechnung des Grundlohnanspruchs

[1]Basisgrundlohn (Nummer 2 Buchstabe a) und Grundlohnzusätze (Nummer 2 Buchstabe b) sind zusammenzurechnen und durch die Zahl der Stunden der regelmäßigen Arbeitszeit im jeweiligen Lohnzahlungszeitraum

zu teilen. [2]Bei einem monatlichen Lohnzahlungszeitraum ist der Divisor mit dem 4,35fachen der wöchentlichen Arbeitszeit anzusetzen. [3]Das Ergebnis ist der Grundlohn; er ist für die Berechnung des steuerfreien Anteils der Zuschläge für Sonntags-, Feiertags- und Nachtarbeit maßgebend, soweit er die Stundenlohnhöchstgrenze nach § 3b Abs. 2 Satz 1 EStG nicht übersteigt.[1)] [4]Ist keine regelmäßige Arbeitszeit vereinbart, sind der Ermittlung des Grundlohns die im Lohnzahlungszeitraum tatsächlich geleisteten Arbeitsstunden zugrunde zu legen. [5]Bei Stücklohnempfängern kann die Umrechnung des Stücklohns auf einen Stundenlohn unterbleiben.

4. Wird ein Zuschlag für Sonntags-, Feiertags- oder Nachtarbeit von weniger als einer Stunde gezahlt, so ist bei der Ermittlung des steuerfreien Zuschlags für diesen Zeitraum der Grundlohn entsprechend zu kürzen.
5. Bei einer Beschäftigung nach dem AltTZG ist der Grundlohn nach § 3b Abs. 2 EStG so zu berechnen, als habe eine Vollzeitbeschäftigung bestanden.

Nachtarbeit an Sonntagen und Feiertagen

(3) [1]Wird an Sonntagen und Feiertagen oder in der zu diesen Tagen nach § 3b Abs. 3 Nr. 2 EStG gehörenden Zeit Nachtarbeit geleistet, kann die Steuerbefreiung nach § 3b Abs. 1 Nr. 2 bis 4 EStG neben der Steuerbefreiung nach § 3b Abs. 1 Nr. 1 EStG in Anspruch genommen werden. [2]Dabei ist der steuerfreie Zuschlagssatz für Nachtarbeit mit dem steuerfreien Zuschlagssatz für Sonntags- oder Feiertagsarbeit auch dann zusammenzurechnen, wenn nur ein Zuschlag gezahlt wird. [3]Zu den gesetzlichen Feiertagen i. S. d. § 3b Abs. 1 Nr. 3 EStG gehören der Oster- und der Pfingstsonntag auch dann, wenn sie in den am Ort der Arbeitsstätte geltenden Vorschriften nicht ausdrücklich als Feiertage genannt werden. [4]Wenn für die einem Sonn- oder Feiertag folgende oder vorausgehende Nachtarbeit ein Zuschlag für Sonntags- oder Feiertagsarbeit gezahlt wird, ist dieser als Zuschlag für Nachtarbeit zu behandeln.

Feiertagsarbeit an Sonntagen

(4) [1]Ist ein Sonntag zugleich Feiertag, kann ein Zuschlag nur bis zur Höhe des jeweils in Betracht kommenden Feiertagszuschlags steuerfrei gezahlt werden. [2]Das gilt auch dann, wenn nur ein Sonntagszuschlag gezahlt wird.

Zusammentreffen mit Mehrarbeitszuschlägen

(5) [1]Hat der Arbeitnehmer arbeitsrechtlich Anspruch auf Zuschläge für Sonntags-, Feiertags- oder Nachtarbeit und auf Zuschläge für Mehrarbeit und wird Mehrarbeit als Sonntags-, Feiertags- oder Nachtarbeit geleistet, sind folgende Fälle zu unterscheiden:

1. es werden sowohl die in Betracht kommenden Zuschläge für Sonntags-, Feiertags- oder Nachtarbeit als auch für Mehrarbeit gezahlt;
2. es wird nur der in Betracht kommende Zuschlag für Sonntags-, Feiertags- oder Nachtarbeit gezahlt, der ebenso hoch oder höher ist als der Zuschlag für Mehrarbeit;

---

1) Nach § 3b Abs. 2 Satz 1 EStG beträgt der Grundlohn höchstens 50 €, nach § 1 Nr. 1 SvEV (BGBl. I 2006, 3385 – **Steuergesetze** Nr. **21**) höchstens 25 €.

3. es wird nur der Zuschlag für Mehrarbeit gezahlt;
4. es wird ein einheitlicher Zuschlag (Mischzuschlag) gezahlt, der höher ist als die jeweils in Betracht kommenden Zuschläge, aber niedriger als ihre Summe;
5. es wird ein einheitlicher Zuschlag (Mischzuschlag) gezahlt, der höher ist als die Summe der jeweils in Betracht kommenden Zuschläge.

[2]In den Fällen des Satzes 1 Nr. 1 und 2 ist von den gezahlten Zuschlägen der Betrag als Zuschlag für Sonntags-, Feiertags- oder Nachtarbeit zu behandeln, der dem arbeitsrechtlich jeweils in Betracht kommenden Zuschlag entspricht. [3]Im Fall des Satzes 1 Nr. 3 liegt ein Zuschlag i. S. d. § 3b EStG nicht vor. [4]In den Fällen des Satzes 1 Nr. 4 und 5 ist der Mischzuschlag im Verhältnis der in Betracht kommenden Einzelzuschläge in einen nach § 3b EStG begünstigten Anteil und einen nicht begünstigten Anteil aufzuteilen. [5]Ist für Sonntags-, Feiertags- oder Nachtarbeit kein Zuschlag vereinbart, weil z. B. Pförtner oder Nachtwächter ihre Tätigkeit regelmäßig zu den begünstigten Zeiten verrichten, so bleibt von einem für diese Tätigkeiten gezahlten Mehrarbeitszuschlag kein Teilbetrag nach § 3b EStG steuerfrei.

Nachweis der begünstigten Arbeitszeiten

(6) [1]Steuerfrei sind nur Zuschläge, die für tatsächlich geleistete Sonntags-, Feiertags- oder Nachtarbeit gezahlt werden. [2]Zur vereinbarten und vergüteten Arbeitszeit gehörende Waschzeiten, Schichtübergabezeiten und Pausen gelten als begünstigte Arbeitszeit i. S. d. § 3b EStG, soweit sie in den begünstigten Zeitraum fallen. [3]Die tatsächlich geleistete Sonntags-, Feiertags- oder Nachtarbeit ist grundsätzlich im Einzelfall nachzuweisen. [4]Wird eine einheitliche Vergütung für den Grundlohn und die Zuschläge für Sonntags-, Feiertags- oder Nachtarbeit, gegebenenfalls unter Einbeziehung der Mehrarbeit und Überarbeit, gezahlt, weil Sonntags-, Feiertags- oder Nachtarbeit üblicherweise verrichtet wird, und werden deshalb die sonntags, feiertags oder nachts tatsächlich geleisteten Arbeitsstunden nicht aufgezeichnet, so bleiben die in der einheitlichen Vergütung enthaltenen Zuschläge für Sonntags-, Feiertags- oder Nachtarbeiten grundsätzlich nicht nach § 3b EStG steuerfrei. [5]Zu einem erleichterten Nachweis → Absatz 7. [6]Sind die Einzelanschreibung und die Einzelbezahlung der geleisteten Sonntags-, Feiertags- oder Nachtarbeit wegen der Besonderheiten der Arbeit und der Lohnzahlungen nicht möglich, so darf das Betriebsstättenfinanzamt den Teil der Vergütung, der als steuerfreier Zuschlag für Sonntags-, Feiertags- oder Nachtarbeit anzuerkennen ist, von Fall zu Fall feststellen. [7]Im Interesse einer einheitlichen Behandlung der Arbeitnehmer desselben Berufszweigs darf das Betriebsstättenfinanzamt die Feststellung nur auf Weisung der vorgesetzten Behörde treffen. [8]Die Weisung ist der obersten Landesfinanzbehörde vorbehalten, wenn die für den in Betracht kommenden Berufszweig maßgebende Regelung nicht nur im Bezirk der für das Betriebsstättenfinanzamt zuständigen vorgesetzten Behörde gilt. [9]Eine Feststellung nach Satz 6 kommt für solche Regelungen nicht in Betracht, durch die nicht pauschale Zuschläge festgesetzt, sondern bestimmte Teile eines nach Zeiträumen bemessenen laufenden Arbeitslohns als Zuschläge für Sonntags-, Feiertags- oder Nachtarbeit erklärt werden.

Pauschale Zuschläge

(7) [1]Werden Zuschläge für Sonntags-, Feiertags- oder Nachtarbeit als laufende Pauschale, z. B. Monatspauschale, gezahlt und wird eine Verrechnung mit den Zuschlägen, die für die einzeln nachgewiesenen Zeiten für Sonntags-, Feiertags- oder Nachtarbeit auf Grund von Einzelberechnungen zu zahlen wären, erst später vorgenommen, kann die laufende Pauschale oder ein Teil davon steuerfrei belassen werden, wenn

1. der steuerfreie Betrag nicht nach höheren als den in § 3b EStG genannten Prozentsätzen berechnet wird,
2. der steuerfreie Betrag nach dem durchschnittlichen Grundlohn und der durchschnittlichen im Zeitraum des Kalenderjahres tatsächlich anfallenden Sonntags-, Feiertags- oder Nachtarbeit bemessen wird,
3. die Verrechnung mit den einzeln ermittelten Zuschlägen jeweils vor der Erstellung der Lohnsteuerbescheinigung und somit regelmäßig spätestens zum Ende des Kalenderjahres oder beim Ausscheiden des Arbeitnehmers aus dem Dienstverhältnis erfolgt. [2]Für die Ermittlung der im Einzelnen nachzuweisenden Zuschläge ist auf den jeweiligen Lohnzahlungszeitraum abzustellen. [3]Dabei ist auch der steuerfreie Teil der einzeln ermittelten Zuschläge festzustellen und die infolge der Pauschalierung zu wenig oder zu viel einbehaltene Lohnsteuer auszugleichen,
4. bei der Pauschalzahlung erkennbar ist, welche Zuschläge im Einzelnen – jeweils getrennt nach Zuschlägen für Sonntags-, Feiertags- oder Nachtarbeit – abgegolten sein sollen und nach welchen Prozentsätzen des Grundlohns die Zuschläge bemessen worden sind,
5. die Pauschalzahlung tatsächlich ein Zuschlag ist, der neben dem Grundlohn gezahlt wird; eine aus dem Arbeitslohn rechnerisch ermittelte Pauschalzahlung ist kein Zuschlag.

[2]Ergibt die Einzelfeststellung, dass der dem Arbeitnehmer auf Grund der tatsächlich geleisteten Sonntags-, Feiertags- oder Nachtarbeit zustehende Zuschlag höher ist als die Pauschalzahlung, kann ein höherer Betrag nur steuerfrei sein, wenn und soweit der Zuschlag auch tatsächlich zusätzlich gezahlt wird; eine bloße Kürzung des steuerpflichtigen Arbeitslohns um den übersteigenden Steuerfreibetrag ist nicht zulässig. [3]Diese Regelungen gelten sinngemäß, wenn lediglich die genaue Feststellung des steuerfreien Betrags im Zeitpunkt der Zahlung des Zuschlags schwierig ist und sie erst zu einem späteren Zeitpunkt nachgeholt werden kann.

Zeitversetzte Auszahlung

(8) [1]Die Steuerfreiheit von Zuschlägen für Sonntags-, Feiertags- oder Nachtarbeit bleibt auch bei zeitversetzter Auszahlung grundsätzlich erhalten. [2]Voraussetzung ist jedoch, dass vor der Leistung der begünstigten Arbeit bestimmt wird, dass ein steuerfreier Zuschlag – ggf. teilweise – als Wertguthaben auf ein Arbeitszeitkonto genommen und getrennt ausgewiesen wird. [3]Dies *gilt z. B. in Fällen* der Altersteilzeit bei Aufteilung in Arbeits- und Freistellungsphase (so genannte Blockmodelle).

H 3b

Abgrenzung Sonntags-/Feiertagszuschlag – Nachtzuschlag.

Beispiel:

Ein Arbeitnehmer beginnt seine Nachtschicht am Sonntag, dem 1. 5. um 22 Uhr und beendet sie am 2. 5. um 7 Uhr.

Für diesen Arbeitnehmer sind Zuschläge zum Grundlohn bis zu folgenden Sätzen steuerfrei:

– 175 % für die Arbeit am 1. 5. in der Zeit von 22 Uhr bis 24 Uhr (25 % für Nachtarbeit und 150 % für Feiertagsarbeit),
– 190 % für die Arbeit am 2. 5. in der Zeit von 0 Uhr bis 4 Uhr (40 % für Nachtarbeit und 150 % für Feiertagsarbeit),
– 25 % für die Arbeit am 2. 5. in der Zeit von 4 Uhr bis 6 Uhr.

Abgrenzung Spätarbeitszuschlag – andere Lohnzuschläge.

Beispiel:

Auf Grund tarifvertraglicher Vereinbarung erhält ein Arbeitnehmer für die Arbeit in der Zeit von 18 bis 22 Uhr einen Spätarbeitszuschlag und für die in der Zeit von 19 bis 21 Uhr verrichteten Arbeiten eine Gefahrenzulage. Der für die Zeit von 20 bis 22 Uhr gezahlte Spätarbeitszuschlag ist ein nach § 3b EStG begünstigter Zuschlag für Nachtarbeit. Die Gefahrenzulage wird nicht für die Arbeit zu einer bestimmten Zeit gezahlt und ist deshalb auch insoweit kein Nachtarbeitszuschlag i. S. d. § 3b EStG, als sie für die Arbeit in der Zeit von 20 bis 21 Uhr gezahlt wird.

Aufteilung von Mischzuschlägen. → BFH vom 13.10.1989 (BStBl. 1991 II S. 8).

Bereitschaftsdienste.

– Ein Zeitzuschlag für ärztliche Bereitschaftsdienste wird auch dann nicht für tatsächlich geleistete Sonntags-, Feiertags- oder Nachtarbeit gezahlt, wenn die Bereitschaftsdienste überwiegend zu diesen Zeiten anfallen. Auch wenn die auf Sonntage, Feiertage und Nachtzeit entfallenden Bereitschaftsdienste festgestellt werden können, ist die Bereitschaftsdienstvergütung deshalb nicht steuerfrei (→ BFH vom 24.11.1989 – BStBl. 1990 II S. 315).
– Ist in begünstigten Zeiten des § 3b EStG Bereitschaft angeordnet, sind Zuschläge zur Bereitschaftsdienstvergütung steuerfrei, soweit sie die in § 3b EStG vorgesehenen Prozentsätze, gemessen an der Bereitschaftsdienstvergütung, nicht übersteigen (→ BFH vom 27.8.2002 – BStBl. II S. 883).
– Werden Bereitschaftsdienste pauschal zusätzlich zum Grundlohn ohne Rücksicht darauf vergütet, ob die Tätigkeit an einem Samstag oder einem Sonntag erbracht wird, handelt es sich nicht um steuerfreie Zuschläge für Sonntags-, Feiertags- oder Nachtarbeit i. S. d. § 3b Abs. 1 EStG (→ BFH vom 29.11.2016 – BStBl. 2017 II S. 718).

Durchschnittlicher Auszahlungsbetrag. Die Vereinbarung eines durchschnittlichen Auszahlungsbetrags pro tatsächlich geleisteter Arbeitsstunde steht der Steuerbefreiung nicht entgegen; der laufende Arbeitslohn kann der Höhe nach schwanken und durch eine Grundlohnergänzung aufgestockt werden (→ BFH vom 17.6.2010 – BStBl. 2011 II S. 43).

Einkünfte aus nichtselbständiger Arbeit.

– Die Steuerfreiheit nach § 3b EStG setzt voraus, dass die Zuschläge ohne diese Vorschrift den Einkünften aus nichtselbständiger Arbeit zuzurechnen wären (→ BFH vom 19.3.1997 – BStBl. II S. 577).

– Zahlt eine Kapitalgesellschaft ihrem Gesellschafter-Geschäftsführer zusätzlich zu seinem Festgehalt Vergütungen für Sonntags-, Feiertags- und Nachtarbeit, liegt nur in Ausnahmefällen keine verdeckte Gewinnausschüttung vor (→ BFH vom 14.7.2004 – BStBl. 2005 II S. 307).
– Bezieht ein nicht beherrschender Gesellschafter, der zugleich leitender Angestellter der GmbH ist, neben einem hohen Festgehalt, Sonderzahlungen und einer Gewinntantieme zusätzlich Zuschläge für Sonntags-, Feiertags-, Mehr- und Nachtarbeit, können diese als verdeckte Gewinnausschüttung zu erfassen sein (→ BFH vom 13.12.2006 – BStBl. 2007 II S. 393).

Gefahrenzulage. Es ist von Verfassungs wegen nicht geboten, die Steuerbefreiung für Zuschläge, die für tatsächlich geleistete Sonntags-, Feiertags- oder Nachtarbeit gezahlt werden, auf Gefahrenzulagen und Zulagen im Kampfmittelräumdienst auszudehnen (→ BFH vom 15.9.2011 – BStBl. 2012 II S. 144).

Grundlohn.

Beispiel 1:

Ein Arbeitnehmer in einem Drei-Schicht-Betrieb hat eine tarifvertraglich geregelte Arbeitszeit von 38 Stunden wöchentlich und einen monatlichen Lohnzahlungszeitraum. Er hat Anspruch – soweit es den laufenden Arbeitslohn ohne Sonntags-, Feiertags- oder Nachtarbeitszuschläge angeht – auf

– einen Normallohn von 17,00 € für jede im Lohnzahlungszeitraum geleistete Arbeitsstunde,
– einen Schichtzuschlag von 0,50 € je Arbeitsstunde,
– einen Zuschlag für Samstagsarbeit von 1,00 € für jede Samstagsarbeitsstunde,
– einen Spätarbeitszuschlag von 1,70 € für jede Arbeitsstunde zwischen 18.00 Uhr und 20.00 Uhr,
– einen Überstundenzuschlag von 5,00 € je Überstunde,
– eine Gefahrenzulage für unregelmäßig anfallende gefährliche Arbeiten von 3,00 € je Stunde,
– einen steuerpflichtigen, aber nicht pauschal versteuerten Fahrtkostenzuschuss von 6,00 € je Arbeitstag,
– eine vermögenswirksame Leistung von 40,00 € monatlich,
– Beiträge des Arbeitgebers zu einer Direktversicherung von 100,00 € monatlich.

Im Juni hat der Arbeitnehmer infolge Urlaubs nur an 10 Tagen insgesamt 80 Stunden gearbeitet. In diesen 80 Stunden sind enthalten:

– Regelmäßige Arbeitsstunden	76
– Überstunden insgesamt	4
– Samstagsstunden insgesamt	12
– Überstunden an Samstagen	2
– Spätarbeitsstunden insgesamt	16
– Überstunden mit Spätarbeit	2
– Stunden mit gefährlichen Arbeiten insgesamt	5
– Überstunden mit gefährlichen Arbeiten	1

Hiernach betragen

a) der Basisgrundlohn

17,00 € Stundenlohn × 38 Stunden × 4,35	2810,10 €
0,50 € Schichtzuschlag × 38 Stunden × 4,35	82,65 €
Vermögenswirksame Leistungen	40,00 €
Beiträge zur Direktversicherung	100,00 €
insgesamt	3032,75 €

b) die Grundlohnzusätze

1,00 € Samstagsarbeitszuschlag × 10 Stunden	10,00 €
1,70 € Spätarbeitszuschlag × 14 Stunden	23,80 €
3,00 € Gefahrenzulage × 4 Stunden	12,00 €
6,00 € Fahrtkostenzuschuss × 10 Arbeitstage	60,00 €
insgesamt	105,80 €

c) der Grundlohn des Lohnzahlungszeitraums insgesamt 3138,55 €

d) der für die Begrenzung des steuerfreien Anteils der begünstigten Lohnzuschläge maßgebende Grundlohn

$$\frac{3138{,}55\ €}{38 \times 4{,}35} = 18{,}99\ €.$$

Beispiel 2:

Bei einem Arbeitnehmer mit tarifvertraglich geregelter Arbeitszeit von 37,5 Stunden wöchentlich und einem monatlichen Lohnzahlungszeitraum, dessen Sonntags-, Feiertags- und Nachtarbeitszuschläge sowie nicht im Voraus feststehende Bezüge sich nach den Verhältnissen des Vormonats bemessen, betragen für den Lohnzahlungszeitraum März

- der Basisgrundlohn 3277,28 €
- die Grundlohnzusätze (bemessen nach den Verhältnissen im Monat Februar) 280,72 €

Im Februar betrug der Basisgrundlohn 2936,16 €.

Für die Ermittlung des steuerfreien Anteils der Zuschläge für Sonntags-, Feiertags- oder Nachtarbeit, die dem Arbeitnehmer auf Grund der im Februar geleisteten Arbeit für den Lohnzahlungszeitraum März zustehen, ist von einem Grundlohn auszugehen, der sich aus

- dem Basisgrundlohn des Lohnzahlungszeitraums Februar (R 3b Abs. 2 Satz 2 Nr. 2 Buchst. a Satz 2) von 2936,16 €
- und den Grundlohnzusätzen des Lohnzahlungszeitraums März (bemessen nach den Verhältnissen im Februar) 280,72 €

zusammensetzt.

Der für die Berechnung des steuerfreien Anteils der begünstigten Lohnzuschläge maßgebende Grundlohn beträgt also

$$\frac{2936{,}16\ € + 280{,}72\ €}{37{,}5 \times 4{,}35} = 19{,}72\ €.$$

Pauschale Zuschläge.

- Die Steuerbefreiung setzt grundsätzlich Einzelaufstellungen der tatsächlich erbrachten Arbeitsstunden an Sonn- und Feiertagen oder zur Nachtzeit voraus (→ BFH vom 28.11.1990 – BStBl. 1991 II S. 293). Demgegenüber können pauschale Zuschläge dann steuerfrei sein, wenn und soweit sie als bloße Abschlagszahlungen oder Vorschüsse auf später einzeln abzurechnende Zuschläge geleistet werden (→ BFH vom 23.10.1992 – BStBl. 1993 II S. 314).
- Pauschale Zuschläge können steuerfrei sein, wenn sie als Abschlagszahlungen oder Vorschüsse für tatsächlich geleistete Sonntags-, Feiertags- oder Nachtarbeit gezahlt werden. Der fehlende Nachweis tatsächlich erbrachter Arbeitsleistungen kann nicht durch eine Modellrechnung ersetzt werden (→ BFH vom 25.5.2005 – BStBl. II S. 725).
- Pauschale Zuschläge sind nicht steuerfrei, wenn sie nicht als Abschlagszahlungen oder Vorschüsse auf Zuschläge für tatsächlich geleistete Sonntags-, Feiertags- oder Nachtarbeit gezahlt werden, sondern Teil einer einheitlichen Tätigkeitsvergütung sind (→ BFH vom 16.12.2010 – BStBl. 2012 II S. 288).

– Pauschale Zuschläge, die der Arbeitgeber ohne Rücksicht auf die Höhe der tatsächlich erbrachten Sonntags-, Feiertags- oder Nachtarbeit an den Arbeitnehmer leistet, sind nur dann nach § 3b EStG begünstigt, wenn sie nach dem übereinstimmenden Willen von Arbeitgeber und Arbeitnehmer als Abschlagszahlungen oder Vorschüsse auf eine spätere Einzelabrechnung gemäß § 41b EStG geleistet werden. Diese Einzelabrechnung zum jährlichen Abschluss des Lohnkontos ist grundsätzlich unverzichtbar.[1] Auf sie kann im Einzelfall nur verzichtet werden, wenn die Arbeitsleistungen fast ausschließlich zur Nachtzeit zu erbringen und die pauschal geleisteten Zuschläge so bemessen sind, dass sie auch unter Einbeziehung von Urlaub und sonstigen Fehlzeiten – aufs Jahr bezogen – die Voraussetzungen der Steuerfreiheit erfüllen (→ BFH vom 8.12.2011 – BStBl. 2012 II S. 291).

Tatsächliche Arbeitsleistung. Soweit Zuschläge gezahlt werden, ohne dass der Arbeitnehmer in der begünstigten Zeit gearbeitet hat, z.B. bei Lohnfortzahlung im Krankheits- oder Urlaubsfall, bei Lohnfortzahlung an von der betrieblichen Tätigkeit freigestellte Betriebsratsmitglieder oder bei der Lohnfortzahlung nach dem Mutterschutzgesetz, sind sie steuerpflichtig (→ BFH vom 3.5.1974 – BStBl. II S. 646 und vom 26.10.1984 – BStBl. 1985 II S. 57 und vom 27.5.2009 – BStBl. II S. 730).

Wechselschichtzuschlag.

– Zuschläge für Wechselschichtarbeit, die der Arbeitnehmer für seine Wechselschicht regelmäßig und fortlaufend bezieht, sind dem steuerpflichtigen Grundlohn zugehörig; sie sind auch während der durch § 3b EStG begünstigten Nachtzeit nicht steuerbefreit (→ BFH vom 7.7.2005 – BStBl. II S. 888).
– Die einem Polizeibeamten gezahlte Zulage für Dienst zu wechselnden Zeiten nach § 17a EZulV ist nicht nach § 3b EStG steuerfrei (→ BFH vom 15.2.2017 – BStBl. II S. 644).

Zeitwertkonto. Bei zeitversetzter Auszahlung bleibt die Steuerfreiheit nur für den Zuschlag als solchen erhalten (→ R 3b Abs. 8). Eine darauf beruhende etwaige Verzinsung oder Wertsteigerung ist hingegen nicht steuerfrei (→ BMF vom 17.6.2009 – BStBl. I S. 1286).

Zuschlag zum Grundlohn. Ein Zuschlag wird nicht neben dem Grundlohn gezahlt, wenn er aus dem arbeitsrechtlich geschuldeten Arbeitslohn rechnerisch ermittelt wird, selbst wenn im Hinblick auf eine ungünstig liegende Arbeitszeit ein höherer Arbeitslohn gezahlt werden sollte (→ BFH vom 28.11.1990 – BStBl. 1991 II S. 296); infolgedessen dürfen auch aus einer Umsatzbeteiligung keine Zuschläge abgespalten und nach § 3b EStG steuerfrei gelassen werden.

---

[1] Fehler beim Lohnsteuerabzug (vom Arbeitgeber nicht steuerfrei gestellte Zuschläge) können bei der Einkommensteuerveranlagung berichtigt werden; siehe BFH v. 29.11.2017 VI B 45/17, BFH/NV 2018, 333.

Zu § 8 EStG
(§ 4 Abs. 3 LStDV)

R 8.1 Bewertung der Sachbezüge (§ 8 Abs. 2 EStG)[1]

R 8.1 (1–4)

Allgemeines[2]

(1) [1]Fließt dem Arbeitnehmer Arbeitslohn in Form von Sachbezügen zu, so sind diese ebenso wie Barlohnzahlungen entweder dem laufenden Arbeitslohn oder den sonstigen Bezügen zuzuordnen (→ R 39b.2). [2]Für die Besteuerung unentgeltlicher Sachbezüge ist deren Geldwert maßgebend. [3]Erhält der Arbeitnehmer die Sachbezüge nicht unentgeltlich, so ist der Unterschiedsbetrag zwischen dem Geldwert des Sachbezugs und dem tatsächlichen Entgelt zu versteuern. [4]Der Geldwert ist entweder durch Einzelbewertung zu ermitteln (→ Absatz 2) oder mit einem amtlichen Sachbezugswert anzusetzen (→ Absatz 4). [5]Besondere Bewertungsvorschriften gelten nach § 8 Abs. 3 EStG für den Bezug von Waren oder Dienstleistungen, die vom Arbeitgeber nicht überwiegend für den Bedarf seiner Arbeitnehmer hergestellt, vertrieben oder erbracht werden, soweit diese Sachbezüge nicht nach § 40 EStG pauschal versteuert werden (→ R 8.2), sowie nach § 19a Abs. 2 EStG in der am 31.12.2008 geltenden Fassung (→ R 19a) und § 3 Nr. 39 Satz 4 EStG für den Bezug von Vermögensbeteiligungen. [6]Die Auszahlung von Arbeitslohn in Fremdwährung ist kein Sachbezug.

Einzelbewertung von Sachbezügen

(2) [1]Sachbezüge, für die keine amtlichen Sachbezugswerte (→ Absatz 4) festgesetzt sind, die nicht nach § 8 Abs. 2 Satz 2 bis 5 EStG (→ Absatz 9 und 10) zu bewerten sind, und die nicht nach § 8 Abs. 3 EStG bewertet werden, sind nach § 8 Abs. 2 Satz 1 EStG mit den um übliche Preisnachlässe geminderten üblichen Endpreisen am Abgabeort im Zeitpunkt der Abgabe anzusetzen. [2]Bei einem umfangreichen Warenangebot, von dem fremde Letztverbraucher ausgeschlossen sind, kann der übliche Preis einer Ware auch auf Grund repräsentativer Erhebungen über die relative Preisdifferenz für die gängigsten Einzelstücke jeder Warengruppe ermittelt werden. [3]Erhält der Arbeitnehmer eine Ware oder Dienstleistung, die nach § 8 Abs. 2 Satz 1 EStG zu bewerten ist, so kann sie aus Vereinfachungsgründen mit 96% des Endpreises bewertet werden, zu dem sie der Abgebende oder dessen Abnehmer fremden Letztverbrauchern im allgemeinen Geschäftsverkehr anbietet. [4]Satz 3 gilt nicht, wenn als Endpreis der günstigste Preis am Markt angesetzt, ein Sachbezug durch eine (*zweck*gebundene) Geldleistung des Arbeitgebers verwirklicht oder ein Warengutschein mit Betragsangabe hingegeben wird.[3]

---

[1] Zur Abgrenzung zwischen Geldleistung und Sachbezug siehe BMF v. 15.3.2022, BStBl. I 2022, 242.

[2] Zum Verhältnis von § 8 Abs. 2 zu Abs. 3 EStG siehe H 8.2 LStH „Wahlrecht".

[3] Zur Berechnung der *44 €*-Freigrenze bei Sachbezügen (Versandkosten) siehe BFH v. 6.6.2018 VI R 32/16, BStBl. II 2018, 764.

Freigrenze nach § 8 Abs. 2 Satz 11 EStG

(3) [1]Bei der Prüfung der Freigrenze bleiben die nach § 8 Abs. 2 Satz 1 EStG zu bewertenden Vorteile, die nach §§ 37b, 40 EStG pauschal versteuert werden, außer Ansatz.[1)] [2]Für die Feststellung, ob die Freigrenze des § 8 Abs. 2 Satz 11 EStG überschritten ist, sind die in einem Kalendermonat zufließenden und nach § 8 Abs. 2 Satz 1 EStG zu bewertenden Vorteile – auch soweit hierfür Lohnsteuer nach § 39b Abs. 2 und 3 EStG einbehalten worden ist – zusammenzurechnen. [3]Außer Ansatz bleiben Vorteile, die nach § 8 Abs. 2 Satz 2 bis 10 oder Abs. 3, § 3 Nr. 39 EStG oder nach § 19a EStG a. F. i. V. m. § 52 Abs. 27 EStG zu bewerten sind. [4]Auf Zukunftssicherungsleistungen des Arbeitgebers i. S. d. § 2 Abs. 2 Nr. 3 LStDV ist die Freigrenze nicht anwendbar. [5]Bei der monatlichen Überlassung einer Monatsmarke oder einer monatlichen Fahrberechtigung für ein Job-Ticket, das für einen längeren Zeitraum gilt, ist die Freigrenze anwendbar.

Amtliche Sachbezugswerte

(4) [1]Amtliche Sachbezugswerte werden durch die SvEV[2)] oder durch Erlasse der obersten Landesfinanzbehörden nach § 8 Abs. 2 Satz 10 EStG festgesetzt. [2]Die amtlichen Sachbezugswerte sind, soweit nicht zulässigerweise § 8 Abs. 3 EStG angewandt wird, ausnahmslos für die Sachbezüge maßgebend, für die sie bestimmt sind. [3]Die amtlichen Sachbezugswerte gelten auch dann, wenn in einem Tarifvertrag, einer Betriebsvereinbarung oder in einem Arbeitsvertrag für Sachbezüge höhere oder niedrigere Werte festgesetzt worden sind. [4]Sie gelten ausnahmsweise auch für Barvergütungen, wenn diese nur gelegentlich oder vorübergehend gezahlt werden, z. B. bei tageweiser auswärtiger Beschäftigung, für die Dauer einer Krankheit oder eines Urlaubs, und wenn mit der Barvergütung nicht mehr als der tatsächliche Wert der Sachbezüge abgegolten wird; geht die Barvergütung über den tatsächlichen Wert der Sachbezüge hinaus, so ist die Barvergütung der Besteuerung zugrunde zu legen.

H 8.1 (1–4)

50-Euro-Freigrenze.
- Vorteile aus der Überlassung eines zinslosen oder zinsverbilligten Arbeitgeberdarlehens sind bei der Zusammenrechnung einzubeziehen (→ BMF vom 19.5.2015 – BStBl. I S. 484, Rdnr. 10).
- Zu den Aufzeichnungserleichterungen für Sachbezüge i. S. d. § 8 Abs. 2 Satz 11 EStG → § 4 Abs. 3 Satz 2 LStDV.
- → *BMF vom 13.4.2021 (BStBl. I S. 624), Rdnr. 4.*[3)]

Aktienoptionen. → H 38.2; → H 9.1.

Arbeitgeberdarlehen. → BMF vom 19.5.2015 (BStBl. I S. 484).

Ausländische Währung. Lohnzahlungen in einer gängigen ausländischen Währung sind Einnahmen in Geld und kein Sachbezug. Die Freigrenze des

---

1) **[Amtl. Anm.:]** Zur Anwendung der Freigrenze bei Gutscheinen und Geldkarten i. S. d. § 8 Abs. 1 Satz 3 EStG → § 8 Abs. 2 Satz 11 zweiter Halbsatz EStG.

2) **Steuergesetze** Nr. **21.**

3) Siehe jetzt BMF v. 15.3.2022, BStBl. I 2022, 242.

§ 8 Abs. 2 Satz 11 EStG findet auf sie keine Anwendung (→ BFH vom 27.10.2004 – BStBl. 2005 II S. 135 und vom 11.11.2010 – BStBl. 2011 II S. 383, 386 und 389). Umrechnungsmaßstab ist – soweit vorhanden – der auf den Umrechnungszeitpunkt bezogene Euro-Referenzkurs der Europäischen Zentralbank. Lohnzahlungen sind bei Zufluss des Arbeitslohns anhand der von der Europäischen Zentralbank veröffentlichten monatlichen Durchschnittsreferenzkurse umzurechnen, denen die im BStBl. I veröffentlichten Umsatzsteuer-Umrechnungskurse[1)] entsprechen (→ BFH vom 3.12.2009 – BStBl. 2010 II S. 698).

Durchschnittswerte der von Luftfahrtunternehmen gewährten Flüge. → Gleich lautende Ländererlasse vom 12.5.2021 (BStBl. I S. 774).

Fahrrad.[2)]
- Zur Ermittlung des geldwerten Vorteils bei Überlassung von (Elektro-) Fahrrädern → Gleich lautende Ländererlasse vom 9.1.2020 (BStBl. I S. 174).
- Zur lohnsteuerlichen Behandlung der Überlassung von (Elektro-)Fahrrädern an Arbeitnehmer in Leasingfällen → BMF vom 17.11.2017 (BStBl. I S. 1546).

Firmenfitnessprogramm.
- Zur Bewertung einer konkreten Ware oder Dienstleistung, die nicht zu vergleichbaren Bedingungen an Endverbraucher am Markt angeboten wird → BMF vom 16.5.2013 (BStBl. I S. 729) unter Berücksichtigung der Änderungen durch BMF vom 11.2.2021 (BStBl. I S. 311), Rdnr. 4a.
- Zum Zufluss → H 38.2 (Zufluss von Arbeitslohn).

Gehaltsumwandlung.
- Die Umwandlung von Barlohn in Sachlohn (Gehaltsumwandlung) setzt voraus, dass der Arbeitnehmer unter Änderung des Anstellungsvertrages auf einen Teil seines Barlohns verzichtet und ihm der Arbeitgeber stattdessen Sachlohn gewährt. Ob ein Anspruch auf Barlohn oder Sachlohn besteht, ist auf den Zeitpunkt bezogen zu entscheiden, zu dem der Arbeitnehmer über seinen Lohnanspruch verfügt (→ BFH vom 6.3.2008 – BStBl. II S. 530).
- → § 8 Abs. 4 EStG.

Geldleistung oder Sachbezug.
- *BMF vom 13.4.2021 (BStBl. I S. 624), Rdnr. 5 ff.*[3)]
- Leistet der Arbeitgeber im Rahmen eines ausgelagerten Optionsmodells zur Vermögensbeteiligung der Arbeitnehmer Zuschüsse an einen Dritten als Entgelt für die Übernahme von Kursrisiken, führt dies bei den Arbeitnehmern zu Sachlohn, wenn die Risikoübernahme des Dritten auf einer vertraglichen Vereinbarung mit dem Arbeitgeber beruht; die Freigrenze des § 8 Abs. 2 Satz 11 EStG ist anwendbar (→ BFH vom 13.9. 2007 – BStBl. 2008 II S. 204).

[1)] Vgl. die Zusammenstellungen in **Steuererlasse** Nr. **500** § 16/6 und § 16/7.

[2)] Siehe auch § 40 Abs. 2 Satz 1 Nr. 7 EStG i. d. F. des „JStG 2019" v. 12.12.2019, BGBl. I 2019, 2451, zur Möglichkeit der Pauschalversteuerung bei Übereignung betrieblicher Fahrräder.

[3)] Siehe jetzt BMF v. 15.3.2022, BStBl. I 2022, 242.

Geldsurrogate.
– → *BMF vom 13.4.2021 (BStBl. I S. 624), Rdnr. 23 ff.*[1)]

Geltung der Sachbezugswerte.
– Die Sachbezugswerte nach der SvEV[2)] gelten nach § 8 Abs. 2 Satz 7 EStG auch für Arbeitnehmer, die nicht der gesetzlichen Rentenversicherungspflicht unterliegen.
– Die Sachbezugswerte gelten nicht, wenn die vorgesehenen Sachbezüge durch Barvergütungen abgegolten werden; in diesen Fällen sind grundsätzlich die Barvergütungen zu versteuern (→ BFH vom 16.3.1962 – BStBl. III S. 284).

GmbH-Anteile. Veräußert der Arbeitgeber oder eine diesem nahestehende Person eine Beteiligung an einer Kapitalgesellschaft an einen Arbeitnehmer oder umgekehrt, handelt es sich in der Regel nicht um eine Veräußerung im gewöhnlichen Geschäftsverkehr, da ein Einfluss des Arbeitsverhältnisses auf die Verkaufsmodalitäten jedenfalls nahe liegt. Eine Ableitung des gemeinen Werts aus Verkäufen kommt in diesem Fall regelmäßig nicht in Betracht. Er ist ggf. anhand eines Sachverständigengutachtens zu schätzen (→ BFH vom 15.3.2018 – BStBl. II S. 550).

Job-Ticket.[3)]
– → BMF vom 15.8.2019 (BStBl. I S. 875).
– Ein geldwerter Vorteil ist nicht anzunehmen, wenn der Arbeitgeber seinen Arbeitnehmern ein Job-Ticket zu dem mit dem Verkehrsträger vereinbarten Preis überlässt (→ BMF vom 27.1.2004 – BStBl. I S. 173, Tz. II.1).
– Die Steuerbefreiung nach § 3 Nr. 15 EStG kommt bei einer Gehaltsumwandlung nicht in Betracht. In diesem Fall liegt ein Sachbezug vor, soweit der Arbeitnehmer das Job-Ticket verbilligt oder unentgeltlich vom Arbeitgeber erhält. § 8 Abs. 2 Satz 11 EStG (50-Euro-Freigrenze) findet Anwendung.

Beispiel zu einer Gehaltsumwandlung i. H. v. 50,40 €:

Üblicher Preis für eine Monatsfahrkarte	56,00 €
Vom Verkehrsträger eingeräumte Job-Ticketermäßigung 10 %	5,60 €
Differenz	50,40 €
davon 96 % (→ R 8.1 Abs. 2 Satz 3)	48,38 €
Vorteil	48,38 €

Unter der Voraussetzung, dass keine weiteren Sachbezüge im Sinne von § 8 Abs. 2 Satz 1 EStG im Monat gewährt werden, die zu einer Überschreitung der 50-Euro-Grenze führen, bleibt der Vorteil von 48,38 € außer Ansatz.

– Gilt das Job-Ticket für einen längeren Zeitraum (z. B. Jahreskarte), fließt der Vorteil insgesamt bei Überlassung des Job-Tickets zu (→ BFH vom 12.4.2007 – BStBl. II S. 719). Zum Zuflusszeitpunkt → H 38.2 (Zufluss

1) Siehe jetzt BMF v. 15.3.2022, BStBl. I 2022, 242.

2) VO v. 21.12.2006, BGBl. I 2006, 3385, zuletzt geänd. durch VO v. 6.12.2021, BGBl. I 2021, 5187 **(Steuergesetze Nr. 21).**

3) Zur lohnsteuerlichen Behandlung und zum Zuflusszeitpunkt des Sachbezugs „Job-Ticket“ siehe BayLfSt v. 12.8.2015 – S 2334.2.1 – 98/5 St 32, DStR 2015, 2287.

von Arbeitslohn). Zur Minderung der Entfernungspauschale → BMF vom 15.8.2019 (BStBl. I S. 875).

Nachträgliche Kostenerstattung.
– → *BMF vom 13.4.2021 (BStBl. I S. 624), Rdnr. 23ff.*[1)]

Rabatte von dritter Seite. → BMF vom 20.1.2015 (BStBl. I S. 143).

Sachbezugswerte im Bereich der Seeschifffahrt und Fischerei. → Gleich lautende Erlasse der Länder Bremen, Hamburg, Mecklenburg-Vorpommern, Niedersachsen und Schleswig-Holstein vom 15.6.2015 (BStBl. I S. 512).

Üblicher Endpreis.
– → BMF vom 16.5.2013 (BStBl. I S. 729, Tz. 3.1) unter Berücksichtigung der Änderungen durch BMF vom 11.2.2021 (BStBl. I S. 311).
– Beim Erwerb eines Gebrauchtwagens vom Arbeitgeber ist nicht auf den Händlereinkaufspreis abzustellen, sondern auf den Preis, den das Fahrzeug unter Berücksichtigung der vereinbarten Nebenleistungen auf dem Gebrauchtwagenmarkt tatsächlich erzielen würde (Händlerverkaufspreis). Wird zur Bestimmung des üblichen Endpreises eine Schätzung erforderlich, kann sich die Wertermittlung an den im Rechtsverkehr anerkannten Marktübersichten für gebrauchte Pkw orientieren (→ BFH vom 17.6.2005 – BStBl. II S. 795).
– Der Wert einer dem Arbeitnehmer durch den Arbeitgeber zugewandten Reise kann grundsätzlich anhand der Kosten geschätzt werden, die der Arbeitgeber für die Reise aufgewendet hat (→ BFH vom 18.8.2005 – BStBl. 2006 II S. 30).
– Zur Einbeziehung von Versandkosten → BFH vom 6.6.2018 (BStBl. II S. 764).

Wandeldarlehensvertrag. Der geldwerte Vorteil bemisst sich im Falle der Ausübung des Wandlungsrechts aus der Differenz zwischen dem Börsenpreis der Aktien an dem Tag, an dem der Arbeitnehmer die wirtschaftliche Verfügungsmacht über die Aktien erlangt, und den Erwerbsaufwendungen (→ BFH vom 23.6.2005 – BStBl. II S. 770 und vom 20.5.2010 – BStBl. II S. 1069).

Wandelschuldverschreibung. → H 38.2.

Warengutscheine.
– → *BMF vom 13.4.2021 (BStBl. I S. 624).*[1)]
– Zum Zuflusszeitpunkt bei Warengutscheinen → R 38.2 Abs. 3.

Zinsersparnisse. → Arbeitgeberdarlehen.

Zukunftssicherungsleistungen.
– → *BMF vom 13.4.2021 (BStBl. I S. 624), Rdnr. 6f., 18.*[1)]

Zusätzlichkeitsvoraussetzung. → § 8 Abs. 4 EStG.

Zweckgebundene Geldleistung. → *BMF vom 13.4.2021 (BStBl. I S. 624), Rdnr. 20, 22.*[1)]

[1)] Siehe jetzt BMF v. 15.3.2022, BStBl. I 2022, 242.

R 8.1 (5, 6)

Unterkunft oder Wohnung

(5) [1] Für die Bewertung einer Unterkunft, die keine Wohnung ist (→ Absatz 6 Satz 2 bis 4), ist der amtliche Sachbezugswert nach der SvEV[1]) maßgebend, soweit nicht zulässigerweise § 8 Abs. 3 EStG angewandt wird. [2] Dabei ist der amtliche Sachbezugswert grundsätzlich auch dann anzusetzen, wenn der Arbeitgeber die dem Arbeitnehmer überlassene Unterkunft gemietet und gegebenenfalls mit Einrichtungsgegenständen ausgestattet hat. [3] Eine Gemeinschaftsunterkunft liegt vor, wenn die Unterkunft beispielsweise durch Gemeinschaftswaschräume oder Gemeinschaftsküchen Wohnheimcharakter hat oder Zugangsbeschränkungen unterworfen ist.

(6) [1] Soweit nicht zulässigerweise § 8 Abs. 3 EStG angewandt wird, ist für die Bewertung einer Wohnung der ortsübliche Mietwert maßgebend.[2]) [2] Eine Wohnung ist eine in sich geschlossene Einheit von Räumen, in denen ein selbständiger Haushalt geführt werden kann. [3] Wesentlich ist, dass eine Wasserversorgung und -entsorgung, zumindest eine einer Küche vergleichbare Kochgelegenheit sowie eine Toilette vorhanden sind. [4] Danach stellt z. B. ein Einzimmerappartement mit Küchenzeile und WC als Nebenraum eine Wohnung dar, dagegen ist ein Wohnraum bei Mitbenutzung von Bad, Toilette und Küche eine Unterkunft. [5] Als ortsüblicher Mietwert ist die Miete anzu_setzen, die für eine nach Baujahr, Art, Größe, Ausstattung, Beschaffenheit und Lage vergleichbare Wohnung üblich ist (Vergleichsmiete). [6] In den Fällen, in denen der Arbeitgeber vergleichbare Wohnungen in nicht unerheblichem Umfang an fremde Dritte zu einer niedrigeren als der üblichen Miete vermietet, ist die niedrigere Miete anzusetzen. [7] Die Vergleichsmiete gilt unabhängig davon, ob die Wohnung z. B. als Werks- oder Dienstwohnung im Eigentum des Arbeitgebers oder dem Arbeitgeber auf Grund eines Belegungsrechts zur Verfügung steht oder von ihm angemietet worden ist. [8] Gesetzliche Mietpreisbeschränkungen sind zu beachten. [9] Stehen solche einem Mieterhöhungsverlangen entgegen, gilt dies jedoch nur, soweit die maßgebliche Ausgangsmiete den ortsüblichen Mietwert oder die gesetzlich zulässige Höchstmiete nicht unterschritten hat. [10] Überlässt der Arbeitgeber dem Arbeitnehmer im Rahmen einer Auslandstätigkeit eine Wohnung im Ausland, deren ortsübliche Miete 18% des Arbeitslohns ohne Kaufkraftausgleich übersteigt, so ist diese Wohnung mit 18% des Arbeitslohns ohne Kaufkraftausgleich zuzüglich 10% der darüber hinausgehenden ortsüblichen Miete zu bewerten.[3])

---

[1]) VO v. 21.12.2006, BGBl. I 2006, 3385, zuletzt geänd. durch VO v. 6.12.2021, BGBl. I 2021, 5187 **(Steuergesetze** Nr. **21).**

[2]) **[Amtl. Anm.:]** Zum Bewertungsabschlag auf den ortsüblichen Mietwert → § 8 Abs. 2 Satz 12 EStG.

[3]) **[Amtl. Anm.:]** Für die Anwendung des § 8 Abs. 2 Satz 12 EStG gilt der nach R 8.1 Abs. 6 Satz 10 LStR ermittelte Wert als ortsüblicher Mietwert.

H 8.1 (5, 6)

Bewertungsabschlag nach § 8 Abs. 2 Satz 12 EStG.

Beispiel 1:

Ein Arbeitgeber überlässt seinem Arbeitnehmer eine Wohnung zu eigenen Wohnzwecken gegen ein monatliches Entgelt von 1560 € (120 qm x 13 €/qm). Der ortsübliche Mietwert (Kaltmiete plus umlagefähige Nebenkosten) beträgt 20 €/qm.

Der monatliche geldwerte Vorteil (Mietvorteil) ist wie folgt zu berechnen:

Ortsüblicher Mietwert (120 qm x 20 €/qm)	2400 €
./. Bewertungsabschlag (1/3)	800 €
= verbleibender Betrag	1600 €
./. Zahlung des Arbeitnehmers	1560 €
Geldwerter Vorteil	40 €

Der geldwerte Vorteil von 40 € bleibt aber aufgrund der monatlichen 50-Euro-Freigrenze für Sachbezüge gem. § 8 Abs. 2 Satz 11 EStG außer Ansatz, wenn er zusammen mit anderen gem. § 8 Abs. 2 Satz 1 EStG zu bewertenden Sachbezügen die Freigrenze nicht überschreitet.

Beispiel 2:

Ein Wohnungsunternehmen überlässt seinem Arbeitnehmer unentgeltlich eine 120 qm-Wohnung zu eigenen Wohnzwecken. Der ortsübliche Mietwert (Kaltmiete plus umlagefähige Nebenkosten) beträgt 20 €/qm.

Wie im Beispiel 1 liegen die Voraussetzungen für den Bewertungsabschlag gem. § 8 Abs. 2 Satz 12 EStG vor.

Da der Arbeitgeber Wohnungen überwiegend an fremde Dritte vermietet, besteht ein Wahlrecht zwischen den Bewertungsmethoden nach § 8 Abs. 2 und Abs. 3 EStG (→ BMF vom 16.5.2013 – BStBl. I S. 729). Die Bewertung kann entweder nach § 8 Abs. 2 EStG (mit Bewertungsabschlag nach Satz 12) oder nach § 8 Abs. 3 EStG (mit Rabatt-Freibetrag) erfolgen.

Erholungsheim. Wird ein Arbeitnehmer in einem Erholungsheim des Arbeitgebers oder auf Kosten des Arbeitgebers zur Erholung in einem anderen Beherbergungsbetrieb untergebracht oder verpflegt, so ist die Leistung mit dem entsprechenden Pensionspreis eines vergleichbaren Beherbergungsbetriebs am selben Ort zu bewerten; dabei können jedoch Preisabschläge in Betracht kommen, wenn der Arbeitnehmer z. B. nach der Hausordnung Bedingungen unterworfen wird, die für Hotels und Pensionen allgemein nicht gelten (→ BFH vom 18.3.1960 – BStBl. III S. 237).

Ortsüblicher Mietwert.

– Überlässt der Arbeitgeber seinem Arbeitnehmer eine Wohnung zu einem Mietpreis, der innerhalb der Mietpreisspanne des örtlichen Mietspiegels für vergleichbare Wohnungen liegt, scheidet die Annahme eines geldwerten Vorteils regelmäßig aus (→ BFH vom 17.8.2005 – BStBl. 2006 II S. 71 und vom 11.5.2011 – BStBl. II S. 946).

– Überlässt ein Arbeitgeber seinen Arbeitnehmern Wohnungen und werden Nebenkosten (z. T.) nicht erhoben, liegt eine verbilligte Überlassung und damit ein Sachbezug nur vor, soweit die tatsächlich erhobene Miete zusammen mit den tatsächlich abgerechneten Nebenkosten die ortsübliche Miete (Kaltmiete plus umlagefähige Nebenkosten) unterschreitet (→ BFH vom 11.5.2011 – BStBl. II S. 946).

Persönliche Bedürfnisse des Arbeitnehmers. Persönliche Bedürfnisse des Arbeitnehmers, z. B. hinsichtlich der Größe der Wohnung, sind bei der Höhe des Mietwerts nicht zu berücksichtigen (→ BFH vom 8.3.1968 – BStBl. II S. 435 und vom 2.10.1968 – BStBl. 1969 II S. 73).

Steuerfreie Mietvorteile. → R 3.59.

R 8.1 (7)

Kantinenmahlzeiten und Essenmarken

(7) Für die Bewertung von Mahlzeiten, die arbeitstäglich an die Arbeitnehmer abgegeben werden, gilt Folgendes:

1. [1]Mahlzeiten, die durch eine vom Arbeitgeber selbst betriebene Kantine, Gaststätte oder vergleichbare Einrichtung abgegeben werden, sind mit dem maßgebenden amtlichen Sachbezugswert nach der SvEV[1)] zu bewerten. [2]Alternativ kommt eine Bewertung mit dem Endpreis i. S. d. § 8 Abs. 3 EStG in Betracht, wenn die Mahlzeiten überwiegend nicht für die Arbeitnehmer zubereitet werden.
2. [1]Mahlzeiten, die die Arbeitnehmer in einer nicht vom Arbeitgeber selbst betriebenen Kantine, Gaststätte oder vergleichbaren Einrichtung erhalten, sind vorbehaltlich der Nummer 4 ebenfalls mit dem maßgebenden amtlichen Sachbezugswert zu bewerten, wenn der Arbeitgeber auf Grund vertraglicher Vereinbarung durch Barzuschüsse oder andere Leistungen an die die Mahlzeiten vertreibende Einrichtung, z.B. durch verbilligte Überlassung von Räumen, Energie oder Einrichtungsgegenständen zur Verbilligung der Mahlzeiten beiträgt. [2]Es ist nicht erforderlich, dass die Mahlzeiten im Rahmen eines Reihengeschäfts zunächst an den Arbeitgeber und danach von diesem an die Arbeitnehmer abgegeben werden.
3. In den Fällen der Nummern 1 und 2 ist ein geldwerter Vorteil als Arbeitslohn zu erfassen, wenn und soweit der vom Arbeitnehmer für eine Mahlzeit gezahlte Preis (einschließlich Umsatzsteuer) den maßgebenden amtlichen Sachbezugswert unterschreitet.
4. [2)] Bestehen die Leistungen des Arbeitgebers im Falle der Nummer 2 aus Barzuschüssen in Form von Essenmarken (Essensgutscheine, Restaurantschecks), die vom Arbeitgeber an die Arbeitnehmer verteilt und von einer Gaststätte oder vergleichbaren Einrichtung (Annahmestelle) bei der Abgabe einer Mahlzeit in Zahlung genommen werden, so gilt Folgendes:
   a) [1]Es ist nicht die Essenmarke mit ihrem Verrechnungswert, sondern vorbehaltlich des Buchstaben b die Mahlzeit mit dem maßgebenden Sachbezugswert zu bewerten, wenn
      aa) tatsächlich eine Mahlzeit abgegeben wird. [2]Lebensmittel sind nur dann als Mahlzeit anzuerkennen, wenn sie zum unmittelbaren Ver-

---

1) VO v. 21.12.2006, BGBl. I 2006, 3385, zuletzt geänd. durch VO v. 6.12.2021, BGBl. I 2021, 5187 **(Steuergesetze Nr. 21).**

2) Siehe BMF v. 18.1.2019, BStBl. I 2019, 66, zu arbeitstäglichen Zuschüssen zu Mahlzeiten. Siehe auch BMF v. 13.4.2021, BStBl. I 2021, 624.

Preis der Mahlzeit	4,00 €
./. Wert der Essenmarke	4,00 €
Zahlung des Arbeitnehmers	0,00 €
Sachbezugswert der Mahlzeit	3,57 €
./. Zahlung des Arbeitnehmers	0,00 €
Verbleibender Wert	3,57 €
Anzusetzen ist der Sachbezugswert	3,57 €

Beispiel 3:

Ein Arbeitnehmer erhält eine Essenmarke mit einem Wert von 6,67 €. Die vom Arbeitnehmer in einer Gaststätte eingenommene Mahlzeit kostet 10,30 €.

Wert der Essenmarke	6,67 €
Anzusetzender Sachbezugswert	3,57 €
./. Zahlung des Arbeitnehmers	3,63 €
Geldwerter Vorteil	0,00 €

Essenmarken nach Ablauf der Dreimonatsfrist bei Auswärtstätigkeit. Üben Arbeitnehmer eine längerfristige berufliche Auswärtstätigkeit an derselben Tätigkeitsstätte aus, sind nach Ablauf von drei Monaten (§ 9 Abs. 4a Satz 6 und 7 EStG) an diese Arbeitnehmer ausgegebene Essenmarken (Essensgutscheine, Restaurantschecks) abweichend von R 8.1 Abs. 7 Nr. 4 Buchstabe a Satz 1 Doppelbuchstabe dd und Rz. 76 des BMF-Schreibens vom 25.11.2020 (BStBl. I S. 1228) mit dem maßgebenden Sachbezugswert zu bewerten. Der Ansatz des Sachbezugswerts setzt voraus, dass die übrigen Voraussetzungen des R 8.1 Abs. 7 Nr. 4 Buchstabe a vorliegen.

Essenmarken und Gehaltsumwandlung.

– **Änderung des Arbeitsvertrags.** Wird der Arbeitsvertrag dahingehend geändert, dass der Arbeitnehmer anstelle von Barlohn Essenmarken erhält, so vermindert sich dadurch der Barlohn in entsprechender Höhe (→ BFH vom 20.8.1997 – BStBl. II S. 667).

  Beispiel:

  Der Arbeitgeber gibt dem Arbeitnehmer monatlich 15 Essenmarken. Im Arbeitsvertrag ist der Barlohn von 3500 € im Hinblick auf die Essenmarken um 60 € auf 3440 € herabgesetzt worden.

  a) Beträgt der Verrechnungswert der Essenmarken jeweils 5 €, so ist dem Barlohn von 3440 € der Wert der Mahlzeit mit dem Sachbezugswert (15 × 3,57 € =) 53,55 € hinzuzurechnen.

  b) Beträgt der Verrechnungswert der Essenmarken jeweils 7 €, so ist dem Barlohn von 3440 € der Verrechnungswert der Essenmarken (15 × 7 € =) 105 € hinzuzurechnen.

– **Keine Änderung des Arbeitsvertrags.** Ohne Änderung des Arbeitsvertrags führt der Austausch von Barlohn durch Essenmarken nicht zu einer Herabsetzung des steuerpflichtigen Barlohns. In diesem Fall ist der Betrag, um den sich der ausgezahlte Barlohn verringert, als Entgelt für die Mahlzeit oder Essenmarke anzusehen und von dem für die Essenmarke maßgebenden Wert abzusetzen.

  Beispiel:

  Ein Arbeitnehmer mit einem monatlichen Bruttolohn von 3500 € erhält von seinem Arbeitgeber monatlich 15 Essenmarken. Der Arbeitsvertrag bleibt unverändert. Der Arbeitnehmer zahlt für die Essenmarken monatlich 60 €.

  a) Auf den Essenmarken ist jeweils ein Verrechnungswert von 7 € ausgewiesen. Der Verrechnungswert der Essenmarke übersteigt den Sachbezugswert von 3,57 € um mehr als 3,10 €. Die Essenmarken sind deshalb mit ihrem Verrechnungswert anzusetzen:

15 Essenmarken × 7 €	105,00 €
./. Entgelt des Arbeitnehmers	60,00 €
Vorteil	45,00 €

Dieser ist dem bisherigen Arbeitslohn von 3500 € hinzuzurechnen.

b) Auf den Essenmarken ist jeweils ein Verrechnungswert von 5 € ausgewiesen. Der Verrechnungswert der Essenmarke übersteigt den Sachbezugswert von 3,57 € um nicht mehr als 3,10 €. Es ist deshalb nicht der Verrechnungswert der Essenmarken, sondern der Wert der erhaltenen Mahlzeiten mit dem Sachbezugswert anzusetzen:

15 Essenmarken × Sachbezugswert 3,57 €	53,55 €
./. Entgelt des Arbeitnehmers	60,00 €
Vorteil	0,00 €

Dem bisherigen Arbeitslohn von 3500 € ist nichts hinzuzurechnen.

Frühstück. Zu den Anforderungen an einen lohnsteuerpflichtigen Sachbezug in Form eines Frühstücks → BFH vom 3.7.2019 (BStBl. 2020 II S. 788).

Sachbezugsbewertung.

– Bewertung einer einzelnen Mahlzeit → BMF vom 28.12.2020 (BStBl. 2021 I S. 59) für 2021 und vom 20.12.2021 (BStBl. 2022 I S. 60) für 2022.

– **Beispiel zu R 8.1 Abs. 7 Nr. 3:**

Der Arbeitnehmer zahlt 2 € für ein Mittagessen im Wert von 4 €.

Sachbezugswert der Mahlzeit	3,57 €
./. Zahlung des Arbeitnehmers	2,00 €
geldwerter Vorteil	1,57 €

Hieraus ergibt sich, dass die steuerliche Erfassung der Mahlzeiten entfällt, wenn gewährleistet ist, dass der Arbeitnehmer für jede Mahlzeit mindestens einen Preis in Höhe des amtlichen Sachbezugswerts zahlt.

R 8.1 (8)

Mahlzeiten aus besonderem Anlass

(8) Für die steuerliche Erfassung und Bewertung von Mahlzeiten, die der Arbeitgeber oder auf dessen Veranlassung ein Dritter aus besonderem Anlass an Arbeitnehmer abgibt, gilt Folgendes:

1. [1]Mahlzeiten, die im ganz überwiegenden betrieblichen Interesse des Arbeitgebers an die Arbeitnehmer abgegeben werden, gehören nicht zum Arbeitslohn. [2]Dies gilt für Mahlzeiten im Rahmen herkömmlicher Betriebsveranstaltungen nach Maßgabe der R 19.5,[1)] für ein sog. Arbeitsessen i. S. d. R 19.6 Abs. 2 sowie für die Beteiligung von Arbeitnehmern an einer geschäftlich veranlassten Bewirtung i. S. d. § 4 Abs. 5 Satz 1 Nr. 2 EStG.
2. [1]Mahlzeiten, die der Arbeitgeber als Gegenleistung für das Zurverfügungstellen der individuellen Arbeitskraft an seine Arbeitnehmer abgibt, sind mit ihrem tatsächlichen Preis anzusetzen. [2]Dies gilt z. B. für eine während einer beruflich veranlassten Auswärtstätigkeit oder doppelten Haushaltsführung gestellte Mahlzeit, deren Preis die 60-Euro-Grenze i. S. d. § 8 Abs. 2 Satz 8 EStG übersteigt. [3]Ein vom Arbeitnehmer an den Arbeitgeber oder an den Dritten gezahltes Entgelt ist auf den tatsächlichen Preis anzurechnen. [4]Wird vom Arbeitgeber oder auf dessen Veranlassung von einem

[1)] **[Amtl. Anm.:]** Überholt ab 2015 durch § 19 Abs. 1 Satz 1 Nr. 1a EStG.

Dritten nur ein Essen, aber kein Getränk gestellt, ist das Entgelt, das der Arbeitnehmer für ein Getränk bei der Mahlzeit zahlt, nicht auf den tatsächlichen Preis der Mahlzeit anzurechnen.

H 8.1 (8)

Allgemeines. Zur Behandlung der Mahlzeitengestellung nach der Reform des steuerlichen Reisekostenrechts → BMF vom 25.11.2020 (BStBl. I S. 1228).

Individuell zu versteuernde Mahlzeiten. Mahlzeiten, die im Rahmen regelmäßiger Geschäftsleitungssitzungen abgegeben werden, sind mit dem tatsächlichen Preis anzusetzen (→ BFH vom 4.8.1994 – BStBl. 1995 II S. 59).

Reisekostenabrechnungen. → BMF vom 25.11.2020 (BStBl. I S. 1228), Rz. 77 Beispiel 50 und Rz. 58 ff.

R 8.1 (9, 10)

Gestellung von Kraftfahrzeugen[1)]

(9) Überlässt der Arbeitgeber oder auf Grund des Dienstverhältnisses ein Dritter dem Arbeitnehmer ein Kraftfahrzeug zur privaten Nutzung, gilt Folgendes:

1. [1] Der Arbeitgeber hat den privaten Nutzungswert mit monatlich 1 % des inländischen Listenpreises des Kraftfahrzeugs anzusetzen. [2] Kann das Kraftfahrzeug auch zu Fahrten zwischen Wohnung und erster Tätigkeitsstätte genutzt werden, ist grundsätzlich diese Nutzungsmöglichkeit unabhängig von der Nutzung des Fahrzeugs zu Privatfahrten zusätzlich mit monatlich 0,03 % des inländischen Listenpreises des Kraftfahrzeugs für jeden Kilometer der Entfernung zwischen Wohnung und erster Tätigkeitsstätte zu bewerten und dem Arbeitslohn zuzurechnen. [3] Wird das Kraftfahrzeug zu Familienheimfahrten im Rahmen einer doppelten Haushaltsführung genutzt, erhöht sich der Wert nach Satz 1 für jeden Kilometer der Entfernung zwischen dem Beschäftigungsort und dem Ort des eigenen Hausstands um 0,002 % des inländischen Listenpreises für jede Fahrt, für die der Werbungskostenabzug nach § 9 Abs. 1 Satz 3 Nr. 5 Satz 5 EStG ausgeschlossen ist. [4] Die Monatswerte nach den Sätzen 1 und 2 sind auch dann anzusetzen, wenn das Kraftfahrzeug dem Arbeitnehmer im Kalendermonat nur zeitweise zur Verfügung steht. [5] Kürzungen der Werte, z. B. wegen einer Beschriftung des Kraftwagens, oder wegen eines privaten Zweitwagens, sind nicht zulässig. [6] Listenpreis i. S. d. Sätze 1 bis 3 ist – auch bei gebraucht erworbenen oder geleasten Fahrzeugen – die auf volle hundert Euro abgerundete unverbindliche Preisempfehlung des Herstellers für das genutzte Kraftfahrzeug im Zeitpunkt seiner Erstzulassung zuzüglich der Kosten für werkseitig im Zeitpunkt der Erstzulassung eingebaute Sonderausstattungen (z. B. Naviga-

---

1) **[Amtl. Anm.:]** Zur Sonderregelung für Elektro- und Hybridelektrofahrzeuge siehe § 6 Abs. 1 Nr. 4 Satz 2 ff. EStG.

tionsgeräte, Diebstahlsicherungssysteme) und der Umsatzsteuer; der Wert eines Autotelefons einschl. Freisprecheinrichtung sowie der Wert eines weiteren Satzes Reifen einschl. Felgen bleiben außer Ansatz. [7]Bei einem Kraftwagen, der aus Sicherheitsgründen gepanzert ist, kann der Listenpreis des leistungsschwächeren Fahrzeugs zugrunde gelegt werden, das dem Arbeitnehmer zur Verfügung gestellt würde, wenn seine Sicherheit nicht gefährdet wäre. [8]Kann das Kraftfahrzeug auch im Rahmen einer anderen Einkunftsart genutzt werden, ist diese Nutzungsmöglichkeit mit dem Nutzungswert nach Satz 1 abgegolten. [9]Nummer 2 Satz 9 bis 16 gilt entsprechend.

2. [1]Der Arbeitgeber kann den privaten Nutzungswert abweichend von Nummer 1 mit den für das Kraftfahrzeug entstehenden Aufwendungen ansetzen, die auf die nach Nummer 1 zu erfassenden privaten Fahrten entfallen, wenn die Aufwendungen durch Belege und das Verhältnis der privaten zu den übrigen Fahrten durch ein ordnungsgemäßes Fahrtenbuch nachgewiesen werden. [2]Dabei sind die dienstlich und privat zurückgelegten Fahrtstrecken gesondert und laufend im Fahrtenbuch nachzuweisen. [3]Für dienstliche Fahrten sind grundsätzlich die folgenden Angaben erforderlich:

   a) Datum und Kilometerstand zu Beginn und am Ende jeder einzelnen Auswärtstätigkeit,

   b) Reiseziel und bei Umwegen auch die Reiseroute,

   c) Reisezweck und aufgesuchte Geschäftspartner.

   [4]Für Privatfahrten genügen jeweils Kilometerangaben; für Fahrten zwischen Wohnung und erster Tätigkeitsstätte genügt jeweils ein kurzer Vermerk im Fahrtenbuch. [5]Die Führung des Fahrtenbuchs kann nicht auf einen repräsentativen Zeitraum beschränkt werden, selbst wenn die Nutzungsverhältnisse keinen größeren Schwankungen unterliegen. [6]Anstelle des Fahrtenbuchs kann ein Fahrtenschreiber eingesetzt werden, wenn sich daraus dieselben Erkenntnisse gewinnen lassen. [7]Der private Nutzungswert ist der Anteil an den Gesamtkosten des Kraftwagens, der dem Verhältnis der Privatfahrten zur Gesamtfahrtstrecke entspricht. [8]Die insgesamt durch das Kraftfahrzeug entstehenden Aufwendungen i. S. d. § 8 Abs. 2 Satz 4 EStG (Gesamtkosten) sind als Summe der Nettoaufwendungen zuzüglich Umsatzsteuer zu ermitteln; dabei bleiben vom Arbeitnehmer selbst getragene Kosten außer Ansatz.[1)] [9]Zu den Gesamtkosten gehören nur solche Kosten, die dazu bestimmt sind, unmittelbar dem Halten und dem Betrieb des Kraftfahrzeugs zu dienen und im Zusammenhang mit seiner Nutzung typischerweise entstehen. [10]Absetzungen für Abnutzung sind stets in die Gesamtkosten einzubeziehen; ihnen sind die tatsächlichen Anschaffungs- oder Herstellungskosten einschließlich der Umsatzsteuer zugrunde zu legen. [11]Nicht zu den Gesamtkosten gehören z. B. Beiträge für einen auf den Namen des Arbeitnehmers ausgestellten Schutzbrief, Straßen- oder Tunnelbenutzungsgebühren und Unfallkosten. [12]Verbleiben nach Erstattungen

---

[1)] ***[Amtl. Anm.:]*** → *BMF* v. *4.4.2018*, BStBl. I 2018, 592, Rdnrn. 54–55. – *Anm. d. Red.*: Siehe jetzt BMF v. 3.3.2022, BStBl. I 2022, 232, Rdnrn. 54–55.

durch Dritte Unfallkosten bis zur Höhe von 1000 Euro (zuzüglich Umsatzsteuer) je Schaden ist es aber nicht zu beanstanden, wenn diese als Reparaturkosten in die Gesamtkosten einbezogen werden; Satz 15 ist sinngemäß anzuwenden. [13] Ist der Arbeitnehmer gegenüber dem Arbeitgeber wegen Unfallkosten nach allgemeinen zivilrechtlichen Regeln schadensersatzpflichtig (z. B. Privatfahrten, Trunkenheitsfahrten) und verzichtet der Arbeitgeber (z. B. durch arbeitsvertragliche Vereinbarungen) auf diesen Schadensersatz, liegt in Höhe des Verzichts ein gesonderter geldwerter Vorteil vor (§ 8 Abs. 2 Satz 1 EStG). [14] Erstattungen durch Dritte (z. B. Versicherung) sind unabhängig vom Zahlungszeitpunkt zu berücksichtigen, so dass der geldwerte Vorteil regelmäßig in Höhe des vereinbarten Selbstbehalts anzusetzen ist. [15] Hat der Arbeitgeber auf den Abschluss einer Versicherung verzichtet oder eine Versicherung mit einem Selbstbehalt von mehr als 1000 Euro abgeschlossen, ist aus Vereinfachungsgründen so zu verfahren, als bestünde eine Versicherung mit einem Selbstbehalt in Höhe von 1000 Euro, wenn es bei bestehender Versicherung zu einer Erstattung gekommen wäre. [16] Liegt keine Schadensersatzpflicht des Arbeitnehmers vor (z. B. Fälle höherer Gewalt, Verursachung des Unfalls durch einen Dritten) oder ereignet sich der Unfall auf einer beruflich veranlassten Fahrt (Auswärtstätigkeit, die wöchentliche Familienheimfahrt bei doppelter Haushaltsführung oder Fahrten zwischen Wohnung und erster Tätigkeitsstätte), liegt vorbehaltlich Satz 13 kein geldwerter Vorteil vor.

3. [1] Der Arbeitgeber muss in Abstimmung mit dem Arbeitnehmer die Anwendung eines der Verfahren nach den Nummern 1 und 2 für jedes Kalenderjahr festlegen; das Verfahren darf bei demselben Kraftfahrzeug während des Kalenderjahrs nicht gewechselt werden.[1)] [2] Soweit die genaue Erfassung des privaten Nutzungswerts nach Nummer 2 monatlich nicht möglich ist, kann der Erhebung der Lohnsteuer monatlich ein Zwölftel des Vorjahresbetrags zugrunde gelegt werden. [3] Nach Ablauf des Kalenderjahres oder nach Beendigung des Dienstverhältnisses ist der tatsächlich zu versteuernde Nutzungswert zu ermitteln und eine etwaige Lohnsteuerdifferenz nach Maßgabe der § 41c, 42b EStG auszugleichen. [4] Bei der Veranlagung zur Einkommensteuer ist der Arbeitnehmer nicht an das für die Erhebung der Lohnsteuer gewählte Verfahren gebunden; Satz 1 2. Halbsatz gilt entsprechend.

4. [1] Zahlt der Arbeitnehmer an den Arbeitgeber oder auf dessen Weisung an einen Dritten zur Erfüllung einer Verpflichtung des Arbeitgebers (abgekürzter Zahlungsweg) für die außerdienstliche Nutzung (Nutzung zu privaten Fahrten, zu Fahrten zwischen Wohnung und erster Tätigkeitsstätte und zu Familienheimfahrten im Rahmen einer doppelten Haushaltsführung) des Kraftfahrzeugs ein Nutzungsentgelt, mindert dies den Nutzungswert. [2] *Zuschüsse* des Arbeitnehmers zu den Anschaffungskosten können im Zahlungsjahr ebenfalls auf den privaten Nutzungswert angerechnet werden; in den Fällen der Nummer 2 gilt dies nur, wenn die für die AfA-Ermittlung maßgebenden Anschaffungskosten nicht um die Zuschüsse gemindert wor-

---

1) Siehe auch BFH v. 3.8.2000 III R 2/00, BStBl. II 2001, 332, zur 1%-Regelung bei Führung von Fahrtenbüchern nur für einzelne von mehreren auch privat genutzten betrieblichen Kfz.

den sind. [3]Nach der Anrechnung im Zahlungsjahr verbleibende Zuschüsse können in den darauf folgenden Kalenderjahren auf den privaten Nutzungswert für das jeweilige Kraftfahrzeug angerechnet werden.[1)] [4]Zuschussrückzahlungen sind Arbeitslohn, soweit die Zuschüsse den privaten Nutzungswert gemindert haben.

5. Die Nummern 1 bis 4 gelten bei Fahrten nach § 9 Abs. 1 Satz 3 Nr. 4a Satz 3 EStG entsprechend.

Gestellung eines Kraftfahrzeugs mit Fahrer

(10) [1]Wenn ein Kraftfahrzeug mit Fahrer zur Verfügung gestellt wird, ist der geldwerte Vorteil aus der Fahrergestellung zusätzlich zum Wert nach Absatz 9 Nr. 1 oder 2 als Arbeitslohn zu erfassen. [2]Dieser geldwerte Vorteil bemisst sich grundsätzlich nach dem Endpreis i. S. d. § 8 Abs. 2 Satz 1 EStG einer vergleichbaren von fremden Dritten erbrachten Leistung. [3]Es ist aus Vereinfachungsgründen nicht zu beanstanden, wenn der geldwerte Vorteil abweichend von Satz 2 wie folgt ermittelt wird:

1. [1]Stellt der Arbeitgeber dem Arbeitnehmer für Fahrten zwischen Wohnung und erster Tätigkeitsstätte oder Fahrten nach § 9 Abs. 1 Satz 3 Nr. 4a Satz 3 EStG ein Kraftfahrzeug mit Fahrer zur Verfügung, ist der für diese Fahrten nach Absatz 9 Nr. 1 oder 2 ermittelte Nutzungswert des Kraftfahrzeugs um 50% zu erhöhen. [2]Für die zweite und jede weitere Familienheimfahrt im Rahmen einer beruflich veranlassten doppelten Haushaltsführung erhöht sich der auf die einzelne Familienheimfahrt entfallende Nutzungswert nur dann um 50%, wenn für diese Fahrt ein Fahrer in Anspruch genommen worden ist.
2. Stellt der Arbeitgeber dem Arbeitnehmer für andere Privatfahrten ein Kraftfahrzeug mit Fahrer zur Verfügung, ist der entsprechende private Nutzungswert des Kraftfahrzeugs wie folgt zu erhöhen:
   a) um 50%, wenn der Fahrer überwiegend in Anspruch genommen wird,
   b) um 40%, wenn der Arbeitnehmer das Kraftfahrzeug häufig selbst steuert,
   c) um 25%, wenn der Arbeitnehmer das Kraftfahrzeug weit überwiegend selbst steuert.[2)]
3. Bei Begrenzung des pauschalen Nutzungswertes i. S. d. § 8 Abs. 2 Satz 2, 3 und 5 EStG auf die Gesamtkosten, ist der anzusetzende Nutzungswert um 50 % zu erhöhen, wenn das Kraftfahrzeug mit Fahrer zur Verfügung gestellt worden ist.
4. [1]Wenn einem Arbeitnehmer aus Sicherheitsgründen ein sondergeschütztes (gepanzertes) Kraftfahrzeug, das zum Selbststeuern nicht geeignet ist, mit Fahrer zur Verfügung gestellt wird, ist von der steuerlichen Erfassung der Fahrergestellung abzusehen. [2]Es ist dabei unerheblich, in welcher Gefährdungsstufe der Arbeitnehmer eingeordnet ist.

---

1) **[Amtl. Anm.:]** Satz 2 und 3 teilweise überholt durch BFH vom 16.12.2020 VI R 19/18 (BStBl. 2021 II S. 761), → H 8.1 (9, 10) Zeitraumbezogene Zuzahlungen.

2) **[Amtl. Anm.:]** Dies gilt auch, wenn der Arbeitnehmer das Kfz ausschließlich selbst steuert (→ *BMF v. 4.4.2018, BStBl. I 2018, 592, Rdnr. 40*). – *Anm. d. Red.:* Jetzt BMF v. 3.3.2022, BStBl. I 2022, 232, Rdnr. 40.

H 8.1 (9, 10)

1%-Regelung. Die 1%-Regelung ist verfassungsrechtlich nicht zu beanstanden (→ BFH vom 13.12.2012 – BStBl. 2013 II S. 385).
→ Gebrauchtwagen.

Abgrenzung Kostenerstattung – Nutzungsüberlassung.

– Erstattet der Arbeitgeber dem Arbeitnehmer für dessen eigenen PKW sämtliche Kosten, wendet er Barlohn und nicht einen Nutzungsvorteil i. S. d. § 8 Abs. 2 EStG zu (→ BFH vom 6.11.2001 – BStBl. 2002 II S. 164).
– Eine nach § 8 Abs. 2 Satz 2 bis 5 EStG zu bewertende Nutzungsüberlassung liegt vor, wenn der Arbeitnehmer das Kraftfahrzeug auf Veranlassung des Arbeitgebers least, dieser sämtliche Kosten des Kraftfahrzeugs trägt und im Innenverhältnis allein über die Nutzung des Kraftfahrzeugs bestimmt (→ BFH vom 6.11.2001 – BStBl. 2002 II S. 370).
– Eine nach § 8 Abs. 2 Satz 2 bis 5 EStG zu bewertende Nutzungsüberlassung liegt nicht vor, wenn das vom Arbeitgeber geleaste Fahrzeug dem Arbeitnehmer auf Grund einer Sonderrechtsbeziehung im Innenverhältnis zuzurechnen ist, weil er gegenüber dem Arbeitgeber die wesentlichen Rechte und Pflichten des Leasingnehmers hat. Gibt der Arbeitgeber in diesem Fall vergünstigte Leasingkonditionen an den Arbeitnehmer weiter, liegt hierin ein nach § 8 Abs. 2 Satz 1 EStG zu bewertender geldwerter Vorteil (→ BFH vom 18.12.2014 – BStBl. 2015 II S. 670 – sog. Behördenleasing). Zur Dienstwagenbesteuerung in Leasingfällen, insbesondere bei Gehaltsumwandlung → *BMF vom 4.4.2018 (BStBl. I S. 592), Rdnr. 46ff.*[1)]

Allgemeine Grundsätze. → *BMF vom 4.4.2018 (BStBl. I S. 592).*[1)]

Anscheinsbeweis.

– Die unentgeltliche oder verbilligte Überlassung eines Dienstwagens durch den Arbeitgeber an den Arbeitnehmer für dessen Privatnutzung führt unabhängig davon, ob und in welchem Umfang der Arbeitnehmer das Fahrzeug tatsächlich privat nutzt, zu einem lohnsteuerlichen Vorteil. Ob der Arbeitnehmer den Beweis des ersten Anscheins, dass dienstliche Fahrzeuge, die zu privaten Zwecken zur Verfügung stehen, auch tatsächlich privat genutzt werden, durch die substantiierte Darlegung eines atypischen Sachverhalts zu entkräften vermag, ist für die Besteuerung des Nutzungsvorteils nach § 8 Abs. 2 Satz 2 EStG unerheblich (→ BFH vom 21.3.2013 – BStBl. II S. 700).
– → Nutzungsmöglichkeit.

Elektro- und Hybridelektrofahrzeug.

– → § 6 Abs. 1 Nr. 4 Satz 2ff. EStG.
– → BMF vom 5.11.2021 (BStBl. I S. 2205).
– → BMF vom 29.9.2020 (BStBl. I S. 972).

---

1) Siehe jetzt BMF v. 3.3.2022, BStBl. I 2022, 232.

Feuerwehreinsatzfahrzeug. Die Überlassung eines Einsatzfahrzeugs (Kommandowagen) an den Leiter der Freiwilligen Feuerwehr während seiner – wenn auch „ständigen" – Bereitschaftszeiten führt nicht zu Arbeitslohn (→ BFH vom 19.4.2021 – BStBl. II S. 605).

Garage für den Dienstwagen. Wird ein Dienstwagen in der eigenen oder angemieteten Garage des Arbeitnehmers untergestellt und trägt der Arbeitgeber hierfür die Kosten, so ist bei der 1%-Regelung kein zusätzlicher geldwerter Vorteil für die Garage anzusetzen (→ BFH vom 7.6.2002 – BStBl. II S. 829).

Gebrauchtwagen. Die 1%-Regelung auf Grundlage des Bruttolistenneupreises begegnet insbesondere im Hinblick auf die dem Steuerpflichtigen zur Wahl gestellte Möglichkeit, den Nutzungsvorteil auch nach der Fahrtenbuchmethode zu ermitteln und zu bewerten, keinen verfassungsrechtlichen Bedenken (→ BFH vom 13.12.2012 – BStBl. 2013 II S. 385).[1]

Kraftfahrzeuge i. S. d. § 8 Abs. 2 EStG sind auch:[2]
- Campingfahrzeuge (→ BFH vom 6.11.2001 – BStBl. 2002 II S. 370),
- Elektrofahrräder, die verkehrsrechtlich als Kraftfahrzeug einzuordnen sind → Gleich lautende Ländererlasse vom 9.1.2020 (BStBl. I S. 174),
- Kombinationskraftwagen, z. B. Geländewagen (→ BFH vom 13.2.2003 – BStBl. II S. 472), siehe aber auch → Werkstattwagen,
- Elektrokleinstfahrzeuge i. S. d. § 1 Elektrokleinstfahrzeuge-Verordnung vom 6.6.2019 (BGBl. I S. 756) z. B. E-Scooter, Elektro-Tretroller.

Nutzungsentgelt. Die zwingend vorgeschriebene Bewertung nach der 1%-Regelung, sofern nicht von der Möglichkeit, ein Fahrtenbuch zu führen, Gebrauch gemacht wird, kann nicht durch Zahlung eines Nutzungsentgelts vermieden werden, selbst wenn dieses als angemessen anzusehen ist. Das vereinbarungsgemäß gezahlte Nutzungsentgelt ist von dem entsprechend ermittelten privaten Nutzungswert in Abzug zu bringen (→ BFH vom 7.11.2006 – BStBl. 2007 II S. 269).

Nutzungsmöglichkeit.
- Die unentgeltliche oder verbilligte Überlassung eines Dienstwagens durch den Arbeitgeber an den Arbeitnehmer für dessen Privatnutzung führt unabhängig davon, ob und in welchem Umfang der Arbeitnehmer das Fahrzeug tatsächlich privat nutzt, zu einem lohnsteuerlichen Vorteil (→ BFH vom 21.3.2013 – BStBl. II S. 700).
- Bei der Beurteilung der Nutzungsmöglichkeit ist unter Berücksichtigung sämtlicher Umstände des Einzelfalls zu entscheiden, ob und welches betriebliche Fahrzeug dem Arbeitnehmer ausdrücklich oder doch zumindest konkludent auch zur privaten Nutzung überlassen ist. Steht nicht fest, dass der Arbeitgeber dem Arbeitnehmer einen Dienstwagen zur privaten Nutzung überlassen hat, kann auch der Beweis des ersten Anscheins diese fehlende Feststellung nicht ersetzen (→ BFH vom 21.3.2013 – BStBl. II S. 918 und S. 1044 und vom 18.4.2013 – BStBl. II S. 920).

---

[1] *Bestätigt durch BFH v. 15.5.2018 X R 28/15, BFH/NV 2018, 1107.*
[2] Siehe hierzu BMF v. 3.3.2022, BStBl. I 2022, 232, Rn. 3.

3. [1] Auf Rohstoffe, Zutaten und Halbfertigprodukte ist die Begünstigung anwendbar, wenn diese mengenmäßig überwiegend in die Erzeugnisse des Betriebs eingehen. [2] Betriebs- und Hilfsstoffe, die mengenmäßig überwiegend nicht an fremde Dritte abgegeben werden, sind nicht begünstigt.
4. Bei jedem einzelnen Sachbezug, für den die Voraussetzungen des § 8 Abs. 3 und des § 40 Abs. 1 oder Abs. 2 Satz 1 Nr. 1, 2 oder 5 Satz 1 EStG gleichzeitig vorliegen, kann zwischen der Pauschalbesteuerung, der Anwendung des § 8 Abs. 3 EStG (mit Bewertungsabschlag und Rabatt-Freibetrag) und der Anwendung des § 8 Abs. 2 EStG (ohne Bewertungsabschlag und Rabatt-Freibetrag) gewählt werden.

[2] Die Begünstigung gilt sowohl für teilentgeltliche als auch für unentgeltliche Sachbezüge. [3] Sie gilt deshalb z.B. für den Haustrunk im Brauereigewerbe, für die Freitabakwaren in der Tabakwarenindustrie und für die Deputate im Bergbau sowie in der Land- und Forstwirtschaft. [4] Nachträgliche Gutschriften sind als Entgeltsminderung zu werten, wenn deren Bedingungen bereits in dem Zeitpunkt feststehen, in dem der Arbeitnehmer die Sachbezüge erhält. [5] Zuschüsse eines Dritten sind nicht als Verbilligung zu werten, sondern gegebenenfalls als Lohnzahlungen durch Dritte zu versteuern.

(2) [1] Der steuerlichen Bewertung des Sachbezugs, der die Voraussetzungen des Absatzes 1 erfüllt, ist grundsätzlich der Endpreis (einschl. der Umsatzsteuer) zugrunde zu legen, zu dem der Arbeitgeber die konkrete Ware oder Dienstleistung fremden Letztverbrauchern im allgemeinen Geschäftsverkehr am Ende von Verkaufsverhandlungen durchschnittlich anbietet. [2] Bei der Gewährung von Versicherungsschutz sind es die Beiträge, die der Arbeitgeber als Versicherer von fremden Versicherungsnehmern für diesen Versicherungsschutz durchschnittlich verlangt. [3] Tritt der Arbeitgeber mit Letztverbrauchern außerhalb des Arbeitnehmerbereichs nicht in Geschäftsbeziehungen, ist grundsätzlich der Endpreis zugrunde zu legen, zu dem der dem Abgabeort des Arbeitgebers nächstansässige Abnehmer die konkrete Ware oder Dienstleistung fremden Letztverbrauchern anbietet. [4] Dies gilt auch in den Fällen, in denen der Arbeitgeber nur als Kommissionär tätig ist. [5] R 8.1 Abs. 2 Satz 2 ist sinngemäß anzuwenden. [6] Für die Preisfeststellung ist grundsätzlich jeweils der Kalendertag maßgebend, an dem die Ware oder Dienstleistung an den Arbeitnehmer abgegeben wird. [7] Fallen Bestell- und Liefertag auseinander, sind die Verhältnisse am Bestelltag für die Ermittlung des Angebotspreises maßgebend. [8] Der um 4% geminderte Endpreis ist der Geldwert des Sachbezugs; als Arbeitslohn ist der Unterschiedsbetrag zwischen diesem Geldwert und dem vom Arbeitnehmer gezahlten Entgelt anzusetzen. [9] Arbeitslöhne dieser Art aus demselben Dienstverhältnis bleiben steuerfrei, soweit sie insgesamt den Rabatt-Freibetrag nach § 8 Abs. 3 EStG[1)] nicht übersteigen.

[1)] Ab 1.1.2004: 1080 €.

H 8.2

Allgemeines. Die Regelung des § 8 Abs. 3 EStG gilt nicht für

- Waren, die der Arbeitgeber überwiegend für seine Arbeitnehmer herstellt, z.B. Kantinenmahlzeiten, oder überwiegend an seine Arbeitnehmer vertreibt, und Dienstleistungen, die der Arbeitgeber überwiegend für seine Arbeitnehmer erbringt,
- Sachbezüge, die nach § 40 Abs. 1 oder Abs. 2 Nr. 1 oder 2 EStG pauschal versteuert werden.

In diesen Fällen ist die Bewertung nach § 8 Abs. 2 EStG vorzunehmen.

Anwendung des Rabatt-Freibetrags. Der Rabatt-Freibetrag findet Anwendung bei

- Waren oder Dienstleistungen, die vom Arbeitgeber hergestellt, vertrieben oder erbracht werden (→ BFH vom 15.1.1993 – BStBl. II S. 356),
- Leistungen des Arbeitgebers, auch wenn sie nicht zu seinem üblichen Geschäftsgegenstand gehören (→ BFH vom 7.2.1997 – BStBl. II S. 363),
- der verbilligten Abgabe von Medikamenten an die Belegschaft eines Krankenhauses, wenn Medikamente dieser Art mindestens im gleichen Umfang an Patienten abgegeben werden (→ BFH vom 27.8.2002 – BStBl. II S. 881 und BStBl. 2003 II S. 95),
- Waren, die ein Arbeitgeber im Auftrag und nach den Plänen und Vorgaben eines anderen produziert und damit Hersteller dieser Waren ist (→ BFH vom 28.8.2002 – BStBl. 2003 II S. 154 betr. Zeitungsdruck),
- Waren, die ein Arbeitgeber auf eigene Kosten nach seinen Vorgaben und Plänen von einem Dritten produzieren lässt oder zu deren Herstellung er damit vergleichbare sonstige gewichtige Beiträge erbringt (→ BFH vom 1.10.2009 – BStBl. 2010 II S. 204),
- verbilligter Überlassung einer Hausmeisterwohnung, wenn der Arbeitgeber Wohnungen zumindest in gleichem Umfang an Dritte vermietet und sich die Hausmeisterwohnung durch ihre Merkmale nicht in einem solchen Maße von anderen Wohnungen unterscheidet, dass sie nur als Hausmeisterwohnung genutzt werden kann (→ BFH vom 16.2.2005 – BStBl. II S. 529),
- Überlassung eines zinslosen oder zinsverbilligten Arbeitgeberdarlehens, wenn Darlehen gleicher Art und zu gleichen Konditionen überwiegend an betriebsfremde Dritte vergeben werden (→ BMF vom 19.5.2015 – BStBl. I S. 484),
- Mahlzeitengestellung im Rahmen einer Auswärtstätigkeit, wenn aus der Küche eines Flusskreuzfahrtschiffes neben den Passagieren auch die Besatzungsmitglieder verpflegt werden (→ BFH vom 21.1.2010 – BStBl. II S. 700),
- Fahrvergünstigungen, die die Deutsche Bahn AG (ehemaligen) Arbeitnehmern gewährt. Dies gilt auch dann, wenn die unentgeltlich oder verbilligt gewährten Freifahrtscheine aufgrund besonderer Nutzungsbestimmungen fremden Letztverbrauchern nicht angeboten werden, da Bewertungsgegenstand *nicht* der Fahrschein als solcher, sondern die darin verkörperte Beförderungsleistung ist (→ BFH vom 26.9.2019 –

BStBl. 2020 II S. 162), soweit die übrigen Voraussetzungen des § 8 Abs. 3 EStG erfüllt sind.

Der Rabatt-Freibetrag findet **keine Anwendung** bei

- Arbeitgeberdarlehen, wenn der Arbeitgeber lediglich verbundenen Unternehmen Darlehen gewährt (→ BFH vom 18.9.2002 – BStBl. 2003 II S. 371),
- Arbeitgeberdarlehen, wenn der Arbeitgeber Darlehen dieser Art nicht an Fremde vergibt (→ BFH vom 9.10.2002 – BStBl. 2003 II S. 373 betr. Arbeitgeberdarlehen einer Landeszentralbank).

Aufteilung eines Sachbezugs. Die Aufteilung eines Sachbezugs zum Zwecke der Lohnsteuerpauschalierung ist nur zulässig, wenn die Pauschalierung der Lohnsteuer beantragt wird und die Pauschalierungsgrenze des § 40 Abs. 1 Satz 3 EStG überschritten wird (→ BMF vom 19.5.2015 – BStBl. I S. 484, Rdnr. 21 f.).

Berechnung des Rabatt-Freibetrags.

Beispiel 1:
Ein Möbelhandelsunternehmen überlässt einem Arbeitnehmer eine Schrankwand zu einem Preis von 3000 €; der durch Preisauszeichnung angegebene Endpreis dieser Schrankwand beträgt 4500 €.
Zur Ermittlung des Sachbezugswerts ist der Endpreis um 4% = 180 € zu kürzen, so dass sich nach Anrechnung des vom Arbeitnehmer gezahlten Entgelts ein Arbeitslohn von 1320 € ergibt. Dieser Arbeitslohn überschreitet den Rabatt-Freibetrag von 1080 € um 240 €, so dass dieser Betrag zu versteuern ist.
Würde der Arbeitnehmer im selben Kalenderjahr ein weiteres Möbelstück unter denselben Bedingungen beziehen, so käme der Rabatt-Freibetrag nicht mehr in Betracht; es ergäbe sich dann ein zu versteuernder Betrag von 1320 € (Unterschiedsbetrag zwischen dem um 4% = 180 € geminderten Endpreis von 4500 € und dem Abgabepreis von 3000 €).

Beispiel 2:
Der Arbeitnehmer eines Reisebüros hat für eine vom Arbeitgeber vermittelte Pauschalreise, die im Katalog des Reiseveranstalters zum Preis von 2000 € angeboten wird, nur 1500 € zu zahlen. Vom Preisnachlass entfallen 300 € auf die Reiseleistung des Veranstalters und 200 € auf die Vermittlung des Arbeitgebers, der insoweit keine Vermittlungsprovision erhält.
Die unentgeltliche Vermittlungsleistung ist nach § 8 Abs. 3 EStG mit ihrem um 4% = 8 € geminderten Endpreis von 200 € zu bewerten, so dass sich ein Arbeitslohn von 192 € ergibt, der im Rahmen des Rabatt-Freibetrags von 1080 € jährlich steuerfrei ist.
Auf die darüber hinausgehende Verbilligung der Pauschalreise um 300 € ist der Rabatt-Freibetrag nicht anwendbar, weil die Reiseveranstaltung nicht vom Arbeitgeber durchgeführt wird; sie ist deshalb nach § 8 Abs. 2 EStG zu bewerten. Nach R 8.1 Abs. 2 Satz 3 kann der für die Reiseleistung maßgebende Preis mit 1728 € (96% von 1800 €) angesetzt werden, so dass sich ein steuerlicher Preisvorteil von 228 € ergibt.

Dienstleistungen. Die leih- oder mietweise Überlassung von Grundstücken, Wohnungen, möblierten Zimmern oder von Kraftfahrzeugen, Maschinen und anderen beweglichen Sachen sowie die Gewährung von Darlehen sind Dienstleistungen (→ BFH vom 4.11.1994 – BStBl. 1995 II S. 338).

Weitere Beispiele für Dienstleistungen sind:

- Beförderungsleistungen,
- Beratung,
- Datenverarbeitung,
- Kontenführung,
- Reiseveranstaltungen,

– Versicherungsschutz,
– Werbung.

Endpreis

– i. S. d. § 8 Abs. 3 EStG ist der am Ende von Verkaufsverhandlungen als letztes Angebot stehende Preis und umfasst deshalb auch die Rabatte (→ BFH vom 26.7.2012 – BStBl. 2013 II S. 400). Zur Anwendung → BMF vom 16.5.2013 (BStBl. I S. 729, Tz. 3.2),
– beim Erwerb von Kraftfahrzeugen vom Arbeitgeber in der Automobilbranche → BMF vom 18.12.2009 (BStBl. 2010 I S. 20) unter Berücksichtigung der Änderung durch → BMF vom 16.5.2013 (BStBl. I S. 729, Rdnr. 8),
– i. S. d. § 8 Abs. 3 EStG stellt auf den Endpreis für die konkret zu bewertende Leistung ab. Werden mehrere Leistungen zugewandt (Ware zzgl. Versand- bzw. Überführungskosten), ist für jede Leistung gesondert eine Verbilligung und ein damit einhergehender Vorteil zu ermitteln (→ BFH vom 16.1.2020 – BStBl. II S. 591),
– bei Überlassung eines zinslosen oder zinsverbilligten Arbeitgeberdarlehens → BMF vom 19.5.2015 (BStBl. I S. 484).

Job-Ticket. Zum Vorrang der Steuerfreistellung nach § 3 Nr. 15 EStG → BMF vom 15.8.2019 (BStBl. I S. 875).

Sachbezüge an ehemalige Arbeitnehmer. Sachbezüge, die dem Arbeitnehmer ausschließlich wegen seines früheren oder künftigen Dienstverhältnisses zufließen, können nach § 8 Abs. 3 EStG bewertet werden (→ BFH vom 8.11.1996 – BStBl. 1997 II S. 330).

Sachbezüge von dritter Seite.

– Erfassung und Bewertung → BMF vom 20.1.2015 (BStBl. I S. 143),
– Einschaltung eines Dritten. Die Einschaltung eines Dritten ist für die Anwendung des § 8 Abs. 3 EStG unschädlich, wenn der Arbeitnehmer eine vom Arbeitgeber hergestellte Ware auf dessen Veranlassung und Rechnung erhält (→ BFH vom 4.6.1993 – BStBl. II S. 687).[1]

Vermittlungsprovision.

– Ein Arbeitgeber, der den Abschluss von Versicherungsverträgen vermittelt, kann seinen Arbeitnehmern auch dadurch einen geldwerten Vorteil i. S. d. § 8 Abs. 3 Satz 1 EStG gewähren, dass er im Voraus auf die ihm zustehende Vermittlungsprovision verzichtet, sofern das Versicherungsunternehmen auf Grund dieses Verzichts den fraglichen Arbeitnehmern den Abschluss von Versicherungsverträgen zu günstigeren Tarifen gewährt, als das bei anderen Versicherungsnehmern der Fall ist (→ BFH vom 30.5.2001 – BStBl. 2002 II S. 230).
– Gibt der Arbeitgeber seine Provisionen, die er von Dritten für die Vermittlung von Versicherungsverträgen seiner Arbeitnehmer erhalten hat, an diese weiter, gewährt er Bar- und nicht Sachlohn (→ BFH vom 23.8.2007 – BStBl. 2008 II S. 52).

[1] Siehe weiter BFH v. 26.4.2018 VI R 39/16, BStBl. II 2019, 286.

Wahlrecht. Liegen die Voraussetzungen des § 8 Abs. 3 EStG vor, kann der geldwerte Vorteil wahlweise nach § 8 Abs. 2 EStG ohne Bewertungsabschlag und ohne Rabattfreibetrag oder mit diesen Abschlägen auf der Grundlage des Endpreises des Arbeitgebers nach § 8 Abs. 3 EStG bewertet werden (→ BFH vom 26.7.2012 – BStBl. 2013 II S. 400 und 402). Dieses Wahlrecht ist sowohl im Lohnsteuerabzugsverfahren als auch im Veranlagungsverfahren anwendbar (→ BMF vom 16.5.2013 – BStBl. I S. 729, Tz. 3.3).

Waren und Dienstleistungen vom Arbeitgeber.
- Die Waren oder Dienstleistungen müssen vom Arbeitgeber hergestellt, vertrieben oder erbracht werden (→ BFH vom 15.1.1993 – BStBl. II S. 356).
- Es ist nicht erforderlich, dass die Leistung des Arbeitgebers zu seinem üblichen Geschäftsgegenstand gehört (→ BFH vom 7.2.1997 – BStBl. II S. 363).

Zu § 9 EStG

R 9.1 Werbungskosten

(1) [1] Zu den Werbungskosten gehören alle Aufwendungen, die durch den Beruf veranlasst sind.[1)] [2] Werbungskosten, die die Lebensführung des Arbeitnehmers oder anderer Personen berühren, sind nach § 9 Abs. 5 i. V. m. § 4 Abs. 5 Satz 1 Nr. 7 EStG insoweit nicht abziehbar, als sie nach der allgemeinen Verkehrsauffassung als unangemessen anzusehen sind. [3] Dieses Abzugsverbot betrifft nur seltene Ausnahmefälle; die Werbungskosten müssen erhebliches Gewicht haben und die Grenze der Angemessenheit erheblich überschreiten, wie z. B. Aufwendungen für die Nutzung eines Privatflugzeugs zu einer Auswärtstätigkeit.

(2) [1] Aufwendungen für Ernährung, Kleidung und Wohnung sowie Repräsentationsaufwendungen sind in der Regel Aufwendungen für die Lebensführung im Sinne des § 12 Nr. 1 EStG. [2] Besteht bei diesen Aufwendungen ein Zusammenhang mit der beruflichen Tätigkeit des Arbeitnehmers, so ist zu prüfen, ob und in welchem Umfang die Aufwendungen beruflich veranlasst sind. [3] Hierbei gilt Folgendes:

1. Sind die Aufwendungen so gut wie ausschließlich beruflich veranlasst, z. B. Aufwendungen für typische Berufskleidung (→ R 3.31), sind sie in voller Höhe als Werbungskosten abziehbar.
2. Sind die Aufwendungen nur zum Teil beruflich veranlasst und lässt sich dieser Teil der Aufwendungen nach objektiven Merkmalen leicht und ein-

1) Zum Arbeitnehmeranteil zur Winterbeschäftigungszulage siehe OFD Münster v. 15.6.2007, *DStR* 2007, 1165. – Zur Zuordnung von Steuerberatungskosten zu den Werbungskosten oder den Kosten der Lebensführung siehe BMF v. 21.12.2007, BStBl. I 2008, 256. – Zu Unterkunftskosten im Rahmen eines Studiums als vorweg entstandene Werbungskosten siehe BFH v. 19.9.2012 VI R 78/10, BStBl. II 2013, 284. – Zum Abzug von Telefonkosten bei mindestens einwöchiger Auswärtstätigkeit siehe BFH v. 5.7.2012 VI R 50/10, BStBl. II 2013, 282. – Schadensersatzleistungen an den Arbeitgeber aufgrund strafbarer Handlung sind nicht als Erwerbsaufwendungen abzugsfähig, siehe BFH v. 20.10.2016 VI R 27/15, BStBl. II 2018, 441. – Zu Aufwendungen eines Fußballtrainers für ein Sky-Bundesliga-Abo siehe BFH v. 16.1.2019 VI R 24/16, BStBl. II 2019, 376.

wandfrei von den Aufwendungen trennen, die ganz oder teilweise der privaten Lebensführung dienen, so ist dieser Teil der Aufwendungen als Werbungskosten abziehbar; er kann gegebenenfalls geschätzt werden.

3. [1] Ein Abzug der Aufwendungen kommt insgesamt nicht in Betracht, wenn die – für sich gesehen jeweils nicht unbedeutenden – beruflichen und privaten Veranlassungsbeiträge so ineinander greifen, dass eine Trennung nicht möglich und eine Grundlage für die Schätzung nicht erkennbar ist. [2] Das ist insbesondere der Fall, wenn es an objektivierbaren Kriterien für eine Aufteilung fehlt.

4. [1] Aufwendungen für die Ernährung gehören grundsätzlich zu den nach § 12 Nr. 1 EStG nicht abziehbaren Aufwendungen für die Lebensführung. [2] Das Abzugsverbot nach § 12 Nr. 1 EStG gilt jedoch nicht für Verpflegungsmehraufwendungen, die z. B. als Reisekosten (→ R 9.6) oder wegen einer aus beruflichem Anlass begründeten doppelten Haushaltsführung (→ R 9.11) so gut wie ausschließlich durch die berufliche Tätigkeit veranlasst sind.

(3) Die Annahme von Werbungskosten setzt nicht voraus, dass im selben Kalenderjahr, in dem die Aufwendungen geleistet werden, Arbeitslohn zufließt.

(4) [1] Ansparleistungen für beruflich veranlasste Aufwendungen, z. B. Beiträge an eine Kleiderkasse zur Anschaffung typischer Berufskleidung, sind noch keine Werbungskosten; angesparte Beträge können erst dann abgezogen werden, wenn sie als Werbungskosten verausgabt worden sind. [2] Hat ein Arbeitnehmer beruflich veranlasste Aufwendungen dadurch erspart, dass er entsprechende Sachbezüge erhalten hat, so steht der Wert der Sachbezüge entsprechenden Aufwendungen gleich; die Sachbezüge sind vorbehaltlich der Abzugsbeschränkungen nach § 9 Abs. 1 Satz 3 Nr. 5, 7 und Abs. 5 EStG mit dem Wert als Werbungskosten abziehbar, mit dem sie als steuerpflichtiger Arbeitslohn erfasst worden sind. [3] Steuerfreie Bezüge, auch soweit sie von einem Dritten – z. B. der Agentur für Arbeit – gezahlt werden, schließen entsprechende Werbungskosten aus.

(5) [1] Telekommunikationsaufwendungen sind Werbungskosten, soweit sie beruflich veranlasst sind. [2] Weist der Arbeitnehmer den Anteil der beruflich veranlassten Aufwendungen an den Gesamtaufwendungen für einen repräsentativen Zeitraum von drei Monaten im Einzelnen nach, kann dieser berufliche Anteil für den gesamten Veranlagungszeitraum zugrunde gelegt werden. [3] Dabei können die Aufwendungen für das Nutzungsentgelt der Telefonanlage sowie für den Grundpreis der Anschlüsse entsprechend dem beruflichen Anteil der Verbindungsentgelte an den gesamten Verbindungsentgelten (Telefon und Internet) abgezogen werden. [4] Fallen erfahrungsgemäß beruflich veranlasste Telekommunikationsaufwendungen an, können aus Vereinfachungsgründen ohne Einzelnachweis bis zu 20% des Rechnungsbetrags, jedoch höchstens 20 Euro monatlich als Werbungskosten anerkannt werden. [5] Zur weiteren Vereinfachung kann der monatliche Durchschnittsbetrag, der sich aus den Rechnungsbeträgen für einen repräsentativen Zeitraum von drei Monaten ergibt, für den gesamten Veranlagungszeitraum zugrunde gelegt werden. [6] Nach

R 3.50 Abs. 2 steuerfrei ersetzte Telekommunikationsaufwendungen mindern den als Werbungskosten abziehbaren Betrag.

H 9.1

Aktienoptionen. Erhält ein Arbeitnehmer von seinem Arbeitgeber nicht handelbare Aktienoptionsrechte, können die von ihm getragenen Aufwendungen im Zahlungszeitpunkt nicht als Werbungskosten berücksichtigt werden; sie mindern erst im Jahr der Verschaffung der verbilligten Aktien den geldwerten Vorteil. Verfällt das Optionsrecht, sind die Optionskosten im Jahr des Verfalls als vergebliche Werbungskosten abziehbar (→ BFH vom 3.5.2007 – BStBl. II S. 647).

Arbeitsgerichtlicher Vergleich. Es spricht regelmäßig eine Vermutung dafür, dass Aufwendungen für aus dem Arbeitsverhältnis folgende zivil- und arbeitsgerichtliche Streitigkeiten einen den Werbungskostenabzug rechtfertigenden hinreichend konkreten Veranlassungszusammenhang zu den Lohneinkünften aufweisen. Dies gilt grundsätzlich auch, wenn sich Arbeitgeber und Arbeitnehmer über solche streitigen Ansprüche im Rahmen eines arbeitsgerichtlichen Vergleichs einigen (→ BFH vom 9.2.2012 – BStBl. II S. 829).

Aufteilung von Aufwendungen bei mehreren Einkunftsarten. Erzielt ein Arbeitnehmer sowohl Einnahmen aus selbständiger als auch aus nichtselbständiger Arbeit, sind die durch diese Tätigkeiten veranlassten Aufwendungen den jeweiligen Einkunftsarten, ggf. nach einer im Schätzungswege vorzunehmenden Aufteilung der Aufwendungen, als Werbungskosten oder Betriebsausgaben zuzuordnen (→ BFH vom 10.6.2008 – BStBl. II S. 937).

Aufteilungs- und Abzugsverbot. → Gemischte Aufwendungen.

Ausgleichszahlungen. Ausgleichszahlungen, die ein Arbeitnehmer, dem eine Altersversorgung nach beamtenrechtlichen Grundsätzen zugesagt worden ist, leistet, um bei einem Arbeitgeberwechsel die Anrechnung von Dienstzeiten durch den neuen Arbeitgeber zu erreichen, sind als Werbungskosten abziehbar (→ BFH vom 19.10.2016 – BStBl. 2017 II S. 999).

Auslandstätigkeit. Die auf eine Auslandstätigkeit entfallenden Werbungskosten, die nicht eindeutig den steuerfreien oder steuerpflichtigen Bezügen zugeordnet werden können, sind regelmäßig zu dem Teil nicht abziehbar, der dem Verhältnis der steuerfreien Einnahmen zu den Gesamteinnahmen während der Auslandstätigkeit entspricht (→ BFH vom 11.2.1993 – BStBl. II S. 450 und vom 11.2.2009 – BStBl. 2010 II S. 536 – zu Aufwendungen eines Referendars).

Berufliche Veranlassung. Eine berufliche Veranlassung setzt voraus, dass *objektiv* ein → Zusammenhang mit dem Beruf besteht und in der Regel subjektiv die Aufwendungen zur Förderung des Berufs gemacht werden (→ BFH vom 28.11.1980 – BStBl. 1981 II S. 368).

Berufskrankheit. Aufwendungen zur Wiederherstellung der Gesundheit können dann beruflich veranlasst sein, wenn es sich um eine typische Berufskrankheit handelt oder der Zusammenhang zwischen der Erkrankung und dem Beruf eindeutig feststeht (→ BFH vom 11.7.2013 – BStBl. II S. 815).

Beteiligung am Arbeitgeberunternehmen.

- Aufwendungen eines Arbeitnehmers zum Erwerb einer Beteiligung an seinem (ggf. künftigen) Arbeitgeber sind regelmäßig auch dann nicht als (vorab entstandene) Werbungskosten bei den Einkünften aus nichtselbständiger Arbeit abzugsfähig, wenn die Zahlung Voraussetzung für den Abschluss des Anstellungsvertrags ist (→ BFH vom 17.5.2017 – BStBl. II S. 1073).
- Schuldzinsen für Darlehen, mit denen Arbeitnehmer den Erwerb von Gesellschaftsanteilen an ihrer Arbeitgeberin finanzieren, um damit die arbeitsvertragliche Voraussetzung für die Erlangung einer höher dotierten Position zu erfüllen, sind regelmäßig nicht bei den Einkünften aus nichtselbständiger Arbeit als Werbungskosten zu berücksichtigen (→ BFH vom 5.4.2006 – BStBl. II S. 654).

Bewirtungskosten.

- Aufwendungen für die Feier eines Arbeitnehmers anlässlich eines persönlichen Ereignisses (z.B. Geburtstag) sind regelmäßig auch durch die gesellschaftliche Stellung veranlasst und nicht als Werbungskosten abziehbar (→ BFH vom 19.2.1993 – BStBl. II S. 403 und vom 15.7.1994 – BStBl. II S. 896). Allerdings kann sich trotz des herausgehobenen persönlichen Ereignisses aus den übrigen Umständen des einzelnen Falls ergeben, dass die Kosten für eine solche Feier ausnahmsweise ganz oder teilweise beruflich veranlasst sind (→ BFH vom 10.11.2016 – BStBl. 2017 II S. 409).
- Bewirtungskosten, die einem Offizier für einen Empfang aus Anlass der Übergabe der Dienstgeschäfte (Kommandoübergabe) und der Verabschiedung in den Ruhestand entstehen, können als Werbungskosten zu berücksichtigen sein (→ BFH vom 11.1.2007 – BStBl. II S. 317).
- Bewirtungskosten eines angestellten Geschäftsführers mit variablen Bezügen anlässlich einer ausschließlich für Betriebsangehörige im eigenen Garten veranstalteten Feier zum 25-jährigen Dienstjubiläum können Werbungskosten sein (→ BFH vom 1.2.2007 – BStBl. II S. 459).
- Beruflich veranlasste Bewirtungskosten können ausnahmsweise auch dann vorliegen, wenn der Arbeitnehmer nicht variabel vergütet wird (→ BFH vom 24.5.2007 – BStBl. II S. 721).
- Aufwendungen für eine betriebsinterne Feier anlässlich eines berufsbezogenen Ereignisses (z.B. Dienstjubiläum) können (nahezu) ausschließlich beruflich veranlasst und damit als Werbungskosten zu berücksichtigen sein, wenn der Arbeitnehmer die Gäste nach abstrakten berufsbezogenen Kriterien einlädt (→ BFH vom 20.1.2016 – BStBl. II S. 744).
- Bewirtungskosten sind nur in Höhe von 70% als Werbungskosten abzugsfähig (→ § 4 Abs. 5 Satz 1 Nr. 2 i.V.m. § 9 Abs. 5 EStG). Diese Abzugsbeschränkung gilt nur, wenn der Arbeitnehmer Bewirtender ist (→ BFH vom 19.6.2008 – BStBl. II S. 870). Sie gilt nicht, wenn der Arbeitnehmer nur Arbeitnehmer des eigenen Arbeitgebers bewirtet (→ BFH vom 19.6.2008 – BStBl. 2009 II S. 11).

Bürgerliche Kleidung. Aufwendungen für bürgerliche Kleidung sind auch *bei außergewöhnlich hohen* Aufwendungen nicht als Werbungskosten abziehbar (→ BFH vom 6.7.1989 – BStBl. 1990 II S. 49).

Bürgschaftsverpflichtung.

- Tilgungskosten aus einer Bürgschaftsverpflichtung durch den Arbeitnehmer einer Gesellschaft können zu Werbungskosten bei den Einkünften aus nichtselbständiger Arbeit führen, wenn eine Gesellschafterstellung zwar vereinbart, aber nicht zustande gekommen ist (→ BFH vom 16.11.2011 – BStBl. 2012 II S. 343).
- Erwerbsaufwand ist den Einkünften zuzurechnen, zu denen der engere und wirtschaftlich vorrangige Veranlassungszusammenhang besteht. Es kann nicht ausgeschlossen werden, dass auch im Fall einer gegenwärtig ausgeübten Erwerbstätigkeit die Inanspruchnahme aus einer Bürgschaftsverpflichtung wirtschaftlich vorrangig durch eine zunächst nur angestrebte andere Erwerbstätigkeit veranlasst und dementsprechend dieser zuzurechnen ist. Eine solche Zurechnung setzt allerdings voraus, dass diese künftige Erwerbstätigkeit schon hinreichend konkret feststeht; nur dann kann zwischen dieser und den Aufwendungen auch ein hinreichend konkreter und objektiv feststellbarer Veranlassungszusammenhang bestehen, der eine entsprechende Zurechnung rechtfertigt (→ BFH vom 8.7.2015 – BStBl. 2016 II S. 60 und vom 3.9.2015 – BStBl. 2016 II S. 305).

Einbürgerung. Aufwendungen für die Einbürgerung sind nicht als Werbungskosten abziehbar (→ BFH vom 18.5.1984 – BStBl. II S. 588).

Ernährung. Aufwendungen für die Ernährung am Ort der ersten Tätigkeitsstätte sind auch dann nicht als Werbungskosten abziehbar, wenn der Arbeitnehmer berufsbedingt arbeitstäglich überdurchschnittlich oder ungewöhnlich lange von seiner Wohnung abwesend ist (→ BFH vom 21.1.1994 – BStBl. II S. 418).

Erziehungsurlaub/Elternzeit. Aufwendungen während eines Erziehungsurlaubs/einer Elternzeit können vorab entstandene Werbungskosten sein. Der berufliche Verwendungsbezug ist darzulegen, wenn er sich nicht bereits aus den Umständen von Umschulungs- oder Qualifizierungsmaßnahmen ergibt (→ BFH vom 22.7.2003 – BStBl. 2004 II S. 888).

Geldauflagen. Geldauflagen sind nicht als Werbungskosten abziehbar, soweit die Auflagen nicht der Wiedergutmachung des durch die Tat verursachten Schadens dienen (→ BFH vom 22.7.2008 – BStBl. 2009 II S. 151 und vom 15.1.2009 – BStBl. 2010 II S. 111).

Geldbußen. Geldbußen sind nicht als Werbungskosten abziehbar (→ BFH vom 22.7.2008 – BStBl. 2009 II S. 151).

Gemischte Aufwendungen.

- Bei gemischt veranlassten Aufwendungen besteht kein generelles Aufteilungs- und Abzugsverbot (→ BFH vom 21.9.2009 – BStBl. 2010 II S. 672); zu den Folgerungen → BMF vom 6.7.2010 (BStBl. I S. 614).
- Gemischt veranlasste Aufwendungen für eine Feier aus beruflichem und privatem Anlass können teilweise als Werbungskosten abziehbar sein. Der als Werbungskosten abziehbare Betrag kann dabei anhand der Herkunft der Gäste aus dem beruflichen/privaten Umfeld abgegrenzt werden (→ BFH vom 8.7.2015 – BStBl. II S. 1013).
- → H 9.2 (Auslandsgruppenreise).

Geschenke. Geschenke eines Arbeitnehmers anlässlich persönlicher Feiern sind nicht als Werbungskosten abziehbar (→ BFH vom 1.7.1994 – BStBl. 1995 II S. 273).

Körperpflege und Kosmetika. Aufwendungen für Körperpflege und Kosmetika sind auch bei außergewöhnlich hohen Aufwendungen nicht als Werbungskosten abziehbar (→ BFH vom 6.7.1989 – BStBl. 1990 II S. 49).

Kontoführungsgebühren. Kontoführungsgebühren sind Werbungskosten, soweit sie durch Gutschriften von Einnahmen aus dem Dienstverhältnis und durch beruflich veranlasste Überweisungen entstehen. Pauschale Kontoführungsgebühren sind ggf. nach dem Verhältnis beruflich und privat veranlasster Kontenbewegungen aufzuteilen (→ BFH vom 9.5.1984 – BStBl. II S. 560).

Krankheitskosten. Aufwendungen in Zusammenhang mit der Beseitigung oder Linderung von Körperschäden, die durch einen Unfall auf einer beruflich veranlassten Fahrt zwischen Wohnung und erster Tätigkeitsstätte eingetreten sind, können gemäß § 9 Abs. 1 Satz 1 EStG als Werbungskosten abgezogen werden (→ BFH vom 19.12.2019 – BStBl. 2020 II S. 291).

Kunstgegenstände. Aufwendungen für die Ausschmückung eines Dienstzimmers sind nicht als Werbungskosten abziehbar (→ BFH vom 12.3.1993 – BStBl. II S. 506).

Nachträgliche Werbungskosten. Werbungskosten können auch im Hinblick auf ein früheres Dienstverhältnis entstehen (→ BFH vom 14.10.1960 – BStBl. 1961 III S. 20).

Psychoseminar.[1] Aufwendungen für die Teilnahme an psychologischen Seminaren, die nicht auf den konkreten Beruf zugeschnittene psychologische Kenntnisse vermitteln, sind auch dann nicht als Werbungskosten abziehbar, wenn der Arbeitgeber für die Teilnahme an den Seminaren bezahlten Bildungsurlaub gewährt (→ BFH vom 6.3.1995 – BStBl. II S. 393).

Reinigung von typischer Berufskleidung in privater Waschmaschine. → H 9.12 (Berufskleidung).

Sammelbeförderung. → BMF vom 18.11.2021 (BStBl. I S. 2315).

Schulgeld. Schulgeldzahlungen an eine fremdsprachige Schule im Inland sind auch dann nicht als Werbungskosten abziehbar, wenn sich die ausländischen Eltern aus beruflichen Gründen nur vorübergehend im Inland aufhalten (→ BFH vom 23.11.2000 – BStBl. 2001 II S. 132).

Statusfeststellungsverfahren. Aufwendungen im Zusammenhang mit dem Anfrageverfahren nach § 7a SGB IV[2] (sog. Statusfeststellungsverfahren) sind durch das Arbeitsverhältnis veranlasst und deshalb als Werbungskosten bei den Einkünften aus nichtselbständiger Arbeit zu berücksichtigen (→ BFH vom 6.5.2010 – BStBl. II S. 851).

---

[1] Vgl. auch H 9.2 „Fortbildung" zu Supervisionsseminaren bzw. zu *Kommunikationskursen („NLP")*.

[2] **Aichberger SGB** Nr. 4.

Strafverteidigungskosten. Aufwendungen für die Strafverteidigung können Werbungskosten sein, wenn der Schuldvorwurf durch berufliches Verhalten veranlasst war (→ BFH vom 19.2.1982 – BStBl. II S. 467 und vom 18.10.2007 – BStBl. 2008 II S. 223).

Übernachtung an der ersten Tätigkeitsstätte. Die Kosten für gelegentliche Hotelübernachtungen am Ort der erster Tätigkeitsstätte sind Werbungskosten, wenn sie beruflich veranlasst sind. Für eine Tätigkeit an diesem Ort sind Verpflegungsmehraufwendungen nicht zu berücksichtigen (→ BFH vom 5.8.2004 – BStBl. II S. 1074).

Verlorener Zuschuss eines Gesellschafter-Geschäftsführers. Gewährt der Gesellschafter-Geschäftsführer einer GmbH, an der er nicht nur unwesentlich beteiligt ist, einen verlorenen Zuschuss, ist die Berücksichtigung als Werbungskosten regelmäßig abzulehnen (→ BFH vom 26.11.1993 – BStBl. 1994 II S. 242).

Verlust einer Beteiligung am Unternehmen des Arbeitgebers.
- Der Verlust einer Beteiligung an einer GmbH kann selbst dann nicht als Werbungskosten berücksichtigt werden, wenn die Beteiligung am Stammkapital der GmbH Voraussetzung für die Beschäftigung als Arbeitnehmer der GmbH war (→ BFH vom 12.5.1995 – BStBl. II S. 644).
- Der Veräußerungsverlust aus einer Kapitalbeteiligung am Unternehmen des Arbeitgebers führt nur dann zu Werbungskosten, wenn ein erheblicher Veranlassungszusammenhang zum Dienstverhältnis besteht und nicht auf der Nutzung der Beteiligung als Kapitalertragsquelle beruht (→ BFH vom 17.9.2009 – BStBl. 2010 II S. 198).

Verlust einer Darlehensforderung gegen den Arbeitgeber.
- Der Verlust einer Darlehensforderung gegen den Arbeitgeber ist als Werbungskosten zu berücksichtigen, wenn der Arbeitnehmer das Risiko, die Forderung zu verlieren, aus beruflichen Gründen bewusst auf sich genommen hat (→ BFH vom 7.5.1993 – BStBl. II S. 663).
- Die berufliche Veranlassung eines Darlehens wird nicht zwingend dadurch ausgeschlossen, dass der Darlehensvertrag mit dem alleinigen Gesellschafter-Geschäftsführer der Arbeitgeberin (GmbH) statt mit der insolvenzbedrohten GmbH geschlossen worden und die Darlehensvaluta an diesen geflossen ist. Maßgeblich sind der berufliche Veranlassungszusammenhang und der damit verbundene konkrete Verwendungszweck des Darlehens (→ BFH vom 7.2.2008 – BStBl. 2010 II S. 48).
- Auch wenn ein Darlehen aus im Gesellschaftsverhältnis liegenden Gründen gewährt wurde, kann der spätere Verzicht darauf durch das zugleich bestehende Arbeitsverhältnis veranlasst sein und dann insoweit zu Werbungskosten bei den Einkünften aus nichtselbständiger Arbeit führen, als die Darlehensforderung noch werthaltig ist (→ BFH vom 25.11.2010 – BStBl. 2012 II S. 24).
- Der Verlust einer aus einer Gehaltsumwandlung entstandenen Darlehensforderung eines Arbeitnehmers gegen seinen Arbeitgeber kann insoweit zu Werbungskosten bei den Einkünften aus nichtselbständiger Arbeit führen, als der Arbeitnehmer ansonsten keine Entlohnung für seine Ar-

beitsleistung erhalten hätte, ohne seinen Arbeitsplatz erheblich zu gefährden. Dabei ist der Umstand, dass ein außenstehender Dritter, insbesondere eine Bank, dem Arbeitgeber kein Darlehen mehr gewährt hätte, lediglich ein Indiz für eine beruflich veranlasste Darlehenshingabe, nicht aber unabdingbare Voraussetzung für den Werbungskostenabzug eines Darlehensverlustes (→ BFH vom 10.4.2014 – BStBl. II S. 850).

Versorgungszuschlag. Zahlt der Arbeitgeber bei beurlaubten Beamten ohne Bezüge einen Versorgungszuschlag, handelt es sich um steuerpflichtigen Arbeitslohn. In gleicher Höhe liegen beim Arbeitnehmer Werbungskosten vor; dies gilt auch, wenn der Arbeitnehmer den Versorgungszuschlag zahlt (→ BMF vom 22.2.1991 – BStBl. I S. 951).

Vertragsstrafe. Die Zahlung einer in einem Ausbildungsverhältnis begründeten Vertragsstrafe kann zu Werbungskosten führen (→ BFH vom 22.6.2006 – BStBl. 2007 II S. 4).

Videorecorder. Aufwendungen für einen Videorecorder sind – ohne Nachweis der weitaus überwiegenden beruflichen Nutzung – nicht als Werbungskosten abziehbar (→ BFH vom 27.9.1991 – BStBl. 1992 II S. 195).

Vorweggenommene Werbungskosten.[1] Werbungskosten können auch im Hinblick auf ein künftiges Dienstverhältnis entstehen (→ BFH vom 4.8.1961 – BStBl. 1962 III S. 5 und vom 3.11.1961 – BStBl. 1962 III S. 123). Der Berücksichtigung dieser Werbungskosten steht es nicht entgegen, dass der Arbeitnehmer Arbeitslosengeld oder sonstige für seinen Unterhalt bestimmte steuerfreie Leistungen erhält (→ BFH vom 4.3.1977 – BStBl. II S. 507), ggf. kommt ein Verlustabzug nach § 10d EStG in Betracht.

Werbegeschenke. Aufwendungen eines Arbeitnehmers für Werbegeschenke an Kunden seines Arbeitgebers sind Werbungskosten, wenn er sie tätigt, um die Umsätze seines Arbeitgebers und damit seine erfolgsabhängigen Einkünfte zu steigern (→ BFH vom 13.1.1984 – BStBl. II S. 315). Aufwendungen für Werbegeschenke können ausnahmsweise auch dann Werbungskosten sein, wenn der Arbeitnehmer nicht variabel vergütet wird (→ BFH vom 24.5.2007 – BStBl. II S. 721). Die nach § 4 Abs. 5 Satz 1 Nr. 1 EStG maßgebende Wertgrenze von 35 Euro ist zu beachten (§ 9 Abs. 5 EStG).

Werbungskosten bei Insolvenzgeld. Werbungskosten, die auf den Zeitraum entfallen, für den der Arbeitnehmer Insolvenzgeld erhält, sind abziehbar, da kein unmittelbarer wirtschaftlicher Zusammenhang zwischen den Aufwendungen und dem steuerfreien Insolvenzgeld i. S. d. § 3c EStG besteht (→ BFH vom 23.11.2000 – BStBl. 2001 II S. 199).

Wohnungsnutzung zu beruflichen Zwecken. Nutzt ein Miteigentümer allein eine Wohnung zu beruflichen Zwecken und werden die Darlehen zum Erwerb der Wohnung gemeinsam aufgenommen und Zins und Tilgung von einem gemeinsamen Konto beglichen, kann er AfA und Schuldzinsen nur entsprechend seinem Miteigentumsanteil als Werbungskosten geltend machen.

---

[1] *Zu Unterkunftskosten* im Rahmen eines Studiums als vorab entstandene Werbungskosten siehe BFH v. 19.9.2012 VI R 78/10, BStBl. II 2013, 284.

Entsprechendes gilt für gemeinschaftlich getragene andere grundstücksorientierte Aufwendungen, z. B. Grundsteuer, allgemeine Reparaturkosten, Versicherungsprämien (→ BFH vom 6.12.2017 – BStBl. 2018 II S. 355).

Zusammenhang mit dem Beruf. Ein Zusammenhang mit dem Beruf ist gegeben, wenn die Aufwendungen in einem wirtschaftlichen Zusammenhang mit der auf Einnahmeerzielung gerichteten Tätigkeit des Arbeitnehmers stehen (→ BFH vom 1.10.1982 – BStBl. 1983 II S. 17).

R 9.2 Aufwendungen für die Aus- und Fortbildung[1)]

[1] Aufwendungen für den erstmaligen Erwerb von Kenntnissen, die zur Aufnahme eines Berufs befähigen, beziehungsweise für ein erstes Studium (Erstausbildung) sind Kosten der Lebensführung und nur als Sonderausgaben im Rahmen von § 10 Abs. 1 Nr. 7 EStG abziehbar.[2)] [2] Werbungskosten liegen dagegen vor, wenn die erstmalige Berufsausbildung oder das Erststudium Gegenstand eines Dienstverhältnisses (Ausbildungsdienstverhältnis) ist. [3] Unabhängig davon, ob ein Dienstverhältnis besteht, sind die Aufwendungen für die Fortbildung in dem bereits erlernten Beruf und für die Umschulungsmaßnahmen, die einen Berufswechsel vorbereiten, als Werbungskosten abziehbar. [4] Das gilt auch für die Aufwendungen für ein weiteres Studium, wenn dieses in einem hinreichend konkreten, objektiv feststellbaren Zusammenhang mit späteren steuerpflichtigen Einnahmen aus der angestrebten beruflichen Tätigkeit steht.

H 9.2

Allgemeine Grundsätze. → BMF vom 22.9.2010 (BStBl. I S. 721).

Allgemein bildende Schulen. Aufwendungen für den Besuch allgemein bildender Schulen sind regelmäßig keine Werbungskosten (→ BFH vom 22.6.2006 – BStBl. II S. 717).

Ausbildungsdienstverhältnis.[3)]

Beispiele:

– Referendariat zur Vorbereitung auf das zweite Staatsexamen (→ BFH vom 10.12.1971 – BStBl. 1972 II S. 251)
– Beamtenanwärter (→ BFH vom 21.1.1972 – BStBl. II S. 261)
– zum Studium abkommandierte oder beurlaubte Bundeswehroffiziere (→ BFH vom 7.11.1980 – BStBl. 1981 II S. 216 und vom 28.9.1984 – BStBl. 1985 II S. 87)
– zur Erlangung der mittleren Reife abkommandierte Zeitsoldaten (→ BFH vom 28.9.1984 – BStBl. 1985 II S. 89)
– für ein Promotionsstudium beurlaubte Geistliche (→ BFH vom 7.8.1987 – BStBl. II S. 780).

---

1) **[Amtl. Anm.:]** Beachte auch § 9 Abs. 6 EStG in der ab 2015 geltenden Fassung („erstmalige Berufsausbildung").

2) Die Vorschrift des § 9 Abs. 6 EStG (Ausschluss des Werbungskostenabzugs für Aufwendungen für die erstmalige Berufsausbildung oder für ein Erststudium) ist mit dem GG vereinbar, siehe BVerfG-Beschl. v. 19.11.2019 2 BvL 22–27/14, DStR 2020, 93.

3) Zur Behandlung der Übernahme von Studiengebühren für ein berufsbegleitendes Studium durch den Arbeitgeber siehe BMF v. 13.4.2012, BStBl. I 2012, 531.

Auslandsgruppenreise.
- Aufwendungen für Reisen, die der beruflichen Fortbildung dienen, sind als Werbungskosten abziehbar, wenn sie unmittelbar beruflich veranlasst sind (z. B. das Aufsuchen eines Kunden des Arbeitgebers, das Halten eines Vortrags auf einem Fachkongress oder die Durchführung eines Forschungsauftrags) und die Verfolgung privater Interessen nicht den Schwerpunkt der Reise bildet (→ BFH vom 21.9.2009 – BStBl. 2010 II S. 672).
- Ein unmittelbarer beruflicher Anlass liegt nicht vor, wenn der Arbeitnehmer mit der Teilnahme an der Auslandsgruppenreise eine allgemeine Verpflichtung zur beruflichen Fortbildung erfüllt oder die Reise von einem Fachverband angeboten wird (→ BFH vom 19.1.2012 – BStBl. II S. 416); zur Abgrenzung gegenüber der konkreten beruflichen Verpflichtung zur Reiseteilnahme → BFH vom 9.12.2010 (BStBl. 2011 II S. 522). Zur Aufteilung gemischt veranlasster Aufwendungen bei auch beruflicher Veranlassung der Auslandsgruppenreise → H 9.1 (Gemischte Aufwendungen).

Deutschkurs. Aufwendungen eines in Deutschland lebenden Ausländers für das Erlernen der deutschen Sprache gehören regelmäßig auch dann zu den nicht abziehbaren Kosten der Lebensführung, wenn ausreichende Deutschkenntnisse für einen angestrebten Ausbildungsplatz förderlich sind (→ BFH vom 15.3.2007 – BStBl. II S. 814).

Erziehungsurlaub/Elternzeit. Aufwendungen während eines Erziehungsurlaubs/einer Elternzeit können vorab entstandene Werbungskosten sein. Der berufliche Verwendungsbezug ist darzulegen, wenn er sich nicht bereits aus den Umständen von Umschulungs- oder Qualifizierungsmaßnahmen ergibt (→ BFH vom 22.7.2003 – BStBl. 2004 II S. 888).

Fortbildung.
- Aufwendungen von Führungskräften für Seminare zur Persönlichkeitsentfaltung können Werbungskosten sein (→ BFH vom 28.8.2008 – BStBl. 2009 II S. 108).
- Aufwendungen einer leitenden Redakteurin zur Verbesserung beruflicher Kommunikationsfähigkeit sind Werbungskosten (→ BFH vom 28.8.2008 – BStBl. 2009 II S. 106).
- Aufwendungen für den Erwerb des Verkehrsflugzeugführerscheins einschließlich Musterberechtigung können vorab entstandene Werbungskosten sein (→ BFH vom 27.10.2011 – BStBl. 2012 II S. 825 zum Rettungssanitäter). Die Aufwendungen für den Erwerb des Privatflugzeugführerscheins führen regelmäßig nicht zu Werbungskosten (→ BFH vom 27.5.2003 – BStBl. 2005 II S. 202). Bei einer durchgehenden Ausbildung zum Verkehrsflugzeugführer sind aber auch die Aufwendungen für den Erwerb des Privatflugzeugführerscheins als Werbungskosten abziehbar (→ BFH vom 30.9.2008 – BStBl. 2009 II S. 111).

Fremdsprachenunterricht.
- Der Abzug der Aufwendungen für einen Sprachkurs kann nicht mit der *Begründung versagt werden,* er habe in einem anderen Mitgliedstaat der Europäischen Union stattgefunden (→ BFH vom 13.6.2002 – BStBl.

2003 II S. 765). Dies gilt auch für Staaten, auf die das Abkommen über den europäischen Wirtschaftsraum Anwendung findet (Island, Liechtenstein, Norwegen), und wegen eines bilateralen Abkommens, das die Dienstleistungsfreiheit festschreibt, auch für die Schweiz (→ BMF vom 26.9.2003 – BStBl. I S. 447).

– Ein Sprachkurs kann auch dann beruflich veranlasst sein, wenn er nur Grundkenntnisse oder allgemeine Kenntnisse in einer Fremdsprache vermittelt, diese aber für die berufliche Tätigkeit ausreichen. Die Kursgebühren sind dann als Werbungskosten abziehbar. Der Ort, an dem der Sprachkurs durchgeführt wird, kann ein Indiz für eine private Mitveranlassung sein. Die Reisekosten sind dann grundsätzlich in Werbungskosten und Kosten der privaten Lebensführung aufzuteilen (→ H 9.1 – Gemischte Aufwendungen). Dabei kann auch ein anderer als der zeitliche Aufteilungsmaßstab anzuwenden sein (→ BFH vom 24.2.2011 – BStBl. II S. 796 zum Sprachkurs in Südafrika).
– Aufwendungen für eine zur Erteilung von Fremdsprachenunterricht in den eigenen Haushalt aufgenommene Lehrperson sind selbst bei einem konkreten Bezug zur Berufstätigkeit keine Fortbildungskosten (→ BFH vom 8.10.1993 – BStBl. 1994 II S. 114).

Klassenfahrt. Aufwendungen eines Berufsschülers für eine im Rahmen eines Ausbildungsdienstverhältnisses als verbindliche Schulveranstaltung durchgeführte Klassenfahrt sind in der Regel Werbungskosten (→ BFH vom 7.2.1992 – BStBl. II S. 531).

Ski- und Snowboardkurse. Aufwendungen von Lehrern für Snowboardkurse können als Werbungskosten bei den Einkünften aus nichtselbständiger Arbeit abziehbar sein, wenn ein konkreter Zusammenhang mit der Berufstätigkeit besteht (→ BFH vom 22.6.2006 – BStBl. II S. 782). Zu den Merkmalen der beruflichen Veranlassung → BFH vom 26.8.1988 (BStBl. 1989 II S. 91).

Studienreisen und Fachkongresse. → R 12.2 EStR, H 12.2 EStH.[1)]

R **9.3** Ausgaben im Zusammenhang mit Berufsverbänden

(1) [1]Ausgaben bei Veranstaltungen des Berufsstands, des Berufsverbands, des Fachverbands oder der Gewerkschaft eines Arbeitnehmers, die der Förderung des Allgemeinwissens der Teilnehmer dienen, sind nicht Werbungskosten, sondern Aufwendungen für die Lebensführung. [2]Um nicht abziehbare Aufwendungen für die Lebensführung handelt es sich insbesondere stets bei den Aufwendungen, die der Arbeitnehmer aus Anlass von gesellschaftlichen Veranstaltungen der bezeichneten Organisation gemacht hat, und zwar auch dann, wenn die gesellschaftlichen Veranstaltungen im Zusammenhang mit einer rein fachlichen oder beruflichen Tagung oder Sitzung standen.

(2) [1]Bestimmte Veranstaltungen von Berufsständen und Berufsverbänden dienen dem Zweck, die Teilnehmer im Beruf fortzubilden, z. B. Vorlesungen

[1)] Nr. **1**.

bei Verwaltungsakademien oder Volkshochschulen, Fortbildungslehrgänge, fachwissenschaftliche Lehrgänge, fachliche Vorträge. [2]Ausgaben, die dem Teilnehmer bei solchen Veranstaltungen entstehen, können Werbungskosten sein.

H 9.3

Ehrenamtliche Tätigkeit. Aufwendungen eines Arbeitnehmers im Zusammenhang mit einer ehrenamtlichen Tätigkeit für seine Gewerkschaft oder seinen Berufsverband können Werbungskosten sein (→ BFH vom 28.11.1980 – BStBl. 1981 II S. 368 und vom 2.10.1992 – BStBl. 1993 II S. 53).

Mitgliedsbeiträge an einen Interessenverband. Mitgliedsbeiträge an einen Interessenverband sind Werbungskosten, wenn dieser als Berufsverband auch die spezifischen beruflichen Interessen des Arbeitnehmers vertritt. Dies ist nicht nur nach der Satzung, sondern auch nach der tatsächlichen Verbandstätigkeit zu beurteilen (→ BFH vom 13.8.1993 – BStBl. 1994 II S. 33).

Reiseaufwendungen für einen Berufsverband. Reiseaufwendungen eines Arbeitnehmers im Zusammenhang mit einer ehrenamtlichen Tätigkeit für seine Gewerkschaft oder seinen Berufsverband sind keine Werbungskosten, wenn der Schwerpunkt der Reise allgemeintouristischen Zwecken dient (→ BFH vom 25.3.1993 – BStBl. II S. 559).

R 9.4 Reisekosten

[1]Reisekosten sind Fahrtkosten (→ § 9 Abs. 1 Satz 3 Nr. 4a EStG, R 9.5), Verpflegungsmehraufwendungen (→ § 9 Abs. 4a EStG, R 9.6), Übernachtungskosten (→ § 9 Abs. 1 Satz 3 Nr. 5a EStG, R 9.7) und Reisenebenkosten (→ R 9.8), soweit diese durch eine beruflich veranlasste Auswärtstätigkeit (→ § 9 Abs. 4a Satz 2 und 4 EStG) des Arbeitnehmers entstehen. [2]Eine beruflich veranlasste Auswärtstätigkeit ist auch der Vorstellungsbesuch eines Stellenbewerbers. [3]Erledigt der Arbeitnehmer im Zusammenhang mit der beruflich veranlassten Auswärtstätigkeit auch in einem mehr als geringfügigen Umfang private Angelegenheiten, sind die beruflich veranlassten von den privat veranlassten Aufwendungen zu trennen. [4]Ist das nicht – auch nicht durch Schätzung – möglich, gehören die gesamten Aufwendungen zu den nach § 12 EStG nicht abziehbaren Aufwendungen für die Lebensführung (z. B. Bekleidungskosten oder Aufwendungen für andere allgemeine Reiseausrüstungen).[1)] [5]Die berufliche Veranlassung der Auswärtstätigkeit, die Reisedauer und den Reiseweg hat der Arbeitnehmer aufzuzeichnen und anhand geeigneter Unterlagen, z. B. Fahrtenbuch (→ R 8.1 Abs. 9 Nr. 2 Satz 3), Tankquittungen, Hotelrechnungen, Schriftverkehr, nachzuweisen oder glaubhaft zu machen.

[1)] *Zur steuerlichen Beurteilung gemischter Aufwendungen siehe* BFH v. 21.9.2009 GrS 1/06, BStBl. II 2010, 672, und BMF v. 6.7.2010, BStBl. I 2010, 614.

H 9.4

Erstattung durch den Arbeitgeber.

– Steuerfrei → § 3 Nr. 13, 16 EStG, → R 3.13, 3.16.
– Steuerfreie Arbeitgebererstattungen mindern die abziehbaren Werbungskosten auch dann, wenn sie erst im Folgejahr geleistet werden (→ BFH vom 20.9.2006 – BStBl. 2007 II S. 756).

Erste Tätigkeitsstätte.

– Bestimmung der ersten Tätigkeitsstätte → BMF vom 25.11.2020 (BStBl. I S. 1228), Rz. 2 ff.
– bei Gerichtsvollziehern → BFH vom 16.12.2020 (BStBl. 2021 II S. 525),
– bei grenzüberschreitender Arbeitnehmerentsendung → BFH vom 17.12.2020 (BStBl. 2021 II S. 506),
– bei Piloten und Flugbegleitern → BFH vom 11.4.2019 (BStBl. II S. 546),
– bei Polizeibeamten im Einsatz- und Streifendienst → BFH vom 4.4.2019 (BStBl. II S. 536),
– bei Postzustellern → BFH vom 30.9.2020 (BStBl. 2021 II S. 306),
– bei Rettungsassistenten → BFH vom 30.9.2020 (BStBl. 2021 II S. 308),
– bei vollzeitigen Bildungsmaßnahmen → BMF vom 25.11.2020 (BStBl. I S. 1228), Rz. 33 ff.

Weiträumiges Tätigkeitsgebiet.[1] → BMF vom 25.11.2020 (BStBl. I S. 1228), Rz. 41 ff.

R 9.5 Fahrtkosten als Reisekosten

Allgemeines

(1) [1]Fahrtkosten sind die tatsächlichen Aufwendungen, die dem Arbeitnehmer durch die persönliche Benutzung eines Beförderungsmittels entstehen. [2]Bei öffentlichen Verkehrsmitteln ist der entrichtete Fahrpreis einschließlich etwaiger Zuschläge anzusetzen. [3]Benutzt der Arbeitnehmer sein Fahrzeug, so ist der Teilbetrag der jährlichen Gesamtkosten dieses Fahrzeugs anzusetzen, der dem Anteil der zu berücksichtigenden Fahrten an der Jahresfahrleistung entspricht. [4]Der Arbeitnehmer kann auf Grund der für einen Zeitraum von zwölf Monaten ermittelten Gesamtkosten für das von ihm gestellte Fahrzeug einen Kilometersatz errechnen, der so lange angesetzt werden darf, bis sich die Verhältnisse wesentlich ändern, z.B. bis zum Ablauf des Abschreibungszeitraums oder bis zum Eintritt veränderter Leasingbelastungen. [5]Abweichend von Satz 3 können die Fahrtkosten auch mit den pauschalen Kilometersätzen gemäß § 9 Abs. 1 Satz 3 Nr. 4a Satz 2 EStG angesetzt werden. [6]Aufwendungen für Fahrten nach § 9 Abs. 1 Satz 3 Nr. 4a Satz 3 EStG gehören nicht zu den Reisekosten.

Erstattung durch den Arbeitgeber

(2) [1]Der Arbeitnehmer hat seinem Arbeitgeber Unterlagen vorzulegen, aus denen die Voraussetzungen für die Steuerfreiheit der Erstattung und, soweit

---

[1] Zur Abgrenzung bei einem Forstbetrieb siehe auch BFH v. 12.7.2021 VI R 1/19, BFH/NV 2022, 19.

die Fahrtkosten bei Benutzung eines privaten Fahrzeugs nicht mit den pauschalen Kilometersätzen nach Absatz 1 Satz 5 erstattet werden, auch die tatsächlichen Gesamtkosten des Fahrzeugs ersichtlich sein müssen. [2]Der Arbeitgeber hat diese Unterlagen als Belege zum Lohnkonto aufzubewahren. [3]Wird dem Arbeitnehmer für die Auswärtstätigkeit im Rahmen seines Dienstverhältnisses ein Kraftfahrzeug zur Verfügung gestellt, darf der Arbeitgeber die pauschalen Kilometersätze nicht – auch nicht teilweise – steuerfrei erstatten.

H 9.5

Allgemeines. → BMF vom 25.11.2020 (BStBl. I S. 1228), Rz. 36 ff.

– **Als Reisekosten** können die Aufwendungen für folgende Fahrten angesetzt werden:
  1. Fahrten zwischen Wohnung oder erster Tätigkeitsstätte und auswärtiger Tätigkeitsstätte oder Unterkunft i. S. d. Nummer 3 einschließlich sämtlicher Zwischenheimfahrten (→ BFH vom 17.12.1976 – BStBl. 1977 II S. 294 und vom 24.4.1992 – BStBl. II S. 664); zur Abgrenzung dieser Fahrten von den Fahrten zwischen Wohnung und erster Tätigkeitsstätte → H 9.10 (Dienstliche Verrichtungen auf der Fahrt, Fahrtkosten),
  2. innerhalb desselben Dienstverhältnisses Fahrten zwischen mehreren auswärtigen Tätigkeitsstätten oder innerhalb eines weiträumigen Tätigkeitsgebietes (§ 9 Abs. 1 Satz 3 Nr. 4a Satz 4 EStG) und
  3. Fahrten zwischen einer Unterkunft am Ort der auswärtigen Tätigkeitsstätte oder in ihrem Einzugsbereich und auswärtiger Tätigkeitsstätte (→ BFH vom 17.12.1976 – BStBl. 1977 II S. 294).

– **Nicht als Reisekosten,** sondern mit der Entfernungspauschale sind die Aufwendungen für folgende Fahrten anzusetzen:
  1. Fahrten von der Wohnung zu einem bestimmten Sammelpunkt → § 9 Abs. 1 Satz 3 Nr. 4a Satz 3 EStG, → BMF vom 25.11.2020 (BStBl. I S. 1228), Rz. 38 ff.
  2. Fahrten von der Wohnung zu einem weiträumigen Tätigkeitsgebiet → § 9 Abs. 1 Satz 3 Nr. 4a Satz 3 EStG, → BMF vom 25.11.2020 (BStBl. I S. 1228), Rz. 41 ff.[1)]

Einzelnachweis.

– Zu den Gesamtkosten eines Fahrzeugs gehören die Betriebsstoffkosten, die Wartungs- und Reparaturkosten, die Kosten einer Garage am Wohnort, die Kraftfahrzeugsteuer, die Aufwendungen für die Halterhaftpflicht- und Fahrzeugversicherungen, die Absetzungen für Abnutzung, wobei Zuschüsse nach der Kraftfahrzeughilfe-Verordnung für die Beschaffung eines Kraftfahrzeugs oder den Erwerb einer behinderungsbedingten Zusatzausstattung die Anschaffungskosten mindern (→ BFH vom 14.6.2012 – BStBl. II S. 835), sowie die Zinsen für ein Anschaffungsdarlehen

[1)] Zur Abgrenzung bei einem Forstbetrieb siehe auch BFH v. 12.7.2021 VI R 1/19, BFH/NV 2022, 19.

(→ BFH vom 1.10.1982 – BStBl. 1983 II S. 17). Dagegen gehören nicht zu den Gesamtkosten z.B. Aufwendungen infolge von Verkehrsunfällen, Park- und Straßenbenutzungsgebühren, Aufwendungen für Insassen- und Unfallversicherungen sowie Verwarnungs-, Ordnungs- und Bußgelder; diese Aufwendungen sind mit Ausnahme der Verwarnungs-, Ordnungs- und Bußgelder ggf. als Reisenebenkosten abziehbar (→ H 9.8).

- Bei einem geleasten Fahrzeug gehört eine Leasingsonderzahlung zu den Gesamtkosten (→ BFH vom 5.5.1994 – BStBl. II S. 643 und vom 15.4.2010 – BStBl. II S. 805).
- Den Absetzungen für Abnutzung ist bei Personenkraftwagen und Kombifahrzeugen grundsätzlich eine Nutzungsdauer von 6 Jahren zugrunde zu legen. Bei einer hohen Fahrleistung kann auch eine kürzere Nutzungsdauer anerkannt werden. Bei Kraftfahrzeugen, die im Zeitpunkt der Anschaffung nicht neu gewesen sind, ist die entsprechende Restnutzungsdauer unter Berücksichtigung des Alters, der Beschaffenheit und des voraussichtlichen Einsatzes des Fahrzeugs zu schätzen (→ BMF vom 15.12.2000 – BStBl. I S. 1532).
- Ein Teilnachweis der tatsächlichen Gesamtkosten ist möglich. Der nicht nachgewiesene Teil der Kosten kann geschätzt werden. Dabei ist von den für den Steuerpflichtigen ungünstigsten Umständen auszugehen (→ BFH vom 7.4.1992 – BStBl. II S. 854).
- Nicht zu den Gesamtkosten gehören die nach § 3 Nr. 46 EStG steuerfreien Vorteile sowie die nach § 40 Abs. 2 Satz 1 Nr. 6 EStG pauschal besteuerten Leistungen und Zuschüsse (→ BMF vom 29.9.2020 – BStBl. I S. 972, Rdnr. 33).

Pauschale Kilometersätze.

- → BMF vom 25.11.2020 (BStBl. I S. 1228), Rz. 37.
- Die pauschalen Kilometersätze können aus Vereinfachungsgründen auch dann angesetzt werden, wenn der Arbeitnehmer nach § 3 Nr. 46 EStG steuerfreie Vorteile oder nach § 40 Abs. 2 Satz 1 Nr. 6 EStG pauschal besteuerte Leistungen und Zuschüsse vom Arbeitgeber für dieses Elektrofahrzeug oder Hybridelektrofahrzeug erhält (→ BMF vom 29.9.2020 – BStBl. I S. 972, Rdnr. 32).
- Neben den pauschalen Kilometersätzen (→ BMF vom 25.11.2020 – BStBl. I S. 1228, Rz. 37) können etwaige außergewöhnliche Kosten angesetzt werden, wenn diese durch Fahrten entstanden sind, für die die Kilometersätze anzusetzen sind. Außergewöhnliche Kosten sind nur die nicht voraussehbaren Aufwendungen für Reparaturen, die nicht auf Verschleiß (→ BFH vom 17.10.1973 – BStBl. 1974 II S. 186) oder die auf Unfallschäden beruhen, und Absetzungen für außergewöhnliche technische Abnutzung und Aufwendungen infolge eines Schadens, der durch den Diebstahl des Fahrzeugs entstanden ist (→ BFH vom 25.5.1992 – BStBl. 1993 II S. 44); dabei sind entsprechende Schadensersatzleistungen auf die Kosten anzurechnen.
- Kosten, die mit dem laufenden Betrieb eines Fahrzeugs zusammenhängen, wie z.B. Aufwendungen für eine Fahrzeug-Vollversicherung, sind keine außergewöhnlichen Kosten (→ BFH vom 21.6.1991 – BStBl. II

S. 814 und vom 8.11.1991 – BStBl. 1992 II S. 204). Mit den pauschalen Kilometersätzen ist auch eine Leasingsonderzahlung abgegolten (→ BFH vom 15.4.2010 – BStBl. II S. 805).

- Dienstreise-Kaskoversicherung → BMF vom 9.9.2015 (BStBl. I S. 734): Seit dem 1.1.2014 sind die pauschalen Kilometersätze für die Benutzung von Kraftfahrzeugen im Rahmen von Auswärtstätigkeiten in § 9 Abs. 1 Satz 3 Nr. 4a EStG gesetzlich geregelt und gelten demzufolge unvermindert auch dann, wenn der Arbeitnehmer keine eigene Fahrzeug-Vollversicherung, sondern der Arbeitgeber eine Dienstreise-Kaskoversicherung für ein Kraftfahrzeug des Arbeitnehmers abgeschlossen hat. Das zum 2. Leitsatz des BFH-Urteils vom 27.6.1991 (BStBl. 1992 II S. 365) ergangene BMF-Schreiben vom 31.3.1992 (BStBl. I S. 270) „Dienstreise-Kaskoversicherung des Arbeitgebers für Kraftfahrzeuge des Arbeitnehmers und steuerfreier Fahrtkostenersatz" wird daher im Einvernehmen mit den obersten Finanzbehörden der Länder mit sofortiger Wirkung aufgehoben. Hat der Arbeitgeber eine Dienstreise-Kaskoversicherung für die seinen Arbeitnehmern gehörenden Kraftfahrzeuge abgeschlossen, führt die Prämienzahlung des Arbeitgebers auch weiterhin nicht zum Lohnzufluss bei den Arbeitnehmern (→ BFH-Urteil vom 27.6.1991 – BStBl. 1992 II S. 365 – 1. Leitsatz).

Werbungskostenabzug und Erstattung durch den Arbeitgeber.

- Die als Reisekosten erfassten Fahrtkosten können als Werbungskosten abgezogen werden, soweit sie nicht vom Arbeitgeber steuerfrei erstattet worden sind (§ 3c EStG).
- Die Erstattung der Fahrtkosten durch den Arbeitgeber ist nach § 3 Nr. 16 EStG steuerfrei, soweit höchstens die als Werbungskosten abziehbaren Beträge erstattet werden (→ BFH vom 21.6.1991 – BStBl. II S. 814).
- Bei Sammelbeförderung durch den Arbeitgeber scheidet mangels Aufwands des Arbeitnehmers ein Werbungskostenabzug für diese Fahrten aus (→ BFH vom 11.5.2005 – BStBl. II S. 785).
- Aufwendungen für Besuchsfahrten eines Ehegatten zur auswärtigen Tätigkeitsstätte des anderen Ehegatten/Lebenspartners sind auch bei einer längerfristigen Auswärtstätigkeit des anderen Ehegatten/Lebenspartners grundsätzlich nicht als Werbungskosten abziehbar (→ BFH vom 22.10.2015 – BStBl. 2016 II S. 179).

R 9.6 Verpflegungsmehraufwendungen als Reisekosten

Allgemeines

(1) [1]Die dem Arbeitnehmer tatsächlich entstandenen, beruflich veranlassten Mehraufwendungen für Verpflegung sind unter den Voraussetzungen des § 9 Abs. 4a EStG mit den dort genannten Pauschbeträgen anzusetzen. [2]Der Einzelnachweis von Verpflegungsmehraufwendungen berechtigt nicht zum Abzug höherer Beträge.

Konkurrenzregelung

(2) Soweit *für denselben Kalendertag* Verpflegungsmehraufwendungen wegen einer Auswärtstätigkeit oder wegen einer doppelten Haushaltsführung

(→ R 9.11 Abs. 7) anzuerkennen sind, ist jeweils nur der höchste Pauschbetrag anzusetzen (→ § 9 Abs. 4a Satz 12 zweiter Halbsatz EStG).

Besonderheiten bei Auswärtstätigkeiten im Ausland

(3) [1] Für den Ansatz von Verpflegungsmehraufwendungen bei Auswärtstätigkeiten im Ausland gelten nach Staaten unterschiedliche Pauschbeträge (Auslandstagegelder), die vom BMF im Einvernehmen mit den obersten Finanzbehörden der Länder auf der Grundlage der höchsten Auslandstagegelder nach dem BRKG bekannt gemacht werden. [2] Für die in der Bekanntmachung nicht erfassten Staaten ist der für Luxemburg geltende Pauschbetrag maßgebend; für die in der Bekanntmachung nicht erfassten Übersee- und Außengebiete eines Staates ist der für das Mutterland geltende Pauschbetrag maßgebend. [3] Werden an einem Kalendertag Auswärtstätigkeiten im In- und Ausland durchgeführt, ist für diesen Tag das entsprechende Auslandstagegeld maßgebend, selbst dann, wenn die überwiegende Zeit im Inland verbracht wird. [4] Im Übrigen ist beim Ansatz des Auslandstagegeldes Folgendes zu beachten:

1. [1] Bei Flugreisen gilt ein Staat in dem Zeitpunkt als erreicht, in dem das Flugzeug dort landet; Zwischenlandungen bleiben unberücksichtigt, es sei denn, dass durch sie Übernachtungen notwendig werden. [2] Erstreckt sich eine Flugreise über mehr als zwei Kalendertage, so ist für die Tage, die zwischen dem Tag des Abflugs und dem Tag der Landung liegen, das für Österreich geltende Tagegeld maßgebend.
2. [1] Bei Schiffsreisen ist das für Luxemburg geltende Tagegeld maßgebend. [2] Für das Personal auf deutschen Staatsschiffen sowie für das Personal auf Schiffen der Handelsmarine unter deutscher Flagge auf Hoher See gilt das Inlandstagegeld. [3] Für die Tage der Einschiffung und Ausschiffung ist das für den Hafenort geltende Tagegeld maßgebend.

H 9.6

Allgemeines. → BMF vom 25.11.2020 (BStBl. I S. 1228), Rz. 47 ff.

Dreimonatsfrist. → BMF vom 25.11.2020 (BStBl. I S. 1228), Rz. 53 ff.

Erstattung durch den Arbeitgeber.

– **Steuerfrei** → § 3 Nr. 13, 16 EStG, → R 3.13, 3.16.
  Die Erstattung der Verpflegungsmehraufwendungen durch den Arbeitgeber ist steuerfrei, soweit keine höheren Beträge erstattet werden, als nach → § 9 Abs. 4a EStG, → BMF vom 25.11.2020 (BStBl. I S. 1228), Rz. 47 ff. als Reisekosten angesetzt werden dürfen. Eine zusammengefasste Erstattung unterschiedlicher Aufwendungen ist möglich → R 3.16 Satz 1. Zur Erstattung im Zusammenhang mit Mahlzeitengestellungen bei Auswärtstätigkeit → BMF vom 25.11.2020 (BStBl. I S. 1228), Rz. 73 ff.
– **Pauschale Versteuerung**
  bei Mahlzeitengestellungen → § 40 Abs. 2 Satz 1 Nr. 1a EStG und BMF vom 25.11.2020 (BStBl. I S. 1228), Rz. 94 ff.,
  bei Vergütungen für Verpflegungsmehraufwendungen → § 40 Abs. 2 Satz 1 Nr. 4 EStG und BMF vom 25.11.2020 (BStBl. I S. 1228), Rz. 58 ff.

– **Nachweise.** Der Arbeitnehmer hat seinem Arbeitgeber Unterlagen vorzulegen, aus denen die Voraussetzungen für den Erstattungsanspruch ersichtlich sein müssen. Der Arbeitgeber hat diese Unterlagen als Belege zum Lohnkonto aufzubewahren (→ BFH vom 6.3.1980 – BStBl. II S. 289).

Mahlzeitengestellung und Verpflegungsmehraufwendungen. → BMF vom 25.11.2020 (BStBl. I S. 1228), Rz. 64 ff. und 73 ff.

Pauschbeträge bei Auslandsreisen. → BMF vom 3.12.2020 (BStBl. I S. 1256) ab 1.1.2021;[1] → R 9.6 Abs. 3.

Verpflegungsmehraufwendungen.

– Arbeitnehmer haben bei einer beruflichen Auswärtstätigkeit einen Rechtsanspruch darauf, dass die gesetzlichen Pauschbeträge berücksichtigt werden (→ BFH vom 4.4.2006 – BStBl. II S. 567).
– Kürzung der Verpflegungspauschalen → § 9 Abs. 4a Satz 8 ff. EStG und BMF vom 25.11.2020 (BStBl. I S. 1228), Rz. 73 ff.

Werbungskostenabzug bei Reisekostenerstattung durch den Arbeitgeber. Wurden Reisekosten vom Arbeitgeber – ggf. teilweise – erstattet, ist der Werbungskostenabzug insgesamt auf den Betrag beschränkt, um den die Summe der abziehbaren Aufwendungen die steuerfreie Erstattung übersteigt (→ BFH vom 15.11.1991 – BStBl. 1992 II S. 367). Dabei ist es gleich, ob die Erstattung des Arbeitgebers nach § 3 Nr. 13, 16 EStG oder nach anderen Vorschriften steuerfrei geblieben ist, z. B. durch Zehrkostenentschädigungen i. S. d. § 3 Nr. 12 EStG (→ BFH vom 28.1.1988 – BStBl. II S. 635).

R 9.7 Übernachtungskosten

Allgemeines

(1) [1]Übernachtungskosten sind die tatsächlichen Aufwendungen, die dem Arbeitnehmer für die persönliche Inanspruchnahme einer Unterkunft zur Übernachtung entstehen. [2]Ist die Unterkunft am auswärtigen Tätigkeitsort die einzige Wohnung/Unterkunft des Arbeitnehmers, liegt kein beruflich veranlasster Mehraufwand i. S. d. § 9 Abs. 1 Satz 3 Nr. 5a EStG vor.

Werbungskostenabzug

(2) Die tatsächlichen Übernachtungskosten können bei einer Auswärtstätigkeit als Reisekosten angesetzt und als Werbungskosten abgezogen werden, soweit sie nicht vom Arbeitgeber nach § 3 Nr. 13 oder 16 EStG steuerfrei ersetzt werden.

Erstattung durch den Arbeitgeber

(3) [1]Für jede Übernachtung im Inland darf der Arbeitgeber ohne Einzelnachweis einen Pauschbetrag von 20 Euro steuerfrei erstatten. [2]Bei Übernachtungen im Ausland dürfen die Übernachtungskosten ohne Einzelnachweis der

[1] Weitergeltung auch für 2022 lt. Mitteilung des BMF v. 27.9.2021.

tatsächlichen Aufwendungen mit Pauschbeträgen (Übernachtungsgelder) steuerfrei erstattet werden. [3]Die Pauschbeträge werden vom Bundesministerium der Finanzen im Einvernehmen mit den obersten Finanzbehörden der Länder auf der Grundlage der höchsten Auslandsübernachtungsgelder nach dem Bundesreisekostengesetz bekannt gemacht. [4]Sie richten sich nach dem Ort, der nach R 9.6 Abs. 3 Satz 4 Nummer 1 und 2 maßgebend ist. [5]Für die in der Bekanntmachung nicht erfassten Länder und Gebiete ist R 9.6 Abs. 3 Satz 2 anzuwenden. [6]Die Pauschbeträge dürfen nicht steuerfrei erstatten werden, wenn dem Arbeitnehmer die Unterkunft vom Arbeitgeber oder auf Grund seines Dienstverhältnisses von einem Dritten unentgeltlich oder teilweise unentgeltlich zur Verfügung gestellt wurde. [7]Auch bei Übernachtung in einem Fahrzeug ist die steuerfreie Zahlung der Pauschbeträge nicht zulässig. [8]Bei Benutzung eines Schlafwagens oder einer Schiffskabine dürfen die Pauschbeträge nur dann steuerfrei gezahlt werden, wenn die Übernachtung in einer anderen Unterkunft begonnen oder beendet worden ist.

H 9.7

Allgemeines. → BMF vom 25.11.2020 (BStBl. I S. 1228), Rz. 115 ff.

Steuerfreiheit der Arbeitgebererstattungen. Die Erstattung der Übernachtungskosten durch den Arbeitgeber ist steuerfrei

- aus öffentlichen Kassen in voller Höhe → § 3 Nr. 13 EStG,
- bei Arbeitgebern außerhalb des öffentlichen Dienstes nach § 3 Nr. 16 EStG bis zur Höhe der tatsächlichen Aufwendungen oder bis zur Höhe der maßgebenden Pauschbeträge, d. h. bei Übernachtung im Inland 20 Euro, bei Übernachtung im Ausland → BMF vom 3.12.2020 (BStBl. I S. 1256) ab 1.1.2021.

Übernachtungskosten.

- Die Übernachtungskosten sind für den Werbungskostenabzug grundsätzlich im Einzelnen nachzuweisen. Sie können geschätzt werden, wenn sie dem Grunde nach zweifelsfrei entstanden sind (→ BFH vom 12.9.2001 – BStBl. II S. 775).
- Übernachtet ein Kraftfahrer in der Schlafkabine seines LKW, sind die Pauschalen für Übernachtungen nicht anzuwenden (→ BFH vom 28.3.2012 – BStBl. II S. 926); zu Reisenebenkosten → H 9.8 (LKW-Fahrer).

R 9.8 Reisenebenkosten

Allgemeines

(1) Reisenebenkosten werden unter den Voraussetzungen von R 9.4 in tatsächlicher Höhe berücksichtigt und können als Werbungskosten abgezogen werden, soweit sie nicht vom Arbeitgeber steuerfrei erstattet wurden.

Werbungskostenabzug

(2) *(unbesetzt)*

Steuerfreiheit der Arbeitgebererstattungen

(3) [1]Die Erstattung der Reisenebenkosten durch den Arbeitgeber ist nach § 3 Nr. 16 EStG steuerfrei, soweit sie die tatsächlichen Aufwendungen nicht überschreitet. [2]Der Arbeitnehmer hat seinem Arbeitgeber Unterlagen vorzulegen, aus denen die tatsächlichen Aufwendungen ersichtlich sein müssen. [3]Der Arbeitgeber hat diese Unterlagen als Belege zum Lohnkonto aufzubewahren.

H 9.8

Allgemeines. → BMF vom 25.11.2020 (BStBl. I S. 1228), Rz. 129 ff.

Diebstahl. Wertverluste bei einem Diebstahl des für die Reise notwendigen persönlichen Gepäcks sind Reisenebenkosten (→ BFH vom 30.6.1995 – BStBl. II S. 744). Dies gilt nicht für den Verlust von → Geld oder → Schmuck.

Geld. Der Verlust einer Geldbörse führt nicht zu Reisenebenkosten (→ BFH vom 4.7.1986 – BStBl. II S. 771).

Geldbußen. → R 4.13 EStR.

LKW-Fahrer. Zu den Reisenebenkosten bei LKW-Fahrern, die in ihrer Schlafkabine übernachten, → § 9 Abs. 1 Satz 3 Nr. 5b EStG und BMF vom 25.11.2020 (BStBl. I S. 1228), Rz. 131 oder zur Berücksichtigung höherer Mehraufwendungen → BMF vom 4.12.2012 (BStBl. I S. 1249).

Ordnungsgelder. → R 4.13 EStR.

Reisegepäckversicherung. Kosten für eine Reisegepäckversicherung, soweit sich der Versicherungsschutz auf eine beruflich bedingte Abwesenheit von einer ersten Tätigkeitsstätte beschränkt, sind Reisenebenkosten; zur Aufteilung der Aufwendungen für eine gemischte Reisegepäckversicherung → BFH vom 19.2.1993 (BStBl. II S. 519).

Schaden. Wertverluste auf Grund eines Schadens an mitgeführten Gegenständen, die der Arbeitnehmer auf seiner Reise verwenden musste, sind Reisekosten, wenn der Schaden auf einer reisespezifischen Gefährdung beruht (→ BFH vom 30.11.1993 – BStBl. 1994 II S. 256).

Schmuck. Der Verlust von Schmuck führt nicht zu Reisenebenkosten (→ BFH vom 26.1.1968 – BStBl. II S. 342).

Telefonkosten. Zu den Reisenebenkosten gehören auch die tatsächlichen Aufwendungen für private Telefongespräche, soweit sie der beruflichen Sphäre zugeordnet werden können (→ BFH vom 5.7.2012 – BStBl. 2013 II S. 282).

Unfallversicherung. Beiträge zu Unfallversicherungen sind Reisenebenkosten, soweit sie Berufsunfälle außerhalb einer ersten Tätigkeitsstätte abdecken; wegen der steuerlichen Behandlung von Unfallversicherungen, die das Unfallrisiko sowohl im beruflichen als auch im außerberuflichen Bereich abdecken → BMF vom 28.10.2009 (BStBl. I S. 1275).

Verwarnungsgelder. → R 4.13 EStR.[1]

---

[1] Nr. 1.

R 9.9 Umzugskosten

Allgemeines

(1) Kosten, die einem Arbeitnehmer durch einen beruflich veranlassten Wohnungswechsel entstehen, sind Werbungskosten.

Höhe der Umzugskosten

(2) [1]Bei einem beruflich veranlassten Wohnungswechsel können die tatsächlichen Umzugskosten grundsätzlich bis zur Höhe der Beträge als Werbungskosten abgezogen werden, die nach dem BUKG[1)] und der Auslandsumzugskostenverordnung (AUV)[2)] in der jeweils geltenden Fassung als Umzugskostenvergütung höchstens gezahlt werden könnten, mit Ausnahme der Pauschalen nach §§ 19, 21 AUV und der Auslagen (insbesondere Maklergebühren) für die Anschaffung einer eigenen Wohnung (Wohneigentum) nach § 9 Abs. 1 BUKG; die Pauschbeträge für Verpflegungsmehraufwendungen nach § 9 Abs. 4a EStG sind zu beachten. [2]Werden die umzugskostenrechtlich festgelegten Grenzen eingehalten, ist nicht zu prüfen, ob die Umzugskosten Werbungskosten darstellen. [3]Werden höhere Umzugskosten im Einzelnen nachgewiesen, so ist insgesamt zu prüfen, ob und inwieweit die Aufwendungen Werbungskosten oder nicht abziehbare Kosten der Lebensführung sind, z. B. bei Aufwendungen für die Neuanschaffung von Einrichtungsgegenständen. [4]Anstelle der in § 10 BUKG pauschal erfassten Umzugskosten können auch die im Einzelfall nachgewiesenen höheren Umzugskosten als Werbungskosten abgezogen werden. [5]Ein Werbungskostenabzug entfällt, soweit die Umzugskosten vom Arbeitgeber steuerfrei erstattet worden sind (§ 3c EStG).

Erstattung durch den Arbeitgeber

(3) [1]Die Erstattung der Umzugskosten durch den Arbeitgeber ist steuerfrei, soweit keine höheren Beträge erstattet werden, als nach Absatz 2 als Werbungskosten abziehbar wären. [2]Der Arbeitnehmer hat seinem Arbeitgeber Unterlagen vorzulegen, aus denen die tatsächlichen Aufwendungen ersichtlich sein müssen. [3]Der Arbeitgeber hat diese Unterlagen als Belege zum Lohnkonto aufzubewahren.

H 9.9

Aufgabe der Umzugsabsicht. Wird vom Arbeitgeber eine vorgesehene Versetzung rückgängig gemacht, sind die dem Arbeitnehmer durch die Aufgabe seiner Umzugsabsicht entstandenen vergeblichen Aufwendungen als Werbungskosten abziehbar (→ BFH vom 24.5.2000 – BStBl. II S. 584).

Berufliche Veranlassung. Ein Wohnungswechsel ist z. B. beruflich veranlasst,

1. wenn durch ihn eine → erhebliche Verkürzung der Entfernung zwischen Wohnung und Tätigkeitsstätte eintritt und die verbleibende Wegezeit im Berufsverkehr als normal angesehen werden kann (→ BFH vom

---

[1)] Nr. **29**.

[2)] AUV v. 26.11.2012, BGBl. I 2012, 2349, zuletzt geänd. durch VO v. 27.6.2018, BGBl. I 2018, 891.

6.11.1986 – BStBl. 1987 II S. 81). Es ist nicht erforderlich, dass der Wohnungswechsel mit einem Wohnortwechsel oder mit einem Arbeitsplatzwechsel verbunden ist,

2. wenn er im ganz überwiegenden betrieblichen Interesse des Arbeitgebers durchgeführt wird, insbesondere beim Beziehen oder Räumen einer Dienstwohnung, die aus betrieblichen Gründen bestimmten Arbeitnehmern vorbehalten ist, um z. B. deren jederzeitige Einsatzmöglichkeit zu gewährleisten (→ BFH vom 28.4.1988 – BStBl. II S. 777), oder
3. wenn er aus Anlass der erstmaligen Aufnahme einer beruflichen Tätigkeit, des Wechsels des Arbeitgebers oder im Zusammenhang mit einer Versetzung durchgeführt wird oder
4. wenn der eigene Hausstand zur Beendigung einer doppelten Haushaltsführung an den Beschäftigungsort verlegt wird (→ BFH vom 21.7.1989 – BStBl. II S. 917).

Die privaten Motive für die Auswahl der neuen Wohnung sind grundsätzlich unbeachtlich (→ BFH vom 23.3.2001 – BStBl. 2002 II S. 56).

Doppelte Haushaltsführung. → R 9.11.

Doppelter Mietaufwand. Wegen eines Umzugs geleistete doppelte Mietzahlungen können beruflich veranlasst und deshalb in voller Höhe als Werbungskosten abziehbar sein. Diese Mietaufwendungen können jedoch nur zeitanteilig, und zwar für die neue Familienwohnung ab dem Kündigungs- bis zum Umzugstag und für die bisherige Wohnung ab dem Umzugstag, längstens bis zum Ablauf der Kündigungsfrist des bisherigen Mietverhältnisses, als Werbungskosten abgezogen werden (→ BFH vom 13.7.2011 – BStBl. 2012 II S. 104).

Eheschließung/Begründung einer Lebenspartnerschaft. Erfolgt ein Umzug aus Anlass einer Eheschließung von getrennten Wohnorten in eine gemeinsame Familienwohnung, so ist die berufliche Veranlassung des Umzugs eines jeden Ehegatten gesondert zu beurteilen (→ BFH vom 23.3.2001 – BStBl. II S. 585). Entsprechendes gilt für Lebenspartnerschaften (→ § 2 Abs. 8 EStG).

Erhebliche Fahrzeitverkürzung.

– Eine erhebliche Verkürzung der Entfernung zwischen Wohnung und Tätigkeitsstätte ist anzunehmen, wenn sich die Dauer der täglichen Hin- und Rückfahrt insgesamt wenigstens zeitweise um mindestens eine Stunde ermäßigt (→ BFH vom 22.11.1991 – BStBl. 1992 II S. 494 und vom 16.10.1992 – BStBl. 1993 II S. 610).
– Die Fahrzeitersparnisse beiderseits berufstätiger Ehegatten/Lebenspartner sind weder zusammenzurechnen (→ BFH vom 27.7.1995 – BStBl. II S. 728) noch zu saldieren (→ BFH vom 21.2.2006 – BStBl. II S. 598).
– Steht bei einem Umzug eine arbeitstägliche Fahrzeitersparnis von mindestens einer Stunde fest, sind private Gründe (z. B. Gründung eines gemeinsamen Haushalts aus Anlass einer Eheschließung/Begründung einer Lebenspartnerschaft, erhöhter Wohnbedarf wegen Geburt eines Kindes) unbeachtlich (→ BFH vom 23.3.2001 – BStBl. II S. 585 und BStBl. 2002 II S. 56).

Höhe der Umzugskosten.

– Zur Höhe der maßgebenden Beträge für umzugsbedingte Unterrichtskosten und sonstige Umzugsauslagen ab 1.4.2021 sowie 1.4.2022 → BMF vom 21.7.2021 (BStBl. I S. 1021).
– Die dienstrechtliche Beschränkung des § 13 Abs. 2 Nr. 4 BUKG[1] hat für den Bereich des Werbungskostenabzugs keine Gültigkeit. Auch im Fall des Umzugs vom Ausland ins Inland können die dem Arbeitnehmer entstandenen sonstigen Umzugsauslagen als Werbungskosten nach § 9 Abs. 1 Satz 1 EStG in Höhe der sich aus § 18 Abs. 1 und 2 AUV ergebenden Pauschbeträge für Auslandsumzüge vergleichbarer Beamter geschätzt werden. Die Werbungskosten sind nicht in entsprechender Anwendung des § 18 Abs. 4 AUV zu kürzen (→ BFH vom 6.11.1986 – BStBl. II 1987 S. 188).
– Die umzugskostenrechtliche Beschränkung einer Mietausfallentschädigung für den bisherigen Wohnungsvermieter gilt nicht für den Werbungskostenabzug (→ BFH vom 1.12.1993 – BStBl. 1994 II S. 323).
– Nicht als Werbungskosten abziehbar sind die bei einem Grundstückskauf angefallenen Maklergebühren, auch soweit sie auf die Vermittlung einer vergleichbaren Mietwohnung entfallen würden (→ BFH vom 24.5.2000 – BStBl. II S. 586) sowie Aufwendungen für die Anschaffung von klimabedingter Kleidung und Wohnungsausstattung i. S. d. §§ 19 und 21 AUV (→ BFH vom 20.3.1992 – BStBl. 1993 II S. 192, vom 27.5.1994 – BStBl. 1995 II S. 17 und vom 12.4.2007 – BStBl. II S. 536).
– Der Werbungskostenabzug setzt eine Belastung mit Aufwendungen voraus. Das ist bei einem in Anlehnung an § 8 Abs. 3 BUKG ermittelten Mietausfall nicht der Fall. Als entgangene Einnahme erfüllt er nicht den Aufwendungsbegriff (→ BFH vom 19.4.2012 – BStBl. 2013 II S. 699).
– Zur steuerfreien Arbeitgebererstattung → R 9.9 Abs. 3.
– Aufwendungen auf Grund der Veräußerung eines Eigenheims anlässlich eines beruflich bedingten Umzugs sind keine Werbungskosten bei den Einkünften aus nichtselbständiger Arbeit (→ BFH vom 24.5.2000 – BStBl. II S. 476).
– Veräußerungsverluste aus dem Verkauf eines Eigenheims einschließlich zwischenzeitlich angefallener Finanzierungskosten anlässlich eines beruflich bedingten Umzugs sind keine Werbungskosten bei den Einkünften aus nichtselbständiger Arbeit (→ BFH vom 24.5.2000 – BStBl. II S. 474).[2]
– Bei einem beruflich veranlassten Umzug sind Aufwendungen für die Ausstattung der neuen Wohnung (z. B. Renovierungsmaterial, Gardinen, Rollos, Lampen, Telefonanschluss, Anschaffung und Installation eines Wasserboilers) nicht als Werbungskosten abziehbar (→ BFH vom 17.12.2002 – BStBl. 2003 II S. 314). Die Berücksichtigung der Pauschale nach § 10 BUKG[1] bleibt unberührt → R 9.9 Abs. 2 Satz 2.

---

[1] Nr. **29**.
[2] Siehe auch Stichwort „Aufgabe der Umzugsabsicht".

Rückumzug ins Ausland. Der Rückumzug ins Ausland ist bei einem ausländischen Arbeitnehmer, der unbefristet ins Inland versetzt wurde und dessen Familie mit ins Inland umzog und der bei Erreichen der Altersgrenze ins Heimatland zurückzieht, nicht beruflich veranlasst (→ BFH vom 8.11.1996 – BStBl. 1997 II S. 207); anders bei einer von vornherein befristeten Tätigkeit im Inland (→ BFH vom 4.12.1992 – BStBl. 1993 II S. 722).

Umzug ins Ausland. Umzugskosten im Zusammenhang mit einer beabsichtigten nichtselbständigen Tätigkeit im Ausland sind bei den inländischen Einkünften nicht als Werbungskosten abziehbar, wenn die Einkünfte aus der beabsichtigten Tätigkeit nicht der deutschen Besteuerung unterliegen (→ BFH vom 20.9.2006 – BStBl. 2007 II S. 756). Zum Progressionsvorbehalt → H 32b (Zeitweise unbeschränkte Steuerpflicht) EStH.[1)]

Zwischenumzug. Die berufliche Veranlassung eines Umzugs endet regelmäßig mit dem Einzug in die erste Wohnung am neuen Arbeitsort. Die Aufwendungen für die Einlagerung von Möbeln für die Zeit vom Bezug dieser Wohnung bis zur Fertigstellung eines Wohnhauses am oder in der Nähe vom neuen Arbeitsort sind daher keine Werbungskosten (→ BFH vom 21.9.2000 – BStBl. 2001 II S. 70).

R 9.10 Aufwendungen für Wege zwischen Wohnung und erster Tätigkeitsstätte sowie Fahrten nach § 9 Abs. 1 Satz 3 Nr. 4a Satz 3 EStG

Maßgebliche Wohnung

(1) [1]Als Ausgangspunkt für die Wege kommt jede Wohnung des Arbeitnehmers in Betracht, die er regelmäßig zur Übernachtung nutzt und von der aus er seine erste Tätigkeitsstätte aufsucht. [2]Als Wohnung ist z. B. auch ein möbliertes Zimmer, eine Schiffskajüte, ein Gartenhaus, ein auf eine gewisse Dauer abgestellter Wohnwagen oder ein Schlafplatz in einer Massenunterkunft anzusehen. [3]Hat ein Arbeitnehmer mehrere Wohnungen, können Wege von und zu der von der ersten Tätigkeitsstätte weiter entfernt liegenden Wohnung nach § 9 Abs. 1 Satz 3 Nr. 4 Satz 6 EStG nur dann berücksichtigt werden, wenn sich dort der Mittelpunkt der Lebensinteressen des Arbeitnehmers befindet und sie nicht nur gelegentlich aufgesucht wird. [4]Der Mittelpunkt der Lebensinteressen befindet sich bei einem verheirateten Arbeitnehmer regelmäßig am tatsächlichen Wohnort seiner Familie. [5]Die Wohnung kann aber nur dann ohne nähere Prüfung berücksichtigt werden, wenn sie der Arbeitnehmer mindestens sechsmal im Kalenderjahr aufsucht. [6]Bei anderen Arbeitnehmern befindet sich der Mittelpunkt der Lebensinteressen an dem Wohnort, zu dem die engeren persönlichen Beziehungen bestehen. [7]Die persönlichen Beziehungen können ihren Ausdruck besonders in Bindungen an Personen, z. B. Eltern, Verlobte, Freundes- und Bekanntenkreis, finden, aber auch in Vereinszugehörigkeiten und anderen Aktivitäten. [8]Sucht der Arbeitnehmer diese Wohnung im Durchschnitt mindestens zweimal monatlich auf, ist davon auszugehen, dass sich dort der Mit-

---

1) Nr. 1.

telpunkt seiner Lebensinteressen befindet. [9]Die Sätze 4 bis 8 gelten unabhängig davon, ob sich der Lebensmittelpunkt im Inland oder im Ausland befindet.

Fahrten mit einem zur Nutzung überlassenen Kraftfahrzeug

(2) [1]Ein Kraftfahrzeug ist dem Arbeitnehmer zur Nutzung überlassen, wenn es dem Arbeitnehmer vom Arbeitgeber unentgeltlich oder teilentgeltlich überlassen worden ist (→ R 8.1 Abs. 9) oder wenn es der Arbeitnehmer von dritter Seite geliehen, gemietet oder geleast hat. [2]Wird ein Kraftfahrzeug von einer anderen Person als dem Arbeitnehmer, dem das Kraftfahrzeug von seinem Arbeitgeber zur Nutzung überlassen ist, für Wege zwischen Wohnung und erster Tätigkeitsstätte benutzt, kann die andere Person die Entfernungspauschale nach § 9 Abs. 1 Satz 3 Nr. 4 EStG geltend machen; Entsprechendes gilt für den Arbeitnehmer, dem das Kraftfahrzeug von seinem Arbeitgeber überlassen worden ist, für Wege zwischen Wohnung und erster Tätigkeitsstätte im Rahmen eines anderen Dienstverhältnisses.

Behinderte Menschen i. S. d. § 9 Abs. 2 Satz 3 EStG[1)]

(3) [1]Ohne Einzelnachweis der tatsächlichen Aufwendungen können die Fahrtkosten nach den Regelungen in § 9 Abs. 1 Satz 3 Nr. 4a Satz 2 EStG angesetzt werden. [2]Wird ein behinderter Arbeitnehmer im eigenen oder ihm zur Nutzung überlassenen Kraftfahrzeug arbeitstäglich von einem Dritten, z. B. dem Ehegatten, zu seiner ersten Tätigkeitsstätte gefahren und wieder abgeholt, können auch die Kraftfahrzeugkosten, die durch die Ab- und Anfahrten des Fahrers – die so genannten Leerfahrten – entstehen, in tatsächlicher Höhe oder in sinngemäßer Anwendung von § 9 Abs. 1 Satz 3 Nr. 4a Satz 2 EStG als Werbungskosten abgezogen werden. [3]Für den Nachweis der Voraussetzungen des § 9 Abs. 2 Satz 3 EStG ist § 65 EStDV entsprechend anzuwenden.[2)] [4]Für die Anerkennung der tatsächlichen Aufwendungen oder der Kilometersätze aus § 9 Abs. 1 Satz 3 Nr. 4a Satz 2 EStG und für die Berücksichtigung von Leerfahrten ist bei rückwirkender Festsetzung oder Änderung des Grads der Behinderung das Gültigkeitsdatum des entsprechenden Nachweises maßgebend.

Sammelpunkt oder weiträumiges Tätigkeitsgebiet i. S. d. § 9 Abs. 1 Satz 3 Nr. 4a Satz 3 EStG

(4) Die Absätze 1 bis 3 gelten bei Fahrten nach § 9 Abs. 1 Satz 3 Nr. 4a Satz 3 EStG entsprechend.

H 9.10

Allgemeine Grundsätze. → BMF vom 18.11.2021 (BStBl. I S. 2315).

Anrechnung von Arbeitgeberleistungen auf die Entfernungspauschale.
- → BMF vom 18.11.2021 (BStBl. I S. 2315), Tz. 1.9.
- → BMF vom 15.8.2019 (BStBl. I S. 875).

Benutzung verschiedener Verkehrsmittel. → BMF vom 18.11.2021 (BStBl. I S. 2315), Tz. 1.6.

---

1) **[Amtl. Anm.:]** Jetzt Menschen mit Behinderungen.
2) Zum Nachweis siehe auch BMF v. 1.3.2021, BStBl. I 2021, 300.

Dienstliche Verrichtungen auf der Fahrt. Eine Fahrt zwischen Wohnung und erster Tätigkeitsstätte liegt auch vor, wenn diese gleichzeitig zu dienstlichen Verrichtungen für den Arbeitgeber genutzt wird, z. B. Abholen der Post, sich dabei aber der Charakter der Fahrt nicht wesentlich ändert und allenfalls ein geringer Umweg erforderlich wird; die erforderliche Umwegstrecke ist als Auswärtstätigkeit zu werten (→ BFH vom 12.10.1990 – BStBl. 1991 II S. 134).

Fahrgemeinschaften. → BMF vom 18.11.2021 (BStBl. I S. 2315), Tz. 1.5.

Fahrtkosten

– **bei Antritt einer Auswärtstätigkeit von der ersten Tätigkeitsstätte.** Hat der Arbeitnehmer eine erste Tätigkeitsstätte, ist die Entfernungspauschale auch dann anzusetzen, wenn der Arbeitnehmer seine erste Tätigkeitsstätte deshalb aufsucht, um von dort eine Auswärtstätigkeit anzutreten (→ BFH vom 18.1.1991 – BStBl. II S. 408);
– **bei einfacher Fahrt.** Die Entfernungspauschale für Wege zwischen Wohnung und erster Tätigkeitsstätte gilt arbeitstäglich zwei Wege (einen Hin- und einen Rückweg) ab. Legt ein Arbeitnehmer nur einen Weg zurück, so ist nur die Hälfte der Entfernungspauschale je Entfernungskilometer und Arbeitstag als Werbungskosten zu berücksichtigen. Dies gilt, wenn sich z. B. an die Hinfahrt eine Auswärtstätigkeit anschließt, die an der Wohnung des Arbeitnehmers endet (→ BFH vom 26.7.1978 – BStBl. II S. 661); wenn Hin- und Rückfahrt sich auf unterschiedliche Wohnungen beziehen (→ BFH vom 9.12.1988 – BStBl. 1989 II S. 296) oder wenn die Rückfahrt erst an einem späteren Tag erfolgt (→ BFH vom 12.2.2020 – BStBl. II S. 473);
– **bei mehreren ersten Tätigkeitsstätten.** Zum Ansatz der Entfernungspauschale bei mehreren ersten Tätigkeitsstätten in **mehreren Dienstverhältnissen** → BMF vom 18.11.2021 (BStBl. I S. 2315), Tz. 1.8;
– **bei Nutzung verschiedener Verkehrsmittel.** → BMF vom 18.11. 2021 (BStBl. I S. 2315), Tz. 1.6;
– **zu einem bestimmten Sammelpunkt.**[1)] → § 9 Abs. 1 Satz 3 Nr. 4a Satz 3 EStG und BMF vom 25.11.2020 (BStBl. I S. 1228), Rz. 38 ff.;
– **zu einem weiträumigen Tätigkeitsgebiet.**[1] → § 9 Abs. 1 Satz 3 Nr. 4a Satz 3 EStG und BMF vom 25.11.2020 (BStBl. I S. 1228), Rz. 41 ff.

Leasingsonderzahlung. Durch die Entfernungspauschale wird auch eine Leasingsonderzahlung abgegolten (→ BFH vom 15.4.2010 – BStBl. II S. 805).

Leerfahrten.

– Wird ein Arbeitnehmer im eigenen Kraftfahrzeug von einem Dritten zu seiner ersten Tätigkeitsstätte gefahren oder wieder abgeholt, so sind die so genannten Leerfahrten selbst dann nicht zu berücksichtigen, wenn die Fahrten wegen schlechter öffentlicher Verkehrsverhältnisse erforderlich sind (→ BFH vom 7.4.1989 – BStBl. II S. 925).
– Bei Menschen mit Behinderungen i. S. d. § 9 Abs. 2 Satz 3 EStG → R 9.10 Abs. 3.

---

1) Die Anwendung der Entfernungspauschale setzt typischerweise arbeitstägliches (nicht fahrtägliches) dauerhaftes Aufsuchen eines vom Arbeitgeber festgelegten Sammelpunkts voraus; siehe BFH v. 19.4.2021 VI R 6/19, BStBl. II 2021, 727.

Mehrere Dienstverhältnisse. → BMF vom 18.11.2021 (BStBl. I S. 2315), Tz. 1.8.

Mehrere Wege an einem Arbeitstag.
- → BMF vom 18.11.2021 (BStBl. I S. 2315), Tz. 1.7.
- Die Abgeltungswirkung der Entfernungspauschale greift auch dann ein, wenn wegen atypischer Dienstzeiten Wege zwischen Wohnung und erster Tätigkeitsstätte zweimal arbeitstäglich erfolgen (→ BFH vom 11.9.2003 – BStBl. II S. 893).

Menschen mit Behinderungen.
- → BMF vom 18.11.2021 (BStBl. I S. 2315), Tz. 3.
- Auch bei Arbeitnehmern mit Behinderungen darf grundsätzlich nur eine Hin- und Rückfahrt arbeitstäglich, gegebenenfalls zusätzlich eine Rück- und Hinfahrt als Leerfahrt, berücksichtigt werden (→ BFH vom 2.4.1976 – BStBl. II S. 452).
- Zur Ermittlung der Absetzungen für Abnutzung sind die Anschaffungskosten um Zuschüsse nach der Kraftfahrzeughilfe-Verordnung zu mindern (→ BFH vom 14.6.2012 – BStBl. II S. 835).
- Wird bei Menschen mit Behinderungen der Grad der Behinderung herabgesetzt und liegen die Voraussetzungen des § 9 Abs. 2 Satz 3 EStG nach der Herabsetzung nicht mehr vor, ist dies ab dem im Bescheid genannten Zeitpunkt zu berücksichtigen. Aufwendungen für Wege zwischen Wohnung und erster Tätigkeitsstätte sowie für Fahrten nach § 9 Abs. 1 Satz 3 Nr. 4a Satz 3 EStG können daher ab diesem Zeitpunkt nicht mehr nach § 9 Abs. 2 Satz 3 EStG bemessen werden (→ BFH vom 11.3.2014 – BStBl. II S. 525).

Parkgebühren. → BMF vom 18.11.2021 (BStBl. I S. 2315), Tz. 4.

Park and ride. → BMF vom 18.11.2021 (BStBl. I S. 2315), Tz. 1.6.

Umwegfahrten. → Dienstliche Verrichtungen auf der Fahrt; → Fahrgemeinschaften.

Unfallschäden. Neben der Entfernungspauschale **können** nur Aufwendungen **berücksichtigt werden** für die Beseitigung von Unfallschäden bei einem Verkehrsunfall
- auf der Fahrt zwischen Wohnung und erster Tätigkeitsstätte (→ BFH vom 23.6.1978 – BStBl. II S. 457 und vom 14.7.1978 – BStBl. II S. 595),
- auf einer Umwegfahrt zum Betanken des Fahrzeugs (→ BFH vom 11.10.1984 – BStBl. 1985 II S. 10),
- unter einschränkenden Voraussetzungen auf einer Leerfahrt des Ehegatten/Lebenspartners zwischen der Wohnung und der Haltestelle eines öffentlichen Verkehrsmittels oder auf der Abholfahrt des Ehegatten/Lebenspartners (→ BFH vom 26.6.1987 – BStBl. II S. 818 und vom 11.2.1993 – BStBl. II S. 518),
- auf einer Umwegstrecke zur Abholung der Mitfahrer einer Fahrgemeinschaft unabhängig von der Gestaltung der Fahrgemeinschaft (→ BFH vom 11.7.1980 – BStBl. II S. 655).

Nicht berücksichtigt werden können die Folgen von Verkehrsunfällen
- auf der Fahrt unter Alkoholeinfluss (→ BFH vom 6.4.1984 – BStBl. II S. 434),
- auf einer Probefahrt (→ BFH vom 23.6.1978 – BStBl. II S. 457),
- auf einer Fahrt, die nicht von der Wohnung aus angetreten oder an der Wohnung beendet wird (→ BFH vom 25.3.1988 – BStBl. II S. 706),
- auf einer Umwegstrecke, wenn diese aus privaten Gründen befahren wird, z. B. zum Einkauf von Lebensmitteln oder um ein Kleinkind unmittelbar vor Arbeitsbeginn in den Hort zu bringen (→ BFH vom 13.3.1996 – BStBl. II S. 375).

Zu den **berücksichtigungsfähigen Unfallkosten** gehören auch **Schadensersatzleistungen,** die der Arbeitnehmer unter Verzicht auf die Inanspruchnahme seiner gesetzlichen Haftpflichtversicherung selbst getragen hat.

Nicht berücksichtigungsfähig sind dagegen
- die in den Folgejahren erhöhten Beiträge für die Haftpflicht- und Fahrzeugversicherung, wenn die Schadensersatzleistungen von dem Versicherungsunternehmen erbracht worden sind (→ BFH vom 11.7.1986 – BStBl. II S. 866),
- Finanzierungskosten, und zwar auch dann, wenn die Kreditfinanzierung des Fahrzeugs wegen Verlusts eines anderen Kraftfahrzeugs auf einer Fahrt von der Wohnung zur ersten Tätigkeitsstätte erforderlich geworden ist (→ BFH vom 1.10.1982 – BStBl. 1983 II S. 17),
- der so genannte merkantile Minderwert eines reparierten und weiterhin benutzten Fahrzeugs (→ BFH vom 31.1.1992 – BStBl. II S. 401),
- Reparaturaufwendungen infolge der Falschbetankung eines Kraftfahrzeugs auf der Fahrt zwischen Wohnung und erster Tätigkeitsstätte sowie auf Fahrten nach § 9 Abs. 1 Satz 3 Nr. 4a Satz 3 EStG (→ BFH vom 20.3.2014 – BStBl. II S. 849).

Lässt der Arbeitnehmer das unfallbeschädigte Fahrzeug nicht reparieren, kann die Wertminderung durch Absetzungen für außergewöhnliche Abnutzung (§ 7 Abs. 1 letzter Satz i. V. m. § 9 Abs. 1 Satz 3 Nr. 7 EStG) berücksichtigt werden (→ BFH vom 21.8.2012 – BStBl. 2013 II S. 171); Absetzungen sind ausgeschlossen, wenn die gewöhnliche Nutzungsdauer des Fahrzeugs bereits abgelaufen ist (→ BFH vom 21.8.2012 – BStBl. 2013 II S. 171).

→ H 9.12 (Absetzung für Abnutzung).

Soweit die unfallbedingte Wertminderung durch eine Reparatur behoben worden ist, sind nur die tatsächlichen Reparaturkosten zu berücksichtigen (→ BFH vom 27.8.1993 – BStBl. 1994 II S. 235).

Verkehrsgünstigere Strecke.
- → BMF vom 18.11.2021 (BStBl. I S. 2315), Tz. 1.4.
- Für die Entfernungspauschale ist die kürzeste Straßenverbindung auch dann maßgeblich, wenn diese mautpflichtig ist oder mit dem vom Arbeitnehmer *verwendeten Verkehrsmittel* straßenverkehrsrechtlich nicht benutzt werden darf (→ BFH vom 24.9.2013 – BStBl. 2014 II S. 259).

Wohnung.

– Ein Hotelzimmer oder eine fremde Wohnung, in denen der Arbeitnehmer nur kurzfristig aus privaten Gründen übernachtet, ist nicht Wohnung i. S. d. § 9 Abs. 1 EStG (→ BFH vom 25.3.1988 – BStBl. II S. 706).
– Der Mittelpunkt der Lebensinteressen befindet sich bei einem verheirateten Arbeitnehmer regelmäßig am tatsächlichen Wohnort seiner Familie (→ BFH vom 10.11.1978 – BStBl. 1979 II S. 219 und vom 3.10.1985 – BStBl. 1986 II S. 95).
– Aufwendungen für Wege zwischen der ersten Tätigkeitsstätte und der Wohnung, die den örtlichen Mittelpunkt der Lebensinteressen des Arbeitnehmers darstellt, sind auch dann als Werbungskosten i. S. d. § 9 Abs. 1 Satz 3 Nr. 4 EStG zu berücksichtigen, wenn die Fahrt an der näher zur ersten Tätigkeitsstätte liegenden Wohnung unterbrochen wird (→ BFH vom 20.12.1991 – BStBl. 1992 II S. 306).
– Ob ein Arbeitnehmer seine weiter entfernt liegende Familienwohnung nicht nur gelegentlich aufsucht, ist anhand einer Gesamtwürdigung zu beurteilen. Fünf Fahrten im Kalenderjahr können bei entsprechenden Umständen ausreichend sein (→ BFH vom 26.11.2003 – BStBl. 2004 II S. 233; → R 9.10 Abs. 1 Satz 5).

R 9.11 Mehraufwendungen bei doppelter Haushaltsführung[1)]

R 9.11 (1–4)

Doppelte Haushaltsführung

(1) [1]Eine doppelte Haushaltsführung liegt nur vor, wenn der Arbeitnehmer außerhalb des Ortes seiner ersten Tätigkeitsstätte einen eigenen Hausstand unterhält und auch am Ort der ersten Tätigkeitsstätte wohnt; die Anzahl der Übernachtungen ist dabei unerheblich. [2]Eine doppelte Haushaltsführung liegt nicht vor, solange die auswärtige Beschäftigung als Auswärtstätigkeit anzuerkennen ist.

Berufliche Veranlassung

(2) [1]Das Beziehen einer Zweitwohnung ist regelmäßig bei einem Wechsel des Beschäftigungsorts auf Grund einer Versetzung, des Wechsels oder der erstmaligen Begründung eines Dienstverhältnisses beruflich veranlasst. [2]Beziehen beiderseits berufstätige Ehegatten am gemeinsamen Beschäftigungsort eine gemeinsame Zweitwohnung, liegt ebenfalls eine berufliche Veranlassung vor. [3]Auch die Mitnahme des nicht berufstätigen Ehegatten an den Beschäftigungsort steht der beruflichen Veranlassung einer doppelten Haushaltsführung nicht entgegen. [4]Bei Zuzug aus dem Ausland kann das Beziehen einer Zweitwohnung auch dann beruflich veranlasst sein, wenn der Arbeitnehmer politisches Asyl beantragt oder erhält. [5]Eine aus beruflichem Anlass begründete doppelte Haushaltsführung liegt auch dann vor, wenn ein Arbeitnehmer sei-

---

1) Zur doppelten Haushaltsführung, wenn die Hauptwohnung am Beschäftigungsort liegt, siehe BFH v. 16.11.2017 VI R 31/16, BStBl. II 2018, 404.

nen Haupthausstand aus privaten Gründen vom Beschäftigungsort wegverlegt und er darauf in einer Wohnung am Beschäftigungsort einen Zweithaushalt begründet, um von dort seiner Beschäftigung weiter nachgehen zu können. [6]In den Fällen, in denen bereits zum Zeitpunkt der Wegverlegung des Lebensmittelpunktes vom Beschäftigungsort ein Rückumzug an den Beschäftigungsort geplant ist oder feststeht, handelt es sich hingegen nicht um eine doppelte Haushaltsführung i. S. d. § 9 Abs. 1 Satz 3 Nr. 5 EStG.

Eigener Hausstand

(3) [1]Ein eigener Hausstand setzt eine eingerichtete, den Lebensbedürfnissen entsprechende Wohnung des Arbeitnehmers sowie die finanzielle Beteiligung an den Kosten der Lebensführung (laufende Kosten der Haushaltsführung) voraus. [2]In dieser Wohnung muss der Arbeitnehmer einen Haushalt unterhalten, das heißt, er muss die Haushaltsführung bestimmen oder wesentlich mitbestimmen. [3]Es ist nicht erforderlich, dass in der Wohnung am Ort des eigenen Hausstands hauswirtschaftliches Leben herrscht, z. B. wenn der Arbeitnehmer seinen nicht berufstätigen Ehegatten an den auswärtigen Beschäftigungsort mitnimmt oder der Arbeitnehmer nicht verheiratet ist. [4]Die Wohnung muss außerdem der auf Dauer angelegte Mittelpunkt der Lebensinteressen des Arbeitnehmers sein. [5]Bei größerer Entfernung zwischen dieser Wohnung und der Zweitwohnung, insbesondere bei einer Wohnung im Ausland, reicht bereits eine Heimfahrt im Kalenderjahr aus, um diese als Lebensmittelpunkt anzuerkennen, wenn in der Wohnung auch bei Abwesenheit des Arbeitnehmers hauswirtschaftliches Leben herrscht, an dem sich der Arbeitnehmer sowohl durch persönliche Mitwirkung als auch finanziell maßgeblich beteiligt. [6]Bei Arbeitnehmern mit einer Wohnung in weit entfernt liegenden Ländern, z. B. Australien, Indien, Japan, Korea, Philippinen, gilt Satz 5 mit der Maßgabe, dass innerhalb von zwei Jahren mindestens eine Heimfahrt unternommen wird.

Ort der Zweitwohnung

(4) Eine Zweitwohnung in der Nähe des Beschäftigungsorts steht einer Zweitwohnung am Beschäftigungsort gleich.

H 9.11 (1–4)

Beibehaltung der Wohnung.

– Ist der doppelte Haushalt beruflich begründet worden, ist es unerheblich, ob in der Folgezeit auch die Beibehaltung beider Wohnungen beruflich veranlasst ist (→ BFH vom 30.9.1988 – BStBl. 1989 II S. 103) oder ob der gemeinsame Wohnsitz beiderseits berufstätiger Ehegatten/Lebenspartner über die Jahre gleich bleibt oder verändert wird (→ BFH vom 30.10.2008 – BStBl. 2009 II S. 153).
– Nach einer mehrmonatigen Beurlaubung kann in der alten Wohnung am früheren Beschäftigungsort auch erneut eine doppelte Haushaltsführung begründet werden (→ BFH vom 8.7.2010 – BStBl. 2011 II S. 47).

Berufliche Veranlassung.

– → R 9.11 Abs. 2 und BMF vom 25.11.2020 (BStBl. I S. 1228), Rz. 104.

- Eine beruflich begründete doppelte Haushaltsführung liegt vor, wenn aus beruflicher Veranlassung in einer Wohnung am Beschäftigungsort ein zweiter (doppelter) Haushalt zum Hausstand des Stpfl. hinzutritt. Der Haushalt in der Wohnung am Beschäftigungsort ist beruflich veranlasst, wenn ihn der Stpfl. nutzt, um seinen Arbeitsplatz von dort aus erreichen zu können (→ BFH vom 5.3.2009 – BStBl. II S. 1012 und 1016).
- Eine aus beruflichem Anlass begründete doppelte Haushaltsführung kann auch dann vorliegen, wenn ein Stpfl. seinen Haupthausstand aus privaten Gründen vom Beschäftigungsort wegverlegt und er darauf in einer Wohnung am Beschäftigungsort einen Zweithaushalt begründet, um von dort seiner bisherigen Beschäftigung weiter nachgehen zu können (→ BFH vom 5.3.2009 – BStBl. II S. 1012 und 1016).
- Der berufliche Veranlassungszusammenhang einer doppelten Haushaltsführung wird nicht allein dadurch beendet, dass ein Arbeitnehmer seinen Familienhausstand innerhalb desselben Ortes verlegt (→ BFH vom 4.4.2006 – BStBl. II S. 714).

Beschäftigung am Hauptwohnsitz. Aufwendungen eines Arbeitnehmers für eine Zweitwohnung an einem auswärtigen Beschäftigungsort sind auch dann wegen doppelter Haushaltsführung als Werbungskosten abziehbar, wenn der Arbeitnehmer zugleich am Ort seines Hausstandes beschäftigt ist (→ BFH vom 24.5.2007 – BStBl. II S. 609).

Ehegatten/Lebenspartner. Bei verheirateten Arbeitnehmern kann für jeden Ehegatten eine doppelte Haushaltsführung beruflich veranlasst sein, wenn die Ehegatten außerhalb des Ortes ihres gemeinsamen Hausstands an verschiedenen Orten beschäftigt sind und am jeweiligen Beschäftigungsort eine Zweitwohnung beziehen (→ BFH vom 6.10.1994 – BStBl. 1995 II S. 184). Entsprechendes gilt für Lebenspartnerschaften (§ 2 Abs. 8 EStG).

Eheschließung/Begründung einer Lebenspartnerschaft. Eine beruflich veranlasste doppelte Haushaltsführung liegt auch in den Fällen vor, in denen der eigene Hausstand nach der Eheschließung am Beschäftigungsort des ebenfalls berufstätigen Ehegatten begründet (→ BFH vom 6.9.1977 – BStBl. 1978 II S. 32, vom 20.3.1980 – BStBl. II S. 455 und vom 4.10.1989 – BStBl. 1990 II S. 321) oder wegen der Aufnahme einer Berufstätigkeit des Ehegatten an dessen Beschäftigungsort verlegt und am Beschäftigungsort eine Zweitwohnung des Arbeitnehmers begründet worden ist (→ BFH vom 2.10.1987 – BStBl. II S. 852). Entsprechendes gilt für Lebenspartnerschaften (§ 2 Abs. 8 EStG).

Eigener Hausstand.

- Die Wohnung muss grundsätzlich aus eigenem Recht, z.B. als Eigentümer oder als Mieter genutzt werden, wobei auch ein gemeinsames oder abgeleitetes Nutzungsrecht ausreichen kann (→ BFH vom 5.10.1994 – BStBl. 1995 II S. 180 und BMF vom 25.11.2020 (BStBl. I S. 1228, Rz. 101). Ein eigener Hausstand wird auch anerkannt, wenn die Wohnung zwar allein vom Lebensgefährten des Arbeitnehmers angemietet wurde, dieser sich aber mit Duldung seines Lebensgefährten dauerhaft dort aufhält und sich finanziell in einem Umfang an der Haushaltsführung beteiligt, dass daraus auf eine gemeinsame Haushaltsführung geschlossen werden kann (→ BFH vom 12.9.2000 – BStBl. 2001 II S. 29).

- Bei einem alleinstehenden Arbeitnehmer ist zu prüfen, ob er einen eigenen Hausstand unterhält oder in einen fremden Haushalt eingegliedert ist; er muss sich an den Kosten auch finanziell beteiligen (→ BMF vom 25.11.2020 – BStBl. I S. 1228, Rz. 101).
- Ein eigener Hausstand liegt nicht vor bei Arbeitnehmern, die – wenn auch gegen Kostenbeteiligung – in den Haushalt der Eltern eingegliedert sind oder in der Wohnung der Eltern lediglich ein Zimmer bewohnen (→ BFH vom 5.10.1994 – BStBl. 1995 II S. 180).[1]
- Ein Vorbehaltsnießbrauch zu Gunsten der Eltern an einem Zweifamilienhaus eines unverheirateten Arbeitnehmers schließt nicht aus, dass dieser dort einen eigenen Hausstand als Voraussetzung für eine doppelte Haushaltsführung unterhält, wenn gesichert ist, dass er die Wohnung nicht nur vorübergehend nutzen kann; bei dieser Prüfung kommt es auf den Fremdvergleich nicht an (→ BFH vom 4.11.2003 – BStBl. 2004 II S. 16).
- Unterhält ein unverheirateter Arbeitnehmer am Ort des Lebensmittelpunkts seinen Haupthausstand, so kommt es für das Vorliegen einer doppelten Haushaltsführung nicht darauf an, ob die ihm dort zur ausschließlichen Nutzung zur Verfügung stehenden Räumlichkeiten den bewertungsrechtlichen Anforderungen an eine Wohnung gerecht werden (→ BFH vom 14.10.2004 – BStBl. 2005 II S. 98).

Mittelpunkt der Lebensinteressen. Ob die außerhalb des Beschäftigungsortes belegene Wohnung des Arbeitnehmers als Mittelpunkt seiner Lebensinteressen anzusehen ist und deshalb seinen Hausstand darstellt, ist anhand einer Gesamtwürdigung aller Umstände des Einzelfalls festzustellen (→ BFH vom 8.10.2014 – BStBl. 2015 II S. 511 zu beiderseits berufstätigen Lebensgefährten).

Nutzung der Zweitwohnung. Es ist unerheblich, wie oft der Arbeitnehmer tatsächlich in der Zweitwohnung übernachtet (→ BFH vom 9.6.1988 – BStBl. II S. 990).

Private Veranlassung. → R 9.11 Abs. 2 Satz 6.

Zeitlicher Zusammenhang. Es ist gleichgültig, ob die → Zweitwohnung in zeitlichem Zusammenhang mit dem Wechsel des Beschäftigungsorts, nachträglich (→ BFH vom 9.3.1979 – BStBl. II S. 520) oder im Rahmen eines Umzugs aus einer privat begründeten → Zweitwohnung (→ BFH vom 26.8.1988 – BStBl. 1989 II S. 89) bezogen worden ist.

Zweitwohnung am Beschäftigungsort.

- Als Zweitwohnung am Beschäftigungsort kommt jede dem Arbeitnehmer entgeltlich oder unentgeltlich zur Verfügung stehende Unterkunft in Betracht, z. B. auch eine Eigentumswohnung, ein möbliertes Zimmer, ein Hotelzimmer, eine Gemeinschaftsunterkunft (→ BFH vom 3.10.1985

[1] Zur doppelten Haushaltsführung in einem Mehrgenerationenhaushalt siehe BFH v. 26.7.2012 VI R 10/12, BStBl. II 2013, 208.

– BStBl. 1986 II S. 369) oder bei Soldaten die Unterkunft in der Kaserne (→ BFH vom 20.12.1982 – BStBl. 1983 II S. 269).
– → BMF vom 25.11.2020 (BStBl. I S. 1228), Rz. 103 f.

R 9.11 (5–10)

Notwendige Mehraufwendungen

(5) [1] Als notwendige Mehraufwendungen wegen einer doppelten Haushaltsführung kommen in Betracht:

1. die Fahrtkosten aus Anlass der Wohnungswechsel zu Beginn und am Ende der doppelten Haushaltsführung sowie für wöchentliche Heimfahrten an den Ort des eigenen Hausstands (→ Absatz 6) oder Aufwendungen für wöchentliche Familien-Ferngespräche,
2. Verpflegungsmehraufwendungen (→ Absatz 7),
3. Aufwendungen für die Zweitwohnung (→ Absatz 8) und
4. Umzugskosten (→ Absatz 9).

[2] Führt der Arbeitnehmer mehr als eine Heimfahrt wöchentlich durch, so kann er wählen, ob er die nach Satz 1 in Betracht kommenden Mehraufwendungen wegen doppelter Haushaltsführung oder die Fahrtkosten nach R 9.10 geltend machen will. [3] Der Arbeitnehmer kann das Wahlrecht bei derselben doppelten Haushaltsführung für jedes Kalenderjahr nur einmal ausüben. [4] Hat der Arbeitgeber die Zweitwohnung unentgeltlich oder teilentgeltlich zur Verfügung gestellt, so sind die abziehbaren Fahrtkosten um diesen Sachbezug mit dem nach R 8.1 Abs. 5 und 6 maßgebenden Wert zu kürzen.

Notwendige Fahrtkosten

(6) Als notwendige Fahrtkosten sind anzuerkennen

1. die tatsächlichen Aufwendungen für die Fahrten anlässlich der Wohnungswechsel zu Beginn und am Ende der doppelten Haushaltsführung. [2] Für die Ermittlung der Fahrtkosten ist § 9 Abs. 1 Satz 3 Nr. 4a Satz 1 und 2 EStG, R 9.5 Abs. 1 anzuwenden; zusätzlich können etwaige Nebenkosten nach Maßgabe von R 9.8 berücksichtigt werden,
2. die Entfernungspauschale nach § 9 Abs. 1 Satz 3 Nr. 5 Satz 6 EStG[1)] für jeweils eine tatsächlich durchgeführte Heimfahrt wöchentlich. [2] Aufwendungen für Fahrten mit einem im Rahmen des Dienstverhältnisses zur Nutzung überlassenen Kraftfahrzeug können nicht angesetzt werden (→ Absatz 10 Satz 7 Nr. 1).

Notwendige Verpflegungsmehraufwendungen

(7) [1] Die dem Arbeitnehmer im Rahmen einer doppelten Haushaltsführung tatsächlich entstandenen, beruflich veranlassten Mehraufwendungen für Verpflegung sind unter den Voraussetzungen des § 9 Abs. 4a Satz 12 und 13 EStG mit den dort genannten Pauschbeträgen anzusetzen. [2] Ist der Tätigkeit am Be-

---

1) **[Amtl. Anm.:]** Für 2021 bis 2026 → Satz 9.

schäftigungsort eine Auswärtstätigkeit an diesen Beschäftigungsort unmittelbar vorausgegangen, ist deren Dauer auf die Dreimonatsfrist anzurechnen (→ § 9 Abs. 4a Satz 13 EStG). [3]Verlegt der Arbeitnehmer seinen Lebensmittelpunkt i. S. d. Absatzes 3 aus privaten Gründen (→ Absatz 2 Satz 5) vom Beschäftigungsort weg und begründet in seiner bisherigen Wohnung oder einer anderen Unterkunft am Beschäftigungsort einen Zweithaushalt, um von dort seiner Beschäftigung weiter nachgehen zu können, liegen notwendige Verpflegungsmehraufwendungen nur vor, wenn und soweit der Arbeitnehmer am Beschäftigungsort zuvor nicht bereits drei Monate gewohnt hat; die Dauer eines unmittelbar der Begründung des Zweithaushalts am Beschäftigungsort vorausgegangenen Aufenthalts am Ort des Zweithaushalts ist auf die Dreimonatsfrist anzurechnen.[1)]

Notwendige Aufwendungen für die Zweitwohnung

(8) [1]Bei einer doppelten Haushaltsführung im Inland sind die tatsächlichen Kosten für die Zweitwohnung im Rahmen des Höchstbetrags nach § 9 Abs. 1 Satz 3 Nr. 5 Satz 4 EStG anzuerkennen. [2]Aufwendungen für eine im Ausland gelegene Zweitwohnung sind zu berücksichtigen, soweit sie notwendig und angemessen sind. [3]Steht die Zweitwohnung im Ausland im Eigentum des Arbeitnehmers, sind die Aufwendungen in der Höhe als notwendig anzusehen, in der sie der Arbeitnehmer als Mieter für eine nach Größe, Ausstattung und Lage angemessene Wohnung tragen müsste.

Umzugskosten

(9) [1]Umzugskosten anlässlich der Begründung, Beendigung oder des Wechsels einer doppelten Haushaltsführung sind vorbehaltlich des Satzes 4 Werbungskosten, wenn der Umzug beruflich veranlasst ist. [2]Der Nachweis der Umzugskosten i. S. d. § 10 BUKG[2)] ist notwendig, weil für sie keine Pauschalierung möglich ist. [3]Dasselbe gilt für die sonstigen Umzugsauslagen i. S. d. § 18 AUV bei Beendigung einer doppelten Haushaltsführung durch den Rückumzug eines Arbeitnehmers in das Ausland. [4]Verlegt der Arbeitnehmer seinen Lebensmittelpunkt i. S. d. Absatzes 3 aus privaten Gründen (→ Absatz 2 Satz 5) vom Beschäftigungsort weg und begründet in seiner bisherigen Wohnung am Beschäftigungsort einen Zweithaushalt, um von dort seiner Beschäftigung weiter nachgehen zu können, sind diese Umzugskosten keine Werbungskosten, sondern Kosten der privaten Lebensführung; Entsprechendes gilt für Umzugskosten, die nach Wegverlegung des Lebensmittelpunktes vom Beschäftigungsort durch die endgültige Aufgabe der Zweitwohnung am Beschäftigungsort entstehen; es sei denn, dass dieser Umzug wie z. B. im Falle eines Arbeitsplatzwechsels ausschließlich beruflich veranlasst ist. [5]Für Umzugskosten, die nach Wegverlegung des Lebensmittelpunktes vom Beschäftigungsort für den Umzug in eine andere, ausschließlich aus beruflichen Gründen genutzte Zweitwohnung am Beschäftigungsort entstehen, gelten die Sätze 1 bis 3 entsprechend.

[1)] **[Amtl. Anm.:]** *Überholt durch BFH vom 8.10.2014 (BStBl. 2015 II S. 336); → H 9.11 (5–10) Verpflegungsmehraufwendungen.*

[2)] Nr. **29**.

Erstattung durch den Arbeitgeber oder Werbungskostenabzug

(10) [1]Die notwendigen Mehraufwendungen nach den Absätzen 5 bis 9 können als Werbungskosten abgezogen werden, soweit sie nicht vom Arbeitgeber nach den folgenden Regelungen steuerfrei erstattet werden. [2]Die Erstattung der Mehraufwendungen bei doppelter Haushaltsführung durch den Arbeitgeber ist nach § 3 Nr. 13 oder 16 EStG steuerfrei, soweit keine höheren Beträge erstattet werden, als nach Satz 1 als Werbungskosten abgezogen werden können. [3]Dabei kann der Arbeitgeber bei Arbeitnehmern in den Steuerklassen III, IV oder V ohne weiteres unterstellen, dass sie einen eigenen Hausstand haben, an dem sie sich auch finanziell beteiligen. [4]Bei anderen Arbeitnehmern darf der Arbeitgeber einen eigenen Hausstand nur dann anerkennen, wenn sie schriftlich erklären, dass sie neben einer Zweitwohnung am Beschäftigungsort außerhalb des Beschäftigungsorts einen eigenen Hausstand unterhalten, an dem sie sich auch finanziell beteiligen, und die Richtigkeit dieser Erklärung durch Unterschrift bestätigen. [5]Diese Erklärung ist als Beleg zum Lohnkonto aufzubewahren. [6]Das Wahlrecht des Arbeitnehmers nach Absatz 5 hat der Arbeitgeber nicht zu beachten. [7]Darüber hinaus gilt Folgendes:

1. Hat der Arbeitgeber oder für dessen Rechnung ein Dritter dem Arbeitnehmer einen Kraftwagen zur Durchführung der Heimfahrten unentgeltlich überlassen, so kommen ein Werbungskostenabzug und eine Erstattung von Fahrtkosten nicht in Betracht.
2. Verpflegungsmehraufwendungen dürfen nur bis zu den nach Absatz 7 maßgebenden Pauschbeträgen steuerfrei erstattet werden.
3. [1]Die notwendigen Aufwendungen für die Zweitwohnung an einem Beschäftigungsort im Inland dürfen ohne Einzelnachweis für einen Zeitraum von drei Monaten mit einem Pauschbetrag von 20 Euro und für die Folgezeit mit einem Pauschbetrag von 5 Euro je Übernachtung steuerfrei erstattet werden, wenn dem Arbeitnehmer die Zweitwohnung nicht unentgeltlich oder teilentgeltlich zur Verfügung gestellt worden ist. [2]Bei einer Zweitwohnung im Ausland können die notwendigen Aufwendungen ohne Einzelnachweis für einen Zeitraum von drei Monaten mit dem für eine Auswärtstätigkeit geltenden ausländischen Übernachtungspauschbetrag und für die Folgezeit mit 40% dieses Pauschbetrags steuerfrei erstattet werden.
4. Bei der Erstattung der Mehraufwendungen durch den Arbeitgeber dürfen unter Beachtung von Nummer 1 bis 3 die einzelnen Aufwendungsarten zusammengefasst werden; in diesem Falle ist die Erstattung steuerfrei, soweit sie die Summe der nach Absatz 5 Nr. 1 bis 4 zulässigen Einzelerstattungen nicht übersteigt.

H 9.11 (5–10)[1)]

Drittaufwand. Der Abzug der Aufwendungen für die Zweitwohnung ist ausgeschlossen, wenn die Aufwendungen auf Grund eines Dauerschuldver-

[1)] Zum Abzug von Stellplatz- und Garagenkosten als Werbungskosten im Rahmen der doppelten Haushaltsführung siehe BFH v. 13.11.2012 VI R 50/11, BStBl. II 2013, 286.

hältnisses (z.B. Mietvertrag) von einem Dritten getragen werden (→ BFH vom 13.3.1996 – BStBl. II S. 375 und vom 24.2.2000 – BStBl. II S. 314).

Eigene Zweitwohnung. Bei einer im Eigentum des Arbeitnehmers stehenden Zweitwohnung gilt Folgendes:
– Zu den Aufwendungen gehören auch die Absetzungen für Abnutzung, Hypothekenzinsen und Reparaturkosten (→ BFH vom 3.12.1982 – BStBl. 1983 II S. 467).
– → BMF vom 25.11.2020 (BStBl. I S. 1228), Rz. 107 ff.

Erstattung durch den Arbeitgeber.
– Steuerfrei → § 3 Nr. 13, 16 EStG, → R 3.13, 3.16 und BMF vom 25.11.2020 (BStBl. I S. 1228), Rz. 113.
– Steuerfreie Arbeitgebererstattungen mindern die abziehbaren Werbungskosten auch dann, wenn sie erst im Folgejahr geleistet werden (→ BFH vom 20.9.2006 – BStBl. 2007 II S. 756).

Familienheimfahrten.
– Tritt der den doppelten Haushalt führende Ehegatte die wöchentliche Familienheimfahrt aus privaten Gründen nicht an, sind die Aufwendungen für die stattdessen durchgeführte Besuchsfahrt des anderen Ehegatten zum Beschäftigungsort keine Werbungskosten (→ BFH vom 2.2.2011 – BStBl. II S. 456). Ist der den doppelten Haushalt führende Ehegatte aus beruflichen Gründen an einer Familienheimfahrt gehindert, sind die Aufwendungen für die Besuchsfahrt des anderen Ehegatten zum Beschäftigungsort bis zur Höhe der für die unterlassene Familienheimfahrt berücksichtigungsfähigen Aufwendungen als Werbungskosten abziehbar (→ BFH vom 21.8.1974 – BStBl. 1975 II S. 64). Entsprechendes gilt für die Besuchsfahrten des Lebenspartners (→ § 2 Abs. 8 EStG).
– Die Entfernungspauschale für eine wöchentliche Familienheimfahrt im Rahmen einer doppelten Haushaltsführung kann aufwandsunabhängig in Anspruch genommen werden. Steuerfrei geleistete Reisekostenvergütungen und steuerfrei gewährte Freifahrten sind jedoch mindernd auf die Entfernungspauschale anzurechnen (→ BFH vom 18.4.2013 – BStBl. II S. 735).
– Aufwendungen für Familienheimfahrten des Arbeitnehmers mit einem vom Arbeitgeber überlassenen Dienstwagen berechtigen nach § 9 Abs. 1 Satz 3 Nr. 5 Satz 8 EStG nicht zum Werbungskostenabzug (→ BFH vom 28.2.2013 – BStBl. II S. 629).
– Wird bei Menschen mit Behinderungen der Grad der Behinderung herabgesetzt und liegen die Voraussetzungen des § 9 Abs. 2 Satz 3 EStG nach der Herabsetzung nicht mehr vor, ist dies ab dem im Bescheid genannten Zeitpunkt zu berücksichtigen. Aufwendungen für Familienheimfahrten können daher ab diesem Zeitpunkt nicht mehr nach § 9 Abs. 2 Satz 3 EStG bemessen werden (→ BFH vom 11.3.2014 – BStBl. II S. 525).

Kostenarten. Zu den einzelnen Kostenarten bei Vorliegen einer doppelten Haushaltsführung → BFH vom 4.4.2006 (BStBl. II S. 567).

Pauschbeträge bei doppelter Haushaltsführung im Ausland. → BMF *vom 3.12.2020 (BStBl. I S. 1256)* ab 1.1.2021; zur Begrenzung auf 40% → R 9.11 Abs. 10 Satz 7 Nr. 3 Satz 2.

Telefonkosten. Anstelle der Aufwendungen für eine Heimfahrt an den Ort des eigenen Hausstands können die Gebühren für ein Ferngespräch bis zu einer Dauer von 15 Minuten mit Angehörigen, die zum eigenen Hausstand des Arbeitnehmers gehören, berücksichtigt werden (→ BFH vom 18.3.1988 – BStBl. II S. 988).

Übernachtungskosten. Die Übernachtungskosten sind für den Werbungskostenabzug grundsätzlich im Einzelnen nachzuweisen. Sie können geschätzt werden, wenn sie dem Grunde nach zweifelsfrei entstanden sind (→ BFH vom 12.9.2001 – BStBl. II S. 775).

Umzugskosten.
- → R 9.11 Abs. 9.
- Zu den notwendigen Mehraufwendungen einer doppelten Haushaltsführung gehören auch die durch das Beziehen oder die Aufgabe der Zweitwohnung verursachten tatsächlichen Umzugskosten (→ BFH vom 29.4.1992 – BStBl. II S. 667).
- → H 9.9 (Doppelter Mietaufwand).

Unfallschäden. → H 9.10.

Unterkunftskosten.
- Bei doppelter Haushaltsführung **im Inland** → BMF vom 25.11.2020 (BStBl. I S. 1228), Rz. 106 ff.
- Bei doppelter Haushaltsführung **im Ausland** sind die tatsächlichen Mietkosten anzusetzen, soweit sie nicht überhöht sind (→ BFH vom 16.3.1979 – BStBl. II S. 473). Entsprechendes gilt für die tatsächlich angefallenen Unterkunftskosten im eigenen Haus (→ BFH vom 24.5.2000 – BStBl. II S. 474). Nicht überhöht sind Aufwendungen, die sich für eine Wohnung von 60 qm bei einem ortsüblichen Mietzins je qm für eine nach Lage und Ausstattung durchschnittliche Wohnung (Durchschnittsmietzins) ergeben würden (→ BFH vom 9.8.2007 – BStBl. II S. 820).
- Ein **häusliches Arbeitszimmer** in der Zweitwohnung am Beschäftigungsort ist bei der Ermittlung der abziehbaren Unterkunftskosten nicht zu berücksichtigen; der Abzug der hierauf entfallenden Aufwendungen richtet sich nach § 4 Abs. 5 Satz 1 Nr. 6b EStG (→ BFH vom 9.8.2007 – BStBl. 2009 II S. 722).
- Die Vorschriften über den Abzug notwendiger Mehraufwendungen wegen einer aus beruflichem Anlass begründeten doppelten Haushaltsführung stehen dem allgemeinen Werbungskostenabzug umzugsbedingt geleisteter Mietzahlungen nicht entgegen (→ BFH vom 13.7.2011, BStBl. 2012 II S. 104); → H 9.9 (Doppelter Mietaufwand).
- Zur Abziehbarkeit von Aufwendungen für **Einrichtungsgegenstände und Hausrat** im Rahmen der doppelten Haushaltsführung (→ BFH vom 4.4.2019 – BStBl. II S. 449).

Verpflegungsmehraufwendungen.
- → R 9.11 Abs. 7 und BMF vom 25.11.2020 (BStBl. I S. 1228), Rz. 57.

– Die Begrenzung des Abzugs von Mehraufwendungen für die Verpflegung auf drei Monate bei einer aus beruflichem Anlass begründeten doppelten Haushaltsführung ist verfassungsgemäß (→ BFH vom 8.7.2010 – BStBl. 2011 II S. 32).
– Verlegt ein Arbeitnehmer seinen Haupthausstand aus privaten Gründen vom Beschäftigungsort weg und nutzt daraufhin eine bereits vorhandene Wohnung am Beschäftigungsort aus beruflichen Gründen als Zweithaushalt (sog. Wegverlegungsfall), wird die doppelte Haushaltsführung mit Umwidmung der bisherigen Wohnung in einen Zweithaushalt begründet. Mit dem Zeitpunkt der Umwidmung beginnt in sog. Wegverlegungsfällen die Dreimonatsfrist für die Abzugsfähigkeit von Verpflegungsmehraufwendungen (→ BFH vom 8.10.2014 – BStBl. 2015 II S. 336).

Wahlrecht. Wählt der Arbeitnehmer den Abzug der Fahrtkosten nach R 9.10, kann er Verpflegungsmehraufwendungen nach R 9.11 Abs. 7 und Aufwendungen für die Zweitwohnung nach R 9.11 Abs. 8 auch dann nicht geltend machen, wenn ihm Fahrtkosten nicht an jedem Arbeitstag entstanden sind, weil er sich in **Rufbereitschaft** zu halten oder mehrere Arbeitsschichten nacheinander abzuleisten hatte (→ BFH vom 2.10.1992 – BStBl. 1993 II S. 113).

R 9.12 Arbeitsmittel

[1]Die Anschaffungs- oder Herstellungskosten von Arbeitsmitteln einschließlich der Umsatzsteuer können im Jahr der Anschaffung oder Herstellung in voller Höhe als Werbungskosten abgesetzt werden, wenn sie ausschließlich der Umsatzsteuer für das einzelne Arbeitsmittel die Grenze für geringwertige Wirtschaftsgüter nach § 9 Abs. 1 Satz 3 Nr. 7 Satz 2 EStG nicht übersteigen. [2]Höhere Anschaffungs- oder Herstellungskosten sind auf die Kalenderjahre der voraussichtlichen gesamten Nutzungsdauer des Arbeitsmittels zu verteilen und in jedem dieser Jahre anteilig als Werbungskosten zu berücksichtigen. [3]Wird ein als Arbeitsmittel genutztes Wirtschaftsgut veräußert, so ist ein sich eventuell ergebender Veräußerungserlös bei den Einkünften aus nichtselbständiger Arbeit nicht zu erfassen.

H 9.12

Absetzung für Abnutzung.
– Außergewöhnliche technische oder wirtschaftliche Abnutzungen sind zu berücksichtigen (→ BFH vom 29.4.1983 – BStBl. II S. 586 – im Zusammenhang mit einem Diebstahl eingetretene Beschädigung an einem als Arbeitsmittel anzusehenden PKW).
– Eine technische Abnutzung kann auch dann in Betracht kommen, wenn wirtschaftlich kein Wertverzehr eintritt (→ BFH vom 31.1.1986 – BStBl. II S. 355 – als Arbeitsmittel ständig in Gebrauch befindliche Möbelstücke, → BFH vom 26.1.2001 – BStBl. II S. 194 – im Konzertalltag regelmäßig bespielte Meistergeige).

- Wird ein Wirtschaftsgut nach einer Nutzung außerhalb der Einkunftsarten als Arbeitsmittel verwendet, so sind die weiteren AfA von den Anschaffungs- oder Herstellungskosten einschließlich Umsatzsteuer nach der voraussichtlichen gesamten Nutzungsdauer des Wirtschaftsguts in gleichen Jahresbeträgen zu bemessen. Der auf den Zeitraum vor der Verwendung als Arbeitsmittel entfallende Teil der Anschaffungs- oder Herstellungskosten des Wirtschaftsguts (fiktive AfA) gilt als abgesetzt (→ BFH vom 14.2.1989 – BStBl. II S. 922 und vom 2.2.1990 – BStBl. II S. 684). Dies gilt auch für geschenkte Wirtschaftsgüter (→ BFH vom 16.2.1990 – BStBl. II S. 883).
- Der Betrag, der nach Umwidmung eines erworbenen oder geschenkten Wirtschaftsguts zu einem Arbeitsmittel nach Abzug der fiktiven AfA von den Anschaffungs- oder Herstellungskosten einschließlich Umsatzsteuer verbleibt, kann aus Vereinfachungsgründen im Jahr der erstmaligen Verwendung des Wirtschaftsguts als Arbeitsmittel in voller Höhe als Werbungskosten abgezogen werden, wenn er 800 Euro (für Anschaffungen nach dem 31.12.2017) nicht übersteigt (→ BFH vom 16.2.1990 – BStBl. II S. 883).
- Bei Computerhardware und Software zur Dateneingabe und -verarbeitung kann eine betriebsgewöhnliche Nutzungsdauer von einem Jahr zugrunde gelegt werden (→ *BMF vom 26.2.2021 – BStBl. I S. 298*).[1)]

Angemessenheit. Aufwendungen für ein Arbeitsmittel können auch dann Werbungskosten sein, wenn sie zwar ungewöhnlich hoch, aber bezogen auf die berufliche Stellung und die Höhe der Einnahmen nicht unangemessen sind; → BFH vom 10.3.1978 (BStBl. II S. 459) – Anschaffung eines Flügels durch eine am Gymnasium Musik unterrichtende Lehrerin; → BFH vom 21.10.1988 (BStBl. 1989 II S. 356) – Anschaffung eines Flügels durch eine Musikpädagogin.

Aufteilung der Anschaffungs- oder Herstellungskosten.

- Betreffen Wirtschaftsgüter sowohl den beruflichen als auch den privaten Bereich des Arbeitnehmers, ist eine Aufteilung der Anschaffungs- oder Herstellungskosten in nicht abziehbare Aufwendungen für die Lebensführung und in Werbungskosten nur zulässig, wenn objektive Merkmale und Unterlagen eine zutreffende und leicht nachprüfbare Trennung ermöglichen und wenn außerdem der berufliche Nutzungsanteil nicht von untergeordneter Bedeutung ist (→ BFH vom 19.10.1970 – BStBl. 1971 II S. 17).
- Die Aufwendungen sind voll abziehbar, wenn die Wirtschaftsgüter ausschließlich oder ganz überwiegend der Berufsausübung dienen; → BFH vom 18.2.1977 (BStBl. II S. 464) – Schreibtisch im Wohnraum eines Gymnasiallehrers; → BFH vom 21.10.1988 (BStBl. 1989 II S. 356) – Flügel einer Musikpädagogin.
- Ein privat angeschaffter und in der privaten Wohnung aufgestellter Personalcomputer kann ein Arbeitsmittel sein. Eine private Mitbenutzung ist unschädlich, soweit sie einen Nutzungsanteil von etwa 10% nicht übersteigt. Die Kosten eines gemischt genutzten PC sind aufzuteilen. § 12

[1)] Ersetzt durch BMF v. 22.2.2022, BStBl. I 2022, 187.

Nr. 1 Satz 2 EStG steht einer solchen Aufteilung nicht entgegen (→ BFH vom 19.2.2004 – BStBl. II S. 958).

Ausstattung eines häuslichen Arbeitszimmers mit Arbeitsmitteln. → BMF vom 6.10.2017 (BStBl. I S. 1320).

Berufskleidung.

– Begriff der typischen Berufskleidung → R 3.31;
– Reinigung von typischer Berufskleidung in privater Waschmaschine: Werbungskosten sind neben den unmittelbaren Kosten des Waschvorgangs (Wasser- und Energiekosten, Wasch- und Spülmittel) auch die Aufwendungen in Form der Abnutzung sowie Instandhaltung und Wartung der für die Reinigung eingesetzten Waschmaschine. Die Aufwendungen können ggf. geschätzt werden (→ BFH vom 29.6.1993 – BStBl. II S. 837 und 838).

Diensthund. Die Aufwendungen eines Polizei-Hundeführers für den ihm anvertrauten Diensthund sind Werbungskosten (→ BFH vom 30.6.2010 – BStBl. 2011 II S. 45).

Fachbücher und Fachzeitschriften. Bücher und Zeitschriften sind Arbeitsmittel, wenn sichergestellt ist, dass die erworbenen Bücher und Zeitschriften ausschließlich oder ganz überwiegend beruflichen Zwecken dienen.
Die allgemeinen Grundsätze zur steuerlichen Behandlung von Arbeitsmitteln gelten auch, wenn zu entscheiden ist, ob Bücher als Arbeitsmittel eines **Lehrers** zu würdigen sind. Die Eigenschaft eines Buchs als Arbeitsmittel ist bei einem Lehrer nicht ausschließlich danach zu bestimmen, in welchem Umfang der Inhalt eines Schriftwerks in welcher Häufigkeit Eingang in den abgehaltenen Unterricht gefunden hat. Auch die Verwendung der Literatur zur Unterrichtsvorbereitung oder die Anschaffung von Büchern und Zeitschriften für eine Unterrichtseinheit, die nicht abgehalten worden ist, kann eine ausschließliche oder zumindest weitaus überwiegende berufliche Nutzung der Literatur begründen (→ BFH vom 20.5.2010 – BStBl. 2011 II S. 723).

Medizinische Hilfsmittel. Aufwendungen für die Anschaffung medizinischer Hilfsmittel sind selbst dann nicht als Werbungskosten abziehbar, wenn sie ausschließlich am Arbeitsplatz benutzt werden; → BFH vom 23.10.1992 (BStBl. 1993 II S. 193) – Bildschirmbrille.

Nachweis der beruflichen Nutzung. Bei der Anschaffung von Gegenständen, die nach der Lebenserfahrung ganz überwiegend zu Zwecken der Lebensführung angeschafft werden, gelten erhöhte Anforderungen an den Nachweis der beruflichen Nutzung; → BFH vom 27.9.1991 (BStBl. 1992 II S. 195) – Videorecorder; → BFH vom 15.1.1993 (BStBl. II S. 348) – Spielecomputer.

Schulhund. Aufwendungen für einen Schulhund können bei Lehrern bis zu 50% als Werbungskosten abgezogen werden, wenn der Hund innerhalb einer regelmäßig fünftägigen Unterrichtswoche arbeitstäglich in der Schu*le eingesetzt wird.* Aufwendungen für die Ausbildung eines Schulhundes zum Therapiehund sind regelmäßig in voller Höhe beruflich veranlasst und damit als Werbungskosten abziehbar (→ BFH vom 14.1.2021 – BStBl. II S. 453).

Transport. Anteilige Aufwendungen für den Transport von Arbeitsmitteln bei einem privat veranlassten Umzug sind nicht als Werbungskosten abziehbar (→ BFH vom 21.7.1989 – BStBl. II S. 972).

R 9.13 Werbungskosten bei Heimarbeitern

(1) Bei Heimarbeitern i. S. d. Heimarbeitsgesetzes können Aufwendungen, die unmittelbar durch die Heimarbeit veranlasst sind, z. B. Miete und Aufwendungen für Heizung und Beleuchtung der Arbeitsräume, Aufwendungen für Arbeitsmittel und Zutaten sowie für den Transport des Materials und der fertiggestellten Waren, als Werbungskosten anerkannt werden, soweit sie die Heimarbeiterzuschläge nach Absatz 2 übersteigen.

(2) [1]Lohnzuschläge, die den Heimarbeitern zur Abgeltung der mit der Heimarbeit verbundenen Aufwendungen neben dem Grundlohn gezahlt werden, sind insgesamt aus Vereinfachungsgründen nach § 3 Nr. 30 und 50 EStG steuerfrei, soweit sie 10% des Grundlohns nicht übersteigen. [2]Die oberste Finanzbehörde eines Landes kann mit Zustimmung des BMF den Prozentsatz für bestimmte Gruppen von Heimarbeitern an die tatsächlichen Verhältnisse anpassen.

H 9.14 Häusliches Arbeitszimmer[1)]

Allgemeine Grundsätze. → BMF vom 6.10.2017 (BStBl. I S. 1320).

Drittaufwand. → H 4.7 (Drittaufwand) und (Eigenaufwand für ein fremdes Wirtschaftsgut) EStH.[2)]

Vermietung an den Arbeitgeber. → BMF vom 18.4.2019 (BStBl. I S. 461).

Zu § 9a EStG

H 9a

Allgemeines. → R 9a EStR, H 9a EStH.[2)]
Der Arbeitnehmer-Pauschbetrag ist auch dann nicht zu kürzen, wenn feststeht, dass keine oder nur geringe Werbungskosten angefallen sind (→ BFH vom 10.6.2008 – BStBl. II S. 937).

Zu § 10 EStG

H 10

Sonderausgaben. → R 10.1 bis 10.11 EStR, H 10.1 bis 10.11 EStH.[2)]

[1)] Zum Abzug der sog. Homeofficepauschale in VZ 2020 und 2021 siehe § 4 Abs. 5 Satz 1 Nr. 6b Satz 4 EStG.
[2)] Nr. 1.

Zu § 11 EStG

H 11

Allgemeines. → H 11 EStH.[1)]

Rückzahlung von Arbeitslohn. Arbeitslohnrückzahlungen sind nur dann anzunehmen, wenn der Arbeitnehmer an den Arbeitgeber die Leistungen, die bei ihm als Lohnzahlungen zu qualifizieren waren, zurückzahlt (→ BFH vom 10.8.2010 – BStBl. II S. 1074). Zurückgezahlter Arbeitslohn ist erst im Zeitpunkt des Abflusses steuermindernd zu berücksichtigen (→ BFH vom 4.5.2006 – BStBl. II S. 830 und 832); das gilt auch dann, wenn sich die Rückzahlung im Folgejahr steuerlich nicht mehr auswirkt (→ BFH vom 7.11.2006 – BStBl. 2007 II S. 315). Auch bei beherrschenden Gesellschaftern ist der Abfluss einer Arbeitslohnrückzahlung erst im Zeitpunkt der Leistung und nicht bereits im Zeitpunkt der Fälligkeit der Rückforderung anzunehmen (→ BFH vom 14.4.2016 – BStBl. II S. 778).

Zufluss von Arbeitslohn. → R 38.2.

Zu § 19 EStG
(§§ 1 und 2 LStDV)

H 19.0 Arbeitnehmer

Allgemeines. Wer Arbeitnehmer ist, ist unter Beachtung der Vorschriften des § 1 LStDV nach dem Gesamtbild der Verhältnisse zu beurteilen. Die arbeitsrechtliche und sozialversicherungsrechtliche Behandlung ist unmaßgeblich (→ BFH vom 2.12.1998 – BStBl. 1999 II S. 534). Wegen der Abgrenzung der für einen Arbeitnehmer typischen fremdbestimmten Tätigkeit von selbständiger Tätigkeit → BFH vom 14.6.1985 (BStBl. II S. 661) und vom 18.1.1991 (BStBl. II S. 409). Danach können für eine Arbeitnehmereigenschaft insbesondere folgende Merkmale sprechen:
– persönliche Abhängigkeit,
– Weisungsgebundenheit hinsichtlich Ort, Zeit und Inhalt der Tätigkeit,
– feste Arbeitszeiten,
– Ausübung der Tätigkeit gleich bleibend an einem bestimmten Ort,
– feste Bezüge,
– Urlaubsanspruch,
– Anspruch auf sonstige Sozialleistungen,
– Fortzahlung der Bezüge im Krankheitsfall,
– Überstundenvergütung,
– zeitlicher Umfang der Dienstleistungen,
– Unselbständigkeit in Organisation und Durchführung der Tätigkeit,
– kein Unternehmerrisiko,
– keine Unternehmerinitiative,

[1)] Nr. 1.

– kein Kapitaleinsatz,
– keine Pflicht zur Beschaffung von Arbeitsmitteln,
– Notwendigkeit der engen ständigen Zusammenarbeit mit anderen Mitarbeitern,
– Eingliederung in den Betrieb,
– Schulden der Arbeitskraft und nicht eines Arbeitserfolges,
– Ausführung von einfachen Tätigkeiten, bei denen eine Weisungsabhängigkeit die Regel ist.

Diese Merkmale ergeben sich regelmäßig aus dem der Beschäftigung zugrunde liegenden Vertragsverhältnis, sofern die Vereinbarungen ernsthaft gewollt sind und tatsächlich durchgeführt werden (→ BFH vom 14.12.1978 – BStBl. 1979 II S. 188, vom 20.2.1979 – BStBl. II S. 414 und vom 24.7.1992 – BStBl. 1993 II S. 155). Dabei sind die für oder gegen ein Dienstverhältnis sprechenden Merkmale ihrer Bedeutung entsprechend gegeneinander abzuwägen. Die arbeitsrechtliche Fiktion eines Dienstverhältnisses ist steuerrechtlich nicht maßgebend (→ BFH vom 8.5.2008 – BStBl. II S. 868).

Arbeitnehmereigenschaft.

a) **Beispiele für Arbeitnehmereigenschaft:**[1)]

Amateursportler können Arbeitnehmer sein, wenn die für den Trainings- und Spieleinsatz gezahlten Vergütungen nach dem Gesamtbild der Verhältnisse als Arbeitslohn zu beurteilen sind (→ BFH vom 23.10.1992 – BStBl. 1993 II S. 303),

Apothekervertreter; ein selbständiger Apotheker, der als Urlaubsvertreter eines anderen selbständigen Apothekers gegen Entgelt tätig wird, ist Arbeitnehmer (→ BFH vom 20.2.1979 – BStBl. II S. 414),

Artist ist Arbeitnehmer, wenn er seine Arbeitskraft einem Unternehmer für eine Zeitdauer, die eine Reihe von Veranstaltungen umfasst – also nicht lediglich für einige Stunden eines Abends – ausschließlich zur Verfügung stellt (→ BFH vom 16.3.1951 – BStBl. III S. 97),

AStA-Mitglieder → BFH vom 22.7.2008 (BStBl. II S. 981),

Buchhalter → BFH vom 6.7.1955 (BStBl. III S. 256) und vom 13.2.1980 (BStBl. II S. 303),

Büfettier → BFH vom 31.1.1963 (BStBl. III S. 230),

Chefarzt; ein angestellter Chefarzt, der berechtigt ist, Privatpatienten mit eigenem Liquidationsrecht ambulant zu behandeln und die wahlärztlichen Leistungen im Rahmen seines Dienstverhältnisses erbringt, [*Anm. d. Red.*: bezieht i. d. R. Arbeitslohn] (→ BFH vom 5.10.2005 – BStBl. 2006 II S. 94),

Gelegenheitsarbeiter, die zu bestimmten, unter Aufsicht durchzuführenden Verlade- und Umladearbeiten herangezogen werden, sind auch dann Arbeitnehmer, wenn sie die Tätigkeit nur für wenige Stunden ausüben (→ BFH vom 18.1.1974 – BStBl. II S. 301),

Heimarbeiter → R 15.1 Abs. 2 EStR,[2)]

Helfer von Wohlfahrtsverbänden; ehrenamtliche Helfer, die Kinder und Jugendliche auf Ferienreisen betreuen, sind Arbeitnehmer (→ BFH vom 28.2.1975 – BStBl. 1976 II S. 134),

Musiker; nebenberuflich tätige Musiker, die in Gaststätten auftreten, sind nach der allgemeinen Lebenserfahrung Arbeitnehmer des Gastwirts; dies gilt nicht, wenn die Kapelle gegenüber Dritten als selbständige Gesellschaft oder der Kapellenleiter als Arbeitgeber der Musiker auftritt bzw. der Musiker oder die Kapelle nur gelegentlich spielt (→ BFH vom 10.9.1976 – BStBl. 1977 II S. 178),

---

1) Zur Tätigkeit in regionalen Impf-/Testzentren und mobilen Impf-/Testteams siehe OFD Ffm v. 15.3.2021 – S 2231 A – 49 – St 210, DStR 2021, 870.

2) Nr. **1**.

Oberarzt; ein in einer Universitätsklinik angestellter Oberarzt ist hinsichtlich der Mitarbeit in der Privatpraxis des Chefarztes dessen Arbeitnehmer (→ BFH vom 11.11.1971 – BStBl. 1972 II S. 213),

Reisevertreter kann auch dann Arbeitnehmer sein, wenn er erfolgsabhängig entlohnt wird und ihm eine gewisse Bewegungsfreiheit eingeräumt ist, die nicht Ausfluss seiner eigenen Machtvollkommenheit ist (→ BFH vom 7.12.1961 – BStBl. 1962 III S. 149); → H 15.1 (Reisevertreter) EStH,[1)]

Sanitätshelfer des Deutschen Roten Kreuzes sind Arbeitnehmer, wenn die gezahlten Entschädigungen nicht mehr als pauschale Erstattung der Selbstkosten beurteilt werden können, weil sie die durch die ehrenamtliche Tätigkeit veranlassten Aufwendungen der einzelnen Sanitätshelfer regelmäßig nicht nur unwesentlich übersteigen (→ BFH vom 4.8.1994 – BStBl. II S. 944),

Servicekräfte in einem Warenhaus → BFH vom 20.11.2008 (BStBl. 2009 II S. 374),

Stromableser können auch dann Arbeitnehmer sein, wenn die Vertragsparteien „freie Mitarbeit" vereinbart haben und das Ablesen in Ausnahmefällen auch durch einen zuverlässigen Vertreter erfolgen darf (→ BFH vom 24.7.1992 – BStBl. 1993 II S. 155),

Telefoninterviewer → BFH vom 29.5.2008 (BStBl. II S. 933) und BFH vom 18.6.2015 (BStBl. II S. 903),

Vorstandsmitglied einer Aktiengesellschaft → BFH vom 11.3.1960 (BStBl. III S. 214),

Vorstandsmitglied einer Familienstiftung → BFH vom 31.1.1975 (BStBl. II S. 358),

Vorstandsmitglied einer Genossenschaft → BFH vom 2.10.1968 (BStBl. 1969 II S. 185).

b) Beispiele für fehlende Arbeitnehmereigenschaft:

Arztvertreter → BFH vom 10.4.1953 (BStBl. III S. 142),

Beratungsstellenleiter eines Lohnsteuerhilfevereins ist kein Arbeitnehmer, wenn er die Tätigkeit als freier Mitarbeiter ausübt (→ BFH vom 10.12.1987 – BStBl. 1988 II S. 273),

Bezirksstellenleiter bei Lotto- und Totogesellschaften → BFH vom 14.9.1967 (BStBl. 1968 II S. 193),

Diakonissen sind keine Arbeitnehmerinnen des Mutterhauses (→ BFH vom 30.7.1965 – BStBl. III S. 525),

Fahrlehrer, die gegen eine tätigkeitsbezogene Vergütung unterrichten, sind in der Regel keine Arbeitnehmer, auch wenn ihnen keine Fahrschulerlaubnis erteilt worden ist → BFH vom 17.10.1996 (BStBl. 1997 II S. 188),

Fotomodell; ein Berufsfotomodell ist kein Arbeitnehmer, wenn es nur von Fall zu Fall vorübergehend zu Aufnahmen herangezogen wird (→ BFH vom 8.6.1967 – BStBl. III S. 618); Entsprechendes gilt für ausländische Fotomodelle, die zur Produktion von Werbefilmen kurzfristig im Inland tätig werden (→ BFH vom 14.6.2007 – BStBl. 2009 II S. 931),

Gerichtsreferendar, der neben der Tätigkeit bei Gericht für einen Rechtsanwalt von Fall zu Fall tätig ist, steht zu dem Anwalt in der Regel nicht in einem Arbeitsverhältnis (→ BFH vom 22.3.1968 – BStBl. II S. 455),

Gutachter → BFH vom 22.6.1971 (BStBl. II S. 749),

Hausgewerbetreibender → R 15.1 Abs. 2 EStR,[1)]

Hausverwalter, die für eine Wohnungseigentümergemeinschaft tätig sind, sind keine Arbeitnehmer (→ BFH vom 13.5.1966 – BStBl. III S. 489),

Knappschaftsarzt → BFH vom 3.7.1959 (BStBl. III S. 344),

Künstler; zur Frage der Selbständigkeit von Künstlern und verwandten Berufen → BMF vom 5.10.1990 (BStBl. I S. 638),

Lehrbeauftragte → BFH vom 17.7.1958 (BStBl. III S. 360),

Lotsen → BFH vom 21.5.1987 (BStBl. II S. 625),

[1)] Nr. **1**.

Nebenberufliche Lehrkräfte sind in der Regel keine Arbeitnehmer (→ BFH vom 4.10.1984 – BStBl. 1985 II S. 51); zur Abgrenzung zwischen nichtselbständiger und selbständiger Arbeit → R 19.2 und H 19.2 (Nebenberufliche Lehrtätigkeit),

Notariatsverweser → BFH vom 12.9.1968 (BStBl. II S. 811),

Rundfunkermittler, die im Auftrage einer Rundfunkanstalt Schwarzhörer aufspüren, sind keine Arbeitnehmer, wenn die Höhe ihrer Einnahmen weitgehend von ihrem eigenen Arbeitseinsatz abhängt und sie auch im Übrigen – insbesondere bei Ausfallzeiten – ein Unternehmerrisiko in Gestalt des Entgeltrisikos tragen; dies gilt unabhängig davon, dass sie nur für einen einzigen Vertragspartner tätig sind (→ BFH vom 2.12.1998 – BStBl. 1999 II S. 534),

Schwarzarbeiter; ein Bauhandwerker ist bei nebenberuflicher „Schwarzarbeit" in der Regel kein Arbeitnehmer des Bauherrn (→ BFH vom 21.3.1975 – BStBl. II S. 513),

Tutoren → BFH vom 21.7.1972 (BStBl. II S. 738) und vom 28.2.1978 (BStBl. II S. 387),

Versicherungsvertreter ist selbständig tätig und kein Arbeitnehmer, wenn er ein ins Gewicht fallendes Unternehmerrisiko trägt; die Art seiner Tätigkeit, ob werbende oder verwaltende, ist in der Regel nicht von entscheidender Bedeutung (→ BFH vom 19.2.1959 – BStBl. III S. 425, vom 10.9.1959 – BStBl. III S. 437, vom 3.10.1961 – BStBl. III S. 567 und vom 13.4.1967 – BStBl. III S. 398), → R 15.1 Abs. 1 EStR, H 15.1 (Generalagent, Versicherungsvertreter) EStH,[1)]

Vertrauensleute einer Buchgemeinschaft; nebenberufliche Vertrauensleute einer Buchgemeinschaft sind keine Arbeitnehmer des Buchclubs (→ BFH vom 11.3.1960 – BStBl. III S. 215),

Werbedamen, die von ihren Auftraggebern von Fall zu Fall für jeweils kurzfristige Werbeaktionen beschäftigt werden, können selbständig sein (→ BFH vom 14.6.1985 – BStBl. II S. 661).

Ehegatten-Arbeitsverhältnis.[2)] → R 4.8 EStR und H 4.8 EStH.[1)]

Einkunftserzielungsabsicht. Zur Abgrenzung der Einkunftserzielungsabsicht von einer einkommensteuerrechtlich unbeachtlichen Liebhaberei → BFH vom 28.8.2008 (BStBl. 2009 II S. 243).

Eltern-Kind-Arbeitsverhältnis. Zur steuerlichen Anerkennung von Dienstverhältnissen zwischen Eltern und Kindern → BFH vom 9.12.1993 (BStBl. 1994 II S. 298), → R 4.8 Abs. 3 EStR.[1)]

Gesellschafter-Geschäftsführer. Ein Gesellschafter-Geschäftsführer einer Kapitalgesellschaft ist nicht allein auf Grund seiner Organstellung Arbeitnehmer. Es ist anhand der allgemeinen Merkmale (→ Allgemeines) zu entscheiden, ob die Geschäftsführungsleistung selbständig oder nichtselbständig erbracht wird (→ BMF vom 31.5.2007 – BStBl. I S. 503 unter Berücksichtigung der Änderungen durch BMF vom 2.5.2011 – BStBl. I S. 490).

Mitunternehmer. Zur Frage, unter welchen Voraussetzungen ein Arbeitnehmer Mitunternehmer i. S. d. § 15 Abs. 1 Nr. 2 EStG ist, → H 15.8 Abs. 1 *(Verdeckte Mitunternehmerschaft)* EStH.[1)]

Nichteheliche Lebensgemeinschaft.
– → H 4.8 EStH.[1)]

[1)] Nr. **1**.

[2)] **[Amtl. Anm.:]** Die dort aufgeführten Grundsätze gelten bei Lebenspartnern entsprechend (→ § 2 Abs. 8 EStG).

– Ein hauswirtschaftliches Beschäftigungsverhältnis mit der nichtehelichen Lebensgefährtin kann nicht anerkannt werden, wenn diese zugleich Mutter des gemeinsamen Kindes ist (→ BFH vom 19.5.1999 – BStBl. II S. 764).

Selbständige Arbeit. Zur Abgrenzung einer Tätigkeit als Arbeitnehmer von einer selbständigen Tätigkeit → R 15.1 und 18.1 EStR.[1)]

Weisungsgebundenheit. Die in § 1 Abs. 2 LStDV genannte Weisungsgebundenheit kann auf einem besonderen öffentlich-rechtlichen Gewaltverhältnis beruhen, wie z.B. bei Beamten und Richtern, oder Ausfluss des Direktionsrechts sein, mit dem ein Arbeitgeber die Art und Weise, Ort, Zeit und Umfang der zu erbringenden Arbeitsleistung bestimmt. Die Weisungsbefugnis kann eng, aber auch locker sein, wie z.B. bei einem angestellten Chefarzt, der fachlich weitgehend eigenverantwortlich handelt; entscheidend ist, ob die beschäftigte Person einer etwaigen Weisung bei der Art und Weise der Ausführung der geschuldeten Arbeitsleistung zu folgen verpflichtet ist oder ob ein solches Weisungsrecht nicht besteht. Maßgebend ist das Innenverhältnis; die Weisungsgebundenheit muss im Auftreten der beschäftigten Person nach außen nicht erkennbar werden (→ BFH vom 15.7.1987 – BStBl. II S. 746). Die Eingliederung in einen Betrieb kann auch bei einer kurzfristigen Beschäftigung gegeben sein, wie z.B. bei einem Apothekervertreter als Urlaubsvertretung. Sie ist aber eher bei einfachen als bei gehobenen Arbeiten anzunehmen, z.B. bei einem Gelegenheitsarbeiter, der zu bestimmten unter Aufsicht durchzuführenden Arbeiten herangezogen wird. Die vorstehenden Kriterien gelten auch für die Entscheidung, ob ein so genannter Schwarzarbeiter Arbeitnehmer des Auftraggebers ist.

R 19.1 Arbeitgeber

[1] Neben den in § 1 Abs. 2 LStDV genannten Fällen kommt als Arbeitgeber auch eine natürliche oder juristische Person, ferner eine Personenvereinigung oder Vermögensmasse in Betracht, wenn ihr gegenüber die Arbeitskraft geschuldet wird. [2] Die Nachfolgeunternehmen der Deutschen Bundespost sind Arbeitgeber der bei ihnen Beschäftigten. [3] Arbeitgeber ist auch, wer Arbeitslohn aus einem früheren oder für ein künftiges Dienstverhältnis zahlt. [4] Bei internationaler Arbeitnehmerentsendung ist das in Deutschland ansässige Unternehmen, das den Arbeitslohn für die ihm geleistete Arbeit wirtschaftlich trägt, inländischer Arbeitgeber.[1)] [5] Arbeitgeber ist grundsätzlich auch, wer einem Dritten (Entleiher) einen Arbeitnehmer (Leiharbeitnehmer) zur Arbeitsleistung überlässt (Verleiher). [6] Zahlt im Fall unerlaubter Arbeitnehmerüberlassung der Entleiher anstelle des Verleihers den Arbeitslohn an den Arbeitnehmer, so ist der Entleiher regelmäßig nicht Dritter, sondern Arbeitgeber im Sinne von § 38 Abs. 1 Satz 1 Nr. 1 EStG (→ R 42d.2 Abs. 1). [7] Im Übrigen kommt es nicht darauf an, ob derjenige, dem die Arbeitskraft geschuldet wird, oder ein Dritter Arbeitslohn zahlt (→ R 38.4).

---

1) **[Amtl. Anm.:]** Zum wirtschaftlichen Arbeitgeberbegriff → § 38 Abs. 1 Satz 2 EStG.

H 19.1

Arbeitgeber.
- Eine **GbR** kann Arbeitgeber im lohnsteuerlichen Sinne sein (→ BFH vom 17.2.1995 – BStBl. II S. 390).
- Ein **Sportverein** kann Arbeitgeber der von ihm eingesetzten Amateursportler sein (→ BFH vom 23.10.1992 – BStBl. 1993 II S. 303).
- Ein **Verein** ist auch dann Arbeitgeber, wenn nach der Satzung des Vereins Abteilungen mit eigenem Vertreter bestehen und diesen eine gewisse Selbständigkeit eingeräumt ist, so genannter Verein im Verein (→ BFH vom 13.3.2003 – BStBl. II S. 556).
- Arbeitgeber **kraft gesetzlicher Fiktion** ist für die in § 3 Nr. 65 Satz 2 und 3 EStG bezeichneten Leistungen die sie erbringende Pensionskasse oder das Unternehmen der Lebensversicherung (→ § 3 Nr. 65 Satz 4 EStG) und in den Fällen des § 3 Nr. 53 EStG die Deutsche Rentenversicherung Bund (→ § 38 Abs. 3 Satz 3 EStG).
- Arbeitslohn auszahlende **öffentliche Kasse** → § 38 Abs. 3 Satz 2 EStG.
- Bei **Arbeitnehmerentsendung** ist Arbeitgeber das in Deutschland ansässige aufnehmende Unternehmen, das den Arbeitslohn für die ihm geleistete Arbeit wirtschaftlich trägt oder nach dem Fremdvergleichsgrundsatz hätte tragen müssen → § 38 Abs. 1 Satz 2 EStG.

Kein Arbeitgeber. Die **Obergesellschaft eines Konzerns** (Organträger) ist auch dann nicht Arbeitgeber der Arbeitnehmer ihrer Tochtergesellschaften, wenn sie diesen Arbeitnehmern Arbeitslohn zahlt (→ BFH vom 21.2.1986 – BStBl. II S. 768).

R 19.2 Nebentätigkeit und Aushilfstätigkeit

[1]Bei einer nebenberuflichen Lehrtätigkeit an einer Schule oder einem Lehrgang mit einem allgemein feststehenden und nicht nur von Fall zu Fall aufgestellten Lehrplan sind die nebenberuflich tätigen Lehrkräfte in der Regel Arbeitnehmer, es sei denn, dass sie in den Schul- oder Lehrgangsbetrieb nicht fest eingegliedert sind. [2]Hat die Lehrtätigkeit nur einen geringen Umfang, so kann das ein Anhaltspunkt dafür sein, dass eine feste Eingliederung in den Schul- oder Lehrgangsbetrieb nicht vorliegt. [3]Ein geringer Umfang in diesem Sinne kann stets angenommen werden, wenn die nebenberuflich tätige Lehrkraft bei der einzelnen Schule oder dem einzelnen Lehrgang in der Woche durchschnittlich nicht mehr als sechs Unterrichtsstunden erteilt. [4]Auf nebenberuflich tätige Übungsleiter, Ausbilder, Erzieher, Betreuer oder ähnliche Personen sind die Sätze 1 bis 3 sinngemäß anzuwenden.

H 19.2

Allgemeines.
- Ob eine Nebentätigkeit oder Aushilfstätigkeit in einem Dienstverhältnis oder selbständig ausgeübt wird, ist nach den allgemeinen Abgrenzungsmerkmalen (§ 1 Abs. 1 und 2 LStDV) zu entscheiden. Dabei ist die Nebentätigkeit oder Aushilfstätigkeit in der Regel für sich allein zu beurteilen. Die Art einer etwaigen Haupttätigkeit ist für die Beurteilung

nur wesentlich, wenn beide Tätigkeiten unmittelbar zusammenhängen (→ BFH vom 24.11.1961 – BStBl. 1962 III S. 37).

– Zu der Frage, ob eine nebenberufliche oder ehrenamtliche Tätigkeit mit Überschusserzielungsabsicht ausgeübt wird, → BFH vom 23.10.1992 (BStBl. 1993 II S. 303 – Amateurfußballspieler) und vom 4.8.1994 (BStBl. II S. 944 – Sanitätshelfer).
– Gelegenheitsarbeiter, die zu bestimmten, unter Aufsicht durchzuführenden Arbeiten herangezogen werden, sind auch dann Arbeitnehmer, wenn sie die Tätigkeit nur für einige Stunden ausüben (→ BFH vom 18.1.1974 – BStBl. II S. 301).
– Bei nebenberuflich tätigen Musikern, die in Gaststätten auftreten, liegt ein Arbeitsverhältnis zum Gastwirt regelmäßig nicht vor, wenn der einzelne Musiker oder die Kapelle, der er angehört, nur gelegentlich – etwa nur für einen Abend oder an einem Wochenende – von dem Gastwirt verpflichtet wird. Ein Arbeitsverhältnis zum Gastwirt ist in der Regel auch dann zu verneinen, wenn eine Kapelle selbständig als Gesellschaft oder der Kapellenleiter als Arbeitgeber der Musiker aufgetreten ist (→ BFH vom 10.9.1976 – BStBl. 1977 II S. 178).

Nebenberufliche Lehrtätigkeit.
– Bei **Lehrkräften,** die im Hauptberuf eine nichtselbständige Tätigkeit ausüben, liegt eine Lehrtätigkeit im Nebenberuf nur vor, wenn diese Lehrtätigkeit nicht zu den eigentlichen Dienstobliegenheiten des Arbeitnehmers aus dem Hauptberuf gehört. Die Ausübung der Lehrtätigkeit im Nebenberuf ist in der Regel als Ausübung eines freien Berufs anzusehen (→ BFH vom 24.4.1959 – BStBl. III S. 193), es sei denn, dass gewichtige Anhaltspunkte – z.B. Arbeitsvertrag unter Zugrundelegung eines Tarifvertrags, Anspruch auf Urlaubs- und Feiertagsvergütung – für das Vorliegen einer Arbeitnehmertätigkeit sprechen (→ BFH vom 28.4.1972 – BStBl. II S. 617 und vom 4.5.1972 – BStBl. II S. 618).
– Auch bei nur geringem Umfang der Nebentätigkeit sind die **Lehrkräfte** als Arbeitnehmer anzusehen, wenn sie auf Grund eines als Arbeitsvertrag ausgestalteten Vertrags tätig werden oder wenn eine an einer Schule vollbeschäftigte Lehrkraft zusätzliche Unterrichtsstunden an derselben Schule oder an einer Schule gleicher Art erteilt (→ BFH vom 4.12.1975 – BStBl. 1976 II S. 291, 292).
– Die nebenberufliche Lehrtätigkeit von **Handwerksmeistern** an Berufs- und Meisterschulen ist in aller Regel keine nichtselbständige Tätigkeit.
– Bei **Angehörigen der freien Berufe** stellt eine Nebentätigkeit als Lehrbeauftragte an Hochschulen regelmäßig eine selbständige Tätigkeit dar (→ BFH vom 4.10.1984 – BStBl. 1985 II S. 51).

Nebenberufliche Prüfungstätigkeit. Eine Prüfungstätigkeit als Nebentätigkeit ist in der Regel als Ausübung eines freien Berufs anzusehen (→ BFH vom 14.3.1958 – BStBl. III S. 255, vom 2.4.1958 – BStBl. III S. 293 und vom 29.1.1987 – BStBl. II S. 783 wegen nebenamtlicher Prüfungstätigkeit eines Hochschullehrers).

Nebentätigkeit bei demselben Arbeitgeber. Einnahmen aus der Nebentätigkeit eines Arbeitnehmers, die er im Rahmen des Dienstverhältnisses für denselben Arbeitgeber leistet, für den er die Haupttätigkeit ausübt, sind Arbeitslohn, wenn dem Arbeitnehmer aus seinem Dienstverhältnis Nebenpflichten obliegen, die zwar im Arbeitsvertrag nicht ausdrücklich vorgesehen sind, deren Erfüllung der Arbeitgeber aber nach der tatsächlichen Gestaltung des Dienstverhältnisses und nach der Verkehrsauffassung erwarten darf, auch wenn er die zusätzlichen Leistungen besonders vergüten muss (→ BFH vom 25.11.1971 – BStBl. 1972 II S. 212).

Vermittlungsprovisionen. → R 19.4.

Zuordnung in Einzelfällen.

– Vergütungen, die **Angestellte eines Notars** für die Übernahme der Auflassungsvollmacht von den Parteien eines beurkundeten Grundstücksgeschäfts erhalten, können Arbeitslohn aus ihrem Dienstverhältnis sein (→ BFH vom 9.12.1954 – BStBl. 1955 III S. 55).

– Die Tätigkeit der bei Universitätskliniken angestellten **Assistenzärzte als Gutachter** ist unselbständig, wenn die Gutachten den Auftraggebern als solche der Universitätsklinik zugehen (→ BFH vom 19.4.1956 – BStBl. III S. 187).

– **Gemeindedirektor,** der auf Grund des Gesetzes betreffend die Oldenburgische Landesbrandkasse vom 6.8.1938 Mitglied der **Schätzungskommission** ist, bezieht aus dieser Tätigkeit keine Einkünfte aus nichtselbständiger Arbeit (→ BFH vom 8.2.1972 – BStBl. II S. 460).

– **Orchestermusiker,** die neben ihrer nichtselbständigen Haupttätigkeit im Orchester gelegentlich für ihren Arbeitgeber eine künstlerische Nebentätigkeit ausüben, können insoweit Einkünfte aus selbständiger Arbeit haben, als die Tätigkeit nicht zu den Nebenpflichten aus dem Dienstvertrag gehört (→ BFH vom 25.11.1971 – BStBl. 1972 II S. 212).

– Übernimmt ein **Richter** ohne Entlastung in seinem Amt zusätzlich die **Leitung einer Arbeitsgemeinschaft** für Rechtsreferendare, so besteht zwischen Haupt- und Nebentätigkeit kein unmittelbarer Zusammenhang. Ob die Nebentätigkeit selbständig ausgeübt wird, ist deshalb nach dem Rechtsverhältnis zu beurteilen, auf Grund dessen sie ausgeübt wird (→ BFH vom 7.2.1980 – BStBl. II S. 321).

– Einnahmen, die angestellte **Schriftleiter** aus freiwilliger **schriftstellerischer Nebentätigkeit** für ihren Arbeitgeber erzielen, können Einnahmen aus selbständiger Tätigkeit sein (→ BFH vom 3.3.1955 – BStBl. III S. 153).

– Das **Honorar,** das ein (leitender) Angestellter von seinem Arbeitgeber dafür erhält, dass er diesen bei **Verhandlungen über den Verkauf des Betriebes** beraten hat, gehört zu den Einnahmen aus nichtselbständiger Tätigkeit (→ BFH vom 20.12.2000 – BStBl. 2001 II S. 496).

– Prämien, die ein Verlagsunternehmen seinen **Zeitungsausträgern** für die **Werbung neuer Abonnenten** gewährt, sind dann kein Arbeitslohn, wenn die Zeitungsausträger weder rechtlich noch faktisch zur Anwerbung neuer Abonnenten verpflichtet sind (→ BFH vom 22.11.1996 – BStBl. 1997 II S. 254).

R 19.3 Arbeitslohn

(1) [1] Arbeitslohn ist die Gegenleistung für das Zurverfügungstellen der individuellen Arbeitskraft. [2] Zum Arbeitslohn gehören deshalb auch

1. die Lohnzuschläge für Mehrarbeit und Erschwerniszuschläge, wie Hitzezuschläge, Wasserzuschläge, Gefahrenzuschläge, Schmutzzulagen usw.,
2. Entschädigungen, die für nicht gewährten Urlaub gezahlt werden,
3. der auf Grund des § 7 Abs. 5 SVG gezahlte Einarbeitungszuschuss,
4. pauschale Fehlgeldentschädigungen, die Arbeitnehmern im Kassen- und Zähldienst gezahlt werden, soweit sie 16 Euro im Monat übersteigen,
5. Trinkgelder, Bedienungszuschläge und ähnliche Zuwendungen, auf die der Arbeitnehmer einen Rechtsanspruch hat.

(2) Nicht als Gegenleistung für das Zurverfügungstellen der individuellen Arbeitskraft und damit nicht als Arbeitslohn sind u. a. anzusehen

1. der Wert der unentgeltlich zur beruflichen Nutzung überlassenen Arbeitsmittel,
2. die vom Arbeitgeber auf Grund gesetzlicher Verpflichtung nach § 3 Abs. 2 Nr. 1 und Abs. 3 des Gesetzes über die Durchführung von Maßnahmen des Arbeitsschutzes zur Verbesserung der Sicherheit und des Gesundheitsschutzes der Beschäftigten bei der Arbeit (ArbSchG) i. V.m. § 6 der Verordnung über Sicherheit und Gesundheitsschutz bei der Arbeit an Bildschirmgeräten (BildscharbV) sowie der Verordnung zur arbeitsmedizinischen Vorsorge (ArbMedVV) übernommenen angemessenen Kosten für eine spezielle Sehhilfe, wenn auf Grund einer Untersuchung der Augen und des Sehvermögens durch eine fachkundige Person i. S. d. ArbMedVV[1)] die spezielle Sehhilfe notwendig ist, um eine ausreichende Sehfähigkeit in den Entfernungsbereichen des Bildschirmarbeitsplatzes zu gewährleisten,
3. übliche Sachleistungen des Arbeitgebers aus Anlass der Diensteinführung, eines Amts- oder Funktionswechsels, eines runden Arbeitnehmerjubiläums (→ R 19.5 Abs. 2 Satz 4 Nr. 3) oder der Verabschiedung eines Arbeitnehmers; betragen die Aufwendungen des Arbeitgebers einschl. Umsatzsteuer mehr als 110 Euro[2)] je teilnehmender Person, sind die Aufwendungen dem Arbeitslohn des Arbeitnehmers hinzuzurechnen; auch Geschenke bis zu einem Gesamtwert von 60 Euro sind in die 110-Euro-Grenze[2)] einzubeziehen,
4. übliche Sachleistungen bei einem Empfang anlässlich eines runden Geburtstages eines Arbeitnehmers, wenn es sich unter Berücksichtigung aller Umstände des Einzelfalls um ein Fest des Arbeitgebers (betriebliche Veranstaltung) handelt. [2] Die anteiligen Aufwendungen des Arbeitgebers,

---

[1)] Fachkundige Person ist nur ein Arzt, kein Optiker; die ärztliche Verordnung muss vor der Anschaffung der Sehhilfe ausgestellt sein; siehe FSen Berlin v. 28.9.2009 – III B – S 2332 – 10/2008, StEd. 2009, 681.

[2)] **[Amtl. Anm.:]** Die Regelungen sind ungeachtet von § 19 Abs. 1 Satz 1 Nr. 1a EStG ab 2015 weiterhin anzuwenden.

die auf den Arbeitnehmer selbst, seine Familienangehörigen sowie private Gäste des Arbeitnehmers entfallen, gehören jedoch zum steuerpflichtigen Arbeitslohn, wenn die Aufwendungen des Arbeitgebers mehr als 110 Euro[1] je teilnehmender Person betragen; auch Geschenke bis zu einem Gesamtwert von 60 Euro sind in die 110 Euro-Grenze[1] einzubeziehen,

5. pauschale Zahlungen des Arbeitgebers an ein Dienstleistungsunternehmen, das sich verpflichtet, alle Arbeitnehmer des Auftraggebers kostenlos in persönlichen und sozialen Angelegenheiten zu beraten und zu betreuen, beispielsweise durch die Übernahme der Vermittlung von Betreuungspersonen für Familienangehörige.[2]

(3) [1]Leistungen des Arbeitgebers, mit denen er Werbungskosten des Arbeitnehmers ersetzt, sind nur steuerfrei, soweit dies gesetzlich bestimmt ist. [2]Somit sind auch steuerpflichtig

1. Vergütungen des Arbeitgebers zum Ersatz der dem Arbeitnehmer berechneten Kontoführungsgebühren,
2. Vergütungen des Arbeitgebers zum Ersatz der Aufwendungen des Arbeitnehmers für Fahrten zwischen Wohnung und erster Tätigkeitsstätte.

H 19.3

Abgrenzung zu anderen Einkunftsarten.

– Abgrenzung des Arbeitslohns von den Einnahmen aus Kapitalvermögen → BFH vom 31.10.1989 (BStBl. 1990 II S. 532).[3]
– Zahlungen im Zusammenhang mit einer fehlgeschlagenen Hofübergabe sind kein Arbeitslohn, sondern Einkünfte nach § 22 Nr. 3 EStG (→ BFH vom 8.5.2008 – BStBl. II S. 868).
– Zur Abgrenzung von Arbeitslohn und privater Vermögensebene bei einem Gesellschafter-Geschäftsführer → BFH vom 19.6.2008 (BStBl. II S. 826).
– Veräußerungsgewinn aus einer Kapitalbeteiligung an einem Unternehmen des Arbeitgebers → BFH vom 17.6.2009 (BStBl. 2010 II S. 69) und BFH vom 4.10.2016 (BStBl. 2017 II S. 790).
– Veräußerungsverluste aus einer Kapitalbeteiligung am Unternehmen des Arbeitgebers sind keine negativen Einnahmen bei den Einkünften aus nichtselbständiger Arbeit, wenn es an einem Veranlassungszusammenhang zum Dienstverhältnis mangelt (→ BFH vom 17.9.2009 – BStBl. 2010 II S. 198).
– Arbeitslohn im Zusammenhang mit der Veräußerung von GmbH-Anteilen (→ BFH vom 30.6.2011 – BStBl. II S. 948).
– Abgrenzung zwischen Arbeitslohn und gewerblichen Einkünften eines Fußballspielers (→ BFH vom 22.2.2012 – BStBl. II S. 511).

---

[1] **[Amtl. Anm.:]** Die Regelungen sind ungeachtet von § 19 Abs. 1 Satz 1 Nr. 1a EStG ab 2015 weiterhin anzuwenden.

[2] **[Amtl. Anm.:]** Zu individuellen Zahlungen siehe § 3 Nr. 34a EStG.

[3] Zu „Arbeitslohn" im Zusammenhang mit der Verzinsung von Genussrechten siehe BFH v. 21.10.2014 VIII R 44/11, BStBl. II 2015, 593.

– Abgrenzung zwischen einer verdeckten Gewinnausschüttung und Arbeitslohn bei vertragswidriger Kraftfahrzeugnutzung durch den Gesellschafter-Geschäftsführer einer Kapitalgesellschaft → BMF vom 3.4.2012 (BStBl. I S. 478).
– Abgrenzung des Arbeitslohns von den Einnahmen aus Kapitalvermögen beim Rückverkauf von Genussrechten im Zusammenhang mit der Beendigung des Dienstverhältnisses (→ BFH vom 5.11.2013 – BStBl. 2014 II S. 275).
– Zur Aufteilung einer Zahlung in Arbeitslohn und sonstige Einkünfte → BFH vom 11.7.2017 (BStBl. 2018 II S. 86).

Allgemeines zum Arbeitslohnbegriff.[1] Welche Einnahmen zum Arbeitslohn gehören, ist unter Beachtung der Vorschriften des § 19 Abs. 1 EStG und § 2 LStDV sowie der hierzu ergangenen Rechtsprechung zu entscheiden. Danach sind Arbeitslohn grundsätzlich alle Einnahmen in Geld oder Geldeswert, die durch ein individuelles Dienstverhältnis veranlasst sind. Ein **Veranlassungszusammenhang zwischen Einnahmen und einem Dienstverhältnis** ist anzunehmen, wenn die Einnahmen dem Empfänger nur mit Rücksicht auf das Dienstverhältnis zufließen und sich als Ertrag seiner nichtselbständigen Arbeit darstellen. Die letztgenannte Voraussetzung ist erfüllt, wenn sich die Einnahmen im weitesten Sinne als Gegenleistung für das Zurverfügungstellen der individuellen Arbeitskraft erweisen (→ BFH vom 24.9.2013 – BStBl. 2014 II S. 124). Eine solche Gegenleistung liegt nicht vor, wenn die Vergütungen die mit der Tätigkeit zusammenhängenden Aufwendungen nur unwesentlich übersteigen (→ BFH vom 23.10.1992 – BStBl. 1993 II S. 303). Die Zurechnung des geldwerten Vorteils zu einem erst künftigen Dienstverhältnis ist zwar nicht ausgeschlossen, bedarf aber der Feststellung eines eindeutigen Veranlassungszusammenhangs, wenn sich andere Ursachen für die Vorteilsgewährung als Veranlassungsgrund aufdrängen (→ BFH vom 20.5.2010 – BStBl. II S. 1069).
Ebenfalls keine Gegenleistung sind Vorteile, die sich bei objektiver Würdigung aller Umstände nicht als Entlohnung, sondern lediglich als notwendige Begleiterscheinung betriebsfunktionaler Zielsetzungen erweisen. Ein rechtswidriges Tun ist keine beachtliche Grundlage einer solchen betriebsfunktionalen Zielsetzung (→ BFH vom 14.11.2013 – BStBl. 2014 II S. 278). Vorteile besitzen danach keinen Arbeitslohncharakter, wenn sie im ganz überwiegend eigenbetrieblichen Interesse des Arbeitgebers gewährt werden. Das ist der Fall, wenn sich aus den Begleitumständen wie zum Beispiel Anlass, Art und Höhe des Vorteils, Auswahl der Begünstigten, freie oder nur gebundene Verfügbarkeit, Freiwilligkeit oder Zwang zur Annahme des Vorteils und seine besondere Geeignetheit für den jeweils verfolgten betrieblichen Zweck ergibt, dass diese Zielsetzung ganz im Vordergrund steht und ein damit einhergehendes eigenes Interesse des Arbeitnehmers, den betreffenden Vorteil zu erlangen, vernachlässigt werden kann (→ BFH vom 24.9.2013 – BStBl. 2014 II S. 124 und die dort zitierte Rechtsprechung). Im Ergebnis

[1] Zur Umrechnung von in fremder Währung vereinnahmtem Arbeitslohn siehe BFH v. 3.12.2009 VI R 4/08, BStBl. II 2010, 698.

handelt es sich um Leistungen des Arbeitgebers, die er im ganz überwiegenden betrieblichen Interesse erbringt. Ein ganz überwiegendes betriebliches Interesse muss über das an jeder Lohnzahlung bestehende betriebliche Interesse deutlich hinausgehen (→ BFH vom 2.2.1990 – BStBl. II S. 472). Gemeint sind Fälle, z. B. in denen ein Vorteil der Belegschaft als Gesamtheit zugewendet wird oder in denen dem Arbeitnehmer ein Vorteil aufgedrängt wird, ohne dass ihm eine Wahl bei der Annahme des Vorteils bleibt und ohne dass der Vorteil eine Marktgängigkeit besitzt (→ BFH vom 25.7.1986 – BStBl. II S. 868).

Beispiele:

Zum Arbeitslohn gehören[1)]

- der verbilligte Erwerb von **Aktien vom Arbeitgeber** (oder einem Dritten), wenn der Vorteil dem Arbeitnehmer oder einem Dritten für die Arbeitsleistung des Arbeitnehmers gewährt wird (→ BFH vom 7.5.2014 – BStBl. II S. 904),
- die Übernahme der Umlage für die Einrichtung des besonderen elektronischen **Anwaltspostfachs** einer angestellten Rechtsanwältin durch den Arbeitgeber (→ BFH vom 1.10.2020 – BStBl. 2021 II S. 352),
- die vom Arbeitgeber übernommenen Beiträge einer angestellten Rechtsanwältin zum deutschen **Anwaltverein** (→ BFH vom 12.2.2009 – BStBl. II S. 462),
- **Arbeitnehmeranteile** zur Arbeitslosen-, Kranken-, Pflege- und Rentenversicherung (Gesamtsozialversicherung), wenn der Arbeitnehmer hierdurch einen eigenen Anspruch gegen einen Dritten erwirbt (→ BFH vom 16.1.2007 – BStBl. II S. 579),
- die vom Arbeitgeber übernommenen Beiträge zur **Berufshaftpflichtversicherung** von Rechtsanwälten (→ BFH vom 26.7.2007 – BStBl. II S. 892). Übernimmt eine Rechtsanwaltssozietät den Versicherungsbeitrag einer angestellten Rechtsanwältin, die im Außenverhältnis nicht für eine anwaltliche Pflichtverletzung haftet, liegt Arbeitslohn regelmäßig nur in Höhe des übernommenen Prämienanteils vor, der auf die in § 51 Abs. 4 BRAO vorgeschriebene Mindestversicherungssumme entfällt und den die Rechtsanwältin zur Erfüllung ihrer Versicherungspflicht nach § 51 Abs. 1 Satz 1 BRAO benötigt (→ BFH vom 1.10.2020 – BStBl. 2021 II S. 352 und 356),
- der geldwerte Vorteil aus dem verbilligten **Erwerb einer GmbH-Beteiligung** durch einen leitenden Arbeitnehmer des Arbeitgebers, selbst wenn nicht der Arbeitgeber, sondern ein Gesellschafter des Arbeitgebers die Beteiligung veräußert (→ BFH vom 15.3.2018 – BStBl. II S. 550); zur Bewertung → H 8.1 (1–4) GmbH-Anteile. Gleiches gilt für den verbilligten Erwerb einer Beteiligung, der im Hinblick auf eine spätere Beschäftigung als Geschäftsführer gewährt wird (→ BFH vom 26.6.2014 – BStBl. II S. 864) sowie den verbilligten Erwerb einer GmbH-Beteiligung durch eine vom Geschäftsführer des Arbeitgebers beherrschte GmbH, wenn nicht der Arbeitgeber selbst, sondern ein Gesellschafter des Arbeitgebers die Beteiligung veräußert (→ BFH vom 1.9.2016 – BStBl. 2017 II S. 69).
- die vom Arbeitgeber übernommenen **Bußgelder,** die gegen bei ihm angestellte Fahrer wegen Verstoßes gegen die Lenk- und Ruhezeit verhängt worden sind (→ BFH vom 14.11.2013 – BStBl. 2014 II S. 278),
- die unentgeltliche bzw. verbilligte **Überlassung eines Dienstwagens** durch den Arbeitgeber an den Arbeitnehmer für dessen Privatnutzung (→ BFH vom 29.1.2009 – BStBl. 2010 II S. 1067),
- **Entschädigungszahlungen,** die ein Feuerwehrbeamter **für rechtswidrig geleistete Mehrarbeit** erhält (→ BFH vom 14.6.2016 – BStBl. II S. 901),
- der **Forderungsverzicht** eines Gesellschafters einer Kapitalgesellschaft auf eine erdiente und werthaltige Pensionsanwartschaft in Höhe des Teilwerts, soweit mit dem Verzicht eine verdeckte Einlage erbracht wird (→ BFH vom 9.6.1997 – BStBl. 1998 II S. 307 und BFH vom 23.8.2017 – BStBl. 2018 II S. 208),

---

1) Zum Zufluss und zur Bewertung von Aktienoptionsrechten für Arbeitnehmer siehe BFH v. 18.9.2012 VI R 90/10, BStBl. II 2013, 289.

– die vom Arbeitgeber übernommenen **Geldbußen und Geldauflagen** bei nicht ganz überwiegend eigenbetrieblichem Interesse (→ BFH vom 22.7.2008 – BStBl. 2009 II S. 151),
– die vom Arbeitgeber übernommenen Beiträge für die Mitgliedschaft in einem **Golfclub** (→ BFH vom 21.3.2013 – BStBl. II S. 700); zur Abgrenzung → BFH vom 17.7.2014 (BStBl. 2015 II S. 41),
– Beiträge des Arbeitgebers zu einer privaten **Gruppenkrankenversicherung,** wenn der Arbeitnehmer einen eigenen unmittelbaren und unentziehbaren Rechtsanspruch gegen den Versicherer erlangt (→ BFH vom 14.4.2011 – BStBl. II S. 767),
– die vom Arbeitgeber übernommenen **Kammerbeiträge** für Geschäftsführer von Wirtschaftsprüfungs-/Steuerberatungsgesellschaften (→ BFH vom 17.1.2008 – BStBl. II S. 378),
– die kostenlose oder verbilligte Überlassung von qualitativ und preislich **hochwertigen Kleidungsstücken** durch den Arbeitgeber (→ BFH vom 11.4.2006 – BStBl. II S. 691), soweit es sich nicht um typische Berufskleidung handelt → R 3.31 Abs. 1; zum überwiegend eigenbetrieblichen Interesse bei Überlassung einheitlicher Kleidung → BFH vom 22.6.2006 (BStBl. II S. 915),
– monatliche Zahlungen nach einer Betriebsvereinbarung (Sozialplan) zum **Ausgleich der durch Kurzarbeit** entstehenden Nachteile (→ BFH vom 20.7.2010 – BStBl. 2011 II S. 218); Entsprechendes gilt für den Zuschuss einer Beschäftigungsgesellschaft zum **Transferkurzarbeitergeld** (→ BFH vom 12.3.2019 – BStBl. II S. 574),
– die innerhalb eines Dienstverhältnisses erzielten **Liquidationseinnahmen** eines angestellten Chefarztes aus einem eingeräumten Liquidationsrecht für gesondert berechenbare wahlärztliche Leistungen (→ BFH vom 5.10.2005 – BStBl. 2006 II S. 94),
– **Lohnsteuerbeträge,** soweit sie vom Arbeitgeber übernommen werden und kein Fall des § 40 Abs. 3 EStG vorliegt (→ BFH vom 28.2.1992 – BStBl. II S. 733). Bei den ohne entsprechende Nettolohnvereinbarung übernommenen Lohnsteuerbeträgen handelt es sich um Arbeitslohn des Kalenderjahres, in dem sie entrichtet worden sind und der Arbeitgeber auf den Ausgleichsanspruch gegen den Arbeitnehmer verzichtet (→ BFH vom 29.10.1993 – BStBl. 1994 II S. 197). Entsprechendes gilt für übernommene Kirchensteuerbeträge sowie für vom Arbeitgeber zu Unrecht angemeldete und an das Finanzamt endgültig abgeführte Lohnsteuerbeträge (→ BFH vom 17.6.2009 – BStBl. 2010 II S. 72),
– vom Arbeitgeber **nachträglich** an das Finanzamt **abgeführte Lohnsteuer** für zunächst als steuerfrei behandelten Arbeitslohn (→ BFH vom 29.11.2000 – BStBl. 2001 II S. 195),
– freiwillige Zahlungen von Notaren an **Notarassessoren** für deren Vertretungstätigkeit (→ BFH vom 10.3.2015 – BStBl. II S. 767),
– von einem Dritten verliehene **Preise,** die den Charakter eines leistungsbezogenen Entgelts haben und nicht eine Ehrung der Persönlichkeit des Preisträgers darstellen (→ BFH vom 23.4.2009 – BStBl. II S. 668),
– die vom Arbeitgeber übernommenen Kosten einer **Regenerationskur;** keine Aufteilung einer einheitlich zu beurteilenden Zuwendung (→ BFH vom 11.3.2010 – BStBl. II S. 763),
– geldwerte Vorteile anlässlich von **Reisen** (→ H 19.7),
– **Zuschüsse,** die eine AG Vorstandsmitgliedern zur **freiwilligen Weiterversicherung in der gesetzlichen Rentenversicherung** oder einem **Versorgungswerk** gewährt (→ BFH vom 24.9.2013 – BStBl. 2014 II S. 124),
– Überschüsse aus dem **Rückverkauf** der vom Arbeitgeber erworbenen **Genussrechte,** wenn der Arbeitnehmer sie nur an den Arbeitgeber veräußern kann (→ BFH vom 5.11.2013 – BStBl. 2014 II S. 275),
– **Sachbezüge,** soweit sie zu geldwerten Vorteilen des Arbeitnehmers aus seinem Dienstverhältnis führen (→ R 8.1 und 8.2),
– der **Erlass einer Schadensersatzforderung** des Arbeitgebers (→ BFH vom 27.3.1992 – BStBl. II S. 837), siehe auch H 8.1 (9, 10) Verzicht auf Schadensersatz,
– Aufwendungen des Arbeitgebers für eine **„Sensibilisierungswoche"** der Arbeitnehmer (→ BFH vom 21.11.2018 – BStBl. 2019 II S. 404),
– Aufwendungen des Arbeitgebers für **Sicherheitsmaßnahmen** bei abstrakter berufsbedingter Gefährdung (→ BFH vom 5.4.2006 – BStBl. II S. 541); → aber BMF vom 30.6.1997 (BStBl. I S. 696),

- vom Arbeitgeber übernommene **Steuerberatungskosten** → BMF vom 22.4.2020 (BStBl. I S. 483), Rdnr. 303; anders aber bei Steuerberatungskosten im Rahmen einer Nettolohnvereinbarung → BMF vom 22.4.2020 (BStBl. I S. 483), Rdnr. 303a,
- **Surrogatleistungen** des Arbeitgebers auf Grund des Wegfalls von Ansprüchen im Rahmen der betrieblichen Altersversorgung (→ BFH vom 7.5.2009 – BStBl. 2010 II S. 130),
- die vom Arbeitgeber übernommenen festen und laufenden Kosten für einen **Telefonanschluss** in der Wohnung des Arbeitnehmers oder für ein **Mobiltelefon,** soweit kein betriebliches Gerät genutzt wird (→ R 3.45), es sich nicht um Auslagenersatz nach R 3.50 handelt und die Telefonkosten nicht zu den Reisenebenkosten (→ R 9.8), Umzugskosten (→ R 9.9) oder Mehraufwendungen wegen doppelter Haushaltsführung (→ R 9.11) gehören,
- die Nutzung vom Arbeitgeber gemieteter **Tennis- und Squashplätze** (→ BFH vom 27.9.1996 – BStBl. 1997 II S. 146),
- **Umlagezahlungen** des Arbeitgebers an die Versorgungsanstalt des Bundes und der Länder (→ BFH vom 7.5.2009 – BStBl. 2010 II S. 194),
- ggf. Beiträge für eine und Leistungen aus einer **Unfallversicherung** (→ BMF vom 28.10.2009 – BStBl. I S. 1275),[1]
- Leistungen aus **Unterstützungskassen** (→ BFH vom 28.3.1958 – BStBl. III S. 268), soweit sie nicht nach R 3.11 Abs. 2 steuerfrei sind,
- **Vermittlungsprovisionen** (→ R 19.4),
- **Verzinsungen von Genussrechten,** wenn die Höhe der Verzinsung völlig unbestimmt ist und von einem aus Arbeitgeber und einem Vertreter der Arbeitnehmer bestehenden Partnerschaftsausschuss bestimmt wird (→ BFH vom 21.10.2014 – BStBl. 2015 II S. 593),
- Ausgleichszahlungen, die der Arbeitnehmer für seine in der Arbeitsphase erbrachten **Vorleistungen** erhält, wenn ein im Blockmodell geführtes Altersteilzeitarbeitsverhältnis vor Ablauf der vertraglich vereinbarten Zeit beendet wird (→ BFH vom 15.12.2011 – BStBl. 2012 II S. 415).

Nicht zum Arbeitslohn gehören

- **Aufmerksamkeiten** (→ R 19.6),
- **Arbeitnehmeranteile am Gesamtsozialversicherungsbeitrag,** die der Arbeitgeber wegen der gesetzlichen Beitragslastverschiebung nachzuentrichten und zu übernehmen hat (§ 3 Nr. 62 EStG), es sei denn, dass Arbeitgeber und Arbeitnehmer eine Nettolohnvereinbarung getroffen haben oder der Arbeitgeber zwecks Steuer- und Beitragshinterziehung die Unmöglichkeit einer späteren Rückbelastung beim Arbeitnehmer bewusst in Kauf genommen hat (→ BFH vom 29.10.1993 – BStBl. 1994 II S. 194 und vom 13.9.2007 – BStBl. 2008 II S. 58),
- **Beiträge zur eigenen Berufshaftpflichtversicherung** des Arbeitgebers (→ BFH vom 19.11.2015 – BStBl. 2016 II S. 301 zur Betriebshaftpflichtversicherung eines Krankenhauses, → BFH vom 19.11.2015 – BStBl. 2016 II S. 303 zur Berufshaftpflichtversicherung einer Rechtsanwalts-GmbH und → BFH vom 10.3.2016 – BStBl. II S. 621 zur Berufshaftpflichtversicherung einer Rechtsanwalts-GbR).
- Beiträge des Bundes nach **§ 15 FELEG**[2] (→ BFH vom 14.4.2005 – BStBl. II S. 569),
- **Fort- oder Weiterbildungsleistungen** (→ R 19.7),
- **Gestellung einheitlicher,** während der Arbeitszeit zu tragender **bürgerlicher Kleidung,** wenn das eigenbetriebliche Interesse des Arbeitgebers im Vordergrund steht bzw. kein geldwerter Vorteil des Arbeitnehmers anzunehmen ist (→ BFH vom 22.6.2006 – BStBl. II S. 915); zur Überlassung hochwertiger Kleidung → BFH vom 11.4.2006 (BStBl. II S. 691),
- **Leistungen zur Verbesserung der Arbeitsbedingungen,** z. B. die Bereitstellung von Aufenthalts- und Erholungsräumen sowie von betriebseigenen Dusch- und Badeanlagen; sie werden der Belegschaft als Gesamtheit und damit in überwiegendem betrieblichen Interesse zugewendet (→ BFH vom 25.7.1986 – BStBl. II S. 868),
- **Maßnahmen des Arbeitgebers** zur Vorbeugung spezifisch berufsbedingter Beeinträchtigungen der **Gesundheit,** wenn die Notwendigkeit der Maßnahmen zur Verhinderung krankheitsbedingter Arbeitsausfälle durch Auskünfte des medizinischen Dienstes

---

[1] Siehe auch BMF v. 15.3.2022, BStBl. I 2022, 242.

[2] **Aichberger SGB** Nr. **30/40.**

einer Krankenkasse bzw. Berufsgenossenschaft oder durch Sachverständigengutachten bestätigt wird (→ BFH vom 30.5.2001 – BStBl. II S. 671),
- **Mietzahlungen des Arbeitgebers** für ein im Haus bzw. in der Wohnung des Arbeitnehmers gelegenes Arbeitszimmer, das der Arbeitnehmer für die Erbringung seiner Arbeitsleistung nutzt, wenn die Nutzung des Arbeitszimmers in vorrangigem Interesse des Arbeitgebers erfolgt (→ BMF vom 18.4.2019 – BStBl. I S. 461),
- **Nutzungsentgelt** für eine dem Arbeitgeber überlassene eigene **Garage,** in der ein Dienstwagen untergestellt wird (→ BFH vom 7.6.2002 – BStBl. II S. 829),
- **Rabatte,** die der Arbeitgeber nicht nur seinen Arbeitnehmern, sondern **auch fremden Dritten** üblicherweise einräumt (→ BFH vom 26.7.2012 – BStBl. 2013 II S. 402 zu Mitarbeiterrabatten in der Automobilbranche und BFH vom 10.4.2014 – BStBl. 2015 II S. 191 zu Rabatten beim Abschluss von Versicherungsverträgen),
- **übliche Sachleistungen** des Arbeitgebers anlässlich einer betrieblichen Veranstaltung im Zusammenhang mit einem runden Geburtstag des Arbeitnehmers im Rahmen des R 19.3 Abs. 2 Nr. 4 LStR; zur Abgrenzung einer betrieblichen Veranstaltung von einem privaten Fest des Arbeitnehmers → BFH vom 28.1.2003 (BStBl. II S. 724),
- **Schadensersatzleistungen,** soweit der Arbeitgeber zur Leistung gesetzlich verpflichtet ist oder soweit der Arbeitgeber einen zivilrechtlichen Schadensersatzanspruch des Arbeitnehmers wegen schuldhafter Verletzung arbeitsvertraglicher Fürsorgepflichten erfüllt (→ BFH vom 20.9.1996 – BStBl. 1997 II S. 144 und BFH vom 25.4.2018 – BStBl. II S. 600); zur Aufteilung einer einheitlichen Zahlung in Arbeitslohn und Schadensersatz → BFH vom 9.1.2018 (BStBl. I S. 582),
- **Steuerberatungskosten,** die der Arbeitgeber, der mit dem Arbeitnehmer unter Abtretung der Steuererstattungsansprüche eine Nettolohnvereinbarung abgeschlossen hat, für die Erstellung der Einkommensteuererklärungen des Arbeitnehmers übernimmt (→ BMF vom 22.4.2020 – BStBl. I S. 483, Rdnr. 303a f.),
- **Vergütungen eines Sportvereins an Amateursportler,** wenn die Vergütungen die mit der Tätigkeit zusammenhängenden Aufwendungen nur unwesentlich übersteigen (→ BFH vom 23.10.1992 – BStBl. 1993 II S. 303),
- **Vergütungen für Sanitätshelfer des DRK,** wenn sie als pauschale Erstattung der Selbstkosten beurteilt werden können, weil sie die durch die ehrenamtliche Tätigkeit veranlassten Aufwendungen regelmäßig nur unwesentlich übersteigen (→ BFH vom 4.8.1994 – BStBl. II S. 944),
- vom Arbeitnehmer **veruntreute Beträge** (→ BFH vom 13.11.2012 – BStBl. 2013 II S. 929),
- vom Arbeitgeber gezahlte **Verwarnungsgelder,** die er gem. § 56 Abs. 1 Satz 1 OWiG (Halterhaftung) als eigene Schuld leistet (→ BFH vom 13.8.2020 – BStBl. 2021 II S. 103),
- **Vorsorgeuntersuchungen leitender Angestellter** → BFH vom 17.9.1982 (BStBl. 1983 II S. 39),
- **Zuwendungen aus persönlichem Anlass** (→ R 19.6).

Steuerfrei sind
- die Leistungen nach dem **AltTZG** nach § 3 Nr. 28 EStG (→ R 3.28),
- **Aufwandsentschädigungen** nach § 3 Nr. 12 (→ R 3.12) und Einnahmen bis zum Höchstbetrag nach § 3 Nr. 26 und 26a EStG (→ R 3.26),
- durchlaufende Gelder und **Auslagenersatz** nach § 3 Nr. 50 EStG (→ R 3.50),
- **Beihilfen und Unterstützungen,** die wegen Hilfsbedürftigkeit gewährt werden nach § 3 Nr. 11 EStG (→ R 3.11),
- der Wert der unentgeltlich oder verbilligt überlassenen **Berufskleidung** sowie die Barablösung des Anspruchs auf Gestellung typischer Berufskleidung nach § 3 Nr. 31 EStG (→ R 3.31),
- die Erstattung von Mehraufwendungen bei **doppelter Haushaltsführung** nach § 3 Nr. 13 und 16 EStG (→ R 3.13, 3.16 und 9.11),
- Arbeitgeberleistungen für **Fahrten i. S. d. § 3 Nr. 15 EStG,**
- **Fürsorgeleistungen** des Arbeitgebers zur besseren Vereinbarkeit von Familie und Beruf nach § 3 Nr. 34a EStG,
- die Maßnahmen der **Gesundheitsförderung** bis zum Höchstbetrag nach § 3 Nr. 34 EStG,

– der **Kaufkraftausgleich** nach § 3 Nr. 64 EStG (→ R 3.64),
– Leistungen des Arbeitgebers für die Unterbringung und Betreuung von nicht schulpflichtigen **Kindern** nach § 3 Nr. 33 EStG (→ R 3.33),
– der Ersatz von **Reisekosten** nach § 3 Nr. 13 und 16 EStG (→ R 3.13, 3.16 und 9.4 bis 9.8),
– die betrieblich notwendige **Sammelbeförderung** des Arbeitnehmers nach § 3 Nr. 32 EStG (→ R 3.32),
– **Studienbeihilfen und Stipendien** nach § 3 Nr. 11 und 44 EStG (→ R 4.1 und R 3.44 EStR),[1)]
– vom Arbeitgeber nach R 3.50 Abs. 2 ersetzte Aufwendungen für **Telekommunikation,**
– geldwerte Vorteile aus der privaten Nutzung betrieblicher Personalcomputer und **Datenverarbeitungsgeräte** nach § 3 Nr. 45 EStG (→ R 3.45),
– **Trinkgelder** nach § 3 Nr. 51 EStG,
– der Ersatz von **Umzugskosten** nach § 3 Nr. 13 und 16 EStG (→ R 3.13, 3.16 und 9.9),
– der Ersatz von **Unterkunftskosten** sowie die unentgeltliche oder teilentgeltliche Überlassung einer Unterkunft nach § 3 Nr. 13 EStG (→ R 3.13), § 3 Nr. 16 EStG (→ R 9.7 und 9.11),
– der Ersatz von **Verpflegungskosten** nach § 3 Nr. 4 Buchstabe c EStG (→ R 3.4), § 3 Nr. 12 EStG (→ R 3.12), § 3 Nr. 13 EStG (→ R 3.13), § 3 Nr. 16 EStG (→ R 9.6 und 9.11), § 3 Nr. 26 EStG (→ R 3.26),
– **Werkzeuggeld** nach § 3 Nr. 30 EStG (→ R 3.30),
– **Zukunftssicherungsleistungen** des Arbeitgebers auf Grund gesetzlicher Verpflichtung und gleichgestellte Zuschüsse nach § 3 Nr. 62 EStG (→ § 2 Abs. 2 Nr. 3 LStDV und R 3.62),
– **Zuschläge** für Sonntags-, Feiertags- oder Nachtarbeit nach § 3b EStG (→ R 3b).

Gehaltsverzicht. → R 3.33 und 38.2.

Lohnverwendungsabrede. Arbeitslohn fließt nicht nur dadurch zu, dass der Arbeitgeber den Lohn auszahlt oder überweist, sondern auch dadurch, dass der Arbeitgeber eine mit dem Arbeitnehmer getroffene Lohnverwendungsabrede (eine konstitutive Verwendungsauflage) erfüllt. Keinen Lohn erhält der Arbeitnehmer hingegen dann, wenn der Arbeitnehmer auf Lohn verzichtet und keine Bedingungen an die Verwendung der freigewordenen Mittel knüpft (→ BFH vom 23.9.1998 – BStBl. 1999 II S. 98).

Lohnzahlung durch Dritte. Die Zuwendung eines Dritten kann Arbeitslohn sein, wenn sie als Entgelt für eine Leistung beurteilt werden kann, die der Arbeitnehmer im Rahmen seines Dienstverhältnisses für seinen Arbeitgeber erbringt, erbracht hat oder erbringen soll (→ BFH vom 28.2.2013 – BStBl. II S. 642). Bei Zuflüssen von dritter Seite können die Einnahmen insbesondere dann Ertrag der nichtselbständigen Arbeit sein, wenn sie
– auf Grund konkreter Vereinbarungen mit dem Arbeitgeber beruhen (→ BFH vom 28.3.1958 – BStBl. III S. 268 und vom 27.1.1961 – BStBl. III S. 167 zu Leistungen aus einer **Unterstützungskasse**),
– auf Grund gesellschaftsrechtlicher oder geschäftlicher Beziehungen des Dritten zum Arbeitgeber gewährt werden (→ BFH vom 21.2.1986 – BStBl. II S. 768 zur unentgeltlichen oder teilentgeltlichen Überlassung von **Belegschaftsaktien** an Mitarbeiter verbundener Unternehmen und vom 1.9.2016 – BStBl. 2017 II S. 69 zum verbilligten Erwerb einer

---

1) Nr. **1**.

GmbH-Beteiligung durch eine vom Geschäftsführer des Arbeitgebers beherrschte GmbH),
- dem Empfänger mit Rücksicht auf das Dienstverhältnis zufließen (→ BFH vom 19.8.2004 – BStBl. II S. 1076 zur Wohnungsüberlassung),
- → H 38.4 (Lohnzahlung durch Dritte).

Negativer Arbeitslohn. Wird ein fehlgeschlagenes Mitarbeiterbeteiligungsprogramm rückgängig gemacht, indem zuvor vergünstigt erworbene Aktien an den Arbeitgeber zurückgegeben werden, liegen negative Einnahmen bzw. Werbungskosten vor (→ BFH vom 17.9.2009 – BStBl. 2010 II S. 299).

Pensionszusage, Ablösung. → BMF vom 4.7.2017 (BStBl. I S. 883); zur Übertragung der betrieblichen Altersversorgung → § 3 Nr. 55, Nr. 65 und Nr. 66 EStG und BMF vom 12.8.2021 (BStBl. I S. 1050), Rn. 53 ff.

Rabattgewährung durch Dritte. → BMF vom 20.1.2015 (BStBl. I S. 143).[1)]

Rückzahlung von Arbeitslohn. Arbeitslohnrückzahlungen sind nur dann anzunehmen, wenn der Arbeitnehmer an den Arbeitgeber die Leistungen, die bei ihm als Lohnzahlungen zu qualifizieren waren, zurückzahlt. Der Veranlassungszusammenhang zum Arbeitsverhältnis darf aber nicht beendet worden sein (→ BFH vom 10.8.2010 – BStBl. II S. 1074 zum fehlgeschlagenen Grundstückserwerb vom Arbeitgeber). → H 11.

Zinsen. Soweit die Arbeitnehmer von Kreditinstituten und ihre Angehörigen auf ihre Einlagen beim Arbeitgeber höhere Zinsen erhalten als betriebsfremde Anleger, sind die zusätzlichen Zinsen durch das Dienstverhältnis veranlasst und dem Lohnsteuerabzug zu unterwerfen. Aus Vereinfachungsgründen ist es jedoch nicht zu beanstanden, wenn der Zusatzzins als Einnahmen aus Kapitalvermögen behandelt wird, sofern der dem Arbeitnehmer und seinen Angehörigen eingeräumte Zinssatz nicht mehr als 1 Prozentpunkt über dem Zinssatz liegt, den die kontoführende Stelle des Arbeitgebers betriebsfremden Anlegern im allgemeinen Geschäftsverkehr anbietet (→ BMF vom 2.3.1990 – BStBl. I S. 141).

Zufluss von Arbeitslohn. → R 38.2.

Zum Lohnsteuerabzug. → R 38.4.

R 19.4 Vermittlungsprovisionen

(1) [1]Erhalten Arbeitnehmer von ihren Arbeitgebern Vermittlungsprovisionen, so sind diese grundsätzlich Arbeitslohn. [2]Das Gleiche gilt für Provisionen, die ein Dritter an den Arbeitgeber zahlt und die dieser an den Arbeitnehmer weiterleitet.

(2) [1]Provisionszahlungen einer Bausparkasse oder eines Versicherungsunternehmens an Arbeitnehmer der Kreditinstitute für Vertragsabschlüsse, die wäh-

1) Siehe auch BFH v. 18.10.2012 VI R 64/11, BStBl. II 2015, 184, v. 10.4.2014 VI R 62/11, BStBl. II 2015, 191, v. 16.2.2022 VI R 53/18.

rend der Arbeitszeit vermittelt werden, sind als Lohnzahlungen Dritter dem Lohnsteuerabzug zu unterwerfen. [2]Wenn zum Aufgabengebiet des Arbeitnehmers der direkte Kontakt mit dem Kunden des Kreditinstituts gehört, z. B. bei einem Kunden- oder Anlageberater, gilt dies auch für die Provisionen der Vertragsabschlüsse außerhalb der Arbeitszeit.

H 19.4

Lohnsteuerabzug bei Vermittlungsprovisionen von Dritten. → R 38.4.

Provisionen für Vertragsabschlüsse mit dem Arbeitnehmer.

- Preisnachlässe des Arbeitgebers bei Geschäften, die mit dem Arbeitnehmer als Kunden abgeschlossen werden, sind als Preisvorteile nach § 8 Abs. 3 EStG zu erfassen, auch wenn sie als Provisionszahlungen bezeichnet werden (→ BFH vom 22.5.1992 – BStBl. II S. 840).
- Provisionszahlungen einer Bausparkasse oder eines Versicherungsunternehmens an Arbeitnehmer der Kreditinstitute bei Vertragsabschlüssen im Verwandtenbereich und für eigene Verträge unterliegen als Rabatte von dritter Seite dem Lohnsteuerabzug (→ BMF vom 20.1.2015 (BStBl. I S. 143).

Provisionen für im Innendienst Beschäftigte. Provisionen, die Versicherungsgesellschaften ihren im Innendienst beschäftigten Arbeitnehmern für die gelegentliche Vermittlung von Versicherungen zahlen, und Provisionen im Bankgewerbe für die Vermittlung von Wertpapiergeschäften sind Arbeitslohn, wenn die Vermittlungstätigkeit im Rahmen des Dienstverhältnisses ausgeübt wird (→ BFH vom 7.10.1954 – BStBl. 1955 III S. 17).

R 19.5 Zuwendungen bei Betriebsveranstaltungen[1)]

Allgemeines

(1) Zuwendungen des Arbeitgebers an die Arbeitnehmer bei Betriebsveranstaltungen gehören als Leistungen im ganz überwiegenden betrieblichen Interesse des Arbeitgebers nicht zum Arbeitslohn, wenn es sich um herkömmliche (übliche) Betriebsveranstaltungen und um bei diesen Veranstaltungen übliche Zuwendungen handelt.

Begriff der Betriebsveranstaltung

(2) [1]Betriebsveranstaltungen sind Veranstaltungen auf betrieblicher Ebene, die gesellschaftlichen Charakter haben und bei denen die Teilnahme allen Betriebsangehörigen offen steht, z. B. Betriebsausflüge, Weihnachtsfeiern, Jubiläumsfeiern. [2]Ob die Veranstaltung vom Arbeitgeber, Betriebsrat oder Personalrat durchgeführt wird, ist unerheblich. [3]Veranstaltungen, die nur für einen beschränkten Kreis der Arbeitnehmer von Interesse sind, sind Betriebsveranstaltungen, wenn sich die Begrenzung des Teilnehmerkreises nicht als eine Bevorzugung bestimmter Arbeitnehmergruppen darstellt. [4]Als Betriebsveranstaltungen sind deshalb auch solche Veranstaltungen anzuerkennen, die z. B.

[1)] **[Amtl. Anm.:]** R 19.5 LStR ist für alle nach dem 31.12.2014 endenden Lohnzahlungszeiträume sowie für VZ ab dem Jahr 2015 nicht mehr anzuwenden → BMF vom 14.10.2015 (BStBl. I S. 832).

1. *jeweils nur für eine Organisationseinheit des Betriebs, z. B. Abteilung, durchgeführt werden, wenn alle Arbeitnehmer dieser Organisationseinheit an der Veranstaltung teilnehmen können,*
2. *nur für alle im Ruhestand befindlichen früheren Arbeitnehmer des Unternehmens veranstaltet werden (Pensionärstreffen),*
3. *nur für solche Arbeitnehmer durchgeführt werden, die bereits im Unternehmen ein rundes (10-, 20-, 25-, 30-, 40-, 50-, 60-jähriges) Arbeitnehmerjubiläum gefeiert haben oder in Verbindung mit der Betriebsveranstaltung feiern (Jubilarfeiern). [2] Dabei ist es unschädlich, wenn neben den Jubilaren auch ein begrenzter Kreis anderer Arbeitnehmer, wie z. B. die engeren Mitarbeiter des Jubilars, eingeladen wird. [3] Der Annahme eines 40-, 50- oder 60-jährigen Arbeitnehmerjubiläums steht nicht entgegen, wenn die Jubilarfeier zu einem Zeitpunkt stattfindet, der höchstens fünf Jahre vor den bezeichneten Jubiläumsdienstzeiten liegt.*

[5] Die Ehrung eines einzelnen Jubilars oder eines einzelnen Arbeitnehmers bei dessen Ausscheiden aus dem Betrieb, auch unter Beteiligung weiterer Arbeitnehmer, ist keine Betriebsveranstaltung; zu Sachzuwendungen aus solchen Anlässen →R 19.3 Abs. 2 Nr. 3. [6] Auch ein so genanntes Arbeitsessen ist keine Betriebsveranstaltung (→R 19.6 Abs. 2).

Herkömmlichkeit (Üblichkeit) der Betriebsveranstaltung

(3) [1] Abgrenzungsmerkmale für die Herkömmlichkeit (Üblichkeit) sind Häufigkeit oder besondere Ausgestaltung der Betriebsveranstaltung. [2] In Bezug auf die Häufigkeit ist eine Betriebsveranstaltung üblich, wenn nicht mehr als zwei Veranstaltungen jährlich durchgeführt werden; auf die Dauer der einzelnen Veranstaltung kommt es nicht an. [3] Das gilt auch für Veranstaltungen i. S. d. Absatzes 2 Satz 4 Nr. 2 und 3, die gesondert zu werten sind. [4] Bei mehr als zwei gleichartigen Veranstaltungen kann der Arbeitgeber die beiden Veranstaltungen auswählen, die als übliche Betriebsveranstaltungen durchgeführt werden. [5] Unschädlich ist, wenn ein Arbeitnehmer an mehr als zwei unterschiedlichen Veranstaltungen teilnimmt, z. B. ein Jubilar, der noch im selben Jahr in den Ruhestand tritt, nimmt an der Jubilarfeier, an einem Pensionärstreffen und an einem Betriebsausflug teil. [6] Die Teilnahme eines Arbeitnehmers an mehr als zwei gleichartigen Betriebsveranstaltungen ist unschädlich, wenn sie der Erfüllung beruflicher Aufgaben dient, z. B. wenn der Personalchef oder Betriebsratsmitglieder die Veranstaltungen mehrerer Abteilungen besuchen.

Übliche Zuwendungen

(4) [1] Übliche Zuwendungen bei einer Betriebsveranstaltung sind insbesondere

1. *Speisen, Getränke, Tabakwaren und Süßigkeiten,*
2. *die Übernahme von Übernachtungs- und Fahrtkosten, auch wenn die Fahrt als solche schon einen Erlebniswert hat,*
3. *Eintrittskarten für kulturelle und sportliche Veranstaltungen, wenn sich die Betriebsveranstaltung nicht im Besuch einer kulturellen oder sportlichen Veranstaltung erschöpft,*
4. *Geschenke (→Absatz 6 Satz 3). [2] Üblich ist auch die nachträgliche Überreichung der Geschenke an solche Arbeitnehmer, die aus betrieblichen oder persönlichen Gründen nicht an der Betriebsveranstaltung teilnehmen konnten, nicht aber eine deswegen gewährte Barzuwendung,*
5. *Aufwendungen für den äußeren Rahmen, z. B. für Räume, Musik, Kegelbahn, für künstlerische und artistische Darbietungen, wenn die Darbietungen nicht der wesentliche Zweck der Betriebsveranstaltung sind.*

[2] *Betragen die Aufwendungen des Arbeitgebers einschließlich Umsatzsteuer für die üblichen Zuwendungen i. S. d. Satzes 1 Nr. 1 bis 5 an den einzelnen Arbeitnehmer insgesamt mehr als 110 Euro je Veranstaltung, so sind die Aufwendungen dem Arbeitslohn hinzuzurechnen.*[1)]

(5) Im Übrigen gilt Folgendes:

1. *Zuwendungen an den Ehegatten oder einen Angehörigen des Arbeitnehmers, z. B. Kind, Verlobte, sind dem Arbeitnehmer zuzurechnen.*
2. *Barzuwendungen, die statt der in Absatz 4 Satz 1 Nr. 1 bis 3 genannten Sachzuwendungen gewährt werden, sind diesen gleichgestellt, wenn ihre zweckentsprechende Verwendung sichergestellt ist.*

Besteuerung der Zuwendungen

(6) [1] *Bei einer nicht herkömmlichen (unüblichen) Betriebsveranstaltung gehören die gesamten Zuwendungen an die Arbeitnehmer, einschließlich der Aufwendungen für den äußeren Rahmen (Absatz 4 Satz 1 Nr. 5), zum Arbeitslohn.* [2] *Für die Erhebung der Lohnsteuer gelten die allgemeinen Vorschriften; § 40 Abs. 2 EStG ist anwendbar.* [3] *Das gilt auch für ihrer Art nach übliche Zuwendungen, bei denen die 110-Euro-Grenze des Absatzes 4 Satz 2 überschritten wird, sowie für nicht übliche Zuwendungen, z. B. Geschenke, deren Gesamtwert 60 Euro übersteigt, oder Zuwendungen an einzelne Arbeitnehmer, aus Anlass – nicht nur bei Gelegenheit – einer Betriebsveranstaltung.*

H 19.5

Allgemeines. → BMF vom 14.10.2015 (BStBl. I S. 832).[2)]

Gemischt veranlasste Veranstaltung. Sachzuwendungen an Arbeitnehmer anlässlich einer Veranstaltung, die sowohl Elemente einer Betriebsveranstaltung als auch einer sonstigen betrieblichen Veranstaltung enthält, sind grundsätzlich aufzuteilen (→ BFH vom 16.11.2005 – BStBl. 2006 II S. 444 und vom 30.4.2009 – BStBl. II S. 726).

Incentive-Reisen. Incentive-Reisen, die der Arbeitgeber veranstaltet, um bestimmte Arbeitnehmer für besondere Leistungen zu entlohnen und zu weiteren Leistungen zu motivieren, sind keine Betriebsveranstaltungen (→ BFH vom 9.3.1990 – BStBl. II S. 711).[3)]

Verlosungsgewinne. Gewinne aus einer Verlosung, die gelegentlich einer Betriebsveranstaltung durchgeführt wurde, gehören zum Arbeitslohn, wenn an der Verlosung nicht alle an der Betriebsveranstaltung teilnehmenden Arbeitnehmer beteiligt werden, sondern die Verlosung nur einem bestimmten, herausgehobenen Personenkreis vorbehalten ist (→ BFH vom 25.11.1993 – BStBl. 1994 II S. 254).

[1)] Zur Ermittlung der Kosten einer Betriebsveranstaltung, zur Bedeutung der (damaligen) Freigrenze und zur typisierenden Gesetzesauslegung siehe BFH v. 12.12.2012 VI R 79/10, DStR 2013, 397.

[2)] Zur Bewertung von Arbeitslohn anlässlich von Betriebsveranstaltungen siehe BFH v. 29.4.2021 VI R 31/18, BStBl. II 2021, 606: Die Gesamtkosten des Arbeitgebers sind auf die bei der Betriebsveranstaltung anwesenden Arbeitnehmer aufzuteilen.

[3)] Vgl. auch BMF v. 14.10.1996, BStBl. I S. 1192.

Zuschuss.

Beispiel:
Die Arbeitnehmer organisieren als einzige Betriebsveranstaltung in diesem Jahr ein Sommerfest, an dem 100 Arbeitnehmer teilnehmen; der Arbeitgeber zahlt dafür als Zuschuss 10 000 € in die Gemeinschaftskasse der Arbeitnehmer ein. Bei einer Verteilung des Zuschusses ergibt sich ein Pro-Kopf-Anteil von 100 €, der nach § 19 Abs. 1 Satz 1 Nr. 1a Satz 3 EStG nicht zu versteuern ist (→ BFH vom 16.11.2005 – BStBl. 2006 II S. 437).

R 19.6 Aufmerksamkeiten

(1) [1]Sachleistungen des Arbeitgebers, die auch im gesellschaftlichen Verkehr üblicherweise ausgetauscht werden und zu keiner ins Gewicht fallenden Bereicherung der Arbeitnehmer führen, gehören als bloße Aufmerksamkeiten nicht zum Arbeitslohn. [2]Aufmerksamkeiten sind Sachzuwendungen bis zu einem Wert von 60 Euro, z. B. Blumen, Genussmittel, ein Buch oder ein Tonträger, die dem Arbeitnehmer oder seinen Angehörigen aus Anlass eines besonderen persönlichen Ereignisses zugewendet werden. [3]Geldzuwendungen gehören stets zum Arbeitslohn, auch wenn ihr Wert gering ist.

(2) [1]Als Aufmerksamkeiten gehören auch Getränke und Genussmittel, die der Arbeitgeber den Arbeitnehmern zum Verzehr im Betrieb unentgeltlich oder teilentgeltlich überlässt, nicht zum Arbeitslohn. [2]Dasselbe gilt für Speisen, die der Arbeitgeber den Arbeitnehmern anlässlich und während eines außergewöhnlichen Arbeitseinsatzes, z. B. während einer außergewöhnlichen betrieblichen Besprechung oder Sitzung, im ganz überwiegenden betrieblichen Interesse an einer günstigen Gestaltung des Arbeitsablaufs unentgeltlich oder teilentgeltlich überlässt und deren Wert 60 Euro nicht überschreitet.

H 19.6

Bewirtung von Arbeitnehmern.

- Zur Gewichtung des Arbeitgeberinteresses an der Überlassung von Speisen und Getränken anlässlich und während eines außergewöhnlichen Arbeitseinsatzes (→ BFH vom 5.5.1994 – BStBl. II S. 771).
- Ein mit einer gewissen Regelmäßigkeit stattfindendes Arbeitsessen in einer Gaststätte am Sitz des Unternehmens führt bei den teilnehmenden Arbeitnehmern zu einem Zufluss von Arbeitslohn (→ BFH vom 4.8.1994 – BStBl. 1995 II S. 59).
- Zur Erfassung und Bewertung von Mahlzeiten, die der Arbeitgeber oder auf dessen Veranlassung ein Dritter aus besonderem Anlass an Arbeitnehmer abgibt (→ R 8.1 Abs. 8).
- Die Verpflegung der Besatzungsmitglieder an Bord eines Flusskreuzfahrtschiffes ist dann kein Arbeitslohn, wenn das eigenbetriebliche Interesse des Arbeitgebers an einer Gemeinschaftsverpflegung wegen besonderer betrieblicher Abläufe den Vorteil der Arbeitnehmer bei weitem überwiegt (→ BFH vom 21.1.2010 – BStBl. II S. 700).
- Stellt der Arbeitgeber seinen Arbeitnehmern unbelegte Backwaren nebst Heißgetränken zum sofortigen Verzehr im Betrieb bereit, handelt es sich *bei den zugewandten Vorteilen* grundsätzlich um nicht steuerbare Aufmerksamkeiten (→ BFH vom 3.7.2019 – BStBl. 2020 II S. 788).

Gelegenheitsgeschenke. Freiwillige Sonderzuwendungen (z. B. Lehrabschlussprämien) des Arbeitgebers an einzelne Arbeitnehmer gehören grundsätzlich zum Arbeitslohn, und zwar auch dann, wenn mit ihnen soziale Zwecke verfolgt werden oder wenn sie dem Arbeitnehmer anlässlich besonderer persönlicher Ereignisse zugewendet werden; das gilt sowohl für Geld- als auch für Sachgeschenke (→ BFH vom 22.3.1985 – BStBl. II S. 641).

R 19.7 Berufliche Fort- oder Weiterbildungsleistungen des Arbeitgebers

(1) [1]Berufliche Fort- oder Weiterbildungsleistungen des Arbeitgebers führen nicht zu Arbeitslohn, wenn diese Bildungsmaßnahmen im ganz überwiegenden betrieblichen Interesse des Arbeitgebers durchgeführt werden. [2]Dabei ist es gleichgültig, ob die Bildungsmaßnahmen am Arbeitsplatz, in zentralen betrieblichen Einrichtungen oder in außerbetrieblichen Einrichtungen durchgeführt werden. [3]Sätze 1 und 2 gelten auch für Bildungsmaßnahmen fremder Unternehmer, die für Rechnung des Arbeitgebers erbracht werden. [4]Ist der Arbeitnehmer Rechnungsempfänger, ist dies für ein ganz überwiegend betriebliches Interesse des Arbeitgebers unschädlich, wenn der Arbeitgeber die Übernahme bzw. den Ersatz der Aufwendungen allgemein oder für die besondere Bildungsmaßnahme vor Vertragsabschluss schriftlich zugesagt hat.

(2) [1]Bei einer Bildungsmaßnahme ist ein ganz überwiegendes betriebliches Interesse des Arbeitgebers anzunehmen, wenn sie die Einsatzfähigkeit des Arbeitnehmers im Betrieb des Arbeitgebers erhöhen soll. [2]Für die Annahme eines ganz überwiegenden betrieblichen Interesses des Arbeitgebers ist nicht Voraussetzung, dass der Arbeitgeber die Teilnahme an der Bildungsmaßnahme zumindest teilweise auf die Arbeitszeit anrechnet. [3]Rechnet er die Teilnahme an der Bildungsmaßnahme zumindest teilweise auf die Arbeitszeit an, ist die Prüfung weiterer Voraussetzungen eines ganz überwiegenden betrieblichen Interesses des Arbeitgebers entbehrlich, es sei denn, es liegen konkrete Anhaltspunkte für den Belohnungscharakter der Maßnahme vor. [4]Auch sprachliche Bildungsmaßnahmen sind unter den genannten Voraussetzungen dem ganz überwiegenden betrieblichen Interesse zuzuordnen, wenn der Arbeitgeber die Sprachkenntnisse in dem für den Arbeitnehmer vorgesehenen Aufgabengebiet verlangt. [5]Von einem ganz überwiegenden betrieblichen Interesse ist auch bei dem SGB III entsprechenden Qualifikations- und Trainingsmaßnahmen auszugehen, die der Arbeitgeber oder eine zwischengeschaltete Beschäftigungsgesellschaft im Zusammenhang mit Auflösungsvereinbarungen erbringt. [6]Bildet sich der Arbeitnehmer nicht im ganz überwiegenden betrieblichen Interesse des Arbeitgebers fort, so gehört der nach § 8 Abs. 2 EStG zu ermittelnde Wert der vom Arbeitgeber erbrachten Fort- oder Weiterbildungsleistungen zum Arbeitslohn.[1)] [7]Der Arbeitnehmer kann ggf. den Wert einer beruflichen Fort- und Weiterbildung im Rahmen des § 9 Abs. 1 Satz 1 EStG als Werbungskosten (→ R 9.2) oder im Rahmen des § 10 Abs. 1 Nr. 7 EStG als Sonderausgaben geltend machen.

[1)] **[Amtl. Anm.:]** Ggf. steuerfrei → § 3 Nr. 19 EStG.

(3)[1] Auch wenn Fort- oder Weiterbildungsleistungen nach den vorstehenden Regelungen nicht zu Arbeitslohn führen, können die Aufwendungen des Arbeitgebers, wie z. B. Reisekosten, die neben den Kosten für die eigentliche Fort- und Weiterbildungsleistung anfallen und durch die Teilnahme des Arbeitnehmers an der Bildungsveranstaltung veranlasst sind, nach § 3 Nr. 13, 16 EStG (→ R 9.4 bis R 9.8 und R 9.11) zu behandeln sein.

H 19.7

Deutschkurse. Berufliche Fort- oder Weiterbildungsleistungen des Arbeitgebers führen nach R 19.7 nicht zu Arbeitslohn, wenn diese Bildungsmaßnahmen im ganz überwiegenden betrieblichen Interesse des Arbeitgebers durchgeführt werden. Bei Flüchtlingen und anderen Arbeitnehmern, deren Muttersprache nicht Deutsch ist, sind Bildungsmaßnahmen zum Erwerb oder zur Verbesserung der deutschen Sprache dem ganz überwiegenden betrieblichen Interesse des Arbeitgebers zuzuordnen, wenn der Arbeitgeber die Sprachkenntnisse in dem für den Arbeitnehmer vorgesehenen Aufgabengebiet verlangt. Arbeitslohn kann bei solchen Bildungsmaßnahmen nur dann vorliegen, wenn konkrete Anhaltspunkte für den Belohnungscharakter der Maßnahme vorliegen (→ BMF vom 4.7.2017 – BStBl. I S. 882).

Incentive-Reisen.

– Veranstaltet der Arbeitgeber so genannte Incentive-Reisen, um bestimmte Arbeitnehmer für besondere Leistungen zu belohnen und zu weiteren Leistungssteigerungen zu motivieren, erhalten die Arbeitnehmer damit einen steuerpflichtigen geldwerten Vorteil, wenn auf den Reisen ein Besichtigungsprogramm angeboten wird, das einschlägigen Touristikreisen entspricht, und der Erfahrungsaustausch zwischen den Arbeitnehmern demgegenüber zurücktritt (→ BFH vom 9.3.1990 – BStBl. II S. 711).
– Ein geldwerter Vorteil entsteht nicht, wenn die Betreuungsaufgaben das Eigeninteresse des Arbeitnehmers an der Teilnahme des touristischen Programms in den Hintergrund treten lassen (→ BFH vom 5.9.2006 – BStBl. 2007 II S. 312).
– Selbst wenn ein Arbeitnehmer bei einer von seinem Arbeitgeber veranstalteten so genannten Händler-Incentive-Reise Betreuungsaufgaben hat, ist die Reise Arbeitslohn, wenn der Arbeitnehmer auf der Reise von seinem Ehegatten/Lebenspartner begleitet wird (→ BFH vom 25.3.1993 – BStBl. II S. 639).
– Eine Aufteilung von Sachzuwendungen an Arbeitnehmer in Arbeitslohn und Zuwendungen im eigenbetrieblichen Interesse ist grundsätzlich möglich (→ BFH vom 18.8.2005 – BStBl. 2006 II S. 30).
– → BMF vom 14.10.1996 (BStBl. I S. 1192).
– Zum Begriff der Incentive-Reise → BMF vom 19.5.2015 (BStBl. I S. 468), Rdnr. 10.

---

[1] **[Amtl. Anm.:]** → R 9.11 (Mehraufwendungen bei doppelter Haushaltsführung), da die Bildungsstätte eine erste Tätigkeitsstätte darstellt.

Studiengebühren. Zur lohnsteuerlichen Behandlung der Übernahme von Studiengebühren für ein berufsbegleitendes Studium durch den Arbeitgeber → BMF vom 13.4.2012 (BStBl. I S. 531).

Studienreisen, Fachkongresse. → R 12.2 EStR, H 12.2 EStH.[1)]

R **19.8** Versorgungsbezüge

(1) Zu den nach § 19 Abs. 2 EStG steuerbegünstigten Versorgungsbezügen gehören auch:

1. Sterbegeld i. S. d. § 18 Abs. 1, Abs. 2 Nr. 1 und Abs. 3 BeamtVG sowie entsprechende Bezüge im privaten Dienst. [2]Nicht zu den steuerbegünstigten Versorgungsbezügen gehören Bezüge, die für den Sterbemonat auf Grund des Arbeitsvertrags als Arbeitsentgelt gezahlt werden; besondere Leistungen an Hinterbliebene, die über das bis zum Erlöschen des Dienstverhältnisses geschuldete Arbeitsentgelt hinaus gewährt werden, sind dagegen Versorgungsbezüge,
2. Übergangsversorgung, die nach dem BAT oder diesen ergänzenden, ändernden oder ersetzenden Tarifverträgen sowie Übergangszahlungen nach § 47 Nr. 3 des Tarifvertrags für den öffentlichen Dienst der Länder (TV-L) an Angestellte im militärischen Flugsicherungsdienst, bei der Bundesanstalt für Flugsicherung im Flugsicherungsdienst, im Justizvollzugsdienst und im kommunalen feuerwehrtechnischen Dienst sowie an Luftfahrzeugführer von Messflugzeugen und an technische Luftfahrzeugführer gezahlt wird, einschl. des an Hinterbliebene zu zahlenden monatlichen Ausgleichsbetrags und einschl. des Ausgleichs, der neben der Übergangsversorgung zu zahlen ist, sowie die Übergangsversorgung, die nach § 7 des Tarifvertrags vom 30.11.1991 über einen sozialverträglichen Personalabbau im Bereich des Bundesministeriums der Verteidigung gezahlt wird,
3. die Bezüge der Beamten im einstweiligen Ruhestand,
4. die nach § 47 Abs. 4 Satz 2 des Bundesbeamtengesetzes (BBG) sowie entsprechender Vorschriften der Beamtengesetze der Länder gekürzten Dienstbezüge,
5. die Unterhaltsbeiträge nach den §§ 15 und 26 BeamtVG sowie nach § 69 BeamtVG oder entsprechenden landesrechtlichen Vorschriften,
6. die Versorgungsbezüge der vorhandenen, ehemals unter das G 131 und das Gesetz zur Regelung der Wiedergutmachung nationalsozialistischen Unrechts für Angehörige des öffentlichen Dienstes (BWGöD) fallenden früheren Angehörigen des öffentlichen Dienstes und ihrer Hinterbliebenen nach § 2 Abs. 1 Nr. 1 des Dienstrechtlichen Kriegsfolgen-Abschlussgesetzes (DKfAG) i. V. m. den §§ 69, 69a BeamtVG,
7. die Versorgungsbezüge der politischen Wahlbeamten auf Zeit,
8. das Ruhegehalt und der Ehrensold der ehemaligen Regierungsmitglieder einschließlich der entsprechenden Hinterbliebenenbezüge, nicht dagegen

---

[1)] Nr. **1**.

das Übergangsgeld nach § 14 des Bundesministergesetzes sowie entsprechende Leistungen auf Grund von Gesetzen der Länder,

9. *(unbesetzt)*
10. Verschollenheitsbezüge nach § 29 Abs. 2 BeamtVG sowie entsprechende Leistungen nach den Beamtengesetzen der Länder,
11. Abfindungsrenten nach § 69 BeamtVG oder entsprechenden landesrechtlichen Vorschriften,
12. Unterhaltsbeihilfen nach den §§ 5 und 6 des baden-württembergischen Gesetzes zur einheitlichen Beendigung der politischen Säuberung vom 13.7.1953 (GBl. S. 91),
13. Ehrensold der früheren ehrenamtlichen Bürgermeister und ihrer Hinterbliebenen nach § 6 des baden-württembergischen Gesetzes über die Aufwandsentschädigung der ehrenamtlichen Bürgermeister und der ehrenamtlichen Ortsvorsteher vom 19.6.1987 (GBl. S. 281),
14. Ehrensold der früheren Bürgermeister und früheren Bezirkstagspräsidenten nach Artikel 59 des bayerischen Gesetzes über kommunale Wahlbeamte und Wahlbeamtinnen,
15. das Ruhegeld der vorhandenen, ehemals unter das G 131 und das BWGöD fallenden früheren Angestellten und Arbeiter der Freien und Hansestadt Hamburg nach § 2 Abs. 1 Nr. 5 DKfAG i. V. m. dem Hamburgischen Zusatzversorgungsgesetz,
16. Ehrensold der früheren ehrenamtlichen Bürgermeister und Kassenverwalter und ihrer Hinterbliebenen nach dem hessischen Gesetz über die Aufwandsentschädigungen und den Ehrensold der ehrenamtlichen Bürgermeister und der ehrenamtlichen Kassenverwalter der Gemeinden vom 7.10.1970 (GVBl. I S. 635),
17. Ehrensold der früheren ehrenamtlichen Bürgermeister, Beigeordneten und Ortsvorsteher nach dem rheinland-pfälzischen Ehrensoldgesetz vom 18.12.1972 (GVBl. S. 376),
18. Ruhegehalt und Versorgungsbezüge, die auf Grund des Artikels 3 der Anlage 1 des Saarvertrags (BGBl. 1956 II S. 1587) an Personen gezahlt werden, die aus Anlass der Rückgliederung des Saarlandes in den Ruhestand versetzt worden sind,
19. die Bezüge der im Saarland nach dem 8.5.1945 berufenen Amtbürgermeister und Verwaltungsvorsteher, die nach dem Gesetz zur Ergänzung der Gemeindeordnung vom 10.7.1953 (Amtsbl. S. 415) in den Ruhestand versetzt worden sind,
20. Ehrensold der früheren ehrenamtlichen Bürgermeister, Beigeordneten und Amtsvorsteher nach dem saarländischen Gesetz Nr. 987 vom 6.3.1974 (Amtsbl. S. 357),
21. Vorruhestandsleistungen, z. B. i. S. d. Vorruhestandsgesetzes, soweit der Arbeitnehmer im Lohnzahlungszeitraum das 63., bei Schwerbehinderten *das 60. Lebensjahr* vollendet hat.

(2) Nicht zu den nach § 19 Abs. 2 EStG steuerbegünstigten Versorgungsbezügen gehören insbesondere

1. das Übergangsgeld nach § 47 BeamtVG i. V.m. dessen § 67 Abs. 4 und entsprechende Leistungen auf Grund der Beamtengesetze der Länder sowie das Übergangsgeld nach § 47a BeamtVG,
2. das Übergangsgeld nach § 14 des Bundesministergesetzes und entsprechende Leistungen auf Grund der Gesetze der Länder.

(3) [1] Bezieht ein Versorgungsberechtigter Arbeitslohn aus einem gegenwärtigen Dienstverhältnis und werden deshalb, z. B. nach § 53 BeamtVG, die Versorgungsbezüge gekürzt, so sind nur die gekürzten Versorgungsbezüge nach § 19 Abs. 2 EStG steuerbegünstigt; das Gleiche gilt, wenn Versorgungsbezüge nach der Ehescheidung gekürzt werden (§ 57 BeamtVG). [2] Nachzahlungen von Versorgungsbezügen an nichtversorgungsberechtigte Erben eines Versorgungsberechtigten sind nicht nach § 19 Abs. 2 EStG begünstigt.

H 19.8

Altersgrenze. Die in § 19 Abs. 2 Satz 2 Nr. 2 Halbsatz 2 EStG für Versorgungsbezüge im privaten Dienst vorgesehenen Altersgrenzen sind verfassungsgemäß (→ BFH vom 7.2.2013 – BStBl. II S. 576).

Altersteilzeit. Bezüge, die in der Freistellungsphase im Rahmen der Altersteilzeit nach dem sog. Blockmodell erzielt werden, sind keine Versorgungsbezüge (→ BFH vom 21.3.2013 – BStBl. II S. 611).

Beamte – vorzeitiger Ruhestand. Bezüge nach unwiderruflicher Freistellung vom Dienst bis zur Versetzung in den Ruhestand gehören zu den Versorgungsbezügen (→ BFH vom 12.2.2009 – BStBl. II S. 460).

Beamtenrechtliche Grundsätze. Eine Versorgung nach beamtenrechtlichen Grundsätzen gem. § 19 Abs. 2 Satz 2 Nr. 1 Buchst. b EStG liegt vor, wenn dem Arbeitnehmer nach einer Ruhelohnordnung, Satzung, Dienstordnung oder einem (Tarif-)Vertrag von einer öffentlich-rechtlichen Körperschaft eine lebenslängliche Alters- oder Dienstunfähigkeits- und Hinterbliebenenversorgung auf der Grundlage seines Arbeitsentgelts und der Dauer seiner Dienstzeit gewährt wird; die zugesagte Versorgung muss nach Voraussetzung, Art und Umfang ungeachtet gewisser Abweichungen einer beamtenrechtlichen Versorgung in wesentlichen Grundzügen gleichstehen; Versorgungsbezüge nach § 19 Abs. 2 Satz 2 Nr. 1 Buchst. b EStG setzen nicht voraus, dass auch das vorangegangene Dienstverhältnis beamtenrechtlichen Grundsätzen entsprach (→ BFH vom 16.12.2020 – BStBl. 2021 II S. 399).

Beihilfen. Die an nichtbeamtete Versorgungsempfänger gezahlten Beihilfen im Krankheitsfall sind bei Erfüllung der altersmäßigen Voraussetzungen Versorgungsbezüge i. S. d. § 19 Abs. 2 Satz 2 Nr. 2 EStG (→ BFH vom 6.2.2013 – BStBl. II S. 572).

Emeritenbezüge entpflichteter Hochschullehrer. Zu den Versorgungsbezügen gehören auch Emeritenbezüge entpflichteter Hochschullehrer (→ BFH vom 19.6.1974 – BStBl. 1975 II S. 23 und vom 5.11.1993 – BStBl. 1994 II S. 238).

Fahrvergünstigungen. Fahrvergünstigungen für Ruhestandsbeamte des Bundeseisenbahnvermögens sind Versorgungsbezüge, da sie keine Gegenleistung für Dienstleistungen des Ruhestandsbeamten darstellen, die im gleichen Zeitraum geschuldet und erbracht werden. Dies gilt auch, wenn die Fahrvergünstigungen aufgrund eines vor Erreichens der Altersgrenze abgeschlossenen privatrechtlichen Vertrags geleistet werden (→ BFH vom 11.3.2020 – BStBl. II S. 565).

Internationale Organisationen. Zu der Frage, welche Zahlungen internationaler Organisationen zu den Versorgungsbezügen gehören → BMF vom 19.8.2013 (BStBl. I S. 1087), geändert durch BMF vom 1.6.2015 (BStBl. I S. 475), Rz. 168, vom 4.7.2016 (BStBl. I S. 645), vom 19.12.2016 (BStBl. I S. 1433) und vom 24.5.2017 (BStBl. I S. 820).

NATO-Bedienstete. Ruhegehaltsbezüge an ehemalige NATO-Bedienstete sind Versorgungsbezüge (→ BFH vom 22.11.2006 – BStBl. 2007 II S. 402).

Sterbegeld. Das nach den tarifvertraglichen und beamtenrechtlichen Vorschriften im öffentlichen Dienst gezahlte Sterbegeld ist ein Versorgungsbezug (→ BFH vom 8.2.1974 – BStBl. II S. 303) und vom 19.4.2021 – BStBl. II S. 909.

Übergangsgeld. Übergangsgeld, das nach den tarifvertraglichen Vorschriften im öffentlichen Dienst gewährt wird, ist ein Versorgungsbezug, wenn es wegen Berufsunfähigkeit oder Erwerbsunfähigkeit oder wegen Erreichens der tariflichen oder der so genannten flexiblen Altersgrenze gezahlt wird; beim Übergangsgeld, das wegen Erreichens einer Altersgrenze gezahlt wird, ist Voraussetzung, dass der Angestellte im Zeitpunkt seines Ausscheidens das 63., bei Schwerbehinderten das 60. Lebensjahr vollendet hat (→ BFH vom 21.8.1974 – BStBl. 1975 II S. 62).

Umfang der Besteuerung. Versorgungsbezüge sind in voller Höhe und nicht nur mit einem niedrigeren Betrag (z. B. Besteuerungsanteil nach § 22 EStG) als Arbeitslohn anzusetzen (→ BFH vom 7.2.2013 – BStBl. II S. 573).

Versorgungsbeginn. → BMF vom 19.8.2013 (BStBl. I S. 1087), geändert durch BMF vom 10.4.2015 (BStBl. I S. 256), Rz. 171a und 185.

Versorgungsbezüge.

- Bezüge und Vorteile aus früheren Dienstleistungen wegen Erreichens einer Altersgrenze i. S. d. § 19 Abs. 2 Satz 2 Nr. 2 EStG setzen voraus, dass der Steuerpflichtige wegen Erreichens der Altersgrenze von der Verpflichtung zu Dienstleistungen entbunden ist (→ BFH vom 11.3.2020 – BStBl. II S. 565).
- → BMF vom 19.8.2013 (BStBl. I S. 1087), geändert durch BMF vom 10.4.2015 (BStBl. I S. 256), vom 1.6.2015 (BStBl. I S. 475), Rz. 168 ff., vom 4.7.2016 (BStBl. I S. 645), vom 19.12.2016 (BStBl. I S. 1433) und vom 24.5.2017 (BStBl. I S. 820).

Versorgungsfreibetrag.

Beispiel zur Bemessungsgrundlage des Versorgungsfreibetrags bei Sachbezügen:
Ein Arbeitnehmer scheidet zum 31.3. aus dem aktiven Dienst aus und erhält ab dem 1.4. eine Werkspension in Höhe von 300 €. Im April erhält er zusätzlich einen einmaligen Sachbezug in Höhe von 400 €.

Sachbezüge, die ein Arbeitnehmer nach dem Ausscheiden aus dem aktiven Dienst zusammen mit dem Ruhegehalt erhält, gehören zu den Versorgungsbezügen i. S. d. § 19 Abs. 2 Satz 2 EStG. Die Bemessungsgrundlage beträgt:

– laufender Bezug im ersten Versorgungsmonat 300 € × 12 Monate	3600 €
– Sachbezug	400 €
Bemessungsgrundlage	4000 €

R 19.9 Zahlung von Arbeitslohn an die Erben oder Hinterbliebenen eines verstorbenen Arbeitnehmers

(1) [1]Arbeitslohn, der nach dem Tod des Arbeitnehmers gezahlt wird, darf grundsätzlich unabhängig vom Rechtsgrund der Zahlung nicht mehr nach den steuerlichen Merkmalen des Verstorbenen versteuert werden. [2]Bei laufendem Arbeitslohn, der im Sterbemonat oder für den Sterbemonat gezahlt wird, kann der Steuerabzug aus Vereinfachungsgründen noch nach den steuerlichen Merkmalen des Verstorbenen vorgenommen werden; die Lohnsteuerbescheinigung ist jedoch auch in diesem Falle für den Erben auszustellen und zu übermitteln.

(2) [1]Zahlt der Arbeitgeber den Arbeitslohn an einen Erben oder einen Hinterbliebenen aus, so ist der Lohnsteuerabzug vorbehaltlich des Absatzes 1 Satz 2 nur nach dessen Besteuerungsmerkmalen durchzuführen. [2]Die an die übrigen Anspruchsberechtigten weitergegebenen Beträge stellen im Kalenderjahr der Weitergabe negative Einnahmen dar. [3]Handelt es sich dabei um Versorgungsbezüge i. S. d. § 19 Abs. 2 EStG, so ist für die Berechnung der negativen Einnahmen zunächst vom Bruttobetrag der an die anderen Anspruchsberechtigten weitergegebenen Beträge auszugehen; dieser Bruttobetrag ist sodann um den Unterschied zwischen den beim Lohnsteuerabzug berücksichtigten Freibeträgen für Versorgungsbezüge und den auf den verbleibenden Anteil des Zahlungsempfängers entfallenden Freibeträgen für Versorgungsbezüge zu kürzen. [4]Die Auseinandersetzungszahlungen sind bei den Empfängern – gegebenenfalls vermindert um die Freibeträge für Versorgungsbezüge (§ 19 Abs. 2 EStG) – als Einkünfte aus nichtselbständiger Arbeit im Rahmen einer Veranlagung zur Einkommensteuer zu erfassen (§ 46 Abs. 2 Nr. 1 EStG).

(3) Für den Steuerabzug durch den Arbeitgeber gilt im Übrigen Folgendes:

1. Beim Arbeitslohn, der noch für die aktive Tätigkeit des verstorbenen Arbeitnehmers gezahlt wird, ist, wie dies bei einer Zahlung an den Arbeitnehmer der Fall gewesen wäre, zwischen laufendem Arbeitslohn, z. B. Lohn für den Sterbemonat oder den Vormonat, und sonstigen Bezügen, z. B. Erfolgsbeteiligung, zu unterscheiden.
2. [1]Der Arbeitslohn für den Sterbemonat stellt, wenn er arbeitsrechtlich für den gesamten Lohnzahlungszeitraum zu zahlen ist, keinen Versorgungsbezug i. S. d. § 19 Abs. 2 EStG dar. [2]Besteht dagegen ein Anspruch auf Lohnzahlung nur bis zum Todestag, handelt es sich bei den darüber hinausgehenden Leistungen an die Hinterbliebenen um Versorgungsbezüge. [3]Dies gilt entsprechend für den Fall, dass die arbeitsrechtlichen Vereinbarungen für den Sterbemonat lediglich die Zahlung von Hinterbliebenenbezügen vorsehen oder keine vertraglichen Abmachungen über die Arbeitslohn-

bemessung bei Beendigung des Dienstverhältnisses im Laufe des Lohnzahlungszeitraums bestehen. [4]Auch in diesen Fällen stellt nur der Teil der Bezüge, der auf die Zeit nach dem Todestag entfällt, einen Versorgungsbezug dar. [5]In den Fällen des Absatzes 1 Satz 2 sind die Freibeträge für Versorgungsbezüge nicht zu berücksichtigen.

3. [1]Das Sterbegeld ist ein Versorgungsbezug und stellt grundsätzlich einen sonstigen Bezug dar. [2]Dies gilt auch für den Fall, dass als Sterbegeld mehrere Monatsgehälter gezahlt werden, weil es sich hierbei dem Grunde nach nur um die ratenweise Zahlung eines Einmalbetrags handelt. [3]Die laufende Zahlung von Witwen- oder Hinterbliebenengeldern i. S. d. § 19 Abs. 1 Satz 1 Nr. 2 EStG durch den Arbeitgeber ist demgegenüber regelmäßig als laufender Arbeitslohn (Versorgungsbezug) zu behandeln.
4. [1]Soweit es sich bei den Zahlungen an die Erben oder Hinterbliebenen nicht um Versorgungsbezüge handelt, ist zu prüfen, ob der Altersentlastungsbetrag (§ 24a EStG) zum Ansatz kommt. [2]Dabei ist auf das Lebensalter des jeweiligen Zahlungsempfängers abzustellen. [3]Absatz 2 ist entsprechend anzuwenden.
5. [1]Soweit Zahlungen an im Ausland wohnhafte Erben oder Hinterbliebene erfolgen, bei denen die Voraussetzungen des § 1 Abs. 2 oder 3, § 1a EStG nicht vorliegen, ist bei beschränkt steuerpflichtigen Arbeitnehmern beim Steuerabzug nach den für Lohnzahlungen geltenden Vorschriften zu verfahren; wegen der Besonderheiten wird auf § 38b Abs. 1 Satz 2 Nr. 1 Buchstabe b, § 39 Abs. 2 und 3, § 39a Abs. 2 und 4, § 39b Abs. 1 und 2, § 39c Abs. 2 EStG hingewiesen. [2]Dabei ist jedoch zu beachten, dass auf Grund eines Doppelbesteuerungsabkommens das Besteuerungsrecht dem Ansässigkeitsstaat zustehen kann.[1)]

H **19.9**

Erben als Arbeitnehmer. Durch die Zahlung von dem Erblasser zustehenden Arbeitslohn an die Erben oder Hinterbliebenen werden diese steuerlich zu Arbeitnehmern; der Lohnsteuerabzug ist nach den Lohnsteuerabzugsmerkmalen (ggf. Steuerklasse VI) der Erben oder Hinterbliebenen durchzuführen (§ 1 Abs. 1 Satz 2 LStDV).

Weiterleitung von Arbeitslohn an Miterben.

Beispiel:

Nach dem Tod des Arbeitnehmers A ist an die Hinterbliebenen B, C, D und E ein Sterbegeld von 4000 € zu zahlen. Der Arbeitgeber zahlt den Versorgungsbezug an B im Jahr 2022 aus. Dabei wurde die Lohnsteuer nach den Lohnsteuerabzugsmerkmalen des B unter Berücksichtigung der Freibeträge für Versorgungsbezüge von 900 € (14,4% von 4000 € = 576 € zuzüglich 324 €) erhoben. B gibt im Jahr 2023 je 1/4 des Bruttoversorgungsbezugs an C, D und E weiter (insgesamt 3000 €).

Im Jahr 2022 ergeben sich lohnsteuerpflichtige Versorgungsbezüge:

Versorgungsbezüge	4000 €
./. Versorgungsfreibetrag	576 €
./. Zuschlag zum Versorgungsfreibetrag	324 €
lohnsteuerpflichtige Versorgungsbezüge	3100 €

1) Alle DBA abgedruckt in der Loseblattsammlung **Doppelbesteuerungsabkommen.**

Durch die Weiterleitung im Jahr 2023 verbleibt B ein Anteil an den Versorgungsbezügen von 1000 €. Hierauf entfällt ein Versorgungsfreibetrag in Höhe von 144 € (14,4% von 1000 €) zuzüglich eines Zuschlags zum Versorgungsfreibetrag von 324 €, also steuerpflichtige Versorgungsbezüge von 532 €. Bei B sind in 2023 negative Einnahmen in Höhe von 2568 € (3100 € ./. 532 €) anzusetzen.

Zu § 19a EStG

R 19a. Steuerbegünstigte Überlassung von Vermögensbeteiligungen[1)]

Soweit § 19a EStG nach der Übergangsregelung in § 52 Abs. 27 EStG weiter anzuwenden ist, gelten die Anweisungen in R 19a LStR 2008 fort.

H 19a

Allgemeines → BMF vom 16.11.2021 (BStBl. I S. 2308).

Zu § 24a EStG

H 24a

Allgemeines. → R 24a EStR, H 24a EStH.[2)]

Zu § 24b EStG

H 24b

Allgemeine Grundsätze. → BMF vom 23.10.2017 (BStBl. I S. 1432).

Freibetrag bei mehreren Kindern. → H 39a.1 (Beispiele).

Zu § 32 EStG

H 32

Berücksichtigung von Kindern. → R 32 EStR, H 32 EStH.[2)]

Zu § 32b EStG

H 32b

Progressionsvorbehalt. → R 32b EStR, H 32b EStH.[2)]

Zu § 33 EStG

H 33

Außergewöhnliche Belastungen allgemeiner Art. → R 33 EStR, H 33 EStH.[2)]

---

1) Überholt.
2) Nr. 1.

Zu § 33a EStG[1]

H 33a

Außergewöhnliche Belastung in besonderen Fällen. → R 33a EStR, H 33a EStH.[1]

Zu § 33b EStG

H 33b

Nachweis des Merkmals der „Hilflosigkeit“. → BMF vom 19.8.2016 (BStBl. I S. 804).

Pauschbeträge für Menschen mit Behinderung, Hinterbliebene und Pflegepersonen. → R 33b EStR, H 33b EStH.[2]

Zu § 34 EStG

H 34

Abzug des Arbeitnehmer-Pauschbetrags. → H 34.1 EStH.[2]

Allgemeines. → BMF vom 1.11.2013 (BStBl. I S. 1326) unter Berücksichtigung der Änderung durch BMF vom 4.3.2016 (BStBl. I S. 277).

Arbeitslohn für mehrere Jahre. → H 34.4 EStH.[2]

Arbeitslohn für mehrjährige Tätigkeiten.[3] → R 34.4 EStR und H 34.4 EStH.[1]

Entschädigungen. → R 34.3 EStR und H 34.3 EStH.[2]

Ermittlung der Einkünfte. → R 34.4 EStR.[2]

Fünftelungsregelung im Lohnsteuerabzugsverfahren. → H 39b.6 (Fünftelungsregelung).

Jubiläumszuwendungen. → H 34.4 EStH.[2]

Tantiemen. → H 34.4 EStH.[2]

Verbesserungsvorschläge. → H 34.4 EStH.[2]

Versorgungsbezüge, Nachzahlungen von V. → H 34.4 EStH.[2]

Zusammenballung von Einkünften. → H 34.4 EStH.[2]

---

[1] Zur Berücksichtigung ausländischer Verhältnisse (Ländergruppeneinteilung ab 1.1.2021) vgl. BMF v. 11.11.2020, BStBl. I 2020, 1212; zur Berücksichtigung von Unterhaltsaufwendungen vgl. BMF v. 6.4.2022; zur Berücksichtigung von Aufwendungen für den Unterhalt von Personen im Ausland vgl. BMF v. 6.4.2022.

[2] Nr. **1**.

[3] Zu einer Prämie für einen Verbesserungsvorschlag und zu anstelle einer Bonusleistung gewährten Versorgungsleistungen siehe BFH v. 31.8.2016 VI R 53/14, BStBl. II 2017, 322. – Vergütungen für eine mehrjährige Tätigkeit i. S. d. § 34 Abs. 2 Nr. 4 EStG setzen die zweckbestimmte Verknüpfung der Vergütung mit der Tätigkeitsdauer voraus, siehe BFH v. 16.12.2021 VI R 10/18, BFH/NV 2022, 325.

Zu § 34g EStG

H 34g

Zuwendungen an politische Parteien. → H 34g EStH.[1])

Zu § 35a EStG

H 35a

Allgemeine Grundsätze. → H 35a EStH.[1])

Zu § 37a EStG

H 37a

Kirchensteuer bei Pauschalierung der Lohn- und Einkommensteuer. → Gleich lautende Ländererlasse vom 8.8.2016 (BStBl. I S. 773).

Zu § 37b EStG

H 37b

Bemessungsgrundlage. In die Bemessungsgrundlage nach § 37b Abs. 1 Satz 2 EStG sind alle der Zuwendung direkt zuzuordnenden Aufwendungen (Einzelkosten) einzubeziehen, ungeachtet, ob sie beim Zuwendungsempfänger einen Vorteil begründen können (→ BFH vom 13.5.2020 – BStBl. 2021 II S. 395).

Geldleistung oder Sachbezug. → *BMF vom 13.4.2021 (BStBl. I S. 624).*[2])

Kirchensteuer bei Pauschalierung der Lohn- und Einkommensteuer. → Gleich lautende Ländererlasse vom 8.8.2016 (BStBl. I S. 773).

Sachzuwendungen an Arbeitnehmer. → BMF vom 19.5.2015 (BStBl. I S. 468) unter Berücksichtigung der Änderungen durch BMF vom 28.6.2018 (BStBl. I S. 814).

Zusätzlichkeitsvoraussetzung. → § 8 Abs. 4 EStG

Zu § 38 EStG[3])

R 38.1 Steuerabzug vom Arbeitslohn

[1]Der Lohnsteuer unterliegt grundsätzlich jeder von einem inländischen Arbeitgeber oder ausländischen Verleiher gezahlte Arbeitslohn (→ R 38.3). [2]Es *ist gleichgültig,* ob es sich um laufende oder einmalige Bezüge handelt und in welcher Form sie gewährt werden. [3]Der Arbeitgeber hat Lohnsteuer unabhängig davon einzubehalten, ob der Arbeitnehmer zur Einkommensteuer

---

1) Nr. 1.
2) Siehe jetzt BMF v. 15.3.2022, BStBl. I 2022, 242.
3) Zur Festsetzung von ESt-Vorauszahlungen neben LSt-Abzug für ausschließliche Einkünfte aus nichtselbstständiger Arbeit siehe BFH v. 20.12.2004 VI R 182/97, BStBl. II 2005, 358.

veranlagt wird oder nicht. [4]Bei laufendem Arbeitslohn kommt es für die Beurteilung, ob Lohnsteuer einzubehalten ist, allein auf die Verhältnisse des jeweiligen Lohnzahlungszeitraums an; eine Ausnahme gilt, wenn der so genannte permanente Lohnsteuer-Jahresausgleich nach § 39b Abs. 2 Satz 12 EStG[1)] durchgeführt wird (→ R 39b.8).

H 38.1

Lohnsteuerabzug.

- **Keine Befreiung durch Stundung oder Aussetzung der Vollziehung.** Der Arbeitgeber kann von seiner Verpflichtung zur Einbehaltung der Lohnsteuer nicht – auch nicht durch Stundung oder Aussetzung der Vollziehung – befreit werden (→ BFH vom 8.2.1957 – BStBl. III S. 329).
- **Keine Prüfung, ob Jahreslohnsteuer voraussichtlich anfällt.** Der Arbeitgeber hat die Frage, ob Jahreslohnsteuer voraussichtlich anfällt, nicht zu prüfen (→ BFH vom 24.11.1961 – BStBl. 1962 III S. 37).
- **Unzutreffender Steuerabzug.** Ein unzutreffender Lohnsteuerabzug kann durch Einwendungen gegen die Lohnsteuerbescheinigung nicht berichtigt werden (→ BFH vom 13.12.2007 – BStBl. 2008 II S. 434).
- **Verhältnis Einbehaltungspflicht/Anzeigeverpflichtung.** Die Anzeige des Arbeitgebers nach § 38 Abs. 4 Satz 2 EStG ersetzt die Erfüllung der Einbehaltungspflichten. Bei unterlassener Anzeige hat der Arbeitgeber die Lohnsteuer mit den Haftungsfolgen nicht ordnungsgemäß einbehalten (→ BFH vom 9.10.2002 – BStBl. II S. 884).

R 38.2 Zufluss von Arbeitslohn

(1) [1]Der Lohnsteuerabzug setzt den Zufluss von Arbeitslohn voraus. [2]Hat der Arbeitgeber eine mit dem Arbeitnehmer getroffene Lohnverwendungsabrede erfüllt, ist Arbeitslohn zugeflossen.

(2) Die besondere Regelung für die zeitliche Zuordnung des – zugeflossenen – Arbeitslohns (§ 11 Abs. 1 Satz 4 i. V. m. § 38a Abs. 1 Satz 2 und 3 EStG) bleibt unberührt.

(3)[2)] [1]Der Zufluss des Arbeitslohns erfolgt bei einem Gutschein, der bei einem Dritten einzulösen ist, mit Hingabe des Gutscheins, weil der Arbeitnehmer zu diesem Zeitpunkt einen Rechtsanspruch gegenüber dem Dritten erhält. [2]Ist der Gutschein beim Arbeitgeber einzulösen, fließt Arbeitslohn erst bei Einlösung des Gutscheins zu.

H 38.2

Aktienoptionen.

- Bei nicht handelbaren Aktienoptionsrechten liegt weder bei Einräumung noch im Zeitpunkt der erstmaligen Ausübbarkeit ein Zufluss von Arbeitslohn vor (→ BFH vom 20.6.2001 – BStBl. II S. 689).

[1)] **[Amtl. Anm.:]** Jetzt § 39b Abs. 2 Satz 12 ff. EStG.
[2)] Siehe auch BMF v. 13.4.2021, BStBl. I 2021, 624.

– Auch bei handelbaren Optionsrechten fließt ein geldwerter Vorteil grundsätzlich erst zu, wenn die Aktien unentgeltlich oder verbilligt in das wirtschaftliche Eigentum des Arbeitnehmers gelangen (→ BFH vom 20.11.2008 – BStBl. 2009 II S. 382).
– Bei einem entgeltlichen Verzicht auf ein Aktienankaufs- oder Vorkaufsrecht fließt ein geldwerter Vorteil nicht zum Zeitpunkt der Rechtseinräumung, sondern erst zum Zeitpunkt des entgeltlichen Verzichts zu (→ BFH vom 19.6.2008 – BStBl. II S. 826).
– Ein geldwerter Vorteil fließt nicht zu, solange dem Arbeitnehmer eine Verfügung über die im Rahmen eines Aktienoptionsplans erhaltenen Aktien rechtlich unmöglich ist (→ BFH vom 30.6.2011 – BStBl. II S. 923 zu vinkulierten Namensaktien). Im Gegensatz dazu stehen Sperr- und Haltefristen einem Zufluss nicht entgegen (→ BFH vom 30.9.2008 – BStBl. 2009 II S. 282).
– Der Vorteil aus einem vom Arbeitgeber eingeräumten Aktienoptionsrecht fließt dem Arbeitnehmer zu, wenn er das Recht ausübt oder anderweitig verwertet. Eine solche Verwertung liegt insbesondere vor, wenn der Arbeitnehmer das Recht auf einen Dritten überträgt. Der Vorteil bemisst sich nach dem Wert des Rechts im Zeitpunkt der Verfügung darüber (→ BFH vom 18.9.2012 – BStBl. 2013 II S. 289).

Betriebliche Altersversorgung.
– Allgemeines → BMF vom 12.8.2021 (BStBl. I S. 1050), Rn. 1–7.
– Ablösung einer Pensionszusage → BMF vom 4.7.2017 (BStBl. I S. 883).
– Zur Übertragung der betrieblichen Altersversorgung → § 3 Nr. 55, Nr. 65 und Nr. 66 EStG und BMF vom 12.8.2021 (BStBl. I S. 1050), Rn. 53–63.
– Beitragsleistungen des Arbeitgebers für eine Direktversicherung seines Arbeitnehmers fließen in dem Zeitpunkt zu, in dem er seiner Bank einen entsprechenden Überweisungsauftrag erteilt (→ BFH vom 7.7.2005 – BStBl. II S. 726).
– Arbeitslohn aus Beiträgen des Arbeitgebers zu einer Direktversicherung des Arbeitnehmers für eine betriebliche Altersversorgung fließt dem Arbeitnehmer nicht schon mit Erteilung der Einzugsermächtigung durch den Arbeitgeber zugunsten des Versicherungsnehmers zu; der Zufluss erfolgt erst, wenn der Arbeitgeber den Versicherungsbeitrag tatsächlich leistet (→ BFH vom 24.8.2017 – BStBl. 2018 II S. 72).

Einräumung eines Wohnungsrechts. Die Einräumung eines dinglichen Wohnungsrechts führt zu einem laufenden monatlichen Zufluss von Arbeitslohn (→ BFH vom 19.8.2004 – BStBl. II S. 1076).

Gesellschafter-Geschäftsführer.[1] Zum Zufluss von Gehaltsbestandteilen bei Nichtauszahlung → BMF vom 12.5.2014 (BStBl. I S. 860).

Gutscheine und Geldkarten. → *BMF vom 13.4.2021 (BStBl. I S. 624), Rdnr. 26.*[2]

[1] Siehe auch BFH v. 28.4.2020 VI R 44/17, BStBl. II 2021, 392, zum Zufluss von Tantiemen bei verspäteter Feststellung des Jahresabschlusses.
[2] Siehe jetzt BMF v. 15.3.2022, BStBl. I 2022, 242.

Kein Zufluss von Arbeitslohn. Arbeitslohn fließt nicht zu bei

- Verzicht des Arbeitnehmers auf Arbeitslohnanspruch, wenn er nicht mit einer Verwendungsauflage hinsichtlich der freiwerdenden Mittel verbunden ist (→ BFH vom 30.7.1993 – BStBl. II S. 884);
- Verzicht des Arbeitnehmers auf Arbeitslohnanspruch zugunsten von Beitragsleistungen des Arbeitgebers an eine Versorgungseinrichtung, die dem Arbeitnehmer keine Rechtsansprüche auf Versorgungsleistungen gewährt (→ BFH vom 27.5.1993 – BStBl. 1994 II S. 246);
- Gutschriften beim Arbeitgeber zugunsten des Arbeitnehmers auf Grund eines Gewinnbeteiligungs- und Vermögensbildungsmodells, wenn der Arbeitnehmer über die gutgeschriebenen Beträge wirtschaftlich nicht verfügen kann (→ BFH vom 14.5.1982 – BStBl. II S. 469);
- Verpflichtung des Arbeitgebers im Rahmen eines arbeitsgerichtlichen Vergleichs zu einer Spendenzahlung, ohne dass der Arbeitnehmer auf die Person des Spendenempfängers Einfluss nehmen kann; diese Vereinbarung enthält noch keine zu Einkünften aus nichtselbständiger Arbeit führende Lohnverwendungsabrede (→ BFH vom 23.9.1998 – BStBl. 1999 II S. 98);
- Einräumung eines Anspruchs gegen den Arbeitgeber, sondern grundsätzlich erst durch dessen Erfüllung. Das gilt auch für den Fall, dass der Anspruch – wie ein solcher auf die spätere Verschaffung einer Aktie zu einem bestimmten Preis (Aktienoptionsrecht) – lediglich die Chance eines zukünftigen Vorteils beinhaltet (→ BFH vom 24.1.2001 – BStBl. II S. 509 und 512). Das gilt grundsätzlich auch bei handelbaren Optionsrechten (→ BFH vom 20.11.2008 – BStBl. 2009 II S. 382);
- Einbehalt eines Betrags vom Arbeitslohn durch den Arbeitgeber und Zuführung zu einer Versorgungsrückstellung (→ BFH vom 20.7.2005 – BStBl. II S. 890);
- rechtlicher Unmöglichkeit der Verfügung des Arbeitnehmers über Aktien (→ BFH vom 30.6.2011 – BStBl. II S. 923 zu vinkulierten Namensaktien); im Gegensatz dazu stehen Sperr- und Haltefristen einem Zufluss nicht entgegen (→ BFH vom 30.9.2008 – BStBl. 2009 II S. 282).

Verschiebung der Fälligkeit. Arbeitgeber und Arbeitnehmer können den Zeitpunkt des Zuflusses einer Abfindung oder eines Teilbetrags einer solchen beim Arbeitnehmer in der Weise steuerwirksam gestalten, dass sie deren ursprünglich vorgesehene Fälligkeit vor ihrem Eintritt auf einen späteren Zeitpunkt verschieben (→ BFH vom 11.11.2009 – BStBl. 2010 II S. 746).

Wandelschuldverschreibung.

- Wird im Rahmen eines Arbeitsverhältnisses durch Übertragung einer nicht handelbaren Wandelschuldverschreibung ein Anspruch auf die Verschaffung von Aktien eingeräumt, liegt ein Zufluss von Arbeitslohn nicht bereits durch die Übertragung der Wandelschuldverschreibung vor. Bei Ausübung des Wandlungsrechts fließt ein geldwerter Vorteil erst dann zu, wenn durch Erfüllung des Anspruchs das wirtschaftliche Eigentum an den Aktien verschafft wird. Geldwerter Vorteil ist die Differenz zwischen dem Börsenpreis der Aktien und den Erwerbsaufwendungen (→ BFH vom 23.6.2005 – BStBl. II S. 766).

– Bei Verkauf eines Darlehens, das mit einem Wandlungsrecht zum Bezug von Aktien ausgestattet ist, fließt der geldwerte Vorteil im Zeitpunkt des Verkaufs zu (→ BFH vom 23.6.2005 – BStBl. II S. 770).[1]

Zeitwertkonten. → BMF vom 17.6.2009 (BStBl. I S. 1286) unter Berücksichtigung der Änderungen durch BMF vom 8.8.2019 (BStBl. I S. 874).

Zufluss von Arbeitslohn.[2] Arbeitslohn fließt zu bei

– wirtschaftlicher Verfügungsmacht des Arbeitnehmers über den Arbeitslohn (→ BFH vom 30.4.1974 – BStBl. II S. 541); dies gilt auch bei Zahlungen ohne Rechtsgrund (→ BFH vom 4.5.2006 – BStBl. II S. 832) sowie versehentlicher Überweisung, die der Arbeitgeber zurückfordern kann (→ BFH vom 4.5.2006 – BStBl. II S. 830); zur Rückzahlung von Arbeitslohn → H 11,
– Zahlung, Verrechnung oder Gutschrift (→ BFH vom 10.12.1985 – BStBl. 1986 II S. 342),
– Entgegennahme eines Schecks oder Verrechnungsschecks, wenn die bezogene Bank im Fall der sofortigen Vorlage den Scheckbetrag auszahlen oder gutschreiben würde und der sofortigen Vorlage keine zivilrechtlichen Abreden entgegenstehen (→ BFH vom 30.10.1980 – BStBl. 1981 II S. 305)
– Einlösung oder Diskontierung eines zahlungshalber hingegebenen Wechsels (→ BFH vom 5.5.1971 – BStBl. II S. 624)
– Verzicht des Arbeitgebers auf eine ihm zustehende Schadenersatzforderung gegenüber dem Arbeitnehmer in dem Zeitpunkt, in dem der Arbeitgeber zu erkennen gibt, dass er keinen Rückgriff nehmen wird (→ BFH vom 27.3.1992 – BStBl. II S. 837)
– Überlassung einer Jahresnetzkarte mit uneingeschränktem Nutzungsrecht in voller Höhe im Zeitpunkt der Überlassung (→ BFH vom 12.4.2007 – BStBl. II S. 719) oder im Zeitpunkt der Ausübung des Bezugsrechts durch Erwerb der Jahresnetzkarte (→ BFH vom 14.11.2012 – BStBl. 2013 II S. 382)
– Freifahrtscheinen mit dem Bezug unabhängig vom konkreten Fahrtantritt (→ BFH vom 26.9.2019 – BStBl. 2020 II S. 162)
– Teilnahme an einem Firmenfitnessprogramm mit der laufenden Einräumung der tatsächlichen Nutzungsmöglichkeit und nicht bereits bei Aushändigung des Mitgliedsausweises (→ BFH vom 7.7.2020 – BStBl. 2021 II S. 232),
– Ausgleichszahlungen, die der Arbeitnehmer für seine in der Arbeitsphase erbrachten Vorleistungen erhält, wenn ein im Blockmodell geführtes Altersteilzeitarbeitsverhältnis vor Ablauf der vertraglich vereinbarten Zeit beendet wird (→ BFH vom 15.12.2011 – BStBl. 2012 II S. 415)
– → Wandelschuldverschreibung.

---

[1] Siehe auch BFH v. 20.5.2010 VI R 12/08, BStBl. II 2010, 1069.

[2] Siehe auch BFH v. 17.9.2009 VI R 17/08, BStBl. II 2010, 299, und H 19.3 LStH „Negativer Arbeitslohn". – Zur Rückzahlung von Arbeitslohn durch beherrschenden Gesellschafter-Geschäftsführer siehe BFH v. 14.4.2016 VI R 13/14, BStBl. II 2016, 778. – Zum Gehaltsverzicht als – im Wege einer verdeckten Einlage – zugeflossenem Arbeitslohn siehe BFH v. 15.6.2016 VI R 6/13, BStBl. II 2016, 903.

R 38.3 Einbehaltungspflicht des Arbeitgebers

(1) [1] Zur Einbehaltung der Lohnsteuer vom Arbeitslohn ist jeder inländische Arbeitgeber verpflichtet. [2] Für die Einbehaltung der Lohnsteuer seiner Leiharbeitnehmer hat der ausländische Verleiher nach § 38 Abs. 1 Satz 1 Nr. 2 EStG auch dann die gleichen Pflichten wie ein inländischer Arbeitgeber zu erfüllen, wenn er selbst nicht inländischer Arbeitgeber ist.

(2) Neben den im § 12 Satz 2 AO aufgeführten Einrichtungen sind Betriebsstätten auch Landungsbrücken (Anlegestellen von Schifffahrtsgesellschaften), Kontore und sonstige Geschäftseinrichtungen, die dem Unternehmer oder Mitunternehmer oder seinem ständigen Vertreter, z. B. einem Prokuristen, zur Ausübung des Gewerbes dienen.

(3) [1] Ständiger Vertreter nach § 13 AO kann hiernach z. B. auch eine Person sein, die eine Filiale leitet oder die Aufsicht über einen Bautrupp ausübt. [2] Ständiger Vertreter ist jedoch z. B. nicht ein einzelner Monteur, der von Fall zu Fall Montagearbeiten im Inland ausführt.

(4) [1] Bei Bauausführungen oder Montagen ausländischer Arbeitgeber im Inland, die länger als sechs Monate (→ § 12 Satz 2 Nr. 8 AO) dauern, ist der ausländische Arbeitgeber zugleich als inländischer Arbeitgeber i. S. d. § 38 Abs. 1 Satz 1 Nr. 1 EStG anzusehen, gleichgültig ob die Bauausführung oder Montage nach dem Doppelbesteuerungsabkommen eine Betriebsstätte begründet. [2] Begründet die Bauausführung oder Montage nach dem anzuwendenden Doppelbesteuerungsabkommen keine Betriebsstätte, so sind die Arbeitslöhne, die an die im Inland eingesetzten ausländischen Arbeitnehmer gezahlt werden, in der Regel von der Lohnsteuer freizustellen, wenn sie sich höchstens an 183 Tagen im Kalenderjahr, bei bestimmten Doppelbesteuerungsabkommen in einem Zwölfmonatszeitraum, im Inland aufhalten.

(5) [1] In den Fällen der Arbeitnehmerentsendung ist inländischer Arbeitgeber auch das in Deutschland ansässige Unternehmen, das den Arbeitslohn für die ihm geleistete Arbeit wirtschaftlich trägt.[1)] [2] Hiervon ist insbesondere dann auszugehen, wenn die von dem anderen Unternehmen gezahlte Arbeitsvergütung dem deutschen Unternehmen weiterbelastet wird. [3] Die Erfüllung der Arbeitgeberpflichten setzt nicht voraus, dass das inländische Unternehmen den Arbeitslohn im eigenen Namen und für eigene Rechnung auszahlt. [4] Die Lohnsteuer entsteht bereits im Zeitpunkt der Arbeitslohnzahlung an den Arbeitnehmer, wenn das inländische Unternehmen auf Grund der Vereinbarung mit dem ausländischen Unternehmen mit einer Weiterbelastung rechnen kann; in diesem Zeitpunkt ist die Lohnsteuer vom inländischen Unternehmen zu erheben.

H 38.3

Arbeitgeberbegriff.

- → R 19.1, H 19.1.
- Wirtschaftlicher Arbeitgeber bei Arbeitnehmerentsendung zwischen international verbundenen Unternehmen → BMF vom 3.5.2018 (BStBl. I S. 643), Tz. 4.3.3.

---

1) **[Amtl. Anm.:]** Zum wirtschaftlichen Arbeitgeberbegriff → § 38 Abs. 1 Satz 2 EStG.

Inländischer Arbeitgeber.

– Auch ein im Ausland ansässiger Arbeitgeber, der im Inland eine Betriebsstätte oder einen ständigen Vertreter hat, ist nach § 38 Abs. 1 Satz 1 Nr. 1 EStG inländischer Arbeitgeber (→ BFH vom 5.10.1977 – BStBl. 1978 II S. 205).
– Bei Arbeitnehmerentsendung ist Arbeitgeber das in Deutschland ansässige aufnehmende Unternehmen, das den Arbeitslohn für die ihm geleistete Arbeit wirtschaftlich trägt oder nach dem Fremdvergleichsgrundsatz hätte tragen müssen → § 38 Abs. 1 Satz 2 EStG.

Leiharbeitnehmer. Nach besonderen Regelungen in den Abkommen zur Vermeidung der Doppelbesteuerung ist entweder die 183-Tage-Klausel auf Leiharbeitnehmer nicht anwendbar oder mehrere Vertragsstaaten haben das Besteuerungsrecht (→ BMF vom 3.5.2018 – BStBl. I S. 643, Tz. 4.3.4).

Zuständiges Finanzamt für ausländische Verleiher → H 41.3.

R **38.4** Lohnzahlung durch Dritte

Unechte Lohnzahlung durch Dritte

(1) [1] Eine unechte Lohnzahlung eines Dritten ist dann anzunehmen, wenn der Dritte lediglich als Leistungsmittler fungiert. [2] Das ist z. B. der Fall, wenn der Dritte im Auftrag des Arbeitgebers leistet oder die Stellung einer Kasse des Arbeitgebers innehat. [3] Der den Dritten als Leistungsmittler einsetzende Arbeitgeber bleibt der den Arbeitslohn Zahlende und ist daher zum Lohnsteuerabzug verpflichtet (§ 38 Abs. 1 Satz 1 EStG).

Echte Lohnzahlung durch Dritte

(2) [1] Eine echte Lohnzahlung eines Dritten liegt dann vor, wenn dem Arbeitnehmer Vorteile von einem Dritten eingeräumt werden, die ein Entgelt für eine Leistung sind, die der Arbeitnehmer im Rahmen seines Dienstverhältnisses für den Arbeitgeber erbringt; hierzu gehören z. B. geldwerte Vorteile, die der Leiharbeitnehmer auf Grund des Zugangs zu Gemeinschaftseinrichtungen oder -diensten des Entleihers erhält (§ 13b AÜG). [2] In diesen Fällen hat der Arbeitgeber die Lohnsteuer einzubehalten und die damit verbundenen sonstigen Pflichten zu erfüllen, wenn er weiß oder erkennen kann, dass derartige Vergütungen erbracht werden (§ 38 Abs. 1 Satz 3 EStG). [3] Die dem Arbeitgeber bei der Lohnzahlung durch Dritte auferlegte Lohnsteuerabzugspflicht erfordert, dass dieser seine Arbeitnehmer auf ihre gesetzliche Verpflichtung (§ 38 Abs. 4 Satz 3 EStG) hinweist, ihm am Ende des jeweiligen Lohnzahlungszeitraums die von einem Dritten gewährten Bezüge anzugeben. [4] Kommt der Arbeitnehmer seiner Angabepflicht nicht nach und kann der Arbeitgeber bei der gebotenen Sorgfalt aus seiner Mitwirkung an der Lohnzahlung des Dritten oder aus der Unternehmensverbundenheit mit dem Dritten erkennen, dass der Arbeitnehmer zu Unrecht keine Angaben macht oder seine Angaben unzutreffend sind, hat der Arbeitgeber die ihm bekannten Tatsachen zur Lohnzahlung von dritter Seite dem Betriebsstättenfinanzamt anzuzeigen (§ 38 Abs. 4 Satz 3 zweiter Halbsatz EStG). [5] Die Anzeige hat unverzüglich zu erfolgen.

H 38.4

Abgrenzung zwischen echter und unechter Lohnzahlung durch Dritte. → R 38.4 und BFH vom 30.5.2001 (BStBl. 2002 II S. 230).

Lohnsteuerabzug. Der Arbeitgeber ist insbesondere dann zum Lohnsteuerabzug verpflichtet (unechte Lohnzahlung durch Dritte → R 38.4 Abs. 1), wenn

- er in irgendeiner Form tatsächlich oder rechtlich in die Arbeitslohnzahlung eingeschaltet ist (→ BFH vom 13.3.1974 – BStBl. II S. 411),
- ein Dritter in der praktischen Auswirkung nur die Stellung einer zahlenden Kasse hat, z.B. selbständige Kasse zur Zahlung von Unterstützungsleistungen (→ BFH vom 28.3.1958 – BStBl. III S. 268) oder von Erholungsbeihilfen (→ BFH vom 27.1.1961 – BStBl. III S. 167).

Lohnzahlung durch Dritte.

- Nachwuchsförderpreis des Arbeitgeberverbandes für die fachlichen Leistungen im Arbeitsverhältnis (→ BFH vom 23.4.2009 – BStBl. II S. 668).
- Bonuszahlung der Konzernmutter an die Arbeitnehmer der veräußerten Konzerntochter als Anerkennung für die geleistete Arbeit (→ BFH vom 28.2.2013 – BStBl. II S. 642).
- Verbilligter Erwerb von Vermögensbeteiligungen im Hinblick auf ein künftiges Beschäftigungsverhältnis (→ BFH vom 26.6.2014 – BStBl. II S. 864).
- Freiwillige Zahlungen von Notaren an Notarassessoren für deren Vertretungstätigkeit (→ BFH vom 10.3.2015 – BStBl. II S. 767).
- Verbilligte Pauschalreise an Reisebüromitarbeiter → H 8.2 (Berechnung des Rabatt-Freibetrags), Beispiel 2.
- → H 19.3 (Lohnzahlung durch Dritte).

Metergelder im Möbeltransportgewerbe unterliegen in voller Höhe dem Lohnsteuerabzug, wenn auf sie ein Rechtsanspruch besteht (→ BFH vom 9.3.1965 – BStBl. III S. 426).

Rabatte von dritter Seite. Zur steuerlichen Behandlung der Rabatte, die Arbeitnehmern von dritter Seite eingeräumt werden → BMF vom 20.1.2015 (BStBl. I S. 143).[1)]

Unerlaubte Arbeitnehmerüberlassung. → R 19.1 Satz 6.

R 38.5 Lohnsteuerabzug durch Dritte

[1]Die Übertragung der Arbeitgeberpflichten nach § 38 Abs. 3a Satz 2 ff. EStG auf einen Dritten kann vom Finanzamt auf schriftlichen Antrag zugelassen werden. [2]Die Zustimmung kann nur erteilt werden, wenn der Dritte für den gesamten Arbeitslohn des Arbeitnehmers die Lohnsteuerabzugsverpflichtung übernimmt.

[1)] Siehe hierzu und zur Abgrenzung BFH v. 18.10.2012 VI R 64/11, BStBl. II 2015, 184, v. 10.4.2014 VI R 62/11, BStBl. II 2015, 191, v. 16.2.2022 VI R 53/18.

Zu § 38b EStG

H 38b

Familienstand. → R 26 EStR, H 26 EStH.[1]

Lebenspartner und Lebenspartnerschaften. → § 2 Abs. 8 EStG, H 2 EStH.[1]

Zu § 39 EStG

R 39.1 *(unbesetzt)*

H 39.1

Allgemeines.

Elektronische Lohnsteuerabzugsmerkmale (ELStAM).

- Lohnsteuerabzug im Verfahren der elektronischen Lohnsteuerabzugsmerkmale → BMF vom 8.11.2018 (BStBl. I S. 1137).
- Abruf der Lohnsteuerabzugsmerkmale im ELStAM-Verfahren für gemäß § 1 Abs. 4 EStG beschränkt einkommensteuerpflichtige Arbeitnehmer ab dem 1.1.2020 → BMF vom 7.11.2019 (BStBl. I S. 1087).

Bescheinigung der Religionsgemeinschaft.

- Die Bescheinigung der Religionsgemeinschaft ist verfassungsgemäß (→ BVerfG vom 25.5.2001 – 1 BvR 2253/00).[2] Dies gilt auch für die Eintragung „--“, aus der sich ergibt, dass der Steuerpflichtige keiner kirchensteuererhebungsberechtigten Religionsgemeinschaft angehört (→ BVerfG vom 30.9.2002 – 1 BvR 1744/02).[3]
- **Beispiele:**

Konfessionszugehörigkeit Arbeitnehmer	Konfessionszugehörigkeit Ehegatte	Eintragung im Feld Kirchensteuerabzug
ev	rk	ev rk
ev	ev	ev
rk	--	rk
--	ev	--
--	--	--

R 39.2 Änderungen und Ergänzungen der Lohnsteuerabzugsmerkmale

Änderung der Steuerklassen

(1) [1]Wird die Ehe eines Arbeitnehmers durch Scheidung oder Aufhebung aufgelöst oder haben die Ehegatten die dauernde Trennung herbeigeführt,

---

[1] Nr. 1.
[2] HFR 2001, 907, NJW 2001, 2874.
[3] Vgl. HFR 2003, 79.

dürfen die gebildeten Steuerklassen im laufenden Kalenderjahr nicht geändert werden; es kommt nur ein Steuerklassenwechsel nach Absatz 2 in Betracht. [2]Das gilt nicht, wenn bei einer durch Scheidung oder Aufhebung aufgelösten Ehe der andere Ehegatte im selben Kalenderjahr wieder geheiratet hat, von seinem neuen Ehegatten nicht dauernd getrennt lebt und er und sein neuer Ehegatte unbeschränkt einkommensteuerpflichtig sind; in diesen Fällen ist die beim nicht wieder verheirateten Ehegatten gebildete Steuerklasse auf Antrag in Steuerklasse III zu ändern, wenn die Voraussetzungen des § 38b Satz 2 Nr. 3 Buchstabe c Doppelbuchstabe aa EStG erfüllt sind.

Steuerklassenwechsel[1)]

(2) [1]Bei Ehegatten, die beide Arbeitslohn beziehen, sind auf gemeinsamen Antrag der Ehegatten die gebildeten Steuerklassen wie folgt zu ändern:

1. Ist bei beiden Ehegatten die Steuerklasse IV gebildet worden, kann diese bei einem Ehegatten in Steuerklasse III und beim anderen Ehegatten in Steuerklasse V geändert werden.
2. Ist bei einem Ehegatten die Steuerklasse III und beim anderen Ehegatten die Steuerklasse V gebildet worden, können diese bei beiden Ehegatten in Steuerklasse IV geändert werden.
3. Ist bei einem Ehegatten die Steuerklasse III und beim anderen Ehegatten die Steuerklasse V gebildet worden, kann die Steuerklasse III des einen Ehegatten in Steuerklasse V und die Steuerklasse V des anderen Ehegatten in Steuerklasse III geändert werden.

[2]In einem Kalenderjahr kann jeweils nur ein Antrag gestellt werden. [3]Neben dem in § 39 Abs. 6 Satz 4 EStG geregelten Fall ist ein weiterer Antrag möglich, wenn ein Ehegatte keinen steuerpflichtigen Arbeitslohn mehr bezieht oder verstorben ist, wenn sich die Ehegatten auf Dauer getrennt haben oder wenn ein Dienstverhältnis wieder aufgenommen wird, z. B. nach einer Arbeitslosigkeit oder einer Elternzeit.

Zahl der Kinderfreibeträge in den Fällen des § 32 Abs. 6 Satz 4 EStG

(3) Bei der Zahl der Kinderfreibeträge sind ermäßigte Kinderfreibeträge für nicht unbeschränkt einkommensteuerpflichtige Kinder nicht zu berücksichtigen.

R 39.3 Bescheinigung für den Lohnsteuerabzug[2)]

[1]Ein Antrag nach § 39 Abs. 3 Satz 1 oder § 39e Abs. 8 Satz 1 EStG ist bis zum 31.12. des Kalenderjahres zu stellen, für das die Bescheinigung für den Lohnsteuerabzug gilt. [2]Die Bescheinigung der Steuerklasse I kann auch der Arbeitgeber beantragen, wenn dieser den Antrag nach § 39 Abs. 3 Satz 1 EStG im Namen des Arbeitnehmers stellt (§ 39 Abs. 3 Satz 3 EStG). [3]Bezieht ein Arbeitnehmer gleichzeitig Arbeitslohn aus mehreren gegenwärtigen oder

---

[1)] **[Amtl. Anm.:]** Teilweise überholt → § 39 Abs. 6 Satz 3 EStG (entfallene Kriterien: Arbeitslohnbezug durch beide Ehegatten, gemeinsamer Antrag, einmaliger Antrag im Kalenderjahr); zum einseitigen Antragsrecht eines Ehegatten → § 38b Abs. 3 Satz 2 und 3 EStG.

[2)] **[Amtl. Anm.:]** § 39 Abs. 3 Satz 1 EStG wurde neu gefasst durch „JStG 2019" v. 12.12.2019, BGBl. I 2019, 2451, mWv 1.1.2020.

früheren Dienstverhältnissen, mit dem er der beschränkten Einkommensteuerpflicht unterliegt, hat das Finanzamt in der Bescheinigung für das zweite und jedes weitere Dienstverhältnis zu vermerken, dass die Steuerklasse VI anzuwenden ist. [4]Bei Nichtvorlage der Bescheinigung hat der Arbeitgeber den Lohnsteuerabzug nach Maßgabe des § 39c Abs. 1 und 2 EStG vorzunehmen.

R 39.4 Lohnsteuerabzug bei beschränkter Einkommensteuerpflicht

Freibetrag oder Hinzurechnungsbetrag bei beschränkter Einkommensteuerpflicht

(1) [1]Nach § 39a Abs. 2 Satz 8 i. V. m. Abs. 4 EStG ist ein vom Arbeitnehmer zu beantragender Freibetrag oder Hinzurechnungsbetrag durch Aufteilung in Monatsbeträge, erforderlichenfalls in Wochen- und Tagesbeträge, jeweils auf die voraussichtliche Dauer des Dienstverhältnisses im Kalenderjahr gleichmäßig zu verteilen. [2]Dabei sind ggf. auch die im Kalenderjahr bereits abgelaufenen Zeiträume desselben Dienstverhältnisses einzubeziehen, es sei denn, der Arbeitnehmer beantragt die Verteilung des Betrags auf die restliche Dauer des Dienstverhältnisses. [3]Bei beschränkt einkommensteuerpflichtigen Arbeitnehmern, bei denen § 50 Abs. 1 Satz 4 EStG anzuwenden ist, sind Werbungskosten und Sonderausgaben insoweit einzutragen, als sie die zeitanteiligen Pauschbeträge (→ § 50 Abs. 1 Satz 5 EStG) übersteigen.

Ausübung oder Verwertung (§ 49 Abs. 1 Nr. 4 Buchstabe a EStG)

(2) [1]Die nichtselbständige Arbeit wird im Inland ausgeübt, wenn der Arbeitnehmer im Geltungsbereich des EStG persönlich tätig wird. [2]Sie wird im Inland verwertet, wenn der Arbeitnehmer das Ergebnis einer außerhalb des Geltungsbereichs des EStG ausgeübten Tätigkeit im Inland seinem Arbeitgeber zuführt. [3]Zu der im Inland ausgeübten oder verwerteten nichtselbständigen Arbeit gehört nicht die nichtselbständige Arbeit, die auf einem deutschen Schiff während seines Aufenthalts in einem ausländischen Küstenmeer, in einem ausländischen Hafen von Arbeitnehmern ausgeübt wird, die weder einen Wohnsitz noch ihren gewöhnlichen Aufenthalt im Inland haben. [4]Unerheblich ist, ob der Arbeitslohn zu Lasten eines inländischen Arbeitgebers gezahlt wird. [5]Arbeitgeber i. S. d. Satzes 2 ist die Stelle im Inland, z. B. eine Betriebsstätte oder der inländische Vertreter eines ausländischen Arbeitgebers, die unbeschadet des formalen Vertragsverhältnisses zu einem möglichen ausländischen Arbeitgeber die wesentlichen Rechte und Pflichten eines Arbeitgebers tatsächlich wahrnimmt; inländischer Arbeitgeber ist auch ein inländisches Unternehmen bezüglich der Arbeitnehmer, die bei rechtlich unselbständigen Betriebsstätten, Filialen oder Außenstellen im Ausland beschäftigt sind.

Befreiung von der beschränkten Einkommensteuerpflicht

(3) Einkünfte aus der Verwertung einer außerhalb des Geltungsbereichs des EStG ausgeübten nichtselbständigen Arbeit bleiben bei der Besteuerung außer Ansatz,

1. wenn zwischen der Bundesrepublik Deutschland und dem Wohnsitzstaat ein Doppelbesteuerungsabkommen besteht und nach R 39b.10 der Lohnsteuerabzug unterbleiben darf oder

2. in anderen Fällen, wenn nachgewiesen oder glaubhaft gemacht wird, dass von diesen Einkünften in dem Staat, in dem die Tätigkeit ausgeübt worden ist, eine der deutschen Einkommensteuer entsprechende Steuer tatsächlich erhoben wird. [2]Auf diesen Nachweis ist zu verzichten bei Arbeitnehmern, bei denen die Voraussetzungen des Auslandstätigkeitserlasses vorliegen.

Künstler, Berufssportler, unterhaltend und ähnlich darbietende Personen sowie Artisten

(4) [1]Bezüge von beschränkt einkommensteuerpflichtigen Berufssportlern, darbietenden Künstlern (z. B. Musikern), werkschaffenden Künstlern (z. B. Schriftstellern, Journalisten und Bildberichterstattern), anderen unterhaltend oder ähnlich Darbietenden sowie Artisten unterliegen dem Lohnsteuerabzug, wenn sie zu den Einkünften aus nichtselbständiger Arbeit gehören und von einem inländischen Arbeitgeber i. S. d. § 38 Abs. 1 Satz 1 Nr. 1 EStG gezahlt werden. [2]Von den Vergütungen der Berufssportler, darbietenden Künstler, Artisten und unterhaltend oder ähnlich darbietenden Personen (§ 50a Abs. 1 Nr. 1 EStG) wird die Einkommensteuer nach Maßgabe der §§ 50a, 50d EStG erhoben, wenn diese nicht von einem inländischen Arbeitgeber gezahlt werden.

H 39.4

Arbeitnehmer mit Wohnsitz

- **in Belgien.** → Grenzgängerregelung nach dem Zusatzabkommen zum DBA Belgien (BGBl. 2003 II S. 1615);[1)]
- **in Frankreich.** Zur Verständigungsvereinbarung zur 183-Tage-Regelung und zur Anwendung der Grenzgängerregelung → BMF vom 3.4.2006 (BStBl. I S. 304);
- **in Luxemburg.** Verständigungsvereinbarung betreffend die Besteuerung von Berufskraftfahrern; Erweiterung der Verständigungsvereinbarung auf Lokomotivführer und Begleitpersonal → BMF vom 19.9.2011 (BStBl. I S. 849);
- **in den Niederlanden.** Zur steuerlichen Behandlung von Alterseinkünften → BMF vom 24.1.2017 (BStBl. I S. 147);[1)]
- **in Österreich.** Zur Anwendung der Grenzgängerregelung → BMF vom 18.4.2019 (BStBl. I S. 456);
- **in der Schweiz.** → Artikel 3 des Zustimmungsgesetzes vom 30.9.1993 (BStBl. I S. 927);[1)] → Einführungsschreiben zur Neuregelung der Grenzgängerbesteuerung vom 19.9.1994 (BStBl. I S. 683) unter Berücksichtigung der Änderungen durch BMF vom 18.12.2014 (BStBl. 2015 I S. 22); → BMF vom 7.7.1997 (BStBl. I S. 723) unter Berücksichtigung der Änderungen durch BMF vom 30.9.2008 (BStBl. I S. 935).[1)] → Zur Verständigungsvereinbarung zur Behandlung von Arbeitnehmern im internationalen Transportgewerbe → BMF vom 29.6.2011 (BStBl. I S. 621). → Zur Verständigungsvereinbarung zur Behandlung über die Besteuerung von fliegendem Personal → BMF vom 23.7.2012 (BStBl. I S. 863);
- **in der Türkei.** Zur steuerlichen Behandlung von Alterseinkünften → BMF vom 11.12.2014 (BStBl. 2015 I S. 92).

---

1) Abgedruckt in **Doppelbesteuerungsabkommen** bei den jeweiligen Ländern.

Auslandstätigkeitserlass. → BMF vom 31.10.1983 (BStBl. I S. 470).[1)·2)]

Entschädigung. → BMF vom 3.5.2018 (BStBl. I S. 643), Tz. 5.5.5.

Künstler. → BMF vom 31.7.2002 (BStBl. I S. 707) unter Berücksichtigung der Änderungen durch BMF vom 28.3.2013 (BStBl. I S. 443).

Öffentliche Kassen. → H 3.11.

Verwertungstatbestand.

– → BFH vom 12.11.1986 (BStBl. 1987 II S. 377, 379, 381, 383).

– **Beispiel:**

Ein lediger Wissenschaftler wird im Rahmen eines Forschungsvorhabens in Südamerika tätig. Seinen inländischen Wohnsitz hat er aufgegeben. Er übergibt entsprechend den getroffenen Vereinbarungen seinem inländischen Arbeitgeber einen Forschungsbericht. Der Arbeitgeber sieht von einer kommerziellen Auswertung der Forschungsergebnisse ab. Der Wissenschaftler ist mit den Bezügen, die er für die Forschungstätigkeit von seinem Arbeitgeber erhält, beschränkt einkommensteuerpflichtig nach § 1 Abs. 4 i. V. m. § 49 Abs. 1 Nr. 4 Buchstabe a EStG; sie unterliegen deshalb dem Lohnsteuerabzug.

Zu § 39a EStG

R 39a.1 Verfahren bei der Bildung eines Freibetrags oder eines Hinzurechnungsbetrags

Allgemeines

(1) Soweit die Gewährung eines Freibetrags wegen der Aufwendungen für ein Kind davon abhängt, dass der Arbeitnehmer für dieses Kind einen Anspruch auf einen Freibetrag nach § 32 Abs. 6 EStG oder auf Kindergeld erhält, ist diese Voraussetzung auch erfüllt, wenn dem Arbeitnehmer im Lohnsteuer-Abzugsverfahren ein Kinderfreibetrag zusteht, er aber auf die an sich mögliche Bildung einer Kinderfreibetragszahl für dieses Kind verzichtet hat oder Anspruch auf einen ermäßigten Freibetrag nach § 32 Abs. 6 EStG besteht.

Antragsgrenze

(2) Für die Feststellung, ob die Antragsgrenze nach § 39a Abs. 2 EStG[3)] überschritten wird, gilt Folgendes:

1. Soweit für Werbungskosten bestimmte Beträge gelten, z. B. für Verpflegungsmehraufwendungen und pauschale Kilometersätze bei Auswärtstätigkeit, für Wege zwischen Wohnung und erster Tätigkeitsstätte (→ § 9 EStG) sind diese maßgebend.

2. [1]Bei Sonderausgaben i. S. d. § 10 Abs. 1 Nr. 1a, 1b und 4 EStG[4)] sind die tatsächlichen Aufwendungen anzusetzen, auch wenn diese Aufwendungen

---

[1)] Geändert durch BMF v. 14.3.2017, BStBl. I 2017, 473; siehe auch BMF v. 13.11.2019, BStBl. I 2019, 1082, zum Begriff der inländischen öffentlichen Kasse.

[2)] Zu den durch den ATE begünstigten Tätigkeiten siehe BFH v. 5.10.2021 I B 18/21, BFH/NV 2022, 323 (hier: Restaurierung von historischen Gebäuden).

[3)] Antragsgrenze: 600 €.

[4)] Jetzt § 10 Abs. 1 Nr. 4 und Abs. 1a Nr. 2 bis 4 EStG.

geringer sind als der Pauschbetrag. [2]Für Sonderausgaben i. S. d. § 10 Abs. 1 Nr. 1, 5, 7 und 9 EStG[1)] sind höchstens die nach diesen Vorschriften berücksichtigungsfähigen Aufwendungen anzusetzen.

3. Zuwendungen an politische Parteien sind als Sonderausgaben auch zu berücksichtigen, soweit eine Steuerermäßigung nach § 34g Satz 1 Nr. 1 EStG in Betracht kommt, nicht hingegen Zuwendungen an Vereine i. S. d. § 34g Satz 1 Nr. 2 EStG.
4. Bei außergewöhnlichen Belastungen nach § 33 EStG ist von den dem Grunde und der Höhe nach anzuerkennenden Aufwendungen auszugehen; bei außergewöhnlicher Belastung nach § 33a und § 33b Abs. 6 EStG sind dagegen nicht die Aufwendungen, sondern die wegen dieser Aufwendungen abziehbaren Beträge maßgebend.
5. Vorsorgeaufwendungen (§ 10 Abs. 1 Nr. 2, 3 und 3a EStG) bleiben in jedem Fall außer Betracht, auch soweit sie die Vorsorgepauschale (§ 39b Abs. 2 Satz. 5 Nr. 3 EStG) übersteigen.
6. [1]Bei Anträgen von Ehegatten, die beide unbeschränkt einkommensteuerpflichtig sind und nicht dauernd getrennt leben, ist die Summe der für beide Ehegatten in Betracht kommenden Aufwendungen und abziehbaren Beträge zugrunde zu legen. [2]Die Antragsgrenze ist bei Ehegatten nicht zu verdoppeln.
7. Ist für beschränkt antragsfähige Aufwendungen bereits ein Freibetrag gebildet worden, ist bei einer Änderung dieses Freibetrags die Antragsgrenze nicht erneut zu prüfen.

(3) Die Antragsgrenze gilt nicht, soweit es sich um die Bildung eines Freibetrags für die in § 39a Abs. 1 Satz 1 Nr. 4 bis 7 EStG bezeichneten Beträge handelt.

(4) [1]Wird die Antragsgrenze überschritten oder sind Beträge i. S. d. Absatzes 3 zu berücksichtigen, hat das Finanzamt den Jahresfreibetrag festzustellen. [2]Bei der Berechnung des Jahresfreibetrags sind Werbungskosten nur zu berücksichtigen, soweit sie den maßgebenden Pauschbetrag für Werbungskosten nach § 9a Satz 1 Nr. 1 EStG übersteigen, Sonderausgaben mit Ausnahme der Vorsorgeaufwendungen nur anzusetzen, soweit sie den Sonderausgaben-Pauschbetrag (§ 10c EStG) übersteigen, und außergewöhnliche Belastungen (§ 33 EStG) nur einzubeziehen, soweit sie die zumutbare Belastung (→ Absatz 5) übersteigen. [3]Zuwendungen an politische Parteien sind auch zu berücksichtigen, soweit eine Steuerermäßigung nach § 34g Satz 1 Nr. 1 EStG in Betracht kommt, nicht hingegen Zuwendungen an Vereine i. S. d. § 34g Satz 1 Nr. 2 EStG.

Freibetrag wegen außergewöhnlicher Belastung

(5) [1]Die zumutbare Belastung ist vom voraussichtlichen Jahresarbeitslohn des Arbeitnehmers und ggf. seines von ihm nicht dauernd getrennt lebenden, unbeschränkt einkommensteuerpflichtigen Ehegatten gekürzt um den Altersentlastungsbetrag (§ 24a EStG), die Freibeträge für Versorgungsbezüge (§ 19

[1)] Jetzt § 10 Abs. 1 Nr. 5, 7 und 9 sowie Abs. 1a Nr. 1 EStG.

Abs. 2 EStG) und die Werbungskosten (§§ 9, 9a und *§ 9c EStG*)[1)] zu berechnen. [2]Steuerfreie Einnahmen sowie alle Bezüge, für die die Lohnsteuer mit einem Pauschsteuersatz nach den §§ 37a, 37b, 40 bis 40b EStG erhoben wird, und etwaige weitere Einkünfte des Arbeitnehmers und seines Ehegatten bleiben außer Ansatz. [3]Bei der Anwendung der Tabelle in § 33 Abs. 3 EStG zählen als Kinder des Stpfl. die Kinder, für die er einen Anspruch auf einen Freibetrag nach § 32 Abs. 6 EStG oder auf Kindergeld erhält. [4]Bei der zumutbaren Belastung sind auch Kinder zu berücksichtigen, für die der Arbeitnehmer auf die Bildung einer Kinderfreibetragszahl verzichtet hat oder Anspruch auf einen ermäßigten Freibetrag nach § 32 Abs. 6 EStG besteht. [5]Ist im Kalenderjahr eine unterschiedliche Zahl von Kindern zu berücksichtigen, so ist von der höheren Zahl auszugehen.

Freibetrag und Hinzurechnungsbetrag nach § 39a Abs. 1 Satz 1 Nr. 7 EStG

(6) [1]Arbeitnehmer mit mehr als einem Dienstverhältnis, deren Arbeitslohn aus dem ersten Dienstverhältnis niedriger ist als der Betrag, bis zu dem nach der Steuerklasse des ersten Dienstverhältnisses keine Lohnsteuer zu erheben ist, können die Übertragung bis zur Höhe dieses Betrags als Freibetrag im zweiten Dienstverhältnis mit der Steuerklasse VI beantragen. [2]Dabei kann der Arbeitnehmer den zu übertragenden Betrag selbst bestimmen. [3]Eine Verteilung auf mehrere weitere Dienstverhältnisse des Arbeitnehmers ist zulässig. [4]Für das erste Dienstverhältnis wird in diesen Fällen ein Hinzurechnungsbetrag in Höhe der abgerufenen Freibeträge nach den Sätzen 1 bis 3 gebildet oder ggf. mit einem Freibetrag nach § 39a Abs. 1 Satz 1 Nr. 1 bis 6 und 8 EStG verrechnet.

Umrechnung des Jahresfreibetrags oder des Jahreshinzurechnungsbetrags

(7) [1]Für die Umrechnung des Jahresfreibetrags in einen Freibetrag für monatliche Lohnzahlung ist der Jahresfreibetrag durch die Zahl der in Betracht kommenden Kalendermonate zu teilen. [2]Der Wochenfreibetrag ist mit $^7/_{30}$ und der Tagesfreibetrag mit $^1/_{30}$ des Monatsbetrags anzusetzen. [3]Der sich hiernach ergebende Monatsbetrag ist auf den nächsten vollen Euro-Betrag, der Wochenbetrag auf den nächsten durch 10 teilbaren Centbetrag und der Tagesbetrag auf den nächsten durch 5 teilbaren Centbetrag aufzurunden. [4]Die Sätze 1 bis 3 gelten für die Umrechnung des Jahreshinzurechnungsbetrags entsprechend.

Änderung eines gebildeten Freibetrags oder Hinzurechnungsbetrags

(8) [1]Ist bereits ein Jahresfreibetrag gebildet worden und beantragt der Arbeitnehmer im Laufe des Kalenderjahres die Berücksichtigung weiterer Aufwendungen oder abziehbarer Beträge, wird der Jahresfreibetrag unter Berücksichtigung der gesamten Aufwendungen und abziehbaren Beträge des Kalenderjahres neu festgestellt; für die Berechnung des Monatsfreibetrags,

---

1) Ab VZ 2012 § 9c EStG aufgeh., § 10 Abs. 1 Nr. 5 EStG eingef. durch SteuervereinfachungsG v. 1.11.2011, BGBl. I 2011, 2131.

Wochenfreibetrags usw. ist der Freibetrag um den Teil des bisherigen Freibetrags zu kürzen, der für den Zeitraum bis zur Wirksamkeit des neuen Freibetrags zu berücksichtigen war. [2]Der verbleibende Betrag ist auf die Zeit vom Beginn des auf die Antragstellung folgenden Kalendermonats bis zum Schluss des Kalenderjahres gleichmäßig zu verteilen. [3]Die Sätze 1 und 2 gelten für den Hinzurechnungsbetrag entsprechend.

H 39a.1

Allgemeines.

Elektronische Lohnsteuerabzugsmerkmale (ELStAM);
- Lohnsteuerabzug im Verfahren der elektronischen Lohnsteuerabzugsmerkmale → BMF vom 8.11.2018 (BStBl. I S. 1137).
- Abruf der Lohnsteuerabzugsmerkmale im ELStAM-Verfahren für gemäß § 1 Abs. 4 EStG beschränkt einkommensteuerpflichtige Arbeitnehmer ab dem 1.1.2020 → BMF vom 7.11.2019 (BStBl. I S. 1087).

Altersvorsorgeaufwendungen. Für Einzahlungen in einen Basisrentenvertrag (Rürup-Vertrag) kann kein Freibetrag gebildet werden (→ BFH vom 10.11.2016 – BStBl. 2017 II S. 715).

Beispiele:
- **Umrechnung des Jahresfreibetrags**
  Ein monatlich entlohnter Arbeitnehmer beantragt am 2.5. die Berücksichtigung eines Freibetrags. Es wird vom Finanzamt ein Freibetrag von 1555 € festgestellt, der auf die Monate Juni bis Dezember (7 Monate) zu verteilen ist. Außer dem Jahresfreibetrag von 1555 € ist ab 1.6. ein Monatsfreibetrag von 223 € zu berücksichtigen.
- **Erhöhung eines berücksichtigten Freibetrags**
  Ein monatlich entlohnter Arbeitnehmer, für den mit Wirkung vom 1.1. an ein Freibetrag von 2400 € (monatlich 200 €) berücksichtigt worden ist, macht am 10.3. weitere Aufwendungen von 963 € geltend. Es ergibt sich ein neuer Jahresfreibetrag von (2400 € + 963 € =) 3363 €. Für die Berechnung des neuen Monatsfreibetrags ab April ist der Jahresfreibetrag um die bei der Lohnsteuerberechnung bisher zu berücksichtigenden Monatsfreibeträge Januar bis März von (3 × 200 € =) 600 € zu kürzen. Der verbleibende Betrag von (3363 € ./. 600 € =) 2763 € ist auf die Monate April bis Dezember zu verteilen, so dass ab 1. 4. ein Monatsfreibetrag von 307 € zu berücksichtigen ist. Für die abgelaufenen Lohnzahlungszeiträume Januar bis März bleibt der Monatsfreibetrag von 200 € unverändert.
- **Herabsetzung eines Freibetrags**
  Ein monatlich entlohnter Arbeitnehmer, für den mit Wirkung vom 1.1. an ein Freibetrag von 4800 € (monatlich 400 €) berücksichtigt worden ist, teilt dem Finanzamt am 10.3. mit, dass sich die Aufwendungen um 975 € vermindern. Es ergibt sich ein neuer Jahresfreibetrag von (4800 € ./. 975 € =) 3825 €. Für die Berechnung des neuen Monatsfreibetrags ab April ist der Jahresfreibetrag um die bei der Lohnsteuerberechnung bisher zu berücksichtigenden Monatsfreibeträge Januar bis März von (3 × 400 € =) 1200 € zu kürzen. Der verbleibende Betrag von (3825 € ./. 1200 € =) 2625 € ist auf die Monate April bis Dezember zu verteilen, so dass ab 1.4. ein Monatsfreibetrag von 292 € zu berücksichtigen ist. Für die abgelaufenen Lohnzahlungszeiträume Januar bis März bleibt der Monatsfreibetrag von 400 € unverändert.
- **Zweijährige Geltungsdauer des Freibetrags**
  Ein monatlich entlohnter Arbeitnehmer beantragt im Februar 01 die Berücksichtigung eines Freibetrags für die Dauer von zwei Jahren. Es wird vom Finanzamt ein Freibetrag von 3000 € ermittelt, der für die Kalenderjahre 01 und 02 wie folgt zu verteilen ist:

Für 01 ergibt sich für die Monate März bis Dezember ein Monatsfreibetrag von 300 € (3000 € verteilt auf zehn Monate) und für 02 ergibt sich für die Monate Januar bis Dezember ein Monatsfreibetrag von 250 € (3000 € verteilt auf zwölf Monate).
Im Februar 02 teilt der Arbeitnehmer dem Finanzamt pflichtgemäß mit, dass sich für das Kalenderjahr 02 der Freibetrag auf 2500 € verringert. Das Finanzamt ändert daraufhin den Jahresfreibetrag für 02 auf 2500 €. Für die Berechnung des neuen Monatsfreibetrags ab März 02 ist der Jahresfreibetrag um die bei der Lohnsteuerberechnung bisher zu berücksichtigenden Monatsfreibeträge für Januar und Februar 02 von (2 × 250 € =) 500 € zu kürzen. Der verbleibende Betrag von (2500 € ./. 500 € =) 2000 € ist auf die Monate März bis Dezember 02 zu verteilen, so dass sich nunmehr ein herabgesetzter Monatsfreibetrag von 200 € ergibt (2000 € verteilt auf zehn Monate). Für die abgelaufenen Lohnzahlungszeiträume Januar und Februar 02 bleibt der Monatsfreibetrag von 250 € unverändert.

– **Entlastungsbetrag für Alleinerziehende**
Eine Alleinerziehende hat drei zu ihrem Haushalt gehörende minderjährige Kinder und beantragt im Januar den Entlastungsbetrag nach § 24b EStG für ihre drei Kinder.
Für den Entlastungsbetrag für das erste Kind in Höhe von 4008 € wird die Steuerklasse II gebildet. Für die beiden weiteren Kinder ist jeweils ein Erhöhungsbetrag von 240 € als Freibetrag zu berücksichtigen. Es ergibt sich somit ein Jahresfreibetrag von 480 € (2 × 240 €), der auf die Monate Januar bis Dezember zu verteilen ist, so dass ein Monatsbetrag von 40 € (480 € verteilt auf zwölf Monate) zu berücksichtigen ist. Die Antragsgrenze von 600 € ist insoweit nicht zu beachten (§ 39a Abs. 2 Satz 4 EStG).

Freibetrag für energetische Gebäudesanierung. → BMF vom 14.1.2021 (BStBl. I S. 103) Rn. 66.

Freibetrag wegen haushaltsnaher Beschäftigungsverhältnisse und haushaltsnaher Dienstleistungen. → BMF vom 9.11.2016 (BStBl. I S. 1213) unter Berücksichtigung der Änderungen durch BMF vom 1.9.2021 (BStBl. I S. 1494).

Freibetrag wegen Anrechnung ausländischer Abzugsteuer. → BMF vom 3.5.2018 (BStBl. I S. 643), Rn. 23 und 177.

Freibetrag wegen negativer Einkünfte. → R 39a.2.

R 39a.2 Freibetrag wegen negativer Einkünfte

[1]In die Ermittlung eines Freibetrags wegen negativer Einkünfte sind sämtliche Einkünfte aus Land- und Forstwirtschaft, Gewerbebetrieb, selbständiger Arbeit, Vermietung und Verpachtung und die sonstigen Einkünfte einzubeziehen, die der Arbeitnehmer und sein von ihm nicht dauernd getrennt lebender unbeschränkt einkommensteuerpflichtiger Ehegatte voraussichtlich erzielen werden; negative Einkünfte aus Kapitalvermögen werden nur berücksichtigt, wenn sie nicht unter das Verlustausgleichsverbot des § 20 Abs. 6 Satz 2 EStG fallen (→ § 32d Abs. 2 EStG). [2]Das bedeutet, dass sich der Betrag der negativen Einkünfte des Arbeitnehmers z. B. um die positiven Einkünfte des Ehegatten vermindert. [3]Außer Betracht bleiben stets die Einkünfte aus nichtselbständiger Arbeit und positive Einkünfte aus Kapitalvermögen.

H 39a.2

Vermietung und Verpachtung. Negative Einkünfte aus Vermietung und Verpachtung eines Gebäudes können grundsätzlich erstmals für das Kalenderjahr berücksichtigt werden, das auf das Kalenderjahr der Fertigstellung oder

der Anschaffung des Gebäudes folgt (§ 39a Abs. 1 Satz 1 Nr. 5 i. V. m. § 37 Abs. 3 EStG). Das Objekt ist angeschafft, wenn der Kaufvertrag abgeschlossen worden ist und Besitz, Nutzungen, Lasten und Gefahr auf den Erwerber übergegangen sind. Das Objekt ist fertiggestellt, wenn es nach Abschluss der wesentlichen Bauarbeiten bewohnbar ist; die Bauabnahme ist nicht erforderlich (→ H 7.4 (Fertigstellung) EStH).[1] Wird ein Objekt vor der Fertigstellung angeschafft, ist der Zeitpunkt der Fertigstellung maßgebend.

R **39a.3** Freibeträge bei Ehegatten

Werbungskosten

(1) [1]Werbungskosten werden für jeden Ehegatten gesondert ermittelt. [2]Von den für den einzelnen Ehegatten ermittelten Werbungskosten ist jeweils der maßgebende Pauschbetrag für Werbungskosten nach § 9a Satz 1 Nr. 1 EStG abzuziehen.

Sonderausgaben

(2) [1]Sonderausgaben i. S. d. § 10 Abs. 1 Nr. 1, 1a, 1b, 4, 5, 7 und 9 und § 10b EStG[2] sind bei Ehegatten, die beide unbeschränkt einkommensteuerpflichtig sind und nicht dauernd getrennt leben, einheitlich zu ermitteln. [2]Hiervon ist der Sonderausgaben-Pauschbetrag für Ehegatten abzuziehen.

Außergewöhnliche Belastungen

(3) Bei Ehegatten, die beide unbeschränkt einkommensteuerpflichtig sind und nicht dauernd getrennt leben, genügt es für die Anwendung der §§ 33, 33a und 33b Abs. 6 EStG (außergewöhnliche Belastungen), dass die Voraussetzungen für die Eintragung eines Freibetrags in der Person eines Ehegatten erfüllt sind.

Behinderten-Pauschbetrag

(4) [1]Für die Gewährung eines Behinderten-Pauschbetrags nach § 33b EStG ist es bei Ehegatten, die beide unbeschränkt einkommensteuerpflichtig sind und nicht dauernd getrennt leben, unerheblich, wer von ihnen die Voraussetzungen erfüllt. [2]Liegen bei beiden Ehegatten die Voraussetzungen für die Gewährung eines Behinderten-Pauschbetrags vor, ist für jeden Ehegatten der in Betracht kommende Pauschbetrag zu gewähren; dies gilt auch, wenn nur einer von ihnen Arbeitnehmer ist.

Aufteilung des Freibetrags

(5) [1]Bei Ehegatten, die beide unbeschränkt einkommensteuerpflichtig sind und nicht dauernd getrennt leben, ist der Freibetrag grundsätzlich je zur Hälfte aufzuteilen; auf Antrag der Ehegatten ist aber eine andere Aufteilung vorzunehmen (§ 39a Abs. 3 Satz 3 EStG). [2]Eine Ausnahme gilt für einen Freibetrag wegen erhöhter Werbungskosten; dieser darf bei dem Ehegatten berücksichtigt werden, dem die Werbungskosten entstanden sind. [3]Pauschbeträge für behinderte Menschen[3] und Hinterbliebene dürfen abweichend von Satz 1 bei

[1] Nr. **1**.
[2] *Jetzt* § *10* Abs. 1 Nr. 4, 5, 7 und 9 sowie Abs. 1a und § 10b EStG.
[3] **[Amtl. Anm.:]** Jetzt Menschen mit Behinderungen.

demjenigen als Freibetrag bebildet werden, der die Voraussetzungen für den Pauschbetrag erfüllt. [4]Der Freibetrag bei Ehegatten ist vor der Berücksichtigung des Hinzurechnungsbetrags nach § 39a Abs. 1 Satz 1 Nr. 7 EStG aufzuteilen; der Hinzurechnungsbetrag selbst darf nicht aufgeteilt werden.

H 39a.3

Pauschbeträge für Kinder mit Behinderungen. Wegen der Übertragung der Pauschbeträge für Kinder mit Behinderungen auf deren Eltern → R 33b EStR, H 33b EStH.[1)]

Zu § 39b EStG

R 39b.1 *(unbesetzt)*

R 39b.2 Laufender Arbeitslohn und sonstige Bezüge

(1) Laufender Arbeitslohn ist der Arbeitslohn, der dem Arbeitnehmer regelmäßig fortlaufend zufließt, insbesondere:

1. Monatsgehälter,
2. Wochen- und Tagelöhne,
3. Mehrarbeitsvergütungen,
4. Zuschläge und Zulagen,
5. geldwerte Vorteile aus der ständigen Überlassung von Dienstwagen zur privaten Nutzung,
6. Nachzahlungen und Vorauszahlungen, wenn sich diese ausschließlich auf Lohnzahlungszeiträume beziehen, die im Kalenderjahr der Zahlung enden,
7. Arbeitslohn für Lohnzahlungszeiträume des abgelaufenen Kalenderjahres, der innerhalb der ersten drei Wochen des nachfolgenden Kalenderjahres zufließt.

(2) [1]Ein sonstiger Bezug ist der Arbeitslohn, der nicht als laufender Arbeitslohn gezahlt wird. [2]Zu den sonstigen Bezügen gehören insbesondere einmalige Arbeitslohnzahlungen, die neben dem laufenden Arbeitslohn gezahlt werden, z. B.:

1. dreizehnte und vierzehnte Monatsgehälter,
2. einmalige Abfindungen und Entschädigungen,
3. Gratifikationen und Tantiemen, die nicht fortlaufend gezahlt werden,
4. Jubiläumszuwendungen,
5. Urlaubsgelder, die nicht fortlaufend gezahlt werden, und Entschädigungen *zur* Abgeltung nicht genommenen Urlaubs,
6. Vergütungen für Erfindungen,
7. Weihnachtszuwendungen,
8. Nachzahlungen und Vorauszahlungen, wenn sich der Gesamtbetrag oder ein Teilbetrag der Nachzahlung oder Vorauszahlung auf Lohnzahlungs-

---

1) Nr. **1**.

zeiträume bezieht, die in einem anderen Jahr als dem der Zahlung enden, oder wenn Arbeitslohn für Lohnzahlungszeiträume des abgelaufenen Kalenderjahres später als drei Wochen nach Ablauf dieses Jahres zufließt,

9. Ausgleichszahlungen für die in der Arbeitsphase erbrachten Vorleistungen auf Grund eines Altersteilzeitverhältnisses im Blockmodell, das vor Ablauf der vereinbarten Zeit beendet wird,
10. Zahlungen innerhalb eines Kalenderjahres als viertel- oder halbjährliche Teilbeträge.

R **39b.3** Freibeträge für Versorgungsbezüge[1)]

(1) [1]Werden Versorgungsbezüge als sonstige Bezüge gezahlt, so ist § 39b Abs. 3 EStG anzuwenden. [2]Danach dürfen die Freibeträge für Versorgungsbezüge von dem sonstigen Bezug nur abgezogen werden, soweit sie bei der Feststellung des maßgebenden Jahresarbeitslohns nicht verbraucht sind. [3]Werden laufende Versorgungsbezüge erstmals gezahlt, nachdem im selben Kalenderjahr bereits Versorgungsbezüge als sonstige Bezüge gewährt worden sind, so darf der Arbeitgeber die maßgebenden Freibeträge für Versorgungsbezüge bei den laufenden Bezügen nur berücksichtigen, soweit sie sich bei den sonstigen Bezügen nicht ausgewirkt haben. [4]Von Arbeitslohn, von dem die Lohnsteuer nach §§ 40 bis 40b EStG mit Pauschsteuersätzen erhoben wird, dürfen die Freibeträge für Versorgungsbezüge nicht abgezogen werden.

(2) Durch die Regelungen des Absatzes 1 wird die steuerliche Behandlung der Versorgungsbezüge beim Lohnsteuer-Jahresausgleich durch den Arbeitgeber oder bei einer Veranlagung zur Einkommensteuer nicht berührt.

R **39b.4** Altersentlastungsbetrag beim Lohnsteuerabzug

(1) Der Altersentlastungsbetrag ist auch bei beschränkt einkommensteuerpflichtigen Arbeitnehmern abzuziehen (→ § 50 Abs. 1 Satz 3 EStG).

(2) [1]Wird Arbeitslohn als sonstiger Bezug gezahlt, so ist § 39b Abs. 3 EStG anzuwenden. [2]Danach darf der Altersentlastungsbetrag von dem sonstigen Bezug nur abgezogen werden, soweit er bei der Feststellung des maßgebenden Jahresarbeitslohns nicht verbraucht ist. [3]Wird laufender Arbeitslohn erstmals gezahlt, nachdem im selben Kalenderjahr ein Altersentlastungsbetrag bereits bei sonstigen Bezügen berücksichtigt worden ist, so darf der Arbeitgeber den maßgebenden steuerfreien Höchstbetrag bei den laufenden Bezügen nur berücksichtigen, soweit er sich bei den sonstigen Bezügen nicht ausgewirkt hat. [4]Von Arbeitslohn, von dem die Lohnsteuer nach §§ 40 bis 40b EStG mit Pauschsteuersätzen erhoben wird, darf der Altersentlastungsbetrag nicht abgezogen werden.

---

1) Siehe auch BMF v. 19.8.2013, BStBl. I 2013, 1087, geänd. durch BMF v. 10.1.2014, BStBl. I 2014, 70, v. 10.4.2015, BStBl. I 2015, 256, v. 1.6.2015, BStBl. I 2015, 475, v. 4.7.2016, BStBl. I 2016, 645, v. 19.12.2016, BStBl. I 2016, 1433, v. 24.5.2017, BStBl. I 2017, 820, v. *6.11.2017, BStBl. I 2017*, 1455, 28.9.2021, BStBl. I 2021, 1831, v. 10.1.2022, BStBl. I 2022, 36.

(3) Durch die Regelungen der Absätze 1 und 2 wird die steuerliche Behandlung des Altersentlastungsbetrags beim Lohnsteuer-Jahresausgleich durch den Arbeitgeber oder bei einer Veranlagung zur Einkommensteuer nicht berührt.

R 39b.5 Einbehaltung der Lohnsteuer vom laufenden Arbeitslohn

Allgemeines

(1) [1]Der Arbeitgeber hat die Lohnsteuer grundsätzlich bei jeder Zahlung vom Arbeitslohn einzubehalten (→ § 38 Abs. 3 EStG). [2]Reichen die dem Arbeitgeber zur Verfügung stehenden Mittel zur Zahlung des vollen vereinbarten Arbeitslohns nicht aus, hat er die Lohnsteuer von dem tatsächlich zur Auszahlung gelangenden niedrigeren Betrag zu berechnen und einzubehalten. [3]Der Lohnsteuerermittlung sind jeweils die Lohnsteuerabzugsmerkmale (→ § 39 EStG) zugrunde zu legen, die für den Tag gelten, an dem der Lohnzahlungszeitraum endet; dies gilt auch bei einem Wechsel des ersten Arbeitgebers (Hauptarbeitgeber) im Laufe des Lohnzahlungszeitraums. [4]Für Lohnzahlungen vor Ende des betreffenden Lohnzahlungszeitraums sind zunächst die zu diesem Zeitpunkt bereitgestellten Lohnsteuerabzugsmerkmale (§ 39e Abs. 5 EStG) zugrunde zu legen. [5]Werden nach einer solchen Lohnzahlung Lohnsteuerabzugsmerkmale bekannt, die auf den Lohnzahlungszeitraum zurückwirken, ist § 41c Abs. 1 Satz 1 Nr. 1 EStG anzuwenden.

Lohnzahlungszeitraum

(2) [1]Der Zeitraum, für den jeweils der laufende Arbeitslohn gezahlt wird, ist der Lohnzahlungszeitraum. [2]Ist ein solcher Zeitraum nicht feststellbar, so tritt an seine Stelle die Summe der tatsächlichen Arbeitstage oder der tatsächlichen Arbeitswochen (→ § 39b Abs. 5 Satz 4 EStG). [3]Solange das Dienstverhältnis fortbesteht, sind auch solche in den Lohnzahlungszeitraum fallende Arbeitstage mitzuzählen, für die der Arbeitnehmer keinen steuerpflichtigen Arbeitslohn bezogen hat.

(3) [1]Wird der Arbeitslohn für einen Lohnzahlungszeitraum gezahlt, für den der steuerfreie Betrag oder der Hinzurechnungsbetrag den Lohnsteuerabzugsmerkmalen nicht unmittelbar entnommen werden kann, hat der Arbeitgeber für diesen Lohnzahlungszeitraum den zu berücksichtigenden Betrag selbst zu berechnen. [2]Er hat dabei von dem für den monatlichen Lohnzahlungszeitraum geltenden – also aufgerundeten – steuerfreien Betrag auszugehen.

Nachzahlungen, Vorauszahlungen

(4) *[1]Stellen* Nachzahlungen oder Vorauszahlungen laufenden Arbeitslohn dar (→ R 39b.2 Abs. 1), ist die Nachzahlung oder Vorauszahlung für die Berechnung der Lohnsteuer den Lohnzahlungszeiträumen zuzurechnen, für die sie geleistet werden. [2]Es bestehen jedoch keine Bedenken, diese Nachzahlungen und Vorauszahlungen als sonstige Bezüge nach R 39b.6 zu behandeln, wenn nicht der Arbeitnehmer die Besteuerung nach Satz 1 verlangt; die Pauschalierung nach § 40 Abs. 1 Satz 1 Nr. 1 EStG ist nicht zulässig.

Abschlagszahlungen

(5) [1]Zahlt der Arbeitgeber den Arbeitslohn für den üblichen Lohnzahlungszeitraum nur in ungefährer Höhe (Abschlagszahlung) und nimmt er eine genaue Lohnabrechnung für einen längeren Zeitraum vor, so braucht er nach § 39b Abs. 5 EStG die Lohnsteuer erst bei der Lohnabrechnung einzubehalten, wenn der Lohnabrechnungszeitraum fünf Wochen nicht übersteigt und die Lohnabrechnung innerhalb von drei Wochen nach Ablauf des Lohnabrechnungszeitraums erfolgt. [2]Die Lohnabrechnung gilt als abgeschlossen, wenn die Zahlungsbelege den Bereich des Arbeitgebers verlassen haben; auf den zeitlichen Zufluss der Zahlung beim Arbeitnehmer kommt es nicht an. [3]Wird die Lohnabrechnung für den letzten Abrechnungszeitraum des abgelaufenen Kalenderjahres erst im nachfolgenden Kalenderjahr, aber noch innerhalb der 3-Wochen-Frist vorgenommen, so handelt es sich um Arbeitslohn und einbehaltene Lohnsteuer dieses Lohnabrechnungszeitraums; der Arbeitslohn und die Lohnsteuer sind deshalb im Lohnkonto und in den Lohnsteuerbelegen des abgelaufenen Kalenderjahres zu erfassen. [4]Die einbehaltene Lohnsteuer ist aber für die Anmeldung und Abführung als Lohnsteuer des Kalendermonats bzw. Kalendervierteljahres zu erfassen, in dem die Abrechnung tatsächlich vorgenommen wird.

H 39b.5

Abschlagszahlungen.

Beispiele zum Zeitpunkt der Lohnsteuereinbehaltung:

A. Ein Arbeitgeber mit monatlichen Abrechnungszeiträumen leistet jeweils am 20. eines Monats eine Abschlagszahlung. Die Lohnabrechnung wird am 10. des folgenden Monats mit der Auszahlung von Spitzenbeträgen vorgenommen.
Der Arbeitgeber ist berechtigt, auf eine Lohnsteuereinbehaltung bei der Abschlagszahlung zu verzichten und die Lohnsteuer erst bei der Schlussabrechnung einzubehalten.

B. Ein Arbeitgeber mit monatlichen Abrechnungszeiträumen leistet jeweils am 28. für den laufenden Monat eine Abschlagszahlung und nimmt die Lohnabrechnung am 28. des folgenden Monats vor.
Die Lohnsteuer ist bereits von der Abschlagszahlung einzubehalten, da die Abrechnung nicht innerhalb von drei Wochen nach Ablauf des Lohnabrechnungszeitraums erfolgt.

C. Auf den Arbeitslohn für Dezember werden Abschlagszahlungen geleistet. Die Lohnabrechnung erfolgt am 15.1.
Die dann einzubehaltende Lohnsteuer ist spätestens am 10.2. als Lohnsteuer des Monats Januar anzumelden und abzuführen. Sie gehört gleichwohl zum Arbeitslohn des abgelaufenen Kalenderjahres und ist in die Lohnsteuerbescheinigung für das abgelaufene Kalenderjahr aufzunehmen.

Nachzahlungen.

Beispiel zur Berechnung der Lohnsteuer:

Ein Arbeitnehmer mit einem laufenden Bruttoarbeitslohn von 2000 € monatlich erhält im September eine Nachzahlung von 400 € für die Monate Januar bis August.
Von dem Monatslohn von 2000 € ist nach der maßgebenden Steuerklasse eine Lohnsteuer von 100 € einzubehalten. Von dem um die anteilige Nachzahlung erhöhten Monatslohn von 2050 € ist eine Lohnsteuer von 115 € einzubehalten. Auf die anteilige monatliche Nachzahlung von 50 € entfällt mithin eine Lohnsteuer von 15 €. Dieser Betrag, vervielfacht mit der Zahl der in Betracht kommenden Monate, ergibt dann die Lohnsteuer für die Nachzahlung (15 € × 8 =) 120 €.

R 39b.6 Einbehaltung der Lohnsteuer von sonstigen Bezügen

Allgemeines

(1) [1]Von einem sonstigen Bezug ist die Lohnsteuer stets in dem Zeitpunkt einzubehalten, in dem er zufließt. [2]Der Lohnsteuerermittlung sind die Lohnsteuerabzugsmerkmale zugrunde zu legen, die zum Ende des Kalendermonats des Zuflusses gelten. [3]Der maßgebende Arbeitslohn (§ 39b Abs. 3 EStG) kann nach Abzug eines Freibetrags auch negativ sein.

Voraussichtlicher Jahresarbeitslohn

(2) [1]Zur Ermittlung der von einem sonstigen Bezug einzubehaltenden Lohnsteuer ist jeweils der voraussichtliche Jahresarbeitslohn des Kalenderjahres zugrunde zu legen, in dem der sonstige Bezug dem Arbeitnehmer zufließt. [2]Dabei sind der laufende Arbeitslohn, der für die im Kalenderjahr bereits abgelaufenen Lohnzahlungszeiträume zugeflossen ist, und die in diesem Kalenderjahr bereits gezahlten sonstigen Bezüge mit dem laufenden Arbeitslohn zusammenzurechnen, der sich voraussichtlich für die Restzeit des Kalenderjahres ergibt. [3]Statt dessen kann der voraussichtlich für die Restzeit des Kalenderjahres zu zahlende laufende Arbeitslohn durch Umrechnung des bisher zugeflossenen laufenden Arbeitslohns ermittelt werden. [4]Künftige sonstige Bezüge, deren Zahlung bis zum Ablauf des Kalenderjahres zu erwarten ist, sind nicht zu erfassen.

Sonstige Bezüge nach Ende des Dienstverhältnisses

(3) [1]Werden sonstige Bezüge gezahlt, nachdem der Arbeitnehmer aus dem Dienstverhältnis ausgeschieden ist, sind der Lohnsteuerermittlung die Lohnsteuerabzugsmerkmale zugrunde zu legen, die zum Ende des Kalendermonats des Zuflusses gelten. [2]Der voraussichtliche Jahresarbeitslohn ist auf der Grundlage der Angaben des Arbeitnehmers zu ermitteln. [3]Macht der Arbeitnehmer keine Angaben, ist der beim bisherigen Arbeitgeber zugeflossene Arbeitslohn auf einen Jahresbetrag hochzurechnen. [4]Eine Hochrechnung ist nicht erforderlich, wenn mit dem Zufließen von weiterem Arbeitslohn im Laufe des Kalenderjahres, z. B. wegen Alters oder Erwerbsunfähigkeit, nicht zu rechnen ist.

Zusammentreffen regulär und ermäßigt besteuerter sonstiger Bezüge

(4) Trifft ein sonstiger Bezug im Sinne von § 39b Abs. 3 Satz 1 bis 7 EStG mit einem sonstigen Bezug i. S. d. § 39b Abs. 3 Satz 9 EStG zusammen, so ist zunächst die Lohnsteuer für den sonstigen Bezug im Sinne des § 39b Abs. 3 Satz 1 bis 7 EStG und danach die Lohnsteuer für den anderen sonstigen Bezug zu ermitteln.

Regulär zu besteuernde Entschädigungen

(5) [1]Liegen bei einer Entschädigung im Sinne des § 24 Nr. 1 EStG die Voraussetzungen für die Steuerermäßigung nach § 34 EStG nicht vor, ist die Entschädigung als regulär zu besteuernder sonstiger Bezug zu behandeln. [2]Es ist aus Vereinfachungsgründen nicht zu beanstanden, wenn dieser sonstige Bezug bei der Anwendung des § 39b Abs. 2 Satz 5 Nr. 3 Buchstabe a bis c EStG berücksichtigt wird.

H 39b.6

Beispiele:

A. Berechnung des voraussichtlichen Jahresarbeitslohnes

Ein Arbeitgeber X zahlt im September einen sonstigen Bezug von 1200 € an einen Arbeitnehmer. Der Arbeitnehmer hat seinem Arbeitgeber zwei Ausdrucke der elektronischen Lohnsteuerbescheinigungen seiner vorigen Arbeitgeber vorgelegt:

a) Dienstverhältnis beim Arbeitgeber A vom 1.1. bis 31.3., Arbeitslohn	8400 €,
b) Dienstverhältnis beim Arbeitgeber B vom 1.5. bis 30.6., Arbeitslohn	4200 €.

Der Arbeitnehmer war im April arbeitslos. Beim Arbeitgeber X steht der Arbeitnehmer seit dem 1.7. in einem Dienstverhältnis; er hat für die Monate Juli und August ein Monatsgehalt von 2400 € bezogen, außerdem erhielt er am 20.8. einen sonstigen Bezug von 500 €. Vom ersten September an erhält er ein Monatsgehalt von 2800 € zuzüglich eines weiteren halben (13.) Monatsgehalts am 1.12.

Der vom Arbeitgeber im September zu ermittelnde voraussichtliche Jahresarbeitslohn (ohne den sonstigen Bezug, für den die Lohnsteuer ermittelt werden soll) beträgt hiernach:

Arbeitslohn 1.1. bis 30.6. (8400 € + 4200 €)	12 600 €
Arbeitslohn 1.7. bis 31.8. (2 × 2400 € + 500 €)	5 300 €
Arbeitslohn 1.9. bis 31.12. (voraussichtlich 4 × 2800 €)	11 200 €
	29 100 €

Das halbe 13. Monatsgehalt ist ein zukünftiger sonstiger Bezug und bleibt daher außer Betracht.

Abwandlung 1:

Legt der Arbeitnehmer seinem Arbeitgeber X zwar den Nachweis über seine Arbeitslosigkeit im April, nicht aber die Ausdrucke der elektronischen Lohnsteuerbescheinigungen der Arbeitgeber A und B vor, ergibt sich folgender voraussichtlicher Jahresarbeitslohn:

Arbeitslohn 1.1. bis 30.6. (5 × 2800 €)	14 000 €
Arbeitslohn 1.7. bis 31.8. (2 × 2400 € + 500 €)	5 300 €
Arbeitslohn 1.9. bis 31.12. (voraussichtlich 4 × 2800 €)	11 200 €
	30 500 €

Abwandlung 2:

Ist dem Arbeitgeber X nicht bekannt, dass der Arbeitnehmer im April arbeitslos war, ist der Arbeitslohn für die Monate Januar bis Juni mit 6 × 2800 € = 16 800 € zu berücksichtigen.

B. Berechnung des voraussichtlichen Jahresarbeitslohns bei Versorgungsbezügen i. V. m. einem sonstigen Bezug

Ein Arbeitgeber zahlt im April einem 65jährigen Arbeitnehmer einen sonstigen Bezug (Umsatzprovision für das vorangegangene Kalenderjahr) in Höhe von 5000 €. Der Arbeitnehmer ist am 28.2.2022 in den Ruhestand getreten. Der Arbeitslohn betrug bis dahin monatlich 2300 €. Seit dem 1.3.2022 erhält der Arbeitnehmer neben dem Altersruhegeld aus der gesetzlichen Rentenversicherung Versorgungsbezüge i. S. d. § 19 Abs. 2 EStG von monatlich 900 €. Außerdem hat das Finanzamt einen Jahresfreibetrag von 750 € festgesetzt.

Der maßgebende Jahresarbeitslohn, der zu versteuernde Teil des sonstigen Bezugs und die einzubehaltende Lohnsteuer sind wie folgt zu ermitteln:

I. Neben dem Arbeitslohn für die Zeit vom 1.1. bis 28.2. von (2 × 2300 € =)	4 600 €
gehören zum voraussichtlichen Jahresarbeitslohn die Versorgungsbezüge vom 1.3. an mit monatlich 900 €; voraussichtlich werden gezahlt (10 × 900 €)	9 000 €
Der voraussichtliche Jahresarbeitslohn beträgt somit	13 600 €

II. Vom voraussichtlichen Jahresarbeitslohn sind folgende Beträge abzuziehen (→ § 39b Abs. 3 Satz 3 EStG):	
a) der zeitanteilige Versorgungsfreibetrag und der Zuschlag zum Versorgungsfreibetrag, unabhängig von der Höhe der bisher berücksichtigten Freibeträge für Versorgungsbezüge (14,4 % von 10 800 €[1]) = 1555,20 €, höchstens 1080 € zuzüglich 324 € = 1404 €, davon $^{10}/_{12}$)	1170,00 €
b) der Altersentlastungsbetrag unabhängig von der Höhe des bisher berücksichtigten Betrags (14,4 % von 4600 € = 662,40 €, höchstens 684 €)	662,40 €
c) vom Finanzamt festgesetzter Freibetrag von jährlich	750,00 €
Gesamtabzugsbetrag somit	2 582,40 €
III. Der maßgebende Jahresarbeitslohn beträgt somit (13 600 € ./. 2582,40 €)	11 017,60 €
IV. Von dem sonstigen Bezug in Höhe von	5 000 €
ist der Altersentlastungsbetrag in Höhe von 14,4 %, höchstens jedoch der Betrag, um den der Jahreshöchstbetrag von 684 € den bei Ermittlung des maßgebenden Jahresarbeitslohns abgezogenen Betrag überschreitet, abzuziehen	
V. (14,4 % von 5000 € = 720 €, höchstens 684 € abzüglich 662,40 €)	21,60 €
Der zu versteuernde Teil des sonstigen Bezugs beträgt somit	4 978,40 €
VI. Der maßgebende Jahresarbeitslohn einschließlich des sonstigen Bezugs beträgt somit (11 017,60 € + 4978,40 €)	15 996,00 €

C. Berechnung der Lohnsteuer beim gleichzeitigen Zufluss eines regulär und eines ermäßigt besteuerten sonstigen Bezugs

Ein Arbeitgeber zahlt seinem Arbeitnehmer, dessen Jahresarbeitslohn 40 000 € beträgt, im Dezember einen sonstigen Bezug (Weihnachtsgeld) in Höhe von 3000 € und daneben eine Jubiläumszuwendung von 2500 €, von dem die Lohnsteuer nach § 39b Abs. 3 Satz 9 i. V. m. § 34 EStG einzubehalten ist.

Die Lohnsteuer ist wie folgt zu ermitteln:

		darauf entfallende Lohnsteuer		
Jahresarbeitslohn	40 000 €	9 000 €		
zzgl. Weihnachtsgeld	3 000 €			
	43 000 €	10 000 €	= LSt auf das Weihnachtsgeld	1000 €
zzgl. $^1/_5$ der Jubiläumszuwendung	500 €			
	43 500 €	10 150 €	= LSt auf $^1/_5$ der Jubiläumszuwendung = 150 € × 5	750 €
			LSt auf beide sonstigen Bezüge =	1750 €

D. Berechnung der Lohnsteuer bei einem ermäßigt besteuerten sonstigen Bezug im Zusammenspiel mit einem Freibetrag

Ein Arbeitgeber zahlt seinem ledigen Arbeitnehmer, dessen Jahresarbeitslohn 78 000 € beträgt, im Dezember eine steuerpflichtige Abfindung von 62 000 €, von der die Lohnsteuer nach § 39b Abs. 3 Satz 9 i. V. m. § 34 EStG einzubehalten ist. Das Finanzamt hat einen Freibetrag (Verlust V+V) i. H. v. 80 000 € festgesetzt.

---

[1] **[Amtl. Anm.:]** Maßgebend ist der erste Versorgungsbezug (900 €) × 12 Monate, → § 19 Abs. 2 Satz 4 EStG.

Die Lohnsteuer ist wie folgt zu ermitteln:

Jahresarbeitslohn	78 000 €
abzüglich Freibetrag	80 000 €
	./. 2 000 €
zuzüglich Abfindung	62 000 €
Zwischensumme	60 000 €
Davon 1/5	12 000 €
darauf entfallende Lohnsteuer	200 €
Lohnsteuer auf die Abfindung (5 × 200 €)	1 000 €

Fünftelungsregelung.

- → BMF vom 1.11.2013 (BStBl. I S. 1326), geändert durch BMF vom 4.3.2016 (BStBl. I S. 277).
- Die Fünftelungsregelung ist nicht anzuwenden, wenn sie zu einer höheren Steuer führt als die Besteuerung als nicht begünstigter sonstiger Bezug (→ BMF vom 10.1.2000 – BStBl. I S. 138).
- Bei Jubiläumszuwendungen kann der Arbeitgeber im Lohnsteuerabzugsverfahren eine Zusammenballung unterstellen, wenn die Zuwendung an einen Arbeitnehmer gezahlt wird, der voraussichtlich bis Ende des Kalenderjahres nicht aus dem Dienstverhältnis ausscheidet (→ BMF vom 10.1.2000 – BStBl. I S. 138).
- Bei Aktienoptionsprogrammen kann die Fünftelungsregelung angewendet werden, wenn die Laufzeit zwischen Einräumung und Ausübung der Optionsrechte mehr als 12 Monate beträgt und der Arbeitnehmer in dieser Zeit auch bei seinem Arbeitgeber beschäftigt ist. Dies gilt auch dann, wenn dem Arbeitnehmer wiederholt Aktienoptionen eingeräumt worden sind und die jeweilige Option nicht in vollem Umfang in einem Kalenderjahr ausgeübt worden ist (→ BFH vom 18.12.2007 – BStBl. 2008 II S. 294).

Regelmäßig wiederkehrende Einnahmen. Nach § 11 Abs. 1 Satz 2 EStG gelten regelmäßig wiederkehrende Einnahmen, die dem Stpfl. kurze Zeit vor Beginn oder kurze Zeit nach Beendigung des Kalenderjahres zugeflossen sind, als in dem Kalenderjahr bezogen, zu dem sie wirtschaftlich gehören. Diese Regelung ist auf sonstige Bezüge nicht anwendbar (→ BFH vom 24.8.2017 – BStBl. 2018 II S. 72).

Vergütung für eine mehrjährige Tätigkeit. → R 34.4 EStR, H 34.4 EStH.[1)]

Wechsel der Art der Steuerpflicht. Bei der Berechnung der Lohnsteuer für einen sonstigen Bezug, der einem (ehemaligen) Arbeitnehmer nach einem Wechsel von der unbeschränkten in die beschränkte Steuerpflicht in diesem Kalenderjahr zufließt, ist der während der Zeit der unbeschränkten Steuerpflicht gezahlte Arbeitslohn im Jahresarbeitslohn zu berücksichtigen (→ BFH vom 25.8.2009 – BStBl. 2010 II S. 150).

R **39b.7** *(unbesetzt)*

[1)] Nr. 1.

H 39b.7

Ermittlung der Vorsorgepauschale im Lohnsteuerabzugsverfahren. → BMF vom 26.11.2013 (BStBl. I S. 1532).

R 39b.8 Permanenter Lohnsteuer-Jahresausgleich[1]

[1]Nach § 39b Abs. 2 Satz 12 EStG darf das Betriebsstättenfinanzamt zulassen, dass die Lohnsteuer nach dem voraussichtlichen Jahresarbeitslohn ermittelt wird (so genannter permanenter Lohnsteuer-Jahresausgleich). [2]Voraussetzung für den permanenten Lohnsteuer-Jahresausgleich ist, dass

1. der Arbeitnehmer *unbeschränkt einkommensteuerpflichtig* ist,[2]
2. der Arbeitnehmer seit Beginn des Kalenderjahres ständig in einem Dienstverhältnis gestanden hat,[3]
3. die zutreffende Jahreslohnsteuer (→ § 38a Abs. 2 EStG) nicht unterschritten wird,
4. bei der Lohnsteuerberechnung kein Freibetrag oder Hinzurechnungsbetrag zu berücksichtigen war,
5. das Faktorverfahren nicht angewandt wurde,
6. der Arbeitnehmer kein Kurzarbeitergeld einschl. Saison-Kurzarbeitergeld, keinen Zuschuss zum Mutterschaftsgeld nach dem Mutterschutzgesetz oder § 3 der Mutterschutz- und Elternzeitverordnung oder einer entsprechenden Landesregelung, keine Entschädigung für Verdienstausfall nach dem Infektionsschutzgesetz, keine Aufstockungsbeträge nach dem AltTZG und keine Zuschläge auf Grund § 6 Abs. 2 des Bundesbesoldungsgesetzes (BBesG) bezogen hat,
7. im Lohnkonto oder in der Lohnsteuerbescheinigung kein Großbuchstabe U eingetragen ist,
8. im Kalenderjahr im Rahmen der Vorsorgepauschale jeweils nicht nur zeitweise Beträge nach § 39b Abs. 2 Satz 5 Nr. 3 Buchstabe a bis d EStG oder der Beitragszuschlag nach § 39b Abs. 2 Satz 5 Nr. 3 Buchstabe c EStG berücksichtigt wurden und – bezogen auf den Teilbetrag der Vorsorgepauschale für die Rentenversicherung – der Arbeitnehmer innerhalb des Kalenderjahres durchgängig zum Anwendungsbereich nur einer Beitragsbemessungsgrenze (West oder Ost) gehörte und – bezogen auf den Teilbetrag der Vorsorgepauschale für die Rentenversicherung oder die gesetzliche Kranken- und soziale Pflegeversicherung – innerhalb des Kalenderjahres durchgängig ein Beitragssatz anzuwenden war,
9. der Arbeitnehmer keinen Arbeitslohn bezogen hat, der nach einem Doppelbesteuerungsabkommen oder nach dem Auslandstätigkeitserlass von der *deutschen Lohnsteuer* freigestellt ist.

---

[1] **[Amtl. Anm.:]** Zum permanenten Lohnsteuer-Jahresausgleich bei kurzfristig Beschäftigten in Steuerklasse VI siehe § 39b Abs. 2 Satz 13 ff. EStG.

[2] **[Amtl. Anm.:]** Der Lohnsteuer-Jahresausgleich ist auch für beschränkt steuerpflichtige Arbeitnehmer zulässig → § 42b Abs. 1 Satz 1 EStG.

[3] Permanenter LSt-Jahresausgleich nur bei Bestehen eines durchgängigen Dienstverhältnisses zu demselben Arbeitgeber seit Beginn des Kj., siehe R 42b Abs. 1 Nr. 1 LStR.

[3] Auf die Steuerklasse des Arbeitnehmers kommt es nicht an. [4] Sind die in Satz 2 bezeichneten Voraussetzungen erfüllt, so gilt die Genehmigung des Betriebsstättenfinanzamts grundsätzlich als erteilt, wenn sie nicht im Einzelfall widerrufen wird. [5] Die besondere Lohnsteuerermittlung nach dem voraussichtlichen Jahresarbeitslohn beschränkt sich im Übrigen auf den laufenden Arbeitslohn; für die Lohnsteuerermittlung von sonstigen Bezügen sind stets § 39b Abs. 3 EStG und R 39b.6 anzuwenden. [6] Zur Anwendung des besonderen Verfahrens ist nach Ablauf eines jeden Lohnzahlungszeitraums oder – in den Fällen des § 39b Abs. 5 EStG – Lohnabrechnungszeitraums der laufende Arbeitslohn der abgelaufenen Lohnzahlungs- oder Lohnabrechnungszeiträume auf einen Jahresbetrag hochzurechnen, z. B. der laufende Arbeitslohn für die Monate Januar bis April × 3. [7] Von dem Jahresbetrag sind die Freibeträge für Versorgungsbezüge (→ § 19 Abs. 2 EStG) und der Altersentlastungsbetrag (→ § 24a EStG) abzuziehen, wenn die Voraussetzungen für den Abzug jeweils erfüllt sind. [8] Für den verbleibenden Jahreslohn ist die Jahreslohnsteuer zu ermitteln. [9] Dabei ist die für den Lohnzahlungszeitraum geltende Steuerklasse maßgebend. [10] Sodann ist der Teilbetrag der Jahreslohnsteuer zu ermitteln, der auf die abgelaufenen Lohnzahlungs- oder Lohnabrechnungszeiträume entfällt. [11] Von diesem Steuerbetrag ist die Lohnsteuer abzuziehen, die von dem laufenden Arbeitslohn der abgelaufenen Lohnzahlungs- oder Lohnabrechnungszeiträume bereits erhoben worden ist; der Restbetrag ist die Lohnsteuer, die für den zuletzt abgelaufenen Lohnzahlungs- oder Lohnabrechnungszeitraum zu erheben ist. [12] In den Fällen, in denen die maßgebende Steuerklasse während des Kalenderjahres gewechselt hat, ist anstelle der Lohnsteuer, die vom laufenden Arbeitslohn der abgelaufenen Lohnzahlungs- oder Lohnabrechnungszeiträume erhoben worden ist, die Lohnsteuer abzuziehen, die nach der zuletzt maßgebenden Steuerklasse vom laufenden Arbeitslohn bis zum vorletzten abgelaufenen Lohnzahlungs- oder Lohnabrechnungszeitraum zu erheben gewesen wäre.

R **39b.9 Besteuerung des Nettolohns**

(1) [1] Will der Arbeitgeber auf Grund einer Nettolohnvereinbarung die auf den Arbeitslohn entfallende Lohnsteuer, den Solidaritätszuschlag, die Kirchensteuer und den Arbeitnehmeranteil am Gesamtsozialversicherungsbeitrag selbst tragen, sind die von ihm übernommenen Abzugsbeträge Teile des Arbeitslohns, die dem Nettolohn zur Steuerermittlung hinzugerechnet werden müssen. [2] Die Lohnsteuer ist aus dem Bruttoarbeitslohn zu berechnen, der nach Minderung um die übernommenen Abzugsbeträge den Nettolohn ergibt. [3] Dies gilt sinngemäß, wenn der Arbeitgeber nicht alle Abzugsbeträge übernehmen will. [4] Ein beim Lohnsteuerabzug zu berücksichtigender Freibetrag, die Freibeträge für Versorgungsbezüge, der Altersentlastungsbetrag und ein Hinzurechnungsbetrag sind beim Bruttoarbeitslohn zu berücksichtigen. [5] Führen mehrere Bruttoarbeitslöhne zum gewünschten Nettolohn, kann der niedrigste Bruttoarbeitslohn zugrunde gelegt werden.

(2) [1] Sonstige Bezüge, die netto gezahlt werden, z. B. Nettogratifikationen, *sind nach § 39b Abs. 3 EStG* zu besteuern. [2] R 39b.6 ist mit der Maßgabe anzuwenden, dass bei der Ermittlung des maßgebenden Jahresarbeitslohns der

voraussichtliche laufende Jahresarbeitslohn und frühere, netto gezahlte sonstige Bezüge mit den entsprechenden Bruttobeträgen nach Absatz 1 anzusetzen sind. [3] Diese Bruttobeträge sind auch bei späterer Zahlung sonstiger Bezüge im selben Kalenderjahr bei der Ermittlung des maßgebenden Jahresarbeitslohns zugrunde zu legen.

(3) [1] Bei der manuellen Berechnung der Lohnsteuer anhand von Lohnsteuertabellen wird eine Nettolohnvereinbarung mit steuerlicher Wirkung nur anerkannt, wenn sich gegenüber der maschinellen Lohnsteuerberechnung keine Abweichungen ergeben. [2] Geringfügige Abweichungen auf Grund des Lohnstufenabstands (§ 51 Abs. 4 Nr. 1a EStG) sind hier jedoch unbeachtlich.

(4) Im Lohnkonto und in den Lohnsteuerbescheinigungen sind die nach den Absätzen 1 und 2 ermittelten Bruttoarbeitslöhne anzugeben.

H 39b.9

Anerkennung einer Nettolohnvereinbarung. Eine Nettolohnvereinbarung mit steuerlicher Wirkung kann nur bei einwandfreier Gestaltung anerkannt werden (→ BFH vom 18.1.1957 – BStBl. III S. 116, vom 18.5.1972 – BStBl. II S. 816, vom 12.12.1979 – BStBl. 1980 II S. 257 und vom 28.2.1992 – BStBl. II S. 733).

Einkommensteuernachzahlung bei Nettolohnvereinbarung. Leistet der Arbeitgeber bei einer Nettolohnvereinbarung für den Arbeitnehmer eine Einkommensteuernachzahlung für einen vorangegangenen VZ, wendet er dem Arbeitnehmer Arbeitslohn zu, der dem Arbeitnehmer als sonstiger Bezug im Zeitpunkt der Zahlung zufließt. Der in der Tilgung der persönlichen Einkommensteuerschuld des Arbeitnehmers durch den Arbeitgeber liegende Vorteil unterliegt der Einkommensteuer. Er ist deshalb auf einen Bruttobetrag hochzurechnen (→ BFH vom 3.9.2015 – BStBl. 2016 II S. 31).

Finanzrechtsweg bei Nettolohnvereinbarung. Bei einer Nettolohnvereinbarung ist für Streitigkeiten über die Höhe des in der Lohnsteuerbescheinigung auszuweisenden Bruttoarbeitslohns der Finanzrechtsweg nicht gegeben. Ein unzutreffender Lohnsteuerabzug kann durch Einwendungen gegen die Lohnsteuerbescheinigung nicht berichtigt werden (→ BFH vom 13.12.2007 – BStBl. 2008 II S. 434).

Steuerschuldner bei Nettolohnvereinbarung bleibt der Arbeitnehmer (→ BFH vom 19.12.1960 – BStBl. 1961 III S. 170).

R 39b.10 Anwendung von Doppelbesteuerungsabkommen

[1] Ist die Steuerbefreiung nach einem Doppelbesteuerungsabkommen antragsunabhängig, hat das Betriebsstättenfinanzamt gleichwohl auf Antrag eine Freistellungsbescheinigung zu erteilen. [2] Das Finanzamt hat in der Bescheinigung den Zeitraum anzugeben, für den sie gilt. [3] Dieser Zeitraum darf grundsätzlich 3 Jahre nicht überschreiten und soll mit Ablauf eines Kalenderjahres enden. [4] Die Bescheinigung ist vom Arbeitgeber als Beleg zum Lohnkonto

aufzubewahren. [5]Der Verzicht auf den Lohnsteuerabzug schließt die Berücksichtigung des Progressionsvorbehalts (→ § 32b EStG) bei einer Veranlagung des Arbeitnehmers zur Einkommensteuer nicht aus. [6]Die Nachweispflicht nach § 50d Abs. 8 EStG betrifft nicht das Lohnsteuerabzugsverfahren.

H 39b.10

Abfindungen. → § 50d Abs. 12 EStG; → BMF vom 3.5.2018 (BStBl. I S. 643), Tz. 5.5.5 (Rn. 220 ff.).

Antragsabhängige Steuerbefreiung nach DBA. Der Lohnsteuerabzug darf nur dann unterbleiben, wenn das Betriebsstättenfinanzamt bescheinigt, dass der Arbeitslohn nicht der deutschen Lohnsteuer unterliegt (→ BFH vom 10.5.1989 – BStBl. II S. 755).

Anwendung der 183-Tage-Klausel. → BMF vom 3.5.2018 (BStBl. I S. 643), Tz. 4 (Rn. 80 ff.).

Aufteilung des Arbeitslohns. → BMF vom 14.3.2017 (BStBl. I S. 473) zur Ermittlung des steuerfreien und steuerpflichtigen Arbeitslohns nach den DBA und dem Auslandstätigkeitserlass.[1)]

Doppelbesteuerungsabkommen. Stand 1.1.2021 → BMF vom 18.2.2021 (BStBl. I S. 295); Stand 1.1.2022 → BMF vom 19.1.2022 (BStBl. I S. 147).

EU-Tagegeld. → BMF vom 12.4.2006 (BStBl. I S. 340).

Gastlehrkräfte. → BMF vom 10.1.1994 (BStBl. I S. 14).

Organe einer Kapitalgesellschaft. → BMF vom 3.5.2018 (BStBl. I S. 643), Tz. 6.1 (Rn. 307 ff.).

Rückfallklausel. Die Rückfallklausel nach § 50d Abs. 8 EStG ist für das Lohnsteuerabzugsverfahren und die Fälle des Auslandstätigkeitserlasses nicht anzuwenden (→ BMF vom 3.5.2018 – BStBl. I S. 643, Rn. 49). Das gilt auch für die Anwendung des § 50d Abs. 9 EStG (→ BMF vom 14.3.2017 – BStBl. I S. 473, Rdnr. 27).

Steuerabzugsrecht trotz DBA. Nach Art. 29 Abs. 1 DBA-USA wird das deutsche Recht zur Vornahme des Lohnsteuerabzugs nach innerstaatlichem Recht nicht berührt. Gemäß Art. 29 Abs. 2 DBA-USA ist die im Abzugsweg erhobene Steuer auf Antrag zu erstatten (→ H 41c.1 Erstattungsantrag), soweit das DBA-USA ihre Erhebung einschränkt. Daher kann der Arbeitgeber ohne eine Freistellungsbescheinigung des Betriebsstättenfinanzamts nicht vom Steuereinbehalt absehen. Das gilt entsprechend für alle anderen DBA, die vergleichbare Regelungen enthalten (→ BMF vom 25.6.2012 – BStBl. I S. 692).[2)]

[1)] BMF v. 31.10.1983, BStBl. I 1983, 470, geänd. durch BMF v. 14.3.2017, BStBl. I 2017, 473. Zur öffentlichen Kasse i. S. d. des Auslandstätigkeitserlasses siehe BMF v. 13.11.2019, BStBl. I 2019, 1082, Rz. 22.

[2)] **Doppelbesteuerungsabkommen USA** Nr. **15.1.**

Zu § 39c EStG

R 39c. Lohnsteuerabzug durch Dritte ohne Lohnsteuerabzugsmerkmale

[1] Ist ein Dritter zum Lohnsteuerabzug verpflichtet, weil er tarifvertragliche Ansprüche eines Arbeitnehmers eines anderen Arbeitgebers unmittelbar zu erfüllen hat (§ 38 Abs. 3a Satz 1 EStG), kann der Dritte die Lohnsteuer für einen sonstigen Bezug unter den Voraussetzungen des § 39c Abs. 3 EStG mit 20 % unabhängig von den für den Arbeitnehmer geltenden Lohnsteuerabzugsmerkmalen ermitteln. [2] Es handelt sich dabei nicht um eine pauschale Lohnsteuer i. S. d. §§ 40 ff. EStG. [3] Schuldner der Lohnsteuer bleibt im Falle des § 39c Abs. 3 EStG der Arbeitnehmer. [4] Der versteuerte Arbeitslohn ist im Rahmen einer Einkommensteuerveranlagung des Arbeitnehmers zu erfassen und die pauschal erhobene Lohnsteuer auf die Einkommensteuerschuld anzurechnen. [5] Der Dritte hat daher dem Arbeitnehmer eine Lohnsteuerbescheinigung auszustellen und die einbehaltene Lohnsteuer zu bescheinigen (§ 41b EStG).

H 39c

Fehlerhafte Bescheinigung. → H 41c.3 (Einzelfälle).

Lohnsteuer-Ermäßigungsverfahren. Im Lohnsteuer-Ermäßigungsverfahren kann auf die Bestätigung der ausländischen Steuerbehörde in der Anlage Grenzpendler EU/EWR bzw. Anlage Grenzpendler außerhalb EU/EWR verzichtet werden, wenn für einen der beiden vorangegangenen Veranlagungszeiträume bereits eine von der ausländischen Steuerbehörde bestätigte Anlage vorliegt und sich die Verhältnisse nach Angaben des Steuerpflichtigen nicht geändert haben (→ BMF vom 25.11.1999 – BStBl. I S. 990).[1)]

Zu § 39d EStG[2)]

R 39d. Durchführung des Lohnsteuerabzugs für beschränkt einkommensteuerpflichtige Arbeitnehmer *(unbesetzt)*

Zu § 39e EStG

H 39e

Allgemeines.

Elektronische Lohnsteuerabzugsmerkmale (ELStAM);

- Lohnsteuerabzug im Verfahren der elektronischen Lohnsteuerabzugsmerkmale → BMF vom 8.11.2018 (BStBl. I S. 1137);
- Abruf der Lohnsteuerabzugsmerkmale im ELStAM-Verfahren für gemäß § 1 Abs. 4 EStG beschränkt einkommensteuerpflichtige Arbeitnehmer ab dem 1.1.2020 → BMF vom 7.11.2019 (BStBl. I S. 1087).

Antragsfrist. → R 39.3 Satz 1.

---

1) Die LStH geben hier bereits die Regelung des BMF-Schreibens wieder.

2) § 39d EStG aufgeh. mWv 1.1.2012 durch BeitrRLUmsG v. 7.12.2011, BGBl. I 2011, 2592.

Zu § 40 EStG

R 40.1 Bemessung der Lohnsteuer nach besonderen Pauschsteuersätzen (§ 40 Abs. 1 EStG)

Größere Zahl von Fällen

(1) [1]Eine größere Zahl von Fällen ist ohne weitere Prüfung anzunehmen, wenn gleichzeitig mindestens 20 Arbeitnehmer in die Pauschalbesteuerung einbezogen werden. [2]Wird ein Antrag auf Lohnsteuerpauschalierung für weniger als 20 Arbeitnehmer gestellt, so kann unter Berücksichtigung der besonderen Verhältnisse des Arbeitgebers und der mit der Pauschalbesteuerung angestrebten Vereinfachung eine größere Zahl von Fällen auch bei weniger als 20 Arbeitnehmern angenommen werden.

Beachtung der Pauschalierungsgrenze

(2) [1]Der Arbeitgeber hat anhand der Aufzeichnungen im Lohnkonto (→ § 4 Abs. 2 Nr. 8 Satz 1 LStDV) vor jedem Pauschalierungsantrag zu prüfen, ob die Summe aus den im laufenden Kalenderjahr bereits gezahlten sonstigen Bezügen, für die die Lohnsteuer mit einem besonderen Steuersatz erhoben worden ist, und aus dem sonstigen Bezug, der nunmehr an den einzelnen Arbeitnehmer gezahlt werden soll, die Pauschalierungsgrenze nach § 40 Abs. 1 Satz 3 EStG übersteigt. [2]Wird diese Pauschalierungsgrenze durch den sonstigen Bezug überschritten, ist der übersteigende Teil nach § 39b Abs. 3 EStG zu besteuern. [3]Hat der Arbeitgeber die Pauschalierungsgrenze mehrfach nicht beachtet, sind Anträge auf Lohnsteuerpauschalierung nach § 40 Abs. 1 Satz 1 Nr. 2 EStG nicht zu genehmigen.

Berechnung des durchschnittlichen Steuersatzes

(3) [1]Die Verpflichtung, den durchschnittlichen Steuersatz zu errechnen, kann der Arbeitgeber dadurch erfüllen, dass er

1. den Durchschnittsbetrag der pauschal zu versteuernden Bezüge,
2. die Zahl der betroffenen Arbeitnehmer nach Steuerklassen getrennt in folgenden drei Gruppen:
   a) Arbeitnehmer in den Steuerklassen I, II und IV,
   b) Arbeitnehmer in der Steuerklasse III und
   c) Arbeitnehmer in den Steuerklassen V und VI sowie
3. die Summe der Jahresarbeitslöhne der betroffenen Arbeitnehmer, gemindert um die nach § 39b Abs. 3 Satz 3 EStG abziehbaren Freibeträge und den Entlastungsbetrag für Alleinerziehende bei der Steuerklasse II,[1)] erhöht um den Hinzurechnungsbetrag,

ermittelt. [2]Hierbei kann aus Vereinfachungsgründen davon ausgegangen werden, dass die betroffenen Arbeitnehmer in allen Zweigen der Sozialversicherung versichert sind und keinen Beitragszuschlag für Kinderlose (§ 55 Abs. 3

[1)] **[Amtl. Anm.:]** Ab 2022 = 4008 Euro (ohne Erhöhungsbeträge für weitere Kinder).

SGB XI) leisten; die individuellen Verhältnisse auf Grund des Faktorverfahrens nach § 39f EStG bleiben unberücksichtigt. [3]Außerdem kann für die Ermittlungen nach Satz 1 Nr. 2 und 3 eine repräsentative Auswahl der betroffenen Arbeitnehmer zugrunde gelegt werden. [4]Zur Festsetzung eines Pauschsteuersatzes für das laufende Kalenderjahr können für die Ermittlung nach Satz 1 Nr. 3 auch die Verhältnisse des Vorjahrs zugrunde gelegt werden. [5]Aus dem nach Satz 1 Nr. 3 ermittelten Betrag hat der Arbeitgeber den durchschnittlichen Jahresarbeitslohn der erfassten Arbeitnehmer zu berechnen. [6]Für jede der in Satz 1 Nr. 2 bezeichneten Gruppen hat der Arbeitgeber so dann den Steuerbetrag zu ermitteln, dem der Durchschnittsbetrag der pauschal zu versteuernden Bezüge unterliegt, wenn er dem durchschnittlichen Jahresarbeitslohn hinzugerechnet wird. [7]Dabei ist für die Gruppe nach Satz 1 Nr. 2 Buchstabe a die Steuerklasse I, für die Gruppe nach Satz 1 Nr. 2 Buchstabe b die Steuerklasse III und für die Gruppe nach Satz 1 Nr. 2 Buchstabe c die Steuerklasse V maßgebend; der Durchschnittsbetrag der pauschal zu besteuernden Bezüge ist auf den nächsten durch 216 ohne Rest teilbaren Euro-Betrag aufzurunden. [8]Durch Multiplikation der Steuerbeträge mit der Zahl der in der entsprechenden Gruppe erfassten Arbeitnehmer und Division der sich hiernach ergebenden Summe der Steuerbeträge durch die Gesamtzahl der Arbeitnehmer und den Durchschnittsbetrag der pauschal zu besteuernden Bezüge ist hiernach die durchschnittliche Steuerbelastung zu berechnen, der die pauschal zu besteuernden Bezüge unterliegen. [9]Das Finanzamt hat den Pauschsteuersatz nach dieser Steuerbelastung so zu berechnen, dass unter Berücksichtigung der Übernahme der pauschalen Lohnsteuer durch den Arbeitgeber insgesamt nicht zu wenig Lohnsteuer erhoben wird. [10]Die Prozentsätze der durchschnittlichen Steuerbelastung und des Pauschsteuersatzes sind mit einer Dezimalstelle anzusetzen, die nachfolgenden Dezimalstellen sind fortzulassen.

H 40.1

Berechnung des durchschnittlichen Steuersatzes. Die in R 40.1 Abs. 3 dargestellte Berechnung des durchschnittlichen Steuersatzes ist nicht zu beanstanden (→ BFH vom 11.3.1988 – BStBl. II S. 726). Kinderfreibeträge sind nicht zu berücksichtigen (→ BFH vom 26.7.2007 – BStBl. II S. 844).

Beispiel:

1. Der Arbeitgeber ermittelt für rentenversicherungspflichtige Arbeitnehmer
   a) den durchschnittlichen Betrag der pauschal zu besteuernden Bezüge mit 550 €,
   b) die Zahl der betroffenen Arbeitnehmer
      – in den Steuerklassen I, II und IV mit 20,
      – in der Steuerklasse III mit 12 und
      – in den Steuerklassen V und VI mit 3,
   c) *die Summe* der Jahresarbeitslöhne der betroffenen Arbeitnehmer nach Abzug aller Freibeträge mit 610 190 €; dies ergibt einen durchschnittlichen Jahresarbeitslohn von (610 190 € : 35 =) 17 434 €.
2. Die Erhöhung des durchschnittlichen Jahresarbeitslohns um den auf 648 € aufgerundeten Durchschnittsbetrag (→ R 40.1 Abs. 3 Satz 7 zweiter Halbsatz) der pauschal zu besteuernden Bezüge ergibt für diesen Betrag folgende Jahreslohnsteuerbeträge:
   – in der Steuerklasse I = 160 €,
   – in der Steuerklasse III = 80 €,
   – in der Steuerklasse V = 180 €.

3. Die durchschnittliche Steuerbelastung der pauschal zu besteuernden Bezüge ist hiernach wie folgt zu berechnen:

$$\frac{20 \times 160 + 12 \times 80 + 3 \times 180}{35 \times 648} = 20{,}7\,\%.$$

4. Der Pauschsteuersatz beträgt demnach

$$\frac{100 \times 20{,}7\,\%}{100 - 20{,}7} = 26{,}1\,\%.$$

Bindung des Arbeitgebers an den Pauschalierungsbescheid. Der Arbeitgeber ist an seinen rechtswirksam gestellten Antrag auf Pauschalierung der Lohnsteuer gebunden, sobald der Lohnsteuer-Pauschalierungsbescheid wirksam wird (→ BFH vom 5.3.1993 – BStBl. II S. 692).

Bindung des Finanzamts an den Pauschalierungsbescheid. Wird auf den Einspruch des Arbeitgebers ein gegen ihn ergangener Lohnsteuer-Pauschalierungsbescheid aufgehoben, so kann der dort berücksichtigte Arbeitslohn bei der Veranlagung des Arbeitnehmers erfasst werden (→ BFH vom 18.1.1991 – BStBl. II S. 309).

Bindung des Finanzamts an eine Anrufungsauskunft. Hat der Arbeitgeber eine Anrufungsauskunft eingeholt und ist er danach verfahren, ist das Betriebsstättenfinanzamt im Lohnsteuer-Abzugsverfahren daran gebunden. Eine Nacherhebung der Lohnsteuer ist auch dann nicht zulässig, wenn der Arbeitgeber nach einer Lohnsteuer-Außenprüfung einer Pauschalierung nach § 40 Abs. 1 Satz 1 Nr. 2 EStG zugestimmt hat (→ BFH vom 16.11.2005 – BStBl. 2006 II S. 210).

Entstehung der pauschalen Lohnsteuer. In den Fällen des § 40 Abs. 1 Satz 1 Nr. 2 EStG ist der geldwerte Vorteil aus der Steuerübernahme des Arbeitgebers nicht nach den Verhältnissen im Zeitpunkt der Steuernachforderung zu versteuern. Vielmehr muss der für die pauschalierten Löhne nach den Verhältnissen der jeweiligen Zuflussjahre errechnete Bruttosteuersatz (→ Beispiel Nr. 1 bis 3) jeweils auf den Nettosteuersatz (→ Beispiel Nr. 4) der Jahre hochgerechnet werden, in denen die pauschalierten Löhne zugeflossen sind und in denen die pauschale Lohnsteuer entsteht (→ BFH vom 6.5.1994 – BStBl. II S. 715).

Kirchensteuer bei Pauschalierung der Lohn- und Einkommensteuer. → Gleich lautende Ländererlasse vom 8.8.2016 (BStBl. I S. 773).

Pauschalierungsantrag. Derjenige, der für den Arbeitgeber im Rahmen der Lohnsteuer-Außenprüfung auftritt, ist in der Regel dazu befugt, einen Antrag auf Lohnsteuer-Pauschalierung zu stellen (→ BFH vom 10.10.2002 – BStBl. 2003 II S. 156).

Pauschalierungsbescheid. Die pauschalen Steuerbeträge sind im Pauschalierungsbescheid auf die einzelnen Jahre aufzuteilen (→ BFH vom 18.7.1985 – BStBl. 1986 II S. 152).

Pauschalierungsvoraussetzungen. Die pauschalierte Lohnsteuer darf nur für solche Einkünfte aus nichtselbstständiger Arbeit erhoben werden, die *dem Lohnsteuerabzug unterliegen*, wenn der Arbeitgeber keinen Pauschalierungsantrag gestellt hätte (→ BFH vom 10.5.2006 – BStBl. II S. 669).

Wirkung einer fehlerhaften Pauschalbesteuerung. Eine fehlerhafte Pauschalbesteuerung ist für die Veranlagung zur Einkommensteuer nicht bindend (→ BFH vom 10.6.1988 – BStBl. II S. 981).

R 40.2 Bemessung der Lohnsteuer nach einem festen Pauschsteuersatz (§ 40 Abs. 2 EStG)

Allgemeines

(1) Die Lohnsteuer kann mit einem Pauschsteuersatz von 25% erhoben werden

1. nach § 40 Abs. 2 Satz 1 Nr. 1 EStG für den Unterschiedsbetrag zwischen dem amtlichen Sachbezugswert und dem niedrigeren Entgelt, das der Arbeitnehmer für die Mahlzeiten entrichtet (→ R 8.1 Abs. 7 Nr. 1 bis 3); gegebenenfalls ist der nach R 8.1 Abs. 7 Nr. 5 ermittelte Durchschnittswert der Besteuerung zugrunde zu legen. [2]Bei der Ausgabe von Essenmarken ist die Pauschalversteuerung nur zulässig, wenn die Mahlzeit mit dem maßgebenden Sachbezugswert zu bewerten ist (→ R 8.1 Abs. 7 Nr. 4 Buchstabe a) oder der Verrechnungswert der Essenmarke nach R 8.1 Abs. 7 Nr. 4 Buchstabe b anzusetzen ist;

1a. nach § 40 Abs. 2 Satz 1 Nr. 1a EStG für Mahlzeiten, die der Arbeitgeber oder auf seine Veranlassung ein Dritter den Arbeitnehmern bei einer Auswärtstätigkeit zur Verfügung stellt, wenn die Mahlzeit mit dem Sachbezugswert anzusetzen ist, z.B., weil die Abwesenheit von mehr als 8 Stunden nicht erreicht oder nicht dokumentiert wird (eintägige Auswärtstätigkeit) oder der Dreimonatszeitraum abgelaufen ist;

2. *nach § 40 Abs. 2 Satz 1 Nr. 2 EStG für Zuwendungen bei Betriebsveranstaltungen, wenn die Betriebsveranstaltung oder die Zuwendung nicht üblich ist (→ R 19.5);*[1)]

3. nach § 40 Abs. 2 Satz 1 Nr. 3 EStG für Erholungsbeihilfen, soweit sie nicht ausnahmsweise als steuerfreie Unterstützungen anzusehen sind und wenn sie nicht die in § 40 Abs. 2 Satz 1 Nr. 3 EStG genannten Grenzen übersteigen;

4. nach § 40 Abs. 2 Satz 1 Nr. 4 EStG für Vergütungen für Verpflegungsmehraufwendungen, die anlässlich einer Auswärtstätigkeit mit einer Abwesenheitsdauer von mehr als 8 Stunden oder für den An- und Abreisetag einer mehrtägigen Auswärtstätigkeit mit Übernachtung gezahlt werden, soweit die Vergütungen die in § 9 Abs. 4a Satz 3 bis 6 EStG bezeichneten ungekürzten Pauschbeträge um nicht mehr als 100% übersteigen; die Pauschalversteuerung gilt nicht für die Erstattung von Verpflegungsmehraufwendungen wegen einer doppelten Haushaltsführung;

5. nach § 40 Abs. 2 Satz 1 Nr. 5 EStG für zusätzlich zum ohnehin geschuldeten Arbeitslohn unentgeltlich oder verbilligt übereignete Datenverarbeitungsgeräte, Zubehör und Internetzugang sowie für zusätzlich zum ohnehin geschuldeten Arbeitslohn gezahlte Zuschüsse des Arbeitgebers zu den Aufwendungen des Arbeitnehmers für die Internetnutzung.

[1)] **[Amtl. Anm.:]** Überholt durch BMF v. 14.10.2015 (BStBl. I S. 832), Tz. 5.

Verhältnis zur Pauschalierung nach § 40 Abs. 1 Satz 1 Nr. 1

(2) Die nach § 40 Abs. 2 EStG pauschal besteuerten sonstigen Bezüge werden nicht auf die Pauschalierungsgrenze (→ R 40.1 Abs. 2) angerechnet.

Erholungsbeihilfen

(3) [1] Bei der Feststellung, ob die im Kalenderjahr gewährten Erholungsbeihilfen zusammen mit früher gewährten Erholungsbeihilfen die in § 40 Abs. 2 Satz 1 Nr. 3 EStG bezeichneten Beträge übersteigen, ist von der Höhe der Zuwendungen im Einzelfall auszugehen. [2] Die Jahreshöchstbeträge für den Arbeitnehmer, seinen Ehegatten und seine Kinder sind jeweils gesondert zu betrachten. [3] Die Erholungsbeihilfen müssen für die Erholung dieser Personen bestimmt sein und verwendet werden. [4] Davon kann in der Regel ausgegangen werden, wenn die Erholungsbeihilfe im zeitlichen Zusammenhang mit einem Urlaub des Arbeitnehmers gewährt wird. [5] Übersteigen die Erholungsbeihilfen im Einzelfall den maßgebenden Jahreshöchstbetrag, so ist auf sie insgesamt entweder § 39b Abs. 3 EStG mit Ausnahme des Satzes 9 oder § 40 Abs. 1 Satz 1 Nr. 1 EStG anzuwenden.

Reisekosten

(4) [1] Die Pauschalversteuerung mit einem Pauschsteuersatz von 25% nach § 40 Abs. 2 Satz 1 Nr. 4 EStG ist auf einen Vergütungsbetrag bis zur Summe der ungekürzten Verpflegungspauschalen nach § 9 Abs. 4a Satz 3 bis 6 EStG begrenzt. [2] Für den darüber hinausgehenden Vergütungsbetrag kann weiterhin eine Pauschalversteuerung mit einem besonderen Pauschsteuersatz nach § 40 Abs. 1 Satz 1 Nr. 1 EStG in Betracht kommen. [3] Zur Ermittlung des steuerfreien Vergütungsbetrags dürfen die einzelnen Aufwendungsarten zusammengefasst werden (→ R 3.16 Satz 1). [4] Aus Vereinfachungsgründen bestehen auch keine Bedenken, den Betrag, der den steuerfreien Vergütungsbetrag übersteigt, einheitlich als Vergütung für Verpflegungsmehraufwendungen zu behandeln, die in den Grenzen des § 40 Abs. 2 Satz 1 Nr. 4 EStG mit 25% pauschal versteuert werden kann.

Datenverarbeitungsgeräte und Internet

(5) [1] Die Pauschalierung nach § 40 Abs. 2 Satz 1 Nr. 5 Satz 1 EStG kommt bei Sachzuwendungen des Arbeitgebers in Betracht. [2] Hierzu rechnet die Übereignung von Hardware einschließlich technischem Zubehör und Software als Erstausstattung oder als Ergänzung, Aktualisierung und Austausch vorhandener Bestandteile. [3] Die Pauschalierung ist auch möglich, wenn der Arbeitgeber ausschließlich technisches Zubehör oder Software übereignet. [4] Telekommunikationsgeräte, die nicht Zubehör eines Datenverarbeitungsgerätes sind oder nicht für die Internetnutzung verwendet werden können, sind von der Pauschalierung ausgeschlossen. [5] Hat der Arbeitnehmer einen Internetzugang, sind die Barzuschüsse des Arbeitgebers für die Internetnutzung des Arbeitnehmers nach § 40 Abs. 2 Satz 1 Nr. 5 Satz 2 EStG pauschalierungsfähig. [6] Zu den Aufwendungen für die Internetznutzung in diesem Sinne gehören sowohl die laufenden Kosten (z. B. Grundgebühr für den Internetzugang, laufende Gebühren für die Internetnutzung, Flatrate), als auch die Kosten der Einrichtung des Internetzugangs (z. B. Anschluss, Modem, Personalcomputer). [7] Aus Vereinfachungsgründen

kann der Arbeitgeber den vom Arbeitnehmer erklärten Betrag für die laufende Internetnutzung (Gebühren) pauschal versteuern, soweit dieser 50 Euro im Monat nicht übersteigt. [8]Der Arbeitgeber hat diese Erklärung als Beleg zum Lohnkonto aufzubewahren. [9]Bei höheren Zuschüssen zur Internetnutzung und zur Änderung der Verhältnisse gilt R 3.50 Abs. 2 sinngemäß. [10]Soweit die pauschal besteuerten Bezüge auf Werbungskosten entfallen, ist der Werbungskostenabzug grundsätzlich ausgeschlossen. [11]Zu Gunsten des Arbeitnehmers sind die pauschal besteuerten Zuschüsse zunächst auf den privat veranlassten Teil der Aufwendungen anzurechnen. [12]Aus Vereinfachungsgründen unterbleibt zu Gunsten des Arbeitnehmers eine Anrechnung auf seine Werbungskosten bei Zuschüssen bis zu 50 Euro im Monat.

Fahrten zwischen Wohnung und erster Tätigkeitsstätte[1])

(6) [1]Die Lohnsteuer kann nach § 40 Abs. 2 Satz 2 EStG mit einem Pauschsteuersatz von 15% erhoben werden. [2]Maßgeblich für die Höhe des pauschalierbaren Betrages sind die tatsächlichen Aufwendungen des Arbeitnehmers für die Fahrten zwischen Wohnung und erster Tätigkeitsstätte oder Fahrten nach § 9 Abs. 1 Satz 3 Nr. 4a Satz 3 EStG, jedoch höchstens der Betrag, den der Arbeitnehmer nach § 9 Abs. 1 Satz 3 Nr. 4, Abs. 2 EStG als Werbungskosten geltend machen könnte.

H 40.2

Abwälzung der pauschalen Lohnsteuer

– bei bestimmten Zukunftssicherungsleistungen → H 40b.1 (Abwälzung der pauschalen Lohnsteuer);
– bei Fahrtkosten (→ BMF vom 10.1.2000 – BStBl. I S. 138);

Beispiel:

Ein Arbeitnehmer hat Anspruch auf einen Zuschuss zu seinen Pkw-Kosten für Fahrten zwischen Wohnung und erster Tätigkeitsstätte in Höhe der gesetzlichen Entfernungspauschale, so dass sich für den Lohnabrechnungszeitraum ein Fahrtkostenzuschuss von insgesamt 210 € ergibt. Arbeitgeber und Arbeitnehmer haben vereinbart, dass diese Arbeitgeberleistung pauschal besteuert werden und der Arbeitnehmer die pauschale Lohnsteuer tragen soll.
Bemessungsgrundlage für die Anwendung des gesetzlichen Pauschsteuersatzes von 15% ist der Bruttobetrag von 210 €.
Als pauschal besteuerte Arbeitgeberleistung ist der Betrag von 210 € zu bescheinigen. Dieser Betrag mindert den nach § 9 Abs. 1 Satz 3 Nr. 4 EStG als Werbungskosten abziehbaren Betrag von 210 € auf 0 €;

– bei Teilzeitbeschäftigten → H 40a.1 (Abwälzung der pauschalen Lohnsteuer).

***Bescheinigungspflicht* für Fahrgeldzuschüsse.** → § 41b Abs. 1 Satz 2 Nr. 7 EStG.

Betriebsveranstaltung.

– Zum Begriff → BMF vom 14.10.2015 (BStBl. I S. 832).

---

[1]) **[Amtl. Anm.:]** Zur Erweiterung der Pauschalierungsmöglichkeiten → § 40 Abs. 2 Satz 2 EStG, zur Höhe der gestaffelten Entfernungspauschale → § 9 Abs. 1 Satz 3 Nr. 4 EStG.

– Zur Pauschalversteuerung → BMF vom 14.10.2015 (BStBl. I S. 832), Tz. 5.
– Eine nur Führungskräften eines Unternehmens vorbehaltene Abendveranstaltung ist mangels Offenheit des Teilnehmerkreises keine Betriebsveranstaltung i. S. d. § 40 Abs. 2 Satz 1 Nr. 2 EStG (→ BFH vom 15.1.2009 – BStBl. II S. 476).
– Im Rahmen einer Betriebsveranstaltung an alle Arbeitnehmer überreichte Goldmünzen unterliegen nicht der Pauschalierungsmöglichkeit des § 40 Abs. 2 Satz 1 Nr. 2 EStG (→ BFH vom 7.11.2006 – BStBl. 2007 II S. 128).
– Während einer Betriebsveranstaltung überreichte Geldgeschenke, die kein zweckgebundenes Zehrgeld sind, können nicht nach § 40 Abs. 2 EStG pauschal besteuert werden (→ BFH vom 7.2.1997 – BStBl. II S. 365).

Erholungsbeihilfen. → H 3.11 (Erholungsbeihilfen und andere Beihilfen).

Fahrten zwischen Wohnung und erster Tätigkeitsstätte. → *BMF vom 4.4.2018 (BStBl. I S. 592).*[1]

Fahrtkostenzuschüsse
– als zusätzlich erbrachte Leistung → § 8 Abs. 4 EStG;
– können auch bei Anrechnung auf andere freiwillige Sonderzahlungen pauschal versteuert werden (→ BFH vom 1.10.2009 – BStBl. 2010 II S. 487);
– sind auch bei Teilzeitbeschäftigten i. S. d. § 40a EStG unter Beachtung der Abzugsbeschränkung bei der Entfernungspauschale nach § 40 Abs. 2 Satz 2 EStG pauschalierbar. Die pauschal besteuerten Beförderungsleistungen und Fahrtkostenzuschüsse sind in die Prüfung der Arbeitslohngrenzen des § 40a EStG nicht einzubeziehen (→ § 40 Abs. 2 Satz 3 EStG).
– Zur Pauschalbesteuerung von Fahrtkostenzuschüssen → BMF vom 18.11.2021 (BStBl. I S. 2315).

Fehlerhafte Pauschalversteuerung. → H 40a.1 (Fehlerhafte Pauschalversteuerung).

Gestellung von Kraftfahrzeugen.
– Die Vereinfachungsregelung von 15 Arbeitstagen monatlich gilt nicht bei der Einzelbewertung einer Kraftfahrzeuggestellung nach der sog. 0,002%-Methode → *BMF vom 4.4.2018 (BStBl. I S. 592), Rdnr. 10.*[2]
– Zur Pauschalbesteuerung bei der Gestellung von Kraftfahrzeugen → BMF vom 18.11.2021 (BStBl. I S. 2315).

Kirchensteuer bei Pauschalierung der Lohn- und Einkommensteuer. → Gleich lautende Ländererlasse vom 8.8.2016 (BStBl. I S. 773).

Ladevorrichtung. Zur Pauschalversteuerung → BMF vom 29.9.2020 (BStBl. I S. 972), Rdnr. 27–31.

---

[1] *Siehe jetzt* BMF *v. 3.3.2022,* BStBl. I *2022, 232.*
[2] *Siehe jetzt* BMF *v. 3.3.2022,* BStBl. I *2022, 232, Rdnr. 10.*

Pauschalversteuerung von Reisekosten.
– → BMF vom 25.11.2020 (BStBl. I S. 1228), Rz. 58 ff.

– **Beispiel:**
Ein Arbeitnehmer erhält wegen einer Auswärtstätigkeit von Montag 11 Uhr bis Mittwoch 20 Uhr mit kostenloser Übernachtung mit Frühstück lediglich pauschalen Fahrtkostenersatz von 250 €, dem eine Fahrstrecke mit eigenem Pkw von 500 km zugrunde liegt.

Steuerfrei sind	
– eine Fahrtkostenvergütung von (500 × 0,30 € =)	150,00 €
– Verpflegungspauschalen von (14 € + 22,40 € [28 € ./. 5,60 €] + 8,40 € [14 € ./. 5,60 €]=)	44,80 €
insgesamt	194,80 €.

Der Mehrbetrag von (350 € ./. 194,80 € =) 155,20 € kann mit einem Teilbetrag von 56 € pauschal mit 25 % versteuert werden. Bei einer Angabe in der Lohnsteuerbescheinigung sind 44,80 € in die Zeile 20 „steuerfreie Verpflegungszuschüsse bei Auswärtstätigkeit" einzutragen (→ § 41b Abs. 1 Satz 2 Nr. 10 EStG).

Wahlrecht. Das Wahlrecht des Arbeitgebers, die Lohnsteuer für geldwerte Vorteile bei Fahrten zwischen Wohnung und erster Tätigkeitsstätte nach § 40 Abs. 2 Satz 2 EStG zu pauschalieren, wird nicht durch einen Antrag, sondern durch Anmeldung der mit einem Pauschsteuersatz erhobenen Lohnsteuer ausgeübt. Ein dahingehender Antrag, der im finanzgerichtlichen Verfahren gestellt wird, ist unbeachtlich (→ BFH vom 24.9.2015 – BStBl. 2016 II S. 176).

Zu § 40a EStG

R 40a.1 Kurzfristig Beschäftigte und Aushilfskräfte in der Land- und Forstwirtschaft

Allgemeines

(1) [1]Die Pauschalierung der Lohnsteuer nach § 40a Abs. 1 und 3 EStG ist sowohl für unbeschränkt als auch für beschränkt einkommensteuerpflichtige Aushilfskräfte zulässig. [2]Bei der Prüfung der Voraussetzungen für die Pauschalierung ist von den Merkmalen auszugehen, die sich für das einzelne Dienstverhältnis ergeben. [3]Es ist nicht zu prüfen, ob die Aushilfskraft noch in einem Dienstverhältnis zu einem anderen Arbeitgeber steht. [4]Der Arbeitgeber darf die Pauschalbesteuerung nachholen, solange keine Lohnsteuerbescheinigung ausgeschrieben ist, eine Lohnsteuer-Anmeldung noch berichtigt werden kann und noch keine Festsetzungsverjährung eingetreten ist. [5]Der Arbeitnehmer kann Aufwendungen, die mit dem pauschal besteuerten Arbeitslohn zusammenhängen, nicht als Werbungskosten abziehen.

Gelegentliche Beschäftigung

(2) [1]Als gelegentliche, nicht regelmäßig wiederkehrende Beschäftigung ist eine ohne feste Wiederholungsabsicht ausgeübte Tätigkeit anzusehen. [2]Tatsächlich kann es zu Wiederholungen der Tätigkeit kommen. [3]Entscheidend ist, dass die erneute Tätigkeit nicht bereits von vornherein vereinbart worden ist. [4]Es kommt dann nicht darauf an, wie oft die Aushilfskräfte tatsächlich im Laufe des Jahres tätig werden. [5]Ob sozialversicherungsrechtlich eine kurzfristi-

ge Beschäftigung vorliegt oder nicht, ist für die Pauschalierung nach § 40a Abs. 1 EStG ohne Bedeutung.

Unvorhersehbarer Zeitpunkt

(3) [1] § 40a Abs. 1 Satz 2 Nr. 2 EStG setzt voraus, dass das Dienstverhältnis dem Ersatz einer ausgefallenen oder dem akuten Bedarf einer zusätzlichen Arbeitskraft dient. [2] Die Beschäftigung von Aushilfskräften, deren Einsatzzeitpunkt längere Zeit vorher feststeht, z.B. bei Volksfesten oder Messen, kann grundsätzlich nicht als unvorhersehbar und sofort erforderlich angesehen werden; eine andere Beurteilung ist aber z.B. hinsichtlich solcher Aushilfskräfte möglich, deren Einstellung entgegen dem vorhersehbaren Bedarf an Arbeitskräften notwendig geworden ist.

Bemessungsgrundlage für die pauschale Lohnsteuer

(4) [1] Zur Bemessungsgrundlage der pauschalen Lohnsteuer gehören alle Einnahmen, die dem Arbeitnehmer aus der Aushilfsbeschäftigung zufließen (→ § 2 LStDV). [2] Steuerfreie Einnahmen bleiben außer Betracht. [3] Der Arbeitslohn darf für die Ermittlung der pauschalen Lohnsteuer nicht um den Altersentlastungsbetrag (§ 24a EStG) gekürzt werden.

Pauschalierungsgrenzen

(5) [1] Bei der Prüfung der Pauschalierungsgrenzen des § 40a Abs. 1 und 3 EStG ist Absatz 4 entsprechend anzuwenden. [2] Pauschal besteuerte Bezüge mit Ausnahme des § 40 Abs. 2 Satz 2 EStG sind bei der Prüfung der Pauschalierungsgrenzen zu berücksichtigen. 3Zur Beschäftigungsdauer gehören auch solche Zeiträume, in denen der Arbeitslohn wegen Urlaubs, Krankheit oder gesetzlicher Feiertage fortgezahlt wird.

Aushilfskräfte in der Land- und Forstwirtschaft

(6) [1] Eine Pauschalierung der Lohnsteuer nach § 40a Abs. 3 EStG für Aushilfskräfte in der Land- und Forstwirtschaft ist nur zulässig, wenn die Aushilfskräfte in einem Betrieb i.S.d. § 13 Abs. 1 EStG beschäftigt werden. [2] Für Aushilfskräfte, die in einem Gewerbebetrieb im Sinne des § 15 EStG tätig sind, kommt die Pauschalierung nach § 40a Abs. 3 EStG selbst dann nicht in Betracht, wenn sie mit typisch land- und forstwirtschaftlichen Arbeiten beschäftigt werden; eine Pauschalierung der Lohnsteuer ist grundsätzlich zulässig, wenn ein Betrieb, der Land- und Forstwirtschaft betreibt, nur wegen seiner Rechtsform oder der Abfärbetheorie (§ 15 Abs. 3 Nr. 1 EStG) als Gewerbebetrieb gilt. [3] Werden die Aushilfskräfte zwar in einem land- und forstwirtschaftlichen Betrieb i.S.d. § 13 Abs. 1 EStG beschäftigt, üben sie aber keine typische land- und forstwirtschaftliche Tätigkeit aus, z.B. Blumenbinder, Verkäufer, oder sind sie abwechselnd mit typisch land- und forstwirtschaftlichen und anderen Arbeiten betraut, z.B. auch im Gewerbebetrieb oder Nebenbetrieb desselben Arbeitgebers tätig, ist eine Pauschalierung der Lohnsteuer nach § 40a Abs. 3 EStG nicht zulässig.

H 40a.1

Abwälzung der pauschalen Lohnsteuer. → BMF vom 10.1.2000 (BStBl. I S. 138).

Arbeitstag. Als Arbeitstag i. S. d. § 40a Abs. 1 Satz 2 Nr. 1 EStG ist grundsätzlich der Kalendertag zu verstehen. Arbeitstag kann jedoch auch eine auf zwei Kalendertage fallende Nachtschicht sein (→ BFH vom 28.1.1994 – BStBl. II S. 421).

Arbeitsstunde. Arbeitsstunde i. S. d. § 40a Abs. 4 Nr. 1 EStG ist die Zeitstunde. Wird der Arbeitslohn für kürzere Zeiteinheiten gezahlt, z. B. für 45 Minuten, ist der Lohn zur Prüfung der Pauschalierungsgrenze nach § 40a Abs. 4 Nr. 1 EStG entsprechend umzurechnen (→ BFH vom 10.8.1990 – BStBl. II S. 1092).

Aufzeichnungspflichten.
- → § 4 Abs. 2 Nr. 8 vorletzter Satz LStDV.
- Als Beschäftigungsdauer ist jeweils die Zahl der tatsächlichen Arbeitsstunden (= 60 Minuten) in dem jeweiligen Lohnzahlungs- oder Lohnabrechnungszeitraum aufzuzeichnen (→ BFH vom 10.9.1976 – BStBl. 1977 II S. 17).
- Bei fehlenden oder fehlerhaften Aufzeichnungen ist die Lohnsteuerpauschalierung zulässig, wenn die Pauschalierungsvoraussetzungen auf andere Weise, z. B. durch Arbeitsnachweise, Zeitkontrollen, Zeugenaussagen, nachgewiesen oder glaubhaft gemacht werden (→ BFH vom 12.6.1986 – BStBl. II S. 681).

Fehlerhafte Pauschalversteuerung. Eine fehlerhafte Pauschalbesteuerung ist für die Veranlagung zur Einkommensteuer nicht bindend (→ BFH vom 10.6.1988 – BStBl. II S. 981).

Kirchensteuer bei Pauschalierung der Lohn- und Einkommensteuer. → Gleich lautende Ländererlasse vom 8.8.2016 (BStBl. I S. 773).

Land- und Forstwirtschaft.
- Abgrenzung Gewerbebetrieb – Betrieb der Land- und Forstwirtschaft → R 15.5 EStR.[1)]
- Die Pauschalierung nach § 40a Abs. 3 EStG ist zulässig, wenn ein Betrieb, der Land- und Forstwirtschaft betreibt, ausschließlich wegen seiner Rechtsform als Gewerbebetrieb gilt (→ BFH vom 5.9.1980 – BStBl. 1981 II S. 76). Entsprechendes gilt, wenn der Betrieb nur wegen § 15 Abs. 3 Nr. 1 EStG (Abfärbetheorie) als Gewerbebetrieb anzusehen ist (→ BFH vom 14.9.2005 – BStBl. 2006 II S. 92).
- Die Pauschalierung der Lohnsteuer nach § 40a Abs. 3 EStG ist nicht zulässig, wenn der Betrieb infolge erheblichen Zukaufs fremder Erzeugnisse aus dem Tätigkeitsbereich des § 13 Abs. 1 EStG ausgeschieden und einheitlich als Gewerbebetrieb zu beurteilen ist. Etwas anderes gilt auch nicht für Neben- oder Teilbetriebe, die für sich allein die Merkmale eines land- und forstwirtschaftlichen Betriebs erfüllen (→ BFH vom 3.8.1990 – BStBl. II S. 1002).

Land- und forstwirtschaftliche Arbeiten. Das Schälen von Spargel durch Aushilfskräfte eines landwirtschaftlichen Betriebs zählt nicht zu den typisch

---

1) Nr. 1.

land- und forstwirtschaftlichen Arbeiten i. S. d. § 40a Abs. 3 Satz 1 EStG (→ BFH vom 8.5.2008 – BStBl. 2009 II S. 40).

Land- und forstwirtschaftliche Fachkraft.

– Ein Arbeitnehmer, der die Fertigkeiten für eine land- oder forstwirtschaftliche Tätigkeit im Rahmen einer Berufsausbildung erlernt hat, gehört zu den Fachkräften, ohne dass es darauf ankommt, ob die durchgeführten Arbeiten den Einsatz einer Fachkraft erfordern (→ BFH vom 25.10.2005 – BStBl. 2006 II S. 208).
– Hat ein Arbeitnehmer die erforderlichen Fertigkeiten nicht im Rahmen einer Berufsausbildung erworben, gehört er nur dann zu den land- und forstwirtschaftlichen Fachkräften, wenn er anstelle einer Fachkraft eingesetzt ist (→ BFH vom 25.10.2005 – BStBl. 2006 II S. 208).
– Ein Arbeitnehmer ist anstelle einer land- und forstwirtschaftlichen Fachkraft eingesetzt, wenn mehr als 25% der zu beurteilenden Tätigkeit Fachkraft-Kenntnisse erfordern (→ BFH vom 25.10.2005 – BStBl. 2006 II S. 208).
– Traktorführer sind jedenfalls dann als Fachkräfte und nicht als Aushilfskräfte zu beurteilen, wenn sie den Traktor als Zugfahrzeug mit landwirtschaftlichen Maschinen führen (→ BFH vom 25.10.2005 – BStBl. 2006 II S. 204).

Land- und forstwirtschaftliche Saisonarbeiten.

– Land- und forstwirtschaftliche Arbeiten fallen nicht ganzjährig an, wenn sie wegen der Abhängigkeit vom Lebensrhythmus der produzierten Pflanzen oder Tiere einen erkennbaren Abschluss in sich tragen. Dementsprechend können darunter auch Arbeiten fallen, die im Zusammenhang mit der Viehhaltung stehen (→ BFH vom 25.10.2005 – BStBl. 2006 II S. 206).
– Wenn die Tätigkeit des Ausmistens nicht laufend, sondern nur im Zusammenhang mit dem einmal jährlich erfolgenden Vieh-Austrieb auf die Weide möglich ist, handelt es sich um eine nicht ganzjährig anfallende Arbeit. Unschädlich ist, dass ähnliche Tätigkeiten bei anderen Bewirtschaftungsformen ganzjährig anfallen können (→ BFH vom 25.10.2005 – BStBl. 2006 II S. 206).
– Reinigungsarbeiten, die ihrer Art nach während des ganzen Jahres anfallen (hier: Reinigung der Güllekanäle und Herausnahme der Güllespalten), sind nicht vom Lebensrhythmus der produzierten Pflanzen oder Tiere abhängig und sind daher keine saisonbedingten Arbeiten (→ BFH vom 25.10.2005 – BStBl. 2006 II S. 204).
– Die Unschädlichkeitsgrenze von 25% der Gesamtbeschäftigungsdauer bezieht sich auf ganzjährig anfallende land- und forstwirtschaftliche Arbeiten. Für andere land- und forstwirtschaftliche Arbeiten gilt sie nicht (→ BFH vom 25.10.2005 – BStBl. 2006 II S. 206).

Nachforderung pauschaler Lohnsteuer. Die Nachforderung pauschaler Lohnsteuer beim Arbeitgeber setzt voraus, dass dieser der Pauschalierung zustimmt (→ BFH vom 20.11.2008 – BStBl. 2009 II S. 374).

Nebenbeschäftigung für denselben Arbeitgeber. Übt der Arbeitnehmer für denselben Arbeitgeber neben seiner Haupttätigkeit eine Nebentätigkeit

Lebensversicherungen, auch wenn bei Unfall mit Todesfolge eine Leistung vorgesehen ist. [8]Dagegen gehören Unfallzusatzversicherungen und Berufsunfähigkeitszusatzversicherungen, die im Zusammenhang mit Lebensversicherungen abgeschlossen werden, sowie selbständige Berufsunfähigkeitsversicherungen und Unfallversicherungen mit Prämienrückgewähr, bei denen der Arbeitnehmer Anspruch auf die Prämienrückgewähr hat, zu den Direktversicherungen. [9]Die Bezugsberechtigung des Arbeitnehmers oder seiner Hinterbliebenen muss vom Versicherungsnehmer (Arbeitgeber) der Versicherungsgesellschaft gegenüber erklärt werden (→ § 159 des Versicherungsvertragsgesetzes – VVG).[1)] [10]Die Bezugsberechtigung kann widerruflich oder unwiderruflich sein; bei widerruflicher Bezugsberechtigung sind die Bedingungen eines Widerrufs steuerlich unbeachtlich. [11]Unbeachtlich ist auch, ob die Anwartschaft des Arbeitnehmers arbeitsrechtlich bereits unverfallbar ist.

Rückdeckungsversicherung[2)]

(3) [1]Für die Abgrenzung zwischen einer Direktversicherung und einer Rückdeckungsversicherung, die vom Arbeitgeber abgeschlossen wird und die nur dazu dient, dem Arbeitgeber die Mittel zur Leistung einer dem Arbeitnehmer zugesagten Versorgung zu verschaffen, sind regelmäßig die zwischen Arbeitgeber und Arbeitnehmer getroffenen Vereinbarungen (Innenverhältnis) maßgebend und nicht die Abreden zwischen Arbeitgeber und Versicherungsunternehmen (Außenverhältnis). [2]Deshalb kann eine Rückdeckungsversicherung steuerlich grundsätzlich nur anerkannt werden, wenn die nachstehenden Voraussetzungen sämtlich erfüllt sind:

1. Der Arbeitgeber hat dem Arbeitnehmer eine Versorgung aus eigenen Mitteln zugesagt, z. B. eine Werkspension.
2. Zur Gewährleistung der Mittel für diese Versorgung hat der Arbeitgeber eine Versicherung abgeschlossen, zu der der Arbeitnehmer keine eigenen Beiträge i. S. d. § 2 Abs. 2 Nr. 2 Satz 2 LStDV leistet.
3. [1]Nur der Arbeitgeber, nicht aber der Arbeitnehmer erlangt Ansprüche gegen die Versicherung. [2]Unschädlich ist jedoch die Verpfändung der Ansprüche aus der Rückdeckungsversicherung an den Arbeitnehmer, weil dieser bei einer Verpfändung gegenwärtig keine Rechte erwirbt, die ihm einen Zugriff auf die Versicherung und die darin angesammelten Werte ermöglichen. [3]Entsprechendes gilt für eine aufschiebend bedingte Abtretung des Rückdeckungsanspruchs, da die Abtretung rechtlich erst wirksam wird, wenn die Bedingung eintritt (§ 158 Abs. 1 des Bürgerlichen Gesetzbuches – BGB), und für die Abtretung des Rückdeckungsanspruchs zahlungshalber im Falle der Liquidation oder der Vollstreckung in die Versicherungsansprüche durch Dritte.

[3]Wird ein Anspruch aus einer Rückdeckungsversicherung ohne Entgelt auf den Arbeitnehmer übertragen oder eine bestehende Rückdeckungsversicherung

---

1) **Habersack** Nr. **62.**

2) Nach der Abtretung von Ansprüchen aus einer Rückdeckungsversicherung an den Arbeitnehmer sind danach geleistete Beträge Arbeitslohn; siehe BFH v. 5.7.2012 VI R 11/11, BStBl. II 2013, 190.

in eine Direktversicherung umgewandelt, fließt dem Arbeitnehmer im Zeitpunkt der Übertragung bzw. Umwandlung ein lohnsteuerpflichtiger geldwerter Vorteil zu, der grundsätzlich dem geschäftsplanmäßigen Deckungskapital zuzüglich einer bis zu diesem Zeitpunkt zugeteilten Überschussbeteiligung i. S. d. § 153 VVG[1)] der Versicherung entspricht; § 3 Nr. 65 Satz 1 Buchstabe c EStG ist nicht anwendbar.[2)] [4]Entsprechendes gilt, wenn eine aufschiebend bedingte Abtretung rechtswirksam wird (→ Satz 2 Nr. 3).

Pensionskasse

(4) [1]Als Pensionskassen sind sowohl rechtsfähige Versorgungseinrichtungen i. S. d. § 1b Abs. 3 Satz 1 BetrAVG[3)] als auch nicht rechtsfähige Zusatzversorgungseinrichtungen des öffentlichen Dienstes i. S. d. § 18 BetrAVG anzusehen, die den Leistungsberechtigten, insbesondere Arbeitnehmern und deren Hinterbliebenen, auf ihre Versorgungsleistungen einen Rechtsanspruch gewähren. [2]Es ist gleichgültig, ob die Kasse ihren Sitz oder ihre Geschäftsleitung innerhalb oder außerhalb des Geltungsbereichs des Einkommensteuergesetzes hat. [3]Absatz 1 Satz 4 gilt sinngemäß.

Barlohnkürzung

(5) Für die Lohnsteuerpauschalierung nach § 40b EStG kommt es nicht darauf an, ob Beiträge oder Zuwendungen zusätzlich zum ohnehin geschuldeten Arbeitslohn oder auf Grund einer Vereinbarung mit dem Arbeitnehmer durch Herabsetzung des individuell zu besteuernden Arbeitslohns erbracht werden.

Voraussetzungen der Pauschalierung

(6) Die Lohnsteuerpauschalierung setzt bei Beiträgen für eine Direktversicherung voraus, dass

1. die Versicherung nicht auf den Erlebensfall eines früheren als des 60. Lebensjahrs des Arbeitnehmers abgeschlossen,
2. die Abtretung oder Beleihung eines dem Arbeitnehmer eingeräumten unwiderruflichen Bezugsrechts in dem Versicherungsvertrag ausgeschlossen und
3. eine vorzeitige Kündigung des Versicherungsvertrags durch den Arbeitnehmer ausgeschlossen

worden ist. [2]Der Versicherungsvertrag darf keine Regelung enthalten, nach der die Versicherungsleistung für den Erlebensfall vor Ablauf des 59. Lebensjahrs fällig werden könnte. [3]Lässt der Versicherungsvertrag z. B. die Möglichkeit zu, Gewinnanteile zur Abkürzung der Versicherungsdauer zu verwenden, so muss die Laufzeitverkürzung bis zur Vollendung des 59. Lebensjahrs begrenzt sein. [4]Der Ausschluss einer vorzeitigen Kündigung des Versicherungsvertrags ist anzunehmen, wenn in dem Versicherungsvertrag zwischen dem Arbeitgeber als Versicherungsnehmer und dem Versicherer folgende Vereinbarung getroffen worden ist:

---

1) **Habersack** Nr. **62.**
2) **[Amtl. Anm.:]** S. aber ggf. § 3 Nr. 65 Satz 1 Buchst. d EStG.
3) **Steuergesetze** Nr. **70.**

„Es wird unwiderruflich vereinbart, dass während der Dauer des Dienstverhältnisses eine Übertragung der Versicherungsnehmer-Eigenschaft und eine Abtretung von Rechten aus diesem Vertrag auf den versicherten Arbeitnehmer bis zu dem Zeitpunkt, in dem der versicherte Arbeitnehmer sein 59. Lebensjahr vollendet, insoweit ausgeschlossen ist, als die Beiträge vom Versicherungsnehmer (Arbeitgeber) entrichtet worden sind."

[5] Wird anlässlich der Beendigung des Dienstverhältnisses die Direktversicherung auf den ausscheidenden Arbeitnehmer übertragen, bleibt die Pauschalierung der Direktversicherungsbeiträge in der Vergangenheit hiervon unberührt. [6] Das gilt unabhängig davon, ob der Arbeitnehmer den Direktversicherungsvertrag auf einen neuen Arbeitgeber überträgt, selbst fortführt oder kündigt. [7] Es ist nicht Voraussetzung, dass die Zukunftssicherungsleistungen in einer größeren Zahl von Fällen erbracht werden.

Bemessungsgrundlage der pauschalen Lohnsteuer

(7) [1] Die pauschale Lohnsteuer bemisst sich grundsätzlich nach den tatsächlichen Leistungen, die der Arbeitgeber für den einzelnen Arbeitnehmer erbringt. [2] Bei einer Verrechnung des Tarifbeitrags mit Überschussanteilen stellt deshalb der ermäßigte Beitrag die Bemessungsgrundlage für die pauschale Lohnsteuer dar. [3] Wird für mehrere Arbeitnehmer gemeinsam eine pauschale Leistung erbracht, bei der der Teil, der auf den einzelnen Arbeitnehmer entfällt, nicht festgestellt werden kann, so ist dem einzelnen Arbeitnehmer der Teil der Leistung zuzurechnen, der sich bei einer Aufteilung der Leistung nach der Zahl der begünstigten Arbeitnehmer ergibt (→ § 2 Abs. 2 Nr. 3 Satz 3 LStDV). [4] Werden Leistungen des Arbeitgebers für die tarifvertragliche Zusatzversorgung der Arbeitnehmer mit einem Prozentsatz der Bruttolohnsumme des Betriebs erbracht, so ist die Arbeitgeberleistung Bemessungsgrundlage der pauschalen Lohnsteuer. [5] Für die Feststellung der Pauschalierungsgrenze (→ Absatz 8) bei zusätzlichen pauschal besteuerbaren Leistungen für einzelne Arbeitnehmer ist die Arbeitgeberleistung auf die Zahl der durch die tarifvertragliche Zusatzversorgung begünstigten Arbeitnehmer aufzuteilen.

Pauschalierungsgrenze

(8) [1] Die Pauschalierungsgrenze von 1752 Euro nach § 40b Abs. 2 Satz 1 EStG i. d. F. am 31.12.2004 kann auch in den Fällen voll ausgeschöpft werden, in denen feststeht, dass dem Arbeitnehmer bereits aus einem vorangegangenen Dienstverhältnis im selben Kalenderjahr pauschal besteuerte Zukunftssicherungsleistungen zugeflossen sind. [2] Soweit pauschal besteuerbare Leistungen den Grenzbetrag von 1752 Euro überschreiten, müssen sie dem normalen Lohnsteuerabzug unterworfen werden.

Durchschnittsberechnung

(9) [1] Wenn mehrere Arbeitnehmer gemeinsam in einem Direktversicherungsvertrag oder in einer Pensionskasse versichert sind, so ist für die Feststellung der Pauschalierungsgrenze eine Durchschnittsberechnung anzustellen. [2] Ein gemeinsamer Direktversicherungsvertrag liegt außer bei einer Gruppenversicherung auch dann vor, wenn in einem Rahmenvertrag mit einem oder

mehreren Versicherern sowohl die versicherten Personen als auch die versicherten Wagnisse bezeichnet werden und die Einzelheiten in Zusatzvereinbarungen geregelt sind. [3]Ein Rahmenvertrag, der z. B. nur den Beitragseinzug und die Beitragsabrechnung regelt, stellt keinen gemeinsamen Direktversicherungsvertrag dar. [4]Bei der Durchschnittsberechnung bleiben Beiträge des Arbeitgebers unberücksichtigt, die nach § 3 Nr. 63 EStG steuerfrei sind oder wegen der Ausübung des Wahlrechts nach § 3 Nr. 63 Satz 2 zweite Alternative EStG individuell besteuert werden. [5]Im Übrigen ist wie folgt zu verfahren:

1. [1]Sind in der Direktversicherung oder in der Pensionskasse Arbeitnehmer versichert, für die pauschal besteuerbare Leistungen von jeweils insgesamt mehr als 2148 Euro (§ 40b Abs. 2 Satz 2 EStG i. d. F. am 31.12.2004) jährlich erbracht werden, so scheiden die Leistungen für diese Arbeitnehmer aus der Durchschnittsberechnung aus. [2] Das gilt z. B. auch dann, wenn mehrere Direktversicherungsverträge bestehen und die Beitragsanteile für den einzelnen Arbeitnehmer insgesamt 2148 Euro übersteigen. [3]Die Erhebung der Lohnsteuer auf diese Leistungen richtet sich nach Absatz 8 Satz 2.
2. [1]Die Leistungen für die übrigen Arbeitnehmer sind zusammenzurechnen und durch die Zahl der Arbeitnehmer zu teilen, für die sie erbracht worden sind. [2]Bei einem konzernumfassenden gemeinsamen Direktversicherungsvertrag ist der Durchschnittsbetrag durch Aufteilung der Beitragszahlungen des Arbeitgebers auf die Zahl seiner begünstigten Arbeitnehmer festzustellen; es ist nicht zulässig, den Durchschnittsbetrag durch Aufteilung des Konzernbeitrags auf alle Arbeitnehmer des Konzerns zu ermitteln.
   a) [1]Übersteigt der so ermittelte Durchschnittsbetrag nicht 1752 Euro, so ist dieser für jeden Arbeitnehmer der Pauschalbesteuerung zugrunde zu legen. [2]Werden für den einzelnen Arbeitnehmer noch weitere pauschal besteuerbare Leistungen erbracht, so dürfen aber insgesamt nur 1752 Euro pauschal besteuert werden; im Übrigen gilt Absatz 8 Satz 2.
   b) [1]Übersteigt der Durchschnittsbetrag 1752 Euro, so kommt er als Bemessungsgrundlage für die Pauschalbesteuerung nicht in Betracht. [2]Der Pauschalbesteuerung sind die tatsächlichen Leistungen zugrunde zu legen, soweit sie für den einzelnen Arbeitnehmer 1752 Euro nicht übersteigen; im Übrigen gilt Absatz 8 Satz 2.
3. [1]Ist ein Arbeitnehmer
   a) in mehreren Direktversicherungsverträgen gemeinsam mit anderen Arbeitnehmern,
   b) in mehreren Pensionskassen oder
   c) in Direktversicherungsverträgen gemeinsam mit anderen Arbeitnehmern und in Pensionskassen

   versichert, so ist jeweils der Durchschnittsbetrag aus der Summe der Beiträge für mehrere Direktversicherungen, aus der Summe der Zuwendungen an mehrere Pensionskassen oder aus der Summe der Beiträge zu Direktversicherungen und der Zuwendungen an Pensionskassen zu ermitteln. [2]*In diese gemeinsame* Durchschnittsbildung dürfen jedoch solche Verträge nicht einbezogen werden, bei denen wegen der 2148 Euro-Grenze

(→ Nummer 1) nur noch ein Arbeitnehmer übrig bleibt; in diesen Fällen liegt eine gemeinsame Versicherung, die in die Durchschnittsberechnung einzubeziehen ist, nicht vor.

(10) Werden die pauschal besteuerbaren Leistungen nicht in einem Jahresbetrag erbracht, gilt Folgendes:

1. Die Einbeziehung der auf den einzelnen Arbeitnehmer entfallenden Leistungen in die Durchschnittsberechnung nach § 40b Abs. 2 Satz 2 EStG entfällt von dem Zeitpunkt an, in dem sich ergibt, dass die Leistungen für diesen Arbeitnehmer voraussichtlich insgesamt 2148 Euro im Kalenderjahr übersteigen werden.
2. Die Lohnsteuerpauschalierung auf der Grundlage des Durchschnittsbetrags entfällt von dem Zeitpunkt an, in dem sich ergibt, dass der Durchschnittsbetrag voraussichtlich 1752 Euro im Kalenderjahr übersteigen wird.
3. [1] Die Pauschalierungsgrenze von 1752 Euro ist jeweils insoweit zu vermindern, als sie bei der Pauschalbesteuerung von früheren Leistungen im selben Kalenderjahr bereits ausgeschöpft worden ist. [2] Werden die Leistungen laufend erbracht, so darf die Pauschalierungsgrenze mit dem auf den jeweiligen Lohnzahlungszeitraum entfallenden Anteil berücksichtigt werden.

Vervielfältigungsregelung

(11) [1] Die Vervielfältigung der Pauschalierungsgrenze nach § 40b Abs. 2 Satz 3 EStG steht in Zusammenhang mit der Beendigung des Dienstverhältnisses; ein solcher Zusammenhang ist insbesondere dann zu vermuten, wenn der Direktversicherungsbeitrag innerhalb von 3 Monaten vor dem Auflösungszeitpunkt geleistet wird. [2] Die Vervielfältigungsregelung gilt auch bei der Umwandlung von Arbeitslohn (→ Absatz 5); nach Auflösung des Dienstverhältnisses kann sie ohne zeitliche Beschränkung angewendet werden, wenn die Umwandlung spätestens bis zum Zeitpunkt der Auflösung des Dienstverhältnisses vereinbart wird. [3] Die Gründe, aus denen das Dienstverhältnis beendet wird, sind für die Vervielfältigung der Pauschalierungsgrenze unerheblich. [4] Die Vervielfältigungsregelung kann daher auch in den Fällen angewendet werden, in denen ein Arbeitnehmer wegen Erreichens der Altersgrenze aus dem Dienstverhältnis ausscheidet. [5] Auf die vervielfältigte Pauschalierungsgrenze sind die für den einzelnen Arbeitnehmer in dem Kalenderjahr, in dem das Dienstverhältnis beendet wird, und in den sechs vorangegangenen Kalenderjahren tatsächlich entrichteten Beiträge und Zuwendungen anzurechnen, die nach § 40b Abs. 1 EStG pauschal besteuert wurden. [6] Dazu gehören auch die 1752 Euro übersteigenden personenbezogenen Beiträge, wenn sie nach § 40b Abs. 2 Satz 2 EStG in die Bemessungsgrundlage für die Pauschsteuer einbezogen worden sind. [7] Ist bei Pauschalzuweisungen ein personenbezogener Beitrag nicht feststellbar, ist als tatsächlicher Beitrag für den einzelnen Arbeitnehmer der Durchschnittsbetrag aus der Pauschalzuweisung anzunehmen.

Rückzahlung pauschal besteuerbarer Leistungen

(12) *(unbesetzt)*

(13)[1] [1]Eine Arbeitslohnrückzahlung (negative Einnahme) ist anzunehmen, wenn der Arbeitnehmer sein Bezugsrecht aus einer Direktversicherung (z. B. bei vorzeitigem Ausscheiden aus dem Dienstverhältnis) ganz oder teilweise ersatzlos verliert und das Versicherungsunternehmen als Arbeitslohn versteuerte Beiträge an den Arbeitgeber zurückzahlt. [2]Zahlungen des Arbeitnehmers zum Wiedererwerb des verlorenen Bezugsrechts sind der Vermögenssphäre zuzurechnen; sie stellen keine Arbeitslohnrückzahlung dar.

(14) [1]Sind nach Absatz 13 Arbeitslohnrückzahlungen aus pauschal versteuerten Beitragsleistungen anzunehmen, mindern sie die gleichzeitig (im selben Kalenderjahr) anfallenden pauschal besteuerbaren Beitragsleistungen des Arbeitgebers. [2]Übersteigen in einem Kalenderjahr die Arbeitslohnrückzahlungen betragsmäßig die Beitragsleistungen des Arbeitgebers, ist eine Minderung der Beitragsleistungen im selben Kalenderjahr nur bis auf Null möglich. [3]Eine Minderung von Beitragsleistungen des Arbeitgebers aus den Vorjahren ist nicht möglich. [4]Der Arbeitnehmer kann negative Einnahmen aus pauschal versteuerten Beitragsleistungen nicht geltend machen.

(15)[1] [1]Wenn Arbeitslohnrückzahlungen nach Absatz 13 aus teilweise individuell und teilweise pauschal versteuerten Beitragsleistungen herrühren, ist der Betrag entsprechend aufzuteilen. [2]Dabei kann aus Vereinfachungsgründen das Verhältnis zugrunde gelegt werden, das sich nach den Beitragsleistungen in den vorangegangenen fünf Kalenderjahren ergibt. [3]Maßgebend sind die tatsächlichen Beitragsleistungen; § 40b Abs. 2 Satz 2 EStG ist nicht anzuwenden. [4]Die lohnsteuerliche Berücksichtigung der dem Arbeitnehmer zuzurechnenden Arbeitslohnzahlung richtet sich nach folgenden Grundsätzen:

1. Besteht im Zeitpunkt der Arbeitslohnrückzahlung noch das Dienstverhältnis zu dem Arbeitgeber, der die Versicherungsbeiträge geleistet hat, kann der Arbeitgeber die Arbeitslohnrückzahlung mit dem Arbeitslohn des Kalenderjahres der Rückzahlung verrechnen und den so verminderten Arbeitslohn der Lohnsteuer unterwerfen.
2. [1]Soweit der Arbeitgeber von der vorstehenden Möglichkeit nicht Gebrauch macht oder machen kann, kann der Arbeitnehmer die Arbeitslohnrückzahlung wie Werbungskosten – ohne Anrechnung des maßgebenden Pauschbetrags für Werbungskosten nach § 9a Satz 1 Nr. 1 EStG – als Freibetrag (→ § 39a EStG) bilden lassen oder bei der Veranlagung zur Einkommensteuer geltend machen. [2]Erzielt der Arbeitnehmer durch die Arbeitslohnrückzahlung bei seinen Einkünften aus nichtselbständiger Arbeit einen Verlust, kann er diesen mit Einkünften aus anderen Einkunftsarten ausgleichen oder unter den Voraussetzungen des § 10d EStG den Verlustabzug beanspruchen.

(16) Die Absätze 13 bis 15 gelten für Zuwendungen an Pensionskassen sinngemäß.

---

[1] Gewinnausschüttungen einer Versorgungskasse sind keine Arbeitslohnrückzahlungen; siehe BFH v. 12.11.2009 VI R 20/07, BStBl. II 2010, 845, und BMF v. 28.9.2010, BStBl. I 2010, 760. – Keine Festsetzung negativer pauschaler Lohnsteuer; siehe BFH v. 28.4.2016 VI R 18/15, BStBl. II 2016, 898.

H 40b.1

§ 40b Abs. 1 und Abs. 2 in der am 31.12.2004 geltenden Fassung:[1)]

„(1) [1] Der Arbeitgeber kann die Lohnsteuer von den Beiträgen für eine Direktversicherung des Arbeitnehmers und von den Zuwendungen an eine Pensionskasse mit einem Pauschsteuersatz von 20 vom Hundert der Beiträge und Zuwendungen erheben. [2] Die pauschale Erhebung der Lohnsteuer von Beiträgen für eine Direktversicherung ist nur zulässig, wenn die Versicherung nicht auf den Erlebensfall eines früheren als des 60. Lebensjahres abgeschlossen und eine vorzeitige Kündigung des Versicherungsvertrages durch den Arbeitnehmer ausgeschlossen worden ist.

(2) [1] Absatz 1 gilt nicht, soweit die zu besteuernden Beiträge und Zuwendungen des Arbeitgebers für den Arbeitnehmer 1752 Euro im Kalenderjahr übersteigen oder nicht aus seinem ersten Dienstverhältnis bezogen werden. [2] Sind mehrere Arbeitnehmer gemeinsam in einem Direktversicherungsvertrag oder in einer Pensionskasse versichert, so gilt als Beitrag oder Zuwendung für den einzelnen Arbeitnehmer der Teilbetrag, der sich bei einer Aufteilung der gesamten Beiträge oder der gesamten Zuwendungen durch die Zahl der begünstigten Arbeitnehmer ergibt, wenn dieser Teilbetrag 1752 Euro nicht übersteigt; hierbei sind Arbeitnehmer, für die Beiträge und Zuwendungen von mehr als 2148 Euro im Kalenderjahr geleistet werden, nicht einzubeziehen. [3] Für Beiträge und Zuwendungen, die der Arbeitgeber für den Arbeitnehmer aus Anlass der Beendigung des Dienstverhältnisses erbracht hat, vervielfältigt sich der Betrag von 1752 Euro mit der Anzahl der Kalenderjahre, in denen das Dienstverhältnis des Arbeitnehmers zu dem Arbeitgeber bestanden hat; in diesem Fall ist Satz 2 nicht anzuwenden. [4] Der vervielfältigte Betrag vermindert sich um die nach Absatz 1 pauschal besteuerten Beiträge und Zuwendungen, die der Arbeitgeber in dem Kalenderjahr, in dem das Dienstverhältnis beendet wird, und in den sechs vorangegangenen Kalenderjahren erbracht hat."

Abwälzung der pauschalen Lohnsteuer. → BMF vom 10.1.2000 (BStBl. I S. 138).

Beispiel:

Der Arbeitnehmer erhält eine Sonderzuwendung von 2500 €. Er vereinbart mit dem Arbeitgeber, dass hiervon 1752 € für eine vor 2005 abgeschlossene Direktversicherung verwendet werden, die eine Kapitalauszahlung vorsieht. Der Direktversicherungsbeitrag soll pauschal versteuert werden. Der Arbeitnehmer trägt die pauschale Lohnsteuer.

Sonderzuwendung	2500 €
abzüglich Direktversicherungsbeitrag	1752 €
nach den Lohnsteuerabzugsmerkmalen als sonstiger Bezug zu besteuern	748 €
Bemessungsgrundlage für die pauschale Lohnsteuer	1752 €

Allgemeines.

– Der Lohnsteuerpauschalierung unterliegen nur die Arbeitgeberleistungen i. S. d. § 40b EStG zugunsten von Arbeitnehmern oder früheren Arbeitnehmern und deren Hinterbliebenen (→ BFH vom 7.7.1972 – BStBl. II S. 890).

– Die Pauschalierung der Lohnsteuer nach § 40b EStG ist auch dann zulässig, wenn die Zukunftssicherungsleistung erst nach Ausscheiden des Arbeitnehmers aus dem Betrieb erbracht wird und er bereits in einem neuen Dienstverhältnis steht (→ BFH vom 18.12.1987 – BStBl. 1988 II S. 554).

---

1) **[Amtl. Anm.:]** Zur Anwendungsregelung → § 52 Abs. 40 EStG. Die Anwendungsregelung wurde durch das Gesetz zur Vermeidung von Umsatzsteuerausfällen beim Handel mit Waren im Internet und zur Änderung weiterer steuerlicher Vorschriften angepasst (G v. 11.12.2018, BGBl. I 2018, 2338).

Zur Aufzeichnungspflicht bei Weiteranwendung von § 40b in einer vor dem 1.1.2005 geltenden Fassung → § 5 Abs. 1 LStDV.

– Pauschalbesteuerungsfähig sind jedoch nur Zukunftssicherungsleistungen, die der Arbeitgeber auf Grund ausschließlich eigener rechtlicher Verpflichtung erbringt (→ BFH vom 29.4.1991 – BStBl. II S. 647).
– Die Pauschalierung der Lohnsteuer nach § 40b EStG ist ausgeschlossen, wenn der Arbeitgeber für den Ehegatten eines verstorbenen früheren Arbeitnehmers eine Lebensversicherung abschließt oder wenn bei einer Versicherung das typische Todesfallwagnis und – bereits bei Vertragsabschluss – das Rentenwagnis ausgeschlossen worden sind. Hier liegt begrifflich keine Direktversicherung i. S. d. § 40b EStG vor (→ BFH vom 9.11.1990 – BStBl. 1991 II S. 189).
– Die Pauschalierung setzt allgemein voraus, dass die Zukunftssicherungsleistungen aus einem ersten Dienstverhältnis bezogen werden. Sie ist demnach bei Arbeitnehmern nicht anwendbar, bei denen der Lohnsteuerabzug nach der Steuerklasse VI vorgenommen wird (→ BFH vom 12.8.1996 – BStBl. 1997 II S. 143). Bei pauschal besteuerten Teilzeitarbeitsverhältnissen (→ § 40a EStG) ist die Pauschalierung zulässig, wenn es sich dabei um das erste Dienstverhältnis handelt (→ BFH vom 8.12.1989 – BStBl. 1990 II S. 398).
– Für Zukunftssicherungsleistungen i. S. d. § 40b EStG kann die Lohnsteuerpauschalierung nach § 40 Abs. 1 Satz 1 Nr. 1 EStG nicht vorgenommen werden, selbst wenn sie als sonstige Bezüge gewährt werden (→ § 40b Abs. 5 Satz 2 EStG).
– Zum Zeitpunkt der Beitragsleistung des Arbeitgebers für eine Direktversicherung → H 38.2 (Zufluss von Arbeitslohn).
– Die Pauschalierung setzt voraus, dass es sich bei den Beiträgen um Arbeitslohn handelt, der den Arbeitnehmern im Zeitpunkt der Abführung durch den Arbeitgeber an die Versorgungseinrichtung zufließt (→ BFH vom 12.4.2007 – BStBl. II S. 619).

Arbeitnehmerfinanzierte betriebliche Altersversorgung. → BMF vom 12.8.2021 (BStBl. I S. 1050).

Ausscheiden des Arbeitgebers aus der VBL. Das Ausscheiden des Arbeitgebers aus der VBL und die damit verbundenen Folgen für die Zusatzversorgung des Arbeitnehmers führen nicht zur Rückzahlung von Arbeitslohn und damit weder zu negativem Arbeitslohn noch zu Werbungskosten bei den Einkünften aus nichtselbständiger Arbeit (→ BFH vom 7.5.2009 – BStBl. 2010 II S. 133 und S. 135).

Barlohnkürzung.

Beispiel:

Der Anspruch auf das 13. Monatsgehalt entsteht gemäß Tarifvertrag zeitanteilig nach den vollen Monaten der Beschäftigung im Kalenderjahr und ist am 1.12. fällig. Die Barlohnkürzung vom 13. Monatsgehalt zu Gunsten eines Direktversicherungsbeitrags wird im November des laufenden Kalenderjahres vereinbart.

Der Barlohn kann vor Fälligkeit, also bis spätestens 30.11., auch um den Teil des 13. Monatsgehalts, der auf bereits abgelaufene Monate entfällt, steuerlich wirksam gekürzt werden. Auf den Zeitpunkt der Entstehung kommt es nicht an (→ R 40b.1 Abs. 5).

Beendigung einer betrieblichen Altersversorgung. → BMF vom 12.8.2021 (BStBl. I S. 1050), Rn. 166.

Dienstverhältnis zwischen Ehegatten.[1] Zur Anerkennung von Zukunftssicherungsleistungen bei Dienstverhältnissen zwischen Ehegatten → H 6a (9) EStH.[2]

Durchschnittsberechnung nach § 40b Abs. 2 Satz 2 EStG:

– „Eigenbeiträge" des Arbeitnehmers, die aus versteuertem Arbeitslohn stammen, sind in die Durchschnittsberechnung nicht einzubeziehen (→ BFH vom 12.4.2007 – BStBl. II S. 619).
– Beiträge zu Direktversicherungen können nur dann in die Durchschnittsberechnung einbezogen werden, wenn ein gemeinsamer Versicherungsvertrag vorliegt. Direktversicherungen, die nach einem Wechsel des Arbeitgebers beim neuen Arbeitgeber als Einzelversicherungen fortgeführt werden, erfüllen diese Voraussetzung nicht (→ BFH vom 11.3.2010 – BStBl. 2011 II S. 183).
– **Beispiel:**

Es werden ganzjährig laufend monatliche Zuwendungen an eine Pensionskasse (Altverträge mit Kapitalauszahlung)

a) für 2 Arbeitnehmer je 250 €	=	500 €
b) für 20 Arbeitnehmer je 175 €	=	3500 €
c) für 20 Arbeitnehmer je 125 €	=	2500 €
insgesamt		6500 € geleistet.

Die Leistungen für die Arbeitnehmer zu a) betragen jeweils mehr als 2148 € jährlich; sie sind daher in eine Durchschnittsberechnung nicht einzubeziehen. Die Leistungen für die Arbeitnehmer zu b) und c) übersteigen jährlich jeweils nicht 2148 €; es ist daher der Durchschnittsbetrag festzustellen. Der Durchschnittsbetrag beträgt 150 € monatlich; er übersteigt hiernach 1752 € jährlich und kommt deshalb als Bemessungsgrundlage nicht in Betracht. Der Pauschalbesteuerung sind also in allen Fällen die tatsächlichen Leistungen zugrunde zu legen. Der Arbeitgeber kann dabei

in den Fällen zu a) im 1. bis 7. Monat je 250 € und im 8. Monat noch 2 €
oder monatlich je 146 €,
in den Fällen zu b) im 1. bis 10. Monat je 175 € und im 11. Monat noch 2 €
oder monatlich je 146 €,
in den Fällen zu c) monatlich je 125 €

pauschal versteuern.

Kirchensteuer bei Pauschalierung der Lohn- und Einkommensteuer. → Gleich lautende Ländererlasse vom 8.8.2016 (BStBl. I S. 773).

Mindesttodesfallschutz. → R 40b.1 Abs. 2; → BMF vom 22.8.2002 (BStBl. I S. 827), Rdnr. 23–30.

Negative pauschale Lohnsteuer. Die Festsetzung einer negativen Einkommensteuer und damit auch einer negativen pauschalen Lohnsteuer ist gesetzlich nicht vorgesehen (→ BFH vom 28.4.2016 – BStBl. II S. 898). Bei Rückzahlung pauschal versteuerter Leistungen → R 40b.1 Abs. 13 ff. LStR.

Rückdeckungsversicherung.

– → R 40b.1 Abs. 3.

[1] **[Amtl. Anm.:]** Die dort aufgeführten Grundsätze gelten bei Lebenspartnern entsprechend (→ § 2 Abs. 8 EStG).

[2] Nr. 1.

– Verzichtet der frühere Arbeitnehmer auf seine Rechte aus einer Versorgungszusage des Arbeitgebers, tritt im Gegenzug der Arbeitgeber sämtliche Rechte aus der zur Absicherung der Versorgungszusage abgeschlossenen Rückdeckungsversicherung an den vom Arbeitnehmer nunmehr getrennt lebenden Ehegatten/Lebenspartner ab und zahlt die Versicherung daraufhin das angesammelte Kapital an den Ehegatten/Lebenspartner aus, beinhaltet dies einen den früheren Arbeitnehmer bereichernden Lohnzufluss (→ BFH vom 9.10.2002 – BStBl. II S. 884).
– Tritt ein Arbeitgeber Ansprüche aus einer von ihm mit einem Versicherer abgeschlossenen Rückdeckungsversicherung an den Arbeitnehmer ab und leistet der Arbeitgeber im Anschluss hieran Beiträge an den Versicherer, sind diese Ausgaben Arbeitslohn (→ BFH vom 5.7.2012 – BStBl. 2013 II S. 190).

Rückzahlung von Arbeitslohn.
– Der Verlust des durch eine Direktversicherung eingeräumten Bezugsrechts bei Insolvenz des Arbeitgebers führt wegen des Ersatzanspruchs nicht zu einer Arbeitslohnrückzahlung (→ BFH vom 5.7.2007 – BStBl. II S. 774).
– → R 40b.1 Abs. 13 ff. und → Ausscheiden des Arbeitgebers aus der VBL.

Verhältnis von § 3 Nr. 63 EStG und § 40b EStG. → BMF vom 12.8.2021 (BStBl. I S. 1050), Rn. 85 ff.

Vervielfältigungsregelung. Die Beendigung des Dienstverhältnisses i. S. d. § 40b Abs. 2 Satz 3 1. Halbsatz EStG ist die nach bürgerlichem (Arbeits-) Recht wirksame Beendigung. Ein Dienstverhältnis kann daher auch dann beendet sein, wenn der Arbeitnehmer und sein bisheriger Arbeitgeber im Anschluss an das bisherige Dienstverhältnis ein neues vereinbaren, sofern es sich nicht als Fortsetzung des bisherigen erweist. Es liegt keine solche Beendigung vor, wenn das neue Dienstverhältnis mit demselben Arbeitgeber in Bezug auf den Arbeitsbereich, die Entlohnung und die sozialen Besitzstände im Wesentlichen dem bisherigen Dienstverhältnis entspricht (→ BFH vom 30.10.2008 – BStBl. 2009 II S. 162).

Wahlrecht. → BMF vom 12.8.2021 (BStBl. I S. 1050), Rn. 93.

Wirkung einer fehlerhaften Pauschalbesteuerung. Eine fehlerhafte Pauschalbesteuerung ist für die Veranlagung zur Einkommensteuer nicht bindend (→ BFH vom 10.6.1988 – BStBl. II S. 981).

Zukunftssicherungsleistungen i. S. d. § 40b EStG n. F. → BMF vom 12.8.2021 (BStBl. I S. 1050), Rn. 83–84.

R **40b.2** Pauschalierung der Lohnsteuer bei Beiträgen zu einer Gruppenunfallversicherung

[1] *Die Lohnsteuerpauschalierung nach* § 40b Abs. 3 EStG ist nicht zulässig, wenn der steuerpflichtige Durchschnittsbeitrag – ohne Versicherungsteuer –

62 Euro[1]) jährlich übersteigt; in diesem Fall ist der steuerpflichtige Durchschnittsbeitrag dem normalen Lohnsteuerabzug zu unterwerfen. [2]Bei konzernumfassenden Gruppenunfallversicherungen ist der Durchschnittsbeitrag festzustellen, der sich bei Aufteilung der Beitragszahlungen des Arbeitgebers auf die Zahl seiner begünstigten Arbeitnehmer ergibt; es ist nicht zulässig, den Durchschnittsbeitrag durch Aufteilung des Konzernbeitrags auf alle Arbeitnehmer des Konzerns zu ermitteln. [3]Ein gemeinsamer Unfallversicherungsvertrag i. S. d. § 40b Abs. 3 EStG liegt außer bei einer Gruppenversicherung auch dann vor, wenn in einem Rahmenvertrag mit einem oder mehreren Versicherern sowohl die versicherten Personen als auch die versicherten Wagnisse bezeichnet werden und die Einzelheiten in Zusatzvereinbarungen geregelt sind. [4]Ein Rahmenvertrag, der z. B. nur den Beitragseinzug und die Beitragsabrechnung regelt, stellt keinen gemeinsamen Unfallversicherungsvertrag dar.

H 40b.2

Allgemeine Grundsätze. Zur Ermittlung des steuerpflichtigen Beitrags für Unfallversicherungen, die das Unfallrisiko sowohl im beruflichen als auch im außerberuflichen Bereich abdecken, → BMF vom 28.10.2009 (BStBl. I S. 1275).

Geldleistung oder Sachbezug. → *BMF vom 13.4.2021 (BStBl. I S. 624), Rdnr. 7, 29.*[2])

Zu § 41 EStG
(§§ 4, 5 LStDV)

R 41.1 Aufzeichnungserleichterungen, Aufzeichnung der Religionsgemeinschaft

(1) [1]Die nach §§ 40 Abs. 1 Satz 1 Nr. 1 und 40b EStG pauschal besteuerten Bezüge und die darauf entfallende pauschale Lohnsteuer sind grundsätzlich in dem für jeden Arbeitnehmer zu führenden Lohnkonto aufzuzeichnen. [2]Soweit die Lohnsteuerpauschalierung nach § 40b EStG auf der Grundlage des Durchschnittsbetrags durchgeführt wird (→ § 40b Abs. 2 Satz 2 EStG), ist dieser aufzuzeichnen.

(2) [1]Das Betriebsstättenfinanzamt kann nach § 4 Abs. 3 Satz 1 LStDV Ausnahmen von der Aufzeichnung im Lohnkonto zulassen, wenn die Möglichkeit zur Nachprüfung in anderer Weise sichergestellt ist. [2]Die Möglichkeit zur Nachprüfung ist in den bezeichneten Fällen nur dann gegeben, wenn die Zahlung der Bezüge und die Art ihrer Aufzeichnung im Lohnkonto vermerkt werden.

(3) [1]Das Finanzamt hat Anträgen auf Befreiung von der Aufzeichnungspflicht nach § 4 Abs. 3 Satz 2 LStDV im Allgemeinen zu entsprechen, wenn es im Hinblick auf die betrieblichen Verhältnisse nach der Lebenserfahrung so gut wie ausgeschlossen ist, dass der Rabattfreibetrag (→ § 8 Abs. 3 EStG) oder

---

[1]) Ab 1.1.2020 100 EUR, siehe § 40b Abs. 3 EStG i. d. F. des G v. 22.11.2019, BGBl. I 2019, 1746.

[2]) Siehe jetzt BMF v. 15.3.2022, BStBl. I 2022, 242.

die Freigrenze nach § 8 Abs. 2 Satz 11 EStG im Einzelfall überschritten wird. [2]Zusätzlicher Überwachungsmaßnahmen durch den Arbeitgeber bedarf es in diesen Fällen nicht.

(4) [1]Der Arbeitgeber hat die Religionsgemeinschaft im Lohnkonto aufzuzeichnen (§ 4 Abs. 1 Nr. 1 LStDV). [2]Erhebt der Arbeitgeber von pauschal besteuerten Bezügen (§§ 37b, 40, 40a Abs. 1, 2a und 3, § 40b EStG) keine Kirchensteuer, weil der Arbeitnehmer keiner Religionsgemeinschaft angehört, für die die Kirchensteuer von den Finanzbehörden erhoben wird, hat er die Unterlage hierüber als Beleg zu den nach § 4 Abs. 2 Nr. 8 Satz 3 und 4 LStDV zu führenden Unterlagen zu nehmen (§ 4 Abs. 2 Nr. 8 Satz 5 LStDV). [3]In den Fällen des § 37b EStG und des § 40a Abs. 1, 2a und 3 EStG kann der Arbeitgeber auch eine Erklärung zur Religionszugehörigkeit nach amtlichem Muster als Beleg verwenden.

R **41.2**[1)] Aufzeichnung des Großbuchstabens U

[1]Der Anspruch auf Arbeitslohn ist im Wesentlichen weggefallen, wenn z. B. lediglich vermögenswirksame Leistungen oder Krankengeldzuschüsse gezahlt werden, oder wenn während unbezahlter Fehlzeiten (z. B. Elternzeit) eine Beschäftigung mit reduzierter Arbeitszeit aufgenommen wird. [2]Der Großbuchstabe U ist je Unterbrechung einmal im Lohnkonto einzutragen. [3]Wird Kurzarbeitergeld einschl. Saison-Kurzarbeitergeld, der Zuschuss zum Mutterschaftsgeld nach dem Mutterschutzgesetz, der Zuschuss nach § 3 der Mutterschutz- und Elternzeitverordnung oder einer entsprechenden Landesregelung, die Entschädigung für Verdienstausfall nach dem Infektionsschutzgesetz oder werden Aufstockungsbeträge nach dem AltTZG gezahlt, ist kein Großbuchstabe U in das Lohnkonto einzutragen.

R **41.3** Betriebsstätte

[1]Die lohnsteuerliche Betriebsstätte ist der im Inland gelegene Betrieb oder Betriebsteil des Arbeitgebers, an dem der Arbeitslohn insgesamt ermittelt wird, d. h. wo die einzelnen Lohnbestandteile oder bei maschineller Lohnabrechnung die Eingabewerte zu dem für die Durchführung des Lohnsteuerabzugs maßgebenden Arbeitslohn zusammengefasst werden. [2]Es kommt nicht darauf an, wo einzelne Lohnbestandteile ermittelt, die Berechnung der Lohnsteuer vorgenommen wird und die für den Lohnsteuerabzug maßgebenden Unterlagen aufbewahrt werden. [3]Bei einem ausländischen Arbeitgeber mit Wohnsitz und Geschäftsleitung im Ausland, der im Inland einen ständigen Vertreter (§ 13 AO) hat, aber keine Betriebsstätte unterhält, gilt als Mittelpunkt der geschäftlichen Leitung der Wohnsitz oder der gewöhnliche Aufenthalt des ständigen Vertreters. [4]Ein selbständiges Dienstleistungsunternehmen, das für einen Arbeitgeber tätig wird, kann nicht als Betriebsstätte dieses Arbeitgebers angesehen werden. [5]Bei einer Arbeitnehmerüberlassung (→ R 42d.2) kann nach § 41 Abs. 2 Satz 2 EStG eine abweichende lohnsteuerliche Betriebsstätte in Be-

---

1) Zur Aufzeichnung des Großbuchstabens S vgl. § 41 Abs. 1 Satz 7 EStG.

tracht kommen. [6] Erlangt ein Finanzamt von Umständen Kenntnis, die auf eine Zentralisierung oder Verlegung von lohnsteuerlichen Betriebsstätten in seinem Zuständigkeitsbereich hindeuten, hat es vor einer Äußerung gegenüber dem Arbeitgeber die anderen betroffenen Finanzämter unverzüglich hierüber zu unterrichten und sich mit ihnen abzustimmen.

H 41.3

Zuständige Finanzämter für ausländische Bauunternehmer. Für ausländische Bauunternehmer sind die in der Umsatzsteuerzuständigkeitsverordnung[1)] genannten Finanzämter für die Verwaltung der Lohnsteuer zuständig (→ BMF vom 27.12.2002 – BStBl. I S. 1399, Tz. 100).

Ansässigkeitsstaat	Finanzamt	Adresse
Belgien	Trier	Hubert-Neuerburg-Str. 1 54290 Trier
Bulgarien	Neuwied	Augustastr. 54 56564 Neuwied
Dänemark	Flensburg	Duburger Str. 58–64 24939 Flensburg
Estland	Rostock	Möllner Str. 13 18109 Rostock
Finnland	Bremen	Rudolf-Hilferding-Platz 1 28195 Bremen
Frankreich und Monaco	Offenburg	Zeller Straße 1–3 77654 Offenburg
Großbritannien (einschließlich Nordirland sowie Insel Man)	Hannover-Nord	Vahrenwalder Str. 206 30165 Hannover
Griechenland	Neukölln	Thiemannstraße 1 12059 Berlin
Irland	Hamburg-Nord	Borsteler Chaussee 45 22453 Hamburg
Italien	München	Finanzamt München Abteilung IV 80276 München
Kroatien	Kassel II – Hofgeismar	Altmarkt 1 34125 Kassel
Lettland	Bremen	Rudolf-Hilferding-Platz 1 28195 Bremen
Liechtenstein	Konstanz	Byk-Gulden-Str. 2 a 78467 Konstanz
Litauen	Mühlhausen	Martinistr. 22 99974 Mühlhausen

1) VO v. 20.12.2001, BGBl. I 2001, 3794, zuletzt geänd. durch Art. 24 JStG 2020 v. 21.12.2020, BGBl. I 2020, 3096 (**Steuergesetze** Nr. **519**).

Ansässigkeitsstaat	Finanzamt	Adresse
Luxemburg	Saarbrücken	Am Stadtgraben 2–4 66111 Saarbrücken
Mazedonien	Neukölln	Thiemannstraße 1 12059 Berlin
Niederlande	Kleve	Emmericher Str. 182 47533 Kleve
Norwegen	Bremen	Rudolf-Hilferding-Platz 1 28195 Bremen
Österreich	München	Finanzamt München Abteilung IV 80276 München
Polen	Hameln (Nach- bzw. Firmenname A bis G)	Süntelstraße 2 31785 Hameln
	Oranienburg (Nach- bzw. Firmenname H bis L)	Heinrich-Grüber-Platz 3 16515 Oranienburg
	Cottbus (Nach- bzw. Firmenname M bis R sowie für alle Unternehmer, auf die das Verfahren nach § 18 Abs 4e UStG anzuwenden ist)	Vom-Stein-Straße 29 03050 Cottbus
	Nördlingen (Nach- bzw. Firmenname S bis Ż)	Tändelmarkt 1 86720 Nördlingen
Portugal	Kassel II – Hofgeismar	Altmarkt 1 34125 Kassel
Rumänien	Chemnitz-Süd	Paul-Bertz-Straße 1 09120 Chemnitz
Russland	Magdeburg	Tessenowstraße 10 39114 Magdeburg
Schweden	Hamburg-Nord	Borsteler Chaussee 45 22453 Hamburg
Schweiz	Konstanz	Byk-Gulden-Str. 2 a 78467 Konstanz
Slowakei	Chemnitz-Süd	Paul-Bertz-Straße 1 09120 Chemnitz
Spanien	Kassel II – Hofgeismar	Altmarkt 1 34125 Kassel
Slowenien	Oranienburg	Heinrich-Grüber-Platz 3 16515 Oranienburg
Tschechische Republik	*Chemnitz*-Süd	Paul-Bertz-Straße 1 09120 Chemnitz

Ansässigkeitsstaat	Finanzamt	Adresse
Türkei	Dortmund-Unna	Trakehnerweg 4 44143 Dortmund
Ukraine	Magdeburg	Tessenowstraße 10 39114 Magdeburg
Ungarn	Zentralfinanzamt Nürnberg	Thomas-Mann-Straße 50 90471 Nürnberg
Vereinigte Staaten von Amerika	Bonn-Innenstadt	Welschnonnenstr. 15 53111 Bonn
Weißrussland	Magdeburg	Tessenowstraße 10 39114 Magdeburg
Übriges Ausland	Neukölln	Thiemannstraße 1 12059 Berlin

Zuständige Finanzämter für ausländische Verleiher. Die Zuständigkeit für ausländische Verleiher (ohne Bauunternehmen) ist in den Ländern bei folgenden Finanzämtern zentralisiert:

Land	Finanzamt	Adresse
Baden-Württemberg	Offenburg	Zellerstraße 1–3 77654 Offenburg
Bayern	München	Finanzamt München Abteilung IV 80276 München
	Zentralfinanzamt Nürnberg	Thomas-Mann-Straße 50 90471 Nürnberg
Berlin	für Körperschaften III	Volkmarstraße 13 12099 Berlin
Brandenburg	Oranienburg	Heinrich-Grüber-Platz 3 16515 Oranienburg
Bremen	Bremen	Rudolf-Hilferding-Platz 1 28195 Bremen
Hamburg	Hamburg-Eimsbüttel	Hugh-Greene-Weg 6 22529 Hamburg
Hessen	Kassel II – Hofgeismar	Altmarkt 1 34125 Kassel
Mecklenburg-Vorpommern	Greifswald	Am Gorzberg Haus 11 17489 Greifswald
Niedersachsen	Bad Bentheim	Heinrich-Böll-Straße 2 48455 Bad Bentheim
Nordrhein-Westfalen	Düsseldorf-Altstadt	Oberrather Str. 2–4 40472 Düsseldorf
Rheinland-Pfalz	Kaiserslautern	Eisenbahnstraße 56 67655 Kaiserslautern

Land	Finanzamt	Adresse
Saarland	Saarbrücken	Am Stadtgraben 2–4 66111 Saarbrücken
Sachsen	Chemnitz-Süd	Paul-Bertz-Straße 1 09120 Chemnitz
Sachsen-Anhalt	Magdeburg	Tessenowstraße 10 39114 Magdeburg
Schleswig-Holstein	Kiel	Feldstraße 23 24105 Kiel
Thüringen	Mühlhausen	Martinistraße 22 99974 Mühlhausen

Zuständige Finanzämter für ausländische Werkvertragsunternehmer. Die Zuständigkeit für ausländische Werkvertragsunternehmer ist in den Ländern bei folgenden Finanzämtern zentralisiert:

Land	Finanzamt	Adresse
Baden-Württemberg	Finanzamt Offenburg Außenstelle Kehl	Ludwig-Trick-Str. 1 77694 Kehl
Bayern	Finanzamt München für die Regierungsbezirke: Oberbayern, Niederbayern und Schwaben	Deroystr. 20 80335 München
	Zentralfinanzamt Nürnberg für die Regierungsbezirke: Oberpfalz, Mittel-, Ober- und Unterfranken	Thomas-Mann-Str. 50 90471 Nürnberg
Berlin	Finanzamt für Körperschaften III	Volkmarstraße 13 12099 Berlin
Brandenburg	Finanzamt Oranienburg	Heinrich-Grüber-Platz 3 16515 Oranienburg
Bremen	Finanzamt für Außenprüfung Bremen – Zentrale Arbeitgeberstelle –	Rudolf-Hilferding-Platz 1 28195 Bremen
Hamburg	Finanzamt Hamburg-Eimsbüttel	Hugh-Greene-Weg 6 22529 Hamburg
Hessen	Finanzamt Kassel II-Hofgeismar	Altmarkt 1 34125 Kassel
Mecklenburg-Vorpommern	Finanzamt Greifswald	Am Gorzberg Haus 11 17489 Greifswald
Niedersachsen	–	keine zentrale Zuständigkeit
Nordrhein-Westfalen	Oberfinanzbezirk Düsseldorf: Finanzamt Kleve für die Bezirke aller Finanzämter des Oberfinanzbezirks Düsseldorf	Emmericher Str. 182 47533 Kleve

Land	Finanzamt	Adresse
	Oberfinanzbezirk Köln: Finanzamt Bonn-Innenstadt für die Bezirke aller Finanzämter des Oberfinanzbezirks Köln	Welschnonnenstraße 15 53111 Bonn
	Oberfinanzbezirk Münster: Finanzamt Dortmund-Unna für die Bezirke aller Finanzämter des Oberfinanzbezirks Münster	Trakehnerweg 4 44143 Dortmund
Rheinland-Pfalz	–	keine zentrale Zuständigkeit
Saarland	Finanzamt Saarbrücken	Am Stadtgraben 2–4 66111 Saarbrücken
Sachsen	Finanzamt Chemnitz-Süd	Paul-Bertz-Str. 1 09120 Chemnitz
Sachsen-Anhalt	Finanzamt Magdeburg	Tessenowstraße 10 39114 Magdeburg
Schleswig-Holstein	–	keine zentrale Zuständigkeit
Thüringen	Finanzamt Mühlhausen	Martinistr. 22 99974 Mühlhausen

Zu § 41a EStG

R 41a.1 Lohnsteuer-Anmeldung

(1) [1]Der Arbeitgeber ist von der Verpflichtung befreit, eine weitere Lohnsteuer-Anmeldung einzureichen, wenn er dem Betriebsstättenfinanzamt mitteilt, dass er im Lohnsteuer-Anmeldungszeitraum keine Lohnsteuer einzubehalten oder zu übernehmen hat, weil der Arbeitslohn nicht steuerbelastet ist. [2]Dies gilt auch, wenn der Arbeitgeber nur Arbeitnehmer beschäftigt, für die er lediglich die Pauschsteuer nach § 40a Abs. 2 EStG an die Deutsche Rentenversicherung Knappschaft-Bahn-See entrichtet.

(2) [1]Für jede Betriebsstätte (→ § 41 Abs. 2 EStG) und für jeden Lohnsteuer-Anmeldungszeitraum ist eine einheitliche Lohnsteuer-Anmeldung einzureichen. [2]Die Abgabe mehrerer Lohnsteuer-Anmeldungen für dieselbe Betriebsstätte und denselben Lohnsteuer-Anmeldungszeitraum, etwa getrennt nach den verschiedenen Bereichen der Lohnabrechnung, z. B. gewerbliche Arbeitnehmer, Gehaltsempfänger, Pauschalierungen nach den §§ 37a, 37b, 40 bis 40b EStG, ist nicht zulässig.

(3) Der für den Lohnsteuer-Anmeldungszeitraum maßgebende Betrag der abzuführenden Lohnsteuer (→ § 41a Abs. 2 EStG) ist die Summe der nach § 38 Abs. 3 EStG im Zeitpunkt der Zahlung einbehaltenen und übernommenen Lohnsteuer ohne Kürzung um das ihr entnommene Kindergeld (→ § 72 Abs. 7 EStG).

(4) [1]Das Betriebsstättenfinanzamt hat den rechtzeitigen Eingang der Lohnsteuer-Anmeldung zu überwachen. [2]Es kann bei nicht rechtzeitigem Eingang

der Lohnsteuer-Anmeldung einen Verspätungszuschlag nach § 152 AO festsetzen oder erforderlichenfalls die Abgabe der Lohnsteuer-Anmeldung mit Zwangsmitteln nach §§ 328 bis 335 AO durchsetzen. [3]Wird eine Lohnsteuer-Anmeldung nicht eingereicht, kann das Finanzamt die Lohnsteuer im Schätzungswege ermitteln und den Arbeitgeber durch Steuerbescheid in Anspruch nehmen (→ §§ 162, 167 Abs. 1 AO). [4]Pauschale Lohnsteuer kann im Schätzungswege ermittelt und in einem Steuerbescheid festgesetzt werden, wenn der Arbeitgeber mit dem Pauschalierungsverfahren einverstanden ist.

(5) [1]Bemessungsgrundlage für den Steuereinbehalt nach § 41a Abs. 4 EStG ist die Lohnsteuer, die auf den für die Tätigkeit an Bord von Schiffen gezahlten Arbeitslohn entfällt, wenn der betreffende Arbeitnehmer mehr als 183 Tage bei dem betreffenden Reeder beschäftigt ist.[1)] [2]Der Lohnsteuereinbehalt durch den Reeder nach § 41a Abs. 4 EStG gilt für den Kapitän und alle Besatzungsmitglieder – einschl. des Servicepersonals –, die über ein Seefahrtsbuch[2)] verfügen und deren Arbeitgeber er ist. [3]Der Lohnsteuereinbehalt kann durch Korrespondent- oder Vertragsreeder nur vorgenommen werden, wenn diese mit der Bereederung des Schiffes in ihrer Eigenschaft als Mitgesellschafter an der Eigentümergesellschaft beauftragt sind. [4]Bei Vertragsreedern ist dies regelmäßig nicht der Fall. [5]Bei Korrespondentreedern ist der Lohnsteuereinbehalt nur für die Heuern der Seeleute zulässig, die auf den Schiffen tätig sind, bei denen der Korrespondentreeder auch Miteigentümer ist.

H 41a.1

Änderung der Lohnsteuer-Anmeldung durch das Finanzamt. Eine Erhöhung der Lohnsteuer-Entrichtungsschuld ist unter den Voraussetzungen des § 164 Abs. 2 Satz 1 AO auch nach Übermittlung oder Ausschreibung der Lohnsteuerbescheinigung zulässig (→BFH vom 30.10.2008 – BStBl. 2009 II S. 354).[3)]

Anfechtung der Lohnsteuer-Anmeldung durch den Arbeitnehmer. Ein Arbeitnehmer kann die Lohnsteuer-Anmeldung des Arbeitgebers aus eigenem Recht anfechten, soweit sie ihn betrifft (→BFH vom 20.7.2005 – BStBl. II S. 890).

Elektronische Abgabe der Lohnsteuer-Anmeldung. Die Verpflichtung eines Arbeitgebers, seine Steueranmeldung dem Finanzamt grundsätzlich elektronisch zu übermitteln, ist verfassungsgemäß (→BFH vom 14.3.2012 – BStBl. II S. 477).

Förderbetrag zur betrieblichen Altersversorgung. → BMF vom 12.8. 2021 (BStBl. I S. 1050), Rn. 100 ff.

Härtefallregelung. Ein Härtefall liegt vor, wenn dem Arbeitgeber die elektronische Datenübermittlung wirtschaftlich oder persönlich unzumutbar ist. Dies ist z. B. der Fall, wenn ihm nicht zuzumuten ist, die technischen

---

1) **[Amtl. Anm.:]** Überholt durch Neufassung des § 41a Abs. 4 Satz 1 EStG.
2) **[Amtl. Anm.:]** Jetzt: eine Dienstbescheinigung.
3) Ebenso BFH v. 13.11.2012 VI R 38/11, BStBl. II 2013, 929.

Voraussetzungen für die elektronische Übermittlung einzurichten (→BFH vom 14.3.2012 – BStBl. II S. 477).

Lohnsteuereinbehalt durch Reeder.
- Arbeitgeber i. S. d. § 41a Abs. 4 EStG ist der zum Lohnsteuereinbehalt nach § 38 Abs. 3 EStG Verpflichtete. Dies ist regelmäßig der Vertragspartner des Arbeitnehmers aus dem Dienstvertrag (→BFH vom 13.7.2011 – BStBl. II S. 986).
- Eine Kürzung der einbehaltenen Lohnsteuer nach § 41a Abs. 4 Sätze 1 und 2 EStG kommt nicht in Betracht, wenn das Schiff im maßgebenden Lohnzahlungszeitraum nicht im internationalen Verkehr betrieben wird. Ein qualifizierter Betrieb an wenigen Tagen im Jahr reicht nicht aus, um die einbehaltene Lohnsteuer für das gesamte Wirtschaftsjahr zu kürzen (→BFH vom 18.12.2019 – BStBl. 2020 II S. 289).
- Zur Anwendung der Neuregelung des § 41a Abs. 4 EStG →BMF vom 29.6.2021 (BStBl. I S. 854).

Schätzungsbescheid. Wenn ein Arbeitgeber die Lohnsteuer trotz gesetzlicher Verpflichtung nicht anmeldet und abführt, kann das Finanzamt sie durch Schätzungsbescheid festsetzen. Die Möglichkeit, einen Haftungsbescheid zu erlassen, steht dem nicht entgegen (→ BFH vom 7.7.2004 – BStBl. II S. 1087).

R 41a.2 Abführung der Lohnsteuer

[1]Der Arbeitgeber hat die Lohnsteuer in einem Betrag an die Kasse des Betriebsstättenfinanzamts (→ § 41 Abs. 2 EStG) oder an eine von der obersten Finanzbehörde des Landes bestimmte öffentliche Kasse (→ § 41a Abs. 3 EStG) abzuführen. [2]Der Arbeitgeber muss mit der Zahlung angeben oder durch sein Kreditinstitut angeben lassen: die Steuernummer, die Bezeichnung der Steuer und den Lohnsteuer-Anmeldungszeitraum. [3]Eine Stundung der einzubehaltenden oder einbehaltenen Lohnsteuer ist nicht möglich (→ § 222 Satz 3 und 4 AO).

Zu § 41b EStG

R 41b. Abschluss des Lohnsteuerabzugs

Lohnsteuerbescheinigungen

(1) Die Lohnsteuerbescheinigung richtet sich nach § 41b EStG und der im Bundessteuerblatt Teil I bekannt gemachten Datensatzbeschreibung für die elektronische Übermittlung sowie dem entsprechenden Vordruckmuster.

Lohnsteuerbescheinigungen von öffentlichen Kassen

(2) [1]Wird ein Arbeitnehmer, der den Arbeitslohn im Voraus für einen Lohnzahlungszeitraum erhalten hat, während dieser Zeit einer anderen Dienststelle zugewiesen und geht die Zahlung des Arbeitslohns auf die Kasse dieser Dienststelle über, hat die früher zuständige Kasse in der Lohnsteuerbescheinigung (→ Absatz 1) den vollen von ihr gezahlten Arbeitslohn und die davon einbehaltene Lohnsteuer auch dann aufzunehmen, wenn ihr ein Teil des Arbeitslohns von der nunmehr zuständigen Kasse erstattet wird; der Arbeitslohn

darf nicht um die Freibeträge für Versorgungsbezüge (→ § 19 Abs. 2 EStG) und den Altersentlastungsbetrag (→ § 24a EStG) gekürzt werden. [2]Die nunmehr zuständige Kasse hat den der früher zuständigen Kasse erstatteten Teil des Arbeitslohns nicht in die Lohnsteuerbescheinigung aufzunehmen.

H 41b

Ausstellung von elektronischen Lohnsteuerbescheinigungen für Kalenderjahre ab 2020; Ausstellung von Besonderen Lohnsteuerbescheinigungen durch den Arbeitgeber ohne maschinelle Lohnabrechnung für Kalenderjahre ab 2020.[1] → BMF vom 9.9.2019 (BStBl. I S. 911).

Bekanntmachung des Musters für den Ausdruck der elektronischen Lohnsteuerbescheinigung 2022. → BMF vom 18.8.2021 (BStBl. I S. 1079).

Berichtigung der Lohnsteuerbescheinigung.
- Der Arbeitnehmer kann nach Übermittlung oder Ausschreibung der Lohnsteuerbescheinigung deren Berichtigung nicht mehr verlangen (→ BFH vom 13.12.2007 – BStBl. 2008 II S. 434).
- Zur Berichtigung der Lohnsteuerbescheinigung bei Änderung der Lohnsteuer-Anmeldung zu Gunsten des Arbeitgebers → § 41c Abs. 3 Satz 4 und 5 EStG.

Bescheinigung zu Unrecht einbehaltener Lohnsteuer. Wird von steuerfreien Einnahmen aus nichtselbständiger Arbeit (zu Unrecht) Lohnsteuer einbehalten und an ein inländisches Finanzamt abgeführt, ist auch diese Lohnsteuer in der Lohnsteuerbescheinigung einzutragen und auf die für den VZ festgesetzte Einkommensteuerschuld des Arbeitnehmers anzurechnen (→ BFH vom 23.5.2000 – BStBl. II S. 581).

Finanzrechtsweg. Bei einer Nettolohnvereinbarung ist für Streitigkeiten über die Höhe des in der Lohnsteuerbescheinigung auszuweisenden Bruttoarbeitslohns der Finanzrechtsweg nicht gegeben (→ BFH vom 13.12.2007 – BStBl. 2008 II S. 434).

Unzutreffender Steuerabzug. Ein unzutreffender Lohnsteuerabzug kann durch Einwendungen gegen die Lohnsteuerbescheinigung nicht berichtigt werden (→ BFH vom 13.12.2007 – BStBl. 2008 II S. 434).

Zu § 41c EStG

R 41c.1 Änderung des Lohnsteuerabzugs

(1) [1]Unabhängig von der Verpflichtung des Arbeitgebers, nach § 39c Abs. 1 und 2 EStG den Lohnsteuerabzug für vorangegangene Monate zu überprüfen und erforderlichenfalls zu ändern, ist der Arbeitgeber in den in § 41c Abs. 1 EStG bezeichneten Fällen zu einer Änderung des Lohnsteuerabzugs bei der

[1] *Zur Aufteilung der an ausländische Sozialversicherungsträger geleisteten Globalbeiträge zu Altersvorsorgeaufwendungen siehe BMF v. 19.11.2021, BStBl. I 2021, 2275.*

jeweils nächstfolgenden Lohnzahlung berechtigt. [2]Die Änderung ist zugunsten oder zuungunsten des Arbeitnehmers zulässig, ohne dass es dabei auf die Höhe der zu erstattenden oder nachträglich einzubehaltenden Steuer ankommt. [3]Für die nachträgliche Einbehaltung durch den Arbeitgeber gilt der Mindestbetrag für die Nachforderung durch das Finanzamt (§ 41c Abs. 4 Satz 2 EStG) nicht.

(2) [1]Der Arbeitgeber ist zur Änderung des Lohnsteuerabzugs nur berechtigt, soweit die Lohnsteuer von ihm einbehalten worden ist oder einzubehalten war. [2]Bei Nettolöhnen (→ R 39b.9) gilt dies für die zu übernehmende Steuer.

(3) [1]Die Änderung des Lohnsteuerabzugs auf Grund rückwirkender Lohnsteuerabzugsmerkmale ist nicht auf die Fälle beschränkt, in denen das Finanzamt die Lohnsteuerabzugsmerkmale mit Wirkung von einem zurückliegenden Zeitpunkt an ändert oder ergänzt. [2]Die Änderung des Lohnsteuerabzugs ist ebenso zulässig, wenn der Arbeitgeber wegen fehlender Lohnsteuerabzugsmerkmale den Lohnsteuerabzug gemäß § 39c Abs. 1 Satz 1 bis 3 oder Abs. 2 Satz 1 EStG vorgenommen hat und dem Arbeitgeber erstmals Lohnsteuerabzugsmerkmale zur Verfügung gestellt werden bzw. der Arbeitnehmer erstmals eine Bescheinigung für den Lohnsteuerabzug vorlegt oder wenn bei Vorauszahlung des Arbeitslohns der Geltungsbeginn der Lohnsteuerabzugsmerkmale in einen bereits abgerechneten Lohnzahlungszeitraum fällt.

(4) [1]Die Änderung des Lohnsteuerabzugs ist, sofern der Arbeitgeber von seiner Berechtigung hierzu Gebrauch macht, bei der nächsten Lohnzahlung vorzunehmen, die dem Abruf von rückwirkenden Lohnsteuerabzugsmerkmalen oder auf die Vorlage einer Bescheinigung für den Lohnsteuerabzug mit den rückwirkenden Eintragungen oder dem Erkennen einer nicht vorschriftsmäßigen Lohnsteuereinbehaltung folgt. [2]Der Arbeitgeber darf in Fällen nachträglicher Einbehaltung von Lohnsteuer die Einbehaltung nicht auf mehrere Lohnzahlungen verteilen. [3]Die nachträgliche Einbehaltung ist auch insoweit zulässig, als dadurch die Pfändungsfreigrenzen unterschritten werden; wenn die nachträglich einzubehaltende Lohnsteuer den auszuzahlenden Barlohn übersteigt, ist die nachträgliche Einbehaltung in Höhe des auszuzahlenden Barlohns vorzunehmen und dem Finanzamt für den übersteigenden Betrag eine Anzeige nach § 41c Abs. 4 EStG zu erstatten.

(5) [1]Im Fall der Erstattung von Lohnsteuer hat der Arbeitgeber die zu erstattende Lohnsteuer dem Gesamtbetrag der von ihm abzuführenden Lohnsteuer zu entnehmen. [2]Als Antrag auf Ersatz eines etwaigen Fehlbetrags reicht es aus, wenn in der Lohnsteueranmeldung der Erstattungsbetrag kenntlich gemacht wird. [3]Macht der Arbeitgeber von seiner Berechtigung zur Lohnsteuererstattung nach § 41c Abs. 1 und 2 EStG keinen Gebrauch, kann der Arbeitnehmer die Erstattung beim Finanzamt beantragen.

(6) [1]Nach Ablauf des Kalenderjahres ist eine Änderung des Lohnsteuerabzugs in der Weise vorzunehmen, dass die Jahreslohnsteuer festzustellen und durch Gegenüberstellung mit der insgesamt einbehaltenen Lohnsteuer der nachträglich einzubehaltende oder zu erstattende Steuerbetrag zu ermitteln ist. [2]Eine Erstattung darf aber nur im Lohnsteuer-Jahresausgleich unter den Voraussetzungen des § 42b EStG vorgenommen werden. [3]Wenn der Arbeitgeber nach § 42b Abs. 1 EStG den Lohnsteuer-Jahresausgleich nicht durchführen darf, ist auch eine Änderung des Lohnsteuerabzugs mit Erstattungsfolge nicht möglich; der Arbeit-

nehmer kann in diesen Fällen die Erstattung im Rahmen einer Veranlagung zur Einkommensteuer erreichen. [4]Soweit der Arbeitgeber auf Grund einer Änderung des Lohnsteuerabzugs nach Ablauf des Kalenderjahres nachträglich Lohnsteuer einbehält, handelt es sich um Lohnsteuer des abgelaufenen Kalenderjahres, die zusammen mit der übrigen einbehaltenen Lohnsteuer des abgelaufenen Kalenderjahres in einer Summe in der Lohnsteuerbescheinigung zu übermitteln oder anzugeben ist. [5]Die nachträglich einbehaltene Lohnsteuer ist für den Anmeldungszeitraum anzugeben und abzuführen, in dem sie einbehalten wurde.

(7) [1]Hat der Arbeitgeber die Lohnsteuerbescheinigung übermittelt oder ausgestellt, ist eine Änderung des Lohnsteuerabzuges nicht mehr möglich. [2]Die bloße Korrektur eines zunächst unrichtig übermittelten Datensatzes ist zulässig. [3]Die Anzeigeverpflichtung nach § 41c Abs. 4 Satz 1 Nr. 2 EStG bleibt unberührt.

(8) [1]Bei beschränkt Steuerpflichtigen ist auch nach Ablauf des Kalenderjahres eine Änderung des Lohnsteuerabzugs nur für die Lohnzahlungszeiträume vorzunehmen, auf die sich die Änderungen beziehen. [2]Eine Änderung mit Erstattungsfolge kann in diesem Falle nur das Finanzamt durchführen.

H 41c.1

Änderung der Festsetzung. Eine Erhöhung der Lohnsteuer-Entrichtungsschuld ist unter den Voraussetzungen des § 164 Abs. 2 Satz 1 AO auch nach Übermittlung oder Ausschreibung der Lohnsteuerbescheinigung zulässig (→ BFH vom 30.10.2008 – BStBl. 2009 II S. 354).[1)]

Erstattungsantrag. Erstattungsansprüche des Arbeitnehmers wegen zu Unrecht einbehaltener Lohnsteuer sind nach Ablauf des Kalenderjahres im Rahmen einer Veranlagung zur Einkommensteuer geltend zu machen. Darüber hinaus ist ein Erstattungsantrag gemäß § 37 AO nicht zulässig (→ BFH vom 20.5.1983 – BStBl. II S. 584). Dies gilt auch für zu Unrecht angemeldete und abgeführte Lohnsteuerbeträge, wenn der Lohnsteuerabzug nach § 41c Abs. 3 EStG nicht mehr geändert werden kann (→ BFH vom 17.6.2009 – BStBl. 2010 II S. 72).

Minderung der Lohnsteuer. Steht eine Lohnsteuer-Anmeldung nicht mehr unter dem Vorbehalt der Nachprüfung, hindert § 41c Abs. 3 Satz 4 EStG nicht eine Änderung der Lohnsteuer-Anmeldung nach den allgemeinen Korrekturvorschriften der §§ 172 ff. AO (→ BFH vom 30.9.2020 – BStBl. II S. 446).

R 41c.2 Anzeigepflichten des Arbeitgebers

(1) [1]Der Arbeitgeber hat die Anzeigepflichten nach § 38 Abs. 4, § 41c Abs. 4 EStG unverzüglich zu erfüllen. [2]Sobald der Arbeitgeber erkennt, dass der Lohnsteuerabzug in zu geringer Höhe vorgenommen worden ist, hat er dies dem Betriebsstättenfinanzamt anzuzeigen, wenn er die Lohnsteuer nicht nachträglich einbehalten kann oder von seiner Berechtigung hierzu keinen Gebrauch macht; dies gilt auch bei rückwirkender Gesetzesänderung. [3]Der

---

1) Ebenso BFH v. 13.11.2012 VI R 38/11, BStBl. II 2013, 929.

Arbeitgeber hat die Anzeige über die zu geringe Einbehaltung der Lohnsteuer gegebenenfalls auch für die zurückliegenden vier Kalenderjahre zu erstatten. [4]Die Anzeigepflicht besteht unabhängig von dem Mindestbetrag (§ 41c Abs. 4 Satz 2 EStG) für die Nachforderung durch das Finanzamt.

(2) [1]Die Anzeige ist schriftlich zu erstatten. [2]In ihr sind Name, Anschrift, Geburtsdatum und Identifikationsnummer des Arbeitnehmers, seine Lohnsteuerabzugsmerkmale, nämlich Steuerklasse/Faktor, Zahl der Kinderfreibeträge, Kirchensteuermerkmal und ggf. ein Freibetrag oder Hinzurechnungsbetrag, sowie der Anzeigegrund und die für die Berechnung einer Lohnsteuer-Nachforderung erforderlichen Mitteilungen über Höhe und Art des Arbeitslohns, z. B. Auszug aus dem Lohnkonto, anzugeben.

(3) [1]Das Betriebsstättenfinanzamt hat die Anzeige an das für die Einkommensbesteuerung des Arbeitnehmers zuständige Finanzamt weiterzuleiten, wenn es zweckmäßig erscheint, die Lohnsteuer-Nachforderung nicht sofort durchzuführen, z. B. weil es wahrscheinlich ist, dass der Arbeitnehmer zur Einkommensteuer veranlagt wird. [2]Das ist auch angebracht in Fällen, in denen bei Eingang der Anzeige nicht abzusehen ist, ob sich bei Änderung des Lohnsteuerabzugs nach Ablauf des Kalenderjahres (→ § 41c Abs. 3 Satz 2 EStG) eine Lohnsteuer-Nachforderung ergeben wird.

R 41c.3 Nachforderung von Lohnsteuer

(1) In den Fällen des § 38 Abs. 4 und des § 41c Abs. 4 EStG ist das Betriebsstättenfinanzamt für die Nachforderung dann zuständig, wenn die zu wenig erhobene Lohnsteuer bereits im Laufe des Kalenderjahres nachgefordert werden soll.

(2) [1]Im Falle des § 41c Abs. 4 EStG gilt für die Berechnung der nachzufordernden Lohnsteuer nach Ablauf des Kalenderjahres R 41c.1 Abs. 6 Satz 1 und Abs. 8 Satz 1 entsprechend. [2]In anderen Fällen ist die Jahreslohnsteuer wie folgt zu ermitteln:

1		Bruttoarbeitslohn
2	+	ermäßigt besteuerte Entschädigungen und ermäßigte besteuerte Vergütungen für mehrjährige Tätigkeit i. S. d. § 34 EStG
3	=	Jahresarbeitslohn
4	–	Freibeträge für Versorgungsbezüge (§ 19 Abs. 2 EStG)
5	–	Werbungskosten, maßgebender Pauschbetrag für Werbungskosten (§§ 9, 9a EStG)
6	–	Altersentlastungsbetrag (§ 24a EStG)
7	–	*Entlastungs*betrag für Alleinerziehende (§ 24b EStG)[1]
8	=	Gesamtbetrag der Einkünfte (§ 2 Abs. 3 EStG)
9	–	Sonderausgaben (§§ 10, 10b, 10c, 39b Abs. 2 Satz 5 Nr. 3 EStG)
10	–	außergewöhnliche Belastungen (§§ 33 bis 33b EStG)

[1] **[Amtl. Anm.:]** Ab 2015 die Summe der Beträge nach § 24b Abs. 2 EStG.

11	=	Einkommen (§ 2 Abs. 4 EStG)
12	–	Freibeträge für Kinder (nur für Kinder, für die kein Anspruch auf Kindergeld besteht; § 39a Abs. 1 Nr. 6 EStG)
13	=	zu versteuerndes Einkommen (§ 2 Abs. 5 EStG)
14	–	Entschädigungen und Vergütungen i. S. d. § 34 EStG (Zeile 2)
15	=	verbleibendes zu versteuerndes Einkommen
16	+	ein Fünftel der Entschädigungen und Vergütungen i. S. d. § 34 EStG (Zeile 2)
17	=	Summe
18	=	Steuerbetrag für die Summe (Zeile 17) laut Grundtarif/Splittingtarif
19	–	Steuerbetrag für das verbleibende zu versteuernde Einkommen (Zeile 15) laut Grundtarif/Splittingtarif
20	=	Unterschiedsbetrag

[3] Hat der Arbeitnehmer keine Entschädigungen und Vergütungen i. S. d. § 34 EStG bezogen, so ist der für das zu versteuernde Einkommen (Zeile 13) nach dem Grundtarif/Splittingtarif ermittelte Steuerbetrag die Jahreslohnsteuer (tarifliche Einkommensteuer – § 32a Abs. 1, 5 EStG). [4] Hat der Arbeitnehmer Entschädigungen und Vergütungen i. S. d. § 34 EStG bezogen, ist der Steuerbetrag für das verbleibende zu versteuernde Einkommen (Zeile 19) zuzüglich des Fünffachen des Unterschiedsbetrags (Zeile 20) die Jahreslohnsteuer (tarifliche Einkommensteuer – § 32a Abs. 1, 5 EStG).

(3) [1] Will das Finanzamt zu wenig einbehaltene Lohnsteuer vom Arbeitnehmer nachfordern, erlässt es gegen diesen einen Steuerbescheid. [2] Nach Ablauf des Kalenderjahres kommt eine Nachforderung von Lohnsteuer oder Einkommensteuer ggf. auch durch erstmalige oder geänderte Veranlagung zur Einkommensteuer in Betracht. [3] Die Nachforderung von Lohnsteuer oder Einkommensteuer erfolgt durch erstmalige oder geänderte Veranlagung zur Einkommensteuer, wenn ein Hinzurechnungsbetrag als Lohnsteuerabzugsmerkmal gebildet wurde (→ § 46 Abs. 2 Nr. 2 EStG).

(4) [1] Außer im Fall des § 38 Abs. 4 EStG unterbleibt die Nachforderung, wenn die nachzufordernde Lohnsteuer den Mindestbetrag nach § 41c Abs. 4 Satz 2 EStG nicht übersteigt. [2] Bezieht sich die Nachforderung auf mehrere Kalenderjahre, so ist für jedes Kalenderjahr gesondert festzustellen, ob der Mindestbetrag überschritten wird. [3] Treffen in einem Kalenderjahr mehrere Nachforderungsgründe zusammen, so gilt der Mindestbetrag für die insgesamt nachzufordernde Lohnsteuer.

H 41c.3

Einzelfälle. Das Finanzamt hat die zu wenig einbehaltene Lohnsteuer vom Arbeitnehmer nachzufordern, wenn

– der Barlohn des Arbeitnehmers zur Deckung der Lohnsteuer nicht ausreicht und die Steuer weder aus zurückbehaltenen anderen Bezügen des Arbeitnehmers noch durch einen entsprechenden Barzuschuss des Arbeitnehmers aufgebracht werden kann (→ § 38 Abs. 4 EStG),

- eine Änderung der Lohnsteuerabzugsmerkmale erforderlich war, diese aber unterblieben ist,
- in den Fällen des § 39a Abs. 5 EStG ein Freibetrag rückwirkend herabgesetzt worden ist und der Arbeitgeber die zu wenig erhobene Lohnsteuer nicht nachträglich einbehalten kann,
- die rückwirkende Änderung eines Pauschbetrags für behinderte Menschen und Hinterbliebene (→ § 33b EStG) wegen der bereits erteilten Lohnsteuerbescheinigung nicht zu einer Nacherhebung von Lohnsteuer durch den Arbeitgeber führen kann (→ BFH vom 24.9.1982 – BStBl. 1983 II S. 60),
- der Arbeitgeber dem Finanzamt angezeigt hat, dass er von seiner Berechtigung, Lohnsteuer nachträglich einzubehalten, keinen Gebrauch macht, oder die Lohnsteuer nicht nachträglich einbehalten kann (→ § 41c Abs. 4 EStG),
- der Arbeitnehmer in den Fällen des § 42d Abs. 3 Satz 4 EStG für die nicht vorschriftsmäßig einbehaltene oder angemeldete Lohnsteuer in Anspruch zu nehmen ist; wegen der Wahl der Inanspruchnahme → R 42d.1 Abs. 3 und 4 oder
- die Voraussetzungen der unbeschränkten Einkommensteuerpflicht nach § 1 Abs. 3 EStG nicht vorgelegen haben und es dies bereits bei Erteilung der Bescheinigung hätte bemerken können (→ § 50 Abs. 2 Satz 2 Nr. 2 EStG); auch bei einer fehlerhaft erteilten Bescheinigung kann das Finanzamt die zu wenig erhobene Lohnsteuer nachfordern (→ BFH vom 23.9.2008 – BStBl. 2009 II S. 666).

Erkenntnisse aus rechtswidriger Außenprüfung. → BFH vom 9.11.1984 (BStBl. 1985 II S. 191).

Festsetzungsfrist gegenüber dem Arbeitnehmer. Durch eine Anzeige des Arbeitgebers nach § 41c Abs. 4 Satz 1 Nr. 1 EStG wird der Anlauf der Festsetzungsfrist für die Lohnsteuer gegenüber dem Arbeitnehmer gemäß § 170 Abs. 2 Satz 1 Nr. 1 AO gehemmt (→ BFH vom 5.7.2012 – BStBl. 2013 II S. 190).

Freibeträge, rückwirkende Änderung. Wird Lohnsteuer nach Ablauf des Kalenderjahres wegen der rückwirkenden Änderung eines Pauschbetrags für behinderte Menschen und Hinterbliebene (→ § 33b EStG) und einer bereits erteilten Lohnsteuerbescheinigung nachgefordert, bedarf es keiner förmlichen Berichtigung des Freibetrags; es genügt, wenn die Inanspruchnahme des Arbeitnehmers ausdrücklich mit der rückwirkenden Änderung des Freibetrags begründet wird (→ BFH vom 24.9.1982 – BStBl. 1983 II S. 60).

Zuständigkeit. Für die Nachforderung ist im Allgemeinen das für die Einkommensbesteuerung des Arbeitnehmers zuständige Finanzamt zuständig. Ist keine Pflicht- oder Antragsveranlagung nach § 46 Abs. 2 EStG durchzuführen, ist die Nachforderung vom Betriebsstättenfinanzamt vorzunehmen (→ BFH vom 21.2.1992 – BStBl. II S. 565); Entsprechendes gilt, wenn zu wenig erhobene Lohnsteuer nach §§ 38 Abs. 4 und 41c Abs. 4 EStG bereits im Laufe des Kalenderjahres nachgefordert werden soll. Für die Nachforderung zu wenig einbehaltener Lohnsteuer von beschränkt einkommensteuerpflichtigen Arbeitnehmern ist stets das Betriebsstättenfinanzamt zuständig (→ BFH vom 20.6.1990 – BStBl. 1992 II S. 43).

Zu § 42b EStG

R 42b. Durchführung des Lohnsteuer-Jahresausgleichs durch den Arbeitgeber[1)]

(1) [1]Der Arbeitgeber darf den Lohnsteuer-Jahresausgleich nur für *unbeschränkt einkommensteuerpflichtige* Arbeitnehmer durchführen,

1. die während des Ausgleichsjahres ständig in einem zu ihm bestehenden Dienstverhältnis gestanden haben,
2. die am 31. Dezember des Ausgleichsjahres in seinen Diensten stehen oder zu diesem Zeitpunkt von ihm Arbeitslohn aus einem früheren Dienstverhältnis beziehen und
3. bei denen kein Ausschlusstatbestand nach § 42b Abs. 1 Satz 3 EStG vorliegt.

[2]Beginnt oder endet die unbeschränkte Einkommensteuerpflicht im Laufe des Kalenderjahres, darf der Arbeitgeber den Lohnsteuer-Jahresausgleich nicht durchführen.

(2) Beantragt der Arbeitnehmer, Entschädigungen oder Vergütungen für mehrjährige Tätigkeit i. S. d. § 34 EStG in den Lohnsteuer-Jahresausgleich einzubeziehen (→ § 42b Abs. 2 Satz 2 EStG), gehören die Entschädigungen und Vergütungen zum Jahresarbeitslohn, für den die Jahreslohnsteuer zu ermitteln ist.

(3) [1]Bei Arbeitnehmern, für die der Arbeitgeber nach § 42b Abs. 1 EStG einen Lohnsteuer-Jahresausgleich durchführen darf, darf der Arbeitgeber den Jahresausgleich mit der Ermittlung der Lohnsteuer für den letzten im Ausgleichsjahr endenden Lohnzahlungszeitraum zusammenfassen (→ § 42b Abs. 3 Satz 1 EStG). [2]Hierbei ist die Jahreslohnsteuer nach § 42b Abs. 2 Satz 1 bis 3 EStG zu ermitteln und der Lohnsteuer, die von dem Jahresarbeitslohn erhoben worden ist, gegenüberzustellen. [3]Übersteigt die ermittelte Jahreslohnsteuer die erhobene Lohnsteuer, so ist der Unterschiedsbetrag die Lohnsteuer, die für den letzten Lohnzahlungszeitraum des Ausgleichsjahrs einzubehalten ist. [4]Übersteigt die erhobene Lohnsteuer die ermittelte Jahreslohnsteuer, so ist der Unterschiedsbetrag dem Arbeitnehmer zu erstatten; § 42b Abs. 3 Satz 2 und 3 sowie Abs. 4 EStG ist hierbei anzuwenden.

H 42b

Vorsorgepauschale. Zum Ausschluss des Lohnsteuer-Jahresausgleichs → § 42b Abs. 1 Satz 3 Nr. 5 EStG und → BMF vom 26.11.2013 (BStBl. I S. 1532), Tz. 8.

[1)] **[Amtl. Anm.:]** Einschränkung auf unbeschränkt einkommensteuerpflichtige Arbeitnehmer überholt → § 42b Abs. 1 Satz 1 EStG.

Zu § 42d EStG

R 42d.1 Inanspruchnahme des Arbeitgebers

Allgemeines

(1) [1]Der Arbeitnehmer ist – vorbehaltlich § 40 Abs. 3 EStG – Schuldner der Lohnsteuer (§ 38 Abs. 2 EStG), dies gilt auch für den Fall einer Nettolohnvereinbarung (→ R 39b.9). [2]Für diese Schuld kann der Arbeitgeber als Haftender in Anspruch genommen werden, soweit seine Haftung reicht (§ 42d Abs. 1 und 2 EStG); die Haftung entfällt auch in den vom Arbeitgeber angezeigten Fällen des § 38 Abs. 4 Satz 3 EStG. [3]Dies gilt auch bei Lohnzahlung durch Dritte, soweit der Arbeitgeber zur Einbehaltung der Lohnsteuer verpflichtet ist (§ 38 Abs. 1 Satz 3 EStG) und in Fällen des § 38 Abs. 3a EStG.

Haftung anderer Personen

(2) [1]Soweit Dritte für Steuerleistungen in Anspruch genommen werden können, z. B. gesetzliche Vertreter juristischer Personen, Vertreter, Bevollmächtigte, Vermögensverwalter, Rechtsnachfolger, haften sie als Gesamtschuldner neben dem Arbeitgeber als weiterem Haftenden und neben dem Arbeitnehmer als Steuerschuldner (§ 44 AO). [2]Die Haftung kann sich z. B. aus §§ 69 bis 77 AO ergeben.

Gesamtschuldner

(3) [1]Soweit Arbeitgeber, Arbeitnehmer und gegebenenfalls andere Personen Gesamtschuldner sind, schuldet jeder die gesamte Leistung (§ 44 Abs. 1 Satz 2 AO). [2]Das Finanzamt muss die Wahl, an welchen Gesamtschuldner es sich halten will, nach pflichtgemäßem Ermessen unter Beachtung der durch Recht und Billigkeit gezogenen Grenzen und unter verständiger Abwägung der Interessen aller Beteiligten treffen.

Ermessensprüfung

(4) [1]Die Haftung des Arbeitgebers ist von einem Verschulden grundsätzlich nicht abhängig. [2]Ein geringfügiges Verschulden oder ein schuldloses Verhalten des Arbeitgebers ist aber bei der Frage zu würdigen, ob eine Inanspruchnahme des Arbeitgebers im Rahmen des Ermessens liegt. [3]Die Frage, ob der Arbeitgeber vor dem Arbeitnehmer in Anspruch genommen werden darf, hängt wesentlich von den Gesamtumständen des Einzelfalls ab, wobei von dem gesetzgeberischen Zweck des Lohnsteuerverfahrens, durch den Abzug an der Quelle den schnellen Eingang der Lohnsteuer in einem vereinfachten Verfahren sicherzustellen, auszugehen ist. [4]Die Inanspruchnahme des Arbeitgebers kann ausgeschlossen sein, wenn er den individuellen Lohnsteuerabzug ohne Berücksichtigung von Gesetzesänderungen durchgeführt hat, soweit es ihm in der kurzen Zeit zwischen der Verkündung des Gesetzes und den folgenden Lohnabrechnungen bei Anwendung eines strengen Maßstabs nicht zumutbar war, die Gesetzesänderungen zu berücksichtigen.

Haftungsbescheid

(5) [1]Wird der Arbeitgeber nach § 42d EStG als Haftungsschuldner in Anspruch genommen, so ist, vorbehaltlich § 42d Abs. 4 Nr. 1 und 2 EStG, ein

Haftungsbescheid zu erlassen. [2]Darin sind die für das Entschließungs- und Auswahlermessen maßgebenden Gründe anzugeben. [3]Hat der Arbeitgeber nach Abschluss einer Lohnsteuer-Außenprüfung eine Zahlungsverpflichtung schriftlich anerkannt, steht die Anerkenntniserklärung einer Lohnsteuer-Anmeldung gleich (§ 167 Abs. 1 Satz 3 AO). [4]Ein Haftungsbescheid lässt die Lohnsteuer-Anmeldungen unberührt.

Nachforderungsbescheid

(6) [1]Wird pauschale Lohnsteuer nacherhoben, die der Arbeitgeber zu übernehmen hat (§ 40 Abs. 3 EStG), so ist ein Nachforderungsbescheid (Steuerbescheid) zu erlassen; Absatz 5 Satz 3 und 4 gilt entsprechend. [2]Der Nachforderungsbescheid bezieht sich auf bestimmte steuerpflichtige Sachverhalte. [3]Die Änderung ist hinsichtlich der ihm zugrunde liegenden Sachverhalte – außer in den Fällen der §§ 172 und 175 AO – wegen der Änderungssperre des § 173 Abs. 2 AO nur bei Steuerhinterziehung oder leichtfertiger Steuerverkürzung möglich.

Zahlungsfrist

(7) Für die durch Haftungsbescheid (→ Absatz 5) oder Nachforderungsbescheid (→ Absatz 6) angeforderten Steuerbeträge ist eine Zahlungsfrist von einem Monat zu setzen.

H 42d.1

Allgemeines zur Arbeitgeberhaftung.

- Wegen der Einschränkung der Haftung in den Fällen, in denen sich der Arbeitgeber und der Arbeitnehmer über die Zugehörigkeit von Bezügen zum Arbeitslohn und damit auch über die Notwendigkeit der Eintragung der mit diesen Bezügen zusammenhängenden Werbungskosten irrten und irren konnten, → BFH vom 5.11.1971 (BStBl. 1972 II S. 137).
- Die Lohnsteuer ist nicht vorschriftsmäßig einbehalten, wenn der Arbeitgeber im Lohnsteuer-Jahresausgleich eine zu hohe Lohnsteuer erstattet (→ BFH vom 24.1.1975 – BStBl. II S. 420).
- Wurde beim Arbeitgeber eine Lohnsteuer-Außenprüfung durchgeführt, bewirkt dies zugleich eine Hemmung der Verjährungsfrist in Bezug auf den Steueranspruch gegen den Arbeitnehmer (→ § 171 Abs. 15 AO); dies gilt für alle Fälle, in denen die Festsetzungsfrist für den Arbeitnehmer am 30.6.2013 noch nicht abgelaufen war (→ Artikel 97 § 10 Abs. 11 EGAO).
- Der Arbeitgeber hat den Arbeitslohn vorschriftsmäßig gekürzt, wenn er die Lohnsteuer entsprechend den Lohnsteuerabzugsmerkmalen berechnet hat und wenn er der Berechnung der Lohnsteuer die für das maßgebende Jahr gültigen Lohnsteuertabellen zugrunde gelegt hat (→ BFH vom 9.3.1990 – BStBl. II S. 608).
- Die Lohnsteuer ist dann vorschriftsmäßig einbehalten, wenn in der betreffenden Lohnsteuer-Anmeldung die mit dem Zufluss des Arbeitslohns entstandene Lohnsteuer des Anmeldungszeitraums erfasst wurde. Maßgebend für das Entstehen der Lohnsteuer sind dabei nicht die Kenntnisse und Vorstellungen des Arbeitgebers, sondern die Verwirklichung des

Tatbestandes, an den das Gesetz die Besteuerung knüpft (→ BFH vom 4.6.1993 – BStBl. II S. 687).

– Bei einer fehlerhaft ausgestellten Lohnsteuerbescheinigung beschränkt sich die Haftung des Arbeitgebers auf die Lohnsteuer, die sich bei der Einkommensteuerveranlagung des Arbeitnehmers ausgewirkt hat (→ BFH vom 22.7.1993 – BStBl. II S. 775).
– Führt der Arbeitgeber trotz fehlender Kenntnis der individuellen Lohnsteuerabzugsmerkmale des Arbeitnehmers den Lohnsteuerabzug nicht nach der Steuerklasse VI, sondern nach der Steuerklasse I bis V durch, kann der Arbeitgeber auch nach Ablauf des Kalenderjahres grundsätzlich nach Steuerklasse VI (§ 42d Abs. 1 Nr. 1 EStG) in Haftung genommen werden (→ BFH vom 12.1.2001 – BStBl. 2003 II S. 151).
– Die Anzeige des Arbeitgebers nach § 38 Abs. 4 Satz 2 EStG ersetzt die Erfüllung der Einbehaltungspflichten. Bei unterlassener Anzeige hat der Arbeitgeber die Lohnsteuer mit den Haftungsfolgen nicht ordnungsgemäß einbehalten (→ BFH vom 9.10.2002 – BStBl. II S. 884).
– Hat der Arbeitgeber auf Grund unrichtiger Angaben in den Lohnkonten oder den Lohnsteuerbescheinigungen vorsätzlich Lohnsteuer verkürzt, ist ihm als Steuerstraftäter der Einwand verwehrt, das Finanzamt hätte statt seiner die Arbeitnehmer in Anspruch nehmen müssen (→ BFH vom 12.2.2009 – BStBl. II S. 478).

Ermessensausübung.

– Die Grundsätze von Recht und Billigkeit verlangen keine vorrangige Inanspruchnahme des Arbeitnehmers (→ BFH vom 6.5.1959 – BStBl. III S. 292).
– Eine vorrangige Inanspruchnahme des Arbeitgebers vor dem Arbeitnehmer kann unzulässig sein, wenn die Lohnsteuer ebenso schnell und ebenso einfach vom Arbeitnehmer nacherhoben werden kann, weil z. B. der Arbeitnehmer ohnehin zu veranlagen ist (→ BFH vom 30.11.1966 – BStBl. 1967 III S. 331 und vom 12.1.1968 – BStBl. II S. 324); das gilt insbesondere dann, wenn der Arbeitnehmer inzwischen aus dem Betrieb ausgeschieden ist (→ BFH vom 10.1.1964 – BStBl. III S. 213).
– Zur Ermessensprüfung bei geringfügigem Verschulden → BFH vom 21.1.1972 (BStBl. II S. 364).
– Der Inanspruchnahme des Arbeitgebers steht nicht entgegen, dass das Finanzamt über einen längeren Zeitraum von seinen Befugnissen zur Überwachung des Lohnsteuerabzugs und zur Beitreibung der Lohnabzugsbeträge keinen Gebrauch gemacht hat (→ BFH vom 11.8.1978 – BStBl. II S. 683).
– War die Inanspruchnahme des Arbeitgebers nach der Ermessensprüfung unzulässig, so kann er trotzdem in Anspruch genommen werden, wenn der Versuch des Finanzamts, die Lohnsteuer beim Arbeitnehmer nachzuerheben, erfolglos verlaufen ist (→ BFH vom 18.7.1958 – BStBl. III S. 384) und § 173 Abs. 2 AO dem Erlass eines Haftungsbescheids nicht entgegensteht (→ BFH vom 17.2.1995 – BStBl. II S. 555).
– Eine vorsätzliche Steuerstraftat prägt das Auswahlermessen für die Festsetzung der Lohnsteuerhaftungsschuld; eine besondere Begründung der

Ermessensentscheidung ist entbehrlich (→ BFH vom 12.2.2009 – BStBl. II S. 478).

Eine Inanspruchnahme des Arbeitgebers **kann ausgeschlossen** sein, wenn z. B.

- der Arbeitgeber eine bestimmte Methode der Steuerberechnung angewendet und das Finanzamt hiervon Kenntnis erlangt und nicht beanstandet hat oder wenn der Arbeitgeber durch Prüfung und Erörterung einer Rechtsfrage durch das Finanzamt in einer unrichtigen Rechtsauslegung bestärkt wurde (→ BFH vom 20.7.1962 – BStBl. 1963 III S. 23),
- der Arbeitgeber einem entschuldbaren Rechtsirrtum unterlegen ist, weil das Finanzamt eine unklare oder falsche Auskunft gegeben hat (→ BFH vom 24.11.1961 – BStBl. 1962 III S. 37) oder weil er den Angaben in einem Manteltarifvertrag über die Steuerfreiheit vertraut hat (→ BFH vom 18.9.1981 – BStBl. II S. 801),
- der Arbeitgeber den Lohnsteuerabzug entsprechend der von einer vorgesetzten Landesfinanzbehörde in einem Erlass oder einer Verfügung geäußerten Auffassung durchführt, auch wenn er die Verwaltungsanweisung nicht gekannt hat (→ BFH vom 25.10.1985 – BStBl. 1986 II S. 98); das gilt aber nicht, wenn dem Arbeitgeber bekannt war, dass das für ihn zuständige Betriebsstättenfinanzamt eine andere Auffassung vertritt,
- der Arbeitgeber entsprechend einer Billigkeitsregelung der Finanzbehörden Lohnsteuer materiell unzutreffend einbehält (→ BFH vom 13.6.2013 – BStBl. 2014 II S. 340).

Die Inanspruchnahme des Arbeitgebers ist in aller Regel **ermessensfehlerfrei,** wenn

- die Einbehaltung der Lohnsteuer in einem rechtlich einfach und eindeutig vorliegenden Fall nur deshalb unterblieben ist, weil der Arbeitgeber sich über seine Verpflichtungen nicht hinreichend unterrichtet hat (→ BFH vom 5.2.1971 – BStBl. II S. 353),
- das Finanzamt auf Grund einer fehlerhaften Unterlassung des Arbeitgebers aus tatsächlichen Gründen nicht in der Lage ist, die Arbeitnehmer als Schuldner der Lohnsteuer heranzuziehen (→ BFH vom 7.12.1984 – BStBl. 1985 II S. 164),
- im Falle einer Nettolohnvereinbarung der Arbeitnehmer nicht weiß, dass der Arbeitgeber die Lohnsteuer nicht angemeldet hat (→ BFH vom 8.11.1985 – BStBl. 1986 II S. 186),
- sie der Vereinfachung dient, weil gleiche oder ähnliche Berechnungsfehler bei einer größeren Zahl von Arbeitnehmern gemacht worden sind (→ BFH vom 16.3.1962 – BStBl. III S. 282, vom 6.3.1980 – BStBl. II S. 289 und vom 24.1.1992 – BStBl. II S. 696: regelmäßig bei mehr als 40 Arbeitnehmern),
- die individuelle Ermittlung der Lohnsteuer schwierig ist und der Arbeitgeber bereit ist, die Lohnsteuerschulden seiner Arbeitnehmer endgültig zu tragen und keinen Antrag auf Pauschalierung stellt. In diesen und vergleichbaren Fällen kann die nachzufordernde Lohnsteuer unter Anwendung eines durchschnittlichen Bruttosteuersatzes – gegebenenfalls im Schätzungswege – ermittelt werden (→ BFH vom 7.12.1984 – BStBl.

1985 II S. 170, vom 12.6.1986 – BStBl. II S. 681 und vom 29.10.1993 – BStBl. 1994 II S. 197),

– der Arbeitgeber in schwierigen Fällen, in denen bei Anwendung der gebotenen Sorgfalt Zweifel über die Rechtslage kommen müssen, einem Rechtsirrtum unterliegt, weil er von der Möglichkeit der Anrufungsauskunft (§ 42e EStG) keinen Gebrauch gemacht hat (→ BFH vom 18.8.2005 – BStBl. 2006 II S. 30 und vom 29.5.2008 – BStBl. II S. 933).

Ermessensbegründung.

– Die Ermessensentscheidung des Finanzamts muss im Haftungsbescheid, spätestens aber in der Einspruchsentscheidung begründet werden, andernfalls ist sie im Regelfall fehlerhaft. Dabei müssen die bei der Ausübung des Verwaltungsermessens angestellten Erwägungen – die Abwägung des Für und Wider der Inanspruchnahme des Haftungsschuldners – aus der Entscheidung erkennbar sein. Insbesondere muss zum Ausdruck kommen, warum der Haftungsschuldner anstatt des Steuerschuldners oder an Stelle anderer ebenfalls für die Haftung in Betracht kommender Personen in Anspruch genommen wird (→ BFH vom 8.11.1988 – BStBl. 1989 II S. 219).

– Enthält der Haftungsbescheid keine Aufgliederung des Haftungsbetrags auf die Anmeldungszeiträume, so ist er nicht deshalb nichtig (→ BFH vom 22.11.1988 – BStBl. 1989 II S. 220).

– Nimmt das Finanzamt sowohl den Arbeitgeber nach § 42d EStG als auch den früheren Gesellschafter-Geschäftsführer u. a. wegen Lohnsteuer-Hinterziehung nach § 71 AO in Haftung, so hat es insoweit eine Ermessensentscheidung nach § 191 Abs. 1 i. V. m. § 5 AO zu treffen und die Ausübung dieses Ermessens regelmäßig zu begründen (→ BFH vom 9.8.2002 – BStBl. 2003 II S. 160).

Haftung anderer Personen.

– Zur Frage der Pflichtverletzung bei der Abführung von Lohnsteuer durch den Geschäftsführer einer GmbH → BFH vom 20.4.1982 (BStBl. II S. 521).

– Zur Frage der Pflichtverletzung des Geschäftsführers bei Zahlung von Arbeitslohn aus dem eigenen Vermögen → BFH vom 22.11.2005 (BStBl. 2006 II S. 397).

– Die steuerrechtlich und die insolvenzrechtlich unterschiedliche Bewertung der Lohnsteuer-Abführungspflicht des Arbeitgebers in insolvenzreifer Zeit kann zu einer Pflichtenkollision führen. Eine solche steht der Haftung des Geschäftsführers wegen Nichtabführung der Lohnsteuer aber jedenfalls dann nicht entgegen, wenn der Insolvenzverwalter die Beträge im gedachten Falle der pflichtgemäßen Zahlung der Lohnsteuer vom *FA deshalb nicht* herausverlangen kann, weil die Anfechtungsvoraussetzungen nach §§ 129 ff. InsO nicht vorliegen (→ BFH vom 27.2.2007 – BStBl. 2009 II S. 348).

– Der Geschäftsführer einer GmbH kann als Haftungsschuldner für die von der GmbH nicht abgeführte Lohnsteuer auch insoweit in Anspruch genommen werden, als die Steuer auf seinen eigenen Arbeitslohn entfällt (→ BFH vom 15.4.1987 – BStBl. 1988 II S. 167).

- Zu den Anforderungen an die inhaltliche Bestimmtheit von Lohnsteuerhaftungsbescheiden bei der Haftung von Vertretern → BFH vom 8.3.1988 (BStBl. II S. 480).
- Zum Umfang der Haftung bei voller Auszahlung der Nettolöhne → BFH vom 26.7.1988 (BStBl. II S. 859).
- Durch privatrechtliche Vereinbarungen im Gesellschaftsvertrag kann die Haftung der Gesellschafter einer Gesellschaft bürgerlichen Rechts nicht auf das Gesellschaftsvermögen beschränkt werden (→ BFH vom 27.3.1990 – BStBl. II S. 939).
- Das Auswahlermessen für die Inanspruchnahme eines von zwei jeweils alleinvertretungsberechtigten GmbH-Geschäftsführern als Haftungsschuldner ist in der Regel nicht sachgerecht ausgeübt, wenn das Finanzamt hierfür allein auf die Beteiligungsverhältnisse der Geschäftsführer am Gesellschaftskapital abstellt (→ BFH vom 29.5.1990 – BStBl. II S. 1008).
- Zum Zeitpunkt der Anmeldung und Fälligkeit der einzubehaltenden Lohnsteuer und seiner Auswirkung auf die Geschäftsführerhaftung → BFH vom 17.11.1992 (BStBl. 1993 II S. 471).
- Ein ehrenamtlich und unentgeltlich tätiger Vorsitzender eines Vereins, der sich als solcher wirtschaftlich betätigt und zur Erfüllung seiner Zwecke Arbeitnehmer beschäftigt, haftet für die Erfüllung der steuerlichen Verbindlichkeiten des Vereins grundsätzlich nach denselben Grundsätzen wie ein Geschäftsführer einer GmbH (→ BFH vom 23.6.1998 – BStBl. II S. 761).
- Eine unzutreffende, jedoch bestandskräftig gewordene Lohnsteuer-Anmeldung muss sich der als Haftungsschuldner in Anspruch genommene Geschäftsführer einer GmbH dann nicht nach § 166 AO entgegenhalten lassen, wenn er nicht während der gesamten Dauer der Rechtsbehelfsfrist Vertretungsmacht und damit das Recht hatte, namens der GmbH zu handeln (→ BFH vom 24.8.2004 – BStBl. 2005 II S. 127).

Haftungsbefreiende Anzeige.

- Die haftungsbefreiende Wirkung der Anzeige nach § 41c Abs. 4 EStG setzt voraus, dass die nicht vorschriftsmäßige Einbehaltung der Lohnsteuer vom Arbeitgeber erkannt worden ist. Weicht der Arbeitgeber von einer erteilten Anrufungsauskunft ab, kann er nicht dadurch einen Haftungsausschluss bewirken, indem er die Abweichung dem Betriebsstättenfinanzamt anzeigt (→ BFH vom 4.6.1993 – BStBl. II S. 687).
- Der Haftungsausschluss nach § 42d Abs. 2 i. V. m. § 41c Abs. 4 EStG setzt stets eine Korrekturberechtigung i. S. d. § 41c Abs. 1 EStG voraus. Daran fehlt es, wenn eine Lohnsteuer-Anmeldung vorsätzlich fehlerhaft abgegeben worden war und dies dem Arbeitgeber zuzurechnen ist (→ BFH vom 21.4.2010 – BStBl. II S. 833).

Haftungsverfahren.

- Wurde nach einer ergebnislosen Lohnsteuer-Außenprüfung der Vorbehalt der Nachprüfung aufgehoben, steht einer Änderung der Lohnsteuer-Anmeldung nach § 173 Abs. 1 AO durch Erlass eines Lohnsteuer-Haftungsbescheides die Änderungssperre des § 173 Abs. 2 AO entgegen, es sei *denn, es liegt eine Steuerhinterziehung* oder eine leichtfertige Steuerverkürzung vor (→ BFH vom 15.5.1992 – BStBl. 1993 II S. 840

und vom 7.2.2008 – BStBl. 2009 II S. 703). Gleiches gilt, wenn nach einer Lohnsteuer-Außenprüfung bereits ein Lohnsteuer-Haftungsbescheid ergangen ist und der Vorbehalt der Nachprüfung für die betreffenden Lohnsteuer-Anmeldungen aufgehoben worden ist (→ BFH vom 15.5.1992 – BStBl. 1993 II S. 829).

– Wird im Anschluss an eine Außenprüfung pauschale Lohnsteuer fälschlicherweise durch einen Haftungsbescheid geltend gemacht, kann mit der Aufhebung des Haftungsbescheides die Unanfechtbarkeit i. S. d. § 171 Abs. 4 Satz 1 AO und damit das Ende der Ablaufhemmung für die Festsetzungsfrist eintreten. Der Eintritt der Festsetzungsverjährung kann nur vermieden werden, wenn der inkorrekte Haftungsbescheid erst dann aufgehoben wird, nachdem zuvor der formell korrekte Nachforderungsbescheid erlassen worden ist (→ BFH vom 6.5.1994 – BStBl. II S. 715).
– Wird vom Arbeitgeber Lohnsteuer in einer Vielzahl von Fällen nachgefordert, ist die Höhe der Lohnsteuer trotz des damit verbundenen Arbeitsaufwands grundsätzlich individuell zu ermitteln. Etwas anderes gilt dann, wenn entweder die Voraussetzungen des § 162 AO für eine Schätzung der Lohnsteuer vorliegen oder der Arbeitgeber der Berechnung der Haftungsschuld mit einem durchschnittlichen Steuersatz zugestimmt hat (→ BFH vom 17.3.1994 – BStBl. II S. 536).
– Auch die Ansprüche gegenüber dem Haftenden unterliegen der Verjährung (→ § 191 Abs. 3 AO). Die Festsetzungsfrist für einen Lohnsteuer-Haftungsbescheid endet nicht vor Ablauf der Festsetzungsfrist für die Lohnsteuer (§ 191 Abs. 3 Satz 4 1. Halbsatz AO). Der Beginn der Festsetzungsfrist für die Lohnsteuer richtet sich nach § 170 Abs. 2 Satz 1 Nr. 1 AO. Für den Beginn der die Lohnsteuer betreffenden Festsetzungsfrist ist die Lohnsteuer-Anmeldung (Steueranmeldung) und nicht die Einkommensteuererklärung der betroffenen Arbeitnehmer maßgebend (→ BFH vom 6.3.2008 – BStBl. II S. 597). Bei der Berechnung der für die Lohnsteuer maßgebenden Festsetzungsfrist sind Anlauf- und Ablaufhemmungen nach §§ 170, 171 AO zu berücksichtigen, soweit sie gegenüber dem Arbeitgeber wirken (→ AEAO § 191 Nr. 9).[1)]
– Wenn ein Arbeitgeber die Lohnsteuer trotz gesetzlicher Verpflichtung nicht anmeldet und abführt, kann das Finanzamt sie durch Schätzungsbescheid festsetzen. Die Möglichkeit, einen Haftungsbescheid zu erlassen, steht dem nicht entgegen (→ BFH vom 7.7.2004 – BStBl. II S. 1087).
– Hat das Finanzamt einen Haftungsbescheid erlassen, darf das Finanzgericht diesen Bescheid nicht aufheben und stattdessen einen (niedrigeren) Nachforderungsbetrag festsetzen (→ BFH vom 24.9.2015 – BStBl. 2016 II S. 176).

Inanspruchnahme des Arbeitnehmers.
– Die Beschränkung der Inanspruchnahme des Arbeitnehmers innerhalb des Lohnsteuerabzugsverfahrens nach § 42d Abs. 3 Satz 4 EStG steht einer uneingeschränkten Inanspruchnahme im Einkommensteuerveranlagungsverfahren nicht entgegen (→ BFH vom 13.1.2011 – BStBl. II S. 479).

---

1) Nr. **800.**

- Im Rahmen des Lohnsteuerabzugsverfahrens kann das Wohnsitzfinanzamt die vom Arbeitgeber auf Grund einer (unrichtigen) Anrufungsauskunft nicht einbehaltene und abgeführte Lohnsteuer vom Arbeitnehmer nicht nach § 42d Abs. 3 Satz 4 Nr. 1 EStG nachfordern (→ BFH vom 17.10.2013 – BStBl. 2014 II S. 892).
- Wurde beim Arbeitgeber eine Lohnsteuer-Außenprüfung durchgeführt, bewirkt dies zugleich eine Hemmung der Verjährungsfrist in Bezug auf den Steueranspruch gegen den Arbeitnehmer (→ § 171 Abs. 15 AO).

Nachforderungsverfahren.

- Hat der Arbeitgeber Arbeitslohn nach § 40a Abs. 3 EStG pauschal versteuert, obwohl nicht die Voraussetzungen dieser Vorschrift, sondern die des § 40a Abs. 2 EStG erfüllt sind, kann ein Nachforderungsbescheid nur erlassen werden, wenn sich der Arbeitgeber eindeutig zu einer Pauschalierung nach § 40a Abs. 2 EStG bereit erklärt hat (→ BFH vom 25.5.1984 – BStBl. II S. 569).
- Wird Lohnsteuer für frühere Kalenderjahre nachgefordert, braucht die Steuerschuld nur nach Kalenderjahren aufgegliedert zu werden (→ BFH vom 18.7.1985 – BStBl. 1986 II S. 152).
- Die Nachforderung pauschaler Lohnsteuer beim Arbeitgeber setzt voraus, dass der Arbeitgeber der Pauschalierung zustimmt (→ BFH vom 20.11.2008 – BStBl. 2009 II S. 374).

Rechtsbehelf gegen den Haftungsbescheid.

- Der Arbeitnehmer hat gegen diesen Haftungsbescheid insoweit ein Einspruchsrecht, als er persönlich für die nachgeforderte Lohnsteuer in Anspruch genommen werden kann (→ BFH vom 29.6.1973 – BStBl. II S. 780).
- Wird der Arbeitgeber nach dem Entscheidungssatz des Bescheids als Haftender in Anspruch genommen, ist der Bescheid unwirksam, wenn nach seiner Begründung pauschale Lohnsteuer nachgefordert wird (→ BFH vom 15.3.1985 – BStBl. II S. 581).
- Wird Lohnsteuer für frühere Kalenderjahre nachgefordert, braucht der Haftungsbetrag nur nach Kalenderjahren aufgegliedert zu werden (→ BFH vom 18.7.1985 – BStBl. 1986 II S. 152).
- Der Haftungsbetrag ist grundsätzlich auf die einzelnen Arbeitnehmer aufzuschlüsseln; wegen der Ausnahmen → BFH vom 8.11.1985 (BStBl. 1986 II S. 274) und die dort genannten Urteile.
- Werden zu verschiedenen Zeiten und auf Grund unterschiedlicher Tatbestände entstandene Haftungsschulden in einem Haftungsbescheid festgesetzt und ficht der Haftungsschuldner diesen Sammelhaftungsbescheid nur hinsichtlich ganz bestimmter Haftungsfälle an, erwächst der restliche Teil des Bescheids in Bestandskraft (→ BFH vom 4.7.1986 – BStBl. II S. 921).
- Der Arbeitnehmer kann sich als Steuerschuldner nicht darauf berufen, dass die haftungsweise Inanspruchnahme des Arbeitgebers wegen Nichtbeanstandung seines Vorgehens bei einer vorangegangenen Außenprüfung *gegen Treu und Glauben* verstoßen könnte (→ BFH vom 27.3.1991 – BStBl. II S. 720).

– In einem allein vom Arbeitnehmer veranlassten Einspruchsverfahren ist der Arbeitgeber hinzuzuziehen (→ § 360 AO).

Zusammengefasster Steuer- und Haftungsbescheid.

– Steuerschuld und Haftungsschuld können äußerlich in einer Verfügung verbunden werden (→ BFH vom 16.11.1984 – BStBl. 1985 II S. 266).
– Wird vom Arbeitgeber pauschale Lohnsteuer nacherhoben und wird er zugleich als Haftungsschuldner in Anspruch genommen, ist die Steuerschuld von der Haftungsschuld zu trennen. Dies kann im Entscheidungssatz des zusammengefassten Steuer- und Haftungsbescheids, in der Begründung dieses Bescheids oder in dem dem Arbeitgeber bereits bekannten oder beigefügten Bericht einer Lohnsteuer-Außenprüfung, auf den zur Begründung Bezug genommen ist, geschehen (→ BFH vom 1.8.1985 – BStBl. II S. 664).

R 42d.2 Haftung bei Arbeitnehmerüberlassung

Allgemeines

(1) [1]Bei Arbeitnehmerüberlassung ist steuerrechtlich grundsätzlich der Verleiher Arbeitgeber der Leiharbeitnehmer (→ R 19.1 Satz 5). [2]Dies gilt für einen ausländischen Verleiher (→ R 38.3 Abs. 1 Satz 2) selbst dann, wenn der Entleiher Arbeitgeber im Sinne eines Doppelbesteuerungsabkommens ist; die Arbeitgebereigenschaft des Entleihers nach einem Doppelbesteuerungsabkommen hat nur Bedeutung für die Zuweisung des Besteuerungsrechts. [3]Wird der Entleiher als Haftungsschuldner in Anspruch genommen, so ist wegen der unterschiedlichen Voraussetzungen und Folgen stets danach zu unterscheiden, ob er als Arbeitgeber der Leiharbeitnehmer oder als Dritter nach § 42d Abs. 6 EStG neben dem Verleiher als dem Arbeitgeber der Leiharbeitnehmer haftet.

Inanspruchnahme des Entleihers nach § 42d Abs. 6 EStG

(2) [1]Der Entleiher haftet nach § 42d Abs. 6 EStG wie der Verleiher (Arbeitgeber), jedoch beschränkt auf die Lohnsteuer für die Zeit, für die ihm der Leiharbeitnehmer überlassen worden ist. [2]Die Haftung des Entleihers richtet sich deshalb nach denselben Grundsätzen wie die Haftung des Arbeitgebers. [3]Sie scheidet aus, wenn der Verleiher als Arbeitgeber nicht haften würde. [4]Die Haftung des Entleihers kommt nur bei Arbeitnehmerüberlassung nach § 1 des Arbeitnehmerüberlassungsgesetzes (AÜG)[1)] in Betracht. [5]Arbeitnehmerüberlassung liegt nicht vor, wenn das Überlassen von Arbeitnehmern als Nebenleistung zu einer anderen Leistung anzusehen ist, wenn z.B. im Falle der Vermietung von Maschinen und Überlassung des Bedienungspersonals der wirtschaftliche Wert der Vermietung überwiegt. [6]In den Fällen des § 1 Abs. 1 Satz 3 und Abs. 3 AÜG ist ebenfalls keine Arbeitnehmerüberlassung anzunehmen.

(3) [1]Zur rechtlichen Würdigung eines Sachverhalts mit drittbezogener Tätigkeit als Arbeitnehmerüberlassung und ihre Abgrenzung insbesondere ge-

---

[1)] AÜG v. 3.2.1995, BGBl. I 1995, 158, zuletzt geänd. durch G v. 10.8.2021, BGBl. I 2021, 3436 (**Aichberger SGB** Nr. **3/70**).

genüber einem Werkvertrag ist entscheidend auf das Gesamtbild der Tätigkeit abzustellen. [2] Auf die Bezeichnung des Rechtsgeschäfts, z. B. als Werkvertrag, kommt es nicht entscheidend an. [3] Auf Arbeitnehmerüberlassung weisen z. B. folgende Merkmale hin:

1. Der Inhaber der Drittfirma (Entleiher) nimmt im Wesentlichen das Weisungsrecht des Arbeitgebers wahr;
2. der mit dem Einsatz des Arbeitnehmers verfolgte Leistungszweck stimmt mit dem Betriebszweck der Drittfirma überein;
3. das zu verwendende Werkzeug wird im Wesentlichen von der Drittfirma gestellt, es sei denn auf Grund von Sicherheitsvorschriften;
4. die mit anderen Vertragstypen, insbesondere Werkvertrag, verbundenen Haftungsrisiken sind ausgeschlossen oder beschränkt worden;
5. die Arbeit des eingesetzten Arbeitnehmers gegenüber dem entsendenden Arbeitgeber wird auf der Grundlage von Zeiteinheiten vergütet.

[4] Bei der Prüfung der Frage, ob Arbeitnehmerüberlassung vorliegt, ist die Auffassung der Bundesagentur für Arbeit zu berücksichtigen. [5] Eine Inanspruchnahme des Entleihers kommt regelmäßig nicht in Betracht, wenn die Bundesagentur für Arbeit gegenüber dem Entleiher die Auffassung geäußert hat, bei dem verwirklichten Sachverhalt liege Arbeitnehmerüberlassung nicht vor.

(4) [1] Ausnahmen von der Entleiherhaftung enthält § 42d Abs. 6 Satz 2 und 3 EStG. [2] Der Überlassung liegt eine Erlaubnis nach § 1 AÜG[1)] i. S. d. § 42d Abs. 6 Satz 2 EStG immer dann zugrunde, wenn der Verleiher eine Erlaubnis nach § 1 AÜG zur Zeit des Verleihs besessen hat oder die Erlaubnis in dieser Zeit nach § 2 Abs. 4 AÜG als fortbestehend gilt, d. h. bis zu zwölf Monaten nach Erlöschen der Erlaubnis für die Abwicklung der erlaubt abgeschlossenen Verträge. [3] Der Überlassung liegt jedoch keine Erlaubnis zugrunde, wenn Arbeitnehmer im Rahmen einer wirtschaftlichen Tätigkeit an Betriebe des Baugewerbes für Arbeiten überlassen werden, die üblicherweise von Arbeitern verrichtet werden, weil dies nach § 1b AÜG unzulässig ist und sich die Erlaubnis nach § 1 AÜG auf solchen Verleih nicht erstreckt, es sei denn, die Überlassung erfolgt zwischen Betrieben des Baugewerbes, die von denselben Rahmen- und Sozialkassentarifverträgen oder von der Allgemeinverbindlichkeit erfasst werden. [4] Bei erlaubtem Verleih durch einen inländischen Verleiher haftet der Entleiher nicht. [5] Der Entleiher trägt die Feststellungslast, wenn er sich darauf beruft, dass er über das Vorliegen einer Arbeitnehmerüberlassung ohne Verschulden irrte (§ 42d Abs. 6 Satz 3 EStG). [6] Bei der Inanspruchnahme des Entleihers ist Absatz 3 zu berücksichtigen. [7] Im Bereich unzulässiger Arbeitnehmerüberlassung sind wegen des Verbots in § 1b AÜG strengere Maßstäbe anzulegen, wenn sich der Entleiher darauf beruft, ohne Verschulden einem Irrtum erlegen zu sein. [8] Dies gilt insbesondere, wenn das Überlassungsentgelt deutlich günstiger ist als dasjenige von anderen Anbietern. [9] Ob der Verleiher eine Erlaubnis nach § 1 AÜG hat, muss der Verleiher in dem schriftlichen Überlassungsvertrag nach § 12 Abs. 1 AÜG erklären und

---

[1)] AÜG v. 3.2.1995, BGBl. I 1995, 158, zuletzt geänd. durch G v. 10.8.2021, BGBl. I 2021, 3436 (**Aichberger SGB** Nr. **3/70**).

kann der Entleiher selbst oder das Finanzamt durch Anfrage bei der Regionaldirektion der Bundesagentur für Arbeit erfahren oder überprüfen.

(5) [1]Die Höhe des Haftungsbetrags ist auf die Lohnsteuer begrenzt, die vom Verleiher gegebenenfalls anteilig für die Zeit einzubehalten war, für die der Leiharbeitnehmer dem Entleiher überlassen war. [2]Hat der Verleiher einen Teil der von ihm insgesamt einbehaltenen und angemeldeten Lohnsteuer für den entsprechenden Lohnsteuer-Anmeldungszeitraum gezahlt, wobei er auch die Lohnsteuer des dem Entleiher überlassenen Leiharbeitnehmers berücksichtigt hat, so mindert sich der Haftungsbetrag im Verhältnis von angemeldeter zu gezahlter Lohnsteuer.

(6) [1]Der Haftungsbescheid kann gegen den Entleiher ergehen, wenn die Voraussetzungen der Haftung erfüllt sind. [2]Auf Zahlung darf er jedoch erst in Anspruch genommen werden nach einem fehlgeschlagenen Vollstreckungsversuch in das inländische bewegliche Vermögen des Verleihers oder wenn die Vollstreckung keinen Erfolg verspricht (§ 42d Abs. 6 Satz 6 EStG). [3]Eine vorherige Zahlungsaufforderung an den Arbeitnehmer oder ein Vollstreckungsversuch bei diesem ist nicht erforderlich (entsprechende Anwendung des § 219 Satz 2 AO).

Inanspruchnahme des Verleihers nach § 42d Abs. 7 EStG

(7) [1]Nach § 42d Abs. 7 EStG kann der Verleiher, der steuerrechtlich nicht als Arbeitgeber zu behandeln ist, wie ein Entleiher nach § 42d Abs. 6 EStG als Haftender in Anspruch genommen werden. [2]Insoweit kann er erst nach dem Entleiher auf Zahlung in Anspruch genommen werden. [3]Davon zu unterscheiden ist der Erlass des Haftungsbescheids, der vorher ergehen kann. [4]Gegen den Haftungsbescheid kann sich der Verleiher deswegen nicht mit Erfolg darauf berufen, der Entleiher sei auf Grund der tatsächlichen Abwicklung einer unerlaubten Arbeitnehmerüberlassung als Arbeitgeber aller oder eines Teils der überlassenen Leiharbeitnehmer zu behandeln.

Sicherungsverfahren nach § 42d Abs. 8 EStG

(8) [1]Als Sicherungsmaßnahme kann das Finanzamt den Entleiher verpflichten, einen bestimmten Euro-Betrag oder einen als Prozentsatz bestimmten Teil des vereinbarten Überlassungsentgelts einzubehalten und abzuführen. [2]Hat der Entleiher bereits einen Teil der geschuldeten Überlassungsvergütung an den Verleiher geleistet, so kann der Sicherungsbetrag mit einem bestimmten Euro-Betrag oder als Prozentsatz bis zur Höhe des Restentgelts festgesetzt werden. [3]Die Sicherungsmaßnahme ist nur anzuordnen in Fällen, in denen eine Haftung in Betracht kommen kann. [4]Dabei darf berücksichtigt werden, dass sie den Entleiher im Ergebnis weniger belasten kann als die nachfolgende Haftung, *wenn er z. B.* einen Rückgriffsanspruch gegen den Verleiher nicht durchsetzen kann.

Haftungsverfahren

(9) Wird der Entleiher oder Verleiher als Haftungsschuldner in Anspruch genommen, so ist ein Haftungsbescheid zu erlassen (→ R 42d.1 Abs. 5).

Zuständigkeit

(10) [1]Zuständig für den Haftungsbescheid gegen den Entleiher oder Verleiher ist das Betriebsstättenfinanzamt des Verleihers (§ 42d Abs. 6 Satz 9 EStG). [2]Wird bei einem Entleiher festgestellt, dass seine Inanspruchnahme als Haftungsschuldner nach § 42d Abs. 6 EStG in Betracht kommt, ist das Betriebsstättenfinanzamt des Verleihers einzuschalten. [3]Bei Verleih durch einen ausländischen Verleiher (→ § 38 Abs. 1 Satz 1 Nr. 2 EStG) ist das Betriebsstättenfinanzamt des Entleihers zuständig, wenn dem Finanzamt keine andere Überlassung des Verleihers im Inland bekannt ist, da es zugleich Betriebsstättenfinanzamt des Verleihers nach § 41 Abs. 2 Satz 2 EStG ist. [4]Dies gilt grundsätzlich auch für eine Sicherungsmaßnahme nach § 42d Abs. 8 EStG. [5]Darüber hinaus ist für eine Sicherungsmaßnahme jedes Finanzamt zuständig, in dessen Bezirk der Anlass für die Amtshandlung hervortritt, insbesondere bei Gefahr im Verzug (§§ 24, 29 AO).

H **42d.2**

Abgrenzungsfragen. Zur Abgrenzung zwischen Arbeitnehmerüberlassung und Werk- oder Dienstverträgen bei Einsatz hochqualifizierter Mitarbeiter des Auftragnehmers → BFH vom 18.1.1991 (BStBl. II S. 409).

Arbeitnehmerüberlassung im Baugewerbe. Die Haftung des Entleihers nach § 42d Abs. 6 EStG sowie die Anordnung einer Sicherungsmaßnahme nach § 42d Abs. 8 EStG sind ausgeschlossen, soweit der zum Steuerabzug nach § 48 Abs. 1 EStG verpflichtete Leistungsempfänger den Abzugsbetrag einbehalten und abgeführt hat bzw. dem Leistungsempfänger im Zeitpunkt der Abzugsverpflichtung eine Freistellungsbescheinigung des Leistenden vorliegt, auf deren Rechtmäßigkeit er vertrauen durfte (→ § 48 Abs. 4 Nr. 2, § 48b Abs. 5 EStG).

Arbeitnehmerüberlassung im Konzern. Überlässt eine im Ausland ansässige Kapitalgesellschaft von ihr eingestellte Arbeitnehmer an eine inländische Tochtergesellschaft gegen Erstattung der von ihr gezahlten Lohnkosten, ist die inländische Tochtergesellschaft nicht Arbeitgeber im lohnsteuerlichen Sinne.[1)] Sie haftet daher für nicht einbehaltene Lohnsteuer nur unter den Voraussetzungen des § 42d Abs. 6 EStG (→ BFH vom 24.3.1999 – BStBl. 2000 II S. 41).

Steuerrechtlicher Arbeitgeber. Der Verleiher ist grundsätzlich auch bei unerlaubter Arbeitnehmerüberlassung Arbeitgeber der Leiharbeitnehmer, da § 10 Abs. 1 AÜG, der den Entleiher bei unerlaubter Arbeitnehmerüberlassung als Arbeitgeber der Leiharbeitnehmer bestimmt, steuerrechtlich nicht maßgebend ist. Der Entleiher kann jedoch nach dem Gesamtbild der tatsächlichen Gestaltung der Beziehungen zu den für ihn tätigen Leiharbeitnehmern und zum Verleiher, insbesondere bei Entlohnung der Leiharbeitnehmer, steuerrechtlich Arbeitgeber sein (→ BFH vom 2.4.1982 – BStBl. II S. 502).

Zuständige Finanzämter für ausländische Verleiher. → H 41.3.

---

1) Vgl. aber § 38 Abs. 1 Satz 2 EStG i. d. F. des StÄndG 2003, BGBl. I 2003, 2645.

R 42d.3 Haftung bei Lohnsteuerabzug durch einen Dritten

[1] In den Fällen der Lohnzahlung durch Dritte haftet der Dritte in beiden Fallgestaltungen des § 38 Abs. 3a EStG neben dem Arbeitgeber (§ 42d Abs. 9 EStG). [2] Es besteht eine Gesamtschuldnerschaft zwischen Arbeitgeber, dem Dritten und dem Arbeitnehmer. [3] Das Finanzamt muss die Wahl, an welchen Gesamtschuldner es sich halten will, nach pflichtgemäßem Ermessen unter Beachtung der durch Recht und Billigkeit gezogenen Grenzen und unter verständiger Abwägung der Interessen aller Beteiligten treffen. [4] Eine Haftungsinanspruchnahme des Arbeitgebers unterbleibt, wenn beim Arbeitnehmer selbst eine Nachforderung unzulässig ist, weil der Mindestbetrag nach § 42d Abs. 5 EStG nicht überschritten wird. [5] Für die durch Haftungsbescheid angeforderten Steuerbeträge ist eine Zahlungsfrist von einem Monat zu setzen.

H 42d.3

Ermessensausübung. Eine Haftung des Arbeitgebers bei einer Lohnsteuerabzugspflicht Dritter kommt nach § 42d Abs. 9 Satz 4 i. V. m. Abs. 3 Satz 4 Nr. 1 EStG nur in Betracht, wenn der Dritte die Lohnsteuer für den Arbeitgeber nicht vorschriftsmäßig vom Arbeitslohn einbehalten hat. An einem derartigen Fehlverhalten fehlt es, wenn beim Lohnsteuerabzug entsprechend einer Lohnsteueranrufungsauskunft oder in Übereinstimmung mit den Vorgaben der zuständigen Finanzbehörden der Länder oder des Bundes verfahren wird (→ BFH vom 20.3.2014 – BStBl. II S. 592).

Zu § 42e EStG

R 42e. Anrufungsauskunft

(1) [1] Einen Anspruch auf gebührenfreie Auskunft haben sowohl der Arbeitgeber,[1)] der die Pflichten des Arbeitgebers erfüllende Dritte i. S. d. § 38 Abs. 3a EStG als auch der Arbeitnehmer. [2] In beiden Fällen ist das Betriebsstättenfinanzamt für die Erteilung der Auskunft zuständig; bei Anfragen eines Arbeitnehmers soll es jedoch seine Auskunft mit dessen Wohnsitzfinanzamt abstimmen. [3] Das Finanzamt soll die Auskunft unter ausdrücklichem Hinweis auf § 42e EStG schriftlich erteilen und kann sie befristen; das gilt auch, wenn der Beteiligte die Auskunft nur formlos erbeten hat.

(2) [1] Hat ein Arbeitgeber mehrere Betriebsstätten, so hat das zuständige Finanzamt seine Auskunft mit den anderen Betriebsstättenfinanzämtern abzustimmen soweit es sich um einen Fall von einigem Gewicht handelt und die Auskunft auch für die anderen Betriebsstätten von Bedeutung ist. [2] Bei Anrufungsauskünften grundsätzlicher Art informiert das zuständige Finanzamt die übrigen betroffenen Finanzämter.

(3) [1] Sind mehrere Arbeitgeber unter einer einheitlichen Leitung zusammengefasst (Konzernunternehmen), so bleiben für den einzelnen Arbeitgeber

---

[1)] Zur Vorwerfbarkeit (kein entschuldbarer Rechtsirrum) einer unterlassenen Anrufungsauskunft durch Arbeitgeber vgl. BFH v. 18.8.2005 VI R 32/03, BStBl. II 2006, 30, und v. 29.5.2008 VI R 11/07, BStBl. II 2008, 933.

entsprechend der Regelung des § 42e Satz 1 und 2 EStG das Betriebsstättenfinanzamt bzw. das Finanzamt der Geschäftsleitung für die Erteilung der Anrufungsauskunft zuständig. [2]Sofern es sich bei einer Anrufungsauskunft um einen Fall von einigem Gewicht handelt und erkennbar ist, dass die Auskunft auch für andere Arbeitgeber des Konzerns von Bedeutung ist oder bereits Entscheidungen anderer Finanzämter vorliegen, ist insbesondere auf Antrag des Auskunftsersuchenden die zu erteilende Auskunft mit den übrigen betroffenen Finanzämtern abzustimmen. [3]Dazu informiert das für die Auskunftserteilung zuständige Finanzamt das Finanzamt der Konzernzentrale. [4]Dieses koordiniert daraufhin die Abstimmung mit den Finanzämtern der anderen Arbeitgeber des Konzerns, die von der zu erteilenden Auskunft betroffen sind. [5]Befindet sich die Konzernzentrale im Ausland, koordiniert das Finanzamt die Abstimmung, das als erstes mit der Angelegenheit betraut war.

(4) [1]In Fällen der Lohnzahlung durch Dritte, in denen der Dritte die Pflichten des Arbeitgebers trägt, ist die Anrufungsauskunft bei dem Betriebsstättenfinanzamt des Dritten zu stellen. [2]Fasst der Dritte die dem Arbeitnehmer in demselben Lohnzahlungszeitraum aus mehreren Dienstverhältnissen zufließenden Arbeitslöhne zusammen, ist die Anrufungsauskunft bei dem Betriebsstättenfinanzamt des Dritten zu stellen. [3]Dabei hat das Betriebsstättenfinanzamt seine Auskunft in Fällen von einigem Gewicht mit den anderen Betriebsstättenfinanzämtern abzustimmen.

H 42e

Allgemeine Grundsätze. → BMF vom 12.12.2017 (BStBl. I S. 1656).[1)]

Zu § 42f EStG

R 42f. Lohnsteuer-Außenprüfung

(1) [1]Für die Lohnsteuer-Außenprüfung gelten die §§ 193 bis 207 AO. [2]Die §§ 5 bis 12, 20 bis 24, 29 und 30 Betriebsprüfungsordnung[2)] sind mit Ausnahme des § 5 Abs. 4 Satz 2 sinngemäß anzuwenden.

(2) [1]Der Lohnsteuer-Außenprüfung unterliegen sowohl private als auch öffentlich-rechtliche Arbeitgeber. [2]Prüfungen eines öffentlich-rechtlichen Arbeitgebers durch die zuständige Aufsichts- und Rechnungsprüfungsbehörde stehen der Zulässigkeit einer Lohnsteuer-Außenprüfung nicht entgegen.

(3) [1]Die Lohnsteuer-Außenprüfung hat sich hauptsächlich darauf zu erstrecken, ob sämtliche Arbeitnehmer, auch die nicht ständig beschäftigten, erfasst wurden und alle zum Arbeitslohn gehörigen Einnahmen, gleichgültig in welcher Form sie gewährt wurden, dem Steuerabzug unterworfen wurden und ob bei der Berechnung der Lohnsteuer von der richtigen Lohnhöhe ausgegangen wurde. [2]Privathaushalte, in denen nur gering entlohnte Hilfen beschäftigt werden, sind in der Regel nicht zu prüfen.

[1)] Kein Anspruch auf einen bestimmten rechtmäßigen Inhalt einer verbindlichen Auskunft; siehe BFH v. 29.2.2012 IX R 11/11, BStBl. II 2012, 651. – Zur Aufhebung einer Anrufungsauskunft siehe BFH v. 2.9.2021 VI R 19/19, BStBl. II 2022, 136.

[2)] **Steuererlasse** Nr. **800** § 193/1.

(4) [1]Über das Ergebnis der Außenprüfung ist dem Arbeitgeber ein Prüfungsbericht zu übersenden (→ § 202 Abs. 1 AO). [2]Führt die Außenprüfung zu keiner Änderung der Besteuerungsgrundlagen, genügt es, wenn dies dem Arbeitgeber schriftlich mitgeteilt wird (→ § 202 Abs. 1 Satz 3 AO). [3]In den Fällen, in denen ein Nachforderungsbescheid oder ein Haftungsbescheid nicht zu erteilen ist (→ § 42d Abs. 4 EStG), kann der Arbeitgeber auf die Übersendung eines Prüfungsberichts verzichten.

(5) Das Recht auf Anrufungsauskunft nach § 42e EStG steht dem Recht auf Erteilung einer verbindlichen Zusage auf Grund einer Außenprüfung nach § 204 AO nicht entgegen.

H 42f

Aufhebung des Vorbehalts der Nachprüfung. → § 164 Abs. 3 Satz 3 AO.

Digitale LohnSchnittstelle. Nach § 41 Abs. 1 Satz 7 EStG i. V.m. § 4 Abs. 2a LStDV haben Arbeitgeber die ab dem 1.1.2018 aufzuzeichnenden lohnsteuerrelevanten Daten der Finanzbehörde nach einer amtlich vorgeschriebenen einheitlichen digitalen Schnittstelle elektronisch bereitzustellen. Dies gilt unabhängig von dem vom Arbeitgeber eingesetzten Lohnabrechnungsprogramm. Zur Vermeidung unbilliger Härten können in begründeten Fällen die lohnsteuerlichen Daten auch in einer anderen auswertbaren Form bereitgestellt werden. Die amtlich vorgeschriebene Digitale LohnSchnittstelle (DLS) ist ein Standarddatensatz mit einer einheitlichen Strukturierung und Bezeichnung von elektronischen Dateien und Datenfeldern. Die jeweils aktuelle Version der DLS mit weitergehenden Informationen steht auf der Internetseite des Bundeszentralamts für Steuern unter www.bzst.bund.de zum Download bereit. Das Datenzugriffsrecht nach § 147 Abs. 6 Satz 2 AO auf prüfungsrelevante steuerliche Daten bleibt von der Anwendung der DLS unberührt (→ BMF vom 26.5.2017 – BStBl. I S. 789).

Festsetzungsverjährung. Wurde beim Arbeitgeber eine Lohnsteuer-Außenprüfung durchgeführt, bewirkt dies zugleich eine Hemmung der Verjährungsfrist in Bezug auf den Steueranspruch gegen den Arbeitnehmer (→ § 171 Abs. 15 AO).

Rechte und Mitwirkungspflichten des Arbeitgebers. → BMF vom 24.10.2013 (BStBl. I S. 1264).

Zu § 42g EStG

H 42g

Allgemeines. → BMF vom 16.10.2014 (BStBl. I S. 1408).

Zu § 46 EStG

H 46

Antragsveranlagung.[1] → R 46.2 EStR, H 46.2 EStH.[2]

Härteausgleich. → H 46.3 EStH.[2]

Zu § 100 EStG[3]

H 100

Allgemeines. → BMF vom 12.8.2021 (BStBl. I S. 1050), Rn. 100 ff.

Zusätzlichkeitsvoraussetzung. → § 8 Abs. 4 EStG.

---

[1] Zur Fortgeltung der Antragsveranlagung ungeachtet der Antragsfrist siehe BFH v. 12.11.2009 VI R 1/09, BStBl. II 2010, 406. – Keine Veranlagung nach bestandskräftiger Ablehnung, siehe BFH v. 9.2.2012 VI R 34/11, BStBl. II 2012, 750.

[2] Nr. 1.

[3] § 100 EStG (Förderbetrag zur betrieblichen Altersversorgung) angef. durch BetriebsrentenstärkungsG v. 17.8.2017, BGBl. I 2017, 3214.

500. Umsatzsteuer-Anwendungserlass (UStAE)

Vom 1. Oktober 2010 (BStBl. I 2010, 846)[1)]

(BMF IV D 3 – S 7015/10/10002; DOK 2010/0815152)

Geändert durch BMF-Schreiben vom 21.10.2010 (BStBl. I 2010, 1192), vom 26.10.2010 (BStBl. I 2010, 1197) vom 27.10.2010 (BStBl. I 2010, 1273), vom 1.12.2010 (BStBl. I 2010, 1375), vom 8.12.2010 (BStBl. I 2010, 1501), vom 15.12.2010 (BStBl. I 2010, 1502), vom 17.12.2010 (BStBl. I 2010, 1512), vom 21.12.2010 (BStBl. I 2011, 46), vom 4.2.2011 (BStBl. I 2011, 156 und 162), vom 2.3.2011 (BStBl. I 2011, 232), vom 3.3.2011 (BStBl. I 2011, 233), vom 14.3.2011 (BStBl. I 2011, 254), vom 25.3.2011 (BStBl. I 2011, 304), vom 7.4.2011 (BStBl. I 2011, 306), vom 8.4.2011 (BStBl. I 2011, 307), vom 11.4.2011 (BStBl. I 2011, 459), vom 15.4.2011 (BStBl. I 2011, 489), vom 2.5.2011 (BStBl. I 2011, 490), vom 12.5.2011 (BStBl. I 2011, 535), vom 7.6.2011 (BStBl. I 2011, 581), vom 8.6.2011 (BStBl. I 2011, 582), 2 Schreiben vom 10.6.2011 (BStBl. I 2011, 583), vom 22.6.2011 (BStBl. I 2011, 597), vom 23.6.2011 (BStBl. I 2011, 677), vom 24.6.2011 (BStBl. I 2011, 687), vom 29.6.2011 (BStBl. I 2011, 702), vom 5.7.2011 (BStBl. I 2011, 703), vom 6.7.2011 (BStBl. I 2011, 738), vom 7.7.2011 (BStBl. I 2011, 739), vom 27.7.2011 (BStBl. I 2011, 752), vom 2.8.2011 (BStBl. I 2011, 754), vom 8.8.2011 (BStBl. I 2011, 755), vom 31.8.2011 (BStBl. I 2011, 825), vom 22.9.2011 (BStBl. I 2011, 910), vom 26.9.2011 (BStBl. I 2011, 980), vom 30.9.2011 (BStBl. I 2011, 981), vom 5.10.2011 (BStBl. I 2011, 982), vom 11.10.2011 (BStBl. I 2011, 983), vom 14.11.2011 (BStBl. I 2011, 1158), vom 9.12.2011 (BStBl. I 2011, 1272, 1273 und 1288), vom 12.12.2011 (BStBl. I 2011, 1289), vom 2.1.2012 (BStBl. I 2012, 59 und 60), vom 3.1.2012 (BStBl. I 2012, 76), vom 18.1.2012 (BStBl. I 2012, 139), vom 19.1.2012 (BStBl. I 2012, 209), vom 6.2.2012 (BStBl. I 2012, 212), vom 21.3.2012 (BStBl. I 2012, 343, 344), vom 28.3.2012 (BStBl. I 2012, 481, 482), vom 29.3.2012 (BStBl. I 2012, 483), vom 2.4.2012 (BStBl. I 2012, 484), vom 3.4.2012 (BStBl. I 2012, 486), vom 24.4.2012 (BStBl. I 2012, 533), vom 19.6.2012 (BStBl. I 2012, 682), vom 2.7.2012 (BStBl. I 2012, 726), vom 25.7.2012 (BStBl. I 2012, 876), vom 20.8.2012 (BStBl. I 2012, 877), vom 31.8.2012 (BStBl. I 2012, 932), vom 24.10.2012 (BStBl. I 2012, 1086), vom 13.11.2012 (BStBl. I 2012, 1169), vom 14.11.2012 (BStBl. I 2012, 1170), vom 21.11.2012 (BStBl. I 2012, 1229), vom 30.11.2012 (BStBl. I 2012, 1230), vom 12.12.2012 (BStBl. I 2012, 1259), vom 17.12.2012 (BStBl. I 2012, 1260), vom 18.12.2012 (BStBl. I 2012, 1272), vom 22.1.2013 (BStBl. I 2013, 178), vom 22.2.2013 (BStBl. I 2013, 268), vom 7.3.2013 (BStBl. I 2013, 333), vom 20.3.2013 (BStBl. I 2013, 335 und 444), vom 25.3.2013 (BStBl. I 2013, 449), vom 26.3.2013 (BStBl. I 2013, 450), vom 27.3.2013 (BStBl. I 2013, 452), vom 2.4.2013 (BStBl. I 2013, 454), vom 9.4.2013 (BStBl. I 2013, 517), vom 12.4.2013 (BStBl. I 2013, 518), vom 26.4.2013 (BStBl. I 2013, 714), vom 10.6.2013 (BStBl. I 2013, 780), vom 28.6.2013 (BStBl. I 2013, 852), vom 8.7.2013 (BStBl. I 2013, 860), vom 12.7.2013 (BStBl. I 2013, 923), vom 31.7.2013 (BStBl. I 2013, 964), vom 26.8.2013 (BStBl. I 2013, 1018), vom 12.9.2013 (BStBl. I 2013, 1176), vom 13.9.2013 (BStBl. I 2013, 1179), vom 16.9.2013 (BStBl. I 2013, 1192), vom 19.9.2013 (BStBl. I 2013, 1212), vom 24.9.2013 (BStBl. I 2013, 1219), vom 23.10.2013 (BStBl. I 2013, 1303 und 1304), vom 25.10.2013 (BStBl. I 2013, 1305), vom 28.10.2013 (BStBl. I 2013, 1382), vom 31.10.2013 (BStBl. I 2013, 1383 und 1384), vom 4.11.2013 (BStBl. I 2013, 1385), vom 5.11.2013 (BStBl. I 2013, 1386), vom 8.11.2013 (BStBl. I 2013, 1389), vom 15.11.2013 (BStBl. I 2013, 1475 und 1477), vom 20.11.2013 (BStBl. I 2013, 1581), vom 21.11.2013 (BStBl. I 2013, 1583 und 1584), vom 22.11.2013 (BStBl. I 2013, 1590), vom 28.11.2013 (BStBl. I 2013, 1594), vom 29.11.2013 (BStBl. I 2013, 1596), vom 9.12.2013 (BStBl. I 2013, 1620), vom 10.12.2013 (BStBl. I 2013, 1621 und 1623), vom 11.12.2013 (BStBl. I 2013, 1625), vom 12.12.2013 (BStBl. I 2013, 1627), vom 16.12.2013 (BStBl. I 2013, 1638), vom 2.1.2014 (BStBl. I 2014, 119), vom 6.1.2014 (BStBl. I 2014, 152), vom 20.1.2014

---

1) Auch Änderungen von Anwendungsregelungen sind in den Änderungsnachweis aufgenommen.

(BStBl. I 2014, 154), vom 31.1.2014 (BStBl. I 2014, 217), vom 4.2.2014 (BStBl. I 2014, 229), vom 5.2.2014 (BStBl. I 2014, 233), vom 6.2.2014 (BStBl. I 2014, 267 und 269), vom 7.2.2014 (BStBl. I 2014, 271), vom 28.2.2014 (BStBl. I 2014, 279), vom 20.3.2014 (BStBl. I 2014, 603), vom 4.4.2014 (BStBl. I 2014, 801), vom 10.4.2014 (BStBl. I 2014, 802), vom 29.4.2014 (BStBl. I 2014, 814), vom 30.4.2014 (BStBl. I 2014, 816), vom 5.5.2014 (BStBl. I 2014, 820), vom 8.5.2014 (BStBl. I 2014, 823), vom 5.6.2014 (BStBl. I 2014, 896), vom 12.6.2014 (BStBl. I 2014, 909), vom 1.7.2014 (BStBl. I 2014, 1111), vom 22.7.2014 (BStBl. I 2014, 1113), vom 25.7.2014 (BStBl. I 2014, 1114), vom 31.7.2014 (BStBl. I 2014, 1073), vom 26.8.2014 (BStBl. I 2014, 1216), vom 27.8.2014 (BStBl. I 2014, 1218), vom 19.9.2014 (BStBl. I 2014, 1287), vom 26.9.2014 (BStBl. I 2014, 1297), vom 1.10.2014 (BStBl. I 2014, 1322), vom 17.10.2014 (BStBl. I 2014, 1369), vom 20.10.2014 (BStBl. I 2014, 1372), vom 28.10.2014 (BStBl. I 2014, 1439), vom 4.12.2014 (BStBl. I 2014, 1617), vom 8.12.2014 (BStBl. I 2014, 1619), vom 9.12.2014 (BStBl. I 2014, 1620), vom 10.12.2014 (BStBl. I 2014, 1622), vom 11.12.2014 (BStBl. I 2014, 1631), vom 18.12.2014 (BStBl. I 2015, 44), vom 22.1.2015 (BStBl. I 2015, 123), vom 23.1.2015 (BStBl. I 2015, 144), vom 27.1.2015 (BStBl. I 2015, 164), vom 4.2.2015 (BStBl. I 2015, 166), vom 19.2.2015 (BStBl. I 2015, 217), vom 27.2.2015 (BStBl. I 2015, 232), vom 13.3.2015 (BStBl. I 2015, 234), vom 2.4.2015 (BStBl. I 2015, 272), vom 24.4.2015 (BStBl. I 2015, 456), vom 5.5.2015 (BStBl. I 2015, 458), vom 21.5.2015 (BStBl. I 2015, 491), vom 17.6.2015 (BStBl. I 2015, 513), vom 19.6.2015 (BStBl. I 2015, 559), vom 7.7.2015 (BStBl. I 2015, 562), vom 3.8.2015 (BStBl. I 2015, 624), vom 27.8.2015 (BStBl. I 2015, 656), vom 31.8.2015 (BStBl. I 2015, 737), vom 4.9.2015 (BStBl. I 2015, 738), vom 7.10.2015 (BStBl. I 2015, 782), vom 14.10.2015 (BStBl. I 2015, 832), vom 21.10.2015 (BStBl. I 2015, 835), vom 4.11.2015 (BStBl. I 2015, 886), vom 12.11.2015 (BStBl. I 2015, 887), vom 2.12.2015 (BStBl. I 2015, 1012), vom 7.12.2015 (BStBl. I 2015, 1014), vom 8.12.2015 (BStBl. I 2015, 1066), vom 15.12.2015 (BStBl. I 2015, 1067),[1] vom 21.1.2016 (BStBl. I 2016, 150), vom 16.2.2016 (BStBl. I 2016, 239), vom 23.2.2016 (BStBl. I 2016, 240), vom 2.3.2016 (BStBl. I 2016, 287), vom 25.4.2016 (BStBl. I 2016, 484), vom 18.5.2016 (BStBl. I 2016, 506), vom 2.6.2016 (BStBl. I 2016, 531), vom 10.8.2016 (BStBl. I 2016, 820), vom 28.9.2016 BStBl. I 2016, 1043), 2 Schreiben v. 4.10.2016 (BStBl. I 2016, 1059 und 1074), vom 24.11.2016 (BStBl. I 2016, 1328), vom 2.12.2016 (BStBl. I 2016, 1450), vom 16.12.2016 (BStBl. I 2016, 1451), vom 19.12.2016 (BStBl. I 2016, 1459), vom 17.1.2017 (BStBl. I 2017, 104), vom 23.1.2017 (BStBl. I 2017, 108), vom 26.1.2017 (BStBl. I 2017, 175), vom 3.2.2017 (BStBl. I 2017, 180), vom 10.2.2017 (BStBl. I 2017, 350), vom 21.3.2017 (BStBl. I 2017, 482), vom 12.4.2017 (BStBl. I 2017, 710), vom 8.5.2017 (BStBl. I 2017, 745), vom 9.5.2017 (BStBl. I 2017, 780), vom 26.5.2017 (BStBl. I 2017, 790), vom 2.6.2017 (BStBl. I 2017, 850), vom 6.6.2017 (BStBl. I 2017, 853), vom 8.6.2017 (BStBl. I 2017, 858), vom 3.7.2017 (BStBl. I 2017, 885), vom 10.7.2017 (BStBl. I 2017, 888), vom 13.7.2017 (BStBl. I 2017, 992), vom 14.7.2017 (BStBl. I 2017, 997), vom 26.7.2017 (BStBl. I 2017, 1001), vom 2.8.2017 (BStBl. I 2017, 1240), vom 22.9.2017 (BStBl. I 2017, 1299), vom 6.10.2017 (BStBl. I 2017, 1349), vom 10.10.2017 (BStBl. I 2017, 1442), vom 8.11.2017 (BStBl. I 2017, 1517), vom 15.11.2017 (BStBl. I 2017, 1518), vom 30.11.2017 (BStBl. I 2017, 1599), vom 5.12.2017 (BStBl. I 2017, 1658), vom 6.12.2017 (BStBl. I 2017, 1660), vom 7.12.2017 (BStBl. I 2017, 1662), vom 8.12.2017 (BStBl. I 2017, 1664), vom 8.12.2017 (BStBl. I 2017, 1665), vom 13.12.2017 (BStBl. I 2017, 1667), vom 13.12.2017 (BStBl. I 2018, 72), vom 14.12.2017 (BStBl. I 2017, 1673), vom 7.2.2018 (BStBl. I 2018, 302), vom 27.2.2018 (BStBl. I 2018, 316), vom 23.4.2018 (BStBl. I 2018, 638), vom 18.5.2018 (BStBl. I 2018, 695), vom 17.7.2018 (BStBl. I 2018, 820), vom 5.9.2018 (BStBl. I 2018, 1012), vom 4.10.2018 (BStBl. I 2018, 1090), vom 31.10.2018 (BStBl. I 2018, 1203), vom 27.11.2018 (BStBl. I 2018, 1363), vom 3.12.2018 (BStBl. I 2018, 1365), vom 7.12.2018 (BStBl. I 2018, 1401), 2 Schreiben vom 14.12.2018 (BStBl. I 2018, 1402 und 1429), vom 2.1.2019 (BStBl. I 2019, 17), vom 23.5.2019 (BStBl. I 2019, 510), vom 23.5.2019 (BStBl. I 2019, 511), vom 27.5.2019 (BStBl. I 2019, 512), vom 18.6.2019 (BStBl. I 2019, 591), vom 17.7.2019 (BStBl. I 2019, 835), vom 18.12.2019 (BStBl. I 2019, 1396), vom 19.12.2019 (BStBl. I 2019, 1399), vom 10.1.2020 (BStBl. I 2020, 184), vom 14.1.2020 (BStBl. I 2020, 196), vom 6.2.2020 (BStBl. I

---

[1] Die Änderungen des UStAE sind sämtlich eingearbeitet; die Ersetzung der Begriffe „Abgabe, abgeben" usw. durch „Übermittlung, übermitteln" usw. wurde durchgeführt, aber nicht einzeln durch Fußnoten nachgewiesen.

2020, 235), vom 18.3.2020 (BStBl. I 2020, 286), vom 23.3.2020 (BStBl. I 2020, 288), vom 24.3.2020 (BStBl. I 2020, 291), vom 7.5.2020 (BStBl. I 2020, 530), vom 2.6.2020 (BStBl. I 2020, 545), vom 3.6.2020 (BStBl. I 2020, 546), vom 15.6.2020 (BStBl. I 2020, 580), vom 17.6.2020 (BStBl. I 2020, 581), vom 25.6.2020 (BStBl. I 2020, 582), vom 2.7.2020 (BStBl. I 2020, 610), vom 7.7.2020 (BStBl. I 2020, 642), vom 9.7.2020 (BStBl. I 2020, 643), vom 13.7.2020 (BStBl. I 2020, 644), vom 16.7.2020 (BStBl. I 2020, 645), vom 3.8.2020 (BStBl. I 2020, 646), vom 5.8.2020 (BStBl. 2020, 669), vom 20.8.2020 (BStBl. I 2020, 671), vom 28.8.2020 (BStBl. I 2020, 928), vom 3.9.2020 (BStBl. I 2020, 940), vom 18.9.2020 (BStBl. I 2020, 976), vom 30.9.2020 (BStBl. I 2020, 982), vom 1.10.2020 (BStBl. I 2020, 983), vom 9.10.2020 (BStBl. I 2020, 1038), vom 14.10.2020 (BStBl. I 2020, 1043), vom 28.10.2020 (BStBl. I 2020, 1120), vom 2.11.2020 (BStBl. I 2020, 1121), vom 6.11.2020 (BStBl. I 2020, 1202), vom 12.11.2020 (BStBl. I 2020, 1265), vom 16.11.2020 (BStBl. I 2020, 1267), vom 23.11.2020 (BStBl. I 2020, 1335), vom 15.12.2020 (BStBl. I 2020, 1374), vom 16.12.2020 (BStBl. I 2020, 1379) vom 18.12.2020 (BStBl. I 2021, 64), vom 23.12.2020 (BStBl. I 2021, 92), vom 11.1.2021 (BStBl. I 2021, 120), vom 18.1.2021 (BStBl. I 2021, 121), vom 29.1.2021 (BStBl. I 2021, 250), vom 4.2.2021 (BStBl. I 2021, 312), vom 10.2.2021 (BStBl. I 2021, 314), vom 4.3.2021 (BStBl. I 2021, 316), vom 11.3.2021 (BStBl. I 2021, 380), vom 12.3.2021 (BStBl. I 2021, 380), vom 15.3.2021 (BStBl. I 2021, 381), vom 18.3.2021 (BStBl. I 2021, 384), vom 26.3.2021 (BStBl. I 2021, 385), vom 29.3.2021 (BStBl. I 2021, 386), vom 1.4.2021 (BStBl. I 2021, 629), vom 20.4.2021 (BStBl. I 2021, 705), vom 22.4.2021 (BStBl. I 2021, 712), vom 3.5.2021 (BStBl. I 2021, 713), vom 11.5.2021 (BStBl. I 2021, 781), vom 3.6.2021 (BStBl. I 2021, 777), vom 9.6.2021 (BStBl. I 2021, 778 und 780), vom 18.6.2021 (BStBl. I 2021, 871), vom 22.6.2021 (BStBl. I 2021, 856), vom 24.6.2021 (BStBl. 2021, 857), vom 28.6.2021 (BStBl. I 2021, 868), vom 2.7.2021 (BStBl. I 2021, 918), vom 8.7.2021 (BStBl. I 2021, 919), vom 22.7.2021 (BStBl. I 2021, 1023), vom 19.8.2021 (BStBl. I 2021, 1088), vom 7.9.2021 (BStBl. I 2021, 1591), vom 9.9.2021 (BStBl. I 2021, 1593), vom 27.9.2021 (BStBl. I 2021, 1810, 1812 und 1856), vom 28.9.2021 (BStBl. I 2021, 1858), vom 1.10.2021 (BStBl. I 2021, 1859), vom 4.10.2021 (BStBl. I 2021, 1861), vom 18.10.2021 (BStBl. I 2021, 2142), vom 27.10.2021 (BStBl. I 2021, 2137 und 2139), vom 16.11.2021 (BStBl. I 2021, 2329), vom 1.12.2021 (BStBl. I 2021, 2486 und 2488), vom 10.12.2021 (BStBl. I 2021, 2492), vom 17.12.2021 (BStBl. I 2021, 2502 und 2504), vom 17.1.2022 (BStBl. I 2022, 161), vom 7.2.2022 (BStBl. I 2022, 197), vom 15.3.2022 (BStBl. I 2022, 351), vom 29.3.2022 (BStBl. I 2022, 567), vom 30.3.3022 (BStBl. I 2022, 568)

Inhaltsübersicht

Zu § 13 UStG Seite

Zu § 13b UStG
(§ 30a UStDV)

Zu § 13c UStG

Zu § 14 UStG
(§§ 31 bis 34 UStDV)

Zu § 14a UStG

Zu § 14b UStG

Zu § 14c UStG

Zu § 15 UStG
(§§ 35 bis 43 UStDV)

Zu § 15a UStG
(§§ 44 und 45 UStDV)

BStBl. II S. 730). [6] Auch ein Mitglied eines Vereinsvorstands kann im Rahmen seiner Geschäftsführungstätigkeit gegenüber dem Verein selbständig tätig werden (vgl. BFH-Urteil vom 14.5.2008, XI R 70/07, BStBl. II S. 912).

Beispiel 1:

[1] Der Aktionär einer AG erhält von dieser eine Tätigkeitsvergütung für seine Geschäftsführungsleistung gegenüber der AG. [2] Zwischen den Parteien ist ein Arbeitsvertrag geschlossen, der u. a. Urlaubsanspruch, feste Arbeitszeiten, Lohnfortzahlung im Krankheitsfall und Weisungsgebundenheit regelt und bei Anwendung der für das Ertrag- und Umsatzsteuerrecht einheitlichen Abgrenzungskriterien zu Einkünften aus nichtselbständiger Arbeit führt.
[3] Der Aktionär ist auch umsatzsteuerrechtlich nicht selbständig tätig.

Beispiel 2:

[1] Der Kommanditist einer KG erhält von dieser eine Tätigkeitsvergütung für seine Geschäftsführungsleistung gegenüber der KG. [2] Zwischen den Parteien ist ein Arbeitsvertrag geschlossen, der u. a. Urlaubsanspruch, feste Arbeitszeiten, Lohnfortzahlung im Krankheitsfall und Weisungsgebundenheit regelt und bei Anwendung der für das Ertrag- und Umsatzsteuerrecht einheitlichen Abgrenzungskriterien zu Einkünften aus nichtselbständiger Arbeit führen würde.
[3] Einkommensteuerrechtlich erzielt der Kommanditist aus der Tätigkeit Einkünfte aus Gewerbebetrieb nach § 15 Abs. 1 Satz 1 Nr. 2 EStG; umsatzsteuerrechtlich ist er dagegen nicht selbständig tätig.

Beispiel 3:

[1] Ein bei einer Komplementär-GmbH angestellter Geschäftsführer, der gleichzeitig Kommanditist der GmbH & Co. KG ist, erbringt Geschäftsführungs- und Vertretungsleistungen gegenüber der GmbH.
[2] Aus ertragsteuerrechtlicher Sicht wird unterstellt, dass die Tätigkeit selbständig ausgeübt wird; die Vergütung für die Geschäftsführungs- und Vertretungsleistung gegenüber der Komplementär-GmbH gehört zu den Einkünften als (selbständiger) Mitunternehmer der KG und wird zu gewerblichen Einkünften im Sinne des § 15 Abs. 1 Satz 1 Nr. 2 EStG umqualifiziert.
[3] In umsatzsteuerrechtlicher Hinsicht ist die Frage der Selbständigkeit jedoch weiterhin unter Anwendung der allgemeinen Grundsätze zu klären.

(3)[1)] [1] Fahrlehrer, denen keine Fahrschulerlaubnis erteilt ist, können im Verhältnis zu dem Inhaber der Fahrschule selbständig sein (vgl. BFH-Urteil vom 17.10.1996, V R 63/94, BStBl. 1997 II S. 188). [2] Ein Rundfunksprecher, der einer Rundfunkanstalt auf Dauer zur Verfügung steht, kann auch dann nicht als Unternehmer beurteilt werden, wenn er von der Rundfunkanstalt für jeden Einzelfall seiner Mitwirkung durch besonderen Vertrag verpflichtet wird (BFH-Urteil vom 14.10.1976, V R 137/73, BStBl. 1977 II S. 50). [3] Wegen der Behandlung der Versicherungsvertreter, Hausgewerbetreibenden und Heimarbeiter vgl. R 15.1 Abs. 1 und 2 EStR.[2)] [4] Eine natürliche Person ist mit ihrer Tätigkeit im Rahmen eines Arbeitnehmer-Überlassungsvertrages Arbeitnehmer und nicht Unternehmer im Rahmen eines Werk- oder Dienstvertrages (vgl. BFH-Urteil vom 20.4.1988, X R 40/81, BStBl. II S. 804). [5] Ein Rechtsanwalt, der für eine Rechtsanwaltskanzlei als Insolvenzverwalter tätig wird, ist insoweit nicht als Unternehmer zu beurteilen. [6] Dies gilt sowohl für einen angestellten als auch für einen an der Kanzlei als Gesellschafter beteiligten Rechtsanwalt, selbst wenn dieser ausschließlich als Insolvenzverwalter tätig ist und im eigenen Namen handelt.

---

1) A 2.2 UStAE Abs. 3 Satz 1 aufgeh., bish. Sätze 2 bis 7 werden Sätze 1 bis 6 durch BMF v. 8.7.2021, BStBl. I 2021, 919, anzuwenden in allen offenen Fällen.
2) Nr. **1**.

(3a)[1] [1]Trägt das Mitglied eines Aufsichtsrats aufgrund einer nicht variablen Festvergütung kein Vergütungsrisiko, ist es nicht selbständig tätig. [2]Die Vergütung kann sowohl in Geldzahlungen als auch in Sachzuwendungen bestehen. [3]Eine Festvergütung im Sinne des Satzes 1 liegt insbesondere im Fall einer pauschalen Aufwandsentschädigung vor, die für die Dauer der Mitgliedschaft im Aufsichtsrat gezahlt wird. [4]Sitzungsgelder, die das Mitglied des Aufsichtsrats nur erhält, wenn es tatsächlich an der Sitzung teilnimmt, sowie nach dem tatsächlichen Aufwand bemessene Aufwandsentschädigungen sind keine Festvergütung im Sinne des Satzes 1. [5]Besteht die Vergütung des Aufsichtsratsmitglieds sowohl aus festen als auch variablen Bestandteilen, ist es grundsätzlich selbständig tätig, wenn die variablen Bestandteile im Geschäftsjahr der Gesellschaft mindestens 10% der gesamten Vergütung, einschließlich erhaltener Aufwandsentschädigungen, betragen. [6]Reisekostenerstattungen sind keine Vergütungsbestandteile und demzufolge bei der Ermittlung der 10%-Grenze nicht zu berücksichtigen. [7]Bei der Prüfung, ob die variablen Bestandteile im Geschäftsjahr der Gesellschaft mindestens 10% der gesamten Vergütung, einschließlich erhaltener Aufwandsentschädigungen betragen, sind nur die Vergütungsbestandteile zu berücksichtigen, die für Leistungen gezahlt werden, die in dem betreffenden Geschäftsjahr der Gesellschaft ausgeführt werden. [8]Maßgeblicher Leistungszeitpunkt für die allgemeine Tätigkeit des Aufsichtsratsmitglieds ist der Ablauf des Geschäftsjahrs der Gesellschaft. [9]Erhält ein Aufsichtsratsmitglied für die tatsächliche Teilnahme an einer Aufsichtsratssitzung Auslagenersatz und Sitzungsgeld, ist der maßgebliche Leistungszeitpunkt der Tag der Aufsichtsratssitzung. [10]In die Prüfung der 10 %-Grenze sind als variable Vergütungsbestandteile die Sitzungsgelder im Sinne des Satzes 4 aller geplanten Sitzungen eines Geschäftsjahrs der Gesellschaft, unabhängig von der tatsächlichen Teilnahme des Aufsichtsratsmitglieds, mit einzubeziehen. [11]Maßgeblicher Zeitpunkt für die Prüfung der 10 %-Grenze ist der Beginn des Geschäftsjahrs der Gesellschaft; nachträgliche Änderungen bleiben unberücksichtigt. [12]Die Sätze 1 bis 11 sind für jedes Mandat eines Aufsichtsrates separat zu prüfen. [13]Ausnahmen von der Festlegung in Satz 5 sind in begründeten Fällen möglich. [14]Das Mitglied eines Aufsichtsrats trägt nicht schon deshalb ein Vergütungsrisiko, weil seine Vergütung nachträglich für mehrere Jahre ausgezahlt wird. [15]Trägt das Mitglied des Aufsichtsrats kein Vergütungsrisiko, ist es nicht deshalb selbständig tätig, weil es unter den Voraussetzungen des § 116 AktG für pflichtwidriges Verhalten haftet. [16]Bei Beamten und anderen Bediensteten einer Gebietskörperschaft, die die Tätigkeit als Aufsichtsratsmitglied auf Verlangen, Vorschlag oder Veranlassung ihres Arbeitgebers oder Dienstherren übernommen haben und nach beamten- oder dienstrechtlichen Vorschriften verpflichtet sind, die Vergütung bis auf einen festgelegten Betrag an den Arbeitgeber bzw. Dienstherren abzuführen, ist es bei einem bestehenden Vergütungsrisiko nicht zu beanstanden, wenn diese allein auf Grund dieser Tätigkeit ebenfalls als nicht selbständig tätig behandelt werden. [17]Für Mitglieder der Bundes- oder einer

---

[1] A 2.2 UStAE Abs. 3a eingef. durch BMF v. 8.7.2021, BStBl. I 2021, 919; Abs. 3a Satz 5 geänd., Sätze 7 bis 11 eingef., bish. Sätze 7 bis 13 werden Sätze 12 bis 18, Sätze 12, 17 und 18 geänd. *durch BMF v. 29.3.2022, BStBl. I 2022, 567*, anzuwenden in allen offenen Fällen, zur **Übergangsregelung** siehe Anlage 8.

Landesregierung gilt Satz 16 entsprechend, soweit sie im Zusammenhang mit ihrer Zugehörigkeit zur Regierung einem Aufsichtsrat angehören und einer zumindest teilweisen öffentlich-rechtlichen Abführungspflicht unterliegen. [18]Die Sätze 1 bis 17 gelten auch für Mitglieder von Ausschüssen, die der Aufsichtsrat nach § 107 Abs. 3 AktG bestellt hat und für Mitglieder von anderen Gremien, die nicht der Ausübung, sondern der Kontrolle der Geschäftsführung einer juristischen Person oder Personenvereinigung dienen.

(4) [1]Natürliche Personen können zum Teil selbständig, zum Teil unselbständig sein. [2]In Krankenhäusern angestellte Ärzte sind nur insoweit selbständig tätig, als ihnen für die Behandlung von Patienten ein von dem Krankenhaus unabhängiges Liquidationsrecht zusteht (vgl. BFH-Urteil vom 5.10.2005, VI R 152/01, BStBl. 2006 II S. 94). [3]Auch die Tätigkeit der Honorarprofessoren ohne Lehrauftrag wird selbständig ausgeübt. [4]Ein Arbeitnehmer kann mit der Vermietung seines Pkw an den Arbeitgeber selbständig tätig werden (vgl. BFH-Urteil vom 11.10.2007, V R 77/05, BStBl. 2008 II S. 443). [5]Zur

(Fortsetzung S. 73)

ferung oder sonstige Leistung danach, welche Leistungselemente aus der Sicht des Durchschnittsverbrauchers und unter Berücksichtigung des Willens der Vertragsparteien den wirtschaftlichen Gehalt der Leistungen bestimmen (vgl. BFH-Urteil vom 19.12.1991, V R 107/86, BStBl. 1992 II S. 449, und BFH-Urteil vom 21.6.2001, V R 80/99, BStBl. 2003 II S. 810).

(2)[1] Lieferungen sind z. B.:

1. der Verkauf von Standard-Software und sog. Updates auf Datenträgern;
2. die Anfertigung von Kopien, wenn sich die Tätigkeit auf die bloße Vervielfältigung von Dokumenten beschränkt (vgl. EuGH-Urteil vom 11.2.2010, C-88/09, Graphic Procédé)[2] oder wenn hieraus zugleich neue Gegenstände (Bücher, Broschüren) hergestellt und den Abnehmern an diesen Gegenständen Verfügungsmacht verschafft wird (vgl. BFH-Urteil vom 19.12.1991, V R 107/86, BStBl. 1992 II S. 449);
3. die Überlassung von Offsetfilmen, die unmittelbar zum Druck von Reklamematerial im Offsetverfahren verwendet werden können (vgl. BFH-Urteil vom 25.11.1976, V R 71/72, BStBl. 1977 II S. 270);
4. [1]die Abgabe von Basissaatgut an Züchter im Rahmen sog. Vermehrerverträge sowie die Abgabe des daraus gewonnenen sog. zertifizierten Saatguts an Landwirte zur Produktion von Konsumgetreide oder an Handelsunternehmen. [2]Zur Anwendung der Durchschnittssatzbesteuerung nach § 24 UStG vgl. Abschnitte 24.1 und 24.2;
5. [1]die Entwicklung eines vom Kunden belichteten Films sowie die Bearbeitung von auf physischen Datenträgern oder auf elektronischem Weg übersandten Bilddateien, wenn gleichzeitig Abzüge angefertigt werden oder dem Kunden die bearbeiteten Bilder auf einem anderen Datenträger übergeben werden. [2]In diesen Fällen stellt das Entwickeln des Films und das Bearbeiten der Bilder eine unselbständige Nebenleistung zu einer einheitlichen Werklieferung dar;
6. [1]die Übertragung von Miteigentumsanteilen (Bruchteilseigentum) an einem Gegenstand im Sinne des § 3 UStG (vgl. BFH-Urteil vom 18.2.2016, V R 53/14, BStBl. 2019 II S. 333) – siehe auch für Anlagegold Abschnitt 25c.1. [2]Zur Übertragung eines Miteigentumsanteils zur Sicherheit vgl. Abschnitt 3.1 Abs. 3 Satz 1 und Abschnitt 1.2 Abs. 1. [3]Die Gemeinschafter einer nicht selbst unternehmerisch tätigen Bruchteilsgemeinschaft (vgl. Abschnitt 15.2b Abs. 1) können über ihren Anteil an dem Gegenstand ohne Zwischenerwerb durch die Gemeinschaft verfügen und ihn veräußern (BFH-Urteil vom 28.8.2014, V R 49/13, BStBl. 2021 II S. 825);
7. [1]Transaktionen auf Gewichtskonten, wenn eine Konkretisierung von Übergabeort, Form, Stückelung und Reinheit des Metalls vorgenommen wurde bzw. schon bei Abschluss des Grundgeschäfts beabsichtigt ist, eine solche Konkretisierung noch vor der Übertragung vorzunehmen. [2]Indizien hierfür sind, wenn der Belegenheitsort des gelagerten/physischen Metalls dem

---

[1] A 3.5 UStAE Abs. 2 Nr. 6 Satz 3 angef. durch BMF v. 27.10.2021, BStBl. I 2021, 2137, anzuwenden in allen offenen Fällen; Abs. 2 Nr. 7 angef. durch BMF v. 17.1.2022, BStBl. I 2022, 161, anzuwenden in allen offenen Fällen.

[2] DStRE 2010, 623.

Gewichtskonteninhaber im Zeitpunkt des Erwerbs bekannt ist, zwischen den Beteiligten weitgehend feststeht, in welcher Form, Stückelung und Reinheit die Metalle abgerufen werden, ausreichende physische Vorräte am Erfüllungsort, um diese Gewichtskontenansprüche erfüllen zu können, gegeben sind und ein Herausgabeanspruch unter Berücksichtigung gegebener logistischer Anforderungen vereinbart wurde.

(3)[1] Sonstige Leistungen sind z. B.:

1. die Übermittlung von Nachrichten zur Veröffentlichung;
2. *(aufgehoben)*
3. die Überlassung von Lichtbildern zu Werbezwecken (vgl. BFH-Urteil vom 12.1.1956, V 272/55 S, BStBl. III S. 62);
4. die Überlassung von Konstruktionszeichnungen und Plänen für technische Bauvorhaben sowie die Überlassung nicht geschützter Erfahrungen und technischer Kenntnisse (vgl. BFH-Urteil vom 18.5.1956, V 276/55 U, BStBl. III S. 198);
5. die Veräußerung von Modellskizzen (vgl. BFH-Urteil vom 26.10.1961, V 307/59);
6. die Übertragung eines Verlagsrechts (vgl. BFH-Urteil vom 16.7.1970, V R 95/66, BStBl. II S. 706);
7. die Überlassung von Know-how und von Ergebnissen einer Meinungsumfrage auf dem Gebiet der Marktforschung (vgl. BFH-Urteil vom 22.11.1973, V R 164/72, BStBl. 1974 II S. 259);
8. [1] die Überlassung von nicht standardisierter Software, die speziell nach den Anforderungen des Anwenders erstellt wird oder die eine vorhandene Software den Bedürfnissen des Anwenders individuell anpasst. [2] Gleiches gilt für die Übertragung von Standard-Software oder Individual-Software auf elektronischem Weg (z. B. über Internet);
9. die Überlassung sendefertiger Filme durch einen Filmhersteller im Sinne von § 94 UrhG[2] – sog. Auftragsproduktion – (vgl. BFH-Urteil vom 19.2.1976, V R 92/74, BStBl. II S. 515);
10. die Überlassung von Fotografien zur Veröffentlichung durch Zeitungs- oder Zeitschriftenverlage (vgl. BFH-Urteil vom 12.5.1977, V R 111/73, BStBl. II S. 808);
11. die Entwicklung eines vom Kunden belichteten Films sowie die Bearbeitung von auf physischen Datenträgern oder auf elektronischem Weg übersandten Bilddateien;
12. die Herstellung von Fotokopien, wenn über das bloße Vervielfältigen hinaus weitere Dienstleistungen erbracht werden, insbesondere Beratung des Kunden oder Anpassung, Umgestaltung oder Verfremdung des Originals (vgl. EuGH-Urteil vom 11.2.2010, C-88/09, Graphic Procédé);[3]

---

[1] A 3.5 UStAE Abs. 3 Nr. 19 angef. durch BMF v. 17.1.2022, BStBl. I 2022, 161, anzuwenden in allen offenen Fällen.

[2] ***Habersack* Nr. 65.**

[3] DStRE 2010, 623.

13. [1] Nachbaugebühren im Sinne des § 10a Abs. 2 ff. SortSchG, die ein Landwirt dem Inhaber des Sortenschutzes zu erstatten hat, werden als Entgelt für eine sonstige Leistung des Sortenschutzinhabers gezahlt, welche in der Duldung des Nachbaus durch den Landwirt besteht. [2] Bei der Überlassung von Vorstufen- oder Basissaatgut im Rahmen von sog. Vertriebsorganisationsverträgen handelt es sich ebenfalls um eine sonstige Leistung des Sortenschutzinhabers, welche in der Überlassung des Rechts, eine Saatgutsorte zu produzieren und zu vermarkten, und der Überlassung des hierzu erforderlichen Saatguts besteht. [3] Zur Anwendung der Durchschnittssatzbesteuerung nach § 24 UStG vgl. Abschnitte 24.1 und 24.3;
14. die entgeltliche Überlassung von Eintrittskarten (vgl. BFH-Urteil vom 3.6.2009, XI R 34/08, BStBl. 2010 II S. 857);
15. [1] die Abgabe eines sog. Mobilfunk-Startpakets ohne Mobilfunkgerät. [2] Leistungsinhalt ist hierbei die Gewährung eines Anspruchs auf Abschluss eines Mobilfunkvertrags einschließlich Zugang zu einem Mobilfunknetz. [3] Zur Abgabe von Startpaketen mit Mobilfunkgerät vgl. BMF-Schreiben vom 3.12.2001, BStBl. I S. 1010. [4] Zur Behandlung von Einzweckguthabenkarten in der Telekommunikation vgl. BMF-Schreiben vom 24.9.2012, BStBl. I S. 947;
16. der Verkauf einer Option und der Zusammenbau einer Maschine (vgl. Artikel 8 und 9 der MwStVO);[1)]
17. der An- und Verkauf in- und ausländischer Banknoten und Münzen im Rahmen von Sortengeschäften (Geldwechselgeschäft) (vgl. BFH-Urteil vom 19.5.2010, XI R 6/09, BStBl. 2011 II S. 831);
18. die entgeltliche Überlassung von Transporthilfsmitteln im Rahmen reiner Tauschsysteme (z.B. Euro-Flachpaletten und Euro-Gitterboxpaletten; vgl. BMF-Schreiben vom 5.11.2013, BStBl. I S. 1386);
19. Transaktionen auf Gewichtskonten, wenn zwischen den Beteiligten nicht feststeht, wann und ob überhaupt das Metall physisch zur Verfügung gestellt wird oder der Belegenheitsort des gelagerten/physischen Metalls dem Gewichtskonteninhaber im Zeitpunkt des Erwerbs des Anspruchs nicht bekannt ist oder zwischen den Beteiligten nicht feststeht, in welcher Form, Stückelung oder Reinheit die Metalle abgerufen werden.

(4) [1] Die Überlassung von Matern, Klischees und Abzügen kann sowohl eine Lieferung als auch eine sonstige Leistung sein (vgl. BFH-Urteile vom 13.10.1960, V 299/58 U, BStBl. 1961 III S. 26, und vom 14.2.1974, V R 129/70, BStBl. II S. 261). [2] Kauft ein Unternehmer von einem Waldbesitzer Holz und beauftragt dieser den Holzkäufer mit der Fällung, Aufarbeitung und Rückung des Holzes (sog. Selbstwerbung), kann sowohl ein tauschähnlicher Umsatz (Waldarbeiten gegen Lieferung des Holzes mit Baraufgabe) als auch eine bloße Holzlieferung in Betracht kommen (vgl. BFH-Urteil vom 19.2.2004, V R 10/03, BStBl. II S. 675).

[1)] **Steuergesetze** Nr. **550a.**

Lieferungen und sonstige Leistungen bei Miet- und Leasingverträgen

(5) [1] Werden Gegenstände im Leasingverfahren überlassen, ist die Übergabe des Gegenstands durch den Leasinggeber an den Leasingnehmer nur dann eine Lieferung, wenn:

1. der Vertrag ausdrücklich eine Klausel zum Übergang des Eigentums an diesem Gegenstand vom Leasinggeber auf den Leasingnehmer enthält und
2. aus den – zum Zeitpunkt der Vertragsunterzeichnung und objektiv zu beurteilenden – Vertragsbedingungen deutlich hervorgeht, dass das Eigentum am Gegenstand automatisch auf den Leasingnehmer übergehen soll, wenn der Vertrag bis zum Vertragsablauf planmäßig ausgeführt wird.

[2] Eine ausdrückliche Klausel zum Eigentumsübergang liegt auch vor, wenn der Vertrag eine Kaufoption für den Gegenstand enthält. [3] Bei einer im Vertrag enthaltenen – formal zwar völlig unverbindlichen – Kaufoption ist die zweite Voraussetzung erfüllt, wenn angesichts der finanziellen Vertragsbedingungen die Optionsausübung zum gegebenen Zeitpunkt in Wirklichkeit als einzig wirtschaftlich rationale Möglichkeit für den Leasingnehmer erscheint. [4] Der Vertrag darf dem Leasingnehmer keine echte wirtschaftliche Alternative in dem Sinne bieten, dass er zu dem Zeitpunkt, an dem er eine Wahl zu treffen hat, je nach Interessenlage den Gegenstand erwerben, zurückgeben oder weiter mieten kann. [5] Dies kann z.B. dann der Fall sein, wenn nach dem Vertrag zu dem Zeitpunkt, zu dem die Option ausgeübt werden darf, die Summe der vertraglichen Raten dem Verkehrswert des Gegenstands einschließlich der Finanzierungskosten entspricht und der Leasingnehmer wegen der Ausübung der Option nicht zusätzlich eine erhebliche Summe entrichten muss (vgl. EuGH-Urteil vom 4.10.2017, C-164/16, Mercedes-Benz Financial Services UK Ltd., BStBl. 2020 II S. 179).[1)] [6] Eine erhebliche Summe ist im Sinne des Satzes 5 zu entrichten, wenn der zusätzlich zu entrichtende Betrag 1 Prozent des Verkehrswertes des Gegenstandes im Zeitpunkt der Ausübung der Option übersteigt. [7] Für die Überlassung eines Gegenstands außerhalb des Leasingverfahrens (z.B. Mietverträge im Sinne des § 535 BGB mit Recht zum Kauf) gelten die Sätze 1 bis 5 sinngemäß.

(6) Erfolgt bei einer grenzüberschreitenden Überlassung eines Leasing-Gegenstands (sog. Cross-Border-Leasing) die Zuordnung dieses Gegenstands auf Grund eines Rechts eines anderen Mitgliedstaates ausnahmsweise abweichend von Absatz 5 bei dem im Inland ansässigen Vertragspartner, ist dieser Zuordnung zur Vermeidung von endgültigen Steuerausfällen zu folgen; ist die Zuordnung abweichend von Absatz 5 bei dem im anderen Mitgliedstaat ansässigen Vertragspartner erfolgt, kann dieser gefolgt werden, wenn der Nachweis erbracht wird, dass die Überlassung in dem anderen Mitgliedstaat der Besteuerung unterlegen hat.

(7) [1] Die Annahme einer Lieferung nach den Grundsätzen der Absätze 5 und 6 setzt voraus, dass die Verfügungsmacht an dem Gegenstand bei dem Unternehmer liegt, der den Gegenstand überlässt. [2] In den Fällen, in denen der Überlassung des Gegenstands eine zivilrechtliche Eigentumsübertragung

---

1) DStR 2017, 2215.

vom späteren Nutzenden des Gegenstands an den überlassenden Unternehmer vorausgeht (z.B. beim sog. sale-and-lease-back), ist daher zu prüfen, ob die Verfügungsmacht an dem Gegenstand sowohl im Rahmen dieser Eigentumsübertragung, als auch im Rahmen der nachfolgenden Nutzungsüberlassung jeweils tatsächlich übertragen wird und damit eine Hin- und Rücklieferung stattfindet oder ob dem der Nutzung vorangehenden Übergang des zivilrechtlichen Eigentums an dem Gegenstand vielmehr eine bloße Sicherungs- und Finanzierungsfunktion zukommt, so dass insgesamt eine Kreditgewährung vorliegt (vgl. BFH-Urteil vom 9.2.2006, V R 22/03, BStBl. II S. 727). [3]Diese Prüfung richtet sich nach dem Gesamtbild der Verhältnisse des Einzelfalls, d.h. den konkreten vertraglichen Vereinbarungen und deren jeweiliger tatsächlicher Durchführung unter Berücksichtigung der Interessenlage der Beteiligten. [4]Von einem Finanzierungsgeschäft ist insbesondere auszugehen, wenn die Vereinbarungen über die Eigentumsübertragung und über das Leasingverhältnis bzw. über die Rückvermietung in einem unmittelbaren sachlichen Zusammenhang stehen und eine Ratenkauf- oder Mietkaufvereinbarung geschlossen wird, auf Grund derer das zivilrechtliche Eigentum mit Ablauf der Vertragslaufzeit wieder auf den Nutzenden zurückfällt oder den Überlassenden zur Rückübertragung des Eigentums verpflichtet. [5]Daher ist z. B. bei einer nach Absatz 5 als Lieferung zu qualifizierenden Nutzungsüberlassung mit

(Fortsetzung S. 135)

Minderjährige gerichtet sind und somit bei ihnen der spezifisch soziale Charakter nicht gegeben ist. [2]Für die Leistungen im Rahmen der sonstigen Pflegschaften des BGB wird deshalb keine Umsatzsteuerbefreiung gewährt. [3]Unter die sonstigen Pflegschaften fallen die Abwesenheitspflegschaft für abwesende Volljährige (§ 1911 BGB) und die Nachlasspflegschaft (§§ 1960 ff. BGB) sowie die Sammlungspflegschaft (§ 1914 BGB). [4]Sie betreffen nur die Verwaltung von Vermögen und haben keinen spezifischen Bezug auf Minderjährige, für die die elterlichen Sorgeberechtigten ersetzt werden müssen. [5]Des Weiteren zählen hierzu die Pflegschaft für einen unbekannten Beteiligten nach § 1913 BGB und die Pflegschaft für eine Leibesfrucht nach § 1912 BGB, die ebenfalls in der Regel nur die Verwaltung von Vermögen betreffen.

(9)[1)] [1]Auch Verfahrenspfleger oder -beistände üben keine den rechtlichen Betreuern (vgl. Abschnitt 4.16.5 Abs. 20) oder Vormündern vergleichbare Tätigkeit aus, da sie lediglich in Gerichtsverfahren auftreten und dort die Interessen der betroffenen Person vertreten. [2]Deshalb wird auch für diese Tätigkeiten keine Umsatzsteuerbefreiung gewährt. [3]Bei den Verfahrenspflegern oder -beiständen ist der Gegenstand der Leistung begrenzt, z.B. nur auf die Stellungnahme zu der Frage, wer das Sorgerecht erhalten soll. [4]Eine umfassende Personen- oder Vermögenssorge wird hingegen nicht wahrgenommen.

Reiseleistungen im Drittland

(10) Liegen für Leistungen nach § 4 Nr. 25 UStG auch die Voraussetzungen der Steuerbefreiung für Reiseleistungen im Drittland (§ 25 Abs. 2 UStG) vor, geht die Steuerbefreiung des § 4 Nr. 25 UStG der Steuerbefreiung nach § 25 Abs. 2 UStG vor.

Zu § 4 Nr. 26 UStG

4.26.1 Ehrenamtliche Tätigkeit

(1) [1]Für die Steuerbefreiung nach § 4 Nr. 26 Buchstabe a und Buchstabe b UStG ist das Vorliegen einer ehrenamtlichen Tätigkeit erforderlich (vgl. BFH-Urteil vom 17.12.2015, V R 45/14, BStBl. 2017 II S. 658). [2]Hierzu rechnen neben den in einem Gesetz ausdrücklich als solche genannten Tätigkeiten auch die, die man im allgemeinen Sprachgebrauch herkömmlicherweise als ehrenamtlich bezeichnet (vgl. BFH-Urteil vom 27.7.1972, V R 33/72, BStBl. II S. 844) oder die dem materiellen Begriffsinhalt der Ehrenamtlichkeit entsprechen (vgl. BFH-Urteil vom 14.5.2008, XI R 70/07, BStBl. II S. 912, und vom 20.8.2009, V R 32/08, BStBl. 2010 II S. 88). [3]Die Annahme der Ehrenamtlichkeit kraft gesetzlicher Regelung erfordert die Benennung in einem materiellen oder formellen Gesetz. [4]Eine Ehrenamtlichkeit kraft gesetzlicher Regelung ist allerdings nicht anzunehmen, wenn es sich um eine Bestimmung in einer im Bereich der Selbstverwaltung erlassenen Satzung handelt (vgl. BFH-Urteil vom 17.12.2015, V R 45/14, a.a.O.). [5]Die Tätigkeit im Aufsichtsrat einer Volksbank wird im allgemeinen Sprachgebrauch herkömmlicherweise nicht als ehrenamtlich bezeichnet (vgl. BFH-Urteil vom

---

[1)] Die nach §§ 276, 317 FamFG gerichtlich bestellten Verfahrenspfleger für Betreuungs- und Unterbringungssachen können sich auf die unionsrechtliche Steuerbefreiung nach Art. 132 Abs. 1 Buchst. g MwStRL berufen, siehe BFH v. 25.11.2021 V R 34/19, DStR 2022, 653.

20.8.2009, V R 32/08, a. a. O.). [6]Ergibt sich die Bezeichnung „ehrenamtlich" weder aus einem Gesetz noch lässt sich ein diesbezüglicher Sprachgebrauch ermitteln, bedarf es einer Bestimmung des materiellen Begriffsinhalts. [7]Im öffentlich-rechtlichen Bereich ist darunter die unentgeltliche Mitwirkung natürlicher Personen bei der Erfüllung öffentlicher Aufgaben zu verstehen, die auf Grund behördlicher Bestellung außerhalb eines haupt- oder nebenamtlichen Dienstverhältnisses stattfindet und für die lediglich eine Entschädigung besonderer Art gezahlt wird (vgl. BFH-Urteil vom 16.12.1987, X R 7/82, BStBl. 1988 II S. 384). [8]Wenn eine Tätigkeit für den hoheitlichen Bereich einer juristischen Person des öffentlichen Rechts (vgl. Abschnitt 4.26.1 Abs. 2 Satz 1) in einem anderen Gesetz oder im allgemeinen Sprachgebrauch als ehrenamtlich bezeichnet wird, kann grundsätzlich vom Vorliegen der Befreiungsvoraussetzungen ausgegangen werden, es sei denn, die Anwendung des Begriffs der Ehrenamtlichkeit auf die Tätigkeit ist mit der gebotenen engen Auslegung des Begriffs der Ehrenamtlichkeit ausnahmsweise nicht mehr vereinbar, insbesondere wenn sie in einem Umfang ausgeführt wird, bei dem die Annahme einer beruflichen Ausübung nicht mehr ausgeschlossen werden kann. [9]Für den nicht-öffentlichen Bereich kommt es nach dem materiellen Begriffsinhalt hingegen auf das Fehlen eines eigennützigen Erwerbsstrebens, die fehlende Hauptberuflichkeit und den Einsatz für eine fremdnützig bestimmte Einrichtung an. [10]Danach kann sowohl die Tätigkeit eines Ratsmitgliedes im Aufsichtsrat einer kommunalen Eigengesellschaft (BFH-Urteil vom 4.5.1994, XI R 86/92, BStBl. II S. 773) als auch die Tätigkeit in Gremien der berufsständischen Kammern und Verbände eine ehrenamtliche Tätigkeit im Sinne der Befreiungsvorschrift sein. [11]Liegt ein eigennütziges Erwerbsstreben oder eine Hauptberuflichkeit vor bzw. wird der Einsatz nicht für eine fremdnützig bestimmte Einrichtung erbracht, kann unabhängig von der Höhe der Entschädigung nicht von einer ehrenamtlichen Tätigkeit ausgegangen werden. [12]Das ist insbesondere dann der Fall, wenn der Zeitaufwand der Tätigkeit auf eine hauptberufliche Teilzeit- oder sogar Vollzeitbeschäftigung hindeutet. [13]Ein Entgelt, das nicht lediglich im Sinne einer Entschädigung für Zeitversäumnis oder eines Verdienstausfalls gezahlt wird, sondern sich an der Qualifikation des Tätigen und seiner Leistung orientiert, steht dem Begriff der ehrenamtlichen Tätigkeit entgegen.

(2) [1]Die ehrenamtlichen Tätigkeiten für juristische Personen des öffentlichen Rechts fallen nur dann unter § 4 Nr. 26 Buchstabe a UStG, wenn sie für deren nichtunternehmerischen Bereich ausgeführt werden. [2]Es muss sich also um die Ausübung einer ehrenamtlichen Tätigkeit für den öffentlich-rechtlichen Bereich handeln. [3]Wird die ehrenamtliche Tätigkeit für den Betrieb gewerblicher Art einer Körperschaft des öffentlichen Rechts ausgeübt, kann sie deshalb nur unter den Voraussetzungen des § 4 Nr. 26 Buchstabe b UStG steuerfrei belassen werden (BFH-Urteil vom 4.4.1974, V R 70/73, BStBl. II S. 528).

(3) Die Mitwirkung von Rechtsanwälten in Rechtsberatungsdiensten ist keine ehrenamtliche Tätigkeit, weil die Rechtsanwälte in diesen Fällen nicht außerhalb ihres Hauptberufs tätig werden.

(4) [1]Geht in Fällen des § 4 Nr. 26 Buchstabe b UStG das Entgelt über einen Auslagenersatz und eine angemessene Entschädigung für Zeitversäumnis hinaus, besteht in vollem Umfang Steuerpflicht. [2]Was als angemessene Ent-

nur dann zugrunde gelegt werden, wenn alle diese Gegenstände auf einer gemeinsamen Rechnung aufgeführt sind (vgl. Artikel 48 Satz 2 MwStVO).[1)] [2]Eine Zusammenfassung mehrerer einzelner Rechnungen, um dadurch die Wertgrenze von 50 € zu überschreiten, ist nicht zulässig.

(5) [1]Bei nachträglichen Entgeltminderungen ist für die Beurteilung der Wertgrenze zu unterscheiden: Pfandrückgaben bleiben aus Vereinfachungsgründen unberücksichtigt. [2]Nachträgliche Teilrückabwicklungen (etwa bei Reklamation, Umtausch gegen Barauszahlung) sind demgegenüber zu berücksichtigen.

(6) [1]Bei Einzweckgutscheinen im Sinne des § 3 Abs. 14 Satz 1 UStG kommt die Steuerbefreiung für Ausfuhrlieferungen im nichtkommerziellen Reiseverkehr – unabhängig von der Überschreitung der Wertgrenze – nicht in Betracht (ruhende Lieferung). [2]Die Ausgabe oder erstmalige Übertragung eines Mehrzweckgutscheins im Sinne des § 3 Abs. 15 Satz 1 UStG stellt keine umsatzsteuerbare Lieferung dar. [3]Bei einem Mehrzweckgutschein gilt die Lieferung des Gegenstandes erst im Zeitpunkt der tatsächlichen Lieferung (= Einlösung) als erbracht. [4]Die Wertgrenze ist daher auch für Mehrzweckgutscheine anzuwenden, die vor dem 1.1.2020 ausgegeben, aber erst nach dem 31.12.2019 eingelöst werden.

Beispiel:

[1]Kauf eines Mehrzweckgutscheins am 23.12.2019 in Höhe von 20 €; Einlösung des Gutscheins für den Kauf einer CD zum Rechnungsbetrag von 20 € am 4.1.2020. [2]Die Ausgabe des Mehrzweckgutscheins am 23.12.2019 ist umsatzsteuerlich unbeachtlich. [3]Erst mit Einlösung des Gutscheins am 4.1.2020 wird die tatsächliche Lieferung erbracht. [4]Die Steuerbefreiung kommt mangels Überschreiten der Wertgrenze nicht in Betracht.

Ausfuhrnachweis

(7) [1]Die Verbringung des Liefergegenstands in das Drittlandsgebiet muss grundsätzlich durch eine Ausfuhrbestätigung der den Ausgang des Gegenstands aus dem Gemeinschaftsgebiet überwachenden Grenzzollstelle eines EU-Mitgliedstaats (Ausgangszollstelle) nachgewiesen werden (§ 9 Abs. 1 Satz 1 Nr. 2 UStDV, Abschnitt 6.6 Abs. 3). [2]Die Ausfuhrbestätigung erfolgt durch einen Sichtvermerk der Ausgangszollstelle der Gemeinschaft auf der vorgelegten Rechnung oder dem vorgelegten Ausfuhrbeleg. [3]Unter Sichtvermerk ist der Dienststempelabdruck der Ausgangszollstelle mit Namen der Zollstelle und Datum zu verstehen.

(8) [1]Als ausreichender Ausfuhrnachweis ist grundsätzlich ein Beleg (Rechnung oder ein entsprechender Beleg) anzuerkennen, der mit einem gültigen Stempelabdruck der Ausgangszollstelle versehen ist. [2]Das gilt auch dann, wenn außer dem Stempelabdruck keine weiteren Angaben, z. B. Datum und Unterschrift, gemacht wurden oder wenn auf besonderen Ausfuhrbelegen die vordruckmäßig vorgesehenen Ankreuzungen fehlen. [3]Entscheidend ist, dass sich aus dem Beleg die Abfertigung des Liefergegenstands zur Ausfuhr durch die Ausgangszollstelle erkennen lässt. [4]Ist der Ausfuhrnachweis durch Belege mit einer Bestätigung der Grenzzollstelle nicht möglich oder nicht zumutbar,

---

[1)] **Steuergesetze** Nr. **550a**.

kann der Nachweis im begründeten Einzelfall auch durch geeignete Alternativbelege geführt werden (vgl. Abschnitt 6.6 Abs. 6).

(9) [1]Der Ausfuhrbeleg (Rechnung oder entsprechender Beleg) muss u.a. auch die handelsübliche Bezeichnung und die Menge des ausgeführten Gegenstands enthalten. [2]Handelsüblich ist dabei jede im Geschäftsverkehr für einen Gegenstand allgemein verwendete Bezeichnung, z.B. auch Markenbezeichnungen. [3]Handelsübliche Sammelbezeichnungen, z.B. Baubeschläge, Büromöbel, Kurzwaren, Spirituosen, Tabakwaren, Waschmittel, sind ausreichend. [4]Dagegen reichen Bezeichnungen allgemeiner Art, die Gruppen verschiedener Gegenstände umfassen, z.B. Geschenkartikel, nicht aus (vgl. Abschnitt 14.5 Abs. 15). [5]Die im Ausfuhrbeleg verwendete handelsübliche Bezeichnung von Gegenständen ist nicht zu beanstanden, wenn die Ausgangszollstelle anhand der Angaben im Ausfuhrbeleg die Ausfuhr dieser Gegenstände bestätigt. [6]Damit ist ausreichend belegt, dass die Gegenstände im Ausfuhrbeleg so konkret bezeichnet worden sind, dass die Ausgangszollstellein der Lage war, die Abfertigung dieser Gegenstände zur Ausfuhr zu bestätigen.

Nachweis der Ausfuhrfrist

(10) [1]Der Unternehmer hat die Einhaltung der Ausfuhrfrist (§ 6 Abs. 3a Nr. 2 UStG) durch Angabe des Tags der Ausfuhr im Ausfuhrbeleg nachzuweisen. [2]Fehlt auf dem Ausfuhrbeleg die Angabe des Ausfuhrtags (z.B. in den Fällen des Absatzes 2), muss der Unternehmer den Tag der Ausfuhr durch andere überprüfbare Unterlagen nachweisen.

Abnehmernachweis

(11)[1)] [1]Außer der Ausfuhr der Gegenstände hat der Unternehmer durch einen Beleg nachzuweisen, dass der Abnehmer im Zeitpunkt der Lieferung seinen Wohnort im Drittlandsgebiet hatte. [2]Bei einem Abnehmer aus dem Vereinigten Königreich Großbritannien und Nordirland befindet sich dessen Wohnort für Zwecke des Warenverkehrs nur dann im Drittlandsgebiet, wenn der Abnehmer diesen in Großbritannien (nicht Nordirland) hat (vgl. Abschnitt 1.10). [3]Wohnort ist der Ort, an dem der Abnehmer für längere Zeit seine Wohnung hat und der als der örtliche Mittelpunkt seines Lebens anzusehen ist. [4]Als Wohnort in diesem Sinne gilt der Ort, der im Reisepass oder in einem anderen in der Bundesrepublik Deutschland anerkannten Grenzübertrittspapier (insbesondere Personalausweis) eingetragen ist. [5]Der Unternehmer kann sich hiervon durch Einsichtnahme in das vom Abnehmer vorgelegte Grenzübertrittspapier überzeugen. [6]Aus dem Ausfuhrbeleg (Rechnung oder entsprechender Beleg) müssen sich daher der Name und die Anschrift des Abnehmers ergeben (Land, Wohnort, Straße und Hausnummer). [7]Ist die Angabe der vollständigen Anschrift des Abnehmers zum Beispiel auf Grund von Sprachproblemen nicht möglich, genügt neben dem Namen des Abnehmers die Angabe des Landes, in dem der Abnehmer wohnt, und die Angabe der Nummer des Reisepasses oder eines anderen anerkannten Grenzübertrittspapiers.

[1)] A 6.11 UStAE Abs. 11 Satz 2 eingef., bish. Sätze 2 bis 6 werden Sätze 3 bis 7 durch BMF v. 15.3.2022, BStBl. I 2022, 351, anzuwenden auf nach dem 30.6.2022 ausgeführte Umsätze.

(12) [1]Im Ausfuhrbeleg bestätigt die Ausgangszollstelle außer der Ausfuhr, dass die Angaben zum Namen und zur Anschrift des Abnehmers mit den Eintragungen in dem vorgelegten Pass oder sonstigen Grenzübertrittspapier desjenigen übereinstimmen, der den Gegenstand in seinem Reisegepäck in das Drittlandsgebiet verbringt (§ 17 UStDV). [2]Ist aus dem ausländischen Grenzübertrittspapier nicht die volle Anschrift, sondern nur das Land und der Wohnort oder nur das Land ersichtlich, erteilen die Ausgangszollstellen auch in diesen Fällen die Abnehmerbestätigung. [3]Derartige Abnehmerbestätigungen sind als ausreichender Belegnachweis anzuerkennen. [4]Absatz 8 Sätze 2 und 4 sind für Abnehmerbestätigungen entsprechend anzuwenden.

(13)[1)] [1]Die Abnehmerbestätigung wird von den deutschen Grenzzollstellen in folgenden Fällen trotz Vorlage eines gültigen Grenzübertrittspapiers des Ausführers nicht erteilt:

1. Die Angaben über den ausländischen Abnehmer in dem vorgelegten Beleg stimmen nicht mit den Eintragungen in dem vorgelegten Pass oder sonstigen Grenzübertrittspapier des Ausführers überein.
2. [1]Der Ausführer weist einen in einem Drittland ausgestellten Pass vor, in dem ein Aufenthaltstitel im Sinne des Aufenthaltsgesetzes für einen drei Monate übersteigenden Aufenthalt in der Bundesrepublik Deutschland oder in einem anderen EU-Mitgliedstaat eingetragen ist, wenn diese Erlaubnis noch nicht abgelaufen ist oder nach ihrem Ablauf noch kein Monat vergangen ist. [2]Entsprechendes gilt bei der Eintragung: „Aussetzung der Abschiebung (Duldung)". [3]Die Abnehmerbestätigung wird jedoch nicht versagt, wenn der Ausführer einen in einem Drittland ausgestellten Pass vorweist, in dem ein Aufenthaltstitel im Sinne des Aufenthaltsgesetzes durch eine Auslandsvertretung eines anderen EU-Mitgliedstaates für die Dauer von 180 Tagen eingetragen ist und mit dem kein Titel für einen gewöhnlichen Aufenthalt oder Wohnsitz in diesem anderen EU-Mitgliedstaat erworben wurde. [4]Die Abnehmerbestätigung wird ebenfalls nicht versagt, wenn der Ausführer einen Pass vorweist, in dem zwar eine Aufenthaltserlaubnis eingetragen ist, die formell noch nicht abgelaufen ist, er aber gleichzeitig eine Abmeldebestätigung vorlegt, die mindestens sechs Monate vor der erneuten Ausreise ausgestellt worden ist oder der Ausführer nur eine Aufenthaltserlaubnis in der Form des Sichtvermerks (Visum) einer Auslandsvertretung der Bundesrepublik Deutschland oder eines anderen Mitgliedstaats besitzt, die zu mehrmaligen Einreisen in die Gemeinschaft, dabei jedoch nur zu einem Aufenthalt von bis zu maximal drei Monaten pro Halbjahr berechtigt (sog. Geschäftsvisum). [5]Die Gültigkeit solcher Geschäftsvisa kann bis zu zehn Jahre betragen.
3. Der Ausführer weist einen ausländischen Personalausweis vor, der in einem Drittland ausgestellt worden ist, dessen Staatsangehörige nur unter Vorlage eines Passes und nicht lediglich unter Vorlage eines Personalausweises in die Bundesrepublik Deutschland einreisen dürfen.

---

1) A 6.11 UStAE Abs. 13 Satz 1 Nr. 8 angef. durch BMF v. 15.3.2022, BStBl. I 2022, 351, anzuwenden auf nach dem 30.6.2022 ausgeführte Umsätze.

4. [1]Der Ausführer weist einen deutschen oder einen in einem anderen EU-Mitgliedstaat ausgestellten Personalausweis vor. [2]Bei Vorlage des deutschen Personalausweises wird die Abnehmerbestätigung jedoch in den Fällen erteilt, in denen der Inhaber des Ausweises ein Bewohner Helgolands oder der Gemeinde Büsingen ist.
5. [1]Der Ausführer weist einen deutschen oder einen in einem anderen EU-Mitgliedstaat ausgestellten Pass vor, ohne seinen im Drittland befindlichen Wohnort durch Eintragung in den Pass oder durch eine besondere Bescheinigung nachweisen zu können; als eine solche Bescheinigung ist auch ein Aufenthaltstitel eines Drittlands mit mindestens noch einjähriger Gültigkeitsdauer anzusehen. [2]Bei Vorlage eines deutschen Passes wird die Abnehmerbestätigung jedoch in den Fällen erteilt, in denen der Inhaber des Passes ein Bewohner Helgolands oder der Gemeinde Büsingen ist.
6. Der Ausführer ist erkennbar ein Mitglied einer nicht in einem Drittland, sondern in der Bundesrepublik Deutschland oder in einem anderen EU-Mitgliedstaat stationierten Truppe, eines in diesen Gebieten befindlichen Gefolges oder deren Angehöriger.
7. [1]Der Ausführer legt einen vom Auswärtigen Amt ausgestellten amtlichen Pass (Diplomaten-, Ministerial- oder Dienstpass) vor. [2]Bei Diplomaten- und Dienstpässen mit eingetragenem Dienstort in einem Drittland kann die Abnehmerbestätigung erteilt werden, wenn der Ausführer nachweist, dass er die Auslandsmission bereits in der Vergangenheit angetreten hat (Einreisestempel des Drittstaates, Reisepass mit entsprechendem Wohnorteintrag, durch eine besondere Bescheinigung oder durch ein Dokument über den diplomatischen oder konsularischen Aufenthalt im Ausland, das auch in den Diplomaten- oder Dienstpass eingetragen oder eingeklebt sein kann).
8. [1]Der Abnehmer weist ausschließlich einen Reisepass des Vereinigten Königreichs Großbritannien und Nordirland vor. [2]Da dieser lediglich den Ländercode „GBR" und darüber hinaus keine Angaben zum Wohnort des Abnehmers enthält, ist eine Bestimmung des Wohnortes anhand dieses Reisepasses nicht möglich. [3]Weist der Abnehmer jedoch durch einen gültigen britischen Führerschein, einen aktuellen Kommunalsteuerbescheid oder eine aktuelle Strom-, Gas- oder Wasserrechnung (nicht älter als 12 Monate) seinen Wohnsitz in Großbritannien (nicht Nordirland) oder durch einen Aufenthaltstitel seinen Wohnsitz in einem anderen Drittland nach, kann die Abnehmerbestätigung durch die Grenzzollstelle erteilt werden.

[2]In diesen Fällen kann mit Hilfe des Grenzübertrittspapiers nicht der Nachweis erbracht werden, dass der Wohnort des Abnehmers in einem Drittland liegt. [3]Die deutsche Grenzzollstelle bestätigt dann lediglich die Ausfuhr des Gegenstands der Lieferung. [4]Ferner vermerkt sie auf dem Ausfuhrbeleg den Grund dafür, warum sie die Richtigkeit des Namens und der Anschrift des ausländischen Abnehmers nicht bestätigen kann.

(14) [1]*Ist der Abnehmernachweis durch* eine Bestätigung der Grenzzollstelle nicht möglich oder nicht zumutbar, bestehen keine Bedenken, auch

eine entsprechende Bestätigung einer amtlichen Stelle der Bundesrepublik Deutschland im Wohnsitzstaat des Abnehmers, z.B. einer diplomatischen oder konsularischen Vertretung der Bundesrepublik Deutschland oder einer im Drittlandsgebiet stationierten Truppeneinheit der Bundeswehr, als ausreichend anzuerkennen. [2]Aus dieser Bestätigung muss hervorgehen, dass die Angaben über den ausländischen Abnehmer – Name und Anschrift – im Zeitpunkt der Lieferung zutreffend waren. [3]Eine Ersatzbestätigung einer Zollstelle im Drittlandsgebiet kommt dagegen nicht in Betracht. [4]Die Erteilung von Ersatzbestätigungen durch Auslandsvertretungen der Bundesrepublik Deutschland ist gebührenpflichtig und unterliegt besonderen Anforderungen.

Ausfuhr- und Abnehmerbescheinigung

(15)[1)] [1]Für den Ausfuhrbeleg im Sinne des § 17 UStDV soll ein Vordruck nach vorgeschriebenem Muster (vgl. Anlage 2 der Anlage zum BMF-Schreiben vom 15.3.2022, BStBl. I S. 352) verwendet werden. [2]Es bestehen keine Bedenken, wenn die in den Abschnitten B und C des Musters enthaltenen Angaben nicht auf einem besonderen Vordruck, sondern, z.B. durch Stempelaufdruck, auf einer Rechnung angebracht werden, sofern aus dieser Rechnung der Lieferer, der ausländische Abnehmer und der Gegenstand der Lieferung ersichtlich sind.

Buchnachweis

(16) [1]Neben dem belegmäßigen Ausfuhr- und Abnehmernachweis müssen sich die Voraussetzungen der Steuerbefreiung auch eindeutig und leicht nachprüfbar aus der Buchführung ergeben (§ 13 UStDV). [2]Grundlage des buchmäßigen Nachweises ist grundsätzlich der Beleg mit der Ausfuhr- und Abnehmerbestätigung der Ausgangszollstelle. [3]Hat die Ausgangszollstelle die Ausfuhr der Gegenstände sowie die Angaben zum Abnehmer in dem vorgelegten Beleg bestätigt, sind die in dem Beleg enthaltenen Angaben (z.B. hinsichtlich der handelsüblichen Bezeichnung der Gegenstände und der Anschrift des Abnehmers) insoweit auch als ausreichender Buchnachweis anzuerkennen. [4]Dies gilt auch dann, wenn zum Beispiel bei Sprachproblemen anstelle der vollständigen Anschrift lediglich das Land und die Passnummer aufgezeichnet werden.

Merkblatt

(17)[1)] Weitere Hinweise enthält das Merkblatt zur Umsatzsteuerbefreiung für Ausfuhrlieferungen im nichtkommerziellen Reiseverkehr, Stand Juli 2022 (Anlage 1 zum BMF-Schreiben vom 15.3.2022, BStBl. I S. 352).

6.12 Gesonderter Steuerausweis bei Ausfuhrlieferungen

[1]Zu den Folgen eines gesonderten Steuerausweises bei Ausfuhrlieferungen vgl. Abschnitt 14c.1 Abs. 1 Satz 5 Nr. 3 und zur Möglichkeit der Berichtigung

---

[1)] A 6.11 UStAE Abs. 15 Satz 1 geänd. und Abs. 17 neugef. durch BMF v. 15.3.2022, BStBl. I 2022, 351, anzuwenden auf nach dem 30.6.2022 ausgeführte Umsätze.

vgl. Abschnitt 14c.1 Abs. 7. [2]Bei Ausfuhren im nichtkommerziellen Reiseverkehr vgl. Abschnitt 14c.1 Abs. 8.

Zu § 6a UStG
(§§ 17a bis 17c UStDV)[1)]

6a.1 Innergemeinschaftliche Lieferungen

(1) [1]Eine innergemeinschaftliche Lieferung setzt eine im Inland steuerbare Lieferung (§ 1 Abs. 1 Nr. 1 UStG) voraus. [2]Gegenstand der Lieferung muss ein körperlicher Gegenstand sein, der vom liefernden Unternehmer, vom Abnehmer oder von einem vom liefernden Unternehmer oder vom Abnehmer beauftragten Dritten in das übrige Gemeinschaftsgebiet befördert oder versendet wird (§ 3 Abs. 6 Satz 1 UStG). [3]Das Vorliegen einer innergemeinschaftlichen Lieferung kommt nicht in Betracht für Lieferungen von Gas über das Erdgasnetz und von Elektrizität im Sinne des § 3g UStG. [4]Werklieferungen (§ 3 Abs. 4 UStG) können unter den Voraussetzungen des § 3 Abs. 6 Satz 1 UStG innergemeinschaftliche Lieferungen sein.

(2) [1]Bei Reihengeschäften (§ 3 Abs. 6a Satz 1 UStG) kommt die Steuerbefreiung einer innergemeinschaftlichen Lieferung nur für die Lieferung in Betracht, der die Beförderung oder Versendung des Liefergegenstands zuzurechnen ist. [2]Im Rahmen eines Reihengeschäfts, bei dem die Warenbewegung im Inland beginnt und im Gebiet eines anderen Mitgliedstaates endet, kann daher mit der Beförderung oder Versendung des Liefergegenstands in das übrige Gemeinschaftsgebiet nur eine innergemeinschaftliche Lieferung im Sinne des § 6a UStG bewirkt werden. [3]Die Steuerbefreiung kommt demnach nur bei der Beförderungs- oder Versendungslieferung zur Anwendung (vgl. Abschnitt 3.14 Abs. 13).

(2a) Die Steuerbefreiung für innergemeinschaftliche Lieferungen (§ 4 Nr. 1 Buchstabe b, § 6a UStG) kommt nicht in Betracht, wenn für die Lieferung eines Gegenstands in das übrige Gemeinschaftsgebiet auch die Voraussetzungen der Steuerbefreiungen nach § 4 Nr. 17, 19 oder 28 oder nach § 25c Abs. 1 und 2 UStG vorliegen.

(3) [1]Die Person/Einrichtung, die eine steuerfreie innergemeinschaftliche Lieferung bewirken kann, muss ein Unternehmer sein, der seine Umsätze nach den allgemeinen Vorschriften des Umsatzsteuergesetzes besteuert (sog. Regelversteuerer). [2]Auf Umsätze von Kleinunternehmern, die nicht gemäß § 19 Abs. 2 UStG zur Besteuerung nach den allgemeinen Vorschriften des Umsatzsteuergesetzes optiert haben, auf Umsätze im Rahmen eines land- und forstwirtschaftlichen Betriebs, auf die die Durchschnittssätze gemäß § 24 UStG angewendet werden, und auf Umsätze, die der Differenzbesteuerung gemäß § 25a UStG unterliegen, findet die Steuerbefreiung nach § 4 Nr. 1 Buchstabe b, § 6a UStG keine Anwendung (vgl. § 19 Abs. 1 Satz 4, § 24 Abs. 1 Satz 2, § 25a Abs. 5 Satz 2 und § 25a Abs. 7 Nr. 3 UStG).

[1)] ***Ab 1.1.2020:*** §§ 17a bis 17d UStDV; neuer § 17a UStDV eingef. durch G v. 12.12. 2019, BGBl. I 2019, 2451.

(4) Die Steuerbefreiung einer innergemeinschaftlichen Lieferung erstreckt sich auf das gesamte Entgelt, das für die Lieferung vereinbart oder vereinnahmt worden ist.

(5) Abschnitt 6.1 Abs. 6 Nr. 2 ist entsprechend anzuwenden.

Beförderung oder Versendung in das übrige Gemeinschaftsgebiet (§ 6a Abs. 1 Satz 1 Nr. 1 UStG)

(6) [1]Das Vorliegen einer innergemeinschaftlichen Lieferung setzt voraus, dass der Unternehmer, der Abnehmer oder ein vom liefernden Unternehmer oder vom Abnehmer beauftragter Dritter den Gegenstand der Lieferung in das übrige Gemeinschaftsgebiet befördert oder versendet hat. [2]Eine Beförderungslieferung liegt vor, wenn der liefernde Unternehmer, der Abnehmer oder ein von diesen beauftragter unselbständiger Erfüllungsgehilfe den Gegenstand der Lieferung befördert. [3]Befördern ist jede Fortbewegung eines Gegenstands (§ 3 Abs. 6 Satz 2 UStG). [4]Eine Versendungslieferung liegt vor, wenn die Beförderung durch einen selbständigen Beauftragten ausgeführt oder besorgt wird. [5]Zu den weiteren Voraussetzungen einer Beförderungs- oder Versendungslieferung vgl. Abschnitt 3.12 Abs. 2 bzw. Abs. 3.

(7) [1]Das übrige Gemeinschaftsgebiet umfasst die unionsrechtlichen Inlandsgebiete der EU-Mitgliedstaaten mit Ausnahme des Inlands der Bundesrepublik

(Fortsetzung S. 445)

(2) [1]Das Entgelt ist auch dann Bemessungsgrundlage, wenn es dem objektiven Wert der bewirkten Leistung nicht entspricht. [2]Eine Ausnahme besteht für unentgeltliche oder verbilligte Leistungen durch Unternehmer an ihr Personal, von Vereinigungen an ihre Mitglieder und von Einzelunternehmern an ihnen nahe stehende Personen; vgl. Abschnitte 1.8, 10.6 und 10.7. [3]Liefert eine Kapitalgesellschaft einer Tochtergesellschaft einen Gegenstand zu einem überhöhten Preis, bildet dieser grundsätzlich selbst dann das Entgelt im Sinne des § 10 Abs. 1 UStG, wenn ein Teil der Gegenleistung ertragsteuerrechtlich als verdeckte Gewinnausschüttung zu beurteilen ist (BFH-Urteil vom 25.11. 1987, X R 12/87, BStBl. 1988 II S. 210).

(3) [1]Der Umfang des Entgelts beschränkt sich nicht auf die bürgerlichrechtlich bestimmte oder bestimmbare Gegenleistung für eine Leistung, sondern erstreckt sich auf alles, was der Leistungsempfänger tatsächlich für die an ihn bewirkte Leistung aufwendet. [2]Dazu gehören auch Nebenkosten des Leistenden, die er vom Leistungsempfänger einfordert (vgl. BFH-Urteil vom 16.3.2000, V R 16/99, BStBl. II S. 360). [3]Verlangt der Leistende für die Annahme einer Bezahlung mit Kredit- oder Geldkarte, dass der Leistungsempfänger ihm oder einem anderen Unternehmer hierfür einen Betrag entrichtet und wird der von diesem Empfänger zu zahlende Gesamtpreis durch die Zahlungsweise nicht beeinflusst, ist dieser Betrag Bestandteil der Bemessungsgrundlage für seine Leistung (vgl. Artikel 42 der MwStVO).[1)] [4]Vereinbaren die Beteiligten rechtsirrtümlich die Gegenleistung ohne Umsatzsteuer, ist der ursprünglich vereinbarte Betrag in Entgelt und darauf entfallende Umsatzsteuer aufzuteilen (vgl. BFH-Urteil vom 20.1.1997, V R 28/95, BStBl. II S. 716). [5]Neben dem vereinbarten Preis einer Leistung können auch zusätzliche Aufwendungen des Leistungsempfängers Leistungsentgelt sein, wenn der Leistungsempfänger sie zugunsten des Leistenden für die Leistung erbringt (vgl. BFH-Urteil vom 13.12.1995, XI R 16/95, BStBl. 1996 II S. 208). [6]Wenn der Leistungsempfänger die Leistung irrtümlich doppelt bezahlt oder versehentlich zu viel zahlt, ist der Gesamtbetrag Entgelt im Sinne des § 10 Abs. 1 Satz 2 UStG (vgl. BFH-Urteil vom 19.7.2007, V R 11/05, BStBl. II S. 966). [7]Es kommt nicht darauf an, ob der Leistungsempfänger gewillt ist, die vom Leistenden zu erbringende oder erbrachte Leistung anzunehmen, und ob er auf sie Wert legt oder nicht (vgl. BFH-Urteil vom 28.1.1988, V R 112/86, BStBl. II S. 473). [8]Vertragsstrafen, die wegen Nichterfüllung oder wegen nicht gehöriger Erfüllung geleistet werden, haben Schadensersatzcharakter (vgl. Abschnitt 1.3 Abs. 3). [9]Auch Verzugszinsen, Fälligkeitszinsen, Prozesszinsen und Nutzungszinsen sind nicht Teil des Entgelts, sondern Schadensersatz (vgl. Abschnitt 1.3 Abs. 6). [10]Wegen der Behandlung der Teilzahlungszuschläge vgl. Abschnitt 3.11. [11]Das erhöhte Beförderungsentgelt, das Personenbeförderungsunternehmer von sog. Schwarzfahrern erheben, ist regelmäßig kein Entgelt für die Beförderungsleistung oder eine andere steuerbare Leistung des Beförderungsunternehmers (BFH-Urteil vom 25.11.1986, V R 109/78, BStBl. 1987 II S. 228). [12]Als Entgelt für die Lieferung sind auch die dem Abnehmer vom Lieferer berechneten Beförderungskosten anzusehen. [13]Bei einer

---

[1)] **Steuergesetze** Nr. **550a.**

unfreien Versendung im Sinne des § 40 UStDV gehören jedoch die Kosten für die Beförderung oder deren Besorgung nicht zum Entgelt für die vom Absender ausgeführte Lieferung. [14]Bei Versendungen per Nachnahme ist als Entgelt für die gelieferte Ware der vom Empfänger entrichtete Nachnahmebetrag – ohne Umsatzsteuer – anzusehen, der auch die Zahlkarten- oder Überweisungsgebühr einschließt (vgl. BFH-Urteil vom 13.12.1973, V R 57/72, BStBl. 1974 II S. 191). [15]Beim Pfandleihgeschäft sind die notwendigen Kosten der Verwertung, die der Pfandleiher einbehalten darf, nicht Entgelt innerhalb eines Leistungsaustauschs (vgl. BFH-Urteil vom 9.7.1970, V R 32/70, BStBl. II S. 645). [16]Zahlungen im Rahmen einer sog. Erlöspoolung, die nicht leistungsbezogen sind, fehlt der Entgeltcharakter (BFH-Urteil vom 28.2.1974, V R 55/72, BStBl. II S. 345). [17]Auch die Übernahme von Schulden kann Entgelt sein (vgl. Abschnitt 1.6 Abs. 2).

(4) [1]Eine Lieferung oder sonstige Leistung eines Unternehmers wird nur mit der Bemessungsgrundlage versteuert, die sich auf Grund der von ihm vereinnahmten Gegenleistung ergibt. [2]Umsatzsteuerrechtlich macht es keinen Unterschied, ob der Besteller eines Werks, das sich als mangelhaft erweist, das Werk behält und statt der Minderung Schadensersatz wegen Nichterfüllung verlangt (vgl. BFH-Urteil vom 16.1.2003, V R 72/01, BStBl. II S. 620). [3]Weicht der vom Leistungsempfänger aufgewendete Betrag im Einzelfall von dem vom Unternehmer vereinnahmten Betrag ab, ist von den Aufwendungen des Abnehmers für die Lieferung oder sonstige Leistung auszugehen. [4]Bei der Abtretung einer Forderung unter dem Nennwert bestimmt sich deshalb das Entgelt für die der abgetretenen Forderung zu Grunde liegende Leistung nach den tatsächlichen Aufwendungen des Leistungsempfängers (vgl. BFH-Urteil vom 27.5.1987, X R 2/81, BStBl. II S. 739). [5]Wegen der Steuer- und Vorsteuerberichtigung in diesen Fällen wird auf Abschnitt 17.1 Abs. 6 verwiesen.

(5) [1]Zum Entgelt gehören auch freiwillig an den Unternehmer gezahlte Beträge, z.B. Trinkgelder, wenn zwischen der Zahlung und der Leistung des Unternehmers eine innere Verknüpfung besteht (vgl. BFH-Urteil vom 17.2.1972, V R 118/71, BStBl. II S. 405). [2]Der im Gaststätten- und Beherbergungsgewerbe erhobene Bedienungszuschlag ist Teil des vom Unternehmer vereinnahmten Entgelts, auch wenn das Bedienungspersonal den Zuschlag nicht abführt, sondern vereinbarungsgemäß als Entlohnung für seine Dienste zurückbehält (vgl. BFH-Urteil vom 19.8.1971, V R 74/68, BStBl. 1972 II S. 24). [3]Dagegen rechnen die an das Bedienungspersonal gezahlten freiwilligen Trinkgelder nicht zum Entgelt für die Leistungen des Unternehmers.

(6)[1)] [1]Geschäftskosten dürfen das Entgelt nicht mindern. [2]Dies gilt auch für Provisionen, die der Unternehmer an seinen Handelsvertreter oder Makler für die Vermittlung des Geschäfts zu zahlen hat. [3]Mit Ausnahme der auf den Umsatz entfallenden Umsatzsteuer rechnen zum Entgelt auch die vom Unternehmer geschuldeten Steuern (Verbrauch- und Verkehrsteuern), öffentlichen Gebühren und Abgaben, auch wenn diese Beträge offen auf den Leistungsempfänger überwälzt werden. [4]Diese Abgaben können auch nicht als durch-

---

[1)] A *10.1* UStAE Abs. 6 Satz 4 geänd. durch BMF v. 30.3.2022, BStBl. I 2022, 568, anzuwenden in allen offenen Fällen. Dieses Schreiben ersetzt das BMF v. 3.2.2005, BStBl. I 2005, 414.

laufende Posten im Sinne des § 10 Abs. 1 Satz 5 UStG behandelt werden (vgl. BFH-Urteil vom 4.6.1970, V R 92/66, V R 10/67, BStBl. II S. 648, sowie Abschnitt 10.4).

(7) [1] Als Entgelt im Sinne des § 10 Abs. 1 Satz 2 UStG kommen auch Zahlungen des Leistungsempfängers an Dritte in Betracht, sofern sie für Rechnung des leistenden Unternehmers entrichtet werden und im Zusammenhang mit der Leistung stehen. [2] Dies gilt jedoch nicht für diejenigen Beträge, die der Leistungsempfänger im Rahmen eines eigenen Schuldverhältnisses mit einem Dritten aufwenden muss, damit der Unternehmer seine Leistung erbringen kann (vgl. BFH-Urteil vom 22.2.1968, V 84/64, BStBl. II S. 463). [3] Nicht zum Entgelt nach § 10 UStG gehören auch öffentlich-rechtliche Abgaben, die der Leistungsempfänger auf Grund eigener Verpflichtung schuldet, auch wenn sie durch die bezogenen Leistungen veranlasst sind (vgl. zu Sozialversicherungsbeiträgen BFH-Urteil vom 25.6.2009, V R 37/08, BStBl. II S. 873). [4] Zahlt eine Rundfunkanstalt zugunsten ihrer freien Mitarbeiter Beiträge an die Pensionskasse für freie Mitarbeiter der Deutschen Rundfunkanstalten, gehören auch die Beträge zum Entgelt für die Leistungen der Mitarbeiter (vgl. BFH-Urteil vom 9.10.2002, V R 73/01, BStBl. 2003 II S. 217). [5] Erfüllt der Leistungsempfänger durch seine Zahlungen an einen Dritten sowohl eine eigene Verbindlichkeit als auch eine Schuld des leistenden Unternehmers, weil beide im Verhältnis zu dem Dritten Gesamtschuldner sind, rechnen die Zahlungen nur insoweit zum Entgelt, wie die Schuldbefreiung des leistenden Unternehmers für diesen von wirtschaftlichem Interesse ist und damit für ihn einen Wert darstellt. [6] Bei einer Grundstücksveräußerung gehört die gesamtschuldnerisch von Erwerber und Veräußerer geschuldete Grunderwerbsteuer auch dann nicht zum Entgelt für die Grundstücksveräußerung, wenn die Parteien des Grundstückskaufvertrags vereinbaren, dass der Erwerber die Grunderwerbsteuer allein zu tragen hat, weil der Erwerber mit der Zahlung der vertraglich übernommenen Grunderwerbsteuer eine ausschließlich eigene Verbindlichkeit begleicht. [7] Gleiches gilt hinsichtlich der vom Käufer zu tragenden Kosten der Beurkundung des Kaufvertrags und der Auflassung, der Eintragung ins Grundbuch und der zu der Eintragung erforderlichen Erklärungen (§ 448 Abs. 2 BGB), vgl. BFH-Urteil vom 9.11.2006, V R 9/04, BStBl. 2007 II S. 285.

(8) [1] Wird das Pfandgeld für Warenumschließungen dem Abnehmer bei jeder Lieferung berechnet, ist es Teil des Entgelts für die Lieferung. [2] Bei Rücknahme des Leerguts und Rückzahlung des Pfandbetrags liegt eine Entgeltminderung vor. [3] Dabei wird es nicht beanstandet, wenn der Unternehmer die ausgezahlten Pfandgelder für Leergut unabhängig von dem Umfang der Vollgutlieferungen des jeweiligen Besteuerungszeitraums als Entgeltminderungen behandelt. [4] Es muss jedoch sichergestellt sein, dass die Entgeltminderungen in sachgerechter Weise (z. B. durch Aufteilung im gleichen Verhältnis wie bei den Vollgutlieferungen) den geltenden Steuersätzen zugeordnet werden. [5] Aus Vereinfachungsgründen kann dem Unternehmer auf Antrag auch folgendes Verfahren genehmigt werden:

1. [1] Die bei der Warenlieferung jeweils in Rechnung gestellten und bei Rückgabe des Leerguts dem Abnehmer zurückgewährten Pfandbeträge bleiben

bei der laufenden Umsatzbesteuerung zunächst unberücksichtigt. [2]Der Unternehmer hat spätestens am Schluss jedes Kalenderjahrs den Pfandbetragssaldo, der sich aus dem Unterschiedsbetrag zwischen den den Abnehmern im Laufe des jeweiligen Abrechnungszeitraums berechneten und den zurückgewährten Pfandbeträgen ergibt, auf Grund seiner Aufzeichnungen zu ermitteln. [3]Dabei bleibt jedoch ein bereits versteuerter Saldovortrag, z.B. aus dem Vorjahr, außer Betracht. [4]Ein sich danach ergebender Überschuss an berechneten Pfandbeträgen ist zusammen mit den Umsätzen des betreffenden letzten Voranmeldungszeitraums der Umsatzsteuer zu unterwerfen. [5]Bei diesem Pfandbetragssaldo handelt es sich um einen Nettobetrag – ohne Umsatzsteuer –. [6]Der Abnehmer kann die auf den Pfandbetragssaldo entfallende Steuer als Vorsteuer abziehen, wenn sie ihm gesondert in Rechnung gestellt ist. [7]Ergibt sich ein Pfandbetragssaldo zugunsten des Abnehmers, liegt bei diesem – seine Unternehmereigenschaft vorausgesetzt – eine steuerpflichtige Lieferung von Leergut vor. [8]Der Unternehmer, der dieses Verfahren beantragt, muss die bei den einzelnen Lieferungen berechneten und bei Rückgabe des Leerguts zurückgewährten Pfandbeträge – nach Abnehmern getrennt – gesondert von den sonstigen Entgelten aufzeichnen. [9]Die Aufzeichnungen müssen eindeutig und leicht nachprüfbar sein und fortlaufend geführt werden (vgl. § 63 Abs. 1 UStDV, § 146 AO). [10]Aus ihnen muss gegebenenfalls zu ersehen sein, wie sich die Pfandbeträge auf verschiedene Steuersätze verteilen (§ 22 Abs. 2 Nr. 1 UStG). [11]Für den Abnehmer muss aus der Rechnung klar ersichtlich sein, dass für die in Rechnung gestellten Pfandbeträge Umsatzsteuer nicht berechnet worden ist.

2. [1]Abweichend von dem unter Nummer 1 geregelten Verfahren kann der Unternehmer in jeder einzelnen Rechnung die Leergutrücknahme mit der Vollgutlieferung verrechnen und nur den verbleibenden Netto-Rechnungsbetrag der Umsatzsteuer unterwerfen. [2]Einen sich möglicherweise zum Jahresende ergebenden Pfandbetragssaldo zugunsten des Abnehmers hat in diesem Fall weder der Lieferer noch der Abnehmer zu ermitteln und zu versteuern. [3]Auch gesonderte Aufzeichnungen über die Pfandbeträge sind nicht erforderlich.

[6]Bei den folgenden Abwicklungsarten ist zunächst ein Entgelt für die Überlassung der Warenumschließung nicht gegeben:

1. [1]Für den jeweiligen Abnehmer wird ein Leergutkonto geführt, auf dem der Lieferer das hingegebene und zurückgenommene Leergut mengenmäßig festhält. [2]Über den Saldo wird periodisch, häufig aber erst bei Lösung des Vertragsverhältnisses abgerechnet.
2. [1]Die Pfandbeträge für Leergutabgänge und Leergutzugänge werden vom Lieferer auf einem besonderen Konto verbucht und auch – nachrichtlich – in den jeweiligen Rechnungen ausgewiesen, ohne aber in die Rechnungssumme einbezogen zu werden. [2]Von Zeit zu Zeit wird über das Leergut abgerechnet.
3. [1]Der Lieferer erhebt mit jeder Lieferung einen Kautionsbetrag, z.B. 1 oder 2 Ct. je Flasche. [2]Diese Beträge dienen der Ansammlung eines Kautionsguthabens zugunsten des Abnehmers. [3]Die Verbuchung erfolgt auf einem

besonderen Konto. [4]Daneben werden die Leergutbewegungen mengenmäßig festgehalten. [5]Über das Leergut wird in der Regel bei Auflösung der Vertragsbeziehungen abgerechnet.

[7]In diesen Fällen kommt ein von der vorangegangenen Warenlieferung losgelöster selbständiger Leistungsaustausch erst im Zeitpunkt der Leergutabrechnung zustande. [8]Die Annahme eines nicht steuerbaren Schadensersatzes scheidet aus, weil der Zahlung des Kunden eine Leistung des Unternehmers gegenübersteht. [9]Die dargestellten Vereinfachungsregelungen gelten sinngemäß auch für die Hin- und Rückgabe von Transporthilfsmitteln. [10]Zur Behandlung von Transporthilfsmitteln vgl. Abschnitt 3.10 Abs. 5a und zur Abgrenzung zwischen Transporthilfsmitteln und Warenumschließungen vgl. BMF-Schreiben vom 20.10.2014, BStBl. I S. 1372.

(9) Hinsichtlich des Entgelts für die Vermittlung von grenzüberschreitenden Personenbeförderungsleistungen im Luftverkehr durch Reisebüros gilt:

1. [1]Die Vermittlung grenzüberschreitender Beförderungen von Personen im Luftverkehr gegenüber einem Reisenden ist steuerpflichtig, soweit die vermittelte Leistung auf das Inland entfällt (§ 3b Abs. 1, § 4 Nr. 5 Satz 2 UStG). [2]Abschnitt 4.5.3 Abs. 2 ist in diesen Fällen nicht anwendbar, weil das Reisebüro nicht im Auftrag des Luftverkehrsunternehmens tätig wird. [3]Soweit die vermittelte Leistung nicht auf das Inland entfällt, ist deren Vermittlung nicht steuerbar.
2. [1]Das Entgelt für eine Vermittlungsleistung im Sinne der Nummer 1 ist in einen steuerpflichtigen und einen nicht steuerbaren Teil aufzuteilen. [2]Die Umsatzsteuer ist aus der anteiligen Zahlung des Reisenden herauszurechnen. [3]Der Vorsteuerabzug ist auch hinsichtlich des nicht steuerbaren Teils dieser Vermittlungsleistung nicht ausgeschlossen.
3. [1]Erhält ein Reisebüro von einem Luftverkehrsunternehmen, das die dem Reisenden vermittelte Personenbeförderungsleistung erbringt, eine Zahlung, ohne von diesem ausdrücklich zur Vermittlung beauftragt zu sein (z. B. im Rahmen eines sog. Nullprovisionsmodells oder einer sog. Incentive-Vereinbarung), ist im Einzelfall auf Basis der vertraglichen Vereinbarungen zu prüfen, welche Leistungen des Reisebüros mit der Zahlung vergütet werden. [2]Zahlungen des Luftverkehrsunternehmens für die Bereitschaft des Reisebüros, die Erbringung von Leistungen des Luftverkehrsunternehmens in besonderem Maß zu fördern und in Kundengesprächen bevorzugt anzubieten, sind Entgelt für eine steuerpflichtige Vertriebsleistung eigener Art des Reisebüros gegenüber dem Luftverkehrsunternehmen.
4. Erhält ein Reisebüro, das grenzüberschreitende Personenbeförderungsleistungen im Luftverkehr im Auftrag des Luftverkehrsunternehmens vermittelt, von diesem für den Flugscheinverkauf ein Entgelt, und erhebt es daneben einen zusätzlichen Betrag vom Reisenden, erbringt es beim Flugscheinverkauf eine nach § 4 Nr. 5 Satz 1 Buchstabe b UStG steuerfreie Vermittlungsleistung an das Luftverkehrsunternehmen und gleichzeitig eine nach Maßgabe der Nummer 1 anteilig steuerpflichtige Vermittlungsleistung an den Reisenden.
5. Soweit eine vom Luftverkehrsunternehmen gezahlte Vergütung auf den vom Reisenden erhobenen Preis angerechnet wird, mindert sich die Bemessungsgrundlage für die Leistung gegenüber dem Reisenden entsprechend.

6. [1]Unter der Voraussetzung, dass der Unternehmer bei allen Vermittlungsleistungen im Sinne der Nummer 1 entsprechend verfährt, ist es nicht zu beanstanden, wenn der steuerpflichtige Teil einer Vermittlungsleistung im Sinne der Nummer 1 wie folgt ermittelt wird:
– bei der Vermittlung von grenzüberschreitenden Beförderungen von Personen im Luftverkehr von bzw. zu Beförderungszielen im übrigen Gemeinschaftsgebiet (sog. EU-Flüge) mit 25% des Entgelts für die Vermittlungsleistung,
– bei der Vermittlung von grenzüberschreitenden Beförderungen von Personen im Luftverkehr von bzw. zu Beförderungszielen außerhalb des übrigen Gemeinschaftsgebiets (sog. Drittlandsflüge) mit 5% des Entgelts für die Vermittlungsleistung.

[2]Zwischen- oder Umsteigehalte gelten dabei nicht als Beförderungsziele. [3]Dieser vereinfachte Aufteilungsmaßstab gilt nicht, soweit das vom Reisenden erhobene Entgelt auf andere als die in Nummer 1 bezeichneten Leistungen entfällt (z. B. auf die Vermittlung von Unterkunft oder Mietwagen).

(10)[1)] [1]Zur Bemessungsgrundlage in den Fällen der Steuerschuldnerschaft des Leistungsempfängers nach § 13b UStG vgl. Abschnitt 13b.13. [2]Zur Bemessungsgrundlage bei Leistungen im Rahmen sog. Public-Private-Partnerships (PPP) im Bundesfernstraßenbau vgl. BMF-Schreiben vom 30.3.2022, BStBl. I S. 568. [3]Zur Bemessungsgrundlage im Fall des Direktverbrauchs nach § 33 Abs. 2 EEG[2)] vgl. Abschnitt 2.5.

(11) [1]Erbringt ein Unternehmer im Rahmen eines Gesamtverkaufspreises zwei oder mehrere unterschiedlich zu besteuernde Lieferungen oder sonstige Leistungen, ist der einheitliche Preis sachgerecht auf die einzelnen Leistungen aufzuteilen. [2]Dabei hat der Unternehmer grundsätzlich die einfachstmögliche sachgerechte Aufteilungsmethode zu wählen (vgl. BFH-Beschluss vom 3.4.2013, V B 125/12, BStBl. 2013 II S. 973 und BFH-Urteil vom 30.6. 2011, V R 44/10, BStBl. II S. 1003). [3]Bestehen mehrere sachgerechte, gleich einfache Aufteilungsmethoden, kann der Unternehmer zwischen diesen Methoden frei wählen. [4]Bietet der Unternehmer die im Rahmen des Gesamtverkaufspreises erbrachten Leistungen auch einzeln an, ist der Gesamtverkaufspreis grundsätzlich nach dem Verhältnis der Einzelverkaufspreise aufzuteilen. [5]Daneben sind auch andere Aufteilungsmethoden wie das Verhältnis des Wareneinsatzes zulässig, sofern diese gleich einfach sind und zu sachgerechten Ergebnissen führen. [6]Die Aufteilung nach den betrieblichen Kosten ist keine gleich einfache Aufteilungsmethode und danach nicht zulässig. [7]Nach den vorstehenden Grundsätzen ist auch zu verfahren, wenn das Entgelt für eine einheitliche Leistung für Zwecke der Umsatzsteuer auf unterschiedlich besteuerte Leistungsbestandteile aufzuteilen ist, z. B. bei grenzüberschreitenden Personenbeförderungen i. S. von § 3b Abs. 1 Satz 2 UStG oder bei der Vermietung von Grundstücken mit aufstehenden Betriebsvorrichtungen nach § 4 Nr. 12 Satz 2 UStG. [8]Zur Aufteilung eines pauschalen Gesamtpreises/Gesamtentgelts

---

1) A 10.1 UStAE Abs. 10 Satz 2 neugef. durch BMF v. 30.3.2022, BStBl. I 2022, 568, anzuwenden in allen offenen Fällen. Dieses Schreiben ersetzt das BMF v. 3.2.2005, BStBl. I 2005, 414.

2) **Sartorius Ergänzungsband** Nr. 833.

vereinnahmt und verauslagt, kann nicht nach der wirtschaftlichen Betrachtungsweise entschieden werden. [4]Es ist vielmehr erforderlich, dass zwischen dem Zahlungsverpflichteten und dem, der Anspruch auf die Zahlung hat (Zahlungsempfänger), unmittelbare Rechtsbeziehungen bestehen (vgl. BFH-Urteil vom 24.2.1966, V 135/63, BStBl. III S. 263). [5]Liegen solche unmittelbaren Rechtsbeziehungen mit dem Unternehmer vor, sind Rechtsbeziehungen ohne Bedeutung, die zwischen dem Zahlungsempfänger und der Person bestehen, die an den Unternehmer leistet oder zu leisten verpflichtet ist (vgl. BFH-Urteil vom 2.3.1967, V 54/64, BStBl. III S. 377).

(2) [1]Unmittelbare Rechtsbeziehungen setzen voraus, dass der Zahlungsverpflichtete und der Zahlungsempfänger jeweils den Namen des anderen und die Höhe des gezahlten Betrags erfahren (vgl. BFH-Urteil vom 4.12.1969, V R 104/66, BStBl. 1970 II S. 191). [2]Dieser Grundsatz findet jedoch regelmäßig auf Abgaben und Beiträge keine Anwendung. [3]Solche Beträge können auch dann durchlaufende Posten sein, wenn die Mittelsperson dem Zahlungsempfänger die Namen der Zahlungsverpflichteten und die jeweilige Höhe der Beträge nicht mitteilt (vgl. BFH-Urteil vom 11.8.1966, V 13/64, BStBl. III S. 647). [4]Kosten (Gebühren und Auslagen), die Rechtsanwälte, Notare und Angehörige verwandter Berufe bei Behörden und ähnlichen Stellen für ihre Auftraggeber auslegen, können als durchlaufende Posten auch dann anerkannt werden, wenn dem Zahlungsempfänger Namen und Anschriften der Auftraggeber nicht mitgeteilt werden. [5]Voraussetzung ist, dass die Kosten nach Kosten(Gebühren-)ordnungen berechnet werden, die den Auftraggeber als Kosten(Gebühren-)schuldner bestimmen (vgl. BFH-Urteil vom 24.8.1967, V 239/64, BStBl. III S. 719). [6]Zur umsatzsteuerrechtlichen Behandlung von Deponiegebühren vgl. BMF-Schreiben vom 11.2.2000, BStBl. I S. 360. [7]Zu durchlaufenden Posten im Rahmen von postvorbereitenden sonstigen Leistungen von Konsolidierern an die Deutsche Post AG vgl. BMF-Schreiben vom 13.12.2006, BStBl. 2007 I S. 119. [8]Die von den gesetzlichen Trägern der Grundsicherung für Arbeitssuchende gezahlte Mehraufwandsentschädigung ist bei der Auszahlung durch die Arbeitsgelegenheit bei dieser als durchlaufender Posten zu beurteilen.

(3) [1]Steuern, öffentliche Gebühren und Abgaben, die vom Unternehmer geschuldet werden, sind bei ihm keine durchlaufenden Posten, auch wenn sie dem Leistungsempfänger gesondert berechnet werden (vgl. BFH-Urteil vom 4.6. 1970, V R 10/67, BStBl. II S. 648, und Abschnitt 10.1 Abs. 6). [2]Dementsprechend sind z. B. Gebühren, die im Rahmen eines Grundbuchabrufverfahrens vom Notar geschuldet werden, bei diesem keine durchlaufenden Posten, auch wenn sie als verauslagte Gerichtskosten in Rechnung gestellt werden dürfen.

(4)[1)] [1]Die Annahme eines durchlaufenden Postens scheidet auch aus, wenn der Unternehmer die Beträge gesamtschuldnerisch mit dem Empfänger seiner Leistung schuldet.[2)] [2]Die Weiterberechnung der nach § 2 BFStrMG[3)] geschul-

---

[1)] A 10.4 UStAE Abs. 4 Satz 2 geänd. durch BMF v. 30.3.2022, BStBl. I 2022, 568.

[2)] Siehe aber BFH v. 3.7.2014 V R 1/14, DStR 2014, 2126, zu Gebühren für eine zweite Leichenschau als durchlaufende Posten.

[3)] Bundesfernstraßenmautgesetz (BFStrMG) v. 12.7.2011, BGBl. I 2011, 1378, zuletzt geänd. durch G v. 8.6.2021, BGBl. I 2021, 1603.

deten Mautbeträge kann daher weder zwischen verschiedenen Gesamtschuldnern der Maut noch durch einen Mautschuldner gegenüber einem anderen Leistungsempfänger als durchlaufender Posten erfolgen.

10.5 Bemessungsgrundlage beim Tausch und bei tauschähnlichen Umsätzen

Allgemeines

(1)[1)] [1]Beim Tausch und bei tauschähnlichen Umsätzen gilt der Wert jedes Umsatzes als Entgelt für den anderen Umsatz. [2]Der Wert des anderen Umsatzes wird durch den subjektiven Wert für die tatsächlich erhaltene und in Geld ausdrückbare Gegenleistung bestimmt. [3]Subjektiver Wert ist derjenige, den der Leistungsempfänger der Leistung beimisst, die er sich verschaffen will und deren Wert dem Betrag entspricht, den er zu diesem Zweck aufzuwenden bereit ist (vgl. BFH-Urteil vom 16.4.2008, XI R 56/06, BStBl. II S. 909, und EuGH-Urteil vom 2.6.1994, C-33/93, Empire Stores). [4]Dieser Wert umfasst alle Ausgaben einschließlich der Nebenleistungen, die der Empfänger der jeweiligen Leistung aufwendet, um diese Leistung zu erhalten (vgl. BFH-Urteile vom 1.8.2002, V R 21/01, BStBl. 2003 II S. 438, und vom 16.4.2008, XI R 56/06, a. a. O.; zu Versandkosten vgl. z. B. EuGH-Urteil vom 3.7.2001, C-380/99, Bertelsmann).[2)] [5]Soweit der Leistungsempfänger konkrete Aufwendungen für die von ihm erbrachte Gegenleistung getätigt hat, ist daher der gemeine Wert (§ 9 BewG) dieser Gegenleistung nicht maßgeblich. [6]Hat er keine konkreten Aufwendungen für seine Gegenleistung getätigt, ist das Entgelt für die Leistung gem. § 162 AO zu schätzen (vgl. BFH-Urteil vom 25.4.2018, XI R 21/16, BStBl. II S. 505). [7]Wird ein Geldbetrag zugezahlt, handelt es sich um einen Tausch oder tauschähnlichen Umsatz mit Baraufgabe. [8]In diesen Fällen ist der Wert der Sachleistung um diesen Betrag zu mindern. [9]Wird im Rahmen eines tauschähnlichen Umsatzes Kapital zinslos oder verbilligt zur Nutzung überlassen, richtet sich der Wert dieses Vorteils nach den allgemeinen Vorschriften des BewG (§§ 13 bis 16 BewG).[3)] [10]Danach ist ein einjähriger Betrag der Nutzung mit 5,5 % des Darlehens zu ermitteln (vgl. BFH-Urteil vom 28.2.1991, V R 12/85, BStBl. II S. 649).

Materialabfall und werthaltige Abfälle

(2) [1]Zum Entgelt für eine Werkleistung oder eine Werklieferung kann neben der vereinbarten Barvergütung auch der bei der Werkleistung oder Werklieferung anfallende Materialabfall gehören, den der Leistungsempfänger dem leistenden Unternehmer überlässt. [2]Das gilt insbesondere, wenn Leis-

---

[1)] A 10.5 UStAE Abs. 1 Satz 6 neugef., Satz 7 aufgeh., bish. Sätze 8 bis 11 werden Sätze 7 bis 10 durch BMF v. 28.8.2020, BStBl. I 2020, 928, anzuwenden in allen offenen Fällen; zur **bis 1.1.2022** begrenzten Anwendung der bisherigen Regelungen siehe Anlage 8. – Vgl. BFH v. 30.9.2008 XI B 74/08, BFH/NV 2008, 2066 (tauschähnlicher Umsatz beim Reinigen von Toilettenanlagen gegen Entgelt).

[2)] *DStRE 2001, 936.*

[3)] **Steuergesetze** Nr. **200.**

Änderung der Verhältnisse: 51,54 Prozentpunkte (48,46 % statt bisher 100 %)
Vorsteuerberichtigung ab Jahr 05: 51,54 Prozentpunkte von $^1/_{10}$ von 65 000 € = 3350,10 € sind zuungunsten des U zu korrigieren.

Beispiel 12:

[1] Sachverhalt wie Beispiel 9. [2] U nutzt das Gesamtgebäude ab dem 1.1.06 zu 50 % für unternehmensfremde (private) Zwecke und führt zu 50 % steuerfreie Umsätze aus, die nicht zum Vorsteuerabzug berechtigen.
[3] Es liegen zwei Änderungen der Verhältnisse im Sinne des § 15a Abs. 1 in Verbindung mit Abs. 6a UStG vor, da U das Berichtigungsobjekt im Sinne des § 15a UStG bisher nur zu 3,08 % unternehmensfremd genutzt hat. [4] Die unternehmerische Nutzung des ursprünglich zugeordneten Gebäudeteils beträgt nur 69,24 %, da 22,22 % bezogen auf den zugeordneten Gebäudeteil von 72,22 % (= 30,76 %) nunmehr unternehmensfremd genutzt werden. [5] Außerdem ist U auf Grund der steuerfreien Umsätze in Bezug auf den unternehmerisch verwendeten Gebäudeteil nur noch zu 50 % zum Vorsteuerabzug berechtigt.
§ 15a-UStG-fähige Vorsteuerbeträge: 65 000 €
Ursprünglicher Vorsteuerabzug: 65 000 € (100 % von 65 000 €)
Zeitpunkt der erstmaligen Verwendung: 1.1.04
Dauer des Berichtigungszeitraums: 1.1.04 bis 31.12.13
Zum Vorsteuerabzug berechtigende Verwendung: 34,62 % (neue Nutzung: 34,62 % steuerpflichtig, 34,62 % steuerfrei, 30,76 % unternehmensfremd – 27,78 % des zu 50 % unternehmensfremd verwendeten Gebäudes sind nicht dem Unternehmen zugeordnet worden –)
Änderung der Verhältnisse: 65,38 Prozentpunkte (34,62 % statt bisher 100 %)
Vorsteuerberichtigung ab Jahr 06: 65,38 Prozentpunkte von $^1/_{10}$ von 65 000 € = 4249,70 € sind zuungunsten des U zu korrigieren.

Beispiel 13:

[1] Die Gemeinde G beginnt im Jahr 01 mit der Errichtung eines Gebäudes, das sie im Jahr 01 zu 100 % für hoheitliche Zwecke zu nutzen beabsichtigt. [2] Im Jahr 02 beschließt der Gemeinderat jedoch, das Gebäude zu 50 % für vorsteuerunschädliche unternehmerische Zwecke zu nutzen. [3] Die Fertigstellung des Gebäudes erfolgt im Jahr 03. [4] Die erstmalige Verwendung erfolgt am 1.1.04 wie im Jahr 02 beschlossen zu 50 % hoheitlich und zu 50 % unternehmerisch. [5] Vorsteuerbeträge wurden entsprechend der zum jeweiligen Leistungsbezug bestehenden Verwendungsabsicht wie folgt erklärt:

	ausgewiesene Umsatzsteuer	geltend gemachte Vorsteuer
01	40 000 €	0 €
02	20 000 €	10 000 €
03	30 000 €	15 000 €
Σ	90 000 €	25 000 €

[6] Soweit G beabsichtigt, das Gebäude für nichtwirtschaftliche Tätigkeiten i. e. S. zu verwenden, ist der Vorsteuerabzug nach § 15 Abs. 1 UStG ausgeschlossen. [7] G hat deshalb kein Zuordnungswahlrecht und muss zum 31.7. des Folgejahres keine Zuordnung dokumentieren. [8] Da G im Jahr 01 beabsichtigt hat, das Gebäude zu 100 % für nichtwirtschaftliche Tätigkeiten i. e. S. zu verwenden, können die Vorsteuerbeträge aus dem Jahr 01 nachträglich nicht geltend gemacht werden. [9] Eine Berichtigung nach § 15a UStG aus Billigkeitsgründen (vgl. Abschnitt 15a.1 Abs. 7) ist insoweit ebenfalls ausgeschlossen, weil es sich vorliegend nicht um eine Erhöhung des wirtschaftlich verwendeten Teils eines bereits zugeordneten Gebäudes handelt, sondern um die erstmalige unternehmerische Zuordnung. [10] Das Gebäude wird für Zwecke des § 15a UStG *wie zu 50 %* (25 000 € von 50 000 €) dem Unternehmen zugeordnet behandelt, weil für die Jahre 02 und 03 ein Aufteilungsgebot gilt (vgl. Absatz 2 Satz 1 Nr. 2 Buchstabe a). [11] Das Volumen für eine Berichtigung nach den Grundsätzen des § 15a UStG beträgt 50 000 € (25 000 € auf Basis der Zuordnung und 25 000 € aus Billigkeitsgründen, vgl. Abschnitt 15a.1 Abs. 7).

Beispiel 14:

[1] Sachverhalt wie Beispiel 13. [2] G verwendet das Gebäude ab dem 1. 1. 05 zu 70 % für unternehmerische Tätigkeiten.
§ 15a-UStG-fähige Vorsteuerbeträge: 50 000 € (Vorsteuerbeträge aus den Jahren 02 und 03)

Ursprünglicher Vorsteuerabzug: 25 000 € (50 % von 50 000 €)
Zeitpunkt der erstmaligen Verwendung: 1.1.04
Dauer des Berichtigungszeitraums: 1.1.04 bis 31.12.13
Zum Vorsteuerabzug berechtigende Verwendung: 70 %
Änderung der Verhältnisse: 20 Prozentpunkte (70 % statt bisher 50 %)
Vorsteuerberichtigung ab dem Jahr 05 aus Billigkeitsgründen nach Abschnitt 15a.1 Abs. 7: 20 Prozentpunkte von $^1/_{10}$ von 50 000 € = 1000 € sind zugunsten des G zu korrigieren.
[3] Der Gegenstand gilt durch die Berichtigung aus Billigkeitsgründen zu 70 % als dem Unternehmen zugeordnet.

Beispiel 15:

[1] Die Gemeinde G beginnt im Jahr 01 mit der Errichtung eines Gebäudes, das sie in 01 zu 75 % für hoheitliche und zu 25 % für vorsteuerunschädliche unternehmerische Zwecke zu nutzen beabsichtigt. [2] Im Jahr 02 beschließt der Gemeinderat jedoch, das Gebäude zu 50 % für vorsteuerunschädliche unternehmerische Zwecke zu nutzen. [3] Die Fertigstellung des Gebäudes erfolgt im Jahr 03. [4] Die erstmalige Verwendung erfolgt am 1.1.04 wie im Jahr 02 beschlossen zu 50 % hoheitlich und zu 50 % unternehmerisch. [5] Vorsteuerbeträge wurden entsprechend der zum jeweiligen Leistungsbezug bestehenden Verwendungsabsicht wie folgt erklärt:

	ausgewiesene Umsatzsteuer	geltend gemachte Vorsteuer
01	40 000 €	10 000 € (25 %)
02	20 000 €	10 000 € (50 %)
03	30 000 €	15 000 € (50 %)
Σ	90 000 €	35 000 € (38,88 %)

[6] Soweit G beabsichtigt, das Gebäude für nichtwirtschaftliche Tätigkeiten i. e. S. zu verwenden, ist der Vorsteuerabzug nach § 15 Abs. 1 UStG ausgeschlossen. [7] G hat deshalb kein Zuordnungswahlrecht und muss bis zum 31.7. des Folgejahres keine Zuordnung dokumentieren. [8] Das Gebäude gilt aus Vereinfachungsgründen zu 38,88 % als dem Unternehmen zugeordnet. [9] Für das Jahr 04 kann aus Billigkeitsgründen wegen der Änderung der Verhältnisse um 11,12 % (50 % statt 38,88 %) eine Korrektur nach den Grundsätzen des § 15a UStG erfolgen (vgl. Abschnitt 15a.1 Abs. 7).

15.2d Regelungen zum Vorsteuerabzug in Einzelfällen

(1)[1] Zum Vorsteuerabzug in besonderen Fällen wird auf folgende Regelungen hingewiesen:

1. Errichtung von Gebäuden auf fremdem Boden,
   vgl. BMF-Schreiben vom 23.7.1986, BStBl. I S. 432;
2. Einrichtungen, bei denen neben dem unternehmerischen auch ein nichtunternehmerischer Bereich besteht (z. B. bei juristischen Personen des öffentlichen Rechts, Vereinen),
   vgl. Abschnitte 2.10 und 15.19;
3. Garantieleistungen in der Reifenindustrie,
   vgl. BMF-Schreiben vom 21.11.1974, BStBl. I S. 1021;
4. Garantieleistungen und Freiinspektionen in der Kraftfahrzeugwirtschaft,
   vgl. BMF-Schreiben vom 3.12.1975, BStBl. I S. 1132;
5. Austauschverfahren in der Kraftfahrzeugwirtschaft,
   vgl. Abschnitt 10.5 Abs. 3;

---

[1] A 15.2d UStAE Abs. 1 Nr. 15 angef. durch BMF v. 7.9.2021, BStBl. 2021, 1591, anzuwenden in allen offenen Fällen; Nr. 11 neugef. durch BMF v. 27.10.2021, BStBl. I 2021, *2137, anzuwenden in allen offenen Fällen*; Nr. 10 neugef. durch BMF v. 30.3.2022, BStBl. I 2022, 568, anzuwenden in allen offenen Fällen.

6. Einschaltung von Personengesellschaften beim Erwerb oder der Errichtung von Betriebsgebäuden der Kreditinstitute, vgl. BMF-Schreiben vom 29.5.1992, BStBl. I S. 378;
7. Einschaltung von Unternehmern in die Erfüllung hoheitlicher Aufgaben, vgl. BMF-Schreiben vom 27.12.1990, BStBl. 1991 I S. 81;
8. Essensabgabe an das Personal durch eine vom Arbeitgeber nicht selbst betriebene Kantine oder Gaststätte, vgl. Abschnitt 1.8 Abs. 12;
9. Vorsteuerabzug und Umsatzbesteuerung bei zwischen dem 1.4.1999 und dem 31.12.2003 angeschafften teilunternehmerisch genutzten Fahrzeugen, vgl. Tz. 6 des BMF-Schreibens vom 27.8.2004, BStBl. I S. 864;
10. Public-Private-Partnerships (PPP) im Bundesfernstraßenbau, vgl. BMF-Schreiben vom 30.3.2022, BStBl. I S. 568;
11. Vorsteuerabzug bei gemeinsamem Leistungsbezug durch mehrere Personen, vgl. BMF-Schreiben vom 27.10.2021, BStBl. I S. 2137;
12. Vorsteuerabzug beim Betrieb von Anlagen zur Energieerzeugung, vgl. Abschnitt 2.5;
13. Vorsteuerabzug bei Errichtung von Erschließungsanlagen, vgl. BMF-Schreiben vom 7.6.2012, BStBl. I S. 621;
14. [1] Vorsteuerabzug eines Insolvenzverwalters; ein Insolvenzverwalter kann eine Leistung im Zusammenhang mit seiner Tätigkeit entweder kraft Amtes für die Masse oder persönlich beziehen. [2] Das Recht auf Vorsteuerabzug steht der Insolvenzmasse zu, wenn der Insolvenzverwalter die Masse wirksam verpflichtet hat (vgl. BFH-Urteil vom 18.9.2019, XI R 19/17, BStBl. 2020 II S. 172);
15. Vorsteuerabzug bei der Verwendung eines Aliasnamens nach dem ProstSchG, vgl. BMF-Schreiben vom 7.9.2021, BStBl. I S. 1591.

(2) [1] Erwachsen dem Unternehmer Aufwendungen durch Beköstigung des im Unternehmen beschäftigten Personals in seinem Haushalt, gilt folgende Vereinfachungsregelung: Für die auf diese Aufwendungen entfallenden Vorsteuern kann ohne Einzelnachweis ein Betrag abgezogen werden, der sich unter Anwendung eines durchschnittlichen Steuersatzes von 7,9% auf den Wert errechnet, der bei der Einkommensteuer für die außerbetrieblichen Zukäufe als Betriebsausgabe anerkannt wird. [2] Dementsprechend kann in diesen Fällen die abziehbare Vorsteuer von 7,32% dieses Werts (Bruttobetrag) errechnet werden.

(3) Zur Minderung des Vorsteuerabzugs beim Leistungsempfänger im Zusammenhang mit Preisnachlässen und Preiserstattungen sowie der Einlösung von Gutscheinen vgl. Abschnitt 17.2 Abs. 3 und 4.

15.3 Vorsteuerabzug bei Zahlungen vor Empfang der Leistung

(1) [1]Der vorgezogene Vorsteuerabzug setzt in den Fällen des § 15 Abs. 1 Satz 1 Nr. 1 UStG bei Zahlungen vor Empfang der Leistung (§ 15 Abs. 1 Satz 1 Nr. 1 Satz 3 UStG) voraus, dass

1. eine nach §§ 14, 14a UStG ausgestellte Rechnung vorliegt und
2. die Zahlung geleistet worden ist.

[2]Der Vorsteuerabzug kommt für den Voranmeldungs- bzw. Besteuerungszeitraum in Betracht, in dem erstmalig beide Voraussetzungen erfüllt sind. [3]Voraussetzung für den Vorsteuerabzug aus Rechnungen über Lieferungen, auf die eine Anzahlung geleistet wurde, ist, dass alle maßgeblichen Elemente des Steuertatbestands, d.h. der künftigen Lieferung, bereits bekannt und somit insbesondere die Gegenstände der Lieferung zum Zeitpunkt der Anzahlung genau bestimmt sind (vgl. BFH-Urteil vom 24.8.2006, V R 16/05, BStBl. 2007 II S. 340, vgl. Abschnitt 14.8 Abs. 4 Satz 2).

(2) Hat ein Kleinunternehmer, der von der Sonderregelung des § 19 Abs. 1 UStG zur allgemeinen Besteuerung übergegangen ist, bereits vor dem Übergang Zahlungen für einen nach dem Übergang an ihn bewirkten Umsatz geleistet, kann er den vorgezogenen Vorsteuerabzug in der Voranmeldung für den ersten Voranmeldungszeitraum nach dem Übergang zur allgemeinen Besteuerung geltend machen.

(3) Für den vorgezogenen Vorsteuerabzug ist es ohne Bedeutung, ob die vor Ausführung des Umsatzes geleistete Zahlung das volle Entgelt oder nur einen Teil des Entgelts einschließt.

(4) [1]Ist der gesondert ausgewiesene Steuerbetrag höher als die Steuer, die auf die Zahlung vor der Umsatzausführung entfällt, kann vorweg nur der Steuerbetrag abgezogen werden, der in der im Voraus geleisteten Zahlung enthalten ist. [2]Das gilt auch, wenn vor der Ausführung des Umsatzes über die gesamte Leistung abgerechnet wird, die Gegenleistung aber in Teilbeträgen gezahlt wird. [3]In diesen Fällen hat daher der Unternehmer den insgesamt ausgewiesenen Steuerbetrag auf die einzelnen Teilbeträge aufzuteilen.

Beispiel:

[1]Der Unternehmer hat bereits im Januar eine Gesamtrechnung für einen im Juli zu liefernden Gegenstand über 100 000 € zuzüglich gesondert ausgewiesener Umsatzsteuer i. H. v. 19 000 €, insgesamt 119 000 €, erhalten. [2]Er leistet in den Monaten März, April und Mai Anzahlungen von jeweils 23 800 €. [3]Die Restzahlung i. H. v. 47 600 € überweist er einen Monat nach Empfang der Leistung.

[4]Der Unternehmer kann für die Voranmeldungszeiträume März, April und Mai den in der jeweiligen Anzahlung enthaltenen Steuerbetrag von 3800 € als Vorsteuer abziehen. [5]Die in der Restzahlung von 47 600 € enthaltene Vorsteuer von 7600 € kann für den Voranmeldungszeitraum Juli (zum Zeitpunkt der Umsatzausführung) abgezogen werden.

(5) [1]Aus einer Endrechnung (§ 14 Abs. 5 Satz 2 UStG) kann der Leistungsempfänger nur den Steuerbetrag als Vorsteuer abziehen, der auf die verbliebene Restzahlung entfällt. [2]Das Gleiche gilt bei der Abrechnung mit *Gutschriften.* [3]*Ein* höherer Vorsteuerabzug ist auch dann nicht zulässig, wenn in

sätze des § 15 Abs. 4 UStG entsprechend (vgl. BFH-Urteil vom 3.3.2011, V R 23/10, BStBl. 2012 II S. 74).

Beispiel:

1 Das Unternehmen U bezieht Beratungsleistungen, die im unmittelbaren Zusammenhang mit der Ausgabe neuer Anteile zur Kapitalbeschaffung stehen. 2 U ist nur unternehmerisch tätig.

3 Der Vorsteuerabzug richtet sich in diesem Fall nach der unternehmerischen Gesamttätigkeit, weil es sich bei der Ausgabe neuer Gesellschaftsanteile nicht um Leistungen handelt (vgl. BFH-Urteil vom 6.5.2010, V R 29/09, BStBl. II S. 885, und Abschnitt 15.2b Abs. 2). 4 Insofern liegt mangels Leistungscharakter kein konkreter Ausgangsumsatz vor, mit dem ein unmittelbarer Zusammenhang dergestalt besteht, dass die Berücksichtigung der wirtschaftlichen Gesamttätigkeit ausgeschlossen wäre.

(7) 1 Die Grundsätze dieses Abschnitts sind in den Fällen der Ausgabe von Beteiligungen gegen Sacheinlage sinngemäß anzuwenden. 2 Zur umsatzsteuerrechtlichen Behandlung der Ausgabe von Beteiligungen gegen Sacheinlage beim einbringenden Gesellschafter vgl. BFH-Urteil vom 13.11.2003, V R 79/01, BStBl. 2004 II S. 375.

15.22 Vorsteuerabzug im Zusammenhang mit dem Halten und Veräußern von gesellschaftsrechtlichen Beteiligungen

(1) 1 Wird ein Anteilseigner (insbesondere auch eine Holding) beim Erwerb einer gesellschaftsrechtlichen Beteiligung als Unternehmer tätig (vgl. Abschnitt 2.3 Abs. 2 ff.), muss er die Beteiligung seinem Unternehmen zuordnen. 2 Vorsteuern, die im Zusammenhang mit den im unternehmerischen Bereich gehaltenen gesellschaftsrechtlichen Beteiligungen anfallen, sind unter den allgemeinen Voraussetzungen des § 15 UStG abziehbar. 3 Hält der Unternehmer (z. B. eine gemischte Holding) daneben auch gesellschaftsrechtliche Beteiligungen im nichtunternehmerischen Bereich, sind Eingangsleistungen, die sowohl für den unternehmerischen Bereich als auch für den nichtunternehmerischen Bereich bezogen werden (z. B. allgemeine Verwaltungskosten der Holding, allgemeine Beratungskosten, Steuerberatungskosten usw.), für Zwecke des Vorsteuerabzugs aufzuteilen (vgl. Abschnitt 15.2b Abs. 2 und BFH-Urteil vom 9.2.2012, V R 40/10, BStBl. II S. 844). 4 Ein Recht auf Vorsteuerabzug aus Leistungen im Zusammenhang mit dem Einwerben von Kapital zur Anschaffung einer gesellschaftsrechtlichen Beteiligung besteht für den Unternehmer (insbesondere für eine Holding) jedoch nicht, soweit das eingeworbene Kapital in keinem Verhältnis zu der im unternehmerischen Bereich gehaltenen gesellschaftsrechtlichen Beteiligung steht, oder wenn die Umsätze, die dieses Recht begründen sollen, eine missbräuchliche Praxis darstellen (vgl. BFH-Urteile vom 6.4.2016, V R 6/14, BStBl. 2017 II S. 577, und vom 1.6.2016, XI R 17/11, BStBl. 2017 II S. 581).

(2) 1 Das bloße Veräußern von gesellschaftsrechtlichen Beteiligungen ist keine unternehmerische Tätigkeit (vgl. Abschnitt 2.3 Abs. 2 Satz 1). 2 Dies gilt nicht, wenn die Beteiligung im Unternehmensvermögen gehalten wird (vgl. Abschnitt 2.3 Abs. 3 Satz 5 ff.). 3 Der Abzug der Vorsteuer aus Aufwendungen, die im direkten und unmittelbaren Zusammenhang mit der Veräußerung einer gesellschaftsrechtlichen Beteiligung stehen, ist nur insofern zulässig,

als diese Veräußerung steuerbar ist und der Vorsteuerabzug nicht nach § 15 Abs. 2 UStG ausgeschlossen ist (vgl. BFH-Urteil vom 6.5.2010, V R 29/09, BStBl. II S. 885, und Abschnitt 15.2b Abs. 2). 4 Somit scheidet der Vorsteuerabzug im Fall der Veräußerung einer nicht im Unternehmensvermögen gehaltenen gesellschaftsrechtlichen Beteiligung wegen des direkten und unmittelbaren Zusammenhangs mit diesem nicht steuerbaren Umsatz aus. 5 Im Fall einer nach § 4 Nr. 8 Buchstabe e oder f UStG steuerfreien Veräußerung einer im Unternehmensvermögen gehaltenen Beteiligung scheidet der Vorsteuerabzug wegen des direkten und unmittelbaren Zusammenhangs mit dieser den Vorsteuerabzug nach § 15 Abs. 2 Satz 1 Nr. 1 UStG ausschließenden Veräußerung aus, ohne dass dafür auf die unternehmerische Gesamttätigkeit abzustellen ist (vgl. BFH-Urteil vom 27.1.2011, V R 38/09, BStBl. 2012 II S. 68).

15.23 Vorsteuerabzug und Umsatzbesteuerung bei (teil-)unternehmerisch verwendeten Fahrzeugen

Allgemeines[1)]

(1)[1)] 1 Der Begriff Fahrzeug im Sinne dieses Abschnitts ist gleichzusetzen mit dem Begriff Kraftfahrzeug und umfasst damit auch Elektrofahrräder, die einer Kennzeichen-, Versicherungs- oder Führerscheinpflicht unterliegen. 2 Für die Frage der Zuordnung eines angeschafften, hergestellten, eingeführten oder innergemeinschaftlich erworbenen Fahrzeugs sind die Zuordnungsgrundsätze nach Abschnitt 15.2c zu beachten. 3 Auf die ertragsteuerrechtliche Behandlung als Betriebs- oder Privatvermögen kommt es grundsätzlich nicht an. 4 Maßgebend für die Zuordnung ist die im Zeitpunkt der Anschaffung des Fahrzeugs beabsichtigte Verwendung für den Besteuerungszeitraum der erstmaligen Verwendung (vgl. Abschnitt 15.2c Abs. 12). 5 Dabei ist auf das voraussichtliche Verhältnis der Jahreskilometer für die unterschiedlichen Nutzungen abzustellen. 6 Im Falle einer Ersatzbeschaffung kann das Aufteilungsverhältnis des Vorjahres herangezogen werden. 7 Seine Verwendungsabsicht muss der Unternehmer objektiv belegen und in gutem Glauben erklären.

Zuordnung zum Unternehmen und Vorsteuerabzug[1)]

(2) 1 Beträgt der Umfang der unternehmerischen Verwendung des Fahrzeugs weniger als 10% (unternehmerische Mindestnutzung), greift das Zuordnungsverbot nach § 15 Abs. 1 Satz 2 UStG. 2 Die Fahrten des Unternehmers zwischen Wohnung und Betriebsstätte sowie Familienheimfahrten wegen einer aus betrieblichem Anlass begründeten doppelten Haushaltsführung sind dabei der unternehmerischen Nutzung des Fahrzeugs zuzurechnen und unterliegen keiner Vorsteuerkürzung nach § 15 Abs. 1a UStG. 3 Maßgebend für die 10%-Grenze nach § 15 Abs. 1 Satz 2 UStG ist bei einem Fahrzeug das Verhältnis der Kilometer unternehmerischer Fahrten zu den Jahreskilometern des Fahrzeugs. 4 In Zweifelsfällen muss der Unternehmer dem Finanzamt die

[1)] A 15.23 UStAE Zwischenüberschriften eingef., Abs. 1 Satz 1 eingef., bish. Sätze 1 bis 6 werden Sätze 2 bis 7 durch BMF v. 7.2.2022, BStBl. I 2022, 197, anzuwenden in allen offenen Fällen.

unternehmerische Mindestnutzung glaubhaft machen. [5]Bei sog. Zweit- oder Drittfahrzeugen von Einzelunternehmern oder sog. Alleinfahrzeugen bei einer nebenberuflichen Unternehmertätigkeit ist regelmäßig davon auszugehen, dass diese Fahrzeuge zu weniger als 10% unternehmerisch genutzt werden. [6]Das Gleiche gilt bei Personengesellschaften, wenn ein Gesellschafter mehr als ein Fahrzeug privat nutzt, für die weiteren privat genutzten Fahrzeuge.

(3) [1]Bei ausschließlich unternehmerischer Verwendung des Fahrzeugs kann der Unternehmer die auf die Anschaffung des Fahrzeugs entfallenden Vorsteuerbeträge abziehen (§ 15 Abs. 1 Satz 1 UStG), sofern kein Ausschlusstatbestand nach § 15 Abs. 1a und 2 in Verbindung mit Abs. 3 UStG vorliegt. [2]Das Gleiche gilt bei teilunternehmerischer Verwendung des Fahrzeugs für unternehmensfremde (private) Tätigkeiten, wenn der Unternehmer das Fahrzeug vollständig seinem Unternehmen zuordnet. [3]In diesem Fall unterliegt die unternehmensfremde Nutzung unter den Voraussetzungen des § 3 Abs. 9a Nr. 1 UStG als unentgeltliche Wertabgabe der Besteuerung. [4]Ordnet der Unternehmer nur den unternehmerisch genutzten Fahrzeugteil seinem Unternehmen zu (unter Beachtung der unternehmerischen Mindestnutzung), darf er nur die auf diesen Teil entfallende Vorsteuer aus den Anschaffungskosten nach § 15 Abs. 1 Satz 1 UStG abziehen, wobei die erforderliche Vorsteueraufteilung nach den Grundsätzen des § 15 Abs. 4 UStG zu erfolgen hat. [5]Die auf den anderen Fahrzeugteil entfallende unternehmensfremde Nutzung unterliegt dann nicht der Wertabgabenbesteuerung nach § 3 Abs. 9a Nr. 1 UStG. [6]Bei einer teilunternehmerischen Verwendung für nichtwirtschaftliche Tätigkeiten i. e. S. (vgl. Abschnitt 2.3 Abs. 1a) gehört das Fahrzeug nur in Höhe der beabsichtigten unternehmerischen Nutzung zum Unternehmen. [7]Dementsprechend ist ein Vorsteuerabzug nur für den dem Unternehmen zugeordneten Anteil des Fahrzeugs zulässig, sofern kein Ausschlusstatbestand nach § 15 Abs. 1a und Abs. 2 in Verbindung mit Abs. 3 UStG vorliegt (vgl. Abschnitt 15.2b Abs. 2).

(4) [1]Zu Aufwendungen im Zusammenhang mit einem Fahrzeug vgl. Abschnitt 15.2c Abs. 2 Satz 2 bis 6. [2]Werden zum Gebrauch des Fahrzeugs Gegenstände bezogen, die keine vertretbaren Sachen sind, gelten für diese die allgemeinen Zuordnungsgrundsätze. [3]Aus Vereinfachungsgründen kann der Unternehmer auf das Verhältnis der unternehmerischen zur nichtunternehmerischen Nutzung des Fahrzeugs abstellen.

Beispiel:

[1]Erwirbt der Unternehmer für ein Fahrzeug, das zu weniger als 10% für sein Unternehmen genutzt wird und deshalb nicht dem Unternehmen zugeordnet ist, z. B. einen Satz *Winterreifen,* können diese wie das Fahrzeug selbst nicht zugeordnet werden; ein Recht auf Vorsteuerabzug besteht insoweit nicht, es sei denn, der Unternehmer weist eine höhere unternehmerische Nutzung der Winterreifen nach. [2]Wird das Fahrzeug dagegen beispielsweise zu 40% unternehmerisch und zu 60% unternehmensfremd (privat) genutzt, kann der Unternehmer die Winterreifen im vollen Umfang seinem Unternehmen zuordnen (vgl. Anschnitt 15.2c Abs. 2 Satz 1 Nr. 2 Buchstabe b) und unter den Voraussetzungen des § 15 UStG den Vorsteuerabzug in voller Höhe geltend machen. [3]Der Bemessungsgrundlage der unentgeltlichen Wertabgabe kann ein Privatanteil von 60% zu Grunde gelegt werden, ohne dass die konkreten Nutzungsverhältnisse der Winterreifen ermittelt werden müssen.

Unternehmensfremde (private) Nutzung durch den Unternehmer[1)]

(5)[1)] [1]Die unternehmensfremde (private) Nutzung eines dem Unternehmen vollständig zugeordneten Fahrzeugs ist unter den Voraussetzungen des § 3 Abs. 9a Nr. 1 UStG als unentgeltliche Wertabgabe der Besteuerung zu unterwerfen. [2]Als Bemessungsgrundlage sind dabei nach § 10 Abs. 4 Satz 1 Nr. 2 UStG die Ausgaben anzusetzen, soweit sie zum vollen oder teilweisen Vorsteuerabzug berechtigt haben (vgl. Abschnitt 10.6 Abs. 3). [3]Sofern Anschaffungs- oder Herstellungskosten mindestens 500 € (Nettobetrag ohne Umsatzsteuer) betragen, sind sie gleichmäßig auf den für das Fahrzeug maßgeblichen Berichtigungszeitraum nach § 15a UStG zu verteilen. [4]Zur Ermittlung der Ausgaben, die auf die unternehmensfremde Nutzung des dem Unternehmen zugeordneten Fahrzeugs entfallen, hat der Unternehmer die Wahl zwischen folgenden Methoden:

1. Fahrzeuge, die zu mehr als 50% betrieblich genutzt werden
   a) 1%-Regelung
   [1]Ermittelt der Unternehmer für Ertragsteuerzwecke den Wert der Nutzungsentnahme nach der sog. 1%-Regelung nach § 6 Abs. 1 Nr. 4 Satz 2 EStG, kann er von diesem Wert aus Vereinfachungsgründen bei der Bemessungsgrundlage für die Umsatzbesteuerung der unternehmensfremden Nutzung ausgehen. [2]Für umsatzsteuerliche Zwecke sind die Sonderregelungen für Elektro- und Hybridelektrofahrzeuge nach § 6 Abs. 1 Nr. 4 Satz 2 Nr. 1 bis 5 EStG nicht anzuwenden. [3]Für die nicht mit Vorsteuern belasteten Ausgaben kann aus Vereinfachungsgründen ein pauschaler Abschlag von 20% vorgenommen werden. [4]Der so ermittelte Betrag ist der Nettowert; die Umsatzsteuer ist mit dem allgemeinen Steuersatz hinzuzurechnen.
   b) Fahrtenbuchregelung
   [1]Setzt der Unternehmer für Ertragsteuerzwecke die private Nutzung mit den auf die Privatfahrten entfallenden Aufwendungen an, indem er die für das Fahrzeug insgesamt entstehenden Aufwendungen durch Belege und das Verhältnis der privaten zu den übrigen Fahrten durch ein ordnungsgemäßes Fahrtenbuch nachweist (§ 6 Abs. 1 Nr. 4 Satz 3 EStG), ist von diesem Wert auch bei der Ermittlung der Bemessungsgrundlage für die Umsatzbesteuerung der unternehmensfremden Nutzung auszugehen. [2]Für umsatzsteuerliche Zwecke sind die Sonderregelungen für Elektro- und Hybridelektrofahrzeuge nach § 6 Abs. 1 Nr. 4 Satz 3 Nr. 1 bis 5 EStG nicht anzuwenden. [3]Aus den Gesamtaufwendungen sind für Umsatzsteuerzwecke die nicht mit Vorsteuern belasteten Ausgaben in der belegmäßig nachgewiesenen Höhe auszuscheiden.
2. Fahrzeuge, die nicht zu mehr als 50% betrieblich genutzt werden
   [1]Wird das Fahrzeug nicht zu mehr als 50% betrieblich genutzt, ist die Anwendung der 1%-Regelung nach § 6 Abs. 1 Nr. 4 Satz 2 EStG ausgeschlossen. [2]Der für ertragsteuerliche Zwecke nach § 6 Abs. 1 Nr. 4 Satz 1 EStG

[1)] A 15.23 UStAE Zwischenüberschrift eingef. Abs. 5 Satz 4 Nrn. 1 und 2 geänd., Satz 4 *Nr. 1 Buchst. a Satz 2, Buchst.* b Satz 2 und Nr. 2 Satz 3 neugef. durch BMF v. 7.2.2022, BStBl. I 2022, 197, anzuwenden in allen offenen Fällen.

ermittelte Nutzungsanteil ist grundsätzlich auch der Umsatzbesteuerung zu Grunde zu legen. [3] Für umsatzsteuerliche Zwecke sind die Sonderregelungen für Elektro- und Hybridelektrofahrzeuge nach § 6 Abs. 1 Nr. 4 Satz 3 Nr. 1 bis 5 EStG nicht anzuwenden.

3. Schätzung des unternehmensfremden (privaten) Nutzungsanteils
[1] Wendet der Unternehmer die 1%-Regelung nicht an oder werden die pauschalen Wertansätze durch die sog. Kostendeckelung auf die nachgewiesenen tatsächlichen Ausgaben begrenzt (vgl. Rdnr. 18 des BMF-Schreibens vom 18.11.2009, BStBl. I S. 1326) und liegen die Voraussetzungen zur Ermittlung nach der Fahrtenbuchregelung nicht vor (z. B. weil kein ordnungsgemäßes Fahrtenbuch geführt wird), ist der private Nutzungsanteil für Umsatzsteuerzwecke anhand geeigneter Unterlagen im Wege einer sachgerechten Schätzung zu ermitteln. [2] Als geeignete Unterlagen kommen insbesondere Aufzeichnungen für einen repräsentativen Zeitraum in Betracht, aus denen sich zumindest die unternehmerischen Fahrten mit Fahrtziel und gefahrenen Kilometern und die Gesamtkilometer ergeben. [3] Liegen keine geeigneten Unterlagen für eine Schätzung vor, ist der private Nutzungsanteil mit mindestens 50% zu schätzen, soweit sich aus den besonderen Verhältnissen des Einzelfalls nichts Gegenteiliges ergibt. [4] Aus den Gesamtaufwendungen sind die nicht mit Vorsteuern belasteten Ausgaben in der belegmäßig nachgewiesenen Höhe auszuscheiden.

4. Fahrzeugerwerb ohne Berechtigung zum Vorsteuerabzug
Konnte der Unternehmer bei der Anschaffung eines dem Unternehmen zugeordneten Fahrzeugs keinen Vorsteuerabzug vornehmen (z. B. Erwerb von einem Nichtunternehmer), sind nur die vorsteuerbelasteten Unterhaltskosten zur Ermittlung der Bemessungsgrundlage heranzuziehen.

(6) [1] Soweit ein Fahrzeug für nichtwirtschaftliche Tätigkeiten i. e. S. verwendet wird, entfällt grundsätzlich eine Wertabgabenbesteuerung nach § 3 Abs. 9a Nr. 1 UStG, da das Fahrzeug insoweit nicht dem Unternehmen zugeordnet werden konnte und der Vorsteuerabzug bereits nach § 15 Abs. 1 UStG ausgeschlossen ist. [2] Eine Wertabgabenbesteuerung ist jedoch vorzunehmen, wenn und soweit sich die Nutzung des Fahrzeugs für nichtwirtschaftliche Tätigkeiten i. e. S. erhöht (vgl. Abschnitt 3.4 Abs. 2). [3] Für laufende Aufwendungen ist das Aufteilungsgebot nach Absatz 4 zu beachten. [4] Bemessungsgrundlage für die Wertabgabenbesteuerung nach § 3 Abs. 9a Nr. 1 UStG sind insbesondere die Vorsteuerbeträge aus der Anschaffung, Herstellung, Einfuhr oder dem innergemeinschaftlichen Erwerb des Fahrzeugs, soweit es dem Unternehmen zugeordnet wurde. [5] Sofern die Anschaffungs- oder Herstellungskosten mindestens 500 € (Nettobetrag ohne Umsatzsteuer) betragen haben, sind sie gleichmäßig auf den für das Fahrzeug maßgeblichen Berichtigungszeitraum nach § 15a UStG zu verteilen. [6] *Die* Ermittlung der Erhöhung der nichtwirtschaftlichen Verwendung i. e. S. kann auf Grundlage eines ordnungsgemäß geführten Fahrtenbuchs oder anhand geeigneter Unterlagen im Wege einer sachgerechten Schätzung erfolgen. [7] Als geeignete Unterlagen kommen insbesondere Aufzeichnungen für einen repräsentativen Zeitraum in Betracht, aus denen sich zumindest die unternehmerischen Fahrten mit Fahrtziel und gefahrenen Kilometern und die Gesamtkilometer ergeben. [8] Bei Erhöhung der unternehmerischen Verwendung

des Fahrzeugs kommt eine Berichtigung des Vorsteuerabzugs nach § 15a UStG zugunsten des Unternehmers aus Billigkeitsgründen in Betracht (vgl. Abschnitt 15a.1 Abs. 7). [9] Macht der Unternehmer von dieser Billigkeitsmaßnahme Gebrauch, gilt das Fahrzeug auch insoweit als dem Unternehmen zugeordnet (vgl. Abschnitt 15a.1 Abs. 7 Satz 2). [10] Veräußert der Unternehmer nach Ablauf des Berichtigungszeitraums nach § 15a UStG dieses Fahrzeug, ist die Veräußerung in Höhe des für unternehmerische Tätigkeiten verwendeten Anteils im Besteuerungszeitraum der Veräußerung steuerbar; dabei darf der Umfang der Zuordnung des Fahrzeugs bei dessen Anschaffung, Erwerb oder Herstellung nicht unterschritten werden.

Beispiel 1:

[1] Der Verein V schafft zum 1.1.01 ein Fahrzeug an (Anschaffungskosten 40 000 € zzgl. 7600 € Umsatzsteuer). [2] V beabsichtigt, das Fahrzeug zu 60 % für seinen wirtschaftlichen Geschäftsbetrieb (unternehmerische Tätigkeit) und zu 40 % für seinen ideellen Bereich (nichtwirtschaftliche Tätigkeit i. e. S.) zu verwenden. [3] V führt ein ordnungsgemäßes Fahrtenbuch. [4] In den Jahren 02 bis 06 verändert sich die Nutzung des Fahrzeugs wie folgt:

02: Verwendung zu 70 % für die unternehmerische Tätigkeit und zu 30 % für die nichtwirtschaftliche Tätigkeit i. e. S.

03: Verwendung zu 65 % für die unternehmerische Tätigkeit und zu 35 % für die nichtwirtschaftliche Tätigkeit i. e. S.

04: Verwendung zu 50 % für die unternehmerische Tätigkeit und zu 50 % für die nichtwirtschaftliche Tätigkeit i. e. S.

05: Verwendung zu 80 % für die unternehmerische Tätigkeit und zu 20 % für die nichtwirtschaftliche Tätigkeit i. e. S.

06: Verwendung zu 75 % für die unternehmerische Tätigkeit und zu 25 % für die nichtwirtschaftliche Tätigkeit i. e. S.

[5] Am 1.7.06 veräußert V das Fahrzeug (vereinbartes Nettoentgelt 10 000 €).

Jahr 01:
[6] V beabsichtigt bei Anschaffung des Fahrzeugs eine unternehmerische Nutzung zu 60 %. [7] In diesem Umfang kann V das Fahrzeug dem Unternehmen zuordnen (§ 15 Abs. 1 UStG) und ist unter den weiteren Voraussetzungen des § 15 UStG in Höhe von 4560 € (7600 € × 60 %) zum Vorsteuerabzug berechtigt. [8] Der für ideelle Tätigkeiten des Vereins verwendete Anteil des Fahrzeugs kann hingegen nicht dem Unternehmen zugeordnet werden (Aufteilungsgebot) und berechtigt nicht zum Vorsteuerabzug; dieser Anteil ist für Umsatzsteuerzwecke als separater Gegenstand anzusehen.

Jahr 02:
[9] Die Bagatellgrenzen des § 44 UStDV sind überschritten. [10] Aus Billigkeitsgründen kann V eine Vorsteuerberichtigung nach § 15a UStG vornehmen:

Insgesamt in Rechnung gestellte Umsatzsteuer: 7600 €
Ursprünglicher Vorsteuerabzug: 4560 € (60 % von 7600 €)
Zeitpunkt der erstmaligen Verwendung: 1.1.01
Dauer des Berichtigungszeitraums: 1.1.01 bis 31.12.05
Aus Billigkeitsgründen zum Vorsteuerabzug berechtigende Verwendung: 70 %
Vorsteuerberichtigung aus Billigkeitsgründen im Vergleich zum ursprünglichen Vorsteuerabzug: Vorsteuer zu 70 % statt 60 %
Berichtigungsbetrag: 10 Prozentpunkte von $^1/_5$ von 7600 € = 152 € sind zugunsten des V zu korrigieren.

[11] Auf Grund der Vorsteuerberichtigung nach § 15a UStG aus Billigkeitsgründen gilt das Fahrzeug entsprechend der unternehmerischen Verwendung für das Jahr 02 als zu 70 % (60 % + 10 %) dem Unternehmen zugeordnet (Abschnitt 15a.1 Abs. 7 Satz 2).

Jahr 03:
[12] *Eine erneute Vorsteuerberichtigung* nach § 15a UStG aus Billigkeitsgründen kommt nicht in Betracht:

Firmenfahrzeuge anfallenden Vorsteuerbeträge können in voller Höhe abgezogen werden (§ 15 Abs. 1 Satz 1 UStG), sofern kein Ausschlusstatbestand nach § 15 Abs. 1a und 2 in Verbindung mit Abs. 3 UStG vorliegt. [4]Dies gilt auch für die Überlassung von Fahrzeugen an Gesellschafter-Geschäftsführer von Kapitalgesellschaften, wenn sie umsatzsteuerrechtlich insoweit nicht als Unternehmer anzusehen sind (vgl. Abschnitt 2.2 Abs. 2). [5]Die spätere Veräußerung und die Entnahme der Fahrzeuge unterliegen insgesamt der Umsatzsteuer, wenn sie insgesamt dem Unternehmen zugeordnet werden konnten.

(9)[1)] [1]Die Gegenleistung des Arbeitnehmers für die Fahrzeugüberlassung besteht regelmäßig in der anteiligen Arbeitsleistung, die er für die Privatnutzung des gestellten Fahrzeugs erbringt. [2]Die Überlassung des Fahrzeugs ist als Vergütung für geleistete Dienste und damit als entgeltlich anzusehen, wenn sie im Arbeitsvertrag geregelt ist oder auf mündlichen Abreden oder sonstigen Umständen des Arbeitsverhältnisses (z. B. der faktischen betrieblichen Übung) beruht. [3]Von Entgeltlichkeit ist stets auszugehen, wenn das Fahrzeug dem Arbeitnehmer für eine gewisse Dauer und nicht nur gelegentlich zur Privatnutzung überlassen wird. [4]Zur Bestimmung des Leistungsorts bei entgeltlicher Fahrzeugüberlassung vgl. Abschnitt 3a.5 Abs. 4.

(10) [1]Bei der entgeltlichen Fahrzeugüberlassung zu Privatzwecken des Personals liegt ein tauschähnlicher Umsatz (§ 3 Abs. 12 Satz 2 UStG) vor. [2]Die Bemessungsgrundlage ist nach § 10 Abs. 2 Satz 2 in Verbindung mit Abs. 1 Satz 1 UStG der Wert der nicht durch den Barlohn abgegoltenen Arbeitsleistung. [3]Deren Wert entspricht dem Betrag, den der Arbeitgeber zu diesem Zweck aufzuwenden bereit ist (vgl. Abschnitt 10.5 Abs. 1). [4]Das sind die Gesamtausgaben für die Überlassung des Fahrzeugs. [5]Die Gesamtausgaben für die entgeltliche sonstige Leistung im Sinne des § 1 Abs. 1 Nr. 1 Satz 1 UStG umfassen auch die Ausgaben, bei denen ein Vorsteuerabzug nicht möglich ist. [6]Der so ermittelte Wert ist der Nettowert; die Umsatzsteuer ist mit dem allgemeinen Steuersatz hinzuzurechnen. [7]Treffen die Parteien Aussagen zum Wert der Arbeitsleistungen, so ist dieser Wert als Bemessungsgrundlage für die Überlassung des Fahrzeugs zu Grunde zu legen, wenn er die Ausgaben für die Fahrzeugüberlassung übersteigt.

(11)[2)] [1]Aus Vereinfachungsgründen wird es nicht beanstandet, wenn für die umsatzsteuerrechtliche Bemessungsgrundlage anstelle der Ausgaben von den lohnsteuerrechtlichen Werten ausgegangen wird. [2]Die lohnsteuerrechtlichen Werte sind als Bruttowerte anzusehen, aus denen die Umsatzsteuer herauszurechnen ist (vgl. Abschnitt 1.8 Abs. 8).

1. Besteuerung auf Grundlage der sog. 1%-Regelung

   [1]Wird der lohnsteuerrechtliche Wert der entgeltlichen Fahrzeugüberlassung für Privatfahrten und für Fahrten zwischen Wohnung und erster Tätigkeitsstätte nach § 8 Abs. 2 Satz 2 und 3 in Verbindung mit § 6 Abs. 1 Nr. 4 Satz 2 EStG mit dem vom Listenpreis abgeleiteten Pauschalwert angesetzt

---

1) Siehe hierzu aber auch EuGH v. 20.1.2022 C-288/19 QM, DStR 2021, 154.

2) A 15.23 UStAE Abs. 11 Satz 2 Nr. 1 Bsp. 1 Sätze 1 und 2 geänd., Nr. 2 Satz 4 neugef. und Nr. 2 Bsp. 2 Satz 1 geänd. durch BMF v. 7.2.2022, BStBl. I 2022, 197, anzuwenden in allen offenen Fällen.

(vgl. R 8.1 Abs. 9 Nr. 1 LStR),[1] kann von diesem Wert auch bei der Umsatzbesteuerung ausgegangen werden, wobei jedoch keine Kürzung des inländischen Listenpreises für Elektro- und Hybridelektrofahrzeuge vorzunehmen ist. [2]Der umsatzsteuerrechtliche Wert für Familienheimfahrten kann aus Vereinfachungsgründen für jede Fahrt mit 0,002% des Listenpreises (§ 6 Abs. 1 Nr. 4 Satz 2 EStG: für jeden Kilometer der Entfernung zwischen dem Ort des eigenen Hausstands und dem Beschäftigungsort) angesetzt werden, wobei keine Kürzung für Elektro- und Hybridelektrofahrzeuge erfolgt. [3]Der Umsatzsteuer unterliegen die auf die Familienheimfahrten entfallenden Kosten auch dann, wenn ein lohnsteuerrechtlicher Wert nach § 8 Abs. 2 Satz 5 EStG nicht anzusetzen ist. [4]Aus dem so ermittelten lohnsteuerrechtlichen Wert ist die Umsatzsteuer herauszurechnen. [5]Ein pauschaler Abschlag von 20% für nicht mit Vorsteuern belastete Ausgaben ist in diesen Fällen unzulässig.

Beispiel 1:

[1]Ein Arbeitnehmer mit einer am 1.1.01 begründeten doppelten Haushaltsführung nutzt ein Firmenfahrzeug mit einem Listenpreis einschließlich Umsatzsteuer von 30 000 € im gesamten Jahr 02 zu Privatfahrten, zu Fahrten zur 10 km entfernten ersten Tätigkeitsstätte und zu 20 Familienheimfahrten zum 150 km entfernten Wohnsitz der Familie.
[2]Die Umsatzsteuer für die Firmenfahrzeugüberlassung ist nach den lohnsteuerrechtlichen Werten wie folgt zu ermitteln:

– für die allgemeine Privatnutzung 1% von 30 000 € × 12 Monate = 3600 €
– für Fahrten zwischen Wohnung und erster Tätigkeitsstätte 0,03% von 30 000 € × 10 km × 12 Monate = 1080 €
– für Familienheimfahrten 0,002% von 30 000 € × 150 km × 20 Fahrten = 1800 €

[3]Die Umsatzsteuer für die sonstige Leistung an den Arbeitnehmer beträgt $^{19}/_{119}$ von 6480 € = 1034,62 €.

2. Besteuerung auf der Grundlage der Fahrtenbuchregelung
[1]Wird bei der entgeltlichen Fahrzeugüberlassung an das Personal zu Privatzwecken der lohnsteuerrechtliche Nutzungswert mit Hilfe eines ordnungsgemäßen Fahrtenbuchs anhand der durch Belege nachgewiesenen Gesamtausgaben ermittelt (vgl. R 8.1 Abs. 9 Nr. 2 LStR),[1] ist das so ermittelte Nutzungsverhältnis auch bei der Umsatzsteuer zu Grunde zu legen. [2]Die Fahrten zwischen Wohnung und erster Tätigkeitsstätte sowie die Familienheimfahrten aus Anlass einer doppelten Haushaltsführung werden umsatzsteuerrechtlich den Privatfahrten des Arbeitnehmers zugerechnet. [3]Die Gesamtausgaben für die entgeltliche sonstige Leistung im Sinne des § 1 Abs. 1 Nr. 1 Satz 1 UStG umfassen auch die Ausgaben, bei denen ein Vorsteuerabzug nicht möglich ist. [4]Für umsatzsteuerliche Zwecke sind die Sonderregelungen für Elektro- und Hybridelektrofahrzeuge nach § 6 Abs. 1 Nr. 4 Satz 3 Nr. 1 bis 5 EStG nicht anzuwenden.

Beispiel 2:

[1]Ein Firmenfahrzeug mit einer Jahresfahrleistung von 20 000 km wird von einem Arbeitnehmer lt. ordnungsgemäß geführtem Fahrtenbuch an 180 Tagen jährlich für Fahrten zur 10 km entfernten ersten Tätigkeitsstätte benutzt. [2]Die übrigen Privatfahrten des Arbeitnehmers belaufen sich auf insgesamt 3400 km. [3]Die gesamten Fahrzeugkosten (Netto-

---

[1] Nr. **20**.

aufwendungen einschließlich der auf die betriebsgewöhnliche Nutzungsdauer von 6 Jahren verteilten Anschaffungs- oder Herstellungskosten) betragen 9000 €.– [4]Von den Privatfahrten des Arbeitnehmers entfallen 3600 km auf Fahrten zwischen Wohnung und erster Tätigkeitsstätte (180 Tage × 20 km) und 3400 km auf sonstige Fahrten. [5]Dies entspricht einer Privatnutzung von insgesamt 35% (7000 km von 20 000 km). [6]Für die umsatzsteuerrechtliche Bemessungsgrundlage ist von einem Betrag von 35% von 9000 € = 3150 € auszugehen. [7]Die Umsatzsteuer beträgt 19% von 3150 € = 598,50 €.

(12) [1]Von einer unentgeltlichen Fahrzeugüberlassung an das Personal zu Privatzwecken im Sinne des § 3 Abs. 9a Nr. 1 UStG (vgl. Abschnitt 1.8 Abs. 2) kann ausnahmsweise ausgegangen werden, wenn die vereinbarte private Nutzung des Fahrzeugs derart gering ist, dass sie für die Gehaltsbemessung keine wirtschaftliche Rolle spielt, und nach den objektiven Gegebenheiten eine weitergehende private Nutzungsmöglichkeit ausscheidet (vgl. BFH-Urteil vom 4.10.1984, V R 82/83, BStBl. II S. 808). [2]Danach kann Unentgeltlichkeit nur angenommen werden, wenn dem Arbeitnehmer das Fahrzeug aus besonderem Anlass oder zu einem besonderen Zweck nur gelegentlich (von Fall zu Fall) an nicht mehr als fünf Kalendertagen im Kalendermonat für private Zwecke überlassen wird (vgl. Rdnr. 13 Satz 2 zweiter Spiegelstrich des BMF-Schreibens vom 4.4.2018, BStBl. I S. 592). [3]Bemessungsgrundlage für die unentgeltliche Fahrzeugüberlassung für den privaten Bedarf des Personals sind die Ausgaben, soweit sie zum vollen oder teilweisen Vorsteuerabzug berechtigt haben (§ 10 Abs. 4 Satz 1 Nr. 2 UStG). [4]Aus der Bemessungsgrundlage sind somit die nicht mit Vorsteuern belasteten Ausgaben auszuscheiden. [5]Der so ermittelte Wert ist der Nettowert ohne Umsatzsteuer; die Umsatzsteuer ist mit dem allgemeinen Steuersatz hinzuzurechnen. [6]Aus Vereinfachungsgründen wird es nicht beanstandet, wenn für die umsatzsteuerrechtliche Bemessungsgrundlage von den lohnsteuerrechtlichen Werten ausgegangen wird. [7]Die lohnsteuerrechtlichen Werte sind als Bruttowerte anzusehen, aus denen die Umsatzsteuer herauszurechnen ist (vgl. Abschnitt 1.8 Abs. 8).

(13)[1] *(aufgehoben)*

15.24[2] Vorsteuerabzug und Umsatzbesteuerung bei (teil-)unternehmerisch verwendeten Fahrrädern

(1) Die Regelungen in Abschnitt 15.23 gelten entsprechend auch für Fahrräder einschließlich Elektrofahrräder, die verkehrsrechtlich als Fahrrad (keine Kennzeichen-, Versicherungs- oder Führerscheinpflicht) einzuordnen sind, soweit nachfolgend nichts Anderes geregelt ist.

(2) [1]Für umsatzsteuerliche Zwecke ist bei der unternehmensfremden (privaten) Nutzung eines dem Unternehmen zugeordneten Fahrrades im Sinne von Absatz 1 durch den Unternehmer § 6 Abs. 1 Nr. 4 Satz 6 EStG nicht anzuwenden. [2]Der Anteil der unternehmensfremden Nutzung kann nicht durch ein Fahrtenbuch (Abschnitt 15.23 Abs. 5 Satz 4 Nr. 1 Buchstabe b) nachge-

---

[1] A 15.23 Abs. 13 aufgeh. durch BMF v. 7.2.2022, BStBl. I 2022, 197, anzuwenden in allen offenen Fällen.

[2] A 15.24 angef. durch BMF v. 7.2.2022, BStBl. I 2022, 197, anzuwenden in allen offenen Fällen.

wiesen werden. [3]Der Unternehmer kann den Wert der unternehmensfremden Nutzung aus Vereinfachungsgründen hilfsweise nach der sog. 1 %-Regelung (Abschnitt 15.23 Abs. 5 Satz 4 Nr. 1 Buchstabe a) berechnen, wenn er nicht eine andere umsatzsteuerrechtlich zulässige Methode zur Wertermittlung gewählt hat.

(3) [1]Für umsatzsteuerliche Zwecke ist bei entgeltlicher Überlassung eines Fahrrades im Sinne von Absatz 1 zu Privatzwecken des Personals (vgl. entsprechend Abschnitt 15.23 Abs. 10 und 11) § 3 Nr. 37 EStG nicht anzuwenden. [2]Der Anteil der Nutzung für Privatzwecke des Personals kann nicht durch ein Fahrtenbuch (Abschnitt 15.23 Abs. 11 Satz 2 Nr. 2) nachgewiesen werden. [3]Es wird aus Vereinfachungsgründen nicht beanstandet, wenn als Bemessungsgrundlage für die entgeltliche Nutzungsüberlassung monatlich 1 % der auf volle 100 € abgerundeten unverbindlichen Preisempfehlung des Herstellers, Importeurs oder Großhändlers im Zeitpunkt der Inbetriebnahme des Fahrrades berücksichtigt wird (entsprechend Rn. 1 der gleich lautenden Ländererlasse vom 9.1.2020, BStBl. I S. 174). [4]Dieser Wert ist als Bruttowert anzusehen, aus dem die Umsatzsteuer herauszurechnen ist. [5]Wenn der anzusetzende Wert des Fahrrades weniger als 500 € beträgt, wird es nicht beanstandet, wenn abweichend von dem Vorstehenden von keiner entgeltlichen Überlassung des Fahrrades ausgegangen wird. [6]In diesen Fällen ist keine Umsatzbesteuerung der Leistung an den Arbeitnehmer erforderlich.

Zu § 15a UStG
(§§ 44 und 45 UStDV)

15a.1 Anwendungsgrundsätze

(1) [1]Nach § 15 UStG entsteht das Recht auf Vorsteuerabzug bereits im Zeitpunkt des Leistungsbezugs (vgl. Abschnitt 15.12) oder im Fall der Voraus- oder Anzahlung im Zeitpunkt der Zahlung. [2]Ändern sich bei den in Abs. 2 genannten Berichtigungsobjekten die für den ursprünglichen Vorsteuerabzug maßgebenden Verhältnisse, ist der Vorsteuerabzug zu berichtigen, wenn die Grenzen des § 44 UStDV überschritten werden (vgl. Abschnitt 15a.11). [3]Durch § 15a UStG wird der Vorsteuerabzug so berichtigt, dass er den tatsächlichen Verhältnissen bei der Verwendung des Wirtschaftsguts oder der sonstigen Leistung entspricht. [4]Als Wirtschaftsgüter im Sinne des § 15a UStG gelten die Gegenstände, an denen nach § 3 Abs. 1 UStG die Verfügungsmacht verschafft werden kann (vgl. Abschnitt 3.1 Abs. 1 Sätze 1 und 2). [5]Das Wirtschaftsgut muss aus der Sicht des Durchschnittsverbrauchers selbständig verkehrsfähig und bewertbar sein (vgl. BFH-Urteil vom 3.11.2011, V R 32/10, BStBl. 2012 II S. 525). [6]Wird das Wirtschaftsgut bzw. die sonstige Leistung nicht nur einmalig zur Ausführung von Umsätzen verwendet, kommt es auf die tatsächlichen Verwendungsverhältnisse während des gesamten im Einzelfall maßgeblichen Berichtigungszeitraums an. [7]Der Ausgleich des Vorsteuerabzugs ist grundsätzlich bei der Steuerfestsetzung für den Voranmeldungszeitraum vorzunehmen, in dem sich die Verhältnisse gegenüber den für den *ursprünglichen Vorsteuerabzug* maßgebenden Verhältnissen geändert haben (vgl. jedoch Abschnitt 15a.11).

(2) Berichtigungsobjekte im Sinne des § 15a UStG sind:

1. Wirtschaftsgüter, die nicht nur einmalig zur Ausführung von Umsätzen verwendet werden (§ 15a Abs. 1 UStG)
   [1] Das sind in der Regel die Wirtschaftsgüter, die ertragsteuerrechtlich abnutzbares oder nicht abnutzbares (z.B. Grund und Boden) Anlagevermögen darstellen oder – sofern sie nicht zu einem Betriebsvermögen gehören – als entsprechende Wirtschaftsgüter anzusehen sind. [2] Dies können auch immaterielle Wirtschaftsgüter, die Gegenstand einer Lieferung sind (z.B. bestimmte Computerprogramme oder Mietereinbauten im Sinne des BMF-Schreibens vom 15.1.1976, BStBl. I S. 66), sein. [3] Die ertragsteuerliche Beurteilung als Anlagevermögen oder Umlaufvermögen ist umsatzsteuerrechtlich nicht entscheidend (BFH-Urteil vom 24.9.2009, V R 6/08, BStBl. 2010 II S. 315).
2. Wirtschaftsgüter, die nur einmalig zur Ausführung von Umsätzen verwendet werden (§ 15a Abs. 2 UStG)
   [1] Das sind im Wesentlichen die Wirtschaftsgüter, die ertragsteuerrechtlich Umlaufvermögen darstellen, wie z.B. die zur Veräußerung oder Verarbeitung bestimmten Wirtschaftsgüter. [2] Ertragsteuerrechtliches Anlagevermögen kann ebenfalls betroffen sein, wenn es veräußert oder entnommen wird, bevor es zu anderen Verwendungsumsätzen gekommen ist.
3. Nachträglich in ein Wirtschaftsgut eingehende Gegenstände, wenn diese Gegenstände dabei ihre körperliche und wirtschaftliche Eigenart endgültig verlieren (§ 15a Abs. 3 UStG)
   [1] Das ist der Fall, wenn diese Gegenstände nicht selbstständig nutzbar sind und mit dem Wirtschaftsgut in einem einheitlichen Nutzungs- und Funktionszusammenhang stehen. [2] Auf eine Werterhöhung bei dem Wirtschaftsgut, in das die Gegenstände eingehen, kommt es nicht an. [3] Kein Gegenstand im Sinne des § 15a Abs. 3 UStG ist ein Gegenstand, der abtrennbar ist, seine körperliche oder wirtschaftliche Eigenart behält und damit ein selbstständiges Wirtschaftsgut bleibt. [4] Werden im Rahmen einer Maßnahme mehrere Gegenstände in ein Wirtschaftsgut eingefügt bzw. sonstige Leistungen an einem Wirtschaftsgut ausgeführt, sind diese Leistungen zu einem Berichtigungsobjekt zusammenzufassen. [5] Bei der Bestimmung der 1000 €-Grenze nach § 44 Abs. 1 UStDV ist von den gesamten Vorsteuerbeträgen auszugehen, die auf die Anschaffung oder Herstellung des durch die Zusammenfassung entstandenen Berichtigungsobjekts entfallen.
4. Sonstige Leistungen an einem Wirtschaftsgut (§ 15a Abs. 3 UStG)
   [1] Es kommt nicht darauf an, ob die sonstige Leistung zu einer Werterhöhung des Wirtschaftsguts führt. [2] Maßnahmen, die lediglich der Werterhaltung dienen, fallen demnach auch unter die Berichtigungspflicht nach § 15a Abs. 3 UStG. [3] Nicht unter die Verpflichtung zur Berichtigung des Vorsteuerabzugs nach § 15a Abs. 3 UStG fallen sonstige Leistungen, die bereits im Zeitpunkt des Leistungsbezugs wirtschaftlich verbraucht werden. [4] Eine sonstige Leistung ist im Zeitpunkt des Leistungsbezugs dann nicht wirtschaftlich verbraucht, wenn ihr über den Zeitpunkt des Leistungsbezugs hinaus eine eigene Werthaltigkeit innewohnt. [5] Zur Zusammenfassung bei der Ausführung mehrerer Leistungen im Rahmen einer Maßnahme siehe Nr. 3.

5. Sonstige Leistungen, die nicht unter § 15a Abs. 3 Satz 1 UStG fallen (§ 15a Abs. 4 UStG)

[1]Dies sind solche sonstigen Leistungen, die nicht an einem Wirtschaftsgut ausgeführt werden. [2]Die Berichtigung des Vorsteuerabzugs ist auf solche sonstigen Leistungen beschränkt, für die in der Steuerbilanz ein Aktivposten gebildet werden müsste. [3]Dies gilt jedoch nicht, soweit es sich um sonstige

(Fortsetzung S. 753)

500/Anlage 8. Anwendungsregelungen

Übersicht

1. BMF-Schreiben vom 20.8.2020, BStBl. I 2020, 671

(Änderungen in A 1.7 Abs. 1 UStAE)

V. Anwendungsregelung

Die Regelung ist in allen noch offenen Fällen anzuwenden.

Für Umsätze der Marktgebietsverantwortlichen an die Bilanzkreisverantwortlichen und der Bilanzkreisverantwortlichen an die Marktgebietsverantwortlichen im Rahmen der Bilanzkreisabrechnung, die vor **dem 1. Oktober 2021** ausgeführt wurden bzw. werden, wird es – auch für Zwecke des Vorsteuerabzugs – nicht beanstandet, wenn diese Umsätze von den Beteiligten einvernehmlich bei bilanzieller Überspeisung als sonstige Leistungen des Bilanzkreisverantwortlichen an den Marktgebietsverantwortlichen und bei bilanzieller Unterspeisung als sonstige Leistungen des Marktgebietsverantwortlichen an den Bilanzkreisverantwortlichen abgerechnet wurden bzw. werden.

2. BMF-Schreiben vom 28.8.2020, BStBl. I 2020, 928

(Änderungen in A 10.5 und A 25a.1 UStAE)

III. Anwendung

Die Grundsätze dieses Schreibens sind in allen offenen Fällen anzuwenden. Es wird hinsichtlich aller bis **vor dem 1. Januar 2022** entstandener gesetzlicher Umsatzsteuer – auch für Zwecke des Vorsteuerabzugs – nicht beanstandet, wenn die Unternehmer Tauschumsätze entsprechend der bisherigen Fassung der Abschnitte 10.5 und 25a.1 Abs. 10 UStAE behandelt haben.

3. BMF-Schreiben vom 18.9.2020, BStBl. I 2020, 976

(Änderungen in A 14.5, A 14.11, A 15.2, A 15.2a und A 15.11 UStAE)

III. Anwendung

Die Grundsätze dieses Schreibens sind in allen offenen Fällen anzuwenden.

Es wird nicht beanstandet, wenn bei **bis zum 31. Dezember 2020** übermittelten Rechnungsberichtigungen nach § 31 Abs. 5 UStDV, die nach dem BFH-Urteil vom 20. Oktober 2016, V R 26/15, Rückwirkung besitzen, der Vorsteuerabzug gleichwohl erst in dem Besteuerungszeitraum geltend gemacht wird, in dem die berichtigte Rechnung ausgestellt wird. Eine Berufung hierauf scheidet aus, wenn der Vorsteuerabzug bereits aus der ursprünglichen Rechnung gewährt wurde.

4. BMF-Schreiben vom 12.11.2020, BStBl. I 2020, 1265

(Änderungen in A 4.20.1 und A 12.5 UStAE)

Anwendung

Die Grundsätze dieses Schreibens sind in allen offenen Fällen anzuwenden. Für Umsätze, die **vor dem 1. Januar 2021** ausgeführt werden, wird es nicht beanstandet, wenn die Vertragspartner die Leistungen – auch für Zwecke des Vorsteuerabzugs – abweichend von den vorgenannten Ausführungen als umsatzsteuerpflichtig behandeln bzw. diese Umsätze dem allgemeinen Steuersatz unterwerfen.

5. BMF-Schreiben vom 23.12.2020, BStBl. I 2021, 92

(Änderungen in A 13b.1, 13b.3, 13b.3a, 13b.4, 13b.5, 13b.6, 13b.7, 13b.7a, 13b.8, 13b.12, 13b.14, 13b.17, 13b.18, Einfügung von A 13b.7b)

II. Anwendungsregelung

1. Anwendung

Die Regelungen sind auf Umsätze anzuwenden, die **nach dem 31. Dezember 2020** ausgeführt werden.

(weitere nicht abgedruckt; siehe die sehr umfangreichen Regelungen im BMF-Schreiben)

2. Übergangsregelung

Bei Leistungen, die **nach dem 31. Dezember 2020 und vor dem 1. April 2021** ausgeführt werden, ist es beim leistenden Unternehmer und beim Leistungsempfänger nicht zu beanstanden, wenn die Vertragspartner einvernehmlich noch von der Steuerschuldnerschaft des leistenden Unternehmers nach § 13a Abs. 1 Nr. 1 UStG ausgegangen sind. Voraussetzung hierfür ist, dass der Umsatz vom leistenden Unternehmer in zutreffender Höhe versteuert wird.

Dies gilt entsprechend auch in den Fällen, in denen das Entgelt oder ein Teil des Entgelts **nach dem 31. Dezember 2020 und vor dem 1. April 2021** vereinnahmt wird und die Leistung erst nach der Vereinnahmung des Entgelts oder von Teilen des Entgelts ausgeführt wird. Tz. II.1 gilt entsprechend.

übersteigt. [3] Ein Vorsteuerabzug für die Reisevorleistungen entfällt nach § 25 Abs. 4 UStG.

(7) [1] Durch die Erleichterungen bei der Ermittlung der Bemessungsgrundlage nach § 25 Abs. 3 UStG wird die Verpflichtung zur Übermittlung von Voranmeldungen nicht berührt. [2] Soweit in diesen Fällen die Höhe der Marge für die im Voranmeldungszeitraum bewirkten Umsätze noch nicht feststeht, bestehen keine Bedenken, dass der Unternehmer in der Voranmeldung als Bemessungsgrundlage geschätzte Beträge zu Grunde legt, die anhand der Kalkulation oder nach Erfahrungssätzen der Vorjahre zu ermitteln sind. [3] Das Gleiche gilt in den Fällen, in denen der Unternehmer zwar die Marge für jede einzelne Leistung ermittelt, ihm aber am Ende des Voranmeldungszeitraums die Höhe der Reisevorleistung für die in diesem Zeitraum bewirkten Leistungen noch nicht bekannt ist. [4] Es muss dabei gewährleistet sein, dass sich nach endgültiger Feststellung der Bemessungsgrundlage nicht regelmäßig höhere Abschlusszahlungen ergeben.

7. BMF-Schreiben vom 8.7.2021, BStBl. I 2021, 919

(Änderungen in A 2.2 und A 18.6 UStAE)

Anwendung[1)]

Die Regelungen dieses Schreibens sind in allen offenen Fällen anzuwenden. Zur Vermeidung von Übergangsschwierigkeiten wird es – auch für Zwecke des Vorsteuerabzugs – nicht beanstandet, wenn die bisher geltenden Regelungen in Abschnitt 2.2. Abs. 2 Satz 7 und Abs. 3 Satz 1 UStAE auf Leistungen angewendet werden, die **bis einschließlich 31. Dezember 2021** ausgeführt worden sind. Es wird ebenfalls nicht beanstandet, wenn ein Beamter oder ein politischer Mandatsträger, der eine Tätigkeit als Mitglied eines Aufsichts- oder Verwaltungsrats nicht lediglich aufgrund seiner gesellschaftlichen oder politischen Stellung, sondern aufgrund unmittelbarer Verknüpfung mit seinem Amt ausübt, trotz eines vorliegenden Vergütungsrisikos insoweit für bis 31. Dezember 2021 ausgeführte Umsätze als nicht selbstständig im Sinne des § 2 Abs. 1 Satz 1 UStG tätig beurteilt wird.

8. BMF-Schreiben vom 22.7.2021, BStBl. I 2021, 1023

(Änderungen in A 8.1 und A 8.2 UStAE)

Anwendung

Die Grundsätze dieses Schreibens sind auf alle Umsätze anzuwenden, die **nach dem 31. Dezember 2020** ausgeführt werden. Für Umsätze, die vor dem 1. Oktober 2021 ausgeführt werden, wird es, auch für Zwecke des Vorsteuerabzugs, nicht beanstandet, wenn der Unternehmer seine Leistungen abweichend von Abschnitt 8.2 Abs. 7 Nr. 7 UStAE umsatzsteuerpflichtig behandelt.

9. BMF-Schreiben vom 10.12.2021, BStBl. I 2021, 2492

(Änderungen in A 1.10, 1a.2, 3.12, 6b.1, 6b.2, 18a.1, 18a.2, 18a.3 und 22.3b UStAE)

---

1) Siehe jetzt aber Anwendungsregelung in BMF v. 29.3.2022, BStBl. I 2022, 567, nachstehend abgedruckt als Nr. 11.

Anwendung

Die Grundsätze dieses Schreibens sind auf alle Umsätze, die die Lieferung von Gegenständen in ein Lager im Sinne des § 6b UStG betreffen, anzuwenden, für die der Transport durch Beförderung oder Versendung **am oder nach dem 1. Januar 2020** begonnen hat. Für alle vor dem 1. Januar 2020 im Abgangsmitgliedstaat begonnenen, aber nach dem 31. Dezember 2019 im Bestimmungsmitgliedstaat endenden Lieferungen ist die Vereinfachungsregelung nicht anzuwenden.

Zum Verfahren zur Abgabe der Zusammenfassenden Meldungen nach § 18a UStG für Lieferungen im Rahmen der Konsignationslagerregelung nach § 6b UStG wird auf die Regelungen des BMF-Schreibens vom 28. Januar 2020, BStBl. I S. 224, hingewiesen.

10. BMF-Schreiben vom 17.12.2021, BStBl. I 2021, 2502

(Änderungen in A 12.17 UStAE)

Anwendung

Die Regelungen dieses Schreibens sind in allen offenen Fällen anzuwenden.

Hat der leistende Unternehmer für eine **nach dem 17. Dezember 2019 und vor dem 1. Januar 2022** ausgeführte Leistung unter Bezug auf § 12 Abs. 2 Nr. 14 UStG in einer in diesem Zeitraum ausgestellten Rechnung zu Unrecht den ermäßigten Steuersatz ausgewiesen, wird aus Vereinfachungsgründen angenommen, dass die ausgewiesene Steuer die gesetzlich geschuldete ist, wenn der Unternehmer in den Rechnungen den Umsatzsteuerausweis nicht berichtigt. Hat der leistende Unternehmer für eine **nach dem 17. Dezember 2019 und vor dem 1. Januar 2022** ausgeführte Leistung im Sinne des § 12 Abs. 2 Nr. 14 UStG in einer in diesem Zeitraum ausgestellten Rechnung einen zu hohen Steuersatz ausgewiesen und diesen Steuerbetrag abgeführt, wird es aus Vereinfachungsgründen nicht beanstandet, wenn der Unternehmer in den Rechnungen den Umsatzsteuerausweis nicht berichtigt. In diesem Fall wird es bei einem zum Vorsteuerabzug berechtigten Leistungsempfänger nicht beanstandet, wenn er aus derartigen i. S. von § 14c Abs. 1 UStG unrichtigen Rechnungen unter den übrigen Voraussetzungen des § 15 UStG einen Vorsteuerabzug auf Grundlage des ausgewiesenen Steuersatzes vornimmt. Für Umsätze, für die der Leistungsempfänger die Steuer nach § 13b UStG schuldet, gilt dies entsprechend für die vom Leistungsempfänger berechnete Steuer.

11. BMF-Schreiben vom 29.3.2022, BStBl. I 2022, 567

(Änderungen in A 2.2 UStAE)

III. Anwendung

Die Regelungen dieses Schreibens sind in allen offenen Fällen anzuwenden.

Zur Vermeidung von Übergangsschwierigkeiten wird es – auch für Zwecke des Vorsteuerabzugs – nicht beanstandet, wenn die bis zur Aufhebung durch *das BMF-Schreiben vom 8. Juli 2021* (BStBl. I S. 919) geltenden Regelungen in Abschnitt 2.2. Abs. 2 Satz 7 und Abs. 3 Satz 1 UStAE auf Leistungen angewendet werden, die in einem Geschäftsjahr der Gesellschaft ausgeführt worden sind, das **vor dem 1. Januar 2022** begonnen hat.

Es wird ebenfalls nicht beanstandet, wenn ein Beamter oder ein politischer Mandatsträger, der eine Tätigkeit als Mitglied eines Aufsichts- oder Verwaltungsrats nicht lediglich aufgrund seiner gesellschaftlichen oder politischen Stellung, sondern aufgrund unmittelbarer Verknüpfung mit seinem Amt ausübt, trotz eines vorliegenden Vergütungsrisikos insoweit für Umsätze, die in einem Geschäftsjahr der Gesellschaft ausgeführt worden sind, das **vor dem 1. Januar 2022** begonnen hat, als nicht selbstständig im Sinne des § 2 Abs. 1 Satz 1 UStG tätig beurteilt wird.

Die Rechtsauffassung aus dem BMF-Schreiben vom 15. September 1980 IV A 2-S 7270- 6/80 wird nicht weiter aufrechterhalten. Für Geschäftsjahre der Gesellschaft, die **vor dem 1. Januar 2022** enden, wird es nicht beanstandet, wenn als Leistungszeitpunkt für die allgemeine Tätigkeit als Mitglied eines Aufsichtsrats die Teilnahme an der Hauptversammlung mit dem Ziel der Entlastung zu Grunde gelegt wird.

IV.

Die Anwendungsregelungen dieses BMF-Schreibens ersetzen die Anwendungsregelungen des BMF-Schreibens vom 8. Juli 2021, BStBl. I S. 919 *(vorstehend abgedruckt als Nr. 7).*

800. Anwendungserlass zur Abgabenordnung (AEAO)

Vom 31.1.2014 (BStBl. I 2014, 290)[1)·2)·3)]

(BMF IV A 4 – S 0062/14/10002; DOK 2014/0108334)

Geändert durch BMF-Schreiben vom 1.8.2014 (BStBl. I 2014, 1067), vom 3.11.2014 (BStBl. I 2014, 1393), vom 14.1.2015 (BStBl. I 2015, 76), vom 22.7.2015 (BStBl. I 2015, 571), vom 10.12.2015 (BStBl. I 2015, 1018), vom 26.1.2016 (BStBl. I 2016, 155),[4)] vom 23.5.2016 BStBl. I 2016, 490), vom 5.9.2016 (BStBl. I 2016, 974), vom 12.1.2017 (BStBl. I 2017, 51), vom 7.8.2017 (BStBl. I 2017, 1257), vom 6.12.2017 (BStBl. I 2017, 1603), vom 11.12.2017 (BStBl. I 2017, 1604), vom 12.1.2018 (BStBl. I 2008, 175), vom 18.1.2018 (BStBl. I 2018, 204), vom 24.1.2018 (BStBl. I 2008, 258), vom 29.5.2018 (BStBl. I 2018, 699), vom 19.6.2018 (BStBl. I 2018, 706), vom 31.1.2019 (BStBl. I 2019, 71), vom 5.4.2019 (BStBl. I 2019, 446), vom 17.6.2019 (BStBl. I 2019, 518), vom 27.9.2019 (BStBl. I 2019, 946), vom 20.12.2019 (BStBl. I 2020, 59), vom 4.5.2020 (BStBl. I 2020, 518), vom 28.5.2020 (BStBl. I 2020, 534), vom 27.8.2020 (BStBl. I 2020, 863), vom 20.1.2021 (BStBl. I 2021, 128), vom 28.1.2021 (BStBl. I 2021, 145), vom 6.8.2021 (BStBl. I 2021, 1036), vom 1.11.2021 (BGBl. I 2021, 2147), vom 4.11.2021 (BStBl. I 2021, 2156), vom 12.1.2022 (BStBl. I 2022, 82)

Nichtamtliche Inhaltsübersicht

1) Der neugefasste AEAO ist mit sofortiger Wirkung in allen offenen Fällen anzuwenden. Durch die Neufassung des AEAO werden die BMF-Schreiben v. 2.1.2008, BStBl. I S. 26; v. 21.4.2008, BStBl. I S. 582; v. 17.7.2008, BStBl. I S. 694; v. 2.1.2009, BStBl. I S. 8; v. 30.7.2009, BStBl. I S. 807, S. 2; v. 22.12.2009, BStBl. 2010 I S. 9; v. 28.7.2010, BStBl. I S. 630; v. 21.12.2010, BStBl. 2011 I S. 2; v. 17.3.2011, BStBl. I S. 241; v. 11.7.2011, BStBl. I S. 706; v. 17.1.2012, BStBl. I S. 83; v. 30.1.2012, BStBl. I S. 147; v. 15.8.2012, BStBl. I S. 850; v. 31.1.2013, BStBl. I S. 118; v. 23.7.2013, BStBl. I S. 933 und v. 1.10.2013, BStBl. I S. 1251 mit sofortiger Wirkung aufgehoben.

2) Die Satzzählung ist nicht amtlich.

3) Zum Datenschutz im Steuerverwaltungsverfahren seit dem 25.5.2021 durch die Datenschutz-Grundverordnung (DSGVO) siehe BMF v. 13.1.2020, BStBl. I 2020, 143, geänd. durch BMF v. 17.6.2021, BStBl. I 2021, 809.

4) Durch das Schreiben v. 26.1.2016 wird das BMF-Schreiben v. 11.12.1989, BStBl. I S. 470, geänd. durch BMF v. 2.1.2001, BStBl. I S. 40, aufgehoben.

Unter Bezugnahme auf das Ergebnis der Erörterungen mit den obersten Finanzbehörden der Länder gilt für die Anwendung der Abgabenordnung Folgendes:

AEAO zu § 1 – Anwendungsbereich:

1. [1]Der Anwendungsbereich beschränkt sich auf die Steuern einschließlich der Steuervergütungen. [2]Die AO gilt auch für Steuererstattungen; diese sind als Umkehr der Steuerentrichtung bereits durch den Begriff der Steuer in den Anwendungsbereich mit einbezogen (§ 37 Abs. 1 AO).

2. [1]Für die von den Finanzbehörden verwalteten, durch Bundesrecht geregelten übrigen öffentlich-rechtlichen Abgaben, Prämien und Zulagen wird die Geltung der AO durch die jeweiligen Rechtsvorschriften bestimmt. [2]Dies gilt insbesondere für die Wohnungsbauprämien, Eigenheimzulagen, Arbeitnehmer-Sparzulagen und die Investitionszulagen.

3. [1]Die Vorschriften der AO sind grundsätzlich sinngemäß auch auf die steuerlichen Nebenleistungen (§ 3 Abs. 4 AO) anzuwenden. [2]Ausgenommen sind die Bestimmungen über die Festsetzung, Außenprüfung, Steuerfahndung und Steueraufsicht in besonderen Fällen (§§ 155 bis 217 AO), soweit sie nicht ausdrücklich für anwendbar erklärt worden sind (§ 155 Abs. 3 Satz 2, § 156 Abs. 2 AO).

4. Die AO ist auch für die Angelegenheiten anzuwenden, die nicht unmittelbar der Besteuerung dienen, aber aufgrund der Verwaltungskompetenz für diese Steuern in den Zuständigkeitsbereich der Finanzbehörden fallen (z. B. Erteilung von Bescheinigungen in Steuersachen, Ausstellung von Einkommensbescheinigungen für nichtsteuerliche Zwecke).

5. Wegen der Anwendung der AO bei der Leistung von Rechts- oder Amtshilfe wird auf die §§ 111 ff. AO hingewiesen.

AEAO zu § 3 – Steuern, steuerliche Nebenleistungen:

[1]Steuerliche Nebenleistungen sind keine Steuern. [2]Sie sind in § 3 Abs. 4 AO abschließend aufgezählt. [3]Wegen der Anwendung der AO auf steuerliche Nebenleistungen wird auf § 1 AO hingewiesen.

AEAO zu § 4 – Gesetz:

Bei der Auslegung von Steuergesetzen gelten die allgemeinen Auslegungsregeln und damit auch die wirtschaftliche Betrachtungsweise, so wie sie ihren Niederschlag in der Rechtsprechung gefunden hat (vgl. BVerfG vom 24.1. 1962, 1 BvR 232/60, BStBl. I S. 506).

AEAO zu § 5 – Ermessen:

1. [1]Bei der Ausübung des Ermessens sind nicht nur die in einzelnen gesetzlichen Bestimmungen vorgeschriebenen Voraussetzungen, sondern auch die Grundsätze der Gleichmäßigkeit der Besteuerung, der Verhältnismäßigkeit der Mittel, der Erforderlichkeit, der Zumutbarkeit, der Billigkeit und von Treu und Glauben sowie das Willkürverbot und das Übermaßverbot zu beachten. [2]Verwaltungsvorschriften, die die Ausübung des Ermessens regeln, sind für die Finanzbehörden bindend.

2. *Wegen der Begründung von* Ermessensentscheidungen wird auf § 121 AO, wegen der Rücknahme und des Widerrufs auf §§ 130 und 131 AO hingewiesen.

7. [1]Durch die Annahme als Kind erhält ein Kind die volle rechtliche Stellung eines ehelichen Kindes des oder der Annehmenden. [2]Damit wird auch die Angehörigeneigenschaft zwischen dem Kind und den Angehörigen des oder der Annehmenden nach Maßgabe des § 15 Abs. 1 AO begründet. [3]Dieser Grundsatz gilt entsprechend bei ähnlichen familienrechtlichen Rechtsbeziehungen ausländischen Rechts (Adoption).

8. Für die in § 15 Abs. 2 AO genannten Personen bleibt die Angehörigeneigenschaft auch dann bestehen, wenn die Beziehung, die ursprünglich die Angehörigeneigenschaft begründete, nicht mehr besteht; lediglich bei Verlobten erlischt die Angehörigeneigenschaft mit Aufhebung des Verlöbnisses.

AEAO zu § 16 – Sachliche Zuständigkeit:

1. [1]Die sachliche Zuständigkeit betrifft den einer Behörde dem Gegenstand und der Art nach durch Gesetz zugewiesenem Aufgabenbereich. [2]Neben dem Aufgabenkreis, der durch das FVG bestimmt wird, ergeben sich für die Finanzbehörden auch Aufgabenzuweisungen aus der AO (z. B. §§ 208, 249, 386 AO) und anderen Gesetzen (z. B. StBerG, InvZulG, EigZulG).

2. [1]Im Rahmen des föderativen Aufbaus der Bundesrepublik ist die verbandsmäßige Zuständigkeit als besondere Art der sachlichen Zuständigkeit zu beachten. [2]Nach der Rechtsprechung des BFH ist jedoch bei den nicht gebietsgebundenen Steuern (z. B. Einkommensteuer) die Verwaltungskompetenz nicht auf die Finanzämter des verbandsmäßig zuständigen Bundeslandes beschränkt. [3]Das Wohnsitzfinanzamt ist für die Besteuerung nach dem Einkommen auch für Besteuerungszeiträume zuständig, in denen der Steuerpflichtige in einem anderen Bundesland wohnte (BFH-Urteile vom 29.10.1970, IV R 247/69, BStBl. 1971 II S. 151, und vom 23.11.1972, VIII R 42/67, BStBl. 1973 II S. 198).

3. Wegen der Rücknahme eines Verwaltungsakts einer sachlich unzuständigen Behörde wird auf § 130 Abs. 2 Nr. 1 AO hingewiesen.

AEAO zu § 17 – Örtliche Zuständigkeit:

1. Für die örtliche Zuständigkeit gilt der Grundsatz der Gesamtzuständigkeit, d. h., die Zuständigkeit umfasst grundsätzlich alle Verwaltungstätigkeiten der Finanzbehörde, die sich aus dem gesamten Besteuerungsverfahren ergeben (Festsetzung, Rechtsbehelfsverfahren, Erhebung und Vollstreckung), vgl. BFH-Urteile vom 19.3.2019, VII R 27/17, BStBl. 2020 II S. 31, und vom 25.2.2021, III R 36/19, BStBl. II S. 712.

2. [1]Zur mehrfachen örtlichen Zuständigkeit Hinweis auf §§ 25 und 28 AO. [2]Neben den Vorschriften im Dritten Abschnitt bestehen Sonderregelungen *über die örtliche* Zuständigkeit z. B. in den §§ 195, 367, 388 AO sowie in Einzelsteuergesetzen.[1)]

3. Wegen der Folgen der Verletzung von Vorschriften über die örtliche Zuständigkeit Hinweis auf § 125 Abs. 3 Nr. 1 und § 127 AO.

---

1) Zur örtlichen Zuständigkeit siehe § 35 ErbStG bei der Erbschaftsteuer, § 17 GrEStG bei der Grunderwerbsteuer, § 41a Abs. 1, § 41 Abs. 2 EStG bei der Lohnsteuer.

AEAO zu § 18 – Gesonderte Feststellung:[1)]

1. [1]Die Zuständigkeitsvorschriften des § 18 Abs. 1 Nrn. 1 bis 3 AO gelten für die Feststellung von Einheitswerten und Einkünften aus Land- und Forstwirtschaft, aus Gewerbebetrieb oder aus selbständiger Arbeit. [2]Bei den Einkünften gilt dies sowohl in den Fällen der Beteiligung mehrerer Personen (§ 180 Abs. 1 Satz 1 Nr. 2 Buchstabe a AO) wie auch in den Fällen, in denen der Betriebsort, Ort der Geschäftsleitung bzw. Ort der Tätigkeit und der Wohnsitz nach den Verhältnissen zum Schluss des Gewinnermittlungszeitraums auseinander fallen (§ 180 Abs. 1 Satz 1 Nr. 2 Buchstabe b AO; vgl. auch AEAO zu § 180, Nr. 2.1). [3]Wegen der gesonderten Feststellung bei Zuständigkeit mehrerer Finanzämter in einer Gemeinde vgl. AEAO zu § 19, Nr. 3.

2. [1]Die Regelung nach § 18 Abs. 1 Satz 1 Nr. 4 AO bestimmt eine abweichende Zuständigkeit für die gesonderte Feststellung der Einkünfte aus Vermietung und Verpachtung oder aus Kapitalvermögen; i. d. R. ist nicht das Lagefinanzamt, sondern das Finanzamt zuständig, von dessen Bezirk die Verwaltung ausgeht. [2]Entsprechendes regelt § 18 Abs. 1 Satz 1 Nr. 4 AO für die Feststellung von sonstigem Vermögen, von Schulden und sonstigen Abzügen (§ 180 Abs. 1 Nr. 3 AO) und für die Durchführung von Feststellungen bei Bauherrengemeinschaften usw. (V zu § 180 Abs. 2 AO).[2)]

3. Aus Vereinfachungsgründen kann das Finanzamt bei der gesonderten Feststellung der Einkünfte aus Vermietung und Verpachtung aus nur einem Grundstück davon ausgehen, dass die Verwaltung dieser Einkünfte von dem Ort ausgeht, in dem das Grundstück liegt, es sei denn, die Steuerpflichtigen legen etwas anderes dar.

4. Wird von der gesonderten Feststellung nach § 180 Abs. 3 AO abgesehen (z. B. Fälle geringer Bedeutung), verbleibt es bei der für die Einzelsteuern getroffenen Zuständigkeitsregelung.

5. [1]Die Regelung in § 18 Abs. 2 AO hat insbesondere Bedeutung für die gesonderte Feststellung von ausländischen Einkünften, an denen mehrere im Inland steuerpflichtige Personen beteiligt sind. [2]Auf § 25 AO wird hingewiesen.

6. [1]Zur Bestimmung der örtlichen Zuständigkeit für die gesonderte und einheitliche Feststellung von Einkünften ausländischer Personengesellschaften, an denen inländische Gesellschafter beteiligt sind, ist zu prüfen, ob ein Anknüpfungsmerkmal im Sinne des § 18 Abs. 1 AO gegeben ist. [2]Ist dies der Fall, ist das dort genannte Finanzamt zuständig. [3]Fehlt dagegen ein solches Anknüpfungsmerkmal, gilt nach § 25 AO i. V. m. § 18 Abs. 2 AO Folgendes:

a) [1]Ist für alle inländischen Beteiligten ein gemeinsamer Treuhänder oder eine andere die Interessen der inländischen Beteiligten vertretende Person bestellt, ist das Finanzamt zuständig, in dessen Bezirk der Treuhänder oder die andere Person ansässig ist. [2]Sowohl eine Bevollmächtigung i. S. d. § 80 AO als auch eine Empfangsbevollmächtigung i. S. d. § 183 AO reichen für sich

---

[1)] Zur örtlichen Zuständigkeit für gesonderte Feststellungen bei der Bedarfsbewertung siehe § 152 Nr. 1–4 BewG.

[2)] V zu § 180 Abs. 2 AO v. 19.12.1986, BGBl. I 1986, 2663, zuletzt geänd. durch VO v. 18.7.2016, BGBl. I 2016, 1722 (**Steuergesetze** Nr. **800e**).

allein für die Annahme einer die Interessen der inländischen Beteiligten vertretenden Person i. S. d. Satzes 1 nicht aus. [3]Bei späterer Änderung der Treuhand- oder Vertretungsverhältnisse tritt ein Zuständigkeitswechsel nicht ein, solange mindestens ein Beteiligter durch den bisherigen Treuhänder oder Vertreter vertreten bleibt.

b) [1]Ist eine Bestimmung der Zuständigkeit nach Buchstabe a nicht möglich, ist das Finanzamt zuständig, in dessen Bezirk die Beteiligten mit den höchsten Anteilen ansässig sind. [2]Hierbei sind nur unmittelbare Beteiligungsverhältnisse zu berücksichtigen. [3]Bei Änderung der Beteiligungsverhältnisse tritt ein Zuständigkeitswechsel nicht ein, solange mindestens ein Beteiligter im Bezirk des Finanzamts ansässig ist.

c) [1]Lässt sich im Einzelfall die örtliche Zuständigkeit weder nach Buchstabe a) noch nach Buchstabe b) bestimmen, kann die gemeinsame fachlich zuständige Aufsichtsbehörde festlegen, welches der Finanzämter, in deren Bezirk mindestens ein Beteiligter ansässig ist, zuständig ist. [2]Fehlt eine gemeinsame Aufsichtsbehörde, so treffen die fachlich zuständigen Aufsichtsbehörden die Entscheidung gemeinsam.

d) Wenn sich mehrere Finanzämter nach den Buchstaben a) und b) für zuständig oder für unzuständig halten oder wenn die Zuständigkeit nach den Buchstaben a) und b) aus anderen Gründen zweifelhaft ist oder eine Entscheidung nach Buchstabe c) nicht getroffen werden kann, entscheidet das BZSt (§ 181 Abs. 1 Satz 1 AO i. V. m. § 5 Abs. 1 Nr. 7 FVG).

AEAO zu § 19 – Steuern vom Einkommen und Vermögen natürlicher Personen:[1)]

1. [1]Bei verheirateten, nicht dauernd getrennt lebenden Steuerpflichtigen ist bei mehrfachem Wohnsitz im Inland das Finanzamt des Aufenthalts der Familie für die Besteuerung nach dem Einkommen und Vermögen zuständig; Gleiches gilt für Lebenspartner. [2]Insoweit sind für die Bestimmung der örtlichen Zuständigkeit die Kinder in die Betrachtung einzubeziehen.

2. [1]Nach § 19 Abs. 3 AO ist das Lage-, Betriebs- oder Tätigkeitsfinanzamt auch für die persönlichen Steuern vom Einkommen und Vermögen zuständig, wenn ein Steuerpflichtiger in einer Gemeinde (Stadt) mit mehreren Finanzämtern einen land- und forstwirtschaftlichen oder gewerblichen Betrieb unterhält bzw. eine freiberufliche Tätigkeit ausübt. [2]In diesen Fällen ist keine gesonderte Feststellung durchzuführen (§ 180 Abs. 1 Satz 1 Nr. 2 Buchstabe b AO); für Gewinnermittlungszeiträume vor Verlegung des Betriebs in den Bezirk des für die Einkommensteuer zuständigen Finanzamts oder des Wohnsitzes in den Bezirk des Betriebsfinanzamts siehe aber AEAO zu § 180, Nr. 2.1.

3. [1]Wenn der Steuerpflichtige außerhalb des Bezirks seines Wohnsitzfinanzamts, aber in den Bezirken mehrerer Finanzämter derselben Wohnsitzgemein-

---

[1)] Zur Zuständigkeit für beschränkt Steuerpflichtige nach § 1 Abs. 4 EStG mit ausschließlichen Einkünften i. S. d. § 49 Abs. 1 Nr. 7 u. 10 EStG siehe EStZustV v. 2.1.2009, BGBl. I 2009, 3, geänd. durch VO v. 11.12.2012, BGBl. I 2012, 2637.

de, Einkünfte aus Land- und Forstwirtschaft, Gewerbebetrieb oder freiberuflicher Tätigkeit erzielt, können nach § 19 Abs. 3 AO mehrere Finanzämter zuständig sein. [2]In diesen Fällen ist nach § 25 AO zu verfahren. [3]Gesonderte Feststellungen sind dann nur von den Finanzämtern vorzunehmen, die den Steuerpflichtigen nicht zur Einkommensteuer veranlagen (§ 180 Abs. 1 Satz 1 Nr. 2 Buchstabe b AO).

4. Zuständigkeitsregelungen enthalten auch § 20a AO i. V. m. der ArbZustBauV[1)] sowie die Einzelsteuergesetze und das FVG.

5. [1]Das Vermögen i. S. d. § 19 Abs. 2 Satz 1 AO bestimmt sich nach § 121 BewG, aber abweichend von § 121 Nr. 4 BewG unabhängig von der Höhe der prozentualen Beteiligung an der inländischen Kapitalgesellschaft. [2]Im Fall der Beteiligung an einer Grundbesitz verwaltenden Personengesellschaft ist für die Bestimmung der örtlichen Zuständigkeit die Belegenheit des Grundstücks maßgebend. [3]Handelt es sich bei der Grundbesitz verwaltenden Personengesellschaft um eine gewerblich geprägte Personengesellschaft i. S. d. § 15 Abs. 3 Nr. 2 EStG, so richtet sich die örtliche Zuständigkeit für den beschränkt steuerpflichtigen Beteiligten in analoger Anwendung des § 18 Abs. 1 Satz 1 Nr. 2 AO nach dem Ort der Geschäftsleitung dieser Personengesellschaft.

AEAO zu § 20 – Steuern vom Einkommen und Vermögen der Körperschaften, Personenvereinigungen, Vermögensmassen:

In den Fällen des § 20 Abs. 3 AO gilt Nr. 5 des AEAO zu § 19 entsprechend.

AEAO zu § 20a – Steuern vom Einkommen bei Bauleistungen:

1. [1]Liegen die Voraussetzungen des § 20a Abs. 1 Satz 1 AO vor, beschränkt sich die Zuständigkeit nicht auf den Steuerabzug nach §§ 48 ff. EStG und auf Umsätze aus Bauleistungen; sie erfasst die gesamte Besteuerung des Einkommens des Unternehmers (Einkommensteuer, Körperschaftsteuer). [2]Das nach § 20a Abs. 1 Satz 1 AO zuständige Finanzamt ist auch für die Umsatzsteuer (§ 21 Abs. 1 Satz 2 AO) und die Realsteuern (§ 22 Abs. 1 Satz 2 AO) zuständig. [3]Siehe auch Rz. 100 des BMF-Schreibens vom 27.12.2002, BStBl. I S. 1399.

2. Zur Vermeidung eines erschwerten Verwaltungsvollzugs ist im Regelfall eine von der zentralen Zuständigkeit nach § 20a Abs. 1 und 2, § 21 Abs. 1 Satz 2 und § 22 Abs. 1 Satz 2 AO abweichende Zuständigkeitsvereinbarung nach § 27 AO mit dem ortsnahen Finanzamt herbeizuführen, wenn
- das Unternehmen nur gelegentlich Bauleistungen i. S. v. § 48 Abs. 1 Satz 3 EStG erbringt,
- das Unternehmen Bauleistungen i. S. v. § 48 Abs. 1 Satz 3 EStG erbringt, die im Verhältnis zum Gesamtumsatz nur von untergeordneter Bedeutung sind, oder

---

1) Arbeitnehmer-Zuständigkeitsverordnung-Bau v. 30.8.2001, BGBl. I 2001, 2267, geänd. durch G v. 8.5.2008, BGBl. I 2008, 810.

– eine zentrale Zuständigkeit weder für den Steuerpflichtigen noch für die Finanzbehörden zweckmäßig ist.

AEAO zu § 21 – Umsatzsteuer:

[1] Die zentrale Zuständigkeit nach § 21 Abs. 1 Satz 2 AO gilt bereits dann, wenn auch nur ein Anknüpfungspunkt der gesetzlichen Kriterien Wohnsitz, Sitz oder Geschäftsleitung im Ausland gegeben ist. [2] § 21 Abs. 1 Satz 2 AO hat daher Vorrang vor § 21 Abs. 1 Satz 1 AO.

[1] Die zentrale Zuständigkeit nach § 21 Abs. 1 Satz 2 AO i. V. m. der UStZustV[1)] ist insbesondere in den Fällen von Bedeutung, in denen ein Unternehmen vom Ausland aus betrieben wird und der Unternehmer im Inland nicht einkommen- oder körperschaftsteuerpflichtig ist. [2] Sie ist aber auch zu beachten, wenn der Unternehmer im Inland auch zur Einkommen- oder Körperschaftsteuer zu veranlagen ist.

[1] Ein Auseinanderfallen der örtlichen Zuständigkeiten für die Ertrags- und Umsatzbesteuerung kann allerdings zu einem erschwerten Verwaltungsvollzug führen, z. B. bei Kapitalgesellschaften mit statutarischem Sitz im Ausland und Geschäftsleitung im Inland. [2] Betroffen sind beispielsweise Fälle, in denen ein bisher im Inland ansässiges Unternehmen in eine britische „private company limited by shares" (Limited) umgewandelt wird oder eine Limited neu gegründet wird, die lediglich ihren statutarischen Sitz in Großbritannien hat, aber allein oder überwiegend im Inland unternehmerisch tätig und unbeschränkt körperschaftsteuerpflichtig ist. [3] In diesen Fällen ist im Regelfall eine Zuständigkeitsvereinbarung nach § 27 AO herbeizuführen, nach der das für die Ertragsbesteuerung zuständige ortsnahe Finanzamt auch für die Umsatzsteuer zuständig wird (vgl. auch AEAO zu § 27, Nr. 3).

AEAO zu § 24 – Ersatzzuständigkeit:

1. [1] Für den Fall, dass sich die Zuständigkeit nicht aus den anderen Vorschriften ableiten lässt, ist die Finanzbehörde zuständig, in deren Bezirk objektiv ein Anlass für eine Amtshandlung besteht. [2] Abgesehen von der Zuständigkeit für Maßnahmen zur Aufdeckung unbekannter Steuerfälle (§ 208 Abs. 1 Nr. 3 AO) ist hiernach auch die Zuständigkeit für den Erlass von Haftungsbescheiden (§§ 191, 192 AO) zu bestimmen. [3] Wegen des Sachzusammenhangs ist mithin i. d. R. das Finanzamt des Steuerpflichtigen gleichzeitig für die Heranziehung des Haftenden örtlich zuständig.

2. Kann die örtliche Zuständigkeit nicht sofort einwandfrei geklärt werden, ist bei unaufschiebbaren Maßnahmen die Zuständigkeit auf § 29 AO zu stützen.

AEAO zu § 25 – Mehrfache örtliche Zuständigkeit:

[1] Einigen sich bei mehrfacher örtlicher Zuständigkeit die Finanzbehörden auf eine der örtlich zuständigen Finanzbehörden, so handelt es sich hierbei

---

1) UmsatzsteuerzuständigkeitsV v. 20.12.2001, BGBl. I 2001, 3794, 3814, ber. I 2008, 1715, zuletzt geänd. durch Art. 24 JStG 2020, BGBl. I 2020, 3096 (**Steuergesetze** Nr. **519**).

nicht um eine Zuständigkeitsvereinbarung i. S. d. § 27 AO. [2]Der Zustimmung des Betroffenen bedarf es nicht.

AEAO zu § 26 – Zuständigkeitswechsel:

1. [1]Der Steuerpflichtige kann sich auf den Zuständigkeitswechsel nicht berufen, solange keine der beiden beteiligten Finanzbehörden von den die Zuständigkeit verändernden Tatsachen Kenntnis erlangt hat. [2]Wegen der Bedeutung der Zuständigkeit für die Steuerberechtigung ist die Kenntnis über die Umstände, die die Zuständigkeit ändern, mit Angabe des Datums aktenkundig zu machen und unverzüglich der anderen Finanzbehörde mitzuteilen.

2. [1]Die Fortführung eines bereits begonnenen Verwaltungsverfahrens durch das bisher zuständige Finanzamt ist zulässig, wenn das Finanzamt, dessen Zuständigkeit durch die veränderten Umstände begründet wird, zustimmt. [2]Der Steuerpflichtige soll gehört werden; er ist von der Fortführung des Verwaltungsverfahrens zu benachrichtigen.

3. [1]Bei Verlegung des Wohnsitzes in den Bezirk eines anderen Finanzamtes unter gleichzeitiger Betriebsaufgabe sind von dem bisher für Personensteuern und Betriebssteuern zuständigen Finanzamt nur die Personensteuerakten abzugeben. [2]Das bisher zuständige Finanzamt ermittelt im Wege der Amtshilfe den Gewinn aus der Zeit bis zur Betriebsaufgabe und teilt ihn dem neuen Wohnsitzfinanzamt mit.

[1]Für die Betriebsteuern bleibt grundsätzlich das Betriebsfinanzamt zuständig, auch hinsichtlich der Erhebung und etwaigen Vollstreckung. [2]Rückstände sind erforderlichenfalls im Wege der Amtshilfe beizutreiben. [3]Ausnahmsweise kommt eine Zuständigkeitsvereinbarung nach § 27 AO in Betracht, wenn sich dies als zweckmäßig erweist.

4. Zu den Auswirkungen eines Zuständigkeitswechsels auf das Rechtsbehelfsverfahren vgl. AEAO zu § 367, Nr. 1 und BMF-Schreiben vom 10.10.1995, BStBl. I S. 664.

5. Zur Behandlung von Steuerzahlungen an eine aufgrund eines Zuständigkeitswechsels nicht mehr zuständige Finanzkasse vgl. AEAO zu § 224, Nr. 3.

AEAO zu § 27 – Zuständigkeitsvereinbarung:

1.[1)] [1]Durch Vereinbarung zwischen den Finanzbehörden kann auch außer in den Fällen des § 26 Satz 2 AO die Zuständigkeit einer an sich nicht zuständigen Finanzbehörde begründet werden; Voraussetzung für diese Zuständigkeitsbegründung ist die Zustimmung des Betroffenen. [2]Das Zustimmungserfordernis ist eingefügt, um der Verfassungsbestimmung des Art. 101 Abs. 1 Satz 2 GG zu genügen, weil an die Zuständigkeit der Finanzbehörde die Zuständigkeit des Finanzgerichts anknüpft.

[1)] Die Aufhebung einer Zuständigkeitsvereinbarung durch die Finanzbehörden bedarf keiner Zustimmung des Stpfl., BFH v. 12.7.2021 VI R 13/19, BStBl. II 2021, 839.

2. [1]Eine bestimmte Form ist für die Zustimmung des Betroffenen nicht vorgeschrieben. [2]Die Zustimmung ist bedingungsfeindlich und kann nur mit Wirkung für die Zukunft widerrufen werden.

3. Eine Zuständigkeitsvereinbarung ist insbesondere in den Fällen herbeizuführen, in denen eine zentrale Zuständigkeit nach § 21 Abs. 1 Satz 2 AO i. V. m. der UStZustV weder für den Steuerpflichtigen noch für die Finanzbehörden zweckmäßig ist.

Eine Zuständigkeitsvereinbarung, nach der das für die Ertragsbesteuerung zuständige Finanzamt auch für die Umsatzsteuer zuständig wird, ist hiernach regelmäßig herbeizuführen z. B.

a) bei Steuerpflichtigen, die ihr Unternehmen als Einzelunternehmer ausschließlich oder überwiegend im Inland betreiben und sowohl im Inland als auch im Ausland einen Wohnsitz haben;

b) bei Kapitalgesellschaften mit statutarischem Sitz im Ausland und Geschäftsleitung im Inland, die allein oder überwiegend im Inland unternehmerisch tätig sind (vgl. AEAO zu § 21).

4. Zur Zuständigkeitsvereinbarung bei Unternehmen, die Bauleistungen i. S. v. § 48 Abs. 1 Satz 3 EStG erbringen, vgl. AEAO zu § 20a, Nr. 2.

AEAO zu § 30 – Steuergeheimnis:[1)]

Inhaltsübersicht

(Fortsetzung S. 15)

---

1) Zum Datenschutz im Steuerverwaltungsverfahren seit dem 25.5.2018 durch die Datenschutz-Grundverordnung (DSGVO) siehe BMF v. 13.1.2020, BStBl. I 2020, 143, geänd. durch BMF v. 17.6.2021, BStBl. I 2021, 809.

– § 36a Abs. 3 der Wirtschaftsprüferordnung;
– § 64a Abs. 2 der Bundesnotarordnung;
– § 34 Abs. 2 der Patentanwaltsordnung;
– § 54 Abs. 1 Satz 4 des Gerichtskostengesetzes;
– § 40 Abs. 6 und § 46 Abs. 3 des Gerichts- und Notarkostengesetzes,
– § 6 Abs. 5 des Unterhaltsvorschussgesetzes;
– § 12 Abs. 5 Satz 4 des Sicherheitsüberprüfungsgesetzes;
– § 42 Abs. 2 des Geldwäschegesetzes (GwG);
– § 9 Abs. 2 des Gesetzes zur vorläufigen Regelung des Rechts der Industrie- und Handelskammern;
– § 32a Staatsangehörigkeitsgesetz;
– § 4 Abs. 1 Satz 2 Wettbewerbsregistergesetz.

8. Europarechtlich vorgeschriebene oder zugelassene Offenbarung (§ 30 Abs. 4 Nr. 2a AO)

1 § 30 Abs. 4 Nr. 2a AO gestattet eine Offenbarung geschützter Daten, soweit diese Offenbarung durch unmittelbar geltendes Recht der EU (Verordnungen, Durchführungsbestimmungen und sonstiges, unmittelbar geltendes Recht) zugelassen oder sogar vorgeschrieben ist. 2 Dabei ist es nicht erforderlich, dass die Durchbrechung des Steuergeheimnisses ausdrücklich bezeichnet wird.

Beispiele:

Fordert die EU-Kommission in einem beihilferechtlichen Prüfungsverfahren von Finanzbehörden Informationen über bestimmte Steuerfälle an, sind ihr diese nach der EU-Beihilfeverfahrensordnung mitzuteilen.

Soweit den Finanzbehörden im Besteuerungsverfahren Erkenntnisse über Verstöße gegen europäische Embargo-Verordnungen bekannt werden, haben sie diese den für die Verfolgung derartiger Verstöße zuständigen Behörden mitzuteilen.

1 EU-Richtlinien und Beschlüsse im Rahmen der gemeinsamen Außen- und Sicherheitspolitik (sogenannte GASP-Beschlüsse) stellen kein unmittelbar geltendes EU-Recht dar. 2 Damit die dort enthaltenen Regelungen wirksam werden, müssen sie zuvor entweder in unmittelbar geltendes Recht der EU oder in nationales Recht umgesetzt werden. 3 Bei Umsetzung in unmittelbar geltendes EU-Recht kommt eine Offenbarungsbefugnis nach § 30 Abs. 4 Nr. 2a AO in Betracht. 4 Bei Umsetzung im Außenwirtschaftsgesetz und der Außenwirtschaftsverordnung ergibt sich die Offenbarungsbefugnis aus § 30 Abs. 4 Nr. 1 AO, da die Überwachung des grenzüberschreitenden Warenverkehrs nach § 2a Abs. 2 Satz 2 AO als Verfahren in Steuersachen gilt. 5 Bei anderweitiger Umsetzung in nationales Recht kann sich eine Offenbarungsbefugnis aus § 30 Abs. 4 Nr. 2 oder Nr. 5 AO ergeben.

9. Offenbarung bei Zustimmung des Betroffenen (§ 30 Abs. 4 Nr. 3 AO)

1 Nach § 30 Abs. 4 Nr. 3 AO ist die Offenbarung zulässig, soweit der Betroffene zustimmt. 2 Betroffener ist nicht nur der Verfahrensbeteiligte selbst, sondern auch jeder Andere, dessen personenbezogene Daten durch § 30 AO geschützt werden (z.B. Geschäftsführer, Geschäftspartner, Arbeitnehmer, Empfänger von Zahlungen und anderen Vorteilen). 3 Sind mehrere Personen betroffen, so müssen alle ihre Zustimmung zur Offenbarung eines Sachverhalts erteilen. 4 Stimmen einzelne Personen nicht zu, so dürfen die geschützten Verhältnisse derjenigen, die ihre Zustimmung nicht erteilt haben, nicht offenbart werden.

10. Offenbarung zur Durchführung eines außersteuerlichen Strafverfahrens (§ 30 Abs. 4 Nr. 4 AO)

10.1. [1]Gem. § 30 Abs. 4 Nr. 4 Buchstabe a AO dürfen im Steuerstrafverfahren oder Steuerordnungswidrigkeitsverfahren gewonnene Erkenntnisse über außersteuerliche Straftaten an Gerichte und Strafverfolgungsbehörden für Zwecke der Strafverfolgung weitergeleitet werden. [2]Die Finanzbehörden können daher z. B. die Staatsanwaltschaft auch über sog. Zufallsfunde unterrichten. [3]Voraussetzung ist jedoch stets, dass die Erkenntnisse im steuerlichen Straf- oder Bußgeldverfahren selbst gewonnen wurden. [4]Kenntnisse, die bereits vorher in einem anderen Verfahren (z. B. Veranlagungs-, Außenprüfungs- oder Vollstreckungsverfahren) erlangt wurden, dürfen den Strafverfolgungsbehörden gegenüber nicht offenbart werden. [5]Sind die Tatsachen von dem Steuerpflichtigen (§ 33 AO) selbst oder der für ihn handelnden Person (§ 200 Abs. 1 AO) der Finanzbehörde mitgeteilt worden, ist die Weitergabe zur Strafverfolgung wegen nichtsteuerlicher Straftaten nur zulässig, wenn der Steuerpflichtige zum Zeitpunkt der Abgabe der Mitteilung an die Finanzbehörde die Einleitung des steuerlichen Straf- oder Bußgeldverfahrens gekannt hat, es sei denn, einer der in § 30 Abs. 4 Nr. 5 oder Abs. 5 AO geregelten Fälle läge vor.

10.2. [1]Gem. § 30 Abs. 4 Nr. 4 Buchstabe b AO ist eine Offenbarung von Kenntnissen zur Durchführung eines Strafverfahrens wegen einer nichtsteuerlichen Straftat uneingeschränkt zulässig, wenn die Tatsachen der Finanzbehörde ohne Bestehen einer steuerlichen Verpflichtung oder unter Verzicht auf ein Auskunftsverweigerungsrecht bekannt geworden sind. [2]Tatsachen sind der Finanzbehörde ohne Bestehen einer steuerlichen Verpflichtung bekannt geworden, wenn die Auskunftsperson nicht zuvor durch die Finanzbehörde zur Erteilung einer Auskunft aufgefordert worden ist. [3]Ein Verzicht auf ein Auskunftsverweigerungsrecht (siehe §§ 101 ff. AO) kann nur angenommen werden, wenn dem Berechtigten sein Auskunftsverweigerungsrecht bekannt war; dies setzt in den Fällen des § 101 AO eine Belehrung voraus.

11. Offenbarung aus zwingendem öffentlichen Interesse (§ 30 Abs. 4 Nr. 5 AO)

11.1. Eine Offenbarung ist gem. § 30 Abs. 4 Nr. 5 AO zulässig, soweit für sie ein zwingendes öffentliches Interesse besteht.

Liegt ein zwingendes öffentliches Interesse vor, macht es für die Zulässigkeit der Offenbarung keinen Unterschied, ob die Finanzbehörde aufgrund eigener Erkenntnisse von Amts wegen die zuständige Behörde informiert oder ob die zuständige Behörde unter Schilderung der Umstände, die das Vorliegen eines zwingenden öffentlichen Interesses begründen, die Finanzbehörde um Auskunft ersucht.

11.2. § 30 Abs. 4 Nr. 5 AO enthält eine beispielhafte Aufzählung von Fällen, in denen ein zwingendes öffentliches Interesse zu bejahen ist.

11.2.1. Ein zwingendes öffentliches Interesse ist nach § 30 Abs. 4 Nr. 5 Buchstabe a AO insbesondere gegeben, wenn die Offenbarung erforderlich ist

– zur **Abwehr** erheblicher Nachteile für das Gemeinwohl oder einer Gefahr für die öffentliche Sicherheit, die Verteidigung oder die nationale Sicherheit oder

spätere Erfüllung einer der Voraussetzungen für die Steuerbegünstigung kann nicht auf frühere, abgelaufene Veranlagungszeiträume zurückwirken.

4. Wird eine bisher steuerpflichtige Körperschaft nach § 5 Abs. 1 Nr. 9 KStG von der Körperschaftsteuer befreit, ist eine Schlussbesteuerung nach § 13 KStG durchzuführen.

5. [1] Für die Steuerbegünstigung einer Körperschaft reichen Betätigungen aus, mit denen die Verwirklichung der steuerbegünstigten Satzungszwecke nur vorbereitet wird. [2] Die Tätigkeiten müssen ernsthaft auf die Erfüllung eines steuerbegünstigten satzungsmäßigen Zwecks gerichtet sein. [3] Die bloße Absicht, zu einem ungewissen Zeitpunkt einen der Satzungszwecke zu verwirklichen, genügt nicht (BFH-Urteil vom 23.7.2003, I R 29/02, BStBl. II S. 930).

6. Die Körperschaftsteuerbefreiung einer Körperschaft, die nach ihrer Satzung steuerbegünstigte Zwecke verfolgt, endet, wenn die eigentliche steuerbegünstigte Tätigkeit eingestellt und über das Vermögen der Körperschaft das Konkurs- oder Insolvenzverfahren eröffnet wird (BFH-Urteil vom 16.5.2007, I R 14/06, BStBl. II S. 808).

[1] Die unbeschränkte Körperschaftsteuerpflicht einer Stiftung von Todes wegen beginnt, unabhängig vom Zeitpunkt der zivilrechtlichen Anerkennung, bereits mit dem Tode des Stifters. [2] Die Ausdehnung einer solchen Rückwirkungsfiktion auf die Steuerbegünstigung nach §§ 51 ff. AO kommt aber nicht in Betracht (BFH-Urteil vom 6.6.2019, V R 50/17, BStBl. II S. 782). [3] Eine Steuerbegünstigung ab dem Beginn der unbeschränkten Steuerpflicht ist damit nur möglich, falls zum Zeitpunkt des Todes des Stifters eine ordnungsgemäße Satzung vorliegt.

Zu § 51 Abs. 2 AO:

7.[1)] [1] Verwirklicht die Körperschaft ihre förderungswürdigen Zwecke nur außerhalb von Deutschland, setzt die Steuerbegünstigung – neben den sonstigen Voraussetzungen der §§ 51 ff. AO – zusätzlich den so genannten Inlandsbezug nach § 51 Abs. 2 AO voraus. [2] Dieser liegt zum einen vor, wenn natürliche Personen, die ihren Wohnsitz oder ihren gewöhnlichen Aufenthalt im Inland haben, gefördert werden. [3] Auf die Staatsangehörigkeit der natürlichen Personen kommt es dabei nicht an.

[1] Falls durch die Tätigkeit im Ausland keine im Inland lebenden Personen gefördert werden, ist ein Inlandsbezug gegeben, wenn die Tätigkeit der Körperschaft neben der Verwirklichung der steuerbegünstigten Zwecke auch zur Verbesserung des Ansehens Deutschlands im Ausland beitragen kann. [2] Dabei bedarf es keiner spürbaren oder messbaren Auswirkung auf das Ansehen Deutschlands im Ausland. [3] Bei im Inland ansässigen Körperschaften ist der mögliche Beitrag zum Ansehen Deutschlands im Ausland – ohne besonderen Nachweis – bereits dadurch erfüllt, dass sie sich personell, finanziell, planend, schöpferisch oder anderweitig an der Förderung gemeinnütziger und mildtätiger Zwecke im Ausland beteiligen (Indizwirkung). [4] Der Feststel-

---

1) Zur Verwirklichung steuerbegünstigter Zwecke im Ausland vgl. BayLfSt v. 9.8.2021 – S 0170.1.1 – 3/7 St 31, DStR 2021, 2975.

lung der positiven Kenntnis aller im Ausland Begünstigten oder aller Mitwirkenden von der Beteiligung deutscher Organisationen bedarf es dabei nicht.

[1] Ausländische Körperschaften können den Inlandsbezug ebenfalls erfüllen, beispielsweise indem sie ihre steuerbegünstigten Zwecke zum Teil auch in Deutschland verwirklichen oder – soweit sie nur im Ausland tätig sind – auch im Inland lebende natürliche Personen fördern, selbst wenn die Personen sich zu diesem Zweck im Ausland aufhalten. [2] Bei der Tatbestandsalternative des möglichen Ansehensbeitrags zugunsten Deutschlands entfällt zwar bei ausländischen Körperschaften die Indizwirkung, die Erfüllung dieser Tatbestandsalternative durch ausländische Einrichtungen ist aber nicht grundsätzlich ausgeschlossen.

[1] Der nach § 51 Abs. 2 AO bei Auslandsaktivitäten zusätzlich geforderte Inlandsbezug wirkt sich nicht auf die Auslegung der weiteren, für die Anerkennung der Gemeinnützigkeit notwendigen Voraussetzungen aus. [2] Deren Vorliegen ist weiterhin unabhängig von der Frage, ob die Tätigkeit im In- oder Ausland ausgeübt wird, zu prüfen. [3] Der Inlandsbezug hat somit insbesondere keine Auswirkung auf Inhalt und Umfang der in den §§ 52 bis 53 AO beschriebenen förderungswürdigen Zwecke. [4] Daher können beispielsweise kirchliche Zwecke weiterhin nur zugunsten inländischer Religionsgemeinschaften, die Körperschaften des öffentlichen Rechts sind, verfolgt werden; andererseits kann die Förderung der Religion nach § 52 Abs. 2 Satz 1 Nr. 2 AO wie bisher auch im Ausland erfolgen; auch kann wie bisher z. B. eine hilflose Person im Ausland unterstützt werden (§ 53 Nr. 1 AO).

[1] Mit der Prüfung des Inlandsbezugs selbst ist keine zusätzliche inhaltliche Prüfung der Tätigkeit der Körperschaft verbunden. [2] Das heißt, es ist weder ein weiteres Mal zu ermitteln, ob die Körperschaft gemeinnützige oder mildtätige Zwecke i. S. d. §§ 52 und 53 AO fördert, noch kommt es darauf an, ob die Tätigkeit mit den im Ausland geltenden Wertvorstellungen übereinstimmt und somit nach ausländischen Maßstäben ein Beitrag zum Ansehen Deutschlands geleistet werden kann. [3] Falls die Verfolgung der in den §§ 52 und 53 AO genannten förderungswürdigen Zwecke zu bejahen ist, ist daher davon auszugehen, dass eine solche Tätigkeit dem Ansehen Deutschlands im Ausland nicht entgegensteht.

Zu § 51 Abs. 3 AO:

8. Der Ausschluss so genannter extremistischer Körperschaften von der Steuerbegünstigung ist in § 51 Abs. 3 AO gesetzlich geregelt.

9. [1] Die Ergänzung des § 51 AO soll klarstellen, dass eine Körperschaft nur dann als steuerbegünstigt behandelt werden kann, wenn sie weder nach ihrer Satzung und ihrer tatsächlichen Geschäftsführung Bestrebungen i. S. d. § 4 des BVerfSchG[1)] verfolgt noch dem Gedanken der Völkerverständigung zuwiderhandelt. [2] § 4 BVerfSchG ist im Zusammenhang mit § 3 BVerfSchG zu lesen, der die Aufgaben der Verfassungsschutzbehörden des Bundes und der Länder und die Voraussetzungen für ein Tätigwerden des Verfassungsschutzes festlegt.

[1)] *BundesverfassungsschutzG* v. 20.12.1990, BGBl. I 1990, 2954, zuletzt geänd. durch G v. 5.7.2021, BGBl. I 2021, 2274.

[3]Die Aufgabe besteht in der Sammlung und Auswertung von Informationen über die in § 3 Abs. 1 BVerfSchG erwähnten verfassungsfeindlichen Bestrebungen, die § 4 BVerfSchG zum Teil definiert. [4]So beinhaltet § 4 BVerfSchG im ersten Absatz eine Legaldefinition von Bestrebungen

a) gegen den Bestand des Bundes oder eines Landes
b) gegen die Sicherheit des Bundes oder eines Landes
c) gegen die freiheitliche demokratische Grundordnung.

Im zweiten Absatz des § 4 BVerfSchG werden die grundlegenden Prinzipien der freiheitlichen demokratischen Grundordnung aufgeführt.

[1]Gem. § 51 Abs. 3 Satz 1 AO ist eine Steuervergünstigung auch ausgeschlossen, wenn die Körperschaft dem Gedanken der Völkerverständigung zuwiderhandelt. [2]Diese Regelung nimmt Bezug auf § 3 Abs. 1 Nr. 4 BVerfSchG, der wiederum auf Artikel 9 Abs. 2 GG (gegen den Gedanken der Völkerverständigung gerichtete Bestrebungen) sowie Artikel 26 Abs. 1 GG (Störung des friedlichen Zusammenlebens der Völker) verweist. [3]Im Rahmen des § 51 Abs. 3 Satz 1 AO sind die Leistungen einer Körperschaft für das Gemeinwohl nicht im Wege einer Gesamtschau gegen Anhaltspunkte für eine verfassungsfeindliche tatsächliche Geschäftsführung abzuwägen (BFH-Urteil vom 14.3.2018, V R 36/16, BStBl. II S. 422).

10. [1]Der Tatbestand des § 51 Abs. 3 Satz 2 AO ist nur bei solchen Organisationen erfüllt, die im Verfassungsschutzbericht des Bundes oder eines Landes für den zu beurteilenden Veranlagungszeitraum ausdrücklich als extremistisch eingestuft werden (BFH-Urteil vom 11.4.2012, I R 11/11, BStBl. 2013 II S. 146). [2]Die Widerlegung der Vermutung erfordert den vollen Beweis des Gegenteils; eine Erschütterung ist nicht ausreichend (BFH-Urteil vom 14.3.2018, V R 36/16, BStBl. II S. 422). [3]Hat das Finanzamt die Körperschaft bisher als steuerbegünstigt behandelt und wird später ein Verfassungsschutzbericht veröffentlicht, in dem die Körperschaft als extremistisch aufgeführt wird, kommt ggf. eine Änderung nach § 173 Abs. 1 Nr. 1 AO in Betracht.

11. [1]Bei Organisationen, die nicht unter § 51 Abs. 3 Satz 2 AO fallen, ist eine Prüfung nach § 51 Abs. 3 Satz 1 AO vorzunehmen (vgl. Nr. 9 des AEAO zu 51). [2]Insbesondere eine Erwähnung als „Verdachtsfall" oder eine nur beiläufige Erwähnung im Verfassungsschutzbericht, aber auch sonstige Erkenntnisse bieten im Einzelfall Anlass zu weitergehenden Ermittlungen der Finanzbehörde, z. B. auch durch Nachfragen bei den Verfassungsschutzbehörden.

12. Die Finanzbehörden sind befugt und verpflichtet, den Verfassungsschutzbehörden Tatsachen i. S. d. § 51 Abs. 3 Satz 3 AO unabhängig davon mitzuteilen, welchen Besteuerungszeitraum diese Tatsachen betreffen.

AEAO zu § 52 – Gemeinnützige Zwecke:

1. [1]Die Gemeinnützigkeit einer Körperschaft setzt voraus, dass ihre Tätigkeit der Allgemeinheit zugutekommt (§ 52 Abs. 1 Satz 1 AO). [2]Dies ist nicht gegeben, wenn der Kreis der geförderten Personen infolge seiner Abgrenzung, insbesondere nach räumlichen oder beruflichen Merkmalen, dauernd nur klein sein kann (§ 52 Abs. 1 S. 2 AO). [3]Hierzu gilt Folgendes:

1.1. Allgemeines

Ein Verein, dessen Tätigkeit in erster Linie seinen Mitgliedern zugutekommt (insbesondere Sportvereine und Vereine, die in § 52 Abs. 2 Satz 1 Nr. 23 AO genannte Freizeitbetätigungen fördern), fördert nicht die Allgemeinheit, wenn er den Kreis der Mitglieder durch hohe Aufnahmegebühren oder Mitgliedsbeiträge (einschließlich Mitgliedsumlagen) klein hält.

Bei einem Verein, dessen Tätigkeit in erster Linie seinen Mitgliedern zugutekommt, ist eine Förderung der Allgemeinheit i. S. d. § 52 Abs. 1 AO anzunehmen, wenn

a) die Mitgliedsbeiträge und Mitgliedsumlagen zusammen im Durchschnitt 1023 € je Mitglied und Jahr und

b) die Aufnahmegebühren für die im Jahr aufgenommenen Mitglieder im Durchschnitt 1534 € nicht übersteigen.

1.2. Investitionsumlage

Es ist unschädlich für die Gemeinnützigkeit eines Vereins, dessen Tätigkeit in erster Linie seinen Mitgliedern zugutekommt, wenn der Verein neben den o. a. Aufnahmegebühren und Mitgliedsbeiträgen (einschließlich sonstiger Mitgliedsumlagen) zusätzlich eine Investitionsumlage nach folgender Maßgabe erhebt:

[1] Die Investitionsumlage darf höchstens 5113 € innerhalb von zehn Jahren je Mitglied betragen. [2] Die Mitglieder müssen die Möglichkeit haben, die Zahlung der Umlage auf bis zu zehn Jahresraten zu verteilen. [3] Die Umlage darf nur für die Finanzierung konkreter Investitionsvorhaben verlangt werden. [4] Unschädlich ist neben der zeitnahen Verwendung der Mittel für Investitionen auch die Ansparung für künftige Investitionsvorhaben im Rahmen von nach § 62 Abs. 1 Nr. 1 AO zulässigen Rücklagen und die Verwendung für die Tilgung von Darlehen, die für die Finanzierung von Investitionen aufgenommen worden sind. [5] Die Erhebung von Investitionsumlagen kann auf neu eintretende Mitglieder (und ggf. nachzahlende Jugendliche, vgl. Nr. 1.3.1.2 des AEAO zu § 52) beschränkt werden.

Investitionsumlagen sind keine steuerlich abziehbaren Spenden.

1.3. Durchschnittsberechnung

Der durchschnittliche Mitgliedsbeitrag und die durchschnittliche Aufnahmegebühr sind aus dem Verhältnis der zu berücksichtigenden Leistungen der Mitglieder zu der Zahl der zu berücksichtigenden Mitglieder zu errechnen.

1.3.1. Zu berücksichtigende Leistungen der Mitglieder

1.3.1.1. Grundsatz

[1] Zu den maßgeblichen Aufnahmegebühren bzw. Mitgliedsbeiträgen gehören alle Geld- und geldwerten Leistungen, die ein Bürger aufwenden muss, um in den Verein aufgenommen zu werden bzw. in ihm verbleiben zu können. [2] Umlagen, die von den Mitgliedern erhoben werden, sind mit Ausnahme zulässiger Investitionsumlagen (vgl. Nr. 1.2 des AEAO zu § 52) bei der Berechnung der durchschnittlichen Aufnahmegebühren oder Mitgliedsbeiträge zu berücksichtigen.

1.3.1.2. Sonderentgelte und Nachzahlungen

[1] So genannte Spielgeldvorauszahlungen, die im Zusammenhang mit der Aufnahme in den Verein zu entrichten sind, gehören zu den maßgeblichen Aufnahmegebühren. [2] Sonderumlagen und Zusatzentgelte, die Mitglieder z. B. unter der Bezeichnung Jahresplatzbenutzungsgebühren zahlen müssen, sind bei der Durchschnittsberechnung als zusätzliche Mitgliedsbeiträge zu berücksichtigen.

Wenn jugendliche Mitglieder, die zunächst zu günstigeren Konditionen in den Verein aufgenommen worden sind, bei Erreichen einer Altersgrenze Aufnahmegebühren nachzuentrichten haben, sind diese im Jahr der Zahlung bei der Berechnung der durchschnittlichen Aufnahmegebühr zu erfassen.

1.3.1.3. Auswärtige Mitglieder

[1] Mitgliedsbeiträge und Aufnahmegebühren, die auswärtige Mitglieder an andere gleichartige Vereine entrichten, sind nicht in die Durchschnittsberechnungen einzubeziehen. [2] Dies gilt auch dann, wenn die Mitgliedschaft in dem anderen Verein Voraussetzung für die Aufnahme als auswärtiges Mitglied oder die Spielberechtigung in der vereinseigenen Sportanlage ist.

1.3.1.4. Juristische Personen und Unternehmen in anderer Rechtsform

Leistungen, die juristische Personen und Unternehmen in anderer Rechtsform für die Erlangung und den Erhalt der eigenen Mitgliedschaft in einem Verein aufwenden (so genannte Firmenmitgliedschaften), sind bei den Durchschnittsberechnungen nicht zu berücksichtigen (vgl. Nr. 1.3.2 des AEAO zu § 52).

1.3.1.5. Darlehen

[1] Darlehen, die Mitglieder dem Verein im Zusammenhang mit ihrer Aufnahme in den Verein gewähren, sind nicht als zusätzliche Aufnahmegebühren zu erfassen. [2] Wird das Darlehen zinslos oder zu einem günstigeren Zinssatz, als er auf dem Kapitalmarkt üblich ist, gewährt, ist der jährliche Zinsverzicht als zusätzlicher Mitgliedsbeitrag zu berücksichtigen.

Diese Grundsätze gelten auch, wenn Mitgliedsbeiträge oder Mitgliedsumlagen (einschließlich Investitionsumlagen) als Darlehen geleistet werden.

1.3.1.6.[1)] Beteiligung an Gesellschaften

Kosten für den zur Erlangung der Spielberechtigung notwendigen Erwerb von Geschäftsanteilen an einer Gesellschaft, die neben dem Verein besteht und die die Sportanlagen errichtet oder betreibt, sind mit Ausnahme des Agios nicht als zusätzliche Aufnahmegebühren zu erfassen.

Ein Sportverein kann aber mangels Unmittelbarkeit dann nicht als gemeinnützig behandelt werden, wenn die Mitglieder die Sportanlagen des Vereins nur bei Erwerb einer Nutzungsberechtigung von einer neben dem Verein bestehenden Gesellschaft nutzen dürfen.

---

1) Zu einer Kommanditeinlage als Eintrittsspende vgl. BFH v. 23.7.2003 I R 41/03, BStBl. II 2005, 443.

1.3.1.7. Spenden

Wenn Bürger im Zusammenhang mit der Aufnahme in einen Sportverein als Spenden bezeichnete Zahlungen an den Verein leisten, ist zu prüfen, ob es sich dabei um freiwillige unentgeltliche Zuwendungen, d.h. um Spenden, oder um Sonderzahlungen handelt, zu deren Leistung die neu eintretenden Mitglieder verpflichtet sind.

[1]Sonderzahlungen sind in die Berechnung der durchschnittlichen Aufnahmegebühr einzubeziehen. [2]Dies gilt auch, wenn kein durch die Satzung oder durch Beschluss der Mitgliederversammlung festgelegter Rechtsanspruch des Vereins besteht, die Aufnahme in den Verein aber faktisch von der Leistung einer Sonderzahlung abhängt.

[1]Eine faktische Verpflichtung ist regelmäßig anzunehmen, wenn mehr als 75% der neu eingetretenen Mitglieder neben der Aufnahmegebühr eine gleich oder ähnlich hohe Sonderzahlung leisten. [2]Dabei bleiben passive oder fördernde, jugendliche und auswärtige Mitglieder sowie Firmenmitgliedschaften außer Betracht. [3]Für die Beurteilung der Frage, ob die Sonderzahlungen der neu aufgenommenen Mitglieder gleich oder ähnlich hoch sind, sind die von dem Mitglied innerhalb von drei Jahren nach seinem Aufnahmeantrag oder, wenn zwischen dem Aufnahmeantrag und der Aufnahme in den Verein ein ungewöhnlich langer Zeitraum liegt, nach seiner Aufnahme geleisteten Sonderzahlungen, soweit es sich dabei nicht um von allen Mitgliedern erhobene Umlagen handelt, zusammenzurechnen.

[1]Die 75%-Grenze ist eine widerlegbare Vermutung für das Vorliegen von Pflichtzahlungen. [2]Maßgeblich sind die tatsächlichen Verhältnisse des Einzelfalls. [3]Sonderzahlungen sind deshalb auch dann als zusätzliche Aufnahmegebühren zu behandeln, wenn sie zwar von weniger als 75% der neu eingetretenen Mitglieder geleistet werden, diese Mitglieder aber nach den Umständen des Einzelfalls zu den Zahlungen nachweisbar verpflichtet sind.

[1]Die vorstehenden Grundsätze einschließlich der 75%-Grenze gelten für die Abgrenzung zwischen echten Spenden und Mitgliedsumlagen entsprechend. [2]Pflichtzahlungen sind in diesem Fall in die Berechnung des durchschnittlichen Mitgliedsbeitrags einzubeziehen.

Nicht bei der Durchschnittsberechnung der Aufnahmegebühren und Mitgliedsbeiträge zu berücksichtigen sind Pflichteinzahlungen in eine zulässige Investitionsumlage (vgl. Nr. 1.2 des AEAO zu § 52).

Für Leistungen, bei denen es sich um Pflichtzahlungen (z.B. Aufnahmegebühren, Mitgliedsbeiträge, Ablösezahlungen für Arbeitsleistungen und Umlagen einschließlich Investitionsumlagen) handelt, dürfen keine Zuwendungsbestätigungen i.S.d. § 50 EStDV ausgestellt werden.

1.3.2. Zu berücksichtigende Mitglieder

[1]Bei der Berechnung des durchschnittlichen Mitgliedsbeitrags ist als Divisor die Zahl der Personen anzusetzen, die im Veranlagungszeitraum (Kalenderjahr) Mitglieder des Vereins waren. [2]Dabei sind auch die Mitglieder zu berücksichtigen, die im Laufe des Jahres aus dem Verein ausgetreten oder in ihn aufgenommen worden sind. [3]Voraussetzung ist, dass eine Dauermitgliedschaft bestanden hat bzw. die Mitgliedschaft auf Dauer angelegt ist.

[1]Divisor bei der Berechnung der durchschnittlichen Aufnahmegebühr ist die Zahl der Personen, die in dem Veranlagungszeitraum auf Dauer neu in den Verein aufgenommen worden sind. [2]Bei den Berechnungen sind grundsätzlich auch die fördernden oder passiven, jugendlichen und auswärtigen Mitglieder zu berücksichtigen. [3]Unter auswärtigen Mitgliedern sind regelmäßig Mitglieder zu verstehen, die ihren Wohnsitz außerhalb des Einzugsgebiets des Vereins haben und/oder bereits ordentliches Mitglied in einem gleichartigen anderen Sportverein sind und die deshalb keine oder geringere Mitgliedsbeiträge oder Aufnahmegebühren zu zahlen haben. [4]Nicht zu erfassen sind juristische Personen oder Firmen in anderer Rechtsform sowie die natürlichen Personen, die infolge der Mitgliedschaft dieser Organisationen Zugang zu dem Verein haben.

[1]Die nicht aktiven Mitglieder sind nicht zu berücksichtigen, wenn der Verein ihre Einbeziehung in die Durchschnittsberechnung missbräuchlich ausnutzt. [2]Dies ist z.B. anzunehmen, wenn die Zahl der nicht aktiven Mitglieder ungewöhnlich hoch ist oder festgestellt wird, dass im Hinblick auf die Durchschnittsberechnung gezielt nicht aktive Mitglieder beitragsfrei oder gegen geringe Beiträge aufgenommen worden sind. [3]Entsprechendes gilt für die Einbeziehung auswärtiger Mitglieder in die Durchschnittsberechnung.

Gemeinnütze Zwecke

2. [1]Bei § 52 Abs. 2 AO handelt es sich grundsätzlich um eine abschließende Aufzählung gemeinnütziger Zwecke. [2]Die Allgemeinheit kann allerdings auch durch die Verfolgung von Zwecken, die hinsichtlich der Merkmale, die ihre steuerrechtliche Förderung rechtfertigen, mit den in § 52 Abs. 2 AO aufgeführten Zwecken identisch sind, gefördert werden.

2.1. Jugendliche i.S.d. § 52 Abs. 2 Satz 1 Nr. 4 AO bzw. des § 68 Nr. 1 Buchstabe b AO sind alle Personen vor Vollendung des 27. Lebensjahres.

2.2. [1]Die Förderung von Kunst und Kultur umfasst die Bereiche der Musik, der Literatur, der darstellenden und bildenden Kunst und schließt die Förderung von kulturellen Einrichtungen, wie Theater und Museen, sowie von kulturellen Veranstaltungen, wie Konzerte und Kunstausstellungen, ein. [2]Zur Förderung von Kunst und Kultur gehört auch die Förderung der Pflege und Erhaltung von Kulturwerten. [3]Kulturwerte sind Gegenstände von künstlerischer und sonstiger kultureller Bedeutung, Kunstsammlungen und künstlerische Nachlässe, Bibliotheken, Archive sowie andere vergleichbare Einrichtungen. [4]Das Vorführen von Filmen allein ist noch keine gemeinnützige Tätigkeit. [5]Die Gemeinnützigkeit kommunaler Kinos ist jedoch zu bejahen, wenn bestimmte zusätzliche Kriterien erfüllt sind. [6]Hierzu zählt, ob ein kommunaler Kinoverein öffentliche Zuschüsse erhält, ob er in die gesamte Kulturarbeit der Kommune integriert ist, ob sich das Programm inhaltlich, konzeptionell und formal von etwa vorhandenen gewerblichen Kinos am Ort unterscheidet, ob die Filme in bestimmten Sachzusammenhängen gezeigt und ob sie inhaltlich aufbereitet werden, z.B. durch begleitende Vorträge. [7]Dabei reicht es aus, wenn ein kommunaler Kinoverein einige der genannten Kriterien erfüllt. [8]Auf die künstlerische Qualität der einzelnen gezeigten Filme kommt es nicht an.

2.3. [1]Die Förderung der Denkmalpflege bezieht sich auf die Erhaltung und Wiederherstellung von Bau- und Bodendenkmälern, die nach den jeweiligen landesrechtlichen Vorschriften anerkannt sind. [2]Die Anerkennung ist durch eine Bescheinigung der zuständigen Stelle nachzuweisen.

2.4. [1]Vereine, deren satzungsmäßiger Zweck die Förderung der nicht gewerblichen Fischerei ist (Anglervereine), können unter dem Gesichtspunkt der Förderung des Naturschutzes und der Landschaftspflege als gemeinnützig i. S. d. § 52 AO anerkannt werden. [2]Ihre Tätigkeit ist im Wesentlichen auf die einheitliche Ausrichtung und Vertretung der Mitgliederinteressen bei der Hege und Pflege des Fischbestandes in den Gewässern in Verbindung mit Maßnahmen zum Schutz und zur Reinhaltung dieser Gewässer, sowie die Erhaltung der Schönheit und Ursprünglichkeit der Gewässer i. S. d. Naturschutzes und der Landschaftspflege gerichtet. [3]Wettfischveranstaltungen sind grundsätzlich als nicht mit dem Tierschutzgesetz und mit der Gemeinnützigkeit vereinbar anzusehen.

[1]Fischen und Angeln bedarf in jedem Fall einer besonderen Genehmigung, für private Gewässer der des Eigentümers, für öffentliche Gewässer der der zuständigen öffentlichen Körperschaft (z. B. Gemeinde). [2]Der Verkauf von Angelkarten durch Vereine an Vereinsmitglieder wird im Rahmen eines steuerbegünstigten wirtschaftlichen Geschäftsbetriebs (= Zweckbetrieb) durchgeführt. [3]Der Verkauf von Angelkarten an Nichtmitglieder hingegen stellt einen steuerpflichtigen wirtschaftlichen Geschäftsbetrieb dar.

2.5. Zur Förderung des Andenkens an Verfolgte, Kriegs- und Katastrophenopfer gehört auch die Errichtung von Ehrenmalen und Gedenkstätten.

Zur Förderung der Tier- bzw. Pflanzenzucht gehört auch die Förderung der Erhaltung vom Aussterben bedrohter Nutztierrassen und Nutzpflanzen.

[1]Körperschaften, die nationale Minderheiten und Volksgruppen sowie die nachfolgenden Regionalsprachen fördern, können gemeinnützige Zwecke i. S. v. § 52 AO verfolgen. [2]Die Förderung des Einsatzes für nationale Minderheiten i. S. d. durch Deutschland ratifizierten Rahmenabkommens zum Schutz nationaler Minderheiten und die Förderung des Einsatzes für die gem. der von Deutschland ratifizierten Charta der Regional- und Minderheitensprachen geschützten Sprachen sind – je nach Betätigung im Einzelnen – Förderung von Kunst und Kultur, Förderung der Heimatpflege und Heimatkunde oder Förderung des traditionellen Brauchtums. [3]Bei den nach der Charta geschützten Sprachen handelt es sich um die Regionalsprache Niederdeutsch sowie die Minderheitensprachen Dänisch, Friesisch, Sorbisch und das Romanes der deutschen Sinti und Roma.

[1]Für die Gemeinnützigkeit eines Vertriebenenverbands ist es unschädlich, wenn er nach seiner Satzung allgemein – im Sinne einer Wiederherstellung der allgemeinen Gerechtigkeit – auch Zwecke wie „Wiedergutmachung des Vertreibungsunrechts“ oder „Rückgabe des konfiszierten Vermögens auf der Basis eines gerechten Ausgleichs“ fördert. [2]Bei derartigen Formulierungen in der Satzung kann angenommen werden, dass sich der Verband bei seiner Betätigung im Rahmen des gemeinnützigen Zwecks „Fürsorge für Vertriebene“ hält und die Verfolgung individueller Rechtsansprüche der Mitglieder nicht Satzungszweck ist.

[1]Zu beanstanden sind jedoch Formulierungen, die nach Satzungszweck z.B. mit „Anspruch der Volksgruppen und der einzelnen Landsleute auf Rückerstattung des geraubten Vermögens und die sich daraus ergebenden Entschädigungsansprüche zu vertreten" definieren. [2]Vertriebenenverbände mit diesem oder einem ähnlich formulierten Satzungszweck können nicht als gemeinnützig behandelt werden, weil sie gegen die Gebote der Ausschließlichkeit (§ 56 AO) und der Selbstlosigkeit (§ 55 AO) verstoßen.

[1]Satzungszwecke wie „Wiedervereinigung mit den Vertreibungsgebieten" oder „Eingliederung der Vertreibungsgebiete" sind ebenfalls schädlich für die Gemeinnützigkeit eines Vertriebenenverbandes. [2]Die Verfolgung dieser Ziele ist keine Förderung der Allgemeinheit, weil solche Bestrebungen im Widerspruch zu den völkerrechtlich verbindlichen Verträgen der Bundesrepublik Deutschland mit ihren östlichen Nachbarstaaten und zum Grundgesetz stehen (vgl. BFH-Beschluss vom 16.10.1991, I B 16/91, BFH/NV 1992 S. 505).

2.6 [1]Zur Förderung der Ortsverschönerung gehören u.a. auch grundlegende Maßnahmen der Landschafts-, Heimat- und Denkmalpflege sowie des Naturschutzes zur Verbesserung der örtlichen Lebensqualität (z.B. Unterhaltung von öffentlichen Parkanlagen und Lehrpfaden zur Regionalgeschichte). [2]Aspekte der Wirtschafts- und Tourismusförderung fallen nicht darunter.

2.7 [1]Der Begriff Freifunk bezieht sich auf die nichtkommerzielle Förderung der Einrichtung und Unterhaltung von Kommunikationsnetzwerken, die der Allgemeinheit offenstehen. [2]Die Weitergabe oder Verwendung der Nutzerdaten für gewerbliche Zwecke fällt nicht unter den Begriff des steuerlich begünstigten Freifunks.

2.8. [1]Unter dem Begriff „bürgerschaftliches Engagement" versteht man eine freiwillige, nicht auf das Erzielen eines persönlichen materiellen Gewinns gerichtete, auf die Förderung der Allgemeinheit hin orientierte, kooperative Tätigkeit. [2]Die Anerkennung der Förderung des bürgerschaftlichen Engagements zugunsten gemeinnütziger, mildtätiger und kirchlicher Zwecke dient der Hervorhebung der Bedeutung, die ehrenamtlicher Einsatz für unsere Gesellschaft hat. [3]Eine Erweiterung der gemeinnützigen Zwecke ist damit nicht verbunden.

2.9. Soweit eine Körperschaft die Friedhofsverwaltung, einschließlich der Pflege und Unterhaltung des Friedhofsgeländes und seiner Baulichkeiten, selbstlos, ausschließlich und unmittelbar wahrnimmt, kann dies als Förderung der Allgemeinheit im Sinne des § 52 AO eingeordnet werden.

[1]Dazu können auch die Aufgaben des Bestattungswesens zählen, wie etwa der Bestattungsvorgang, die Grabfundamentierung, das Vorhalten aller erforderlichen Einrichtungen und Vorrichtungen sowie die notwendigerweise anfallenden Dienstleistungen wie Wächterdienste, Sargaufbewahrung, Sargtransportdienste im Friedhofsbereich, Totengeleit, Kranzannahme, Graben der Gruft und ähnliche Leistungen. [2]Weiterhin sind auch die Tätigkeiten umfasst, die kraft Herkommens oder allgemeiner Übung allein von der Friedhofsverwaltung erbracht oder allgemein als ein unverzichtbarer Bestandteil einer würdigen Bestattung angesehen werden, wie z.B. Läuten der Glocken, übliche Ausschmückung des ausgehobenen Grabes oder musikalische Umrahmung der Trauerfeier.

[1]Der Zweck umfasst auch die Unterhaltung von Gedenkstätten für sogenannte „Sternenkinder“, die nach dem jeweiligen Landesbestattungsgesetz nicht bestattet werden können, als einen Ort der Trauer für die betroffene Familie. [2]Die seelsorgerische Betreuung der Angehörigen ist wie bisher als Förderung mildtätiger Zwecke gemäß § 53 AO anzusehen.

2.10. [1]Durch § 52 Abs. 2 Satz 2 AO wird die Möglichkeit eröffnet, Zwecke auch dann als gemeinnützig anzuerkennen, wenn diese nicht unter den Katalog des § 52 Abs. 2 Satz 1 AO fallen. [2]Die Anerkennung der Gemeinnützigkeit solcher gesellschaftlicher Zwecke wird bundeseinheitlich abgestimmt. [3]Satz 2 gilt auch für den Fall, dass die zuständige Finanzbehörde den Antrag ablehnen möchte, es sei denn, es ergibt sich aus anderen, nicht aus der Regelung des § 52 Abs. 2 Satz 2 AO resultierenden Gründen, dass der Antragsteller die Voraussetzungen der Gemeinnützigkeit nicht erfüllt.

2.11. Folgende Zwecke wurden als vergleichbare Zwecke i. S. d. § 52 Abs. 2 Satz 2 AO anerkannt:
- Turnierbridge nach dem Regelwerk der World Bridge Federation (BFH-Urteil vom 9.2.2017, V R 70/14, BStBl. II S. 1106).

3. [1]Internetvereine können wegen Förderung der Volksbildung als gemeinnützig anerkannt werden, sofern ihr Zweck nicht der Förderung der (privat betriebenen) Datenkommunikation durch Zurverfügungstellung von Zugängen zu Kommunikationsnetzwerken sowie durch den Aufbau, die Förderung und den Unterhalt entsprechender Netze zur privaten und geschäftlichen Nutzung durch die Mitglieder oder andere Personen dient. [2]Zur steuerbegünstigten Förderung des Freifunks vgl. Nr. 2.7 des AEAO zu § 52.

[1]Freiwilligenagenturen sind Körperschaften, die Menschen für freiwilliges, unentgeltliches Engagement bei steuerbegünstigten Körperschaften oder Körperschaften des öffentlichen Rechts qualifizieren und ihnen die entsprechenden Tätigkeiten vermitteln. [2]Sie treten auch unter anderen Bezeichnungen auf, z. B. Freiwilligenzentren oder Ehrenamtsbörsen. [3]Freiwilligenagenturen können regelmäßig wegen der Förderung der Bildung (§ 52 Abs. 2 Satz 1 Nr. 7 AO) als gemeinnützig behandelt werden, weil das Schwergewicht ihrer Tätigkeit in der Aus- und Weiterbildung der Freiwilligen liegt. [4]Die Vermittlung der Freiwilligen in das gewünschte Betätigungsfeld ist lediglich Endpunkt und Abschluss eines Qualifizierungsprozesses, nicht jedoch der vorrangige und überwiegende Tätigkeitsbereich. [5]Erhält eine Freiwilligenagentur im Zusammenhang mit der Vermittlung von Freiwilligen ein Entgelt für ihre Leistungen, liegt ein wirtschaftlicher Geschäftsbetrieb i. S. d. § 14 AO vor, der sowohl die Ausbildungsleistung als auch die Vermittlung umfasst. [6]Der wirtschaftliche Geschäftsbetrieb ist als Zweckbetrieb (§ 65 AO) zu behandeln, weil das Entgelt für die Gesamtleistung – mit Schwergewicht bei der Ausbildung – gezahlt wird.

4. [1]Erfinderclubs verfolgen in der Regel die Förderung von Bildung nach § 52 Abs. 2 Satz 1 Nr. 7 AO. [2]Eine Anerkennung der Gemeinnützigkeit wegen der Förderung der Forschung nach § 52 Abs. 2 Satz 1 Nr. 1 AO ist nur dann möglich, wenn der Verein selbst forscht (Gebot der Unmittelbarkeit, § 57 AO).

[1]Nicht gemeinnützig ist die Förderung einer eigenen gewerblichen Tätigkeit oder die Förderung der gewerblichen Tätigkeit der Mitglieder. [2]Es ist

entscheidend, dass es sich bei dem Verein nicht lediglich um einen Zusammenschluss von Personen handelt, die durch Erfindungen, Patente und ihre Verwertung persönliche Einkünfte erzielen wollen. [3]Die für die Gemeinnützigkeit geforderte Selbstlosigkeit eines Erfindervereins schließt zwar ein gewisses Eigeninteresse der Mitglieder an der Vereinstätigkeit nicht aus, allerdings verstößt die Verfolgung von vorwiegend eigenwirtschaftlichen Interessen gegen das Gebot der Selbstlosigkeit nach § 55 Abs. 1 AO. [4]An der gebotenen Selbstlosigkeit fehlt es, wenn der Verein nach seiner Satzung die Patentierung und Verwertung von Erfindungen seiner Mitglieder fördert, sie also bei einer im Grundsatz gewerblichen Tätigkeit unterstützt. [5]Dies gilt auch, wenn der Verein die Patente für seine Mitglieder anmeldet und hält. [6]Unschädlich ist die allgemeine Information der Mitglieder, z. B. durch Lehrveranstaltungen oder Merkblätter zum Patentrecht.

[1]Bei einem Verein, der selbst forscht, ist es unschädlich für die Steuerbegünstigung, wenn er Forschungsergebnisse zum Patent anmeldet. [2]Er muss die Forschungsergebnisse aber veröffentlichen und damit der Allgemeinheit zugänglich machen. [3]Erlegt die Satzung den Mitgliedern eine Geheimhaltungsverpflichtung auf, ist dies ein Indiz dafür, dass nicht die Allgemeinheit, sondern (nur oder in erster Linie) die Mitglieder gefördert werden sollen.

Eine gemeinnützigkeitskonforme Zweckverwirklichung kann beispielhaft durch folgende Maßnahmen erfolgen:
- Förderung des Wissens über den Zusammenhang zwischen Erfindungen, Schutzrechten und Innovationen,
- Förderung des Erfahrungsaustausches im Zusammenhang mit Erfindungen, Innovationen und Patenten sowie
- Öffentlichkeitsarbeit; Durchführung von Veranstaltungen, Fortbildungsmaßnahmen, Vorhaben, Projekten, die den satzungsmäßigen Zwecken (und nicht nur Einzelnen) dienen.

5. Der Träger einer Privatschule fördert mit dem Schulbetrieb nicht die Allgemeinheit, wenn die Höhe der Schulgebühren auch unter Berücksichtigung eines Stipendienangebots zur Folge hat, dass die Schülerschaft sich nicht mehr als Ausschnitt der Allgemeinheit darstellt (BFH-Beschluss vom 26.5.2021, V R 31/19, BStBl. II S. 835).

[1]Bei Körperschaften, die Privatschulen betreiben oder unterstützen, ist zwischen Ersatzschulen und Ergänzungsschulen zu unterscheiden. [2]Die Förderung der Allgemeinheit ist bei Ersatzschulen stets anzunehmen, weil die zuständigen Landesbehörden die Errichtung und den Betrieb einer Ersatzschule nur dann genehmigen dürfen, wenn eine Sonderung der Schüler nach den Besitzverhältnissen der Eltern nicht gefördert wird (Art. 7 Abs. 4 Satz 3 GG und die Privatschulgesetze der Länder). [3]Bei Ergänzungsschulen kann eine Förderung der Allgemeinheit dann angenommen werden, wenn in der Satzung der Körperschaft festgelegt ist, dass bei mindestens 25% der Schüler keine Sonderung nach den Besitzverhältnissen der Eltern i. S. d. Art. 7 Abs. 4 Satz 3 GG und der Privatschulgesetze der Länder vorgenommen werden darf.

6. [1]Nachbarschaftshilfevereine, Tauschringe und ähnliche Körperschaften, deren Mitglieder kleinere Dienstleistungen verschiedenster Art gegenüber anderen

Vereinsmitgliedern erbringen (z. B. kleinere Reparaturen, Hausputz, Kochen, Kinderbetreuung, Nachhilfeunterricht, häusliche Pflege) sind grundsätzlich nicht gemeinnützig, weil regelmäßig durch die gegenseitige Unterstützung in erster Linie eigenwirtschaftliche Interessen ihrer Mitglieder gefördert werden und damit gegen den Grundsatz der Selbstlosigkeit (§ 55 Abs. 1 AO) verstoßen wird. [2] Solche Körperschaften können jedoch gemeinnützig sein, wenn sich ihre Tätigkeit darauf beschränkt, alte und hilfebedürftige Menschen in Verrichtungen des täglichen Lebens zu unterstützen und damit die Altenhilfe gefördert bzw. mildtätige Zwecke (§ 53 AO) verfolgt werden. [3] Soweit sich der Zweck der Körperschaften zusätzlich auf die Erteilung von Nachhilfeunterricht und Kinderbetreuung erstreckt, können sie auch wegen Förderung der Jugendhilfe anerkannt werden. [4] Voraussetzung für die Anerkennung der Gemeinnützigkeit solcher Körperschaften ist, dass die aktiven Mitglieder ihre Dienstleistungen als Hilfspersonen der Körperschaft (§ 57 Abs. 1 Satz 2 AO) ausüben.

Vereine, deren Zweck die Förderung esoterischer Heilslehren ist, z. B. Reiki-Vereine, können nicht wegen Förderung des öffentlichen Gesundheitswesens oder der öffentlichen Gesundheitspflege als gemeinnützig anerkannt werden.

7. [1] Ein wesentliches Element des Sports (§ 52 Abs. 2 Satz 1 Nr. 21 AO) ist die körperliche Ertüchtigung. [2] Motorsport fällt unter den Begriff des Sports (BFH-Urteil vom 29.10.1997, I R 13/97, BStBl. 1998 II S. 9), ebenso Ballonfahren. [3] Dagegen sind Skat (BFH-Urteil vom 17.2.2000, I R 108, 109/98, BFH/NV S. 1071), Bridge, Gospiel, Gotcha, Paintball und Tipp-Kick kein Sport i. S. d. Gemeinnützigkeitsrechts. [4] Dies gilt auch für Amateurfunk, Modellflug und Hundesport, die jedoch eigenständige gemeinnützige Zwecke sind (§ 52 Abs. 2 Satz 1 Nr. 23 AO). [5] Schützenvereine können auch dann als gemeinnützig anerkannt werden, wenn sie nach ihrer Satzung neben dem Schießsport (als Hauptzweck) auch das Schützenbrauchtum (vgl. Nr. 12 des AEAO zu § 52) fördern. [6] Die Durchführung von volksfestartigen Schützenfesten ist kein gemeinnütziger Zweck.

[1] Die Förderung des IPSC-Schießens (International Practical Shooting Confederation – IPSC) kann gemeinnützig sein (BFH-Urteil vom 27.9.2018, V R 48/16, BStBl. II 2019 S. 790). [2] Es ist dabei aber in jedem Einzelfall zu prüfen, ob nach dem konkret vorliegenden Sachverhalt bei Veranstaltungen des betreffenden IPSC-Vereins oder bei Wettkämpfen, zu denen der Verein seine Mitglieder entsendet, das Schießen auf Menschen simuliert wird, bzw. die beim IPSC-Schießen aufgebauten Szenarien als „Häuserkampf" mit der Imitation eines Schusses auf Menschen interpretiert werden müssen. [3] Liegt ein derartiger Sachverhalt vor, ist dem betreffenden IPSC-Verein der Status der Gemeinnützigkeit zu versagen bzw. abzuerkennen.

8.[1)] [1] Die Förderung des bezahlten Sports ist kein gemeinnütziger Zweck, weil dadurch eigenwirtschaftliche Zwecke der bezahlten Sportler gefördert werden. [2] Sie ist aber unter bestimmten Voraussetzungen unschädlich für die Gemeinnützigkeit eines Sportvereins (s. § 58 Nr. 8 AO und § 67a AO).

[1)] *Siehe auch BFH v. 24.6.2015 I R 13/13,* BStBl. II 2016, 971, zu Einnahmen eines gemeinnützigen Sport-Dachverbands.

9. Aus dem Begriff der politischen Bildung von § 52 Abs. 2 Nr. 7 AO (Förderung der Volksbildung) und Nr. 24 AO (allgemeine Förderung des demokratischen Staatswesens) ergibt sich kein eigenständiger steuerbegünstigter Zweck der Einflussnahme auf die politische Willensbildung und auf die Gestaltung der öffentlichen Meinung in beliebigen Politikbereichen im Sinne eines „allgemeinpolitischen Mandats" (BFH-Urteil vom 10.1.2019, V R 60/17, BStBl. II S. 301 und BFH-Beschluss vom 10.12.2020, V R 14/20, BStBl. 2021 II S. 739; Nr. 16 des AEAO zu § 52).

[1]Eine steuerbegünstigte allgemeine Förderung des demokratischen Staatswesens ist nur dann gegeben, wenn sich die Körperschaft umfassend mit den demokratischen Grundprinzipien befasst und diese objektiv und neutral würdigt (BFH-Beschluss vom 18.8.2021, V B 25/21 (AdV), BStBl. II S. 931). [2]Ist hingegen Zweck der Körperschaft die politische Bildung, der es auf der Grundlage der Normen und Vorstellungen einer rechtsstaatlichen Demokratie um die Schaffung und Förderung politischer Wahrnehmungsfähigkeit und politischen Verantwortungsbewusstseins in geistiger Offenheit geht, liegt Volksbildung vor. [3]Diese muss nicht nur in theoretischer Unterweisung bestehen, sie kann auch durch den Aufruf zu konkreter Handlung ergänzt werden. [4]Politische Bildung ist nicht förderbar, wenn sie eingesetzt wird, um die politische Willensbildung und die öffentliche Meinung im Sinne eigener Auffassungen zu beeinflussen, z. B. durch einseitige Agitation oder unkritische Indoktrination (BFH-Urteile vom 23.9.1999, XI R 63/98, BStBl. 2000 II S. 200 und vom 10.1.2019, V R 60/17, BStBl. II S. 301).

10. [1]Die Förderung von Freizeitaktivitäten außerhalb des Bereichs des Sports ist nur dann als Förderung der Allgemeinheit anzuerkennen, wenn die Freizeitaktivitäten hinsichtlich der Merkmale, die ihre steuerrechtliche Förderung rechtfertigen, mit den im Katalog des § 52 Abs. 2 Satz 1 Nr. 23 AO genannten Freizeitgestaltungen identisch sind. [2]Es reicht nicht aus, dass die Freizeitgestaltung sinnvoll und einer der in § 52 Abs. 2 Satz 1 Nr. 23 AO genannten ähnlich ist (BFH-Urteil vom 14.9.1994, I R 153/93, BStBl. 1995 II S. 499). [3]Die Förderung des Baus und Betriebs von Schiffs-, Auto-, Eisenbahn- und Drachenflugmodellen ist identisch im vorstehenden Sinne mit der Förderung des Modellflugs, die Förderung des CB-Funkens mit der Förderung des Amateurfunkens. [4]Diese Zwecke sind deshalb als gemeinnützig anzuerkennen. [5]Nicht identisch im vorstehenden Sinne mit den in § 52 Abs. 2 Satz 1 Nr. 23 AO genannten Freizeitaktivitäten und deshalb nicht als eigenständige gemeinnützige Zwecke anzuerkennen sind z. B. die Förderung des Amateurfilmens und -fotografierens, des Kochens, von Brett- und Kartenspielen und des Sammelns von Gegenständen, wie Briefmarken, Münzen und Autogrammkarten, sowie die Tätigkeit von Reise- und Touristik-, Sauna-, Geselligkeits-, Kosmetik-, und Oldtimer-Vereinen. [6]Bei Vereinen, die das Amateurfilmen und -fotografieren fördern, und bei Oldtimer-Vereinen kann aber eine Steuerbegünstigung wegen der Förderung von Kunst oder (technischer) Kultur in Betracht kommen.

11. [1]Obst- und Gartenbauvereine fördern i. d. R. die Pflanzenzucht i. S. d. § 52 Abs. 2 Satz 1 Nr. 23 AO. [2]Die Förderung der Bonsaikunst ist Pflanzenzucht, die Förderung der Aquarien- und Terrarienkunde ist Tierzucht i. S. d. Vorschrift.

12. [1]Historische Schützenbruderschaften können wegen der Förderung der Brauchtumspflege (vgl. Nr. 7 des AEAO zu § 52), Freizeitwinzervereine wegen der Förderung der Heimatpflege, die Teil der Brauchtumspflege ist, als gemeinnützig behandelt werden. [2]Dies gilt auch für Junggesellen- und Burschenvereine, die das traditionelle Brauchtum einer bestimmten Region fördern, z. B. durch das Setzen von Maibäumen (Maiclubs). [3]Die besondere Nennung des traditionellen Brauchtums als gemeinnütziger Zweck in § 52 Abs. 2 Satz 1 Nr. 23 AO bedeutet jedoch keine allgemeine Ausweitung des Brauchtumsbegriffs i. S. d. Gemeinnützigkeitsrechts. [4]Studentische Verbindungen, z. B. Burschenschaften, ähnliche Vereinigungen, z. B. Landjugendvereine, Country- und Westernvereine und Vereine, deren Hauptzweck die Veranstaltung von örtlichen Volksfesten (z. B. Kirmes, Kärwa, Schützenfest) ist, sind deshalb i. d. R. nicht gemeinnützig.

13. [1]Bei Tier- und Pflanzenzuchtvereinen, Freizeitwinzervereinen sowie Junggesellen- oder Burschenvereinen ist besonders auf die Selbstlosigkeit (§ 55 AO) und die Ausschließlichkeit (§ 56 AO) zu achten. [2]Eine Körperschaft ist z. B. nicht selbstlos tätig, wenn sie in erster Linie eigenwirtschaftliche Zwecke ihrer Mitglieder fördert. [3]Sie verstößt z. B. gegen das Gebot der Ausschließlichkeit, wenn die Durchführung von Festveranstaltungen (z. B. Winzerfest, Maiball) Satzungszweck ist. [4]Bei der Prüfung der tatsächlichen Geschäftsführung von Freizeitwinzer-, Junggesellen- und Burschenvereinen ist außerdem besonders darauf zu achten, dass die Förderung der Geselligkeit nicht im Vordergrund der Vereinstätigkeit steht.

14. [1]Soldaten- und Reservistenvereine verfolgen i. d. R. gemeinnützige Zwecke i. S. d. § 52 Abs. 2 Satz 1 Nr. 23 AO, wenn sie aktive und ehemalige Wehrdienstleistende, Zeit- und Berufssoldaten betreuen, z. B. über mit dem Soldatsein zusammenhängende Fragen beraten, Möglichkeiten zu sinnvoller Freizeitgestaltung bieten oder beim Übergang in das Zivilleben helfen. [2]Die Pflege der Tradition durch Soldaten- und Reservistenvereine ist weder steuerbegünstigte Brauchtumspflege noch Betreuung von Soldaten und Reservisten i. S. d. § 52 Abs. 2 Satz 1 Nr. 23 AO. [3]Die Förderung der Kameradschaft kann neben einem steuerbegünstigten Zweck als Vereinszweck genannt werden, wenn sich aus der Satzung ergibt, dass damit lediglich eine Verbundenheit der Vereinsmitglieder angestrebt wird, die aus der gemeinnützigen Vereinstätigkeit folgt (BFH-Urteil vom 11.3.1999, V R 57, 58/96, BStBl. II S. 331).

15. [1]Einrichtungen, die mit ihrer Tätigkeit auf die Erholung arbeitender Menschen ausgerichtet sind (z. B. der Betrieb von Freizeiteinrichtungen wie Campingplätze oder Bootsverleihe), können nicht als gemeinnützig anerkannt werden, es sei denn, dass das Gewähren von Erholung einem besonders schutzwürdigen Personenkreis (z. B. Kranken oder der Jugend) zugutekommt oder in einer bestimmten Art und Weise (z. B. auf sportlicher Grundlage) vorgenommen wird (BFH-Urteile vom 22.11.1972, I R 21/71, BStBl. 1973 II S. 251, und vom 30.9.1981, III R 2/80, BStBl. 1982 II S. 148). [2]Wegen Erholungsheimen wird auf § 68 Nr. 1 Buchstabe a AO hingewiesen.

16. Politik kein eigenständiger steuerbegünstigter Zweck

[1]Politische Zwecke (Beeinflussung der politischen Meinungs- und Willensbildung, Gestaltung der öffentlichen Meinung oder Förderung politischer Parteien) zählen nicht zu den gemeinnützigen Zwecken i. S. d. § 52 AO (BFH-Urteil vom 10.1.2019, V R 60/17, BStBl. II S. 301 und BFH-Beschlüsse vom 10.12.2020, V R 14/20, BStBl. 2021 II S. 739 und vom 18.8.2021, V B 25/21 (AdV), BStBl. II S. 931). [2]Parteipolitische Betätigung ist immer unvereinbar mit der Gemeinnützigkeit (BFH-Urteil vom 20.3.2017, X R 13/15, BStBl. II S. 1110).

Politische Betätigung als Mittel zur Verwirklichung satzungsmäßiger steuerbegünstigter Zwecke

Es ist einer steuerbegünstigten Körperschaft gleichwohl gestattet, auf die politische Meinungs- und Willensbildung und die Gestaltung der öffentlichen Meinung Einfluss zu nehmen, wenn dies der Verfolgung ihrer steuerbegünstigten Zwecke dient und parteipolitisch neutral bleibt (BFH-Urteile vom 29.8.1984, I R 203/81, BStBl. II S. 844; vom 23.11.1988, I R 11/88, BStBl. 1989 II S. 391; vom 20.3.2017, X R 13/15, BStBl. II S. 1110; vom 10.1.2019, V R 60/17, BStBl. II S. 301; BFH-Beschlüsse vom 10.12.2020, V R 14/20, BStBl. 2021 II S. 739 und vom 18.8.2021, V B 25/21 (AdV), a. a. O.).

[1]Die Beschäftigung mit politischen Vorgängen muss im Rahmen dessen liegen, was das Eintreten für die steuerbegünstigten Zwecke und deren Verwirklichung erfordert. [2]Zur Förderung der Allgemeinheit gehört die kritische öffentliche Information und Diskussion dann, wenn ein nach § 52 Abs. 2 AO begünstigtes Anliegen der Öffentlichkeit und auch Politikern nahegebracht werden soll (BFH-Urteil vom 10.1.2019, V R 60/17, BStBl. II S. 301; siehe aber zur Förderung der Volksbildung und der allgemeinen Förderung des demokratischen Staatswesens Nr. 9 des AEAO zu § 52). [3]Unschädlich sind danach etwa die Einbringung von Fachwissen auf Aufforderung in parlamentarischen Verfahren oder gelegentliche Stellungnahmen zu tagespolitischen Themen im Rahmen der steuerbegünstigten Satzungszwecke. [4]Eine derart dienende und damit ergänzende Einwirkung muss aber gegenüber der unmittelbaren Förderung des steuerbegünstigten Zwecks in den Hintergrund treten. [5]Bei Verfolgung der eigenen satzungsmäßigen Zwecke darf die Tagespolitik nicht im Mittelpunkt der Tätigkeit der Körperschaft stehen.

Politische Betätigung außerhalb der satzungsmäßigen steuerbegünstigten Zwecke

In Anwendung des Verhältnismäßigkeitsprinzips (vgl. Nr. 6 des AEAO zu § 63) ist es nicht zu beanstanden, wenn eine steuerbegünstigte Körperschaft außerhalb ihrer Satzungszwecke vereinzelt zu tagespolitischen Themen Stellung nimmt (z. B. ein Aufruf eines Sportvereins für Klimaschutz oder gegen Rassismus).

AEAO zu § 53 – Mildtätige Zwecke:

1. [1]Der Begriff „mildtätige Zwecke" umfasst auch die Unterstützung von Personen, die wegen ihres seelischen Zustands hilfebedürftig sind. [2]Das hat beispielsweise für die Telefonseelsorge Bedeutung.

2. [1]Völlige Unentgeltlichkeit der mildtätigen Zuwendung wird nicht verlangt. [2]Die mildtätige Zuwendung darf nur nicht des Entgelts wegen erfolgen.

3. [1]Eine Körperschaft, zu deren Satzungszwecken die Unterstützung von hilfebedürftigen Verwandten der Mitglieder, Gesellschafter, Genossen oder Stifter gehört, kann nicht als steuerbegünstigt anerkannt werden. [2]Bei einer derartigen Körperschaft steht nicht die Förderung mildtätiger Zwecke, sondern die Förderung der Verwandtschaft im Vordergrund. [3]Ihre Tätigkeit ist deshalb nicht, wie es § 53 AO verlangt, auf die selbstlose Unterstützung hilfebedürftiger Personen gerichtet. [4]Dem steht bei Stiftungen § 58 Nr. 6 AO nicht entgegen. [5]Diese Vorschrift ist lediglich eine Ausnahme von dem Gebot der Selbstlosigkeit (§ 55 AO), begründet aber keinen eigenständigen gemeinnützigen Zweck. [6]Bei der tatsächlichen Geschäftsführung ist die Unterstützung von hilfebedürftigen Angehörigen grundsätzlich nicht schädlich für die Steuerbegünstigung. [7]Die Verwandtschaft darf jedoch kein Kriterium für die Förderleistungen der Körperschaft sein.

4. [1]Hilfen nach § 53 Nr. 1 AO (Unterstützung von Personen, die infolge ihres körperlichen, geistigen oder seelischen Zustands auf die Hilfe anderer angewiesen sind) dürfen ohne Rücksicht auf die wirtschaftliche Unterstützungsbedürftigkeit gewährt werden. [2]Bei der Beurteilung der Bedürftigkeit i. S. d. § 53 Nr. 1 AO kommt es nicht darauf an, dass die Hilfebedürftigkeit dauernd oder für längere Zeit besteht. [3]Hilfeleistungen wie beispielsweise „Essen auf Rädern" können daher steuerbegünstigt durchgeführt werden. [4]Bei Personen, die das 75. Lebensjahr vollendet haben, kann körperliche Hilfebedürftigkeit ohne weitere Nachprüfung angenommen werden.

5. [1]§ 53 Nr. 2 AO legt die Grenzen der wirtschaftlichen Hilfebedürftigkeit fest. [2]Danach können ohne Verlust der Steuerbegünstigung Personen unterstützt werden, deren Bezüge das Vierfache, beim Alleinstehenden oder Alleinerziehenden das Fünffache des Regelsatzes der Sozialhilfe i. S. d. § 28 SGB XII (jeweilige Regelbedarfsstufe) nicht übersteigen. [3]Etwaige Mehrbedarfszuschläge zum Regelsatz sind nicht zu berücksichtigen. [4]Leistungen für die Unterkunft werden nicht gesondert berücksichtigt. [5]Für die Begriffe „Einkünfte" und „Bezüge" sind die Ausführungen in R 33a.1 EStR[1)] maßgeblich.

6. [1]Zu den Bezügen i. S. d. § 53 Nr. 2 AO zählen neben den Einkünften i. S. d. § 2 Abs. 1 EStG auch alle anderen für die Bestreitung des Unterhalts bestimmten oder geeigneten Bezüge aller Haushaltsangehörigen. [2]Hierunter fallen auch solche Einnahmen, die im Rahmen der steuerlichen Einkünfteermittlung nicht erfasst werden, also sowohl nicht steuerbare als auch für steuerfrei erklärte Einnahmen (BFH-Urteil vom 2.8.1974, VI R 148/71, BStBl. 1975 II S. 139). [3]Gezahlte und empfangene Unterhaltsleistungen sind bei der Einkommensberechnung zu berücksichtigen.

Bei der Beurteilung der wirtschaftlichen Hilfebedürftigkeit von unverheirateten minderjährigen Schwangeren und minderjährigen Müttern, die ihr leibliches Kind bis zur Vollendung seines 6. Lebensjahres betreuen, und die dem Haushalt ihrer Eltern oder eines Elternteils angehören, sind die Bezüge und das Vermögen der Eltern oder des Elternteils nicht zu berücksichtigen.

7. Bei Renten zählt der über den von § 53 Nr. 2 Satz 4 Buchstabe a AO erfassten Anteil hinausgehende Teil der Rente zu den Bezügen im Sinne des *§ 53 Nr. 2 Satz 4 Buchstabe* b AO.

---

1) Nr. **1**.

8. Bei der Feststellung der Bezüge i.S.d. § 53 Nr. 2 Satz 4 Buchstabe b AO sind aus Vereinfachungsgründen insgesamt 180 € im Kalenderjahr abzuziehen, wenn nicht höhere Aufwendungen, die in wirtschaftlichem Zusammenhang mit den entsprechenden Einnahmen stehen, nachgewiesen oder glaubhaft gemacht werden.

9. [1] Als Vermögen, das zur nachhaltigen Verbesserung des Unterhalts ausreicht und dessen Verwendung für den Unterhalt zugemutet werden kann (§ 53 Nr. 2 Satz 2 AO), ist in der Regel ein Vermögen mit einem gemeinen Wert (Verkehrswert) von mehr als 15 500 € anzusehen. [2] Dabei bleiben außer Ansatz:

– Vermögensgegenstände, deren Veräußerung offensichtlich eine Verschleuderung bedeuten würde oder die einen besonderen Wert, z. B. Erinnerungswert, für die unterstützte Person haben oder zu ihrem Hausrat gehören,
– ein angemessenes Hausgrundstück i. S. d. § 90 Abs. 2 Nr. 8 SGB XII, das die unterstützte Person allein oder zusammen mit Angehörigen, denen es nach dem Tod der unterstützten Person weiter als Wohnraum dienen soll, bewohnt.

[3] Die Grenze bezieht sich auch bei einem Mehrpersonenhaushalt auf jede unterstützte Person. [4] H 33a.1 (Geringes Vermögen – „Schonvermögen") EStH[1] gilt entsprechend.

10. [1] Erbringt eine Körperschaft ihre Leistungen an wirtschaftlich hilfebedürftige Personen, muss sie anhand ihrer Unterlagen nachweisen können, dass die Höhe der Einkünfte und Bezüge sowie das Vermögen der unterstützten Personen die Grenzen des § 53 Nr. 2 AO nicht übersteigen. [2] Eine Erklärung, in der von der unterstützten Person nur das Unterschreiten der Grenzen des § 53 Nr. 2 AO mitgeteilt wird, reicht allein nicht aus. [3] Eine Berechnung der maßgeblichen Einkünfte und Bezüge sowie eine Berechnung des Vermögens sind stets beizufügen.

11. [1] Auf diesen Nachweis ist zu verzichten, wenn die Leistungsempfänger Leistungen nach dem SGB II, SGB XII, WoGG, § 27a BVG oder nach § 6a BKGG beziehen. [2] Bei Beantragung dieser Sozialleistungen prüft die zuständige Sozialbehörde sowohl die Vermögens- als auch die Einkommensverhältnisse der antragstellenden Personen. [3] Verfügen sie über ausreichend finanzielle Mittel (Einkommen oder einzusetzendes Vermögen), dann werden die beantragten Leistungen nicht bewilligt.

[1] Es ist also ausreichend, wenn Empfänger der in § 53 Nr. 2 Satz 6 AO benannten Leistungen ihren für den Empfangszeitraum maßgeblichen Leistungsbescheid oder eine Bescheinigung des Sozialleistungsträgers über den Leistungsbezug bei der Körperschaft einreichen. [2] Die Körperschaft hat eine Ablichtung des Bescheids oder der Bestätigung aufzubewahren.

12. Beantragt eine Körperschaft die Befreiung von der Nachweispflicht nach § 53 Nr. 2 Satz 8 AO, muss sie nachweisen, dass aufgrund ihrer besonderen Art der gewährten Unterstützungsleistung sichergestellt ist, dass nur wirtschaftlich hilfebedürftige Personen unterstützt werden.

[1] Auf die Nachweisführung kann verzichtet werden, wenn aufgrund der Art der Unterstützungsleistungen typischerweise davon auszugehen ist, dass nur bedürftige Menschen unterstützt werden. [2] Hierbei sind die besonderen Gege-

---

[1] Nr. **1**.

benheiten vor Ort sowie Inhalte und Bewerbungen des konkreten Leistungsangebotes zu berücksichtigen. [3]Im Regelfall müssen Kleiderkammern, Suppenküchen, Obdachlosenasyle und die sogenannten Tafeln keine Nachweise erbringen.

[1]Dagegen reicht die pauschale Behauptung, dass die Leistungen sowieso nur von Hilfebedürftigen in Anspruch genommen werden, nicht aus. [2]Werden z.B. bei einem Sozialkaufhaus Leistungen an jeden erbracht, der sie in Anspruch nehmen möchte, dann kommt eine Befreiung nicht in Betracht.

[1]Der Bescheid über den Nachweisverzicht kann befristet ergehen oder mit anderen Nebenbestimmungen (§ 120 AO) versehen werden. [2]Treten Änderungen im rechtlichen oder tatsächlichen Bereich ein, dann gelten die Absätze 3 bis 5 des § 60a AO entsprechend. [3]Dies gilt auch bei materiell-rechtlich fehlerhaften Bescheiden (vgl. Nrn. 6 bis 8 des AEAO zu § 60a).

AEAO zu § 54 – Kirchliche Zwecke:

[1]Ein kirchlicher Zweck liegt nur vor, wenn die Tätigkeit darauf gerichtet ist, eine Religionsgemeinschaft des öffentlichen Rechts zu fördern. [2]Bei Religionsgemeinschaften, die nicht Körperschaften des öffentlichen Rechts sind, kann wegen Förderung der Religion eine Anerkennung als gemeinnützige Körperschaft in Betracht kommen.

AEAO zu § 55 – Selbstlosigkeit:
Zu § 55 Abs. 1 Nr. 1 AO:[1)]

1. [1]Eine Körperschaft handelt selbstlos, wenn sie weder selbst noch zugunsten ihrer Mitglieder eigenwirtschaftliche Zwecke verfolgt. [2]Ist die Tätigkeit einer Körperschaft in erster Linie auf Mehrung ihres eigenen Vermögens gerichtet, so handelt sie nicht selbstlos. [3]Eine Körperschaft verfolgt z.B. in erster Linie eigenwirtschaftliche Zwecke, wenn sie ausschließlich durch Darlehen ihrer Gründungsmitglieder finanziert ist und dieses Fremdkapital satzungsgemäß tilgen und verzinsen muss (BFH-Urteile vom 13.12.1978, I R 39/78, BStBl. 1979 II S. 482, vom 26.4.1989, I R 209/85, BStBl. II S. 670, und vom 28.6.1989, I R 86/85, BStBl. 1990 II S. 550).[2)]

2. [1]Eine Eigengesellschaft einer juristischen Person des öffentlichen Rechts kann nach § 5 Abs. 1 Nr. 9 KStG und § 3 Nr. 6 Satz 1 GewStG steuerbegünstigt sein. [2]Das gilt auch, soweit sie in die Erfüllung hoheitlicher Pflichtaufgaben der Trägerkörperschaft (z. B. Durchführung des bodengebundenen Rettungsdiensts) eingebunden ist. [3]Sie verfolgt keine vordergründig eigennützigen Interessen ihres Gesellschafters.

[1]Eine Steuerbegünstigung der Eigengesellschaft kommt aber grundsätzlich nur in Betracht, wenn die von ihr erbrachten Leistungen angemessen vergütet werden. [2]Maßstab ist die Höhe des Entgelts, das von einem ordentlichen und

---

1) Zu steuerlichen Maßnahmen zur Förderung der Hilfe für von der Corona-Krise Betroffene siehe BMF v. 9.4.2020, BStBl. I 2020, 498, geänd. durch BMF v. 26.5.2020, BStBl. I 2020, 543, und v. 18.12.2020, BStBl. I 2021, 57. – Zu steuerlichen Maßnahmen zur Unterstützung der vom Krieg in der Ukraine Geschädigten siehe BMF v. 17.3.2022, BStBl. I 2022, 330.

2) *Vgl. auch BFH v. 6.10.2009 I R 55/08*, BStBl. II 2010, 335, zur Gemeinnützigkeit eines Wettbewerbsvereins.

gewissenhaften Geschäftsleiter auch mit einem Nichtgesellschafter als Auftraggeber vereinbart worden wäre. [3]Dazu muss das Entgelt regelmäßig die Kosten ausgleichen und einen marktüblichen Gewinnaufschlag beinhalten (BFH-Urteil vom 27.11.2013, I R 17/12, BStBl. 2016 II S. 68). [4]Bei steuerbegünstigten Einrichtungen ist aufgrund der fehlenden Gewinnorientierung die Erhebung eines Gewinnaufschlags in der Regel nicht marktüblich. [5]Dies gilt nicht für Leistungen der steuerbegünstigten Einrichtung aus einem steuerpflichtigen wirtschaftlichen Geschäftsbetrieb (§ 64 AO).

3. [1]Nach § 55 Abs. 1 AO dürfen sämtliche Mittel der Körperschaft nur für die satzungsmäßigen Zwecke verwendet werden (Ausnahmen siehe § 58 AO). [2]Auch der Gewinn aus dem Zweckbetrieb und aus dem steuerpflichtigen wirtschaftlichen Geschäftsbetrieb (§ 64 Abs. 2 AO) sowie der Überschuss aus der Vermögensverwaltung dürfen nur für die satzungsmäßigen Zwecke verwendet werden. [3]Dies schließt die Bildung von Rücklagen im wirtschaftlichen Geschäftsbetrieb und im Bereich der Vermögensverwaltung nicht aus.

4. [1]Es ist grundsätzlich nicht zulässig, Mittel des ideellen Bereichs (insbesondere Mitgliedsbeiträge, Spenden, Zuschüsse, Rücklagen), Gewinne aus Zweckbetrieben, Erträge aus der Vermögensverwaltung und das entsprechende Vermögen für einen steuerpflichtigen wirtschaftlichen Geschäftsbetrieb zu verwenden, z.B. zum Ausgleich eines Verlustes. [2]Für das Vorliegen eines Verlustes ist das Ergebnis des einheitlichen steuerpflichtigen wirtschaftlichen Geschäftsbetriebs (§ 64 Abs. 2 AO) maßgeblich. [3]Eine Verwendung von Mitteln des ideellen Bereichs für den Ausgleich des Verlustes eines einzelnen wirtschaftlichen Geschäftsbetriebs liegt deshalb nicht vor, soweit der Verlust bereits im Entstehungsjahr mit Gewinnen anderer steuerpflichtiger wirtschaftlicher Geschäftsbetriebe verrechnet werden kann. [4]Verbleibt danach ein Verlust, ist keine Verwendung von Mitteln des ideellen Bereichs für dessen Ausgleich anzunehmen, wenn dem ideellen Bereich in den sechs vorangegangenen Jahren Gewinne des einheitlichen steuerpflichtigen wirtschaftlichen Geschäftsbetriebs in mindestens gleicher Höhe zugeführt worden sind. [5]Insoweit ist der Verlustausgleich im Entstehungsjahr als Rückgabe früherer, durch das Gemeinnützigkeitsrecht vorgeschriebener Gewinnabführungen anzusehen.

5. Ein nach ertragsteuerlichen Grundsätzen ermittelter Verlust eines steuerpflichtigen wirtschaftlichen Geschäftsbetriebs ist unschädlich für die Steuerbegünstigung der Körperschaft, wenn er ausschließlich durch die Berücksichtigung von anteiligen Abschreibungen auf gemischt genutzte Wirtschaftsgüter entstanden ist und wenn die folgenden Voraussetzungen erfüllt sind:

- [1]Das Wirtschaftsgut wurde für den ideellen Bereich angeschafft oder hergestellt und wird nur zur besseren Kapazitätsauslastung und Mittelbeschaffung teil- oder zeitweise für den steuerpflichtigen wirtschaftlichen Geschäftsbetrieb genutzt. [2]Die Körperschaft darf nicht schon im Hinblick auf eine zeit- oder teilweise Nutzung für den steuerpflichtigen wirtschaftlichen Geschäftsbetrieb ein größeres Wirtschaftsgut angeschafft oder hergestellt haben, als es für die ideelle Tätigkeit notwendig war.
- Die Körperschaft verlangt für die Leistungen des steuerpflichtigen wirtschaftlichen Geschäftsbetriebs marktübliche Preise.

– Der steuerpflichtige wirtschaftliche Geschäftsbetrieb bildet keinen eigenständigen Sektor eines Gebäudes (z. B. Gaststättenbetrieb in einer Sporthalle).

Diese Grundsätze gelten entsprechend für die Berücksichtigung anderer gemischter Aufwendungen (z. B. zeitweiser Einsatz von Personal des ideellen Bereichs in einem steuerpflichtigen wirtschaftlichen Geschäftsbetrieb) bei der gemeinnützigkeitsrechtlichen Beurteilung von Verlusten.

6. Der Ausgleich des Verlustes eines steuerpflichtigen wirtschaftlichen Geschäftsbetriebs mit Mitteln des ideellen Bereichs ist außerdem unschädlich für die Steuerbegünstigung, wenn

– der Verlust auf einer Fehlkalkulation beruht,
– die Körperschaft innerhalb von zwölf Monaten nach Ende des Wirtschaftsjahres, in dem der Verlust entstanden ist, dem ideellen Tätigkeitsbereich wieder Mittel in entsprechender Höhe zuführt und
– die zugeführten Mittel nicht aus Zweckbetrieben, aus dem Bereich der steuerbegünstigten Vermögensverwaltung, aus Beiträgen oder aus anderen Zuwendungen, die zur Förderung der steuerbegünstigten Zwecke der Körperschaft bestimmt sind, stammen (BFH-Urteil vom 13.11.1996, I R 152/93, BStBl. 1998 II S. 711).

[1] Die Zuführungen zum ideellen Bereich können demnach aus dem Gewinn des (einheitlichen) steuerpflichtigen wirtschaftlichen Geschäftsbetriebs, der in dem Wirtschaftsjahr nach der Entstehung des Verlustes erzielt wird, geleistet werden. [2] Außerdem dürfen für den Ausgleich des Verlustes Umlagen und Zuschüsse, die dafür bestimmt sind, verwendet werden. [3] Derartige Zuwendungen sind jedoch keine steuerbegünstigten Spenden.

7. [1] Eine für die Steuerbegünstigung schädliche Verwendung von Mitteln für den Ausgleich von Verlusten des steuerpflichtigen wirtschaftlichen Geschäftsbetriebs liegt auch dann nicht vor, wenn dem Betrieb die erforderlichen Mittel durch die Aufnahme eines betrieblichen Darlehens zugeführt werden oder bereits in dem Betrieb verwendete ideelle Mittel mittels eines Darlehens, das dem Betrieb zugeordnet wird, innerhalb der Frist von zwölf Monaten nach dem Ende des Verlustentstehungsjahres an den ideellen Bereich der Körperschaft zurückgegeben werden. [2] Voraussetzung für die Unschädlichkeit ist, dass Tilgung und Zinsen für das Darlehen ausschließlich aus Mitteln des steuerpflichtigen wirtschaftlichen Geschäftsbetriebs geleistet werden.

[1] Die Belastung von Vermögen des ideellen Bereichs mit einer Sicherheit für ein betriebliches Darlehen (z. B. Grundschuld auf einer Sporthalle) führt grundsätzlich zu keiner anderen Beurteilung. [2] Die Eintragung einer Grundschuld bedeutet noch keine Verwendung des belasteten Vermögens für den steuerpflichtigen wirtschaftlichen Geschäftsbetrieb.

8. [1] Steuerbegünstigte Körperschaften unterhalten steuerpflichtige wirtschaftliche Geschäftsbetriebe regelmäßig nur, um dadurch zusätzliche Mittel für die Verwirklichung der steuerbegünstigten Zwecke zu beschaffen. [2] Es kann deshalb unterstellt werden, dass etwaige Verluste bei Betrieben, die schon längere Zeit bestehen, auf einer Fehlkalkulation beruhen. [3] Bei dem Aufbau eines neuen Betriebs ist eine Verwendung von Mitteln des ideellen Bereichs für den Ausgleich von Verlusten auch dann unschädlich für die Steuerbegünstigung, wenn mit Anlaufverlusten zu rechnen war. [4] Auch in diesem Fall muss die

Körperschaft aber i. d. R. innerhalb von drei Jahren nach dem Ende des Entstehungsjahres des Verlustes dem ideellen Bereich wieder Mittel, die gemeinnützigkeitsunschädlich dafür verwendet werden dürfen, zuführen.

9. Die Regelungen in den Nrn. 4 bis 8 des AEAO zu § 55 gelten entsprechend für die Vermögensverwaltung.

10. Veräußert ein steuerpflichtiger Anteilseigner seine Anteile an einer steuerbegünstigten Kapitalgesellschaft an einen steuerbegünstigten Erwerber, liegt regelmäßig eine Mittelfehlverwendung im Sinne des § 55 Abs. 1 Nr. 1 AO vor, wenn der Veräußerungspreis über dem Wert der eingezahlten Kapitalanteile und dem gemeinen Wert der Sacheinlagen der Anteile liegt (vgl. BFH-Beschluss vom 12.10.2020, I R 59/09, BStBl. 2012 II S. 226).

11. [1] Mitglieder dürfen keine Zuwendungen aus Mitteln der Körperschaft erhalten. [2] Dies gilt nicht, soweit es sich um Annehmlichkeiten handelt, wie sie im Rahmen der Betreuung von Mitgliedern allgemein üblich und nach allgemeiner Verkehrsauffassung als angemessen anzusehen sind.

12. Keine Zuwendung i. S. d. § 55 Abs. 1 Nr. 1 AO liegt vor, wenn der Leistung der Körperschaft eine Gegenleistung des Empfängers gegenübersteht (z. B. bei Kauf-, Dienst- und Werkverträgen) und die Werte von Leistung und Gegenleistung nach wirtschaftlichen Grundsätzen gegeneinander abgewogen sind.

13. [1] Ist einer Körperschaft zugewendetes Vermögen mit vor der Übertragung wirksam begründeten Ansprüchen (z. B. Nießbrauch, Grund- oder Rentenschulden, Vermächtnisse aufgrund testamentarischer Bestimmungen des Zuwendenden) belastet, deren Erfüllung durch die Körperschaft keine nach wirtschaftlichen Grundsätzen abgewogene Gegenleistung für die Übertragung des Vermögens darstellt, mindern die Ansprüche das übertragene Vermögen bereits im Zeitpunkt des Übergangs. [2] Wirtschaftlich betrachtet wird der Körperschaft nur das nach der Erfüllung der Ansprüche verbleibende Vermögen zugewendet. [3] Die Erfüllung der Ansprüche aus dem zugewendeten Vermögen ist deshalb keine Zuwendung i. S. d. § 55 Abs. 1 Nr. 1 AO. [4] Dies gilt auch, wenn die Körperschaft die Ansprüche aus ihrem anderen zulässigen Vermögen einschließlich der Rücklage nach § 62 Abs. 1 Nr. 3 AO erfüllt.

14. [1] Soweit die vorhandenen flüssigen Vermögensmittel nicht für die Erfüllung der Ansprüche ausreichen, darf die Körperschaft dafür auch Erträge verwenden. [2] Ihr müssen jedoch ausreichende Mittel für die Verwirklichung ihrer steuerbegünstigten Zwecke verbleiben. [3] Diese Voraussetzung ist als erfüllt anzusehen, wenn für die Erfüllung der Verbindlichkeiten höchstens ein Drittel des Einkommens der Körperschaft verwendet wird. [4] Die Ein-Drittel-Grenze umfasst bei Rentenverpflichtungen nicht nur die über den Barwert hinausgehenden, sondern die gesamten Zahlungen. [5] Sie bezieht sich auf den Veranlagungszeitraum.

15. [1] § 58 Nr. 6 AO enthält eine Ausnahmeregelung zu § 55 Abs. 1 Nr. 1 AO für Stiftungen. [2] Diese ist nur anzuwenden, wenn eine Stiftung Leistungen erbringt, die dem Grunde nach gegen § 55 Abs. 1 Nr. 1 AO verstoßen, also z. B. freiwillige Zuwendungen an den in § 58 Nr. 6 AO genannten Personenkreis leistet oder für die Erfüllung von Ansprüchen dieses Personenkreises aus der Übertragung von Vermögen nicht das belastete oder anderes zulässiges

Vermögen, sondern Erträge einsetzt. [3]Im Unterschied zu anderen Körperschaften kann eine Stiftung unter den Voraussetzungen des § 58 Nr. 6 AO auch dann einen Teil ihres Einkommens für die Erfüllung solcher Ansprüche verwenden, wenn ihr dafür ausreichende flüssige Vermögensmittel zur Verfügung stehen. [4]Der Grundsatz, dass der wesentliche Teil des Einkommens für die Verwirklichung der steuerbegünstigten Zwecke verbleiben muss, gilt aber auch für Stiftungen. [5]Daraus folgt, dass eine Stiftung insgesamt höchstens ein Drittel ihres Einkommens für unter § 58 Nr. 6 AO fallende Leistungen und für die Erfüllung von anderen durch die Übertragung von belastetem Vermögen begründeten Ansprüchen verwenden darf. [6]Das dem entgegenstehende BFH-Urteil vom 21.1.1998, II R 16/95, BStBl. II S. 758 ist insoweit über den entschiedenen Einzelfall hinaus nicht anzuwenden.

16. [1]Die Vergabe von Darlehen aus Mitteln, die zeitnah für die steuerbegünstigten Zwecke zu verwenden sind, ist unschädlich für die Gemeinnützigkeit, wenn die Körperschaft damit selbst unmittelbar ihre steuerbegünstigten satzungsmäßigen Zwecke verwirklicht. [2]Dies kann z.B. der Fall sein, wenn die Körperschaft im Rahmen ihrer jeweiligen steuerbegünstigten Zwecke Darlehen im Zusammenhang mit einer Schuldnerberatung zur Ablösung von Bankschulden, Darlehen an Nachwuchskünstler für die Anschaffung von Instrumenten oder Stipendien für eine wissenschaftliche Ausbildung teilweise als Darlehen vergibt. [3]Voraussetzung ist, dass sich die Darlehensvergabe von einer gewerbsmäßigen Kreditvergabe dadurch unterscheidet, dass sie zu günstigeren Bedingungen erfolgt als zu den allgemeinen Bedingungen am Kapitalmarkt (z.B. Zinslosigkeit, Zinsverbilligung).

Die Vergabe von Darlehen aus zeitnah für die steuerbegünstigten Zwecke zu verwendenden Mitteln an andere steuerbegünstigte Körperschaften ist im Rahmen des § 58 Nr. 1 AO zulässig (mittelbare Zweckverwirklichung), wenn die andere Körperschaft die darlehensweise erhaltenen Mittel unmittelbar für steuerbegünstigte Zwecke innerhalb der für eine zeitnahe Mittelverwendung vorgeschriebenen Frist verwendet.

[1]Darlehen, die zur unmittelbaren Verwirklichung der steuerbegünstigten Zwecke vergeben werden, sind im Rechnungswesen entsprechend kenntlich zu machen. [2]Es muss sichergestellt und für die Finanzbehörde nachprüfbar sein, dass die Rückflüsse, d.h. Tilgung und Zinsen, wieder zeitnah für die steuerbegünstigten Zwecke verwendet werden.

17. Aus Mitteln, die nicht dem Gebot der zeitnahen Mittelverwendung unterliegen (Vermögen einschließlich der zulässigen Zuführungen und der zulässig gebildeten Rücklagen), darf die Körperschaft Darlehen nach folgender Maßgabe vergeben:

[1]Die Zinsen müssen sich in dem auf dem Kapitalmarkt üblichen Rahmen halten, es sei denn, der Verzicht auf die üblichen Zinsen ist eine nach den Vorschriften des Gemeinnützigkeitsrechts und der Satzung der Körperschaft zulässige Zuwendung (z.B. Darlehen an eine ebenfalls steuerbegünstigte Mitgliedsorganisation oder eine hilfebedürftige Person). [2]Bei Darlehen an Arbeitnehmer aus dem Vermögen kann der (teilweise) Verzicht auf eine übliche Verzinsung als Bestand*teil des Arbeitslohns* angesehen werden, wenn dieser insgesamt, also einschließlich des Zinsvorteils, angemessen ist und der Zinsver-

zicht auch von der Körperschaft als Arbeitslohn behandelt wird (z. B. Abführung von Lohnsteuer und Sozialversicherungsbeiträgen).

Maßnahmen, für die eine Rücklage nach § 62 Abs. 1 Nr. 1 AO gebildet worden ist, dürfen sich durch die Gewährung von Darlehen nicht verzögern.

18. [1]Die Vergabe von Darlehen ist als solche kein steuerbegünstigter Zweck. [2]Sie darf deshalb nicht Satzungszweck einer steuerbegünstigten Körperschaft sein. [3]Es ist jedoch unschädlich für die Steuerbegünstigung, wenn die Vergabe von zinsgünstigen oder zinslosen Darlehen nicht als Zweck, sondern als Mittel zur Verwirklichung des steuerbegünstigten Zwecks in der Satzung der Körperschaft aufgeführt ist.

19. [1]Eine Körperschaft kann nicht als steuerbegünstigt behandelt werden, wenn ihre Ausgaben für die allgemeine Verwaltung einschließlich der Werbung um Spenden einen angemessenen Rahmen übersteigen (§ 55 Abs. 1 Nrn. 1 und 3 AO). [2]Dieser Rahmen ist in jedem Fall überschritten, wenn eine Körperschaft, die sich weitgehend durch Geldspenden finanziert, diese – nach einer Aufbauphase – überwiegend zur Bestreitung von Ausgaben für Verwaltung und Spendenwerbung statt für die Verwirklichung der steuerbegünstigten satzungsmäßigen Zwecke verwendet (BFH-Beschluss vom 23.9.1998, I B 82/98, BStBl. 2000 II S. 320). [3]Die Verwaltungsausgaben einschließlich Spendenwerbung sind bei der Ermittlung der Anteile ins Verhältnis zu den gesamten vereinnahmten Mitteln (Spenden, Mitgliedsbeiträge, Zuschüsse, Gewinne aus wirtschaftlichen Geschäftsbetrieben usw.) zu setzen.

[1]Für die Frage der Angemessenheit der Verwaltungsausgaben kommt es entscheidend auf die Umstände des jeweiligen Einzelfalls an. [2]Eine für die Steuerbegünstigung schädliche Mittelverwendung kann deshalb auch schon dann vorliegen, wenn der prozentuale Anteil der Verwaltungsausgaben einschließlich der Spendenwerbung deutlich geringer als 50% ist.

20. [1]Während der Gründungs- oder Aufbauphase einer Körperschaft kann auch eine überwiegende Verwendung der Mittel für Verwaltungsausgaben und Spendenwerbung unschädlich für die Steuerbegünstigung sein. [2]Die Dauer der Gründungs- oder Aufbauphase, während der dies möglich ist, hängt von den Verhältnissen des Einzelfalls ab.

[1]Der in dem BFH-Beschluss vom 23.9.1998, I B 82/98, BStBl. 2000 II S. 320 zugestandene Zeitraum von vier Jahren für die Aufbauphase, in der höhere anteilige Ausgaben für Verwaltung und Spendenwerbung zulässig sind, ist durch die Besonderheiten des entschiedenen Falles begründet (insbesondere zweite Aufbauphase nach Aberkennung der Steuerbegünstigung). [2]Er ist deshalb als Obergrenze zu verstehen. [3]I. d. R. ist von einer kürzeren Aufbauphase auszugehen.

21. Die Steuerbegünstigung ist auch dann zu versagen, wenn das Verhältnis der Verwaltungsausgaben zu den Ausgaben für die steuerbegünstigten Zwecke zwar insgesamt nicht zu beanstanden, eine einzelne Verwaltungsausgabe (z. B. das Gehalt des Geschäftsführers oder der Aufwand für die Mitglieder- und Spendenwerbung) aber nicht angemessen ist (§ 55 Abs. 1 Nr. 3 AO).

22. [1]Bei den Kosten für die Beschäftigung eines Geschäftsführers handelt es sich grundsätzlich um Verwaltungsausgaben. [2]Eine Zuordnung dieser Kosten zu der steuerbegünstigten Tätigkeit ist nur insoweit möglich, als der Geschäftsführer unmittelbar bei steuerbegünstigten Projekten mitarbeitet. [3]Entsprechendes gilt für die Zuordnung von Reisekosten.

23. [1]Eine Unternehmergesellschaft i. S. d. § 5a Abs. 1 GmbHG ist gesetzlich verpflichtet, von ihrem um einen Verlustvortrag aus dem Vorjahr geminderten Jahresüberschuss bis zum Erreichen des Stammkapitals von 25 000 € mindestens 25 % in eine gesetzliche Rücklage einzustellen (§ 5a Abs. 3 GmbHG). [2]Mit der Bildung dieser Rücklage verstößt die Unternehmergesellschaft grundsätzlich nicht gegen das Gebot der zeitnahen Mittelverwendung.

Zu § 55 Abs. 1 Nr. 2 und 4 AO:

24. [1]Die in § 55 Abs. 1 Nr. 2 und 4 AO genannten Sacheinlagen sind Einlagen i. S. d. Handelsrechts, für die dem Mitglied Gesellschaftsrechte eingeräumt worden sind. [2]Insoweit sind also nur Kapitalgesellschaften, nicht aber Vereine angesprochen. [3]Unentgeltlich zur Verfügung gestellte Vermögensgegenstände, für die keine Gesellschaftsrechte eingeräumt sind (Leihgaben, Sachspenden), fallen nicht unter § 55 Abs. 1 Nr. 2 und 4 AO. [4]Soweit Kapitalanteile und Sacheinlagen von der Vermögensbindung ausgenommen werden, kann von dem Gesellschafter nicht die Spendenbegünstigung des § 10b EStG (§ 9 Abs. 1 Nr. 2 KStG) in Anspruch genommen werden. [5]Eingezahlte Kapitalanteile i. S. d. § 55 Abs. 1 Nr. 2 und 4 AO liegen nicht vor, soweit für die Kapitalerhöhung Gesellschaftsmittel verwendet wurden (z. B. nach § 57c GmbHG).

Zu § 55 Abs. 1 Nr. 3 AO:

25. [1]Bei Vorstandsmitgliedern von Vereinen sind Tätigkeitsvergütungen gemeinnützigkeitsrechtlich nur zulässig, wenn eine entsprechende Satzungsregelung besteht. [2]Zu Einzelheiten bei Zahlungen an den Vorstand steuerbegünstigter Vereine siehe BMF-Schreiben vom 21.11.2014, BStBl. I S. 1581.

Diese Regelung gilt für Stiftungen entsprechend.

[1]Zur Feststellung von Mittelfehlverwendungen i. S. v. § 55 Abs. 1 Nr. 3 AO durch überhöhte Vergütungen an den Geschäftsführer einer gemeinnützigen Körperschaft ist ein Fremdvergleich anzustellen. [2]Dabei sind die Grundsätze der vGA zu berücksichtigen. [3]„Unverhältnismäßig“ in § 55 Abs. 1 Nr. 3 AO hat im Grundsatz dieselbe Bedeutung wie „unangemessen“ im Bereich der vGA gemäß § 8 Abs. 3 Satz 2 KStG. [4]Zur Feststellung einer vGA durch überhöhte Vergütungen eines Gesellschafter-Geschäftsführers kann die Vergütung entweder mit den Entgelten verglichen werden, die Geschäftsführer oder Arbeitnehmer des betreffenden Unternehmens beziehen (interner Fremdvergleich) oder mit den Entgelten, die unter gleichen Bedingungen an Fremdgeschäftsführer anderer Unternehmen gezahlt werden (externer Fremdvergleich). [5]Maßstab des externen Fremdvergleichs können dabei auch die für vergleichbare Tätigkeiten von Wirtschaftsunternehmen gewährten Vergütungen sein.

[1]Da nicht nur ein bestimmtes Gehalt als „angemessen“ angesehen werden kann, sondern der Bereich des Angemessenen sich auf eine gewisse Bandbreite erstreckt, sind unangemessen nur diejenigen Bezüge, die den oberen Rand dieser Bandbreite übersteigen. [2]Eine nur geringfügige Überschreitung der Angemessenheitsgrenze begründet noch keine vGA; diese liegt erst bei einem „krassen Missverhältnis“ der Gesamtvergütung vor. [3]Dies ist jedenfalls dann anzunehmen, wenn die Angemessenheitsgrenze um mehr als 20 % überschritten wird (BFH-Urteil vom 12.3.2020, V R 5/17, BStBl. 2021 II S. 55).

Zu § 55 Abs. 1 Nr. 4 AO:

26. Eine wesentliche Voraussetzung für die Annahme der Selbstlosigkeit bildet der Grundsatz der Vermögensbindung für steuerbegünstigte Zwecke im Falle der Beendigung des Bestehens der Körperschaft oder des Wegfalles des bisherigen Zwecks (§ 55 Abs. 1 Nr. 4 AO).

[1] Hiermit soll verhindert werden, dass gemeinnützigkeitsrechtlich gebundenes Vermögen später zu nicht begünstigten Zwecken verwendet wird. [2] Die satzungsmäßigen Anforderungen an die Vermögensbindung sind in § 61 AO geregelt.

Das Vermögen einer Körperschaft, das vor dem Eintritt in die Steuerbegünstigung nach §§ 51 ff. AO angesammelt wurde, unterliegt ebenso der Vermögensbindung des § 55 Abs. 1 Nr. 4 AO wie das Vermögen, welches seit dem Eintritt in die Steuerbegünstigung gebildet wurde.

27. [1] Eine Körperschaft ist nur dann steuerbegünstigt i. S. d. § 55 Abs. 1 Nr. 4 Satz 2 AO, wenn sie nach § 5 Abs. 1 Nr. 9 KStG von der Körperschaftsteuer befreit ist. [2] Als Empfänger des Vermögens der Körperschaft kommen neben inländischen Körperschaften auch die in § 5 Abs. 2 Nr. 2 KStG aufgeführten Körperschaften in Betracht.

Zu § 55 Abs. 1 Nr. 5 AO:

28. [1] Die Körperschaft muss ihre Mittel grundsätzlich zeitnah für ihre steuerbegünstigten satzungsmäßigen Zwecke verwenden. [2] Verwendung in diesem Sinne ist auch die Verwendung der Mittel für die Anschaffung oder Herstellung von Vermögensgegenständen, die satzungsmäßigen Zwecken dienen (z. B. Bau eines Altenheims, Kauf von Sportgeräten oder medizinischen Geräten).

[1] Die Bildung von Rücklagen ist nur unter den Voraussetzungen des § 62 AO zulässig. [2] Davon unberührt bleiben Rücklagen in einem steuerpflichtigen wirtschaftlichen Geschäftsbetrieb und Rücklagen im Bereich der Vermögensverwaltung (vgl. Nr. 3 des AEAO zu § 55).

29. [1] Eine zeitnahe Mittelverwendung ist gegeben, wenn die Mittel spätestens in den auf den Zufluss folgenden zwei Kalender- oder Wirtschaftsjahren für die steuerbegünstigten satzungsmäßigen Zwecke verwendet werden. [2] Am Ende des Kalender- oder Wirtschaftsjahrs noch vorhandene Mittel müssen in der Bilanz oder Vermögensaufstellung der Körperschaft zulässigerweise dem Vermögen oder einer zulässigen Rücklage zugeordnet oder als im zurückliegenden Jahr zugeflossene Mittel, die in den folgenden zwei Jahren für die steuerbegünstigten Zwecke zu verwenden sind, ausgewiesen sein. [3] Soweit Mittel nicht schon im Jahr des Zuflusses für die steuerbegünstigten Zwecke verwendet oder zulässigerweise dem Vermögen zugeführt werden, ist ihre zeitnahe Verwendung nachzuweisen, zweckmäßigerweise durch eine Nebenrechnung (Mittelverwendungsrechnung). [4] Der Zweck des Grundsatzes der zeitnahen Mittelverwendung gebietet es, dass bei der Nachprüfung der Mittelverwendung nicht auf die einzelne Zuwendung abzustellen ist, sondern auf die Gesamtheit aller zeitnah zu verwendenden Zuwendungen und sonstigen Einnahmen bzw. Vermögenswerte der Körperschaft (Saldobetrachtung bzw. Globalbetrachtung; BFH-Urteil vom 20.3.2017, X R 13/15, BStBl. II S. 1110).

30. Die Pflicht zur zeitnahen Mittelverwendung besteht nicht für Körperschaften mit jährlichen Einnahmen von nicht mehr als 45 000 €.

[1] Einnahmen im Sinne der Norm sind alle Vermögensmehrungen, die der Körperschaft zufließen. [2] Es gilt das Zuflussprinzip nach § 11 EStG. [3] Dazu zählen die Einnahmen des ideellen Bereichs sowie die Bruttoeinnahmen der Vermögensverwaltung, des Zweckbetriebs und des steuerpflichtigen wirtschaftlichen Geschäftsbetriebs. [4] Zu den Einnahmen in diesem Sinne gehören auch solche Zuflüsse, die grundsätzlich nicht der zeitnahen Mittelverwendung unterliegen, z. B. Zuwendungen in das Vermögen der Körperschaft (§ 62 Abs. 3 AO). [5] Nicht zu den Einnahmen in diesem Sinne gehören solche Mittel, für die die Pflicht zur zeitnahen Mittelverwendung, z. B. wegen eines Sphärenwechsels, grundsätzlich wiederauflebt, ohne dass der Körperschaft insoweit Mittel zufließen.

Die Verpflichtung zur Verwendung für satzungsmäßige steuerbegünstigte Zwecke nach § 55 Abs. 1 Nr. 1 Satz 1 AO bleibt unberührt.

31. [1] In dem Veranlagungszeitraum, in dem die Einnahmen einer Körperschaft unter der 45 000 €-Grenze bleiben, ist für sämtliche vorhandene Mittel die Pflicht zur zeitnahen Mittelverwendung ausgesetzt. [2] Bei Überschreiten dieser Grenze unterliegen die in den Jahren des Unterschreitens angesammelten und die übrigen, zu diesem Zeitpunkt noch vorhandenen Mittel, nicht dem Gebot der zeitnahen Mittelverwendung.

32. [1] Nicht dem Gebot der zeitnahen Mittelverwendung unterliegt das Vermögen der Körperschaften, auch soweit es durch Umschichtungen innerhalb des Bereichs der Vermögensverwaltung entstanden ist (z. B. Verkauf eines zum Vermögen gehörenden Grundstücks einschließlich des den Buchwert übersteigenden Teils des Preises). [2] Außerdem kann eine Körperschaft die in § 62 Abs. 3 und 4 AO bezeichneten Mittel ohne für die Gemeinnützigkeit schädliche Folgen ihrem Vermögen zuführen.

[1] Werden Vermögensgegenstände veräußert, die satzungsmäßigen Zwecken dienen und aus zeitnah zu verwendenden Mitteln angeschafft worden sind, sind die Veräußerungserlöse zeitnah i. S. d. § 55 Abs. 1 Nr. 5 AO zu verwenden. [2] Werden derartige Vermögensgegenstände in den Bereich der Vermögensverwaltung oder in den steuerpflichtigen wirtschaftlichen Geschäftsbetrieb überführt, lebt die Pflicht zur zeitnahen Mittelverwendung in Höhe des Verkehrswerts dieser Vermögensgegenstände wieder auf.

Zu § 55 Abs. 2 AO:

33. [1] Wertsteigerungen bleiben für steuerbegünstigte Zwecke gebunden. [2] Bei der Rückgabe des Wirtschaftsguts selbst hat der Empfänger die Differenz in Geld auszugleichen.

Zu § 55 Abs. 3 AO:

34. [1] Die Regelung, nach der sich die Vermögensbindung nicht auf die eingezahlten Kapitalanteile der Mitglieder und den gemeinen Wert der von den Mitgliedern geleisteten Sacheinlagen erstreckt, gilt bei Stiftungen für die Stifter und ihre Erben sinngemäß (§ 55 Abs. 3 erster Halbsatz AO). [2] Es ist also zulässig, das *Stiftungskapital und die* Zustiftungen von der Vermögensbindung auszunehmen und im Falle des Erlöschens der Stiftung an den Stifter oder seine Erben zurückfallen zu lassen. [3]Für solche Stiftungen und Zustiftungen kann aber vom Stifter nicht die Spendenvergünstigung nach § 10b EStG (§ 9 Abs. 1 Nr. 2 KStG) in Anspruch genommen werden.

35. [1]Die Vorschrift des § 55 Abs. 3 zweiter Halbsatz AO, die sich nur auf Stiftungen und Körperschaften des öffentlichen Rechts bezieht, berücksichtigt die Regelung im EStG, wonach die Entnahme eines Wirtschaftsgutes mit dem Buchwert angesetzt werden kann, wenn das Wirtschaftsgut den in § 6 Abs. 1 Nr. 4 Satz 4 EStG genannten Körperschaften unentgeltlich überlassen wird. [2]Dies hat zur Folge, dass der Zuwendende bei der Aufhebung der Stiftung nicht den gemeinen Wert der Zuwendung, sondern nur den dem ursprünglichen Buchwert entsprechenden Betrag zurückerhält. [3]Stille Reserven und Wertsteigerungen bleiben hiernach für steuerbegünstigte Zwecke gebunden. [4]Bei Rückgabe des Wirtschaftsgutes selbst hat der Empfänger die Differenz in Geld auszugleichen.

AEAO zu § 56 – Ausschließlichkeit:

1. [1]Das Ausschließlichkeitsgebot des § 56 AO besagt, dass eine Körperschaft nicht steuerbegünstigt ist, wenn sie neben ihrer steuerbegünstigten Zielsetzung weitere Zwecke verfolgt und diese Zwecke nicht steuerbegünstigt sind. [2]Im Zusammenhang mit der Vermögensverwaltung und wirtschaftlichen Geschäftsbetrieben, die Nicht-Zweckbetriebe sind, folgt daraus, dass deren Unterhaltung der Steuerbegünstigung einer Körperschaft entgegensteht, wenn sie in der Gesamtschau zum Selbstzweck wird und in diesem Sinne neben die Verfolgung des steuerbegünstigten Zwecks der Körperschaft tritt. [3]Die Vermögensverwaltung sowie die Unterhaltung eines Nicht-Zweckbetriebs sind gemeinnützigkeitsrechtlich nur dann unschädlich, wenn sie um des steuerbegünstigten Zwecks willen erfolgen, indem sie z.B. der Beschaffung von Mitteln zur Erfüllung der steuerbegünstigten Aufgabe dienen. [4]Ist die Vermögensverwaltung bzw. der wirtschaftliche Geschäftsbetrieb dagegen nicht dem steuerbegünstigten Zweck untergeordnet, sondern ein davon losgelöster Zweck oder gar Hauptzweck der Betätigung der Körperschaft, so scheitert deren Steuerbegünstigung an § 56 AO. [5]In einem solchen Fall kann die Betätigung der Körperschaft nicht in einen steuerfreien und in einen steuerpflichtigen Teil aufgeteilt werden; vielmehr ist dann die Körperschaft insgesamt als steuerpflichtig zu behandeln. [6]Bei steuerbegünstigten Körperschaften, insbesondere Förderkörperschaften, die sich in ihrer tatsächlichen Geschäftsführung an die in ihrer Satzung enthaltene Pflicht zur Verwendung sämtlicher Mittel für die satzungsmäßigen Zwecke halten, ist das Ausschließlichkeitsgebot selbst dann erfüllt, wenn sie sich vollständig aus Mitteln eines steuerpflichtigen wirtschaftlichen Geschäftsbetriebs oder aus der Vermögensverwaltung finanzieren. [7]Auf das BFH-Urteil vom 4.4.2007, I R 76/05, BStBl. II S. 631, wird hingewiesen.

2. [1]Eine Körperschaft darf mehrere steuerbegünstigte Zwecke nebeneinander verfolgen, ohne dass dadurch die Ausschließlichkeit verletzt wird. [2]Die verwirklichten steuerbegünstigten Zwecke müssen jedoch sämtlich satzungsmäßige Zwecke sein. [3]Will demnach eine Körperschaft steuerbegünstigte Zwecke, die nicht in die Satzung aufgenommen sind, fördern, so ist eine Satzungsänderung erforderlich, die den Erfordernissen des § 60 AO entsprechen muss.

AEAO zu § 57 – Unmittelbarkeit:

Zu § 57 Abs. 1 AO:

1. Die Vorschrift stellt in Absatz 1 klar, dass die Körperschaft die steuerbegünstigten satzungsmäßigen Zwecke selbst verwirklichen muss, damit Unmittelbarkeit gegeben ist (wegen der Ausnahmen Hinweis auf § 58 AO).

2. [1]Das Gebot der Unmittelbarkeit ist gem. § 57 Abs. 1 Satz 2 AO auch dann erfüllt, wenn sich die steuerbegünstigte Körperschaft einer Hilfsperson bedient. [2]Hierfür ist es erforderlich, dass nach den Umständen des Falles, insbesondere nach den rechtlichen und tatsächlichen Beziehungen, die zwischen der Körperschaft und der Hilfsperson bestehen, das Wirken der Hilfsperson wie eigenes Wirken der Körperschaft anzusehen ist, d.h. die Hilfsperson nach den Weisungen der Körperschaft einen konkreten Auftrag ausführt. [3]Hilfsperson kann eine natürliche Person, Personenvereinigung oder juristische Person sein. [4]Die Körperschaft hat durch Vorlage entsprechender Vereinbarungen nachzuweisen, dass sie den Inhalt und den Umfang der Tätigkeit der Hilfsperson im Innenverhältnis bestimmen kann. [5]Die Tätigkeit der Hilfsperson muss den Satzungsbestimmungen der Körperschaft entsprechen. [6]Diese hat nachzuweisen, dass sie die Hilfsperson überwacht. [7]Die weisungsgemäße Verwendung der Mittel ist von ihr sicherzustellen.

Die Steuerbegünstigung einer Körperschaft, die nur über eine Hilfsperson das Merkmal der Unmittelbarkeit erfüllt (§ 57 Abs. 1 Satz 2 AO), ist unabhängig davon zu gewähren, wie die Hilfsperson gemeinnützigkeitsrechtlich behandelt wird.

Die Steuerbegünstigung einer Hilfsperson ist nicht ausgeschlossen, wenn die Körperschaft mit ihrer Hilfspersonentätigkeit nicht nur die steuerbegünstigte Tätigkeit einer anderen Körperschaft unterstützt, sondern zugleich eigene steuerbegünstigte Satzungszwecke verfolgt und ihren Beitrag im Außenverhältnis selbstständig und eigenverantwortlich erbringt.

Zu § 57 Abs. 2 AO:

3. [1]Ein Zusammenschluss i.S.d. § 57 Abs. 2 AO ist gegeben, wenn die Einrichtung ausschließlich allgemeine, aus der Tätigkeit und Aufgabenstellung der Mitgliederkörperschaften erwachsene Interessen wahrnimmt. [2]Nach § 57 Abs. 2 AO wird eine Körperschaft, in der steuerbegünstigte Körperschaften zusammengefasst sind, einer Körperschaft gleichgestellt, die unmittelbar steuerbegünstigte Zwecke verfolgt. [3]Voraussetzung ist, dass jede der zusammengefassten Körperschaften sämtliche Voraussetzungen für die Steuerbegünstigung erfüllt. [4]Verfolgt eine solche Körperschaft selbst unmittelbar steuerbegünstigte Zwecke, ist die bloße Mitgliedschaft einer nicht steuerbegünstigten Organisation für die Steuerbegünstigung unschädlich. [5]Die Körperschaft darf die nicht steuerbegünstigte Organisation aber nicht mit Rat und Tat fördern (z.B. Zuweisung von Mitteln, Rechtsberatung).

Zu § 57 Abs. 3 AO:

4. [1]Das planmäßige Zusammenwirken mit mindestens einer weiteren Körperschaft, die im Übrigen die Voraussetzungen der §§ 51 bis 68 AO erfüllt, ist ein Fall der *unmittelbaren Zweckverwirklichung*. [2]Körperschaften können damit steuerbegünstigt arbeitsteilig vorgehen, um gemeinsam einen steuerbegünstigten Zweck zu verfolgen. [3]Wenn mehrere Körperschaften, die außer dem Unmittelbarkeitsgrundsatz alle Voraussetzungen der §§ 51 bis 68 AO erfüllen, satzungsgemäß durch planmäßiges Zusammenwirken einen gemeinnützigen Zweck verfolgen, ist das Kriterium der Unmittelbarkeit für alle beteiligten Körperschaften erfüllt.

5. Planmäßiges Zusammenwirken bedeutet das gemeinsame, inhaltlich aufeinander abgestimmte und koordinierte Wirken von zwei oder mehreren steuerbegünstigten Körperschaften, um einen ihrer steuerbegünstigten Satzungszwecke zu verwirklichen.

[1]Zusammenwirken umfasst alle Tätigkeiten, die geeignet sind, die Verwirklichung der eigenen satzungsmäßigen Zwecke in Kooperation mit einer anderen Körperschaft zu erfüllen. [2]Hierzu können neben Dienstleistungen und Warenlieferungen auch Nutzungsüberlassungen gehören. [3]Ein planmäßiges Zusammenwirken liegt z. B. vor, wenn ein Krankenhaus eine zum Zweckbetrieb i. S. d. § 67 AO gehörende Wäscherei auf eine GmbH ausgliedert und die Wäscherei weiterhin Leistungen an das Krankenhaus erbringt.

[1]§ 57 Abs. 3 AO erfordert nicht den Leistungsaustausch zwischen zwei Körperschaften, sondern ein „satzungsmäßiges planmäßiges Zusammenwirken". [2]Dieses Zusammenwirken kann auch in der Weise erfolgen, dass mehrere Körperschaften unterschiedliche Leistungselemente an einen selbst nicht steuerbegünstigten Dritten erbringen, wenn diese Leistungselemente durch ihr Zusammenwirken in die Förderung eines gemeinsamen steuerbegünstigten Zwecks münden.

6. [1]Die Anforderung an den eigenen Beitrag einer Körperschaft besteht darin, dass sie selbst arbeitsteilig zur Verwirklichung der steuerbegünstigten Zwecke beitragen muss. [2]Eine bloße Vergabe von Aufträgen für ein Projekt, ohne Eigenleistung in diesem Projekt selbst, ist beispielsweise nicht ausreichend.

Das planmäßige Zusammenwirken erfordert keine Wiederholungsabsicht und keine finanzielle Eingliederung, so dass auch Kooperationen zwischen gesellschafts- oder verbandsrechtlich nicht verbundenen Körperschaften möglich sind.

7. Ein planmäßiges Zusammenwirken kann auch mit steuerbegünstigten Betrieben gewerblicher Art juristischer Personen des öffentlichen Rechts erfolgen, nicht aber mit juristischen Personen des öffentlichen Rechts als solchen.

8. [1]Das Zusammenwirken mit anderen Körperschaften zur Verwirklichung des eigenen steuerbegünstigten Satzungszwecks muss in der Satzung als Art der Zweckverwirklichung festgehalten sein. [2]Die Körperschaften, mit denen kooperiert wird, und die Art und Weise der Kooperation müssen in den Satzungen der Beteiligten bezeichnet werden.

[1]Bei mehreren Kooperationspartnern genügt es, wenn diese anhand der Satzung konkret nachvollziehbar sind, beispielsweise bei einer Kooperation innerhalb eines Konzern- oder Unternehmensverbundes durch Bezeichnung des Konzerns oder des Unternehmensverbundes. [2]Eine namentliche Benennung der einzelnen Kooperationspartner muss sich dann aus einer Aufstellung ergeben, die der Finanzverwaltung bei Beginn der Kooperation und bei Änderung der Kooperationspartner zusätzlich zur Satzung vorzulegen ist.

9. [1]Das planmäßige Zusammenwirken kann bereits vor der zivilrechtlichen Wirksamkeit (in der Regel Registereintragung oder Anerkennung/Genehmigung) bei den kooperierenden Körperschaften erfolgen, wenn darüber ein wirksamer Organbeschluss vorliegt, das Verfahren zum Eintritt der zivilrechtlichen Wirksamkeit eingeleitet wurde und diese später auch eintritt. [2]Die zivilrechtliche Wirksamkeit muss aber grundsätzlich zumindest bei der Körperschaft vorliegen, die sich auf § 57 Absatz 3 AO beruft. [3]Bei Neugründungsfällen siehe Nr. 4 des AEAO zu § 60a.

10. [1]Eine Körperschaft, die sich auf § 57 Abs. 3 AO beruft, darf darauf vertrauen, dass die Körperschaft, mit der sie zusammenwirkt, steuerbegünstigt nach § 5 Abs. 1 Nr. 9 KStG ist, wenn sie sich deren Satzung und einen der in § 58a Abs. 2 AO genannten Nachweise hat vorlegen lassen. [2]§ 58a Abs. 3 Nr. 1 AO ist entsprechend anzuwenden.

11. [1]Leistungen, die in Verwirklichung des gemeinsamen Zwecks im Rahmen eines wirtschaftlichen Geschäftsbetriebs erfolgen, werden innerhalb eines Zweckbetriebs erbracht, wenn die gesetzlichen Voraussetzungen der §§ 65 ff. AO erfüllt sind. [2]Für die Prüfung der Voraussetzungen des Zweckbetriebs im Sinne der §§ 65 ff. AO sind die aufgrund des planmäßigen Zusammenwirkens ausgeübten Tätigkeiten aller beteiligten Körperschaften in ihrer Gesamtheit zu beurteilen. [3]Wenn aufgrund des planmäßigen Zusammenwirkens ein Tatbestand der §§ 65 ff. AO erfüllt ist, dann ist diese zweckbetriebliche Beurteilung für alle beteiligten Körperschaften maßgeblich.

Für die Erbringung von Leistungen außerhalb des gemeinsamen steuerbegünstigten Zwecks gelten die allgemeinen Regelungen, sodass beispielsweise Leistungen an steuerpflichtige Dritte weiterhin regelmäßig einen steuerpflichtigen wirtschaftlichen Geschäftsbetrieb begründen.

[1]Ausschlaggebend für die gemeinnützigkeitsrechtliche Beurteilung ist der Charakter der Tätigkeiten aller beteiligten Körperschaften. [2]Eine isolierende Betrachtung darf nicht vorgenommen werden.

[1]Tätigkeiten werden damit dann noch in Verwirklichung des gemeinsamen steuerbegünstigten Zwecks erbracht, wenn diese auch dem steuerbegünstigten Bereich (Zweckbetrieb oder ideelle Tätigkeit) zugeordnet werden könnten, wenn sie alle von einer Körperschaft ausgeübt worden wären. [2]Begünstigt können z. B. gemeinschaftliche Serviceleistungen, wie Buchhaltung oder Beschaffungsstellen sowie Nutzungsüberlassungen und Vermietungen sein.

12. [1]Die beim planmäßigen Zusammenwirken im Zweckbetrieb oder im ideellen Bereich eingesetzten Wirtschaftsgüter (z. B. Grundstücke) sind auch bei den zusammenwirkenden Körperschaften dem Zweckbetrieb bzw. dem ideellen Bereich zuzuordnen. [2]Sie können deshalb mit zeitnah zu verwendenden Mitteln finanziert werden. [3]Eine Körperschaft darf insoweit zeitnah zu verwendende Mittel auch für die Finanzierung von Wirtschaftsgütern verwenden, die sie einer anderen steuerbegünstigten Körperschaft in einer Kooperation nach § 57 Abs. 3 AO zur Nutzung überlässt oder im Zusammenwirken mit einer anderen gemeinnützigen Körperschaft einsetzt. [4]Beteiligungen an anderen kooperierenden steuerbegünstigten Körperschaften sind dem ideellen Bereich zuzuordnen (vgl. Nr. 14 des AEAO zu § 57 Abs. 4 AO).

Zu § 57 Abs. 4 AO:

13. [1] Nach Absatz 4 wird durch das Halten und Verwalten von Anteilen an steuerbegünstigten Kapitalgesellschaften der Grundsatz der Unmittelbarkeit erfüllt (Holdingstrukturen). [2] Dabei genügt auch die Beteiligung an nur einer steuerbegünstigten Kapitalgesellschaft. [3] Eine Mindestbeteiligungsquote ist nicht erforderlich. [4] Das schließt aber nicht aus, dass eine solche steuerbegünstigte Holdinggesellschaft auch Anteile an steuerpflichtigen Kapitalgesellschaften halten kann. [5] Die übrigen Voraussetzungen der §§ 51 ff. AO (insbesondere Grundsätze der Selbstlosigkeit und der Ausschließlichkeit, §§ 55, 56 AO) müssen dennoch vorliegen.

14. [1] Eine Beteiligung, die nach § 57 Abs. 4 AO zur unmittelbaren Verfolgung der eigenen steuerbegünstigten Zwecke an einer steuerbegünstigten Kapitalgesellschaft gehalten und verwaltet wird, ist dem ideellen Bereich zuzuordnen, wenn die steuerbegünstigten Zwecke der gehaltenen Beteiligungsgesellschaft in den eigenen steuerbegünstigten Zwecken enthalten sind. [2] Die Einnahmen aus dieser Beteiligung sind dann keine Einnahmen der Vermögensverwaltung, sondern Einnahmen im ideellen Bereich.

15. [1] Bei den Anteilen an den steuerbegünstigten Kapitalgesellschaften handelt es sich um sogenanntes nutzungsgebundenes Vermögen (§ 55 Abs. 1 Nr. 5 Satz 2 AO). [2] Damit wird der Einsatz zeitnah zu verwendender Mittel ermöglicht. [3] Die Ausgliederung von Zweckbetrieben auf eine steuerbegünstigte Kapitalgesellschaft, bei der die übertragende Körperschaft als Gegenleistung Anteile an der übernehmenden Kapitalgesellschaft erhält und die Beteiligung bei der übertragenden Körperschaft dem ideellen Bereich zugeordnet wird, führt damit nicht zu einem Wiederaufleben der Pflicht zur zeitnahen Mittelverwendung.

16. [1] Soweit eine Holdinggesellschaft entgeltliche Leistungen, wie z. B. Buchführung, gegenüber den Kapitalgesellschaften ausführt, an denen sie beteiligt ist, sind diese Leistungen grundsätzlich als steuerpflichtiger wirtschaftlicher Geschäftsbetrieb zu qualifizieren. [2] Die Möglichkeit der steuerbegünstigten Leistungserbringung innerhalb einer Kooperation nach § 57 Abs. 3 AO oder einer Dienstleistungserbringung, Nutzungsüberlassung oder Warenlieferung nach § 58 Nr. 1 AO bleibt davon unberührt.

AEAO zu § 58 – Steuerlich unschädliche Betätigungen:

Zu § 58 Nr. 1 AO:[1)]

1. [1] Diese Ausnahmeregelung ermöglicht es, Körperschaften als steuerbegünstigt anzuerkennen, die andere Körperschaften durch die vollständige oder teilweise Weitergabe bzw. Zuwendung eigener Mittel fördern. [2] Mittel sind nicht nur Bar- oder Buchgeld, sondern auch alle anderen Vermögenswerte. [3] Auch Nutzungsüberlassungen, Warenlieferungen und die Erbringung von Dienstleistungen unterfallen dem Begriff der Mittel. [4] Sind diese Gegenstand einer Kooperation nach § 57 Abs. 3 AO, richtet sich deren Behandlung nach § 57 Abs. 3 AO.

---

1) Zum Crowdfunding-Portal als Förderkörperschaft siehe BMF v. 15.12.2017, BStBl. I 2018, 246.

2. Als Mittelempfänger kommen in Betracht
- inländische steuerbegünstigte Körperschaften,
- in § 5 Abs. 2 Nr. 2 KStG aufgeführte Körperschaften (beschränkt steuerpflichtige Körperschaften aus EU/EWR-Staaten),
- inländische und ausländische juristische Personen des öffentlichen Rechts,
- ausländische Körperschaften, die nicht beschränkt steuerpflichtig sind, bei denen die spätere Verwendung der Mittel für steuerbegünstigte Zwecke ausreichend nachgewiesen wird, und
- beschränkt steuerpflichtige Körperschaften aus Nicht-EU/EWR-Staaten, bei denen die spätere Verwendung der Mittel für steuerbegünstigte Zwecke ausreichend nachgewiesen wird.

3. [1] Bei der Mittelzuwendung handelt es sich um eine Art der Zweckverwirklichung und nicht um einen eigenständigen steuerbegünstigten Zweck. [2] Der steuerbegünstigte Zweck ist in der Satzung weiterhin separat anzugeben. [3] Ist die einzige Art der Zweckverwirklichung die Weitergabe von Mitteln an andere Körperschaften oder juristische Personen des öffentlichen Rechts, muss dies in der Satzung benannt sein (Förderkörperschaft). [4] Es ist nicht erforderlich, die Körperschaften, an die Mittel weitergegeben werden sollen, in der Satzung aufzuführen.

[1] Eine steuerbegünstigte Körperschaft, die einen Satzungszweck unmittelbar verfolgt und einen weiteren Satzungszweck ausschließlich durch Mittelweitergabe verwirklicht, muss sowohl die unmittelbare Zweckverfolgung als auch die Mittelweitergabe in der Satzung abbilden. [2] Beispielsweise muss eine steuerbegünstigte Körperschaft, die satzungsmäßig die Zwecke Sport und Kultur fördert, aber nur den Zweck Sport unmittelbar und den Zweck Kultur durch Mittelweitergabe verwirklicht, auch die Förderung des Zwecks Kultur durch Mittelweitergabe als Art der Zweckverwirklichung in ihre Satzung aufnehmen.

[1] Verwirklicht hingegen eine steuerbegünstigte Körperschaft einen Zweck sowohl unmittelbar als auch durch Mittelweitergabe, ist eine Satzungsklausel zur Mittelweitergabe nicht erforderlich. [2] Beispielsweise muss eine steuerbegünstigte Körperschaft, die satzungsmäßig den Zweck Sport unmittelbar fördert und Mittel an eine andere steuerbegünstigte Körperschaft zur Förderung dieses Zwecks weitergibt, die Mittelweitergabe als Art der Zweckverwirklichung nicht in die Satzung aufnehmen.

[1] Die Zwecke der hingebenden und empfangenden Körperschaft müssen im Übrigen nicht identisch sein. [2] Das bedeutet, dass beispielsweise eine steuerbegünstigte Körperschaft, die satzungsmäßig unmittelbar nur den Zweck Sport fördert, auch Mittel an eine andere steuerbegünstigte Körperschaft, die beispielsweise den Zweck Kultur fördert, weitergeben darf, ohne diesen Zweck und die Mittelweitergabe in ihre Satzung aufnehmen zu müssen.

4. [1] Ausschüttungen und sonstige Zuwendungen einer steuerbegünstigten Körperschaft sind abweichend von § 55 Abs. 1 Nr. 1 Satz 2 AO unschädlich, wenn die Gesellschafter oder Mitglieder als Begünstigte ausschließlich steuerbegünstigte Körperschaften sind. [2] Entsprechendes gilt für Ausschüttungen und sonstige Zuwendungen an juristische Personen des öffentlichen Rechts, die die Mittel für steuerbegünstigte Zwecke verwenden. [3] Zwar ist bei einer Weiterleitung (auch in Form einer verhinderten Vermögensmehrung) an eine juristische Person des öffentlichen Rechts das Tatbestandsmerkmal „zur Verwendung zu steuerbegünstigten Zwecken" nicht erfüllt, wenn die Mittel dem Gesamthaushalt der juristischen Person des öffentlichen Rechts zugutekommen und die juristische Person des öffentlichen Rechts neben den steuerbegünstigten Zwecken auch noch andere Zwecke verfolgt (BFH-Urteil vom 27.11.2013, I R 17/12, BStBl. 2016 II S. 68). [4]Dies ist jedoch unschädlich, wenn die Mittel nachweislich für steuerbegünstigte Zwecke verwendet werden.

5. [1]Die Verwendung der zugewendeten Mittel hat i. S. d. § 55 Abs. 1 Nr. 5 AO zu erfolgen. [2]Wird dagegen verstoßen, liegt eine Mittelfehlverwendung bei der Empfängerkörperschaft vor.

6. Nicht zeitnah zu verwendende Mittel der Geberkörperschaft (z. B. freie Rücklage) unterliegen jedoch auch bei der Empfängerkörperschaft nicht dem Gebot der zeitnahen Mittelverwendung.

7. [1]Werden unentgeltlich oder lediglich gegen Kostenübernahme Nutzungen überlassen, Waren geliefert oder Dienstleistungen erbracht und diese Nutzungen, Warenlieferungen und Dienstleistungen bei der Empfängerkörperschaft dem steuerbegünstigten Bereich zugeordnet, sind diese bei der Geberkörperschaft dem ideellen Bereich bzw. dem Zweckbetrieb zuzuordnen. [2]Folglich können die eingesetzten Vermögensgegenstände aus zeitnah zu verwendenden Mitteln finanziert werden.

[1]Werden Nutzungsüberlassungen, Warenlieferungen oder Dienstleistungen gegen einen die entstandenen Kosten übersteigenden Betrag erbracht, sind diese grundsätzlich dem steuerpflichtigen wirtschaftlichen Geschäftsbetrieb bzw. der Vermögensverwaltung zuzuordnen und können damit nicht aus zeitnah zu verwendenden Mitteln finanziert werden. [2]In diesem Fall findet § 58 Nr. 1 AO keine Anwendung.

Zu § 58 Nr. 3 AO:

8. [1]Die Weitergabe der Gewinne aus wirtschaftlichen Geschäftsbetrieben (einschließlich Zweckbetriebe), der Überschüsse aus der Vermögensverwaltung sowie höchstens 15% der sonstigen zeitnah zu verwendenden Mittel zur Vermögensausstattung einer anderen Körperschaft ist unschädlich. [2]Maßgebend für die Ermittlung dieser Grenzen sind die Verhältnisse des vorangegangenen Kalender- oder Wirtschaftsjahres.

Folgende Voraussetzungen müssen erfüllt sein:

- Bei der Empfängerkörperschaft handelt es sich um eine steuerbegünstigte Körperschaft oder eine juristische Person des öffentlichen Rechts.
- [1]Die aus den Vermögenserträgen zu verwirklichenden steuerbegünstigten Zwecke der Empfängerkörperschaft müssen übereinstimmen mit den steuerbegünstigten satzungsmäßigen Zwecken der gebenden Körperschaft. [2]Der mit den weitergegebenen Mitteln verfolgte Zweck muss sowohl von der Geber- als auch von der Empfängerkörperschaft gefördert werden. [3]Beide Körperschaften können daneben aber auch noch weitere Zwecke fördern.
- Die zugewandten Mittel und deren Erträge dürfen nicht für weitere Mittelweitergaben nach § 58 Nr. 3 AO zur Vermögensausstattung verwendet werden.

– [1]Die zugewandten Mittel und Erträge unterliegen bei der Empfängerkörperschaft der steuerbegünstigten Mittelverwendungspflicht. [2]Erfolgt eine Verwendung für andere Zwecke, liegt eine Mittelfehlverwendung bei der Empfängerkörperschaft vor.

[1]In diesem Sinne ist auch die Vermögensausstattung einer steuerbegünstigten Kapitalgesellschaft (z.B. gGmbH), die denselben steuerbegünstigten Zweck verfolgt, durch die Hingabe von Kapital bei Neugründung oder im Rahmen einer Kapitalerhöhung erlaubt, nicht aber der Erwerb von Anteilen an einer bereits bestehenden Körperschaft. [2]In den Fällen des § 57 Abs. 4 AO, siehe Nrn. 14 und 15 des AEAO zu § 57 Abs. 4.

Zu § 58 Nr. 4 AO:

9. Eine steuerlich unschädliche Betätigung liegt auch dann vor, wenn nicht nur Arbeitskräfte, sondern zugleich Arbeitsmittel (z.B. Krankenwagen) zur Verfügung gestellt werden.

Zu § 58 Nr. 5 AO:

10. [1]Zu den „Räumen" i.S.d. § 58 Nr. 5 AO gehören beispielsweise auch Sportstätten, Sportanlagen und Freibäder.

Zu § 58 Nr. 6 AO:

11. [1]Eine Stiftung darf einen Teil ihres Einkommens – höchstens ein Drittel – dazu verwenden, die Gräber des Stifters und seiner nächsten Angehörigen zu pflegen und deren Andenken zu ehren. [2]In diesem Rahmen ist auch gestattet, dem Stifter und seinen nächsten Angehörigen Unterhalt zu gewähren.

[1]Unter Einkommen ist die Summe der Einkünfte aus den einzelnen Einkunftsarten des § 2 Abs. 1 EStG zu verstehen, unabhängig davon, ob die Einkünfte steuerpflichtig sind oder nicht. [2]Positive und negative Einkünfte sind zu saldieren. [3]Die Verlustverrechnungsbeschränkungen des EStG sind dabei mit Ausnahme der des § 15a EStG unbeachtlich.

Bei der Ermittlung der Einkünfte sind von den Einnahmen die damit zusammenhängenden Aufwendungen einschließlich der Abschreibungsbeträge abzuziehen.

Zur steuerrechtlichen Beurteilung von Ausgaben für die Erfüllung von Verbindlichkeiten, die durch die Übertragung von belastetem Vermögen begründet worden sind, wird auf die Nrn. 12 bis 14 des AEAO zu § 55 hingewiesen.

12. [1]Der Begriff des nächsten Angehörigen ist enger als der Begriff des Angehörigen nach § 15 AO. [2]Er umfasst:
- Ehegatten und Lebenspartner,
- Eltern, Großeltern, Kinder, Enkel (auch falls durch Adoption verbunden),
- Geschwister,
- Pflegeeltern, Pflegekinder.

13. [1]Unterhalt, Grabpflege und Ehrung des Andenkens müssen sich in angemessenem Rahmen halten. [2]Damit ist neben der relativen Grenze von einem Drittel des Einkommens eine gewisse absolute Grenze festgelegt. [3]Maßstab für die Angemessenheit des Unterhalts ist der Lebensstandard des Zuwendungsempfängers. [4]Leistungen mit Ausschüttungscharakter, z.B. in Höhe eines Prozentsatzes der Erträge, sind unzulässig.

14. [1] § 58 Nr. 6 AO enthält lediglich eine Ausnahmeregelung zu § 55 Abs. 1 Nr. 1 AO für Stiftungen (vgl. Nr. 15 des AEAO zu § 55), begründet jedoch keinen eigenständigen steuerbegünstigten Zweck. [2] Eine Stiftung, zu deren Satzungszwecken die Unterstützung von hilfebedürftigen Verwandten des Stifters gehört, kann daher nicht unter Hinweis auf § 58 Nr. 6 AO als steuerbegünstigt behandelt werden.

Zu § 58 Nr. 7 AO:

15. [1] Gesellige Zusammenkünfte, die im Vergleich zur steuerbegünstigten Tätigkeit nicht von untergeordneter Bedeutung sind, schließen die Steuervergünstigung aus.

Zu § 58 Nr. 9 AO:

16. [1] Diese Ausnahmeregelung ermöglicht es den ausschließlich von einer oder mehreren Gebietskörperschaften errichteten rechtsfähigen und nichtrechtsfähigen Stiftungen, die Erfüllung ihrer steuerbegünstigten Zwecke mittelbar durch Zuschüsse an Wirtschaftsunternehmen zu verwirklichen. [2] Diese mittelbare Zweckverwirklichung muss in der Satzung festgelegt sein. [3] Die Verwendung der Zuschüsse für steuerbegünstigte Satzungszwecke muss nachgewiesen werden.

Zu § 58 Nr. 10 AO:

17. [1] Die Verwendung von Mitteln zum Erwerb von Gesellschaftsrechten zur Erhaltung der prozentualen Beteiligung an Kapitalgesellschaften schließt die Steuervergünstigungen nicht aus (§ 58 Nr. 10 AO). [2] Die Herkunft der Mittel ist dabei ohne Bedeutung. [3] § 58 Nr. 10 AO ist nicht auf den erstmaligen Erwerb von Anteilen an Kapitalgesellschaften anzuwenden. [4] Hierfür können u. a. freie Rücklagen nach § 62 Abs. 1 Nr. 3 AO eingesetzt werden.

[1] Die Höchstgrenze für die Zuführung zu der freien Rücklage vermindert sich um den Betrag, den die Körperschaft zum Erwerb von Gesellschaftsrechten zur Erhaltung der prozentualen Beteiligung an Kapitalgesellschaften ausgibt oder bereitstellt. [2] Übersteigt der für die Erhaltung der Beteiligungsquote verwendete oder bereitgestellte Betrag die Höchstgrenze, ist auch in den Folgejahren eine Zuführung zu der freien Rücklage erst wieder möglich, wenn die für eine freie Rücklage verwendbaren Mittel insgesamt die für die Erhaltung der Beteiligungsquote verwendeten oder bereitgestellten Mittel übersteigen.

Beispiel:

Die Körperschaft erzielt im Jahr 01 folgende Überschüsse bzw. vereinnahmt folgende Mittel i. S. d. § 55 Abs. 1 Nr. 5 AO:

Überschuss Vermögensverwaltung: 21 000 €

Mittel i. S. d. § 55 Abs. 1 Nr. 5 AO: 30 000 €

Im Jahr 01 werden 2500 € für den Erwerb von Anteilen zum Erhalt der prozentualen Beteiligung eingesetzt.

Ermittlung der freien Rücklage im Jahr 01 unter Beachtung des § 62 Abs. 1 Nr. 3 AO

		Freie Rücklage
Überschuss Vermögensverwaltung	21 000 €	7000 €
Mittel i. S. d. § 55 Abs. 1 Nr. 5 AO	30 000 €	3000 €
Gesamt		10 000 €

Der Höchstbetrag für die freie Rücklage im Jahr 01 i. H. v. 10 000 € ist um die Mittel zu kürzen, die für den Erwerb der Anteile zum Erhalt der prozentualen Beteiligung eingesetzt wurden. Im Jahr 01 kann eine freie Rücklage demnach nur in Höhe von 7500 € gebildet werden.

Zu § 58 Nr. 2 bis 10 AO:

18. [1]Die in § 58 Nrn. 3 bis 8 AO genannten Ausnahmetatbestände können auch ohne entsprechende Satzungsbestimmung verwirklicht werden. [2]Entgeltliche Tätigkeiten nach § 58 Nr. 4, 5 oder 7 AO begründen einen steuerpflichtigen wirtschaftlichen Geschäftsbetrieb oder Vermögensverwaltung (z. B. Raumüberlassung), sofern kein Fall des § 58 Nr. 1 AO (vgl. Nr. 7 des AEAO zu § 58 Nr. 1) oder des § 57 Abs. 3 AO vorliegt. [3]Bei den Regelungen des § 58 Nr. 6 und 9 AO kommt es jeweils nicht auf die Bezeichnung der Körperschaft als Stiftung, sondern auf die tatsächliche Rechtsform an. [4]Dabei ist es unmaßgeblich, ob es sich um eine rechtsfähige oder nichtrechtsfähige Stiftung handelt.

AEAO zu § 58a – Vertrauensschutz bei Mittelweitergaben:

1. [1]Die Vertrauensschutzregelung gilt für alle Mittelzuwendungen einer steuerbegünstigten Körperschaft an andere, ebenfalls steuerbegünstigte Körperschaften. [2]Sie ist auch auf die Übertragung von Mitteln auf Grundlage der Vermögensbindungsklausel des § 55 Abs. 1 Nr. 4 Satz 2 AO anwendbar.

2. Bei Zuwendungen an juristische Personen des öffentlichen Rechts für die Verwirklichung steuerbegünstigter Zwecke gilt – unabhängig von § 58a AO – stets der Vertrauensschutz, weil die Verwaltung nach Art. 20 Abs. 3 des Grundgesetzes an Gesetz und Recht gebunden ist, so dass Zuwendende darauf vertrauen dürfen, dass eine juristische Person des öffentlichen Rechts die zugewendeten Mittel entsprechend ihrer Bestimmung für steuerbegünstigte Zwecke verwendet.

3. Ausreichend für den Nachweis des geschützten Vertrauens im Sinne des § 58a Abs. 2 AO ist eine (elektronische) Kopie der in Nr. 1 bis 3 genannten Unterlagen.

AEAO zu § 59 – Voraussetzung der Steuervergünstigung:

1. [1]Die Vorschrift bestimmt u. a., dass die Steuervergünstigung nur gewährt wird, wenn ein steuerbegünstigter Zweck (§§ 52 bis 54 AO), die Selbstlosigkeit (§ 55 AO) und die ausschließliche und unmittelbare Zweckverfolgung (§§ 56, 57 AO) durch die Körperschaft aus der Satzung direkt hervorgehen. [2]Eine weitere satzungsmäßige Voraussetzung in diesem Sinn ist die in § 61 AO geforderte Vermögensbindung. [3]Das Unterhalten wirtschaftlicher Geschäftsbetriebe (§ 14 Satz 1 und 2 AO und § 64 AO), die keine Zweckbetriebe (§§ 65 bis 68 AO) sind, und die Vermögensverwaltung (§ 14 Satz 3 AO) dürfen nicht Satzungszweck sein. [4]Die Erlaubnis zur Unterhaltung eines Nicht-Zweckbetriebs und die Vermögensverwaltung in der Satzung können zulässig sein (BFH-Urteil vom 18.12.2002, I R 15/02, BStBl. 2003 II S. 384). [5]Bei Körperschaften, die ausschließlich Mittel anderen Körperschaften oder juristischen Personen des öffentlichen Rechts zuwenden (§ 58 Nr. 1 Satz 4 AO), kann in der Satzung auf das Gebot der Unmittelbarkeit verzichtet werden.

2. Bei mehreren Betrieben gewerblicher Art einer juristischen Person des öffentlichen Rechts ist für jeden Betrieb gewerblicher Art eine eigene Satzung erforderlich.

3. [1]Ein besonderes Anerkennungsverfahren ist im steuerlichen Gemeinnützigkeitsrecht nicht vorgesehen. [2]Ob eine Körperschaft steuerbegünstigt ist, entscheidet das Finanzamt im Veranlagungsverfahren durch Steuerbescheid (ggf. Freistellungsbescheid). [3]Die Steuerbefreiung soll spätestens alle drei Jahre überprüft werden. [4]Der erste Prüfungszeitraum bei neu gegründeten steuerbegünstigten Körperschaften soll im Regelfall mindestens sechs Monate, aber maximal 18 Monate betragen. [5]Für im zweiten Halbjahr neu gegründete Körperschaften liegt somit ein jahresübergreifender Prüfungszeitraum vor. [6]Bei der Überprüfung hat das Finanzamt von Amts wegen die tatsächlichen und rechtlichen Verhältnisse zu ermitteln, die für die Steuerpflicht und für die Bemessung der Steuer wesentlich sind. [7]Eine Körperschaft, bei der nach dem Ergebnis dieser Prüfung die gesetzlichen Voraussetzungen für die steuerliche Behandlung als steuerbegünstigte Körperschaft vorliegen, muss deshalb auch als solche behandelt werden, und zwar ohne Rücksicht darauf, ob ein entsprechender Antrag gestellt worden ist oder nicht. [8]Ein Verzicht auf die Behandlung als steuerbegünstigte Körperschaft ist somit für das Steuerrecht unbeachtlich.

4. [1]Wird bei einer Körperschaft, die bereits nach § 5 Abs. 1 Nr. 9 KStG steuerbefreit war, im Rahmen der Veranlagung festgestellt, dass die Satzung nicht den Anforderungen des Gemeinnützigkeitsrechts genügt, dürfen aus Vertrauensschutzgründen hieraus keine nachteiligen Folgerungen für die Vergangenheit gezogen werden. [2]Die Körperschaft ist trotz der fehlerhaften Satzung für abgelaufene Veranlagungszeiträume und für das Kalenderjahr, in dem die Satzung beanstandet wird, als steuerbegünstigt zu behandeln. [3]Dies gilt nicht, wenn bei der tatsächlichen Geschäftsführung gegen Vorschriften des Gemeinnützigkeitsrechts verstoßen wurde.

[1]Die Vertreter der Körperschaft sind aufzufordern, die zu beanstandenden Teile der Satzung so zu ändern, dass die Körperschaft die satzungsmäßigen Voraussetzungen für die Steuervergünstigung erfüllt. [2]Hierfür ist eine angemessene Frist zu setzen. [3]Vereinen soll dabei in der Regel eine Beschlussfassung in der nächsten ordentlichen Mitgliederversammlung ermöglicht werden. [4]Wird die Satzung innerhalb der gesetzten Frist entsprechend den Vorgaben des Finanzamts geändert, ist die Steuervergünstigung für das der Beanstandung der Satzung folgende Kalenderjahr auch dann anzuerkennen, wenn zu Beginn des Kalenderjahres noch keine ausreichende Satzung vorgelegen hat.

[1]Die vorstehenden Grundsätze gelten nicht, wenn die Körperschaft die Satzung geändert hat und eine geänderte Satzungsvorschrift zu beanstanden ist. [2]In diesen Fällen fehlt es an einer Grundlage für die Gewährung von Vertrauensschutz.

AEAO zu § 60 – Anforderungen an die Satzung:

1. [1]Die Satzung muss so präzise gefasst sein, dass aus ihr unmittelbar entnommen werden kann, ob die Voraussetzungen der Steuerbegünstigung vorliegen (formelle Satzungsmäßigkeit).[1)] [2]Die bloße Bezugnahme auf Satzungen oder andere Regelungen Dritter genügt nicht (BFH-Urteil vom 19.4.1989, I R 3/88, BStBl. II S. 595).

2. Die Satzung muss die in der Mustersatzung[1)] bezeichneten Festlegungen enthalten, soweit sie für die jeweilige Körperschaft im Einzelfall einschlägig sind.

Unter anderem sind in folgenden Fällen Abweichungen vom Wortlaut der Mustersatzung möglich:

a) Bei Förderkörperschaften (§ 58 Nr. 1 Satz 4 AO) kann entgegen § 1 der Mustersatzung auf das Gebot der Unmittelbarkeit verzichtet werden (vgl. Nr. 1 des AEAO zu § 59).
b) Insbesondere bei Stiftungen ist der in § 3 der Mustersatzung verwendete Begriff „Mitglieder" durch eine andere geeignete Formulierung zu ersetzen (vgl. § 55 Abs. 3 AO).
c) Körperschaften, deren Gesellschafter oder Mitglieder steuerbegünstigte Körperschaften sind und/oder juristische Personen des öffentlichen Rechts, die die Mittel für steuerbegünstigte Zwecke verwenden, können auf die Regelung in § 3 Satz 2 der Mustersatzung verzichten.
d) § 5 der Mustersatzung kann in Satzungen von Vereinen ohne die Formulierung „Aufhebung" verwendet werden.

Derselbe Aufbau und dieselbe Reihenfolge der Bestimmungen wie in der Mustersatzung werden nicht verlangt.

3. [1]Die Bestimmung, dass die Satzung die in der Mustersatzung[1)] bezeichneten Festlegungen enthalten muss (§ 60 Abs. 1 Satz 2 AO), gilt für Körperschaften, die nach dem 31.12.2008 gegründet werden oder die ihre Satzung mit Wirkung nach diesem Zeitpunkt ändern. [2]Die Satzung einer Körperschaft, die bereits vor dem 1.1.2009 bestanden hat, braucht nicht allein zur Anpassung an die Festlegungen in der Mustersatzung geändert zu werden.

4. Eine Satzung braucht nicht allein deswegen geändert zu werden, weil in ihr auf Vorschriften des StAnpG oder der GemV verwiesen oder das Wort „selbstlos" nicht verwandt wird.

5. Ordensgemeinschaften haben eine den Ordensstatuten entsprechende zusätzliche Erklärung nach dem Muster der Anlage zu Nr. 5 des AEAO zu § 60 abzugeben, die die zuständigen Organe der Orden bindet.[2)]

6. Die tatsächliche Geschäftsführung (vgl. § 63 AO) muss mit der Satzung übereinstimmen.

7. Die satzungsmäßigen Voraussetzungen für die Anerkennung der Steuerbegünstigung müssen

- bei der Körperschaftsteuer vom Beginn bis zum Ende des Veranlagungszeitraums,
- bei der Gewerbesteuer vom Beginn bis zum Ende des Erhebungszeitraums,
- bei der Grundsteuer zum Beginn des Kalenderjahres, für das über die Steuerpflicht zu entscheiden ist (§ 9 Abs. 2 GrStG),

---

[1)] *Mustersatzung (= Anlage 1 zu § 60 AO)* abgedruckt am Ende des AEAO als Anlage 2.
[2)] Abgedruckt am Ende des AEAO als Anlage 3.

– bei der Umsatzsteuer zu den sich aus § 13 Abs. 1 UStG ergebenden Zeitpunkten,
– bei der Erbschaftsteuer zu den sich aus § 9 ErbStG ergebenden Zeitpunkten erfüllt sein.

8. [1]Wird bei Neugründungsfällen die Feststellung nach § 60a AO abgelehnt und wird im gleichen Veranlagungszeitraum eine Satzung vorgelegt, die den gemeinnützigkeitsrechtlichen Bestimmungen genügt, kann die Steuerbegünstigung erst ab dem darauffolgenden Veranlagungszeitraum gewährt werden. [2]Dies gilt nicht, wenn die Körperschaft in der Zwischenzeit keine nach außen gerichteten Tätigkeiten entfaltet und keine Mittelverwendung stattgefunden hat.

Bei Körperschaften, die bereits vor Beginn des laufenden Veranlagungszeitraums existierten und erstmalig die Steuerbegünstigung oder die Feststellung nach § 60a AO beantragen, kann die Steuerbegünstigung erst ab dem darauffolgenden Veranlagungszeitraum gewährt werden.

9. Eine steuerbegünstigte Körperschaft, deren Satzung bereits vor dem 29.12.2020 bestanden hat, braucht diese nicht allein aufgrund der neuen Regelungen in § 52 Abs. 2 Nr. 8, 10, 22, 23 und 26 AO und § 58 Nr. 1 AO zu ändern, wenn die bisherige satzungsgemäße steuerbegünstigte Tätigkeit weiterhin in gleichem Umfang durchgeführt wird.

AEAO zu § 60a – Feststellung der satzungsmäßigen Voraussetzungen:

1. Die gesonderte Feststellung der satzungsmäßigen Voraussetzungen nach § 60a AO hat nicht unter dem Vorbehalt der Nachprüfung (§ 164 AO) zu erfolgen.

Zu § 60a Abs. 1 AO:

2. [1]Hält die Satzung einer Körperschaft die satzungsmäßigen Voraussetzungen nach den §§ 51, 59, 60 und 61 AO ein, wird dies durch einen Bescheid gesondert festgestellt.[1)] [2]Diese Feststellung der Satzungsmäßigkeit ist für die Besteuerung der Körperschaft und der Steuerpflichtigen, die Zuwendungen in Form von Spenden und Mitgliedsbeiträgen an die Körperschaft erbringen, bindend.

Die Voraussetzungen für die Feststellungen nach § 60a AO liegen auch dann vor, wenn die Körperschaft bereits vor dem 1.1.2009 bestand und daher eine Anpassung an die Mustersatzung (Anlage 1 zu § 60 AO)[2)] bisher nicht vornehmen musste (Art. 97 § 1f EGAO, siehe auch Nr. 3 des AEAO zu § 60).

3. [1]Das Verfahren nach § 60a AO ist ein Annexverfahren zur Körperschaftsteuerveranlagung. [2]Eine Feststellung nach § 60a AO ist für Körperschaften ausgeschlossen, die weder unbeschränkt i. S. d. § 1 KStG noch beschränkt i. S. d. § 2 KStG steuerpflichtig sind.

4. Die Feststellung der satzungsmäßigen Voraussetzungen in Neugründungsfällen kann bereits vor einer Registereintragung oder einer Anerken-

---

[1)] Zu einer Satzungsänderung bei Gemeinnützigkeit siehe BFH v. 23.7.2020 V R 40/18, BStBl. II 2021, 3.

[2)] Abgedruckt am Ende des AEAO als Anlage 2.

nung/Genehmigung der Körperschaft erfolgen, sofern zu diesem Zeitpunkt bereits eine Körperschaftsteuerpflicht besteht.

Eine Feststellung darf erst nach einem wirksamen Organbeschluss, beispielsweise über die Satzung, erfolgen.

Zu § 60a Abs. 2 AO:

5. Die Feststellung erfolgt auf Antrag der Körperschaft oder von Amts wegen bei der Veranlagung zur Körperschaftsteuer, wenn bisher noch keine Feststellung erfolgt ist.

Zu § 60a Abs. 3 AO:

6. Werden die Vorschriften, auf denen die Feststellung beruht, aufgehoben oder geändert, dann entfällt die Bindungswirkung des Feststellungsbescheids ab diesem Zeitpunkt.

Zu § 60a Abs. 4 AO:

7. [1]Treten bei den Verhältnissen, die für die Feststellung erheblich waren, Änderungen ein, so ist diese Feststellung ab dem Zeitpunkt der Änderung der Verhältnisse aufzuheben. [2]Für die Feststellung erheblich sind alle Bestimmungen, die für das Vorliegen der formellen Voraussetzungen gem. §§ 51, 59, 60 und 61 AO von Bedeutung sind (gemeinnützigkeitsrechtliche Bestimmungen).

[3]Dies sind beispielsweise:

- Änderungen der Zwecke
- Anpassung an die Mustersatzung
- Änderung der Vermögensbindung.

[1]Ändert eine Körperschaft gemeinnützigkeitsrechtlich relevante Bestimmungen ihrer Satzung, so ist die bisherige Feststellung mit Datum des Inkrafttretens der Satzungsänderung aufzuheben. [2]Zivilrechtliche Änderungen ohne steuerliche Relevanz sind unerheblich. [3]Wird auf Antrag der Körperschaft bei steuerlich nicht relevanten Satzungsänderungen eine Feststellung vorgenommen, scheidet eine Aufhebung der vorherigen Feststellung aus.

Da eine Änderung bei den für die Feststellung der satzungsmäßigen Voraussetzungen nach § 60a AO erheblichen Verhältnissen mit dem zivilrechtlichen Inkrafttreten (z.B. Eintragung in das Vereinsregister) eintritt, ist erst dann die Feststellung nach § 60a Abs. 4 AO aufzuheben (BFH-Urteil vom 23.7.2020, V R 40/18, BStBl. 2021 II S. 3).

Zu § 60a Abs. 5 AO:

8. [1]Beruht die Feststellung der satzungsmäßigen Voraussetzungen auf einem materiellen Fehler, kann sie mit Wirkung für die Zukunft aufgehoben werden. [2]Die Feststellung wird dann ab dem Jahr aufgehoben, das auf die Bekanntgabe der Aufhebungsentscheidung folgt. [3]Stellt sich also beispielsweise im Mai des Jahres 01 heraus, dass der Feststellung der satzungsmäßigen Voraussetzungen ein materieller Fehler zu Grunde liegt, und ergeht der Bescheid zur Aufhebung der Feststellung nach § 60a AO im August 01, tritt die Aufhebung zum 1.1.02 in Kraft. [4]Die Regelung des § 176 AO ist dabei entsprechend anzuwenden. [5]Dies gilt allerdings nicht für die Kalenderjahre, die nach der Verkündung der maßgeblichen Entscheidung eines obersten Gerichtshofes des Bundes beginnen.

Zu § 60a Abs. 6 AO:

9. Die tatsächliche Geschäftsführung ist grundsätzlich kein Prüfungsgegenstand im Verfahren zur Feststellung der satzungsmäßigen Voraussetzungen nach § 60a AO.

10. [1]Liegen der Finanzverwaltung bis zum Zeitpunkt des Erlasses des erstmaligen Körperschaftsteuerbescheids oder Freistellungsbescheids bereits Erkenntnisse über Verstöße der tatsächlichen Geschäftsführung gegen die satzungsmäßigen Voraussetzungen vor, beispielsweise aufgrund von extremistischen Aktivitäten der Körperschaft, ist der Antrag auf Feststellung der satzungsmäßigen Voraussetzungen abzulehnen. [2]Dies gilt entsprechend auch für die Aufhebung bestehender Feststellungen nach § 60a Abs. 1 AO.

AEAO zu § 61 – Satzungsmäßige Vermögensbindung:

1. [1]Die Vorschrift stellt klar, dass die zu den Voraussetzungen der Selbstlosigkeit zählende Bindung des Vermögens für steuerbegünstigte Zwecke vorallem im Falle der Auflösung der Körperschaft aus der Satzung genau hervorgehen muss (Mustersatzung, § 5).[1)·2)] [2]Als Empfänger des Vermögens kommen in Betracht:

– inländische steuerbegünstigte Körperschaften,
– die in § 5 Abs. 2 Nr. 2 KStG aufgeführten Körperschaften,
– juristische Personen des öffentlichen Rechts.

Die satzungsmäßige Vermögensbindung nach § 55 Abs. 1 Nr. 4 Satz 2 i.V.m. § 61 Abs. 1 AO ist auch erfüllt, wenn in der Satzung einer Körperschaft als Anfallsberechtigte eine in einem EU-/EWR-Staat ansässige juristische Person des öffentlichen Rechts aufgeführt wird.

2. [1]Wird die satzungsmäßige Vermögensbindung aufgehoben, gilt sie von Anfang an als steuerlich nicht ausreichend. [2]Die Regelung greift auch ein, wenn die Bestimmung über die Vermögensbindung erst zu einem Zeitpunkt geändert wird, in dem die Körperschaft nicht mehr als steuerbegünstigt anerkannt ist. [3]Die entsprechenden steuerlichen Folgerungen sind durch Steuerfestsetzung rückwirkend zu ziehen.

3. [1]Bei Verstößen gegen den Grundsatz der Vermögensbindung bildet die Festsetzungsverjährung (§§ 169ff. AO) keine Grenze. [2]Vielmehr können nach § 175 Abs. 1 Satz 1 Nr. 2 AO auch Steuerbescheide noch geändert werden, die Steuern betreffen, die innerhalb von zehn Jahren vor der erstmaligen Verletzung der Vermögensbindungsregelung entstanden sind. [3]Es kann demnach auch dann noch zugegriffen werden, wenn zwischen dem steuerfreien Bezug der Erträge und dem Wegfall der Steuerbegünstigung ein Zeitraum von mehr als fünf Jahren liegt, selbst wenn in der Zwischenzeit keine Erträge mehr zugeflossen sind.

---

1) Abgedruckt am Ende des AEAO als Anlage 2.

2) Zur Regelung der „Aufhebung" in der Vereinssatzung siehe BFH v. 23.7.2009 V R 20/08, BStBl. II 2010, 719; hierzu BMF v. 7.7.2010, BStBl. I 2010, 630, sowie BFH v. 12.1.2011 I R 91/09, BFH/NV 2011, 1111.

Beispiel:

Eine gemeinnützige Körperschaft hat in den Jahren 01 bis 11 steuerfreie Einnahmen aus einem Zweckbetrieb bezogen und diese teils für gemeinnützige Zwecke ausgegeben und zum Teil in eine Rücklage eingestellt. Eine in 11 vollzogene Satzungsänderung sieht jetzt vor, dass bei Auflösung des Vereins das Vermögen an die Mitglieder ausgekehrt wird. In diesem Fall muss das Finanzamt für die Veranlagungszeiträume 01 ff. Steuerbescheide erlassen, welche die Nachversteuerung aller genannten Einnahmen vorsehen, wobei es unerheblich ist, ob die Einnahmen noch im Vereinsvermögen vorhanden sind.

4. Verstöße gegen § 55 Abs. 1 bis 3 AO begründen die Möglichkeit einer Nachversteuerung innerhalb der Festsetzungsfrist.

5. Die Nachversteuerung gem. § 61 Abs. 3 AO greift nicht nur bei gemeinnützigkeitsschädlichen Änderungen satzungsrechtlicher Bestimmungen über die Vermögensbindung ein, sondern erfasst auch die Fälle, in denen die tatsächliche Geschäftsführung gegen die von § 61 AO geforderte Vermögensbindung verstößt (§ 63 Abs. 2 AO).

Beispiel:

Eine gemeinnützige Körperschaft verwendet bei ihrer Auflösung oder bei Aufgabe ihres begünstigten Satzungszweckes ihr Vermögen entgegen der Vermögensbindungsbestimmung in der Satzung nicht für begünstigte Zwecke.

6. [1] Verstöße der tatsächlichen Geschäftsführung gegen § 55 Abs. 1 Nr. 1 bis 3 AO können so schwerwiegend sein, dass sie einer Verwendung des gesamten Vermögens für satzungsfremde Zwecke gleichkommen. [2] Auch in diesen Fällen ist eine Nachversteuerung nach § 61 Abs. 3 AO möglich (vgl. auch BFH-Urteil vom 12.10.2010, I R 59/09, BStBl. II 2012 S. 226).

7. [1] Bei der nachträglichen Besteuerung ist so zu verfahren, als ob die Körperschaft von Anfang an uneingeschränkt steuerpflichtig gewesen wäre. [2] § 13 Abs. 3 KStG ist nicht anwendbar.

AEAO zu § 62 – Rücklagen und Vermögensbildung:

1. [1] Im wirtschaftlichen Geschäftsbetrieb können Rücklagen durch Zuführung des Gewinns gebildet werden. [2] Die Rücklagen müssen bei vernünftiger kaufmännischer Beurteilung wirtschaftlich begründet sein (entsprechend § 14 Abs. 1 Nr. 4 KStG). [3] Es muss ein konkreter Anlass gegeben sein, der auch aus objektiver unternehmerischer Sicht die Bildung der Rücklage im wirtschaftlichen Geschäftsbetrieb rechtfertigt (z.B. eine geplante Betriebsverlegung, Werkserneuerung oder Kapazitätsausweitung). [4] Eine fast vollständige Zuführung des Gewinns zu einer Rücklage im wirtschaftlichen Geschäftsbetrieb ist nur dann unschädlich für die Steuerbegünstigung, wenn die Körperschaft nachweist, dass die betriebliche Mittelverwendung zur Sicherung ihrer Existenz geboten war (BFH-Urteil vom 15.7.1998, I R 156/94, BStBl. 2002 II S. 162).

[1] Im Bereich der Vermögensverwaltung können Rücklagen durch Zuführung der Überschüsse aus der Vermögensverwaltung nur für die Durchführung konkreter Reparatur- oder Erhaltungsmaßnahmen an Vermögensgegenständen i. S. d. § 21 EStG gebildet werden. [2] Die Maßnahmen, für deren Durchführung die Rücklage gebildet wird, müssen notwendig sein, um den ordnungsgemäßen Zustand des Vermögensgegenstandes zu erhalten oder wiederherzustellen, und in einem angemessenen Zeitraum durchgeführt werden können (z. B. geplante Erneuerung eines undichten Daches).

Zu § 62 Abs. 1 AO:

2. Die Bildung einer Rücklage kann nicht damit begründet werden, dass die Überlegungen zur Verwendung der Mittel noch nicht abgeschlossen sind.

Zu § 62 Abs. 1 Nr. 1 AO:

3. [1]Bei der Bildung der Rücklage nach § 62 Abs. 1 Nr. 1 und 2 AO kommt es nicht auf die Herkunft der Mittel an. [2]Der Rücklage dürfen also auch zeitnah zu verwendende Mittel wie z. B. Spenden zugeführt werden.

4. [1]Voraussetzung für die Bildung einer Rücklage nach § 62 Abs. 1 Nr. 1 AO ist in jedem Fall, dass diese erforderlich ist, um die steuerbegünstigten, satzungsmäßigen Zwecke der Körperschaft nachhaltig erfüllen zu können. [2]Das Bestreben, ganz allgemein die Leistungsfähigkeit der Körperschaft zu erhalten, reicht für eine steuerlich unschädliche Rücklagenbildung nach dieser Vorschrift nicht aus (hierfür können nur freie Rücklagen nach § 62 Abs. 1 Nr. 3 AO gebildet werden, vgl. Nrn. 9 bis 11 des AEAO zu § 62). [3]Vielmehr müssen die Mittel für bestimmte – die steuerbegünstigten Satzungszwecke verwirklichende – Vorhaben angesammelt werden, für deren Durchführung bereits konkrete Zeitvorstellungen bestehen. [4]Besteht noch keine konkrete Zeitvorstellung, ist eine Rücklagenbildung dann zulässig, wenn die Durchführung des Vorhabens glaubhaft und bei den finanziellen Verhältnissen der steuerbegünstigten Körperschaft in einem angemessenen Zeitraum möglich ist. [5]Die Bildung von Rücklagen für periodisch wiederkehrende Ausgaben (z. B. Löhne, Gehälter, Mieten) in Höhe des Mittelbedarfs für eine angemessene Zeitperiode zur Sicherstellung der Liquidität ist zulässig (so genannte Betriebsmittelrücklage). [6]Ebenfalls unschädlich ist die vorsorgliche Bildung einer Rücklage zur Bezahlung von Steuern außerhalb eines steuerpflichtigen wirtschaftlichen Geschäftsbetriebs, solange Unklarheit darüber besteht, ob die Körperschaft insoweit in Anspruch genommen wird. [7]Eine beabsichtigte Vermögensausstattung nach § 58 Nr. 3 AO rechtfertigt keine Rücklagenbildung nach § 62 Abs. 1 Nr. 1 AO.

5. Die Rücklage nach § 62 Abs. 1 Nr. 1 AO kann unabhängig von dem Vorhandensein und der Höhe einer Rücklage nach § 62 Abs. 1 Nr. 3 AO (freie Rücklage) gebildet werden.

Zu § 62 Abs. 1 Nr. 2 AO:

6. [1]Eine Wiederbeschaffungsrücklage für Fahrzeuge und andere Wirtschaftsgüter, für deren Anschaffung die laufenden Einnahmen nicht ausreichen, ist nach § 62 Abs. 1 Nr. 2 AO zulässig. [2]Eine Wiederbeschaffungsabsicht liegt nur vor, wenn tatsächlich eine Neuanschaffung des einzelnen Wirtschaftsguts geplant und in einem angemessenen Zeitraum möglich ist. [3]Im Regelfall ist als Nachweis für die Wiederbeschaffungsabsicht ausreichend, dass die Rücklage gebildet wurde. [4]Diese Nachweiserleichterung gilt nicht für Immobilien. [5]Reicht die Zuführung von Mitteln in Höhe der Abschreibungen für eine beabsichtigte Wiederbeschaffung nicht aus, dann können auch höhere Mittel der Rücklage zugeführt werden. [6]Der Nachweis darüber ist durch die Körperschaft zu erbringen.

7. [1]Die Regelungen in den vorstehenden Textziffern zu § 62 Abs. 1 Nr. 1 und 2 AO gelten auch für Förderkörperschaften i. S. d. § 58 Nr. 1 AO (BFH-Urteil vom 13.9.1989, I R 19/85, BStBl. 1990 II S. 28). [2]Voraussetzung ist jedoch, dass die Rücklagenbildung innerhalb der Zweckverwirklichung der Weitergabe von Mitteln für die steuerbegünstigten Zwecke einer anderen Körperschaft erfolgt. [3]Diese Voraussetzung ist z. B. erfüllt, wenn die Förderkörperschaft wegen zeitlicher Verzögerung der von ihr zu finanzierenden steuerbegünstigten Maßnahmen angehalten ist, die dafür vorgesehenen Mittel zunächst zu thesaurieren.

8. Unterhält eine steuerbegünstigte Körperschaft einen steuerpflichtigen wirtschaftlichen Geschäftsbetrieb, so können dessen Erträge der Rücklage erst nach Versteuerung zugeführt werden.

Zu § 62 Abs. 1 Nr. 3 AO:

9. [1]Der freien Rücklage (§ 62 Abs. 1 Nr. 3 AO) darf jährlich höchstens ein Drittel des Überschusses der Einnahmen über die Ausgaben aus der Vermögensverwaltung zugeführt werden. [2]Unter Ausgaben sind Aufwendungen zu verstehen, die dem Grunde nach Werbungskosten sind.

10. [1]Darüber hinaus kann die Körperschaft höchstens 10% ihrer sonstigen nach § 55 Abs. 1 Nr. 5 AO zeitnah zu verwendenden Mittel einer freien Rücklage zuführen. [2]Mittel i. S. d. Vorschrift sind die Überschüsse bzw. Gewinne aus steuerpflichtigen wirtschaftlichen Geschäftsbetrieben und Zweckbetrieben sowie die Bruttoeinnahmen aus dem ideellen Bereich. [3]Bei Anwendung der Regelungen des § 64 Abs. 5 und 6 AO können in die Bemessungsgrundlage zur Ermittlung der Rücklage statt der geschätzten bzw. pauschal ermittelten Gewinne die tatsächlichen Gewinne einbezogen werden.

[1]Verluste aus Zweckbetrieben sind mit entsprechenden Überschüssen zu verrechnen; darüber hinaus gehende Verluste mindern die Bemessungsgrundlage nicht. [2]Das gilt entsprechend für Verluste aus dem einheitlichen wirtschaftlichen Geschäftsbetrieb. [3]Ein Überschuss aus der Vermögensverwaltung ist – unabhängig davon, inwieweit er in eine Rücklage eingestellt wurde – nicht in die Bemessungsgrundlage für die Zuführung aus den sonstigen zeitnah zu verwendenden Mitteln einzubeziehen. [4]Ein Verlust aus der Vermögensverwaltung mindert die Bemessungsgrundlage nicht.

11. Wird der jährliche Höchstbetrag der Mittel, die in die freie Rücklage hätten eingestellt werden können, in einem Jahr nicht ausgeschöpft, können Mittel in Höhe des nichtausgeschöpften Betrages zusätzlich in den beiden Folgejahren in die freie Rücklage eingestellt werden.

[1]Eine Körperschaft hätte im Jahr 01 beispielsweise 30 000 € in die freie Rücklage einstellen können. [2]Tatsächlich stellte sie aber nur 25 000 € ein. [3]In den nächsten beiden Jahren kann die Körperschaft zusätzlich zu dem für das jeweilige Jahr zulässigen Betrag nach § 62 Abs. 1 Nr. 3 AO noch weitere 5000 € in die freie Rücklage des jeweiligen Jahres einstellen. [4]Die Körperschaft kann diesen Betrag auf beide Jahre aufteilen (02: 3000 €, 03: 2000 €) oder den ganzen Betrag (entweder 02 oder 03) in die Rücklage einstellen.

[1]Die steuerbegünstigte Körperschaft muss die freie Rücklage während der Dauer *ihres Bestehens nicht auflösen.* [2]Die in die Rücklage eingestellten Mittel können auch dem Vermögen zugeführt werden.

Zu § 62 Abs. 1 Nr. 4 AO:

12. [1]Die Ansammlung von Mitteln zum Erwerb von Gesellschaftsrechten zur Erhaltung der prozentualen Beteiligung an Kapitalgesellschaften ist zulässig (§ 62 Abs. 1 Nr. 4 AO). [2]Die Herkunft der Mittel ist dabei ohne Bedeutung. [3]§ 62 Abs. 1 Nr. 4 AO ist nicht auf den erstmaligen Erwerb von Anteilen an Kapitalgesellschaften anzuwenden. [4]Hierfür können u. a. freie Rücklagen nach § 62 Abs. 1 Nr. 3 AO eingesetzt werden.

13. [1]Die Höchstgrenze für die Zuführung zu der freien Rücklage mindert sich um den Betrag, den die Körperschaft zum Erwerb von Gesellschaftsrechten zur Erhaltung der prozentualen Beteiligung an Kapitalgesellschaften ausgibt oder in die Rücklage einstellt. [2]Übersteigt der für die Erhaltung der Beteiligungsquote verwendete oder in eine Rücklage eingestellte Betrag die Höchstgrenze, ist auch in den Folgejahren eine Zuführung zu der freien Rücklage erst wieder möglich, wenn die für eine freie Rücklage verwendbaren Mittel insgesamt die für die Erhaltung der Beteiligungsquote verwendeten oder in die Rücklage eingestellten Mittel übersteigen. [3]Die Zuführung von Mitteln zu Rücklagen nach § 62 Abs. 1 Nr. 1 und 2 AO berührt die Höchstgrenze für die Bildung freier Rücklagen dagegen nicht.

Beispiel:

Beispiel für eine Rücklagenbildung nach § 62 Abs. 1 Nrn. 3 und 4 AO:

VZ 01

Spenden	10 000 €
Einnahmen aus Vermögensverwaltung	12 000 €
Ausgaben in der Vermögensverwaltung	9 000 €
Gewinne aus	
– Zweckbetrieben	2 500 €
– steuerpflichtigen wirtschaftlichen Geschäftsbetrieben	3 000 €
→ 10% von (10 000 € + 2500 € + 3000 €) =	1 550 €
→ 1/3 von (12 000 € – 9000 €) =	1 000 €
≙ Potenzial zur Rücklagenbildung nach § 62 Abs. 1 Nr. 3 AO	2 550 €
Tatsächliche Rücklagenbildung im VZ 01:	
nach § 62 Abs. 1 Nr. 4 AO:	3 000 €
nach § 62 Abs. 1 Nr. 3 AO:	0 €
Überhang nach § 62 Abs. 1 Nr. 4 im Verhältnis zu Nr. 3 AO:	450 €

VZ 02

Spenden	20 000 €
Einnahmen aus Vermögensverwaltung	16 000 €
Ausgaben in der Vermögensverwaltung	10 000 €
Gewinne aus	
– Zweckbetrieben	1 000 €
– steuerpflichtigen wirtschaftlichen Geschäftsbetrieben	5 000 €
→ 10% von (20.000 € + 1.000 € + 5.000 €) =	2 600 €
→ 1/3 von (16.000 € – 10.000 €) =	2 000 €
abzgl. Überhang nach § 62 Abs. 1 Nr. 4 im Verhältnis zu Nr. 3 AO:	450 €
≙ Potenzial zur Rücklagenbildung nach § 62 Abs. 1 Nr. 3 AO	4 150 €
Tatsächliche Rücklagenbildung im VZ 02:	
nach § 62 Abs. 1 Nr. 4 AO:	1 000 €
nach § 62 Abs. 1 Nr. 3 AO:	3 150 €

Zu § 62 Abs. 2 AO:

14. [1]Rücklagen sind in der Frist des § 55 Abs. 1 Nr. 5 Satz 3 AO zu bilden. [2]Nur tatsächlich vorhandene Mittel können in eine Rücklage eingestellt werden. [3]Ob die Voraussetzungen für die Bildung einer Rücklage vorliegen, hat die steuerbegünstigte Körperschaft dem zuständigen Finanzamt im Einzelnen darzulegen. [4]Weiterhin muss sie die Rücklagen nach § 62 Abs. 1 AO in ihrer Rechnungslegung – ggf. in einer Nebenrechnung – gesondert ausweisen, damit eine Kontrolle jederzeit und ohne besonderen Aufwand möglich ist (BFH-Urteil vom 20.12.1978, I R 21/76, BStBl. 1979 II S. 496).

[1]Entfällt der Grund für die Bildung einer Rücklage nach § 62 Abs. 1 Nr. 1, 2 und 4 AO, so ist diese unverzüglich aufzulösen. [2]Die dadurch freigewordenen Mittel sind innerhalb der Frist des § 55 Abs. 1 Nr. 5 Satz 3 AO zu verwenden.

[1]Die freigewordenen Mittel können auch in die Rücklagen nach § 62 Abs. 1 Nr. 1, 2 und 4 AO eingestellt werden. [2]Bei diesen Mitteln handelt es sich nicht um sonstige nach § 55 Abs. 1 Nr. 5 AO zeitnah zu verwendende Mittel (§ 58 Nr. 3 AO, § 62 Abs. 1 Nr. 3 AO).

15. Vorstehende Grundsätze gelten für Rücklagen im wirtschaftlichen Geschäftsbetrieb und für Rücklagen im Bereich der Vermögensverwaltung entsprechend.

Zu § 62 Abs. 3 AO:

16. [1]Die in § 62 Abs. 3 AO genannten Zuwendungen können dem Vermögen zugeführt werden. [2]Die Aufzählung ist abschließend. [3]Unter Sachzuwendungen, die ihrer Natur nach zum Vermögen gehören, sind Wirtschaftsgüter zu verstehen, die ihrer Art nach von der Körperschaft im ideellen Bereich, im Rahmen der Vermögensverwaltung oder im wirtschaftlichen Geschäftsbetrieb genutzt werden können.

Werden Mittel nach dieser Vorschrift dem Vermögen zugeführt, sind sie aus der Bemessungsgrundlage für Zuführungen von sonstigen zeitnah zu verwendenden Mitteln nach § 62 Abs. 1 Nr. 3 AO herauszurechnen.

Zu § 62 Abs. 4 AO:

17. [1]Stiftungen dürfen im Jahr ihrer Errichtung und in den drei folgenden Kalenderjahren Überschüsse und Gewinne aus der Vermögensverwaltung, aus Zweckbetrieb und aus steuerpflichtigen wirtschaftlichen Geschäftsbetrieben ganz oder teilweise ihrem Vermögen zuführen. [2]Für sonstige Mittel, z. B. Zuwendungen und Zuschüsse, gilt diese Regelung dagegen nicht.

Liegen in einem Kalenderjahr positive und negative Ergebnisse aus der Vermögensverwaltung, aus den Zweckbetrieben und dem einheitlichen steuerpflichtigen wirtschaftlichen Geschäftsbetrieb vor, ist eine Zuführung zum Vermögen auf den positiven Betrag begrenzt, der nach der Verrechnung der Ergebnisse verbleibt.

AEAO zu § 63 – Anforderungen an die tatsächliche Geschäftsführung:

1. [1]*Den Nachweis, dass die tatsächliche* Geschäftsführung den notwendigen Erfordernissen entspricht, hat die Körperschaft durch ordnungsmäßige Aufzeichnungen (insbesondere Aufstellung der Einnahmen und Ausgaben, Tätigkeitsbericht, Vermögensübersicht mit Nachweisen über die Bildung und

Entwicklung der Rücklagen) zu führen. [2]Die Vorschriften der AO über die Führung von Büchern und Aufzeichnungen (§§ 140ff. AO) sind zu beachten. [3]Die Vorschriften des Handelsrechts einschließlich der entsprechenden Buchführungsvorschriften gelten nur, sofern sich dies aus der Rechtsform der Körperschaft oder aus ihrer wirtschaftlichen Tätigkeit ergibt. [4]Bei der Verwirklichung steuerbegünstigter Zwecke im Ausland besteht eine erhöhte Nachweispflicht (§ 90 Abs. 2 AO).

2. Hat das Finanzamt eine Frist nach § 63 Abs. 4 AO gesetzt, gilt die tatsächliche Geschäftsführung als ordnungsgemäß, wenn die Körperschaft die Mittel innerhalb der gesetzten Frist für steuerbegünstigte Zwecke verwendet.

3. [1]Die tatsächliche Geschäftsführung umfasst auch die Ausstellung steuerlicher Zuwendungsbestätigungen. [2]Zuwendungsbestätigungen dürfen nur dann ausgestellt werden, wenn die Voraussetzungen des § 63 Abs. 5 AO vorliegen. [3]Die Erlaubnis wird an die Erteilung eines Feststellungsbescheids nach § 60a Abs. 1 AO, eines Freistellungsbescheids oder eine Anlage zum Körperschaftsteuerbescheid geknüpft. [4]Ist der Bescheid nach § 60a AO älter als drei Jahre oder ist der Freistellungsbescheid – beziehungsweise sind die Anlagen zum Körperschaftsteuerbescheid – älter als fünf Jahre, darf die Körperschaft keine Zuwendungsbestätigungen mehr ausstellen.

Bei Missbräuchen auf diesem Gebiet, z.B. durch die Ausstellung von Gefälligkeitsbestätigungen, ist die Steuerbegünstigung zu versagen.

4. [1]Liegen neuere Erkenntnisse nach Bekanntgabe einer Feststellung nach § 60a AO, eines Freistellungsbescheids oder einer Anlage zum Körperschaftsteuerbescheid vor, dass auf Grund der tatsächlichen Geschäftsführung der Körperschaft die Steuerbegünstigung voraussichtlich nicht gewährt werden kann, kann eine Steuerfestsetzung (ggf. mit 0 €) erfolgen. [2]Für Feststellungen nach § 60a AO wird auf § 60a Abs. 6 AO verwiesen.

[1]Dies kann durch einen Vorauszahlungsbescheid oder einen Körperschaftsteuerbescheid geschehen, in dem jeweils von der vollen Steuerpflicht ausgegangen wird. [2]Dies hat zur Folge, dass die Körperschaft nicht mehr berechtigt ist, Zuwendungsbestätigungen auszustellen.

Die Körperschaft ist auf eine mögliche Haftungsinanspruchnahme nach § 10b Abs. 4 EStG hinzuweisen.

5. [1]Die tatsächliche Geschäftsführung muss sich im Rahmen der verfassungsmäßigen Ordnung halten, da die Rechtsordnung als selbstverständlich das gesetzestreue Verhalten aller Rechtsunterworfenen voraussetzt. [2]Als Verstoß gegen die Rechtsordnung, der die Steuerbegünstigung ausschließt, kommt auch eine Steuerverkürzung in Betracht (BFH-Urteil vom 27.9.2001, V R 17/99, BStBl. 2002 II S. 169). [3]Die verfassungsmäßige Ordnung wird schon durch die Nichtbefolgung von polizeilichen Anordnungen durchbrochen (BFH-Urteil vom 29.8.1984, I R 215/81, BStBl. 1985 II S. 106). [4]Gewaltfreier Widerstand, z.B. Sitzblockaden, gegen geplante Maßnahmen des Staates verstößt grundsätzlich nicht gegen die verfassungsmäßige Ordnung (vgl. BVerfG-Beschluss vom 10.1.1995, 1 BvR 718/89, 1 BvR 719/89, 1 BvR 722/89, 1 BvR 723/89, BVerfGE 92, S. 1 bis 25).

6. [1]Da es sich beim Entzug der Gemeinnützigkeit nicht um eine Ermessensentscheidung der Finanzverwaltung handelt, stellen das Verhältnismäßigkeitsprinzip und der ihm innewohnende Bagatellvorbehalt ein unverzichtbares Korrektiv dar, um in Einzelfällen die einschneidende Rechtsfolge des Verlusts der Gemeinnützigkeit auszuschließen (BFH-Urteil vom 12.3.2020, V R 5/17, BStBl. 2021 II S. 55). [2]Geringfügige Verstöße, beispielsweise gegen das Mittelverwendungsgebot des § 55 AO, rechtfertigen daher nicht den Entzug der Gemeinnützigkeit.

AEAO zu § 64 – Steuerpflichtige wirtschaftliche Geschäftsbetriebe:

Zu § 64 Abs. 1 AO:

1. Als Gesetz, das die Steuervergünstigung teilweise, nämlich für den wirtschaftlichen Geschäftsbetrieb (§ 14 Satz 1 und 2 AO), ausschließt, ist das jeweilige Steuergesetz zu verstehen, also § 5 Abs. 1 Nr. 9 KStG, § 3 Nr. 6 GewStG, § 12 Abs. 2 Nr. 8 Satz 2 UStG, § 3 Abs. 1 Nr. 3b GrStG i. V. m. A 12 Abs. 4 GrStR.[1)]

2. [1]Wegen des Begriffs „Wirtschaftlicher Geschäftsbetrieb" wird auf § 14 AO hingewiesen.[2)·3)] [2]Zum Begriff der „Nachhaltigkeit" bei wirtschaftlichen Geschäftsbetrieben siehe BFH-Urteil vom 21.8.1985, I R 60/80, BStBl. 1986 II S. 88. [3]Danach ist eine Tätigkeit grundsätzlich nachhaltig, wenn sie auf Wiederholung angelegt ist. [4]Es genügt, wenn bei der Tätigkeit der allgemeine Wille besteht, gleichartige oder ähnliche Handlungen bei sich bietender Gelegenheit zu wiederholen. [5]Wiederholte Tätigkeiten liegen auch vor, wenn der Grund zum Tätigwerden auf einem einmaligen Entschluss beruht, die Erledigung aber mehrere (Einzel-)Tätigkeiten erfordert. [6]Die Einnahmen aus der Verpachtung eines vorher selbst betriebenen wirtschaftlichen Geschäftsbetriebs unterliegen solange der Körperschaft- und Gewerbesteuer, bis die Körperschaft die Betriebsaufgabe erklärt (BFH-Urteil vom 4.4.2007, I R 55/06, BStBl. II S. 725).

3. [1]Ob eine an einer Personengesellschaft oder Gemeinschaft beteiligte steuerbegünstigte Körperschaft gewerbliche Einkünfte bezieht, wird im gesonderten und einheitlichen Gewinnfeststellungsbescheid der Personengesellschaft bindend festgestellt (BFH-Urteil vom 27.7.1988, I R 113/84, BStBl. 1989 II S. 134). [2]Ob ein steuerpflichtiger wirtschaftlicher Geschäftsbetrieb oder ein Zweckbetrieb (§§ 65 bis 68 AO) vorliegt, ist dagegen bei der Körperschaftsteuerveranlagung der steuerbegünstigten Körperschaft zu entscheiden. [3]Die Beteiligung einer gemeinnützigen Körperschaft an einer gewerblich geprägten vermögensverwaltenden Personengesellschaft führt nicht zu einem wirtschaftlichen Geschäftsbetrieb (BFH-Urteile vom 25.5.2011, I R 60/10, BStBl. 2012 II S. 858 und vom 18.2.2016, V R 60/13, BStBl. 2017 II S. 251). [4]Die Beteiligung einer steuerbegünstigten Körperschaft an einer Kapitalgesellschaft ist grundsätz-

---

1) Nr. **420**.

2) Siehe auch BFH v. 20.3.2014 V R 4/13, DStR 2014, 1539 (steuerbare Leistungen eines Sportvereins nach EU-Recht und nach nationalem Recht).

3) Der Verkauf von Ökopunkten ist kein wirtschaftlicher Geschäftsbetrieb; siehe BFH v. 24.1.2019 V R 63/16, BStBl. II 2019, 392.

lich Vermögensverwaltung (§ 14 Satz 3 AO). [5]Ein wirtschaftlicher Geschäftsbetrieb ist es dann, wenn mit ihr tatsächlich ein entscheidender Einfluss auf die laufende Geschäftsführung der Kapitalgesellschaft ausgeübt wird oder ein Fall der Betriebsaufspaltung vorliegt (vgl. BFH-Urteil vom 30.6.1971, I R 57/70, BStBl. II S. 753; H 15.7 (4) bis H 15.7 (6) EStH).[1)] [6]Besteht die Beteiligung an einer Kapitalgesellschaft, die selbst ausschließlich der Vermögensverwaltung dient, so liegt auch bei Einflussnahme auf die Geschäftsführung kein wirtschaftlicher Geschäftsbetrieb vor (vgl. R 4.1 Abs. 2 Satz 5 KStR 2015 i. V. m. R 5.7 Abs. 5 Satz 4 KStR 2015).[2)] [7]Dies gilt auch bei Beteiligung an einer steuerbegünstigten Kapitalgesellschaft. [8]Die Grundsätze der Betriebsaufspaltung sind nicht anzuwenden, wenn sowohl das Betriebs- als auch das Besitzunternehmen steuerbegünstigt sind. [9]Dies gilt aber nur insoweit, als die überlassenen wesentlichen Betriebsgrundlagen bei dem Betriebsunternehmen nicht in einem steuerpflichtigen wirtschaftlichen Geschäftsbetrieb eingesetzt werden.

Für Beteiligungen an steuerbegünstigten Kapitalgesellschaften in den Anwendungsfällen des § 57 Abs. 3 und 4 AO wird auf Nr. 12 des AEAO zu § 57 Abs. 3 und Nr. 14 des AEAO zu § 57 Abs. 4 verwiesen.

4. [1]Bei der Ermittlung des Gewinns aus dem wirtschaftlichen Geschäftsbetrieb sind die Betriebsausgaben zu berücksichtigen, die durch den Betrieb veranlasst sind. [2]Dazu gehören Ausgaben, die dem Betrieb unmittelbar zuzuordnen sind, weil sie ohne den Betrieb nicht oder zumindest nicht in dieser Höhe angefallen wären.

[1]Vereinbarte Aushilfslöhne für Vereinsmitglieder müssen den Vermögensbereich des Vereins verlassen haben, um als Betriebsausgaben eines wirtschaftlichen Geschäftsbetriebs des Vereins berücksichtigt zu werden (BFH-Urteil vom 5.12.1990, I R 5/88, BStBl. 1991 II S. 308). [2]Bei bedingungslosem Verzicht vor Zufluss können die vereinbarten Aushilfslöhne nicht als Betriebsausgaben anerkannt werden. [3]Von einem Abfluss der vereinbarten Aushilfslöhne der Vereinsmitglieder aus dem Vermögensbereich des Vereins ist auszugehen, wenn sich der Verzicht auf die Aushilfslöhne seinem wirtschaftlichen Gehalt nach als Verwendung zugeflossenen Einkommens erweist. [4]Das ist nach dem vorgenannten BFH-Urteil z. B. der Fall, wenn die Vereinsmitglieder den Verzicht auf ihre Löhne gegenüber dem Verein mit der Bedingung verbunden haben, diese Geldbeträge einem Dritten zuzuwenden.

5. [1]Bei so genannten gemischt veranlassten Kosten, die sowohl durch die steuerfreie als auch durch die steuerpflichtige Tätigkeit veranlasst sind, scheidet eine Berücksichtigung als Betriebsausgaben des steuerpflichtigen wirtschaftlichen Geschäftsbetriebs grundsätzlich aus, wenn sie ihren primären Anlass im steuerfreien Bereich haben. [2]Werden z. B. Werbemaßnahmen bei sportlichen oder kulturellen Veranstaltungen durchgeführt, sind die Veranstaltungskosten, soweit sie auch ohne die Werbung entstanden wären, keine Betriebsausgaben des steuerpflichtigen wirtschaftlichen Geschäftsbetriebs „Werbung" (BFH-Urteil vom 27.3.1991, I R 31/89, BStBl. 1992 II S. 103; zur pauschalen Gewinnermittlung

---

1) Nr. **1**.
2) Nr. **100**.

bei Werbung im Zusammenhang mit der steuerbegünstigten Tätigkeit einschließlich Zweckbetrieben vgl. Nrn. 32ff. des AEAO zu § 64).

6. Unabhängig von ihrer primären Veranlassung ist eine anteilige Berücksichtigung von gemischt veranlassten Aufwendungen (einschließlich Absetzung für Abnutzung) als Betriebsausgaben des steuerpflichtigen wirtschaftlichen Geschäftsbetriebs dann zulässig, wenn ein objektiver Maßstab für die Aufteilung der Aufwendungen (z. B. nach zeitlichen Gesichtspunkten) auf den ideellen Bereich einschließlich der Zweckbetriebe und den steuerpflichtigen wirtschaftlichen Geschäftsbetrieb besteht.

[1] Danach ist z. B. bei der Gewinnermittlung für den steuerpflichtigen wirtschaftlichen Geschäftsbetrieb „Greenfee" von steuerbegünstigten Golfvereinen wegen der Abgrenzbarkeit nach objektiven Maßstäben (z. B. im Verhältnis der Nutzung der Golfanlage durch vereinsfremde Spieler zu den Golf spielenden Vereinsmitgliedern im Kalenderjahr) trotz primärer Veranlassung durch den ideellen Bereich des Golfvereins ein anteiliger Betriebsausgabenabzug der Aufwendungen (z. B. für Golfplatz- und Personalkosten) zulässig (BFH-Urteil vom 15.1.2015, I R 48/13, BStBl. II S. 713). [2] Bei gemeinnützigen Musikvereinen sind Aufwendungen, die zu einem Teil mit Auftritten ihrer Musikgruppen bei eigenen steuerpflichtigen Festveranstaltungen zusammenhängen, anteilig als Betriebsausgaben des steuerpflichtigen wirtschaftlichen Geschäftsbetriebs abzuziehen. [3] Derartige Aufwendungen sind z. B. Kosten für Notenmaterial, Uniformen und Verstärkeranlagen, die sowohl bei Auftritten, die unentgeltlich erfolgen oder Zweckbetriebe sind, als auch bei Auftritten im Rahmen eines eigenen steuerpflichtigen Betriebs eingesetzt werden. [4] Als Maßstab für die Aufteilung kommt die Zahl der Stunden, die einschließlich der Proben auf die jeweiligen Bereiche entfallen, in Betracht.

[1] Auch die Personal- und Sachkosten für die allgemeine Verwaltung können grundsätzlich im wirtschaftlichen Geschäftsbetrieb abgezogen werden, soweit sie bei einer Aufteilung nach objektiven Maßstäben teilweise darauf entfallen. [2] Bei Kosten für die Errichtung und Unterhaltung von Vereinsheimen gibt es i. d. R. keinen objektiven Aufteilungsmaßstab.

7. [1] Eine gemeinnützige Körperschaft ist bereits nach § 55 Abs. 1 Nr. 1 AO verpflichtet, ihre Mittel ausschließlich zur Förderung gemeinnütziger Zwecke einzusetzen. [2] Ein steuerlicher Abzug derartiger Aufwendungen als Betriebsausgaben scheidet aus. [3] Nichtabziehbar sind nach § 10 Nr. 1 KStG auch Aufwendungen für die Erfüllung von Zwecken, die in der Satzung vorgeschrieben sind. [4] Die Aufwendungen für gemeinnützige oder satzungsmäßige Zwecke können auch nicht aufgrund einer „Auflage" als abziehbare Betriebsausgaben behandelt werden (Nichtanwendung des BFH-Urteils vom 5.6.2003, I R 76/01, BStBl. II 2005 S. 305).

8.[1)] [1] Unter Sponsoring wird üblicherweise die Gewährung von Geld oder geldwerten Vorteilen durch Unternehmen zur Förderung von Personen, Gruppen und/oder Organisationen in sportlichen, kulturellen, kirchlichen,

---

1) Zur ertragsteuerlichen Behandlung des Sponsoring siehe BMF v. 18.2.1998, BStBl. I 1998, 212, nicht anzuwenden bei der Veranstaltung von Golfturnieren durch Automobilvertragshändler, siehe OFD Hannover v. 20.5.2009 – S 2145 – 80 – StO 224, StEd 2009, 458.

wissenschaftlichen, sozialen, ökologischen oder ähnlich bedeutsamen gesellschaftspolitischen Bereichen verstanden, mit der regelmäßig auch eigene unternehmensbezogene Ziele der Werbung oder Öffentlichkeitsarbeit verfolgt werden. [2]Leistungen eines Sponsors beruhen häufig auf einer vertraglichen Vereinbarung zwischen dem Sponsor und dem Empfänger der Leistungen (Sponsoring-Vertrag), in dem Art und Umfang der Leistungen des Sponsors und des Empfängers geregelt sind.

9. [1]Die im Zusammenhang mit dem Sponsoring erhaltenen Leistungen können bei einer steuerbegünstigten Körperschaft steuerfreie Einnahmen im ideellen Bereich, steuerfreie Einnahmen aus der Vermögensverwaltung oder Einnahmen eines steuerpflichtigen wirtschaftlichen Geschäftsbetriebs sein. [2]Die steuerliche Behandlung der Leistungen beim Empfänger hängt grundsätzlich nicht davon ab, wie die entsprechenden Aufwendungen beim leistenden Unternehmen behandelt werden. [3]Für die Abgrenzung gelten die allgemeinen Grundsätze.

10. Danach liegt kein wirtschaftlicher Geschäftsbetrieb vor, wenn die steuerbegünstigte Körperschaft dem Sponsor nur die Nutzung ihres Namens zu Werbezwecken in der Weise gestattet, dass der Sponsor selbst zu Werbezwecken oder zur Imagepflege auf seine Leistungen an die Körperschaft hinweist.

[1]Ein wirtschaftlicher Geschäftsbetrieb liegt auch dann nicht vor, wenn der Empfänger der Leistungen z. B. auf Plakaten, Veranstaltungshinweisen, in Ausstellungskatalogen oder in anderer Weise auf die Unterstützung durch einen Sponsor lediglich hinweist. [2]Dieser Hinweis kann unter Verwendung des Namens, Emblems oder Logos des Sponsors, jedoch ohne besondere Hervorhebung, erfolgen. [3]Entsprechende Sponsoringeinnahmen sind nicht als Einnahmen aus der Vermögensverwaltung anzusehen. [4]Eine Zuführung zur freien Rücklage nach § 62 Abs. 1 Nr. 3 AO ist daher lediglich i. H. v. 10 % der Einnahmen, nicht aber i. H. v. einem Drittel des daraus erzielten Überschusses möglich.

11. [1]Ein wirtschaftlicher Geschäftsbetrieb liegt dagegen vor, wenn die Körperschaft an den Werbemaßnahmen mitwirkt. [2]Dies ist z. B. der Fall, wenn die Körperschaft dem Sponsor das Recht einräumt, in einem von ihr herausgegebenen Publikationsorgan Werbeanzeigen zu schalten, einschlägige Sponsor-bezogene Themen darzustellen und bei Veranstaltungen der Körperschaft deren Mitglieder über diese Themen zu informieren und dafür zu werben (vgl. BFH-Urteil vom 7.11.2007, I R 42/06, BStBl. 2008 II S. 949). [3]Der wirtschaftliche Geschäftsbetrieb kann kein Zweckbetrieb (§§ 65 bis 68 AO) sein. [4]Soweit Sponsoringeinnahmen unmittelbar in einem aus anderen Gründen steuerpflichtigen wirtschaftlichen Geschäftsbetrieb anfallen, sind sie diesem zuzurechnen.

12. [1]Die Sammlung und Verwertung von Zahngold durch eine steuerbegünstigte Körperschaft im eigenen Namen und auf eigene Rechnung bildet nach den Grundsätzen des BFH-Urteils vom 28.2.1992, I R 149/90, BStBl. II S. 693, einen einheitlichen steuerpflichtigen wirtschaftlichen Geschäftsbetrieb (§§ 14, 64 AO). [2]Erklären die Spender, dass das Zahngold von der steuerbegünstigten Körperschaft im Namen der Spender und für Rechnung der Spender verwertet werden soll (treuhänderische Verwertung) und wenden die Spender den Verwertungserlös der steuerbegünstigten Körperschaft zu, liegt kein wirtschaftlicher Geschäftsbetrieb vor, wenn das Mitwirken der steuerbegünstigten Körperschaft sich darauf beschränkt, das Zahngold lediglich in Vertretung des Spenders bei der Scheideanstalt einzureichen. [3]Nehmen Spender anonym an der Zahngoldsammlung teil, begründet die steuerbegünstigte Körperschaft, die das Zahngold sammelt und verwerten lässt, damit einen steuerpflichtigen wirtschaftlichen Geschäftsbetrieb.

13. Unter Beschäftigungsgesellschaften sind Körperschaften zu verstehen, die – gegebenenfalls unter Nutzung arbeitsförderungsrechtlicher Instrumente und sonstiger Förderungsmöglichkeiten – die Hilfe für früher arbeitslose und von Arbeitslosigkeit bedrohte Menschen insbesondere durch Arbeitsbeschaffungsmaßnahmen, berufliche Qualifizierungsmaßnahmen und Umschulungen zum Ziel haben.

[1]Beschäftigungsgesellschaften können in der Regel nicht als gemeinnützig behandelt werden, wenn sie Waren herstellen und vertreiben oder Leistungen an Dritte erbringen, da sie dann wie andere Unternehmen eine wirtschaftliche Tätigkeit ausüben. [2]Dies ist kein gemeinnütziger Zweck. [3]Dass durch die wirtschaftliche Tätigkeit Arbeitsplätze erhalten oder geschaffen werden, rechtfertigt nicht die Anerkennung der Gemeinnützigkeit. [4]Die Erhaltung und Schaffung von Arbeitsplätzen ist mit jeder wirtschaftlichen Tätigkeit verbunden.

[1]Eine Beschäftigungsgesellschaft kann aber dann als gemeinnützig anerkannt werden, wenn das Schwergewicht ihrer Tätigkeit auf der beruflichen Qualifizierung, der Umschulung oder der sozialen Betreuung liegt. [2]Werden dabei Waren hergestellt und vertrieben (z.B. im Rahmen einer Ausbildung angefertigte Sachen) oder Leistungen gegenüber Dritten erbracht, liegt insoweit ein wirtschaftlicher Geschäftsbetrieb (§ 14 Satz 1 und 2 AO) vor. [3]Ist dieser steuerpflichtig, darf er weder Satzungszweck noch nach der tatsächlichen Geschäftsführung Selbst- oder Hauptzweck der Gesellschaft sein. [4]Ob der wirtschaftliche Geschäftsbetrieb steuerpflichtig oder ein steuerbegünstigter Zweckbetrieb ist, richtet sich nach den §§ 65 und 68 AO.

[1]Ein steuerbegünstigter Zweckbetrieb liegt insbesondere vor, wenn die Voraussetzungen des § 68 Nr. 3 AO erfüllt sind. [2]Danach sind Werkstätten für behinderte Menschen, die nach den Vorschriften des SGB III förderungsfähig sind und Personen Arbeitsplätze bieten, die wegen ihrer Behinderung nicht auf dem allgemeinen Arbeitsmarkt tätig sein können, sowie Einrichtungen für Beschäftigungs- und Arbeitstherapie, die der Eingliederung von Behinderten dienen, als Zweckbetriebe zu behandeln.

[1]Die Voraussetzungen des § 65 AO für die Zweckbetriebseigenschaft einer wirtschaftlichen Betätigung sind regelmäßig erfüllt, wenn sich der wirtschaftliche Geschäftsbetrieb in einer aus- oder weiterbildenden Tätigkeit gegen Teilnehmergebühren erschöpft. [2]Sie sind auch erfüllt, soweit als Ausfluss der beruflichen Qualifizierungs- und Umschulungsmaßnahmen Waren hergestellt und veräußert oder Dienstleistungen gegenüber Dritten gegen Entgelt erbracht werden. [3]Dagegen wird ein steuerpflichtiger wirtschaftlicher Geschäftsbetrieb (§ 64 AO) begründet, wenn die Herstellung und Veräußerung von Waren oder die entgeltlichen Dienstleistungen den Umfang überschreiten, der zur Erfüllung der beruflichen Qualifizierungs- und Umschulungsmaßnahmen notwendig ist.

Bei der gemeinnützigkeitsrechtlichen Behandlung von Körperschaften, die ähnliche Zwecke wie die Beschäftigungsgesellschaft fördern, ist nach den gleichen Grundsätzen zu verfahren.

Zu § 64 Abs. 2 AO:

14. [1]Die Regelung, dass bei steuerbegünstigten Körperschaften mehrere steuerpflichtige wirtschaftliche Geschäftsbetriebe als ein Betrieb zu behandeln sind, gilt auch für die Ermittlung des steuerpflichtigen Einkommens der Körperschaft und für die Beurteilung der Buchführungspflicht nach § 141 Abs. 1 AO. [2]Für die Frage, ob die Grenzen für die Buchführungspflicht überschritten sind, kommt es also auf die Werte (Einnahmen, Überschuss) des Gesamtbetriebs an.

15. [1]§ 55 Abs. 1 Nr. 1 Satz 2 und Nr. 3 AO gilt auch für den steuerpflichtigen wirtschaftlichen Geschäftsbetrieb. [2]Das bedeutet u. a., dass Verluste und Gewinnminderungen in den einzelnen steuerpflichtigen wirtschaftlichen Geschäftsbetrieben nicht durch Zuwendungen an Mitglieder oder durch unverhältnismäßig hohe Vergütungen entstanden sein dürfen.

16. Die entgeltliche Übernahme von Verwaltungstätigkeiten durch Einsatzstellen, Zentralstellen und Träger i. S. d. §§ 6 und 7 Bundesfreiwilligendienstgesetz (BFDG)[1)] aufgrund von Verträgen nach § 16 BFDG begründet einen steuerpflichtigen wirtschaftlichen Geschäftsbetrieb nach § 64 AO (teilweise Nichtanwendung des BFH-Urteils vom 23.7.2009, V R 93/07, BStBl. 2015 II S. 735).

17. [1]Bei einer Körperschaft, die mehrere steuerpflichtige wirtschaftliche Geschäftsbetriebe unterhält, ist für die Frage, ob gemeinnützigkeitsschädliche Verluste vorliegen, nicht auf das Ergebnis des einzelnen steuerpflichtigen wirtschaftlichen Geschäftsbetriebs, sondern auf das zusammengefasste Ergebnis aller steuerpflichtigen wirtschaftlichen Geschäftsbetriebe abzustellen. [2]Danach ist die Gemeinnützigkeit einer Körperschaft gefährdet, wenn die steuerpflichtigen wirtschaftlichen Geschäftsbetriebe insgesamt Verluste erwirtschaften (vgl. Nrn. 4 ff. des AEAO zu § 55).

In den Fällen des § 64 Abs. 5 und 6 AO ist nicht der geschätzte bzw. pauschal ermittelte Gewinn, sondern das Ergebnis zu berücksichtigen, das sich bei einer Ermittlung nach den allgemeinen Regelungen ergeben würde (vgl. Nrn. 4 bis 6 des AEAO zu § 64).

Zu § 64 Abs. 3 AO:

18. [1]Die Höhe der Einnahmen aus den steuerpflichtigen wirtschaftlichen Geschäftsbetrieben bestimmt sich nach den Grundsätzen der steuerlichen Gewinnermittlung. [2]Bei steuerbegünstigten Körperschaften, die den Gewinn nach § 4 Abs. 1 oder § 5 EStG ermitteln, kommt es deshalb nicht auf den Zufluss i. S. d. § 11 EStG an, so dass auch Forderungszugänge als Einnahmen zu erfassen sind. [3]Bei anderen steuerbegünstigten Körperschaften sind die im Kalenderjahr zugeflossenen Einnahmen (§ 11 EStG) maßgeblich. [4]Ob die Einnahmen die Besteuerungsgrenze übersteigen, ist für jedes Jahr gesondert zu prüfen. [5]Nicht leistungsbezogene Einnahmen sind nicht den für die Besteuerungsgrenze maßgeblichen Einnahmen zuzurechnen (vgl. Nr. 20 des AEAO zu § 64).

---

1) BFDG v. 28.4.2011, BGBl. I 2011, 687, zuletzt geänd. durch G v. 20.8.2021, BGBl. I 2021, 3932.

[1]Die Besteuerungsgrenze von 45 000 € ist erstmalig für den Veranlagungszeitraum 2020 anzuwenden. [2]Für Veranlagungszeiträume vor 2020 ist die bisherige Besteuerungsgrenze von 35 000 € maßgebend.

19. [1]Zu den Einnahmen i. S. d. § 64 Abs. 3 AO gehören leistungsbezogene Einnahmen einschließlich Umsatzsteuer aus dem laufenden Geschäft, wie Einnahmen aus dem Verkauf von Speisen und Getränken. [2]Dazu zählen auch erhaltene Anzahlungen.

20. [1]Zu den leistungsbezogenen Einnahmen i. S. d. Nr. 19 des AEAO zu § 64 gehören z. B. nicht

a) der Erlös aus der Veräußerung von Wirtschaftsgütern des Anlagevermögens des steuerpflichtigen wirtschaftlichen Geschäftsbetriebs;

b) Betriebskostenzuschüsse sowie Zuschüsse für die Anschaffung oder Herstellung von Wirtschaftsgütern des steuerpflichtigen wirtschaftlichen Geschäftsbetriebs;

c) Investitionszulagen;

d) der Zufluss von Darlehen;

e) Entnahmen i. S. d. § 4 Abs. 1 EStG;

f) die Auflösung von Rücklagen;

g) erstattete Betriebsausgaben, z. B. Umsatzsteuer;

h) Versicherungsleistungen mit Ausnahme des Ersatzes von leistungsbezogenen Einnahmen.

21. [1]Ist eine steuerbegünstigte Körperschaft an einer Personengesellschaft oder Gemeinschaft beteiligt, sind für die Beurteilung, ob die Besteuerungsgrenze überschritten wird, die anteiligen (Brutto-)Einnahmen aus der Beteiligung – nicht aber der Gewinnanteil – maßgeblich. [2]Bei Beteiligung einer steuerbegünstigten Körperschaft an einer Kapitalgesellschaft sind die Bezüge i. S. d. § 8b Abs. 1 KStG und die Erlöse aus der Veräußerung von Anteilen i. S. d. § 8b Abs. 2 KStG als Einnahmen i. S. d. § 64 Abs. 3 AO zu erfassen, wenn die Beteiligung einen steuerpflichtigen wirtschaftlichen Geschäftsbetrieb darstellt (vgl. Nr. 3 des AEAO zu § 64) oder in einem steuerpflichtigen wirtschaftlichen Geschäftsbetrieb gehalten wird.

22. In den Fällen des § 64 Abs. 5 und 6 AO sind für die Prüfung, ob die Besteuerungsgrenze i. S. d. § 64 Abs. 3 AO überschritten wird, die tatsächlichen Einnahmen anzusetzen.

23. Einnahmen aus sportlichen Veranstaltungen, die nach § 67a Abs. 1 Satz 1 AO oder – bei einer Option – nach § 67a Abs. 3 AO kein Zweckbetrieb sind, gehören zu den Einnahmen i. S. d. § 64 Abs. 3 AO.

Beispiel:

Ein Sportverein, der auf die Anwendung des § 67a Abs. 1 Satz 1 AO (Zweckbetriebsgrenze) verzichtet hat, erzielt im Jahr 01 folgende Einnahmen aus wirtschaftlichen Geschäftsbetrieben:

Sportliche Veranstaltungen, an denen kein bezahlter Sportler teilgenommen hat:	40 000 €
Sportliche Veranstaltungen, an denen bezahlte Sportler des Vereins *teilgenommen haben:*	20 000 €
Verkauf von Speisen und Getränken:	5000 €

Die Einnahmen aus wirtschaftlichen Geschäftsbetrieben, die keine Zweckbetriebe sind, betragen 25 000 € (20 000 € + 5000 €). Die Besteuerungsgrenze von 45 000 € wird nicht überschritten.

24. [1] Eine wirtschaftliche Betätigung verliert durch das Unterschreiten der Besteuerungsgrenze nicht den Charakter des steuerpflichtigen wirtschaftlichen Geschäftsbetriebs. [2] Das bedeutet, dass kein Beginn einer teilweisen Steuerbefreiung i. S. d. § 13 Abs. 5 KStG vorliegt und dementsprechend keine Schlussbesteuerung durchzuführen ist, wenn Körperschaft- und Gewerbesteuer wegen § 64 Abs. 3 AO nicht mehr erhoben werden.

25. Bei Körperschaften mit einem vom Kalenderjahr abweichenden Wirtschaftsjahr sind für die Frage, ob die Besteuerungsgrenze überschritten wird, die in dem Wirtschaftsjahr erzielten Einnahmen maßgeblich.

26. [1] Der allgemeine Grundsatz des Gemeinnützigkeitsrechts, dass für die steuerbegünstigten Zwecke gebundene Mittel nicht für den Ausgleich von Verlusten aus steuerpflichtigen wirtschaftlichen Geschäftsbetrieben verwendet werden dürfen, wird durch § 64 Abs. 3 AO nicht aufgehoben. [2] Unter diesem Gesichtspunkt braucht jedoch bei Unterschreiten der Besteuerungsgrenze der Frage der Mittelverwendung nicht nachgegangen zu werden, wenn bei überschlägiger Prüfung der Aufzeichnungen erkennbar ist, dass in dem steuerpflichtigen wirtschaftlichen Geschäftsbetrieb (§ 64 Abs. 2 AO) keine Verluste entstanden sind.

27.[1)] [1] Verluste und Gewinne aus Jahren, in denen die maßgeblichen Einnahmen die Besteuerungsgrenze nicht übersteigen, bleiben bei dem Verlustabzug (§ 10d EStG) außer Ansatz. [2] Ein rück- und vortragbarer Verlust kann danach nur in Jahren entstehen, in denen die Einnahmen die Besteuerungsgrenze übersteigen. [3] Dieser Verlust wird nicht für Jahre verbraucht, in denen die Einnahmen die Besteuerungsgrenze von 45 000 € nicht übersteigen.

Zu § 64 Abs. 4 AO:

28. § 64 Abs. 4 AO gilt nicht für regionale Untergliederungen (Landes-, Bezirks-, Ortsverbände) steuerbegünstigter Körperschaften.

Zu § 64 Abs. 5 AO:

29. [1] § 64 Abs. 5 AO gilt nur für Altmaterialsammlungen (Sammlung und Verwertung von Lumpen, gesammelten Kleidungsstücken, Altpapier, Schrott). [2] Zahngold ist kein Altmaterial (Näheres zu Zahngold: siehe Nr. 12 des AEAO zu § 64 Abs. 1). [3] Die Regelung gilt nicht für den Einzelverkauf gebrauchter Sachen (Gebrauchtwarenhandel). [4] Basare und ähnliche Einrichtungen sind deshalb nicht begünstigt (vgl. BFH-Urteil vom 11.2.2009, I R 73/08, BStBl II S. 516). [5] Zu Kleiderkammern siehe Nr. 9 des AEAO zu § 66.

30. § 64 Abs. 5 AO ist nur anzuwenden, wenn die Körperschaft dies beantragt (Wahlrecht).

31. Der branchenübliche Reingewinn ist bei der Verwertung von Altpapier mit 5% und bei der Verwertung von u. a. Altmaterial mit 20% der Einnahmen anzusetzen.

---

1) Zur Hinzurechnung der Pachtzinsen beim Gewerbeertrag des Pächters eines wirtschaftlichen Geschäftsbetriebs siehe BFH v. 4.4.2007 I R 55/06, BStBl. II 2007, 725.

Zu § 64 Abs. 6 AO:

32. [1]Bei den genannten steuerpflichtigen wirtschaftlichen Geschäftsbetrieben ist der Besteuerung auf Antrag der Körperschaft ein Gewinn von 15% der Einnahmen zugrunde zu legen. [2]Der Antrag gilt jeweils für alle gleichartigen Tätigkeiten in dem betreffenden Veranlagungszeitraum. [3]Er entfaltet keine Bindungswirkung für folgende Veranlagungszeiträume.

33. [1]Nach § 64 Abs. 6 Nr. 1 AO kann der Gewinn aus Werbemaßnahmen pauschal ermittelt werden, wenn sie im Zusammenhang mit der steuerbegünstigten Tätigkeit einschließlich Zweckbetrieben stattfinden. [2]Beispiele für derartige Werbemaßnahmen sind die Trikot- oder Bandenwerbung bei Sportveranstaltungen, die ein Zweckbetrieb sind, oder die aktive Werbung in Programmheften oder auf Plakaten bei kulturellen Veranstaltungen. [3]Entsprechend begünstigte Werbemaßnahmen können aber auch passive Duldungsleistungen sein, indem beispielsweise eine steuerbegünstigte Körperschaft Standflächen an Unternehmen für deren eigene Werbezwecke vermietet (BFH-Urteil vom 26.6.2019, V R 70/17, BStBl. II S. 654). [4]Die vorstehenden Ausführungen gelten auch für Sponsoring i. S. d. Nr. 10 des AEAO zu § 64.

34. Soweit Werbeeinnahmen nicht im Zusammenhang mit der ideellen steuerbegünstigten Tätigkeit oder einem Zweckbetrieb erzielt werden, z. B. Werbemaßnahmen bei einem Vereinsfest oder bei sportlichen Veranstaltungen, die wegen Überschreitens der Zweckbetriebsgrenze des § 67a Abs. 1 AO oder wegen des Einsatzes bezahlter Sportler ein steuerpflichtiger wirtschaftlicher Geschäftsbetrieb sind, ist § 64 Abs. 6 AO nicht anzuwenden.

35. [1]Das Veranstalten von Trabrennen kann ein steuerpflichtiger wirtschaftlicher Geschäftsbetrieb nach § 64 AO sein, der mit dem Betrieb eines Totalisators einen einheitlichen wirtschaftlichen Geschäftsbetrieb bildet. [2]Diesem Betrieb sind grundsätzlich sämtliche Einnahmen und Ausgaben zuzuordnen, die durch ihn veranlasst sind (BFH-Urteil vom 22.4.2009, I R 15/07, BStBl. 2011 II S. 475).

[1]Nach § 64 Abs. 6 Nr. 2 AO kann der Gewinn aus dem Totalisatorbetrieb der Pferderennvereine allerdings mit 15% der Einnahmen angesetzt werden. [2]Die maßgeblichen Einnahmen ermitteln sich insoweit wie folgt:

Wetteinnahmen
abzgl. Rennwettsteuer (Totalisatorsteuer)
abzgl. Auszahlungen an die Wettenden.

36. Nach § 64 Abs. 6 Nr. 3 AO kann bei der Besteuerung aus der Zweiten Fraktionierungsstufe der Blutspendedienste ein Gewinn von 15% der Einnahmen zugrunde gelegt werden.

[1]Einnahmen steuerbegünstigter Körperschaften aus der Weiterveräußerung von im Aphereseverfahren gewonnenen Blutbestandteilen der Ersten Fraktionierungsstufe zur weiteren Fraktionierung sind dem steuerpflichtigen wirtschaftlichen Geschäftsbetrieb zuzuordnen. [2]§ 64 Abs. 6 Nr. 3 AO findet in diesem Fall keine Anwendung.

Zu § 64 Abs. 5 und 6 AO:

37. Wird in den Fällen des § 64 Abs. 5 oder 6 AO kein Antrag auf Schätzung des Überschusses oder auf pauschale Gewinnermittlung gestellt, ist der Gewinn nach den allgemeinen Regeln durch Gegenüberstellung der Betriebseinnahmen und der Betriebsausgaben zu ermitteln (vgl. Nrn. 4 bis 6 des AEAO zu § 64).

38. Wird der Überschuss nach § 64 Abs. 5 AO geschätzt oder nach § 64 Abs. 6 AO pauschal ermittelt, sind dadurch auch die damit zusammenhängenden tatsächlichen Aufwendungen der Körperschaft abgegolten; sie können nicht zusätzlich abgezogen werden.

39. [1]Wird der Überschuss nach § 64 Abs. 5 AO geschätzt oder nach § 64 Abs. 6 AO pauschal ermittelt, muss die Körperschaft die mit diesen Einnahmen im Zusammenhang stehenden Einnahmen und Ausgaben gesondert aufzeichnen. [2]Die genaue Höhe der Einnahmen wird zur Ermittlung des Gewinns nach § 64 Abs. 5 bzw. 6 AO benötigt. [3]Die mit diesen steuerpflichtigen wirtschaftlichen Geschäftsbetrieben zusammenhängenden Ausgaben dürfen das Ergebnis der anderen steuerpflichtigen wirtschaftlichen Geschäftsbetriebe – unabhängig vom Zeitpunkt der steuerlichen Erfassung oder veranlagungszeitraumübergreifend – nicht mindern.

40. Die in den Bruttoeinnahmen ggf. enthaltene Umsatzsteuer gehört nicht zu den maßgeblichen Einnahmen i. S. d. § 64 Abs. 5 und 6 AO.

AEAO zu § 65 – Zweckbetrieb:[1)] · [2)]

1. [1]Der Zweckbetrieb ist ein wirtschaftlicher Geschäftsbetrieb i. S. v. § 14 AO. [2]Jedoch wird ein wirtschaftlicher Geschäftsbetrieb unter bestimmten Voraussetzungen steuerlich dem begünstigten Bereich der Körperschaft zugerechnet.

2. [1]Ein Zweckbetrieb muss tatsächlich und unmittelbar satzungsmäßige Zwecke der Körperschaft verwirklichen, die ihn betreibt. [2]Es genügt nicht, wenn er begünstigte Zwecke verfolgt, die nicht satzungsmäßige Zwecke der ihn tragenden Körperschaft sind. [3]Ebenso wenig genügt es, wenn er der Verwirklichung begünstigter Zwecke nur mittelbar dient, z. B. durch Abführung seiner Erträge (BFH-Urteil vom 21.8.1985, I R 60/80, BStBl. 1986 II S. 88). [4]Ein Zweckbetrieb muss deshalb in seiner Gesamtrichtung mit den ihn begründenden Tätigkeiten und nicht nur mit den durch ihn erzielten Einnahmen den steuerbegünstigten Zwecken dienen (BFH-Urteil vom 26.4.1995, I R 35/93, BStBl. II S. 767).

3. [1]Weitere Voraussetzung eines Zweckbetriebes ist, dass die Zwecke der Körperschaft nur durch ihn erreicht werden können. [2]Die Körperschaft muss den Zweckbetrieb zur Verwirklichung ihrer satzungsmäßigen Zwecke unbedingt und unmittelbar benötigen. [3]Dies ist z. B. nicht der Fall beim Betrieb einer Beschaffungsstelle (zentraler Ein- und Verkauf von Ausrüstungsgegenständen, Auftragsbeschaffung, etc.), da dieser weder unentbehrlich noch das einzige Mittel zur Erreichung des steuerbegünstigten Zwecks ist.

4.[3)] · [4)] [1]Der Wettbewerb eines Zweckbetriebs zu nicht begünstigten Betrieben derselben oder ähnlicher Art muss auf das zur Erfüllung der steuerbegünstigten

---

1) Zu Billigkeitsmaßnahmen bei vorübergehender Unterbringung von Bürgerkriegsflüchtlingen und Asylbewerbern siehe BMF v. 20.11.2014, BStBl. I 2014, 1613, ergänzt durch BMF v. 9.2.2016, BStBl. I 2016, 223, u. v. 5.2.2019, BStBl. I 2019, 116 für VZ 2014–2021.

2) Zur Gewinnpauschalierung bei wissenschaftlichen Tagungen siehe BFH v. 26.6.2019 V R 70/17, BStBl. II 2019, 654.

3) Siehe auch BFH v. 20.3.2014 V R 4/13, DStR 2014, 1539 (steuerbare Leistungen eines Sportvereins nach EU-Recht und nationalem Recht).

4) Siehe auch BFH v. 10.8.2016 V R 14/15, BFH/NV 2017, 63, zu Pferdepensionsleistungen eines Vereins.

Zwecke unvermeidbare Maß begrenzt sein. [2]Wettbewerb i. S. d. § 65 Nr. 3 AO setzt nicht voraus, dass die Körperschaft auf einem Gebiet tätig ist, in der sie tatsächlich in Konkurrenz zu steuerpflichtigen Betrieben derselben oder ähnlicher Art tritt. [3]Der Sinn und Zweck des § 65 Nr. 3 AO liegt in einem umfänglichen Schutz des Wettbewerbs, der auch den potentiellen Wettbewerb umfasst (vgl. BFH-Urteile vom 27.10.1993, I R 60/91, BStBl. 1994 II S. 573 und vom 29.1.2009, V R 46/06, BStBl. II S. 560). [4]Ein Zweckbetrieb ist daher – entgegen dem BFH-Urteil vom 30.3.2000, V R 30/99, BStBl. II S. 705 – bereits dann nicht gegeben, wenn ein Wettbewerb mit steuerpflichtigen Unternehmen lediglich möglich wäre, ohne dass es auf die tatsächliche Wettbewerbssituation vor Ort ankommt. [5]Unschädlich ist dagegen der uneingeschränkte Wettbewerb zwischen Zweckbetrieben, die demselben steuerbegünstigten Zweck dienen und ihn in der gleichen oder in ähnlicher Form verwirklichen.

AEAO zu § 66 – Wohlfahrtspflege:

1. Die Bestimmung enthält eine Sonderregelung für wirtschaftliche Geschäftsbetriebe, die sich mit der Wohlfahrtspflege befassen.

2. [1]Die Wohlfahrtspflege darf nicht des Erwerbs wegen ausgeübt werden. [2]Eine Einrichtung wird dann „des Erwerbs wegen" betrieben, wenn damit Gewinne angestrebt werden, die den konkreten Finanzierungsbedarf des jeweiligen wirtschaftlichen Geschäftsbetriebs übersteigen, die Wohlfahrtspflege mithin in erster Linie auf Mehrung des eigenen Vermögens gerichtet ist. [3]Dabei kann die Erzielung von Gewinnen in gewissem Umfang – z. B. zum Inflationsausgleich oder zur Finanzierung von betrieblichen Erhaltungs- und Modernisierungsmaßnahmen – geboten sein, ohne in Konflikt mit dem Zweck der steuerlichen Begünstigung zu stehen (BFH-Urteil vom 27.11.2013, I R 17/12, BStBl. 2016 II S. 68). [4]Werden in drei aufeinanderfolgenden Veranlagungszeiträumen jeweils Gewinne erwirtschaftet, die den konkreten Finanzierungsbedarf der wohlfahrtspflegerischen Gesamtsphäre der Körperschaft übersteigen, ist widerlegbar (z. B. unbeabsichtigte Gewinne aufgrund von Marktschwankungen) von einer zweckbetriebsschädlichen Absicht der Körperschaft auszugehen, den Zweckbetrieb des Erwerbs wegen auszuüben. [5]Gewinne aufgrund staatlich regulierter Preise (z. B. auf Grundlage einer Gebührenordnung nach Maßgabe des § 90 SGB XI) sind kein Indiz dafür, dass der Zweckbetrieb des Erwerbs wegen ausgeübt wird.

[1]Der konkrete Finanzierungsbedarf im Sinne des Satzes 4 [in Abs. 1][1)] umfasst die Erträge, die für den Betrieb und die Fortführung der Einrichtung(en) der Wohlfahrtspflege notwendig sind, und beinhaltet auch die zulässige Rücklagenbildung nach § 62 Abs. 1 Nrn. 1 und 2 AO. [2]Zur wohlfahrtspflegerischen Gesamtsphäre im Sinne des Satzes 4 [in Abs. 1][1)] gehören

a) Wohlfahrtspflegeeinrichtungen im Sinne des § 66 AO,

b) Zweckbetriebe im Sinne des § 68 AO, soweit diese auch die Voraussetzungen des § 66 AO erfüllen,

c) Zweckbetriebe im Sinne des § 67 AO sowie

d) ideelle Tätigkeiten, für die die *Voraussetzungen* des § 66 AO vorlägen, *wenn sie entgeltlich* ausgeführt würden.

---

1) Redaktionell ergänzt.

rechtliche Beurteilung folgt daraus, dass für Leistungen, die außerhalb des Versorgungsauftrages erbracht werden, eine Zuordnung zum Zweckbetrieb Krankenhaus ausscheidet.

[1] Für die Zurechnung der Behandlungsleistungen zum Zweckbetrieb Krankenhaus ist es nicht erforderlich, dass die Behandlungen von Patienten des Krankenhauses durch einen ermächtigten Arzt als Dienstaufgabe innerhalb einer nichtselbstständigen Tätigkeit (Einkünfte nach § 19 EStG) erbracht werden. [2] Auch bei Leistungen, die ein Arzt im Rahmen seiner Nebentätigkeitserlaubnis und damit außerhalb seiner dienstvertraglichen Pflichten im Rahmen einer selbständigen Tätigkeit (Einkünfte nach § 18 EStG) erbringt und der vom Patienten erteilte Behandlungsauftrag durch den Arzt auf eigene Rechnung und auf eigenes Risiko erfüllt wird, sind die Leistungen sozialversicherungsrechtlich vom Versorgungsauftrag des Krankenhauses umfasst (BFH-Urteil vom 6.6.2019, V R 39/17, BStBl. II S. 651).

[1] Für die Beurteilung eines Krankenhauses als Zweckbetrieb ist allein § 67 AO maßgebend. [2] Es müssen nicht zusätzlich die Voraussetzungen des § 66 AO erfüllt sein.

AEAO zu § 67a – Sportliche Veranstaltungen:

Allgemeines:

1. [1] Sportliche Veranstaltungen eines Sportvereins sind grundsätzlich ein Zweckbetrieb, wenn die Einnahmen einschließlich der Umsatzsteuer aus allen sportlichen Veranstaltungen des Vereins die Zweckbetriebsgrenze von 45 000 € im Jahr nicht übersteigen (§ 67a Abs. 1 Satz 1 AO). [2] Übersteigen die Einnahmen die Zweckbetriebsgrenze von 45 000 €, liegt grundsätzlich ein steuerpflichtiger wirtschaftlicher Geschäftsbetrieb vor.

[1] Der Verein kann auf die Anwendung der Zweckbetriebsgrenze verzichten (§ 67a Abs. 2 AO). [2] Die steuerliche Behandlung seiner sportlichen Veranstaltungen richtet sich dann nach § 67a Abs. 3 AO.

2. [1] Unter Sportvereinen i. S. d. Vorschrift sind alle gemeinnützigen Körperschaften zu verstehen, bei denen die Förderung des Sports (§ 52 Abs. 2 Satz 1 Nr. 21 AO) Satzungszweck ist; die tatsächliche Geschäftsführung muss diesem Satzungszweck entsprechen (§ 59 AO). [2] § 67a AO gilt also z. B. auch für Sportverbände. [3] Sie gilt auch für Sportvereine, die Fußballveranstaltungen unter Einsatz ihrer Lizenzspieler nach der „Lizenzordnung Spieler" der Organisation „Die Liga-Fußballverband e. V. – Ligaverband" durchführen.

3. [1] Als sportliche Veranstaltung ist die organisatorische Maßnahme eines Sportvereins anzusehen, die es aktiven Sportlern (die nicht Mitglieder des Vereins zu sein brauchen) ermöglicht, Sport zu treiben (BFH-Urteil vom 25.7.1996, V R 7/95, BStBl. 1997 II S. 154). [2] Eine sportliche Veranstaltung liegt auch dann vor, wenn ein Sportverein in Erfüllung seiner Satzungszwecke im Rahmen einer Veranstaltung einer anderen Person oder Körperschaft eine sportliche Darbietung erbringt. [3] Die Veranstaltung, bei der die sportliche Darbietung präsentiert wird, braucht keine steuerbegünstigte Veranstaltung zu sein (BFH-Urteil vom 4.5.1994, XI R 109/90, BStBl. II S. 886).

4. [1] Sportreisen sind als sportliche Veranstaltungen anzusehen, wenn die sportliche Betätigung wesentlicher und notwendiger Bestandteil der Reise ist (z. B.

Reise zum Wettkampfort). [2]Reisen, bei denen die Erholung der Teilnehmer im Vordergrund steht (Touristikreisen), zählen dagegen nicht zu den sportlichen Veranstaltungen, selbst wenn anlässlich der Reise auch Sport getrieben wird.

5. [1]Die Ausbildung und Fortbildung in sportlichen Fertigkeiten gehört zu den typischen und wesentlichen Tätigkeiten eines Sportvereins. [2]Sportkurse und Sportlehrgänge für Mitglieder und Nichtmitglieder von Sportvereinen (Sportunterricht) sind daher als „sportliche Veranstaltungen" zu beurteilen. [3]Es ist unschädlich für die Zweckbetriebseigenschaft, dass der Verein mit dem Sportunterricht in Konkurrenz zu gewerblichen Sportlehrern (z.B. Reitlehrer, Skilehrer, Tennislehrer, Schwimmlehrer) tritt, weil § 67a AO als die speziellere Vorschrift dem § 65 AO vorgeht. [4]Die Beurteilung des Sportunterrichts als sportliche Veranstaltung hängt nicht davon ab, ob der Unterricht durch Beiträge, Sonderbeiträge oder Sonderentgelte abgegolten wird.

6. [1]Der Verkauf von Speisen und Getränken – auch an Wettkampfteilnehmer, Schiedsrichter, Kampfrichter, Sanitäter usw. – und die Werbung gehören nicht zu den sportlichen Veranstaltungen. [2]Diese Tätigkeiten sind gesonderte steuerpflichtige wirtschaftliche Geschäftsbetriebe. [3]Nach § 64 Abs. 2 AO ist es jedoch möglich, Überschüsse aus diesen Betrieben mit Verlusten aus sportlichen Veranstaltungen, die steuerpflichtige wirtschaftliche Geschäftsbetriebe sind, zu verrechnen.

7. Wird für den Besuch einer sportlichen Veranstaltung, die Zweckbetrieb ist, mit Bewirtung ein einheitlicher Eintrittspreis bezahlt, so ist dieser – ggf. im Wege der Schätzung – in einen Entgeltsanteil für den Besuch der sportlichen Veranstaltung und in einen Entgeltsanteil für die Bewirtungsleistungen aufzuteilen.

8. Zur Zulässigkeit einer pauschalen Gewinnermittlung beim steuerpflichtigen wirtschaftlichen Geschäftsbetrieb „Werbung" wird auf Nrn. 32 bis 34 des AEAO zu § 64 hingewiesen.

9. [1]Die entgeltliche Übertragung des Rechts zur Nutzung von Werbeflächen in vereinseigenen oder gemieteten Sportstätten (z.B. an der Bande) sowie von Lautsprecheranlagen an Werbeunternehmer ist als steuerfreie Vermögensverwaltung (§ 14 Satz 3 AO) zu beurteilen. [2]Voraussetzung ist jedoch, dass dem Pächter (Werbeunternehmer) ein angemessener Gewinn verbleibt. [3]Es ist ohne Bedeutung, ob die sportlichen Veranstaltungen, bei denen der Werbeunternehmer das erworbene Recht nutzt, Zweckbetrieb oder wirtschaftlicher Geschäftsbetrieb sind.

Die entgeltliche Übertragung des Rechts zur Nutzung von Werbeflächen auf der Sportkleidung (z.B. auf Trikots, Sportschuhen, Helmen) und auf Sportgeräten ist stets als steuerpflichtiger wirtschaftlicher Geschäftsbetrieb zu behandeln.

10. Die Unterhaltung von Club-Häusern, Kantinen, Vereinsheimen oder Vereinsgaststätten ist keine „sportliche Veranstaltung", auch wenn diese Einrichtungen ihr Angebot nur an Mitglieder richten.

11. [1]Bei Vermietung von Sportstätten einschließlich der Betriebsvorrichtungen für sportliche Zwecke ist zwischen der Vermietung auf längere Dauer und der Vermietung auf kurze Dauer (z. B. stundenweise Vermietung, auch wenn die Stunden für einen längeren Zeitraum im Voraus festgelegt werden) zu unterscheiden. [2] Zur Vermietung öffentlicher Schwimmbäder an Schwimmvereine und zur Nutzung durch Schulen für den Schwimmunterricht siehe Nr. 13 des AEAO zu § 67a.

12. Die Vermietung auf längere Dauer ist dem Bereich der steuerfreien Vermögensverwaltung zuzuordnen, so dass sich die Frage der Behandlung als „sportliche Veranstaltung" i. S. d. § 67a AO dort nicht stellt.

[1] Die Vermietung von Sportstätten und Betriebsvorrichtungen auf kurze Dauer schafft lediglich die Voraussetzungen für sportliche Veranstaltungen. [2] Sie ist jedoch selbst keine „sportliche Veranstaltung", sondern ein wirtschaftlicher Geschäftsbetrieb eigener Art. [3] Dieser ist als Zweckbetrieb i. S. d. § 65 AO anzusehen, wenn es sich bei den Mietern um Mitglieder des Vereins handelt. [4] Bei der Vermietung auf kurze Dauer an Nichtmitglieder tritt der Verein dagegen in größerem Umfang in Wettbewerb zu nicht begünstigten Vermietern, als es bei Erfüllung seiner steuerbegünstigten Zwecke unvermeidbar ist (§ 65 Nr. 3 AO). [5] Diese Art der Vermietung ist deshalb als steuerpflichtiger wirtschaftlicher Geschäftsbetrieb zu behandeln.

Indizien für eine Mitgliedschaft, die lediglich darauf gerichtet ist, die Nutzung der Sportstätten und Betriebsvorrichtungen eines Vereins zu ermöglichen, sind:
– die Zeit der Mitgliedschaft,
– die Höhe der Beiträge, die die Mitglieder zu entrichten haben, oder auch
– zivilrechtlich eingeschränkte Rechte der Mitglieder.

Für die Zuordnung der entgeltlichen Überlassung der Sportstätten und Betriebsvorrichtungen an ein Gastmitglied zum Zweckbetrieb ist es daher nicht zu beanstanden, wenn die Gastmitgliedschaft wie eine Vollmitgliedschaft ausgestaltet ist und diese nicht nur für einen kurzen Zeitraum eingegangen wird.

Dagegen ist die entgeltliche Überlassung der Sportstätten und Betriebsvorrichtungen an ein Gastmitglied dem steuerpflichtigen wirtschaftlichen Geschäftsbetrieb zuzuordnen, wenn das Gastmitglied per Satzung nur eingeschränkte Rechte eingeräumt bekommt oder die Mitgliedschaft lediglich für einen kurzen Zeitraum (weniger als sechs Monate) eingegangen wird.

13. Durch den Betrieb eines öffentlichen Schwimmbads werden gemeinnützige Zwecke (öffentliche Gesundheitspflege und Sport) unabhängig davon gefördert, ob das Schwimmbad von einem Verein oder von einer juristischen Person des öffentlichen Rechts als Betrieb gewerblicher Art unterhalten wird.

Die verschiedenen Tätigkeiten eines gemeinnützigen Schwimmvereins sind wie folgt zu beurteilen:

a) Schulschwimmen

[1] *Die Vermietung* des Schwimmbads auf längere Dauer an die Träger der Schulen ist als Vermögensverwaltung anzusehen. [2] Eine Vermietung auf längere Dauer ist in Anlehnung an Abschnitt 4.12.3 Absatz 2 UStAE[1] bei stundenweiser Nutzungsmöglichkeit des Schwimmbads durch die Schulen anzunehmen, wenn die Nutzung mehr als ein Schulhalbjahr (mindestens sechs Mona-

[1] Nr. **500**.

te) erfolgt. [3]Unselbständige Nebenleistungen des Vereins, wie Reinigung des Schwimmbads, gehören mit zur Vermögensverwaltung.

b) Vereinsschwimmen

[1]Das Vereinsschwimmen und die Durchführung von Schwimmkursen sind nach Maßgabe des § 67a AO Zweckbetriebe (sportliche Veranstaltungen). [2]Dabei ist es ohne Bedeutung, ob die Teilnehmer an den Schwimmkursen Mitglieder des Vereins oder Vereinsfremde sind.

c) Jedermannschwimmen

[1]Das Jedermannschwimmen ist insgesamt als Zweckbetrieb i. S. d. § 65 AO anzusehen, wenn die nicht unmittelbar dem Schwimmen dienenden Angebote (z. B. Sauna, Solarium) von untergeordneter Bedeutung sind. [2]Schwimmbäder, die danach als Zweckbetriebe begünstigt sind, stehen in keinem schädlichen Wettbewerb zu steuerpflichtigen Schwimmbädern (§ 65 Nr. 3 AO), weil sie i. d. R. anders strukturiert sind (so genannte Spaßbäder) und sich ihre Angebote erheblich von dem im Wesentlichen auf das Schwimmen begrenzten Angebot der Vereinsschwimmbäder unterscheiden.

14. [1]Werden im Zusammenhang mit der Vermietung von Sportstätten und Betriebsvorrichtungen auch bewegliche Gegenstände, z. B. Tennisschläger oder Golfschläger überlassen, stellt die entgeltliche Überlassung dieser Gegenstände ein Hilfsgeschäft dar, das das steuerliche Schicksal der Hauptleistung teilt (BFH-Urteil vom 30.3.2000, V R 30/99, BStBl. II S. 705). [2]Bei der alleinigen Überlassung von Sportgeräten, z. B. eines Flugzeugs, bestimmt sich die Zweckbetriebseigenschaft danach, ob die Sportgeräte Mitgliedern oder Nichtmitgliedern des Vereins überlassen werden.

15. § 3 Nr. 26 EStG gilt nicht für Einnahmen, die ein nebenberuflicher Übungsleiter etc. für eine Tätigkeit in einem steuerpflichtigen wirtschaftlichen Geschäftsbetrieb „sportliche Veranstaltungen" erhält.

16. Werden sportliche Veranstaltungen, die im vorangegangenen Veranlagungszeitraum Zweckbetrieb waren, zu einem steuerpflichtigen wirtschaftlichen Geschäftsbetrieb oder umgekehrt, ist grundsätzlich § 13 Abs. 5 KStG anzuwenden.

Zu § 67a Abs. 1 AO:

17. [1]Bei der Anwendung der Zweckbetriebsgrenze von 45 000 € sind alle Einnahmen der Veranstaltungen zusammenzurechnen, die in dem maßgeblichen Jahr nach den Regelungen der Nrn. 1 bis 15 des AEAO zu § 67a als sportliche Veranstaltungen anzusehen sind. [2]Zu diesen Einnahmen gehören insbesondere Eintrittsgelder, Startgelder, Zahlungen für die Übertragung sportlicher Veranstaltungen in Rundfunk und Fernsehen, Lehrgangsgebühren und Ablösezahlungen. [3]Zum allgemeinen Einnahmebegriff wird auf die Nrn. 18 und 19 des AEAO zu § 64 hingewiesen.

18. [1]Die Bezahlung von Sportlern in einem Zweckbetrieb i. S. d. § 67a Abs. 1 Satz 1 AO ist zulässig (§ 58 Nr. 8 AO). [2]Dabei ist die Herkunft der Mittel, mit denen die Sportler bezahlt werden, ohne Bedeutung.

19. Die Zahlung von Ablösesummen ist in einem Zweckbetrieb i. S. d. § 67a Abs. 1 Satz 1 AO uneingeschränkt zulässig.

20. [1]Bei Spielgemeinschaften von Sportvereinen ist – unabhängig von der Qualifizierung der Einkünfte im Feststellungsbescheid für die Gemeinschaft – bei der Körperschaftsteuerveranlagung der beteiligten Sportvereine zu entscheiden, ob ein Zweckbetrieb oder ein steuerpflichtiger wirtschaftlicher Geschäftsbetrieb gegeben ist. [2]Dabei ist für die Beurteilung der Frage, ob die Zweckbetriebsgrenze des § 67a Abs. 1 Satz 1 AO überschritten wird, die Höhe der anteiligen Einnahmen (nicht des anteiligen Gewinns) maßgeblich.

Zu § 67a Abs. 2 AO:

21. Ein Verzicht auf die Anwendung des § 67a Abs. 1 Satz 1 AO ist auch dann möglich, wenn die Einnahmen aus den sportlichen Veranstaltungen die Zweckbetriebsgrenze von 45 000 € nicht übersteigen.

22. [1]Die Option nach § 67a Abs. 2 AO kann bis zur Unanfechtbarkeit des Körperschaftsteuerbescheids widerrufen werden. [2]Die Regelungen in Abschnitt 19.2 Abs. 2 und 6 UStAE[1)] sind entsprechend anzuwenden. [3]Der Widerruf ist – auch nach Ablauf der Bindungsfrist – nur mit Wirkung ab dem Beginn eines Kalender- oder Wirtschaftsjahres zulässig.

Zu § 67a Abs. 3 AO:

23. [1]Verzichtet ein Sportverein gem. § 67a Abs. 2 AO auf die Anwendung der Zweckbetriebsgrenze (§ 67a Abs. 1 Satz 1 AO), sind sportliche Veranstaltungen ein Zweckbetrieb, wenn an ihnen kein bezahlter Sportler des Vereins teilnimmt und der Verein keinen vereinsfremden Sportler selbst oder im Zusammenwirken mit einem Dritten bezahlt. [2]Auf die Höhe der Einnahmen oder Überschüsse dieser sportlichen Veranstaltungen kommt es bei Anwendung des § 67a Abs. 3 AO nicht an. [3]Sportliche Veranstaltungen, an denen ein oder mehrere Sportler teilnehmen, die nach § 67a Abs. 3 Satz 1 Nr. 1 oder 2 AO als bezahlte Sportler anzusehen sind, sind steuerpflichtige wirtschaftliche Geschäftsbetriebe. [4]Es kommt nach dem Gesetz nicht darauf an, ob ein Verein eine Veranstaltung von vornherein als steuerpflichtigen wirtschaftlichen Geschäftsbetrieb angesehen oder ob er – aus welchen Gründen auch immer – zunächst irrtümlich einen Zweckbetrieb angenommen hat.

24. [1]Unter Veranstaltungen i. S. d. § 67a Abs. 3 AO sind bei allen Sportarten grundsätzlich die einzelnen Wettbewerbe zu verstehen, die in engem zeitlichen und örtlichen Zusammenhang durchgeführt werden. [2]Bei einer Mannschaftssportart ist also nicht die gesamte Meisterschaftsrunde, sondern jedes einzelne Meisterschaftsspiel die zu beurteilende sportliche Veranstaltung. [3]Bei einem Turnier hängt es von der Gestaltung im Einzelfall ab, ob das gesamte Turnier oder jedes einzelne Spiel als eine sportliche Veranstaltung anzusehen ist. [4]Dabei ist von wesentlicher Bedeutung, ob für jedes Spiel gesondert Eintritt erhoben wird und ob die Einnahmen und Ausgaben für jedes Spiel gesondert ermittelt werden.

25. [1]Sportkurse und Sportlehrgänge für Mitglieder und Nichtmitglieder von Sportvereinen sind bei Anwendung des § 67a Abs. 3 AO als Zweckbetrieb zu behandeln, wenn kein Sportler als Auszubildender teilnimmt, der wegen sei-

---

1) Nr. **500**.

ner Betätigung in dieser Sportart als bezahlter Sportler i. S. d. § 67a Abs. 3 AO anzusehen ist. [2]Die Bezahlung von Ausbildern berührt die Zweckbetriebseigenschaft nicht.

26. [1]Ist ein Sportler in einem Kalenderjahr als bezahlter Sportler anzusehen, sind alle in dem Kalenderjahr durchgeführten sportlichen Veranstaltungen des Vereins, an denen der Sportler teilnimmt, ein steuerpflichtiger wirtschaftlicher Geschäftsbetrieb. [2]Bei einem vom Kalenderjahr abweichenden Wirtschaftsjahr ist das abweichende Wirtschaftsjahr zugrunde zu legen. [3]Es kommt nicht darauf an, ob der Sportler die Merkmale des bezahlten Sportlers erst nach Beendigung der sportlichen Veranstaltung erfüllt. [4]Die Teilnahme unbezahlter Sportler an einer Veranstaltung, an der auch bezahlte Sportler teilnehmen, hat keinen Einfluss auf die Behandlung der Veranstaltung als steuerpflichtiger wirtschaftlicher Geschäftsbetrieb.

27. [1]Die Vergütungen oder anderen Vorteile müssen in vollem Umfang aus steuerpflichtigen wirtschaftlichen Geschäftsbetrieben oder von Dritten geleistet werden (§ 67a Abs. 3 Satz 3 AO). [2]Eine Aufteilung der Vergütungen ist nicht zulässig. [3]Es ist also z. B. steuerlich nicht zulässig, Vergütungen an bezahlte Sportler bis zu 450 € im Monat als Ausgaben des steuerbegünstigten Bereichs und nur die 450 € übersteigenden Vergütungen als Ausgaben des steuerpflichtigen wirtschaftlichen Geschäftsbetriebs „sportliche Veranstaltungen" zu behandeln.

28. [1]Auch die anderen Kosten müssen aus dem steuerpflichtigen wirtschaftlichen Geschäftsbetrieb „sportliche Veranstaltungen", anderen steuerpflichtigen wirtschaftlichen Geschäftsbetrieben oder von Dritten geleistet werden. [2]Dies gilt auch dann, wenn an der Veranstaltung neben bezahlten Sportlern auch unbezahlte Sportler teilnehmen. [3]Die Kosten eines steuerpflichtigen wirtschaftlichen Geschäftsbetriebs „sportliche Veranstaltungen" sind also nicht danach aufzuteilen, ob sie auf bezahlte oder auf unbezahlte Sportler entfallen. [4]Etwaiger Aufwandsersatz an unbezahlte Sportler für die Teilnahme an einer Veranstaltung mit bezahlten Sportlern ist als eine Ausgabe dieser Veranstaltung zu behandeln. [5]Aus Vereinfachungsgründen ist es aber nicht zu beanstanden, wenn die Aufwandspauschale (vgl. Nr. 32 des AEAO zu § 67a) an unbezahlte Sportler nicht als Betriebsausgabe des steuerpflichtigen wirtschaftlichen Geschäftsbetriebs behandelt, sondern aus Mitteln des ideellen Bereichs abgedeckt wird.

29. [1]Trainingskosten (z. B. Vergütungen an Trainer), die sowohl unbezahlte als auch bezahlte Sportler betreffen, sind nach den im Einzelfall gegebenen Abgrenzungsmöglichkeiten aufzuteilen. [2]Als solche kommen beispielsweise in Betracht der jeweilige Zeitaufwand oder – bei gleichzeitigem Training unbezahlter und bezahlter Sportler – die Zahl der trainierten Sportler oder Mannschaften. [3]Soweit eine Abgrenzung anders nicht möglich ist, sind die auf das Training unbezahlter und bezahlter Sportler entfallenden Kosten im Wege der Schätzung zu ermitteln.

30. [1]Werden bezahlte und unbezahlte Sportler einer Mannschaft gleichzeitig für eine Veranstaltung trainiert, die als steuerpflichtiger wirtschaftlicher Geschäftsbetrieb zu beurteilen ist, sind die gesamten Trainingskosten dafür Ausgaben des steuerpflichtigen wirtschaftlichen Geschäftsbetriebs. [2]Die Vereinfachungsregelung in Nr. 28 letzter Satz des AEAO zu § 67a gilt entsprechend.

31. [1]Sportler des Vereins i. S. d. § 67a Abs. 3 Satz 1 Nr. 1 AO sind nicht nur die (aktiven) Mitglieder des Vereins, sondern alle Sportler, die für den Verein auftreten, z. B. in einer Mannschaft des Vereins mitwirken. [2]Für Verbände gilt Nr. 38 des AEAO zu § 67a.

32. [1]Zahlungen an einen Sportler des Vereins bis zu insgesamt 450 € je Monat im Jahresdurchschnitt sind für die Beurteilung der Zweckbetriebseigenschaft der sportlichen Veranstaltungen – nicht aber bei der Besteuerung des Sportlers – ohne Einzelnachweis als Aufwandsentschädigung anzusehen. [2]Werden höhere Aufwendungen erstattet, sind die gesamten Aufwendungen im Einzelnen nachzuweisen. [3]Dabei muss es sich um Aufwendungen persönlicher oder sachlicher Art handeln, die dem Grunde nach Werbungskosten oder Betriebsausgaben sein können.

Die Regelung gilt für alle Sportarten.

33. [1]Die Regelung über die Unschädlichkeit pauschaler Aufwandsentschädigungen bis zu 450 € je Monat im Jahresdurchschnitt gilt nur für Sportler des Vereins, nicht aber für Zahlungen an andere Sportler. [2]Einem anderen Sportler, der in einem Jahr nur an einer Veranstaltung des Vereins teilnimmt, kann also nicht ein Betrag bis zu 5400 € als pauschaler Aufwandsersatz dafür gezahlt werden. [3]Vielmehr führt in den Fällen des § 67a Abs. 3 Satz 1 Nr. 2 AO jede Zahlung an einen Sportler, die über eine Erstattung des tatsächlichen Aufwands hinausgeht, zum Verlust der Zweckbetriebseigenschaft der Veranstaltung.

34. [1]Zuwendungen der Stiftung Deutsche Sporthilfe, Frankfurt, und vergleichbarer Einrichtungen der Sporthilfe an Spitzensportler sind i. d. R. als Ersatz von besonderen Aufwendungen der Spitzensportler für ihren Sport anzusehen. [2]Sie sind deshalb nicht auf die zulässige Aufwandspauschale von 450 € je Monat im Jahresdurchschnitt anzurechnen. [3]Weisen Sportler die tatsächlichen Aufwendungen nach, so muss sich der Nachweis auch auf die Aufwendungen erstrecken, die den Zuwendungen der Stiftung Deutsche Sporthilfe und vergleichbarer Einrichtungen gegenüber stehen.

35. [1]Bei der Beurteilung der Zweckbetriebseigenschaft einer Sportveranstaltung nach § 67a Abs. 3 AO ist nicht zu unterscheiden, ob Vergütungen oder andere Vorteile an einen Sportler für die Teilnahme an sich oder für die erfolgreiche Teilnahme gewährt werden. [2]Entscheidend ist, dass der Sportler aufgrund seiner Teilnahme Vorteile hat, die er ohne seine Teilnahme nicht erhalten hätte. [3]Auch die Zahlung eines Preisgeldes, das über eine Aufwandsentschädigung hinausgeht, begründet demnach einen steuerpflichtigen wirtschaftlichen Geschäftsbetrieb.

36. [1]Bei einem so genannten Spielertrainer ist zu unterscheiden, ob er für die Trainertätigkeit oder für die Ausübung des Sports Vergütungen erhält. [2]Wird er nur für die Trainertätigkeit bezahlt oder erhält er für die Tätigkeit als Spieler nicht mehr als den Ersatz seiner Aufwendungen (vgl. Nr. 32 des AEAO zu § 67a), ist seine Teilnahme an sportlichen Veranstaltungen unschädlich für die Zweckbetriebseigenschaft.

37. [1]Unbezahlte Sportler werden wegen der Teilnahme an Veranstaltungen mit bezahlten Sportlern nicht selbst zu bezahlten Sportlern. [2]Die Ausbildung dieser Sportler gehört nach wie vor zu der steuerbegünstigten Tätigkeit eines

Sportvereins, es sei denn, sie werden zusammen mit bezahlten Sportlern für eine Veranstaltung trainiert, die ein steuerpflichtiger wirtschaftlicher Geschäftsbetrieb ist (vgl. Nr. 30 des AEAO zu § 67a).

38. [1] Sportler, die einem bestimmten Sportverein angehören und die nicht selbst unmittelbar Mitglieder eines Sportverbandes sind, werden bei der Beurteilung der Zweckbetriebseigenschaft von Veranstaltungen des Verbandes als andere Sportler i. S. d. § 67a Abs. 3 Satz 1 Nr. 2 AO angesehen. [2] Zahlungen der Vereine an Sportler im Zusammenhang mit sportlichen Veranstaltungen der Verbände (z. B. Länderwettkämpfe) sind in diesen Fällen als „Zahlungen von Dritten im Zusammenwirken mit dem Verein" (hier: Verband) zu behandeln.

39. [1] Ablösezahlungen, die einem steuerbegünstigten Sportverein für die Freigabe von Sportlern zufließen, beeinträchtigen seine Gemeinnützigkeit nicht. [2] Die erhaltenen Beträge zählen zu den Einnahmen aus dem steuerpflichtigen wirtschaftlichen Geschäftsbetrieb „sportliche Veranstaltungen", wenn der den Verein wechselnde Sportler in den letzten zwölf Monaten vor seiner Freigabe bezahlter Sportler i. S. d. § 67a Abs. 3 Satz 1 Nr. 1 AO war. [3] Ansonsten gehören sie zu den Einnahmen aus dem Zweckbetrieb „sportliche Veranstaltungen".

40. [1] Zahlungen eines steuerbegünstigten Sportvereins an einen anderen (abgebenden) Verein für die Übernahme eines Sportlers sind unschädlich für die Gemeinnützigkeit des zahlenden Vereins, wenn sie aus steuerpflichtigen wirtschaftlichen Geschäftsbetrieben für die Übernahme eines Sportlers gezahlt werden, der beim aufnehmenden Verein in den ersten zwölf Monaten nach dem Vereinswechsel als bezahlter Sportler i. S. d. § 67a Abs. 3 Satz 1 Nr. 1 AO anzusehen ist. [2] Zahlungen für einen Sportler, der beim aufnehmenden Verein nicht als bezahlter Sportler anzusehen ist, sind bei Anwendung des § 67a Abs. 3 AO nur dann unschädlich für die Gemeinnützigkeit des zahlenden Vereins, wenn lediglich die Ausbildungskosten für den den Verein wechselnden Sportler erstattet werden. [3] Eine derartige Kostenerstattung kann bei Zahlungen bis zur Höhe von 2557 € je Sportler ohne weiteres angenommen werden. [4] Bei höheren Kostenerstattungen sind sämtliche Ausbildungskosten im Einzelfall nachzuweisen. [5] Die Zahlungen mindern nicht den Überschuss des steuerpflichtigen wirtschaftlichen Geschäftsbetriebs „sportliche Veranstaltungen".

Zur steuerlichen Behandlung von Ablösezahlungen bei Anwendung der Zweckbetriebsgrenze des § 67a Abs. 1 Satz 1 AO vgl. Nrn. 17 und 19 des AEAO zu § 67a.

Zu § 67a Abs. 4 AO:

41. [1] § 67a Abs. 4 AO ist eine spezielle, ab dem 1.1.2021 geltende Regelung für Organisationsleistungen von Sportdachverbänden, die die sportlichen Veranstaltungen ihrer Mitgliedsvereine organisatorisch ermöglicht. [2] Hierunter fällt in aller Regel die Organisation des Ligaspielbetriebes durch den zuständigen Sportdachverband.

Danach sind organisatorische Leistungen eines Sportdachverbandes ein Zweckbetrieb, wenn an der sportlichen Veranstaltung überwiegend, d.h. zu mehr als 50%, Amateursportler teilnehmen.

[1] Nicht zu den *Amateuren* gehören die sogenannten „Lizenzsportler" einer Liga. [2] So ist z.B. im Fußballsport Lizenzspieler, wer das Fußballspiel aufgrund

der behinderten Menschen auch während der Mahlzeiten eine Betreuung erfordert.

7. [1]Der Umfang eines Inklusionsbetriebs richtet sich nach der sozialrechtlichen Einordnung. [2]Inklusionsbetriebe i. S. d. § 215 SGB IX[1)] sind rechtlich und wirtschaftlich selbständige Unternehmen oder unternehmensinterne oder von öffentlichen Arbeitgebern i. S. d. § 154 Abs. 2 SGB IX geführte Betriebe oder Abteilungen zur Beschäftigung von schwerbehinderten oder diesen gleichgestellten Menschen, deren Teilhabe an einer sonstigen Beschäftigung auf dem allgemeinen Arbeitsmarkt aufgrund von Art oder Schwere der Behinderung oder wegen sonstiger Umstände voraussichtlich trotz Ausschöpfens aller Fördermöglichkeiten und des Einsatzes von Integrationsfachdiensten auf besondere Schwierigkeiten stößt. [3]Es ist damit möglich, dass ein Inklusionsbetrieb als rechtlich und wirtschaftlich selbständiges Inklusionsunternehmen, unternehmensinterner Inklusionsbetrieb oder unternehmensinterne Inklusionsabteilung ausgestaltet wird. [4]Davon abhängig sind bei der Quotenberechnung jeweils andere Bezugsgrößen bei der Anzahl der Beschäftigten zugrunde zu legen. [5]Inklusionsbetriebe i. S. d. § 215 SGB IX müssen mindestens 30% und sollen in der Regel nicht mehr als 50% der genannten Personengruppe beschäftigen, um sozialrechtlich als Inklusionsbetrieb anerkannt werden zu können.

[1]Für die steuerliche Eignung als Zweckbetrieb bedarf es insgesamt einer Beschäftigungsquote von mindestens 40% der genannten Personengruppen. [2]Auf diese Quoten wird auch die Anzahl der psychisch kranken beschäftigten Menschen angerechnet, die behindert oder von einer Behinderung bedroht sind und deren Teilhabe an einer sonstigen Beschäftigung auf dem allgemeinen Arbeitsmarkt auf Grund von Art und Schwere der Behinderung oder wegen sonstiger Umstände auf besondere Schwierigkeiten stößt. [3]Für Inklusionsbetriebe wird anders als bei Werkstätten für behinderte Menschen kein förmliches Anerkennungsverfahren durchgeführt. [4]Als Nachweis für die Eigenschaft als Inklusionsbetrieb dient in der Regel der Bescheid des zuständigen Integrationsamtes über erbrachte Leistungen nach § 217 SGB IX (Leistungsbescheid) sowie, im Falle einer Beschäftigung psychisch kranker Menschen, der Leistungsbescheid des zuständigen Rehabilitationsträgers. [5]Bei der Ermittlung der Beschäftigungsquote von 40% sind alle schwerbehinderten, gleichgestellten und psychisch kranken Menschen zu berücksichtigen, für die das jeweils zuständige Integrationsamt bzw. der zuständige Rehabilitationsträger Leistungen nach § 217 SGB IX erbringen kann. [6]Schwerbehinderte und diesen gleichgestellte Menschen sowie psychisch kranke Beschäftigte von Inklusionsbetrieben, für die dem Arbeitgeber eine Förderung nach § 61 SGB IX (Budget für Arbeit) oder § 61a SGB IX (Budget für Ausbildung) gewährt wird, gehören regelmäßig zur Zielgruppe des § 215 SGB IX und sind entsprechend bei der Quotenberechnung zu berücksichtigen.

[1]Die Ermittlung der Zahl der Beschäftigten erfolgt mittels Kopfzählung. [2]Dabei gilt der Arbeitsplatzbegriff des § 156 SGB IX. [3]Demnach sind Teilzeitbeschäftigte mit und ohne Behinderung grundsätzlich ab einem wöchentlichen Beschäftigungsumfang von 18 Stunden voll zu berücksichtigen. [4]Schwerbehinderte oder diesen gleichgestellte Teilzeitbeschäftigte sind bereits ab einem Beschäftigungsumfang von 12 Wochenstunden voll zu berücksichtigen (§ 185 Abs. 2 Satz 3 SGB IX).

---

1) **Aichberger SGB** Nr. **9**.

Für Altfälle bis einschließlich VZ 2018 wird nicht beanstandet, wenn die bis zum 30.1.2019 gültige Fassung der Nr. 6 des AEAO zu § 68 Nr. 3 angewendet wird.

8. [1] Zusätzliche Beschäftigungsmöglichkeiten für (schwer-)behinderte Menschen schaffen Handelsbetriebe, die als wohnortnahe Einzelhandelsgeschäfte beispielsweise mit einem Lebensmittelvollsortiment und entsprechendem Einsatz von Fachpersonal betrieben werden. [2] Mit dieser Beschäftigungsform soll behinderten Menschen eine Möglichkeit zur Teilhabe am Arbeitsleben auf dem allgemeinen Arbeitsmarkt auch außerhalb von Werkstätten für behinderte Menschen geboten werden.

[1] Handelsbetriebe, die keine Läden oder Verkaufsstellen von Werkstätten für behinderte Menschen i. S. d. Nr. 6 des AEAO zu § 68 darstellen, können als Inklusionsbetrieb (vgl. Nr. 7 des AEAO zu § 68) oder als zusätzlicher Arbeitsbereich, zusätzlicher Betriebsteil oder zusätzliche Betriebsstätte einer (anerkannten) Werkstatt für behinderte Menschen gegründet werden. [2] Im letzteren Fall muss die Werkstatt für behinderte Menschen bei den Anerkennungsbehörden (§ 225 SGB IX)[1)] die Erweiterung der anerkannten Werkstatt um den zusätzlichen Arbeitsbereich, den Betriebsteil oder die zusätzliche Betriebsstätte „Handelsbetrieb" anzeigen und um deren Einbeziehung in die Anerkennung nach § 225 SGB IX ersuchen. [3] Die Anerkennungsbehörden prüfen, ob die anerkannte Werkstatt für behinderte Menschen auch mit einer solchen Erweiterung insgesamt noch die Anerkennungsvoraussetzungen als Werkstatt für behinderte Menschen nach § 225 SGB IX erfüllt.

Handelsbetriebe, die von den Sozialbehörden als Inklusionsbetriebe gefördert werden, stellen grundsätzlich einen steuerbegünstigten Zweckbetrieb nach § 68 Nr. 3 Buchstabe c AO dar, wenn die Beschäftigungsquote von 40% der Personengruppe erreicht ist.

[1] Die von den Sozialbehörden vorgenommene sozialrechtliche Einordnung dieser Handelsbetriebe als Teil einer Werkstatt für behinderte Menschen (§ 68 Nr. 3 Buchstabe a AO) oder als Inklusionsbetrieb (§ 68 Nr. 3 Buchstabe c AO) soll von der zuständigen Finanzbehörde regelmäßig übernommen werden. [2] Dem zuständigen Finanzamt obliegt aber die abschließende rechtsverbindliche Entscheidung im Einzelfall. [3] Dabei kommt den Bescheiden der Sozialbehörden (Anerkennungsbescheid nach § 225 SGB IX[1)] bzw. Bescheid über erbrachte Leistungen nach § 217 SGB IX) grundsätzlich Tatbestandswirkung zu. [4] Die Bescheide stellen aber keine Grundlagenbescheide i. S. d. § 171 Abs. 10 AO dar.

9. [1] Einrichtungen für Beschäftigungs- und Arbeitstherapie, die der Eingliederung von behinderten Menschen dienen, sind besondere Einrichtungen, in denen eine Behandlung von behinderten Menschen aufgrund ärztlicher Indikationen erfolgt. [2] Während eine Beschäftigungstherapie ganz allgemein das Ziel hat, körperliche oder psychische Grundfunktionen zum Zwecke der Wiedereingliederung in das Alltagsleben wiederherzustellen, zielt die Arbeitstherapie darauf ab, die besonderen Fähigkeiten und Fertigkeiten auszubilden, zu fördern und zu trainieren, die für eine Teilnahme am Arbeitsleben erforderlich sind. [3] Beschäftigungs- und Arbeitstherapie sind vom medizinischen Behandlungszweck geprägt und erfolgen regelmäßig außerhalb eines Beschäftigungsverhältnisses zum Träger der Therapieeinrichtung. [4] Ob eine entsprechende Einrichtung vorliegt, ergibt sich auf-

[1)] **Aichberger SGB** Nr. **9**.

grund der Vereinbarungen über Art und Umfang der Heilbehandlung und Rehabilitation zwischen dem Träger der Einrichtung und den Leistungsträgern.

Zu § 68 Nr. 4 AO:

10. Begünstigte Einrichtungen sind insbesondere Werkstätten, die zur Fürsorge von blinden Menschen, Menschen mit körperlichen Behinderungen sowie Menschen mit psychischen und seelischen Erkrankungen beziehungsweise Behinderungen unterhalten werden.

Zu § 68 Nr. 6 AO:

11. [1] Lotterien und Ausspielungen sind ein Zweckbetrieb, wenn sie von den zuständigen Behörden genehmigt sind oder nach den jeweiligen landesrechtlichen Bestimmungen wegen des geringen Umfangs der Ausspielung oder Lotterieveranstaltung per Verwaltungserlass pauschal als genehmigt gelten. [2] Die sachlichen Voraussetzungen und die Zuständigkeit für die Genehmigung bestimmen sich nach den lotterierechtlichen Verordnungen der Länder. [3] Der Gesetzeswortlaut lässt es offen, in welchem Umfang solche Lotterien veranstaltet werden dürfen. [4] Da eine besondere Einschränkung fehlt, ist auch eine umfangreiche Tätigkeit so lange unschädlich, als die allgemein durch das Gesetz gezogenen Grenzen nicht überschritten werden. [5] Die jährliche Organisation einer Tombola durch eine reine Förderkörperschaft nach § 58 *Abs. 1*[1)] Satz 4 AO ist im Rahmen der Gesamtbetrachtung selbst dann als steuerbegünstigter Zweckbetrieb nach § 68 Nr. 6 AO zu beurteilen, wenn die Körperschaft die Mittel überwiegend aus der Ausrichtung der Tombola erzielt.

12. [1] Zur Ermittlung des Reinertrags dürfen den Einnahmen aus der Lotterieveranstaltung oder Ausspielung nur die unmittelbar damit zusammenhängenden Ausgaben gegenübergestellt werden. [2] Führt eine steuerbegünstigte Körperschaft eine Lotterieveranstaltung durch, die nach dem Rennwett- und Lotteriegesetz[2)] nicht genehmigungsfähig ist, z. B. eine Ausspielung anlässlich einer geselligen Veranstaltung, handelt es sich insoweit nicht um einen Zweckbetrieb nach § 68 Nr. 6 AO.

Zu § 68 Nr. 7 AO:

13. Wegen der Breite des Spektrums, die die Förderung von Kunst und Kultur umfasst, ist die im Gesetz enthaltene Aufzählung der kulturellen Einrichtungen nicht abschließend.

14. [1] Kulturelle Einrichtungen und Veranstaltungen i. S. d. § 68 Nr. 7 AO können nur vorliegen, wenn die Förderung der Kultur Satzungszweck der Körperschaft ist. [2] Sie sind stets als Zweckbetrieb zu behandeln. [3] Das BFH-Urteil vom 4.5.1994, XI R 109/90, BStBl. II S. 886 zu sportlichen Darbietungen eines Sportvereins (vgl. Nr. 3 des AEAO zu § 67a) gilt für kulturelle Darbietungen entsprechend. [4] Demnach liegt auch dann eine kulturelle Veranstaltung der Körperschaft vor, wenn diese eine Darbietung kultureller Art im Rahmen einer Veranstaltung präsentiert, die nicht von der Körperschaft selbst organisiert wird und die ihrerseits keine kulturelle Veranstaltung i. S. d. § 68 Nr. 7 AO darstellt. [5] Wenn z. B. ein steuerbegünstigter Musikverein, der der Förderung der volkstümlichen Musik dient, gegen Entgelt im Festzelt einer Brauerei

---

1) *Redaktionsversehen,* richtig § 58 **Nummer** 1 Satz 4 AO.

2) RennwLottG v. 25.6.2021, BGBl. I 2021, 2065 (**Steuergesetze** Nr. **630**).

ein volkstümliches Musikkonzert darbietet, gehört der Auftritt des Musikvereins als kulturelle Veranstaltung zum Zweckbetrieb.

15. [1]Der Verkauf von Speisen und Getränken und die Werbung bei kulturellen Veranstaltungen gehören nicht zu dem Zweckbetrieb. [2]Diese Tätigkeiten sind gesonderte wirtschaftliche Geschäftsbetriebe. [3]Wird für den Besuch einer kulturellen Veranstaltung mit Bewirtung ein einheitliches Entgelt entrichtet, so ist dieses – ggf. im Wege der Schätzung – in einen Entgeltsanteil für den Besuch der Veranstaltung (Zweckbetrieb) und für die Bewirtungsleistungen (wirtschaftlicher Geschäftsbetrieb) aufzuteilen.

Zu § 68 Nr. 8 AO:

16. [1]An Veranstaltungen belehrender Art i. S. d. § 68 Nr. 8 AO sind keine besonderen inhaltlichen Anforderungen zu stellen. [2]Es genügt, dass bei den jeweiligen Veranstaltungen überwiegend Vorträge gehalten werden, die naturgemäß belehrenden Charakter haben (BFH-Urteil vom 21.6.2017, V R 34/16, BStBl. 2018 II S. 55).

Zu § 68 Nr. 9 AO:

17. [1]Bei der Anwendung des § 68 Nr. 9 AO bestehen keine Unterschiede zwischen Wissenschaftseinrichtungen und Forschungseinrichtungen. [2]Die nachfolgenden Erläuterungen zur steuerlichen Behandlung von Forschungseinrichtungen gelten deshalb auch für Wissenschaftseinrichtungen.

18. [1]§ 68 Nr. 9 AO gilt nur für Körperschaften, deren satzungsmäßiger Zweck die Förderung von Wissenschaft und Forschung ist. [2]Fördert die Körperschaft daneben nach ihrer Satzung auch andere steuerbegünstigte Zwecke, ist § 68 Nr. 9 AO nur anzuwenden, wenn die Forschungstätigkeit bei der tatsächlichen Geschäftsführung die Förderung der anderen steuerbegünstigten Zwecke überwiegt.

[1]Die Sonderregelung in § 68 Nr. 9 AO geht der allgemeinen Regelung über die Zweckbetriebseigenschaft wirtschaftlicher Betätigungen in § 65 AO vor. [2]Die Zweckbetriebseigenschaft der Forschungstätigkeit von Forschungseinrichtungen, auf die § 68 Nr. 9 AO anzuwenden ist, richtet sich deshalb ausschließlich nach dieser Vorschrift. [3]Darauf, ob die Forschungstätigkeit die Voraussetzungen des § 65 AO erfüllt, kommt es nicht an. [4]Dies gilt auch dann, wenn die Forschungseinrichtung die Voraussetzungen des § 68 Nr. 9 AO für die Annahme eines Zweckbetriebs nicht erfüllt. [5]Die gesamte Forschungstätigkeit ist in diesem Fall ein steuerpflichtiger wirtschaftlicher Geschäftsbetrieb.

[1]Die steuerliche Beurteilung der Zweckbetriebseigenschaft von wirtschaftlichen Geschäftsbetrieben, die nicht unmittelbar der Forschung dienen, richtet sich nach den §§ 65 bis 68 Nrn. 1 bis 8 AO. [2]Danach ist z. B. die teilweise Überlassung der Nutzung eines Rechenzentrums für Zwecke Dritter gegen Entgelt ein steuerpflichtiger wirtschaftlicher Geschäftsbetrieb. [3]Zweckbetriebe kommen insbesondere bei der Förderung anderer steuerbegünstigter Zwecke in Betracht (z. B. Unterhaltung eines Museums durch den Träger einer Forschungseinrichtung – § 68 Nr. 7 AO).

[1]Betreibt eine steuerbegünstigte Körperschaft, auf die § 68 Nr. 9 AO nicht *anzuwenden ist, auch* Forschung, ist die Zweckbetriebseigenschaft der Forschungstätigkeit nach § 65 AO zu beurteilen. [2]Hierbei sind die Grundsätze

des BFH-Urteils vom 30.11.1995, V R 29/91, BStBl. 1997 II S. 189, zu beachten. [3]Danach ist die Auftragsforschung ein steuerpflichtiger wirtschaftlicher Geschäftsbetrieb. [4]Falls sich die Auftragsforschung nicht von der Grundlagen- oder Eigenforschung abgrenzen lässt, liegt insgesamt ein steuerpflichtiger wirtschaftlicher Geschäftsbetrieb vor.

[1]Eine Körperschaft ist nicht selbstlos tätig und kann deshalb nicht als gemeinnützig behandelt werden, wenn sie in erster Linie nicht steuerbegünstigte, sondern eigenwirtschaftliche Zwecke verfolgt (§ 55 Abs. 1 Satz 1 AO). [2]Zweckbetriebe sind bei dieser Abgrenzung dem ideellen steuerbegünstigten Bereich zuzuordnen. [3]Wenn eine Forschungseinrichtung nach § 68 Nr. 9 AO ein Zweckbetrieb ist, besteht deshalb die unwiderlegbare Vermutung, dass das Schwergewicht ihrer Tätigkeit im steuerbegünstigten Bereich liegt. [4]Bei einer Forschungseinrichtung, auf die § 68 Nr. 9 AO anzuwenden ist, deren Träger die Finanzierungsvoraussetzungen der Vorschrift jedoch nicht erfüllt, kann nicht zwingend davon ausgegangen werden, dass sie in erster Linie eigenwirtschaftliche Zwecke verfolgt. [5]Nach den Grundsätzen des BFH-Urteils vom 4.4.2007, I R 76/05, BStBl. II S. 631, ist unter Berücksichtigung der gesamten Umstände des Einzelfalls zu prüfen, ob sich die Auftragsforschung von der steuerbegünstigten Tätigkeit trennen lässt. [6]Ist in diesem Fall die Auftragsforschung von untergeordneter Bedeutung, kann der Träger der Einrichtung nach § 5 Abs. 1 Nr. 9 KStG gleichwohl steuerbefreit sein und die Auftragsforschung lediglich einen steuerpflichtigen wirtschaftlichen Geschäftsbetrieb (§ 64 AO) darstellen. [7]Die Steuerbefreiung nach § 5 Abs. 1 Nr. 9 KStG geht nur dann verloren, wenn die Auftragsforschung als eigenständiger Zweck neben die Eigenforschung (Grundlagenforschung) tritt und somit gegen das Gebot der Ausschließlichkeit des § 56 AO verstoßen wird.

19. [1]Unter „Träger“ einer Forschungseinrichtung ist die Körperschaft (z.B. Verein, GmbH) zu verstehen, die die Einrichtung betreibt. [2]Wie sich die Mitglieder oder Gesellschafter der Körperschaft finanzieren, ist ohne Bedeutung.

20. [1]Die überwiegende Finanzierung des Trägers ergibt sich aus der Gegenüberstellung der Zuwendungen an den Träger von dritter Seite zuzüglich der Einnahmen aus der Vermögensverwaltung einerseits und der übrigen Einnahmen des Trägers andererseits. [2]Zuwendungen von dritter Seite sind nur unentgeltliche Leistungen. [3]Dazu gehören z.B. die Projektförderung von Bund, Ländern und der Europäischen Union, Spenden und echte Mitgliedsbeiträge.

[1]Fördert die Körperschaft auch andere steuerbegünstigte Zwecke als die Wissenschaft und Forschung und geschieht dies durch einen Zweckbetrieb, sind die Einnahmen und Überschüsse aus diesem Zweckbetrieb bei der Beurteilung der Frage, aus welchen Mitteln sich der Träger der Forschungseinrichtung überwiegend finanziert, nicht zu berücksichtigen. [2]Die Einnahmen und Überschüsse anderer Zweckbetriebe sind also weder als Zuwendungen noch als andere (schädliche) Mittelzuflüsse zu erfassen.

[1]In welchem Jahr die Einnahmen anzusetzen sind, bestimmt sich nach den Grundsätzen der steuerlichen Einkünfteermittlung. [2]Bei Körperschaften, die den Gewinn durch Betriebsvermögensvergleich (§ 4 Abs. 1 oder § 5 EStG) ermitteln, sind Forderungszugänge bereits als Einnahmen zu erfassen. [3]Bei

anderen Körperschaften sind die im Kalenderjahr zugeflossenen Einnahmen maßgeblich (§ 11 EStG).

[1]Der Beurteilung, ob der Träger einer Forschungseinrichtung sich überwiegend aus Zuwendungen und der Vermögensverwaltung finanziert, ist grundsätzlich ein Dreijahreszeitraum zugrunde zu legen. [2]Dieser umfasst den zu beurteilenden und die beiden vorangegangenen Veranlagungszeiträume.

Beispiel:

Jahr	Zuwendungen und Vermögensverwaltung €	Andere Finanzierung €	Gesamtfinanzierung €
01	1000	1100	2100
02	1400	1000	2400
03	1200	1300	2500
Zusammen	3600	3400	7000

Im Jahr 03 (zu beurteilender Veranlagungszeitraum) liegt ein Zweckbetrieb vor, weil sich der Träger der Forschungseinrichtung im maßgeblichen Beurteilungszeitraum (Jahre 01 bis 03) überwiegend aus Zuwendungen und der Vermögensverwaltung finanziert hat. Für die Beurteilung der Zweckbetriebseigenschaft im Jahr 04 ist die Finanzierung des Trägers der Forschungseinrichtung in den Jahren 02 bis 04 zugrunde zu legen.

21. Die Anfertigung von Prototypen und die Nullserie gehören noch zur Forschungstätigkeit.

[1]Bei Routinemessungen, dem Routineeinsatz eines Ergebnisses und der Fertigung marktfähiger Produkte ist grundsätzlich anzunehmen, dass sich die Tätigkeit auf die Anwendung gesicherter wissenschaftlicher Erkenntnisse beschränkt. [2]Dies ist eine Vermutung, die im Einzelfall von der Forschungseinrichtung widerlegt werden kann.

[1]Bei der Anfertigung von Gutachten kommt es bei der Zuordnung auf Thema und Inhalt an. [2]Gutachten, in denen lediglich gesicherte wissenschaftliche Erkenntnisse verwertet werden, gehören nicht zur Forschungstätigkeit.

„Projektträgerschaften" sind von der „Projektförderung" zu unterscheiden.

[1]„Projektförderung" ist die Vergabe von Zuwendungen für bestimmte, einzeln abgrenzbare Forschungs- und Entwicklungsvorhaben an Forschungseinrichtungen, z. B. durch Bund, Länder und Europäische Union. [2]Bei der Forschungseinrichtung liegen hierbei Zuwendungen i. S. d. § 68 Nr. 9 Satz 1 AO vor.

[1]„Projektträgerschaft" ist die fachliche und verwaltungsmäßige Betreuung und Abwicklung der Projektförderung durch Forschungseinrichtungen (Projektträger) im Auftrag des Bundes oder eines Landes. [2]Zu den Aufgaben der Projektträger gehören u. a. die Prüfung und Beurteilung der Förderanträge der Forschungseinrichtungen, die eine Projektförderung beantragen, mit Entscheidungsvorschlag, Verwaltung der vom Zuwendungsgeber bereitgestellten Mittel, Kontrolle der Abwicklung des Vorhabens, Mitwirkung bei der Auswertung und Veröffentlichung der Arbeitsergebnisse. [3]Die Projektträger erhalten vom Zuwendungsgeber ein Entgelt in Höhe der bei ihnen entstandenen Selbstkosten. [4]Projektträgerschaften sind steuerpflichtige wirtschaftliche Ge*schäftsbetriebe.* [5]*Bei der* Beurteilung, wie sich die Forschungseinrichtung überwiegend finanziert, gehören die Einnahmen aus Projektträgerschaften zu

den Einnahmen, die den Zuwendungen und den Einnahmen aus der Vermögensverwaltung gegenüberzustellen sind.

Eine Tätigkeit ohne Forschungsbezug ist z. B. der Betrieb einer Kantine.

AEAO zu § 69 – Haftung der Vertreter:

1. Bevollmächtigte, Beistände und Vertreter (§§ 80 und 81 AO) haften nur, wenn sie gleichzeitig Vertreter oder Verfügungsberechtigte i. S. d. §§ 34 und 35 AO (z. B. Vermögensverwalter, Konkursverwalter, Insolvenzverwalter, Testamentsvollstrecker) sind.

2. [1] Die Haftung wird durch Erlass eines Haftungsbescheids gem. § 191 AO geltend gemacht. [2] Wegen der Einwendungen des Haftenden gegen den ursprünglichen Steuerbescheid Hinweis auf § 166 AO, wegen des Leistungsgebots vgl. AEAO zu § 219; wegen der Verpflichtung zur Anhörung der zuständigen Berufskammern vgl. AEAO zu § 191.

AEAO zu § 70 – Haftung des Vertretenen:

[1] Die Vorschrift hat vor allem Bedeutung auf dem Gebiet des Zoll- und Verbrauchsteuerrechts, im Bereich der Besitz- und Verkehrsteuern kommt ihre Anwendung insbesondere bei Abzugsteuern in Betracht. [2] Für Handlungen eines Arbeitnehmers wird nur gehaftet, wenn dieser zu dem in den §§ 34 und 35 AO genannten Personenkreis gehört.

AEAO zu § 71 – Haftung des Steuerhinterziehers und des Steuerhehlers:[1), 2)]

Zur Frage der Feststellung, ob Steuern hinterzogen worden sind, vgl. AEAO zu § 169, Nr. 2.1 und 2.2.

AEAO zu § 73 – Haftung bei Organschaft:

Inhaltsübersicht

1. Art der Haftung und Haftungsschuldner

[1] § 73 AO begründet eine persönliche Haftung, die nicht gegenständlich beschränkt ist. [2] Sie ist sachlich beschränkt auf die Steuern und die Ansprüche auf Erstattung von Steuervergütungen, für welche die Organschaft von Bedeutung ist.

---

1) Zur Haftungsinanspruchnahme nach § 71 AO siehe BFH v. 26.9.2012 VII R 3/11, BFH/NV 2013, 337, zur Umsatzsteuer (Vb. 1 BvR 38/13 vom BVerfG v. 24.7.2013 nicht zur Entscheidung angenommen), und v. 23.4.2014 VII R 41/12, BStBl. II 2015, 117, zu Verbrauchsteuern.

2) Keine Haftung nach § 71 AO bei Subventionsbetrug; siehe BFH v. 19.12.2013 III R 25/10, BStBl. II 2015, 119 **(Rspr.-Änderung).**

[1]Haftungsschuldner ist nach § 73 Satz 1 AO die Organgesellschaft. [2]Bei mehrstufigen Organschaftsverhältnissen haften die (nachrangigen) Organgesellschaften der „obersten" Organgesellschaft ebenfalls für die Steuern des „obersten" Organträgers, für welche die Organschaft zwischen der „obersten" Organgesellschaft und dem „obersten" Organträger steuerlich von Bedeutung ist (§ 73 Satz 2 AO). [3]Sind die nachrangigen Organgesellschaften wiederum selbst Organträger, haften nach § 73 Satz 2 AO auch ihre eigenen Organgesellschaften sowie ggf. deren (ebenfalls nachrangige) Organgesellschaften. [4]Zur Anwendung siehe Nr. 4 des AEAO zu § 73.

Der Organträger und alle nach § 73 Satz 1 und 2 AO in Haftung genommenen Organgesellschaften sind Gesamtschuldner, weshalb die Leistung eines Steuer- oder Haftungsschuldners zugleich schuldbefreiend für alle anderen Gesamtschuldner wirkt.

2. Haftungsvoraussetzungen

Tatbestandliche Voraussetzung für die Haftung ist das Bestehen eines Organschaftsverhältnisses nach den jeweiligen Steuergesetzen (§§ 14 ff. KStG, § 2 Abs. 2 GewStG sowie § 2 Abs. 2 Nr. 2 UStG).

(Fortsetzung S. 109)

aufzuzeichnen sind der verkaufte, eindeutig bezeichnete Artikel, der endgültige Einzelverkaufspreis, der dazugehörige Umsatzsteuersatz und -betrag, vereinbarte Preisminderungen, die Zahlungsart, das Datum und der Zeitpunkt des Umsatzes sowie die verkaufte Menge bzw. Anzahl. [3]Die Möglichkeit zum Ausweis des Steuerbetrags in einer Summe nach § 32 UStDV in der Rechnung und die Zusammenfassung des Entgelts und des darauf entfallenden Steuerbetrags in einer Summe nach § 33 Satz 1 Nr. 4 UStDV in der Rechnung bleiben unbenommen. [4]Eine Verpflichtung zur einzelnen Verbuchung (im Gegensatz zur Aufzeichnung) eines jeden Geschäftsvorfalls besteht nicht. [5]Werden der Art nach gleiche Waren mit demselben Einzelverkaufspreis in einer Warengruppe zusammengefasst, wird dies nicht beanstandet, sofern die verkaufte Menge bzw. Anzahl ersichtlich bleibt. [6]Dies gilt entsprechend für Dienstleistungen.

2.1.4. [1]Die Pflicht zur Einzelaufzeichnung gilt grundsätzlich unabhängig davon, ob der Steuerpflichtige ein elektronisches Aufzeichnungssystem oder eine offene Ladenkasse verwendet. [2]Ein elektronisches Aufzeichnungssystem ist die zur elektronischen Datenverarbeitung eingesetzte Hardware und Software, die elektronische Aufzeichnungen zur Dokumentation von Geschäftsvorfällen und somit Grundaufzeichnungen erstellt. [3]Als elektronische Aufzeichnungssysteme gelten auch elektronische Vorsysteme mit externer Geldaufbewahrung. [4]Welche dieser elektronischen Aufzeichnungssysteme zusätzlich die besonderen Anforderungen des § 146a AO erfüllen müssen (Pflicht zur Aufzeichnung anderer Vorgänge, Schutz durch eine zertifizierte technische Sicherheitseinrichtung) bestimmt sich nach § 1 KassenSichV.[1)] [5]Als offene Ladenkasse gelten eine summarische, retrograde Ermittlung der Tageseinnahmen sowie manuelle Einzelaufzeichnungen ohne Einsatz technischer Hilfsmittel.

2.1.5. [1]Branchenspezifische Mindestaufzeichnungspflichten und Zumutbarkeitsgesichtspunkte sind zu berücksichtigen. [2]Es wird z. B. nicht beanstandet, wenn die Mindestangaben zur Nachvollziehbarkeit des Geschäftsvorfalls (vgl. AEAO zu § 146, Nr. 2.1.3) einzeln aufgezeichnet werden, nicht jedoch die Kundendaten, sofern diese nicht zur Nachvollziehbarkeit und Nachprüfbarkeit des Geschäftsvorfalls benötigt werden (vgl. Rz. 37 des BMF-Schreibens vom 28.11.2019, BStBl. I S. 1269).[2)] [3]Dies gilt auch, wenn ein elektronisches Aufzeichnungssystem eine Kundenerfassung und Kundenverwaltung zulässt, die Kundendaten aber tatsächlich nicht oder nur teilweise erfasst werden. [4]Soweit Aufzeichnungen über Kundendaten aber tatsächlich geführt werden, sind sie aufbewahrungspflichtig, sofern dem nicht gesetzliche Vorschriften entgegenstehen.

2.1.6. [1]Wird zur Erfassung von aufzeichnungspflichtigen Geschäftsvorfällen ein elektronisches Aufzeichnungssystem verwendet und fällt dieses aus (z. B. Stromausfall, technischer Defekt), ist während dieser Zeit eine Aufzeichnung auf Papier zulässig. [2]Die Aufzeichnungspflichten bei Verwendung einer offenen Ladenkasse gelten insoweit entsprechend (vgl. AEAO zu § 146, Nr. 3.2 und 3.3). [3]Die Ausfallzeit des elektronischen Aufzeichnungssystems ist zu do-

---

1) Kassensicherungsverordnung v. 26.9.2017, BGBl. I 2017, 3515, geänd. durch VO v. 30.7.2021, BGBl. I 2021, 3295 (**Steuergesetze** Nr. **800j**).

2) BMF v. 28.11.2019, BStBl. I 2019, 1269, betr. Neufassung der GoBD, grds. anzuwenden auf nach dem 31.12.2019 beginnende Besteuerungszeiträume, die Anwendung auf vor dem 1.1.2020 endende Besteuerungszeiträume wird nicht beanstandet.

kumentieren und soweit vorhanden durch Nachweise zu belegen (z.B. Rechnung über Reparaturleistung). [4]Bei elektronischen Aufzeichnungssystemen mit Kassenfunktion wird auf den AEAO zu § 146a, Nr. 7 verwiesen.

2.1.7. [1]Der Grundsatz der Einzelaufzeichnungspflicht gilt auch für Steuerpflichtige, die ihren Gewinn nach § 4 Abs. 3 EStG ermitteln. [2]Nach § 146 Abs. 5 Satz 1 Halbsatz 2 AO müssen die Aufzeichnungen so geführt werden, dass sie dem konkreten Besteuerungszweck entsprechen (vgl. Rz. 25 des BMF-Schreibens vom 28.11.2019, BStBl. I S. 1269).[1)] [3]Eine ordnungsgemäße Gewinnermittlung nach § 4 Abs. 3 EStG setzt voraus, dass die Höhe der Betriebseinnahmen und Betriebsausgaben durch geordnete und vollständige Belege nachgewiesen wird (BFH-Urteil vom 15.4.1999, IV R 68/98, BStBl. II S. 481). [4]Ist die Einzelaufzeichnungspflicht nicht zumutbar, muss die Einnahmeermittlung nachvollziehbar dokumentiert und überprüfbar sein.

2.2. Ausnahme von der Einzelaufzeichnungspflicht aus Zumutbarkeitsgründen

2.2.1. [1]Die Aufzeichnung jedes einzelnen Geschäftsvorfalls ist nur dann nicht zumutbar, wenn es technisch, betriebswirtschaftlich und praktisch unmöglich ist, die einzelnen Geschäftsvorfälle aufzuzeichnen (BFH-Urteil vom 12.5.1966, IV 472/60, BStBl. III S. 371). [2]Das Vorliegen dieser Voraussetzungen ist durch den Steuerpflichtigen nachzuweisen.

2.2.2. [1]Bei Verkauf von Waren an eine Vielzahl von nicht bekannten Personen gegen Barzahlung gilt die Einzelaufzeichnungspflicht nach § 146 Abs. 1 Satz 1 AO aus Zumutbarkeitsgründen nicht, wenn kein elektronisches Aufzeichnungssystem, sondern eine offene Ladenkasse verwendet wird (§ 146 Abs. 1 Satz 3 und 4 AO, vgl. AEAO zu § 146, Nr. 2.1.4). [2]Bei Vorliegen der übrigen Voraussetzungen des § 146 Abs. 1 Satz 3 AO ist die Zumutbarkeit nicht gesondert zu prüfen. [3]Wird hingegen ein elektronisches Aufzeichnungssystem verwendet, gilt die Einzelaufzeichnungspflicht nach § 146 Abs. 1 Satz 1 AO unabhängig davon, ob das elektronische Aufzeichnungssystem und die digitalen Aufzeichnungen nach § 146a Abs. 3 AO i.V.m. der KassenSichV[2)] mit einer zertifizierten technischen Sicherheitseinrichtung zu schützen sind.

2.2.3. [1]Werden eines oder mehrere elektronische Aufzeichnungssysteme verwendet, sind diese grundsätzlich zur Aufzeichnung sämtlicher Erlöse zu verwenden. [2]Ist für einen räumlich oder organisatorisch eindeutig abgrenzbaren Bereich aus technischen Gründen oder aus Zumutbarkeitserwägungen eine Erfassung über das vorhandene elektronische Aufzeichnungssystem nicht möglich, wird es nicht beanstandet, wenn zur Erfassung dieser Geschäftsvorfälle eine offene Ladenkasse verwendet wird. [3]Soweit der Steuerpflichtige mehrere Kassen führt, sind die Anforderungen an die Aufzeichnung von baren und unbaren Geschäftsvorfällen für jede einzelne Sonder- und Nebenkasse zu beach-

---

[1)] BMF v. 28.11.2019, BStBl. I 2019, 1269, betr. Neufassung der GoBD, grds. anzuwenden auf nach dem 31.12.2019 beginnende Besteuerungszeiträume, die Anwendung auf vor dem 1.1.2020 endende Besteuerungszeiträume wird nicht beanstandet.

[2)] Kassensicherungsverordnung v. 26.9.2017, BGBl. I 2017, 3515, geänd. durch VO v. 30.7.2021, BGBl. I 2021, 3295 (**Steuergesetze** Nr. **800j**).

ten (vgl. BFH-Urteil vom 20.10.1971, I R 63/70, BStBl. II 1972 S. 273). [4] § 146 Abs. 1 Sätze 2 bis 4 AO bleiben hiervon unberührt.

2.2.4. [1] Liegen Einzeldaten einer Waage (Artikel, Gewicht bzw. Menge und Preis der Ware) einem aufzeichnungs- und aufbewahrungspflichtigen Geschäftsvorfall zugrunde, sind diese einzeln aufzuzeichnen und aufzubewahren. [2] Werden diese Einzeldaten unter Berücksichtigung von § 146 Abs. 4 AO zusätzlich in einem elektronischen Kassensystem aufgezeichnet, wird es nicht beanstandet, wenn die Einzeldaten der Waage nicht zusätzlich aufbewahrt werden.

[1] Verwendet der Steuerpflichtige eine offene Ladenkasse sowie eine Waage, die lediglich das Gewicht und/oder den Preis anzeigt und über die Dauer des einzelnen Wiegevorgangs hinaus über keine Speicherfunktion verfügt, wird es unter den Voraussetzungen des § 146 Abs. 1 Satz 3 AO nicht beanstandet, wenn die o.g. Einzeldaten der Waage nicht aufgezeichnet werden. [2] Erfüllt die Waage hingegen die Voraussetzung einer elektronischen Registrierkasse, ist die Verwendung einer offenen Ladenkasse unzulässig.

2.2.5. [1] Von einem Verkauf von Waren an eine Vielzahl nicht bekannter Personen ist auszugehen, wenn nach der typisierenden Art des Geschäftsbetriebs alltäglich Barverkäufe an namentlich nicht bekannte Kunden getätigt werden (vgl. BFH-Urteile vom 12.5.1966, IV 472/60, BStBl. III S. 371 und vom 16.12.2014, X R 29/13, BFH/NV 2015 S. 790). [2] Dies setzt voraus, dass die Identität der Käufer für die Geschäftsvorfälle regelmäßig nicht von Bedeutung ist. [3] Unschädlich ist, wenn der Verkäufer aufgrund außerbetrieblicher Gründe tatsächlich viele seiner Kunden namentlich kennt.

2.2.6. [1] Die Zumutbarkeitsüberlegungen, die der Ausnahmeregelung nach § 146 Abs. 1 Satz 3 AO zugrunde liegen, sind grundsätzlich auch auf Dienstleistungen übertragbar. [2] Es wird vor diesem Hintergrund nicht beanstandet, wenn diese Ausnahmeregelung auf Dienstleistungen angewendet wird, die an eine Vielzahl von nicht bekannten Personen gegen Barzahlung erbracht werden (vgl. AEAO zu § 146, Nr. 2.2.5) und kein elektronisches Aufzeichnungssystem verwendet wird. [3] Hierbei muss der Geschäftsbetrieb auf eine Vielzahl von Kundenkontakten ausgerichtet und der Kundenkontakt des Dienstleisters und seiner Angestellten im Wesentlichen auf die Bestellung und den kurzen Bezahlvorgang beschränkt sein. [4] Einzelaufzeichnungen sind dagegen zu führen, wenn der Kundenkontakt in etwa der Dauer der Dienstleistung entspricht und der Kunde auf die Ausübung der Dienstleistung üblicherweise individuell Einfluss nehmen kann (zur Aufzeichnung der Kundendaten vgl. AEAO zu § 146, Nr. 2.1.5). [5] Auf die Aufzeichnungserleichterung können sich Dienstleister – wie auch Einzelhändler – aber insoweit nicht berufen, als tatsächlich Einzelaufzeichnungen geführt werden (vgl. AEAO zu § 146, Nr. 2.1.2 und Nr. 2.1.3). [6] Die Mindestanforderungen an eine offene Ladenkasse (vgl. AEAO zu § 146, Nr. 3.2) bleiben unberührt.

3. Aufzeichnungspflichten bei Verwendung einer offenen Ladenkasse

3.1. Es besteht keine gesetzliche Pflicht zur Verwendung eines elektronischen Aufzeichnungssystems.

3.2. [1] Einzelaufzeichnungen können durch die vollständige und detaillierte Erfassung (vgl. AEAO zu § 146, Nr. 2.1.2 und 2.1.3) aller baren Geschäftsvorfälle in Form eines Kassenbuches erfolgen. [2]Wird ein Kassenbericht zur Ermittlung der Tageslosung verwendet, kann die Einzelaufzeichnung auch durch die geordnete (z. B. nummerierte) Sammlung aller Barbelege gewährleistet werden.

3.3. [1]Besteht aus Zumutbarkeitsgründen keine Verpflichtung zur Einzelaufzeichnung (vgl. AEAO zu § 146, Nr. 2.2.2), müssen die Bareinnahmen zumindest anhand eines Kassenberichts nachgewiesen werden. [2]Hierbei ist stets vom gezählten Kassenendbestand des jeweiligen Geschäftstages auszugehen. [3]Von diesem Kassenendbestand werden der Kassenendbestand bei Geschäftsschluss des Vortages sowie die durch Eigenbeleg zu belegenden Bareinlagen abgezogen. [4]Ausgaben und durch Eigenbeleg nachzuweisende Barentnahmen sind hinzuzurechnen.

Ein sogenanntes „Zählprotokoll" (Auflistung der genauen Stückzahl vorhandener Geldscheine und -münzen) ist nicht erforderlich (BFH-Beschluss vom 16.12.2016, X B 41/16, BFH/NV 2017 S. 310), erleichtert jedoch den Nachweis des tatsächlichen Auszählens.

3.4. [1]Kasseneinnahmen und Kassenausgaben sind täglich festzuhalten. [2]Werden Kasseneinnahmen und Kassenausgaben ausnahmsweise erst am nächsten Geschäftstag aufgezeichnet, ist dies noch ordnungsgemäß, wenn zwingende geschäftliche Gründe einer Aufzeichnung noch am gleichen Tag entgegenstehen und aus den Aufzeichnungen und Unterlagen sicher entnommen werden kann, wie sich der sollmäßige Kassenbestand entwickelt hat (vgl. BFH-Urteil vom 31.7.1974, I R 216/72, BStBl. II S. 96). [3]Bei Kassen ohne Verkaufspersonal (sog. Vertrauenskassen, wie z. B. beim Gemüseverkauf am Feldrand, Fahrscheinautomaten sowie Waren- und Dienstleistungsautomaten) wird es nicht beanstandet, wenn diese nicht täglich, sondern erst bei Leerung ausgezählt werden. [4]Kassenaufzeichnungen müssen so beschaffen sein, dass ein sachverständiger Dritter jederzeit in der Lage ist, den Sollbestand mit dem Istbestand der Geschäftskasse zu vergleichen (BFH-Urteil vom 20.9.1989, X R 39/87, BStBl. 1990 II S. 109).

3.5. Die umsatzsteuerlichen Aufzeichnungs- und Aufbewahrungspflichten bleiben unberührt.

4.[1)] Verzögerungsgeld (§ 146 Abs. 2c AO)

[1]Die Festsetzung eines Verzögerungsgelds nach § 146 Abs. 2b AO in Zusammenhang mit Mitwirkungsverstößen im Rahmen von Außenprüfungen ist nicht auf Fälle beschränkt, bei denen die elektronische Buchführung im Ausland geführt und/oder aufbewahrt wird. [2]Eine mehrfache Festsetzung eines Verzögerungsgelds wegen fortdauernder Nichtvorlage derselben Unterlagen ist jedoch nicht zulässig (BFH-Beschlüsse vom 16.6.2011, IV B 120/10, BStBl. II S. 855, und vom 28.6.2011, X B 37/11, BFH/NV S. 1833). [3]Wird die Verpflichtung nach Festsetzung des Verzögerungsgelds erfüllt, so ist der Vollzug nicht einzustellen.

[1)] *Zur Ermessensausübung* und Verhältnismäßigkeit bei der Festsetzung von Verzögerungsgeld siehe BFH v. 28.8.2012 I R 10/12, BStBl. II 2013, 266.

5. DV-gestützte Buchführung und Aufzeichnungen (§ 146 Abs. 5 AO)

[1] § 146 Abs. 5 AO enthält die gesetzliche Grundlage für die sog. „Offene-Posten-Buchhaltung" sowie für die Führung der Bücher und sonst erforderlichen Aufzeichnungen auf maschinell lesbaren Datenträgern (z. B. Magnetplatten, Magnetbänder, CD, DVD, Blu-ray-Disk, Flash-Speicher). [2] Bei einer Buchführung auf maschinell lesbaren Datenträgern (DV-gestützte Buchführung) müssen die Daten innerhalb der gesetzlichen Aufbewahrungsfrist unverzüglich lesbar gemacht werden können. [3] Es wird nicht verlangt, dass der Buchungsstoff zu einem bestimmten Zeitpunkt (z. B. zum Ende des Jahres) lesbar gemacht wird. [4] Er muss ganz oder teilweise lesbar gemacht werden, wenn die Finanzbehörde es verlangt (§ 147 Abs. 5 AO). [5] Dies gilt sinngemäß auch für sonst erforderliche Aufzeichnungen. [6] Wer seine Bücher oder sonst erforderlichen Aufzeichnungen auf maschinell lesbaren Datenträgern führt, hat die Grundsätze zur ordnungsmäßigen Führung und Aufbewahrung von Büchern, Aufzeichnungen und Unterlagen in elektronischer Form sowie zum Datenzugriff – GoBD – (BMF-Schreiben vom 28.11.2019, BStBl. I S. 1269)[1] zu beachten.

AEAO zu § 146a – Ordnungsvorschriften für die Buchführung und für Aufzeichnungen mittels elektronischer Aufzeichnungssysteme; Verordnungsermächtigung:

Inhaltsübersicht

---

[1] BMF v. 28.11.2019, BStBl. I 2019, 1269, betr. Neufassung der GoBD, grds. anzuwenden auf nach dem 31.12.2019 beginnende Besteuerungszeiträume, die Anwendung auf vor dem 1.1.2020 endende Besteuerungszeiträume wird nicht beanstandet.

1. Allgemeines und Begriffsdefinition

1.1. Elektronische Aufzeichnungssysteme

Zur Definition elektronischer Aufzeichnungssysteme vgl. AEAO zu § 146 Nr. 2.1.4.

1.2. Elektronische oder computergestützte Kassensysteme oder Registrierkassen

Die in § 1 Satz 1 KassenSichV[1] genannten „elektronischen oder computergestützten Kassensysteme oder Registrierkassen" sind für den Verkauf von Waren oder die Erbringung von Dienstleistungen und deren Abrechnung spezialisierte elektronische Aufzeichnungssysteme, die „Kassenfunktion" haben.

[1] Kassenfunktion haben elektronische Aufzeichnungssysteme dann, wenn diese der Erfassung und Abwicklung von zumindest teilweise baren Zahlungsvorgängen dienen können. [2] Dies gilt auch für vergleichbare elektronische, vor Ort genutzte Zahlungsformen (elektronisches Geld wie z. B. Geldkarte, virtuelle Konten oder Bonuspunktesysteme von Drittanbietern) sowie an Geldes statt angenommene Gutscheine, Guthabenkarten, Bons und dergleichen. [3] Eine Aufbewahrungsmöglichkeit des verwalteten Bargeldbestandes (z. B. Kassenlade) ist nicht erforderlich.

Sofern ein elektronisches Aufzeichnungssystem mit Kassenfunktion die Erfordernisse der „Mindestanforderungen an das Risikomanagement – MaRisk" und der „Bankaufsichtlichen Anforderungen an die IT" (BAIT) der Bundesanstalt für Finanzdienstleistungsaufsicht in der jeweils geltenden Fassung erfüllt und von einem Kreditinstitut i. S. d. § 1 Absatz 1 KWG betrieben wird, unterliegt dieses nicht den Anforderungen des § 146a AO.

1.3.[2] Schutz durch eine zertifizierte technische Sicherheitseinrichtung (§ 146a Abs. 1 Satz 2 AO)

[1] Grundsätzlich ist jedes eingesetzte elektronische Aufzeichnungssystem i. S. d. § 146a AO i. V. m. § 1 Satz 1 KassenSichV[1] sowie die damit zu führenden digitalen Aufzeichnungen durch eine zertifizierte technische Sicherheitseinrichtung zu schützen. [2] Werden mehrere einzelne elektronische Aufzeichnungssysteme (z. B. Verbundwaagen, Bestellsysteme ohne Abrechnungsteil, App-Systeme) mit einem Kassensystem im Sinne von § 146a AO i. V. m. § 1 Satz 1 KassenSichV verbunden, dann wird es nicht beanstandet, wenn die damit zu führenden digitalen Aufzeichnungen mit einer zertifizierten technischen Sicherheitseinrichtung geschützt werden, die alle im Verbund befindlichen elektronischen Aufzeichnungssysteme gemeinsam nutzen.

Ein elektronisches Aufzeichnungssystem oder eine Gruppe elektronischer Aufzeichnungssysteme muss bei störungsfreier Verwendung genau einer zertifizierten technischen Sicherheitseinrichtung zugeordnet sein.

---

[1] Kassensicherungsverordnung v. 26.9.2017, BGBl. I 2017, 3515, geänd. durch VO v. 30.7.2021, BGBl. I 2021, 3295 (**Steuergesetze** Nr. **800j**).

[2] Die Verwendung elektronischer Aufzeichnungssysteme iSd § 146 AO ohne zertifizierte *technische Sicherheitseinrichtung* nach dem 31.12.2019 bis längstens 30.9.2020 wird nicht beanstandet (BMF v. 6.11.2019, BStBl. I 2019, 1010).

1.4. Schutzziele

Die Regelungen des § 146a AO sollen für digitale Grundaufzeichnungen, die mittels elektronischem Aufzeichnungssystem i. S. d. § 146a AO i. V. m. § 1 Satz 1 KassenSichV[1] geführt werden, Folgendes sicherstellen:
– deren Integrität,
– deren Authentizität
– und deren Vollständigkeit.

1.5. Zertifizierte technische Sicherheitseinrichtung

[1] Die Architektur der zertifizierten technischen Sicherheitseinrichtung wird durch § 146a AO i. V. m. der KassenSichV,[1] die Architektur der einzelnen Bestandteile wird durch die Technischen Richtlinien des Bundesamtes für Sicherheit in der Informationstechnik (BSI) festgelegt (insbesondere BSI TR-03153 „Technische Sicherheitseinrichtung für elektronische Aufzeichnungssysteme, Version 1.0.1", BMF-Schreiben vom 28.2.2019, BStBl. I S. 206, BSI TR-03151 „Secure Element API (SE API), Version 1.0.1", *BMF-Schreiben vom 28.2.2019, BStBl. I S. 206, und BSI TR-03116 „Kryptographische Vorgaben für Projekte der Bundesregierung Teil 5 – Anwendungen der Secure Element API, Stand 2020", BMF-Schreiben vom 31.1.2020, BStBl. I S. 207).*[2] [2] Alle nachfolgenden Ausführungen dienen dem Verständnis der Funktionsweise.

1.6. Vorgang

[1] Der Begriff des Vorgangs i. S. d. KassenSichV[1] ist nachfolgend als ein zusammengehörender Aufzeichnungsprozess zu verstehen, der bei Nutzung oder Konfiguration eines elektronischen Aufzeichnungssystems eine Protokollierung durch die zertifizierte technische Sicherheitseinrichtung auslösen muss (vgl. § 2 KassenSichV). [2] Ein Vorgang kann einen oder mehrere Geschäftsvorfälle sowie andere Vorgänge umfassen (vgl. AEAO zu § 146a, Nr. 1.8 und Nr. 1.9). Aus Gründen der besseren Lesbarkeit wird der Begriff „Vorgang" im Folgenden als Oberbegriff für Geschäftsvorfälle und andere abzusichernde Vorgänge genutzt.

1.7. Transaktion

[1] Im Rahmen der Protokollierung eines Vorgangs (vgl. AEAO zu § 146a, Nr. 3.3) muss nach § 2 KassenSichV[1] innerhalb der zertifizierten technischen Sicherheitseinrichtung mindestens eine Transaktion erzeugt werden. [2] Während der Begriff „Vorgang" sich auf die Abläufe im Aufzeichnungssystem bezieht, beschreibt der Begriff „Transaktion" die innerhalb der zertifizierten technischen Sicherheitseinrichtung erfolgenden Absicherungsschritte (mindestens bei Vorgangsbeginn und -ende) zum Vorgang im jeweiligen Aufzeichnungssystem.

1.8. Geschäftsvorfälle

1.8.1. Geschäftsvorfälle sind alle rechtlichen und wirtschaftlichen Vorgänge, die innerhalb eines bestimmten Zeitabschnitts den Gewinn bzw. Verlust oder die Vermögenszusammensetzung in einem Unternehmen dokumentieren oder

---

[1] Kassensicherungsverordnung v. 26.9.2017, BGBl. I 2017, 3515, geänd. durch VO v. 30.7.2021, BGBl. I 2021, 3295 (**Steuergesetze** Nr. **800j**).

[2] Siehe jetzt BMF v. 24.2.2022, BStBl. I 2022, 179.

beeinflussen bzw. verändern (z. B. zu einer Veränderung des Anlage- und Umlaufvermögens sowie des Eigen- und Fremdkapitals führen; vgl. auch Rz. 16 des BMF-Schreibens vom 28.11.2019, BStBl. I S. 1269).[1)]

1.8.2. Beispiele für Geschäftsvorfälle, die bei elektronischen Aufzeichnungssystemen i. S. d. AEAO zu § 146a, Nr. 1.2 vorkommen können: Eingangs-/Ausgangs-Umsatz, nachträgliche Stornierung eines Umsatzes, Trinkgeld (Unternehmer, Arbeitnehmer), Gutschein (Ausgabe, Einlösung), Privatentnahme, Privateinlage, Wechselgeld-Einlage, Lohnzahlung aus der Kasse, Geldtransit.

1.9. Andere Vorgänge

1.9.1. [1]Unter anderen Vorgängen sind Aufzeichnungsprozesse zu verstehen, die nicht durch einen Geschäftsvorfall, sondern durch andere Ereignisse im Rahmen der Nutzung des elektronischen Aufzeichnungssystems ausgelöst werden und zur nachprüfbaren Dokumentation der zutreffenden und vollständigen Erfassung der Geschäftsvorfälle notwendig sind. [2]Hierunter fallen beispielsweise Trainingsbuchungen, Sofort-Stornierung eines unmittelbar zuvor erfassten Vorgangs, Belegabbrüche, erstellte Angebote, nicht abgeschlossene Geschäftsvorfälle (z. B. Bestellungen).

1.9.2. [1]Nicht alle in einer Kasse verwalteten Vorgänge sind für die Erreichung der Schutzziele erforderlich. [2]Für die Erreichung der Schutzziele nicht erforderliche Vorgänge müssen nicht abgesichert werden (z. B. Bildschirmeinstellung heller/dunkler; Überwachung der Prozessor-Temperatur etc.).

1.9.3. Abzusichernde Funktionsaufrufe (Systemfunktionen) und Ereignisse innerhalb der technischen Sicherheitseinrichtung (Audit-Daten) werden in der BSI TR-03153 definiert.

2. Sachlicher und zeitlicher Anwendungsbereich

Alle elektronischen Aufzeichnungssysteme müssen – wie bisher – den allgemeinen Ordnungsmäßigkeitsgrundsätzen entsprechen (vgl. BMF-Schreiben vom 28.11.2019, BStBl. I S. 1269).[1)]

2.1. Sachlicher Anwendungsbereich

[1]Der sachliche Anwendungsbereich der Pflicht zum Einsatz einer zertifizierten technischen Sicherheitseinrichtung wird durch § 146a Abs. 1 Satz 2 AO i. V. m. § 1 KassenSichV[2)] begrenzt (§ 146a Abs. 3 Nr. 1 AO). [2]Unabhängig davon unterliegen jedoch alle elektronischen Aufzeichnungssysteme der Einzelaufzeichnungspflicht nach § 146a Abs. 1 Satz 1 AO. [3]Die in § 1 Satz 1 KassenSichV genannten elektronischen Aufzeichnungssysteme müssen neben den allgemeinen Ordnungsmäßigkeitsgrundsätzen die besonderen Vorschriften des § 146a AO beachten. [4]§ 1 Satz 2 KassenSichV grenzt elektronische Aufzeichnungssysteme ab, die ausdrücklich nicht in den Anwendungsbereich des § 146a AO fallen.

[1)] BMF v. 28.11.2019, BStBl. I 2019, 1269, betr. Neufassung der GoBD, grds. anzuwenden auf nach dem 31.12.2019 beginnende Besteuerungszeiträume, die Anwendung auf vor dem 1.1.2020 endende Besteuerungszeiträume wird nicht beanstandet.

[2)] *Kassensicherungsverordnung* v. 26.9.2017, BGBl. I 2017, 3515, geänd. durch VO v. 30.7. 2021, BGBl. I 2021, 3295 (**Steuergesetze** Nr. **800j**).

Beispiel 1:

Bei der im Jahr 03 durchgeführten ESt-Veranlagung 01 (Abgabe der Steuererklärung im Jahr 03) wurden die Beteiligungseinkünfte in erklärter Höhe berücksichtigt. Ein von den erklärten Werten abweichender Grundlagenbescheid wird am 4.4.06 bekannt gegeben.

Lösung:

Obgleich die allgemeine Festsetzungsfrist gem. § 170 Abs. 2 Satz 1 Nr. 1 AO mit Ablauf des 31.12.07 endet, kann eine Anpassung des ESt-Bescheids 01 an den Grundlagenbescheid gemäß § 171 Abs. 10 Satz 1 AO bis zum Ablauf des 4.4.08 erfolgen, da insoweit die Festsetzungsfrist nicht vor Ablauf von zwei Jahren nach Bekanntgabe des Grundlagenbescheids endet.

Beispiel 2:

Wie Beispiel 1, allerdings wird der Grundlagenbescheid am 4.4.05 bekannt gegeben.

Lösung:

Eine Anpassung des ESt-Bescheids kann bis zum Ablauf der allgemeinen Festsetzungsfrist am 31.12.07 erfolgen. Ohne Bedeutung ist, dass die Zwei-Jahresfrist des § 171 Abs. 10 Satz 1 AO bereits mit Ablauf des 4.4.07 endet.

Beispiel 3:

Wie Beispiel 1, die Bekanntgabe des Grundlagenbescheids erfolgt in offener Feststellungsfrist, jedoch nach Ablauf der allgemeinen Festsetzungsfrist, am 4.4.08.

Lösung:

Eine Anpassung des ESt-Bescheids 01 an den Grundlagenbescheid ist gem. § 171 Abs. 10 Satz 1 AO bis zum Ablauf des 4.4.10 möglich, da die Festsetzungsfrist insoweit nicht vor Ablauf von zwei Jahren nach Bekanntgabe des Grundlagenbescheids endet.

6.9. Zur Anwendung des § 171 Abs. 10 AO bei Zinsbescheiden siehe AEAO zu § 239, Nr. 2.

7. § 171 Abs. 10a AO ist erstmals anzuwenden, wenn steuerliche Daten eines Steuerpflichtigen für Besteuerungszeiträume nach 2016 oder Besteuerungszeitpunkte nach dem 31.12.2016 auf Grund gesetzlicher Vorschriften von einem Dritten als mitteilungspflichtiger Stelle elektronisch an Finanzbehörden zu übermitteln sind (Art. 97 § 27 Abs. 2 EGAO).

8. [1] § 171 Abs. 14 AO verlängert die Festsetzungsfrist bis zum Ablauf der Zahlungsverjährung für die Erstattung von rechtsgrundlos gezahlten Steuern. [2] Die Finanzbehörde kann daher Steuerfestsetzungen, die wegen Bekanntgabemängeln unwirksam waren oder deren wirksame Bekanntgabe die Finanzbehörde nicht nachweisen kann (vgl. § 122 Abs. 2 Halbsatz 2 AO), noch nach Ablauf der regulären Festsetzungsfrist nachholen, soweit die Zahlungsverjährungsfrist für die bisher geleisteten Zahlungen noch nicht abgelaufen ist (vgl. BFH-Urteil vom 13.3.2001, VIII R 37/00, BStBl. II S. 430).

AEAO vor §§ 172 bis 177 – Bestandskraft:

1. [1] Die §§ 172 ff. AO regeln die Durchbrechung der materiellen Bestandskraft (Verbindlichkeit einer Verwaltungsentscheidung). [2] Sie ist von der formellen Bestandskraft (Unanfechtbarkeit) zu unterscheiden. [3] Diese liegt vor, soweit ein Verwaltungsakt nicht oder nicht mehr mit Rechtsbehelfen angefochten werden kann. [4] Unanfechtbarkeit bedeutet nicht Unabänderbarkeit. [5] Dementsprechend können auch Steuerfestsetzungen unter dem Vorbehalt der Nachprüfung unanfechtbar werden (vgl. BFH-Urteil vom 19.12.1985, V R 167/82, BStBl. 1986 II S. 420).

2. [1]Die Vorschriften über die materielle Bestandskraft gelten für Steuerfestsetzungen i. S. d. § 155 AO sowie für alle Festsetzungen, für die die Vorschriften über das Steuerfestsetzungsverfahren anzuwenden sind. [2]Keine Anwendung finden sie bei der Rücknahme eines rechtswidrigen und dem Widerruf eines rechtmäßigen begünstigenden oder nicht begünstigenden sonstigen Verwaltungsakts (vgl. AEAO vor §§ 130, 131).

3. [1]Die materielle Bestandskraft wird nur durchbrochen, soweit es das Gesetz zulässt. [2]Die Zulässigkeit ergibt sich nicht nur aus der AO selbst (z. B. §§ 164, 165, 172 bis 175b AO), sondern auch aus anderen Steuergesetzen (z. B. § 10d Abs. 1 EStG; § 35b GewStG; §§ 24 und 24a BewG; § 20 GrStG).

4. Steuerfestsetzungen unter Vorbehalt der Nachprüfung sowie Vorauszahlungsbescheide (§ 164 Abs. 1 Satz 2 AO) und Steueranmeldungen (§ 150 Abs. 1 Satz 2, § 168 AO), die kraft Gesetzes unter Vorbehalt der Nachprüfung stehen, sind unabhängig von der formellen Bestandskraft nach § 164 Abs. 2 AO dem Umfang nach uneingeschränkt änderbar, solange der Vorbehalt nicht aufgehoben worden oder entfallen ist; § 176 AO bleibt unberührt.

5. [1]Die falsche Bezeichnung der Änderungsvorschrift im Änderungsbescheid führt nicht zur Rechtswidrigkeit des geänderten Bescheids (BFH-Urteil vom 21.10.2014, VIII R 44/11, BStBl. 2015 II S. 593). [2]Für die Rechtmäßigkeit eines Änderungsbescheids ist allein maßgeblich, dass er im Zeitpunkt seines Erlasses durch eine Änderungsmöglichkeit gedeckt ist (ständige BFH-Rechtsprechung).

6. Zeitlich ist die Aufhebung, Änderung oder Berichtigung einer Steuerfestsetzung nur innerhalb der Festsetzungsfrist zulässig (§ 169 AO).

7. Bei Änderung oder Berichtigung von Steuerfestsetzungen sind die Vorschriften der KBV[1] zu beachten.

8. Steuerliche Wahlrechte

8.1. [1]Ein steuerliches Wahlrecht liegt vor, wenn ein Steuergesetz für einen bestimmten Tatbestand – ausnahmsweise – mehr als eine Rechtsfolge vorsieht und es dem Steuerpflichtigen überlassen bleibt, sich für eine dieser Rechtsfolgen zu entscheiden. [2]Übt der Steuerpflichtige dieses Wahlrecht nicht oder nicht wirksam aus, tritt die vom Gesetzgeber als Regelfall vorgesehene Rechtsfolge ein.

8.2. [1]Die Ausübung des Wahlrechts („Antrag") ist eine empfangsbedürftige Willenserklärung. [2]Soweit im Gesetz keine besondere Form (z. B. Schriftform oder amtlicher Vordruck; vgl. § 13a Abs. 2 Satz 3 EStG, § 4a Abs. 1 UStG) vorgeschrieben ist, kann das Wahlrecht auch durch schlüssiges Verhalten ausgeübt werden (vgl. BFH-Urteil vom 11.12.1997, V R 50/94, BStBl. 1998 II S. 420).

---

[1] Kleinbetragsverordnung v. 19.12.2000, BGBl. I 2000, 1790, 1805, geänd. durch G v. 18.7.2016, BGBl. I 2016, 1679, mWv 1.1.2017 (**Steuergesetze** Nr. **800c**).

8.3. Sieht das Gesetz einen unwiderruflichen Antrag vor (vgl. z. B. § 5a Abs. 1, § 10 Abs. 1a Nr. 1 Satz 3 EStG; bis 31.12.2014: § 10 Abs. 1 Nr. 1 Satz 3 EStG), wird die Willenserklärung bereits mit ihrem Zugang beim Finanzamt wirksam und kann von diesem Zeitpunkt an nicht mehr zurückgenommen oder widerrufen werden (vgl. BFH-Urteil vom 17.1.1995, IX R 37/91, BStBl. II S. 410); Ausnahme: Anfechtung nach §§ 119ff. BGB.

8.4. [1]Setzt die Ausübung des Wahlrechts die Zustimmung des Finanzamts oder Dritter (vgl. § 10 Abs. 1a Nr. 1 EStG; bis 31.12.2014: § 10 Abs. 1 Nr. 1 Satz 1 EStG) voraus, treten die Rechtswirkungen der vom Steuerpflichtigen getroffenen Wahl erst mit dieser Zustimmungserklärung ein. [2]Dies gilt entsprechend, wenn das Wahlrecht von mehreren Steuerpflichtigen einheitlich ausgeübt werden muss (vgl. z. B. § 33a Abs. 2 Satz 5, § 33b Abs. 5 Satz 3 EStG).

8.5. [1]Soweit das Gesetz im Einzelfall keine bestimmte Frist (vgl. z. B. § 5a Abs. 3 EStG; § 23 Abs. 3 Satz 1 UStG) zur Ausübung des Wahlrechts („Antragsfrist") vorsieht, kann das Wahlrecht grundsätzlich bis zum Ablauf der Festsetzungsfrist ausgeübt werden. [2]Die Bestandskraft des Steuerbescheids, in dem sich das Wahlrecht auswirkt, schränkt allerdings die Wahlrechtsausübung ein.

8.5.1. [1]Nach Eintritt der Unanfechtbarkeit der Steuerfestsetzung können Wahlrechte grundsätzlich nur noch ausgeübt oder widerrufen werden, soweit die Steuerfestsetzung nach §§ 129, 164, 165, 172ff. AO oder nach entsprechenden Regelungen in den Einzelsteuergesetzen (vgl. AEAO vor §§ 172 bis 177, Nr. 3) korrigiert werden kann (vgl. BFH-Urteil vom 30.8.2001, IV R 30/99, BStBl. 2002 II S. 49 m. w. N.); dabei sind die §§ 177 und 351 Abs. 1 AO zu beachten (vgl. BFH-Urteil vom 27.10.2015, X R 44/13, BStBl. 2016 II S. 278). [2]Die nachträgliche oder geänderte Ausübung eines Antrags- oder Wahlrechts stellt für sich genommen keine verfahrensrechtliche Grundlage für die Änderung von Bescheiden dar. [3]Dies gilt auch dann, wenn sie auf einer Änderung der wirtschaftlichen Geschäftsgrundlage beruht (BFH-Urteil vom 9.12.2015, X R 56/13, BStBl. 2016 II S. 967).

8.5.2. [1]Wahlrechte, für deren Ausübung das Gesetz **keine Frist** vorsieht und für die es grundsätzlich auch keine Bindung an die einmal getroffene Wahl gibt, können grundsätzlich bis zur Unanfechtbarkeit eines Änderungsbescheids (erneut) ausgeübt werden. [2]Dies gilt allerdings nur für das Veranlagungswahlrecht nach § 26 EStG (vgl. BFH-Urteile vom 19.5.1999, XI R 97/94, BStBl. II S. 762, vom 24.1.2002, III R 49/00, BStBl. II S. 408 m. w. N. und vom 9.12.2015, X R 56/13, a. a. O.). [3]Nach Eintritt der Unanfechtbarkeit des Steuerbescheids kann die Wahl der Veranlagungsart jedoch nur unter den Voraussetzungen des § 26 Abs. 2 Satz 4 EStG geändert werden.

8.5.3. [1]*Wurde ein* steuererhöhender Änderungsbescheid erlassen, mit dem ein weiterer steuererheblicher Sachverhalt erfasst worden und aufgrund dessen überhaupt erst die wirtschaftliche Notwendigkeit entstanden ist, sich mit der erstmaligen bzw. geänderten Ausübung eines Antrags- oder Wahlrechts zu befassen, kann das Antrags- oder Wahlrecht noch bis zur Unanfechtbarkeit des Änderungsbescheids ausgeübt werden. [2]Dies gilt jedoch nur unter der Voraussetzung, dass die steuerlichen Auswirkungen des Antrags- oder Wahlrechts insgesamt den Änderungsrahmen des § 351 Abs. 1 AO nicht übersteigen. [3]Ein Antrags- oder Wahlrecht ist nicht teilbar (vgl. BFH-Urteile vom 27.10.2015, X R 44/13, a. a. O., und vom 9.12.2015, X R 56/13, a. a. O.).

8.5.4. Die steuerrechtliche Wirkung von Wahlrechten, die nur **bis zur Bestandskraft der Steuerfestsetzung** ausgeübt werden können, kann nach Eintritt dieses Zeitpunkts nicht nach § 172 Abs. 1 Satz 1 Nr. 2 Buchstabe a AO beseitigt werden (vgl. BFH-Urteil vom 18.12.1973, VIII R 101/69, BStBl. 1974 II S. 319).

Die Wahlrechtsausübung kann nicht durch einen Austausch gegen bisher nicht berücksichtigte Besteuerungsgrundlagen rückgängig gemacht werden; infolge der Bestandskraft der Steuerfestsetzung ist der Steuerpflichtige an seine Wahl gebunden (vgl. BFH-Urteil vom 25.2.1992, IX R 41/91, BStBl. II S. 621).

8.5.5. Die nachträgliche Ausübung eines Wahlrechts oder der Widerruf eines bereits ausgeübten Wahlrechts ist keine neue Tatsache i. S. d. § 173 AO, sondern Verfahrenshandlung (vgl. BFH-Urteil vom 25.2.1992, IX R 41/91, a. a. O.).

[1]Ausnahmsweise liegt ein rückwirkendes Ereignis i. S. d. § 175 Abs. 1 Satz 1 Nr. 2 AO vor, wenn die Wahlrechtsausübung oder ihr Widerruf selbst Merkmal des gesetzlichen Tatbestands ist. [2]Zum durch die Zustimmungserklärung des Empfängers qualifizierten Antrag nach § 10 Abs. 1a Nr. 1 Satz 1 EStG (bis 31.12.2014: § 10 Abs. 1 Nr. 1 Satz 1 EStG) vgl. BFH-Urteil vom 12.7.1989, X R 8/84, BStBl. II S. 957. [3]Zum Widerruf der Wahlrechtsausübung in den Fällen des § 37b EStG in Bezug auf die beim Zuwendungsempfänger vorzunehmende Besteuerung vgl. BFH-Urteil vom 15.6.2016, VI R 54/15, BStBl. II S. 1010.

8.5.6. Zur Änderung von Steuerfestsetzungen nach § 175 Abs. 1 Satz 1 Nr. 1 AO bei nachträglichem Antrag auf Anwendung des § 33b EStG vgl. BFH-Urteil vom 13.12.1985, III R 204/81, BStBl. 1986 II S. 245 und H 33b (Allgemeines) EStH.[1)]

9. Wegen der Berichtigung offenbarer Unrichtigkeiten Hinweis auf § 129 AO.

AEAO zu § 172 – Aufhebung und Änderung von Steuerbescheiden:

1. Die Vorschrift gilt nur für Steuerbescheide, nicht für Haftungs-, Duldungs- und Aufteilungsbescheide (vgl. AEAO vor §§ 130, 131).

2. [1]§ 172 Abs. 1 Satz 1 Nr. 2 Buchstabe a AO lässt die schlichte Änderung eines Steuerbescheids zugunsten des Steuerpflichtigen unter der Voraussetzung zu, dass der Steuerpflichtige vor Ablauf der Einspruchsfrist die Änderung beantragt oder ihr zugestimmt hat. [2]Der Antrag auf schlichte Änderung bedarf keiner Form. [3]Anträge, die nicht schriftlich oder elektronisch gestellt werden, sind aktenkundig zu machen. [4]Nicht ausdrücklich als Einspruch bezeichnete, vor Ablauf der Einspruchsfrist schriftlich oder elektronisch vorgetragene Änderungsbegehren des Steuerpflichtigen können regelmäßig als schlichte Ände-

---

[1)] Nr. 1.

rungsanträge behandelt werden, wenn der Antragsteller eine genau bestimmte Änderung des Steuerbescheids beantragt und das Finanzamt dem Begehren entsprechen will. [5]Andernfalls ist ein Einspruch anzunehmen, da der Einspruch die Rechte des Steuerpflichtigen umfassender und wirkungsvoller wahrt als der bloße Änderungsantrag. [6]Hat der Steuerpflichtige sich für den Rechtsbehelf des Einspruchs entschieden, so überlagert der förmliche Rechtsbehelf einen etwaigen daneben gestellten Antrag auf schlichte Änderung des Steuerbescheids (vgl. BFH-Urteil vom 27.9.1994, VIII R 36/89, BStBl. 1995 II S. 353).

[1]Das Finanzamt darf den Steuerbescheid aufgrund eines schlichten Änderungsantrags nur in dem Umfange zugunsten des Steuerpflichtigen ändern, als der Steuerpflichtige vor Ablauf der Einspruchsfrist eine genau bestimmte Änderung bezogen auf einen konkreten Lebenssachverhalt beantragt hat (vgl. u. a. BFH-Urteil vom 20.12.2006, X R 30/05, BStBl. II 2007 S. 503 m. w. N.). [2]Es genügt nicht, dass der Steuerpflichtige lediglich die betragsmäßige Auswirkung bzw. den Änderungsrahmen beziffert (z. B. Herabsetzung der Steuer auf „Null") oder dass ein auf Änderung des Bescheids lautender allgemeiner Antrag des Steuerpflichtigen erst nach Ablauf der Einspruchsfrist hinsichtlich der einzelnen Korrekturpunkte konkretisiert wird (z. B. durch Nachreichen einer Steuererklärung). [3]Auch eine Erweiterung des Änderungsbegehrens ist nach Ablauf der Einspruchsfrist nicht mehr möglich (zur Erweiterung eines Einspruchsantrags vgl. AEAO zu § 367, Nr. 3). [4]Der Antragsteller kann allenfalls nach Ablauf der Einspruchsfrist Argumente oder Nachweise zur Begründung eines rechtzeitig gestellten, hinreichend konkreten Änderungsantrags nachreichen oder ergänzen, soweit hierdurch der durch den ursprünglichen Änderungsantrag (Lebenssachverhalt) festgelegte Änderungsrahmen nicht überschritten wird. [5]Eine Antragserweiterung oder erneute Antragstellung ist nur innerhalb der Einspruchsfrist möglich.

[1]An das (fristgerechte) Vorbringen des Steuerpflichtigen ist das Finanzamt gebunden. [2]Es kann die Steuerfestsetzung nicht in vollem Umfang erneut überprüfen und ggf. verbösern. [3]Mit der beantragten Änderung nicht in sachlichem oder rechtlichem Zusammenhang stehende materielle Fehler der Steuerfestsetzung können aber ggf. über § 177 AO berichtigt werden.

Aussetzung der Vollziehung (§ 361 AO) ist aufgrund eines schlichten Änderungsantrags nicht zulässig, allenfalls ist Stundung (§ 222 AO) möglich.

3. [1]Nach § 172 Abs. 1 Satz 1 Nr. 2 Buchstabe a AO kann ein Steuerbescheid zuungunsten des Steuerpflichtigen aufgehoben oder geändert werden, wenn dieser der Aufhebung oder Änderung zustimmt oder er diese Korrektur beantragt hat. [2]Die Anzeige eines Steuerpflichtigen nach § 153 AO stellt noch keine Zustimmung zu einer Änderung der Steuerfestsetzung zu seinen *Ungunsten* i. S. des § 172 Abs. 1 Satz 1 Nr. 2 Buchstabe a AO dar; ggf. kommt aber eine Änderung nach § 173 Abs. 1 Nr. 1 AO in Betracht. [3]Empfangsbedürftige Willenserklärungen unterliegen den Auslegungsregelungen der §§ 133, 157 BGB. [4]Entscheidend ist, wie der Erklärungsempfänger den objektiven Erklärungswert der Erklärung verstehen musste (vgl. BFH-Urteile vom 8.6.2000, IV R 37/99, BStBl. 2001 II S. 162, und vom 5.10.2000, VII R 96/99, BStBl. 2001 II S. 86).

4. [1]Unter arglistiger Täuschung im Sinne des § 172 Abs. 1 Satz 1 Nr. 2 Buchst. c AO ist die bewusste und vorsätzliche Irreführung zu verstehen, wie jedes vorsätzliche Verschweigen oder Vortäuschen von Tatsachen, durch das die Willensbildung der Behörde unzulässig beeinflusst wird. [2]Für Arglist reicht bereits das Bewusstsein aus, wahrheitswidrige Angaben zu machen. [3]Nicht erforderlich ist dagegen die Absicht, damit das Finanzamt zu einer Entscheidung zu veranlassen (vgl. BFH-Urteil vom 8.7.2015, VI R 51/14, BStBl. II 2017 S. 13).

5. [1]§ 172 Abs. 1 Satz 2 AO bestimmt, dass auch ein durch Einspruchsentscheidung bestätigter oder geänderter Verwaltungsakt nach den Vorschriften der §§ 129, 164, 165, 172ff. AO sowie nach entsprechenden Korrekturnormen in den Einzelsteuergesetzen (vgl. AEAO vor §§ 172 bis 177, Nr. 3) korrigiert werden darf. [2]Gleiches gilt für einen im Einspruchsverfahren ergehenden Abhilfebescheid (z.B. nach § 172 Abs. 1 Satz 1 Nr. 2 Buchstabe a AO). [3]Zum Erlass eines Abhilfebescheids im Klageverfahren nach einer rechtmäßigen Fristsetzung gem. § 364b AO vgl. AEAO zu § 364b, Nr. 5.

6. [1]Nach § 172 Abs. 1 Satz 3 Halbsatz 1 AO ist eine schlichte Änderung auch dann möglich, wenn der zu ändernde Bescheid bereits durch Einspruchsentscheidung bestätigt oder geändert worden ist. [2]Dies gilt auch, wenn lediglich die erneute Überprüfung einer Rechtsfrage begehrt wird, über die in der Einspruchsentscheidung bereits entschieden worden ist (vgl. BFH-Urteil vom 27.10.2020, VIII R 30/17, BStBl. II S. 927). [3]Der Änderungsantrag muss vor Ablauf der Klagefrist gestellt worden sein, nach Ablauf dieser Frist ist er unzulässig. [4]Die Wirkungen einer nach § 364b Abs. 2 AO gesetzten Ausschlussfrist dürfen allerdings durch eine schlichte Änderung nicht unterlaufen werden (§ 172 Abs. 1 Satz 3 Halbsatz 2 AO).

7. [1]Zum Einspruchsverfahren gegen Entscheidungen über die schlichte Änderung vgl. AEAO zu § 347, Nr. 2.

(Fortsetzung S. 239)

3. Die Zahlungsverjährung führt zum Erlöschen des Anspruchs (§§ 47, 232 AO).

AEAO zu § 229 AO – Beginn der Verjährung:

[1] Die Zahlungsverjährung beginnt grundsätzlich mit Ablauf des Kalenderjahres, in dem der Anspruch erstmals fällig geworden ist. [2] Wird durch eine Steueranmeldung oder Steuerfestsetzung erst die Voraussetzung für die Durchsetzung des Anspruchs geschaffen, so beginnt die Verjährung auch bei früherer Fälligkeit des Anspruchs (z. B. bei den sog. Fälligkeitssteuern) nicht vor Ablauf des Kalenderjahres, in dem die Steueranmeldung oder die Festsetzung, die Aufhebung oder Änderung der Festsetzung eines Anspruchs wirksam geworden ist. [3] Dies gilt unabhängig davon, ob der Bescheid angefochten wird oder nicht.

AEAO zu § 231 – Unterbrechung der Verjährung:

1. [1] Zu den Unterbrechungstatbeständen gehört auch die schriftliche Geltendmachung eines Zahlungsanspruchs durch den Steuerpflichtigen (§ 231 Abs. 1 Satz 1 Nr. 8 AO). [2] Bei elektronischer Übermittlung kann – vorbehaltlich der Eröffnung eines entsprechenden Zugangs durch die Finanzbehörde (§ 87a Abs. 1 AO) – auf eine qualifizierte elektronische Signatur und auch auf ein Verfahren nach § 87a Abs. 3 Satz 4 und 5 AO verzichtet werden, da kein Unterschriftserfordernis besteht (vgl. AEAO zu § 87a, Nr. 3.2.4).

2. Eine dem Zahlungspflichtigen von der Finanzbehörde bekannt gegebene Maßnahme i. S. d. § 231 Abs. 1 AO unterbricht die Zahlungsverjährung auch dann, wenn es sich bei dieser Maßnahme um einen Verwaltungsakt handelt, der rechtswidrig oder nichtig oder rückwirkend aufgehoben worden ist (vgl. BFH-Beschluss vom 21.6.2010, VII R 27/08, BStBl. 2011 II S. 331).

AEAO zu § 233a[1)] – Verzinsung von Steuernachforderungen und Steuererstattungen:

Inhaltsübersicht

---

1) **§ 233a i. V. m. § 238 Abs. 1 Satz 1 AO für Verzinsungszeiträume ab 1.1.2014 verfassungswidrig,** mit Fortgeltungsanordnung bis 31.12.2018; bis 31.7.2022 muss der Gesetzgeber für Verzinsungszeiträume ab 2019 eine alle bestandskräftigen Hoheitsakte erfassende rückwirkende Neuregelung treffen, siehe BVerfG v. 8.7.2021 1 BvR 2237/14, 1 BvR 2422/17, DStR 2021, 1934. Siehe BMF v. 17.9.2021, BStBl. I 2021, 1759, geänd. durch BMF v. 3.12.2021, BStBl. I 2021, 2227. – Siehe auch Regierungsentwurf v. 30.3.2022.

Allgemeines

1. [1]Die Verzinsung nach § 233a AO (Vollverzinsung) soll im Interesse der Gleichmäßigkeit der Besteuerung und zur Vermeidung von Wettbewerbsverzerrungen einen Ausgleich dafür schaffen, dass die Steuern trotz gleichen gesetzlichen Entstehungszeitpunkts, aus welchen Gründen auch immer, zu unterschiedlichen Zeitpunkten festgesetzt und erhoben werden. [2]Die Verzinsung ist gesetzlich vorgeschrieben; die Zinsfestsetzung steht nicht im Ermessen der Finanzbehörde. [3]Die Zinsen werden grundsätzlich im automatisierten Verfahren berechnet, festgesetzt und zum Soll gestellt. [4]Die Zinsfestsetzung wird regelmäßig mit dem Steuerbescheid oder der Abrechnungsmitteilung verbunden.

Sachlicher und zeitlicher Geltungsbereich

2. [1]Die Verzinsung nach § 233a AO ist beschränkt auf die Festsetzung der Einkommen-, Körperschaft-, Vermögen-, Umsatz- und Gewerbesteuer (§ 233a Abs. 1 Satz 1 AO). [2]Wegen der Verzinsung des Steuervergütungsanspruchs nach § 18 Abs. 9 UStG i. V. m. §§ 59 ff. UStDV und in Fällen des Mini-one-stop-shop-Verfahrens nach § 18 Abs. 4e UStG (MOSS-Verfahren) vgl. AEAO zu § 233a, Nr. 62. [3]Von der Verzinsung ausgenommen sind die übrigen Steuern und Abgaben sowie Steuervorauszahlungen und Steuerabzugsbeträge (§ 233a Abs. 1 Satz 2 AO); vgl. auch BFH-Beschluss vom 18.9.2007, I R 15/05, BStBl. 2008 II S. 332, und BVerfG-Beschluss vom 3.9.2009, 1 BvR 1098/08, BFH/NV S. 2115. [4]Auch bei der Nachforderung von Abzugsteuern gegenüber dem Arbeitnehmer (vgl. BFH-Urteil vom 17.11.2010, I R 68/10, BFH/NV 2011 S. 737), der Festsetzung der vom Arbeitgeber übernommenen Lohnsteuer sowie der Festsetzung der Umsatzsteuer im Abzugsverfahren erfolgt keine Verzinsung nach § 233a AO. [5]Kirchensteuern werden nur verzinst, soweit die Landeskirchensteuergesetze dies vorsehen. [6]Als Einfuhrabgabe unterliegt die Einfuhrumsatzsteuer den sinngemäß geltenden Vorschriften für Zölle, weshalb ein sich bei der Festsetzung von Einfuhrumsatzsteuer ergebender Unterschiedsbetrag nicht nach § 233a AO zu verzinsen ist (BFH-Urteil vom 23.9.2009, VII R 44/08, BStBl. 2010 II S. 334). [7]Der AO lässt sich im Übrigen kein allgemeiner Grundsatz des Inhalts entnehmen, dass Ansprüche des Steuerpflichtigen aus dem Steuerschuldverhältnis auch ohne einzelgesetzliche Grundlage stets zu verzinsen sind (vgl. BFH-Urteil vom 16.12.2009, I R 48/09, BFH/NV 2010, S. 827).

[1]§ 233a AO ist bei Wegzug in einen Mitgliedstaat der EU bzw. des EWR im Lichte der Niederlassungsfreiheit nach Art. 49 AEUV europarechtskonform auszulegen. [2]Hiernach ist die Wegzugsteuer nach § 6 Abs. 1 AStG bzw. die Steuer auf Entstrickungsgewinne bei Wegzug nach § 27 Abs. 3 Nr. 3 Satz 2 UmwStG 2006, § 21 Abs. 2 Satz 1 Nr. 2 UmwStG 1995 nicht der Vollverzinsung zu unterwerfen, soweit die Steuer nach § 6 Abs. 5 AStG zinslos zu stunden ist.

Zinsschuldner/-gläubiger

3. [1]Bei der Verzinsung von Steuernachzahlungen ist der Steuerschuldner auch Zinsschuldner. [2]Schulden mehrere Personen die Steuer als Gesamtschuldner, sind sie auch Gesamtschuldner der Zinsen. [3]Bei der Verzinsung von Erstattungsansprüchen ist grundsätzlich der Gläubiger des Erstattungsanspruchs Zinsgläubiger. [4]Die Aufteilung der Zinsen nach §§ 268 ff. AO hat für die Zinsberechnung keine Bedeutung. [5]Zur Abtretung eines Anspruchs auf Erstattungszinsen vgl. AEAO zu § 46, Nr. 1.

Zinsberechnung:

gestundeter Anspruch	Fällig am	Zahlungs-termin	Betrag in €	Zins-monate	%	Zinsen in €	Festzu-setzende Zinsen in €
ESt IV/04	10.2.2004	147.2005	850	7	3,5	29,75	29,00[1)]
ESt I/05	10.3.2005	14.7.2005	300	4	2,0	6,00	0,00[2)]
ESt 2003	18.5.2005	14.9.2005	11 150	3	1,5	167,25	167,00[1)]
USt 2003	18.5.2005	14.7.2005	850	1	0,5	4,00	
USt 2003	18.5.2005	14.8.2005	3 000	2	1,0	30,00	94,00
USt 2003	18.5.2005	14.9.2005	4 000	3	1,5	60,00	
Verspätungs-zuschlag	10.6.2005	14.7.2005	650	–	–	–	–[3)]

[1)] = 29,75 € werden auf 29,00 € und 167,25 € werden auf 167 € zugunsten des Steuerpflichtigen gerundet (§ 239 Abs. 2 Satz 1 AO).
[2)] = Kleinbetrag unter 10 € (§ 239 Abs. 2 Satz 2 AO).
[3)] = Ansprüche auf steuerliche Nebenleistungen werden nicht verzinst (§ 233 Satz 2 AO).

11. [1]Auf die Erhebung von Stundungszinsen kann gemäß § 234 Abs. 2 AO im Einzelfall aus Billigkeitsgründen verzichtet werden. [2]Ein solcher Verzicht kann z. B. in Betracht kommen bei Katastrophenfällen, bei länger dauernder Arbeitslosigkeit des Steuerschuldners, bei Liquiditätsschwierigkeiten allein infolge nachweislicher Forderungsausfälle im Konkurs-/Insolvenzverfahren und in ähnlichen Fällen, im Rahmen einer Sanierung, sofern allgemein ein Zinsmoratorium gewährt wird, sowie im Hinblick auf belegbare, demnächst fällig werdende Ansprüche des Steuerschuldners aus einem Steuerschuldverhältnis, soweit hierfür innerhalb des Stundungszeitraums keine Erstattungszinsen gem. § 233a AO anfallen. [3]Auch wird eine Stundung i. d. R. dann zinslos bewilligt werden können, wenn sie einem Steuerpflichtigen gewährt wird, der bisher seinen steuerlichen Pflichten, insbesondere seinen Zahlungspflichten, pünktlich nachgekommen ist und der in der Vergangenheit nicht wiederholt Stundungen in Anspruch genommen hat; in diesen Fällen kommt ein Verzicht auf Stundungszinsen i. d. R. nur in Betracht, wenn für einen Zeitraum von nicht mehr als drei Monaten gestundet wird und der insgesamt zu stundende Betrag 5000 € nicht übersteigt. [4]Zum Rechtsbehelfsverfahren gegen die Entscheidung über eine Billigkeitsmaßnahme vgl. AEAO zu § 347, Nr. 4.

12. [1]Wird ein Anspruch auf Rückforderung von Arbeitnehmer-Sparzulage, Eigenheimzulage, Investitionszulage, Mobilitätsprämie oder Wohnungsbauprämie gestundet, so sind – da die Vorschriften über die Steuervergütung entsprechend gelten – Stundungszinsen zu erheben (§ 234 i. V. m. § 37 Abs. 1 AO). [2]Dies gilt auch für gestundete Einkommen- oder Körperschaftsteueransprüche, die auf einem Rückforderungsanspruch von Forschungszulage aus einer nach § 10 Abs. 3 FZulG[1)] geänderten Anrechnung beruhen.

[1)] ForschungszulagenG v. 14.12.2019, BGBl. I 2019, 2763, zuletzt geänd. durch G v. 16.7.2021, BGBl. I 2021, 2931.

AEAO zu § 235 – Verzinsung von hinterzogenen Steuern:

Inhaltsübersicht

1. Zweck und Voraussetzungen der Verzinsung

1.1. Hinterzogene Steuern sind nach § 235 AO zu verzinsen, um dem Nutznießer einer Steuerhinterziehung den steuerlichen Vorteil der verspäteten Zahlung oder der Gewährung oder Belassung von Steuervorteilen zu nehmen (BFH-Urteile vom 19.4.1989, X R 3/86, BStBl. II S. 596, und vom 27.9.1991, VI R 159/89, BStBl. 1992 II S. 163).

1.2. [1]Die Zinspflicht tritt nur ein, wenn der objektive und subjektive Tatbestand des § 370 Abs. 1 AO erfüllt und die Tat i. S. d. § 370 Abs. 4 AO vollendet ist. [2]Der Versuch einer Steuerhinterziehung (§ 370 Abs. 2 AO i. V. m. § 23 StGB) reicht zur Begründung einer Zinspflicht ebenso wenig aus wie die leichtfertige Steuerverkürzung (§ 378 AO) oder die übrigen Steuerordnungswidrigkeiten (§§ 379 ff. AO).

Von einer Steuerhinterziehung bei Vorauszahlungen ist z. B. dann auszugehen, wenn einer der folgenden Sachverhalte vorliegt:

- Der Steuerpflichtige hat einen Antrag auf Festsetzung oder Herabsetzung der Vorauszahlungen vorsätzlich mit unrichtigen oder unvollständigen Angaben gestellt und es ist hierdurch zu einer zu niedrigen Festsetzung von Vorauszahlungen gekommen.
- [1]Der Steuerpflichtige musste aufgrund der Abgabe einer vorsätzlich unrichtigen oder unvollständigen Steuererklärung damit rechnen, dass Vorauszahlungen zu niedrig festgesetzt werden, und es ist hierdurch zu einer zu niedrigen Festsetzung von Vorauszahlungen gekommen. [2]Der Steuerpflichtige musste insbesondere dann damit rechnen, dass Steuervorauszahlungen zu niedrig festgesetzt werden, wenn er bereits in der Vergangenheit Steuervorauszahlungen zu leisten hatte.

1.3. [1]Die Festsetzung von Hinterziehungszinsen setzt keine strafrechtliche Verurteilung wegen Steuerhinterziehung voraus (BFH-Urteil vom 27.8.1991, VIII R 84/89, BStBl. 1992 II S. 9). [2]Die Zinspflicht ist unabhängig von einem Steuerstrafverfahren im Rahmen des Besteuerungsverfahrens zu prüfen.

Hinterziehungszinsen sind demnach auch festzusetzen, wenn

- wirksam Selbstanzeige nach § 371 AO erstattet worden ist (z. B. durch Nachmeldung hinterzogener Umsatzsteuer in der Umsatzsteuer-Jahreserklärung),
- der Strafverfolgung Verfahrenshindernisse entgegenstehen (z. B. Tod des Täters oder Strafverfolgungsverjährung),
- *das Strafverfahren wegen Geringfügigkeit* eingestellt worden ist (z. B. nach § 153 StPO; § 398 AO) oder

– in anderen Fällen die Strafverfolgung beschränkt oder von der Strafverfolgung abgesehen wird (z. B. nach §§ 153a, 154, 154a StPO).

[1] Die für den Erlass des Zinsbescheids zuständige Stelle der Finanzbehörde hat im Benehmen mit der für Straf- und Bußgeldsachen zuständigen Stelle zu prüfen, ob der objektive und subjektive Tatbestand des § 370 AO gegeben ist. [2] An Entscheidungen im strafgerichtlichen Verfahren ist die Finanzbehörde nicht gebunden (BFH-Urteil vom 10.10.1972, VII R 117/69, BStBl. 1973 II S. 68). [3] Im Allgemeinen kann sich das Finanzamt die tatsächlichen Feststellungen, Beweiswürdigungen und rechtlichen Beurteilungen des Strafverfahrens zu Eigen machen, wenn und soweit es zu der Überzeugung gelangt ist, dass diese zutreffend sind, und keine substantiierten Einwendungen gegen die Feststellungen im Strafurteil erhoben werden (vgl. BFH-Urteil vom 13.7.1994, I R 112/93, BStBl. 1995 II S. 198).

1.4. [1] Der zeitliche und sachliche Umfang der Nachentrichtungspflicht von Zinsen nach § 371 Abs. 3 AO hat keine Auswirkung auf die Berechnung und Festsetzung von Hinterziehungszinsen nach § 235 AO. [2] Daher sind Hinterziehungszinsen auch dann festzusetzen, wenn die Zahlung der Hinterziehungszinsen für die Wirksamkeit einer Selbstanzeige bzw. den Ausgang des Strafverfahrens nach § 371 Abs. 3 Satz 2 AO unerheblich ist.

2. Gegenstand der Verzinsung

2.1. Hinterziehungszinsen sind festzusetzen für

– verkürzte Steuern; darunter fallen auch keine oder zu geringe Steuervorauszahlungen und der Solidaritätszuschlag. [2] Landesgesetzlich geregelte Steuern sind nur zu verzinsen, wenn dies im Gesetz angeordnet ist,
– ungerechtfertigt erlangte Steuervorteile (z. B. zu Unrecht erlangte Steuervergütungen),
– zu Unrecht erlangte Steuervergünstigungen (z. B. Steuerbefreiungen und Steuerermäßigungen),
– ungerechtfertigt erlangte Prämien und Zulagen, auf die § 370 Abs. 1 bis 4, § 371, § 375 Abs. 1 und § 376 AO entsprechend anzuwenden sind (z. B. Wohnungsbauprämien, Arbeitnehmer-Sparzulagen, Mobilitätsprämien und Zulagen nach § 83 EStG).

Hinterziehungszinsen sind nicht festzusetzen bei erschlichener Investitionszulage und Eigenheimzulage, weil insoweit ein Subventionsbetrug und keine Steuerhinterziehung vorliegt.

2.2. Hinterziehungszinsen sind für jede Steuerart und jeden Besteuerungszeitraum (Veranlagungszeitraum, Voranmeldungszeitraum, Vorauszahlungszeitraum) oder Besteuerungszeitpunkt gesondert zu berechnen und festzusetzen.

[1] *Einzelne*, aufeinanderfolgende Steuerhinterziehungen sind nicht als eine Tat zu würdigen, sondern als selbständige Taten zu behandeln. [2] Das gilt auch, wenn das Finanzamt die Besteuerungsgrundlagen nach § 162 AO geschätzt hat.

2.3. [1] Wenn die Steuerhinterziehung zu keiner Nachforderung führt, erfolgt keine Zinsfestsetzung. [2] Soweit infolge Kompensation der mit der Steuerhinterziehung zusammenhängenden Besteuerungsgrundlagen mit anderen steuermindernden Besteuerungsgrundlagen (z. B. nach § 177 AO) kein Zahlungsanspruch entstanden ist, unterbleibt daher eine Zinsfestsetzung. [3]Das strafrechtliche Kompensationsverbot des § 370 Abs. 4 Satz 3 AO gilt nicht bei der Verzinsung nach § 235 AO. [4]Bemessungsgrundlage der Hinterziehungszinsen ist daher nicht die Steuer, die sich allein bei Einbeziehung der vorsätzlich verschwiegenen Besteuerungsgrundlagen in die ursprüngliche Steuerfestsetzung ergeben würde, sondern die tatsächliche Nachforderung, die sich aus dem Bescheid ergibt, in dem die bisher nicht oder unzutreffend erklärten Besteuerungsgrundlagen erstmals erfasst werden.

3. Zinsschuldner

3.1. [1]Nach § 235 Abs. 1 Satz 2 AO ist derjenige Zinsschuldner, zu dessen Vorteil die Steuern hinterzogen worden sind. [2]Durch die Vorschrift soll ausschließlich der steuerliche Vorteil des Steuerschuldners abgeschöpft werden. [3]Der steuerliche Vorteil liegt darin, dass die geschuldete Steuer erst verspätet gezahlt wird. [4]Allein der Steuerschuldner kann daher Zinsschuldner für hinterzogene Steuern i. S. d. § 235 Abs. 1 Sätze 1 und 2 AO sein, und zwar unabhängig davon, ob er an der Steuerhinterziehung beteiligt war (vgl. BFH-Urteile vom 27.6.1991, V R 9/86, BStBl. II S. 822, vom 18.7.1991, V R 72/87, BStBl. II S. 781, und vom 27.9.1991, VI R 159/89, BStBl. 1992 II S. 163).

[1]Sind Steuerschuldner Gesamtschuldner (§ 44 AO), ist jeder Gesamtschuldner auch Zinsschuldner. [2]Dies gilt auch dann, wenn bei zusammenveranlagten Ehegatten/Lebenspartnern der Tatbestand der Steuerhinterziehung nur in der Person eines der Ehegatten/Lebenspartner erfüllt ist. [3]Da in diesem Fall beide Ehegatten/Lebenspartner Schuldner der Hinterziehungszinsen sind, kann nach § 239 Abs. 1 Satz 1 i. V. m. § 155 Abs. 3 AO ein zusammengefasster Zinsbescheid an die Ehegatten/Lebenspartner ergehen (vgl. BFH-Urteil vom 13.10.1994, IV R 100/93, BStBl. 1995 II S. 484).

3.2. [1]§ 235 Abs. 1 Satz 3 AO regelt in Ergänzung des § 235 Abs. 1 Satz 2 AO nur die Fälle, in denen der Steuerschuldner nicht Zinsschuldner ist, weil die Steuern nicht zu seinem Vorteil hinterzogen worden sind. [2]In diesen Fällen ist der Entrichtungspflichtige Zinsschuldner. [3]Hinsichtlich hinterzogener Steuerabzugsbeträge ist daher nicht der Steuerschuldner, sondern der Entrichtungspflichtige Zinsschuldner, wenn dieser die Steuer zwar einbehalten, aber nicht an das Finanzamt abgeführt hat. [4]Dagegen ist der Steuerschuldner nach § 235 Abs. 1 Satz 2 AO Zinsschuldner, wenn der Entrichtungspflichtige die hinterzogene Abzugsteuer (zum Vorteil des Steuerschuldners) nicht einbehalten hat (BFH-Urteile vom 5.11.1993, VI R 16/93, BStBl. 1994 II S. 557, und vom 16.2.1996, I R 73/95, BStBl. II S. 592).

3.3. [1]Die in §§ 34, 35 AO bezeichneten Vertreter, Vermögensverwalter und Verfügungsberechtigten sind nicht Entrichtungspflichtige und nicht Schuldner der Hinterziehungszinsen (vgl. BFH-Urteile vom 18.7.1991, V R 72/87, BStBl. II S. 781, und vom 27.9.1991, VI R 159/89, BStBl. 1992 II S. 163). [2]Dieser Personenkreis kann aber sowohl für hinterzogene Steuern als auch für *Hinterziehungszinsen haften* (vgl. §§ 69 und 71 AO).

4. Zinslauf

4.1. Beginn des Zinslaufs

4.1.1. [1]Der Zinslauf beginnt mit dem Eintritt der Verkürzung oder der Erlangung des Steuervorteils (§ 235 Abs. 2 Satz 1 AO), d. h., sobald die Tat im strafrechtlichen Sinn vollendet ist. [2]Wären die hinterzogenen Beträge ohne die Steuerhinterziehung erst später fällig geworden, z. B. bei einer Abschlusszahlung, beginnt die Verzinsung erst mit Ablauf des Fälligkeitstags (§ 235 Abs. 2 Satz 2 AO).

4.1.2. [1]Bei **Fälligkeitssteuern** (z. B. Umsatzsteuer-Vorauszahlungen, Lohnsteuer) tritt die Verkürzung mit Ablauf des gesetzlichen Fälligkeitstags ein.
[2]Dauerfristverlängerungen sind zu berücksichtigen. [3]Dies gilt auch dann, wenn keine (Vor-)Anmeldung abgegeben wurde. [4]Bei Abgabe einer unrichtigen oder unvollständigen zustimmungsbedürftigen Steueranmeldung tritt die Verkürzung erst dann ein, wenn die Zustimmung nach § 168 Satz 2 AO dem Steuerpflichtigen bekannt geworden ist (z. B. Auszahlung oder Umbuchung des Guthabens oder Erklärung der Aufrechnung; vgl. AEAO zu § 168, Nr. 3). [5]Wäre die Steueranmeldung hingegen ohne die Steuerverkürzung nicht zustimmungsbedürftig gewesen, weil sich z. B. bei richtiger Anmeldung keine Erstattung ergeben hätte, bleibt für den Beginn des Zinslaufs der Ablauf des gesetzlichen Fälligkeitstags (ggf. unter Berücksichtigung einer Dauerfristverlängerung) maßgeblich.

Lässt sich nicht ohne weiteres feststellen, welchem Voranmeldungszeitraum hinterzogene Beträge zeitlich zuzuordnen sind, ist zugunsten des Zinsschuldners von einem Beginn des Zinslaufs mit Ablauf des letzten gesetzlichen Fälligkeitstags für das betroffene Jahr auszugehen (bei Unternehmen ohne Dauerfristverlängerung ist dies der 10.1. des jeweiligen Folgejahres, so dass der Zinslauf in diesem Fall am 11.1. beginnt).

4.1.3. Bei **Veranlagungssteuern** tritt die Verkürzung im Fall der Abgabe einer unrichtigen oder unvollständigen Steuererklärung mit dem Tag der Bekanntgabe des auf dieser Erklärung beruhenden Steuerbescheids (§§ 122, 124 AO) ein; der Beginn des Zinslaufs verschiebt sich jedoch dann auf den Ablauf des Fälligkeitstags, wenn sich bereits aufgrund dieser Erklärung eine Abschlusszahlung ergeben hatte oder wenn sich – im Falle einer festgesetzten Erstattung – ohne die Steuerhinterziehung eine Abschlusszahlung ergeben hätte (vgl. AEAO zu § 235, Nr. 4.1.1 Satz 2).

[1]Hat der Steuerpflichtige keine Steuererklärung abgegeben und ist aus diesem Grunde die Steuerfestsetzung unterblieben, so ist die Steuer zu dem Zeitpunkt verkürzt, zu dem die Veranlagungsarbeiten für das betreffende Kalenderjahr im Wesentlichen abgeschlossen waren. [2]Dieser Zeitpunkt ist zugleich Zinslaufbeginn.

[1]Hat das Finanzamt die Steuer aber zuvor wegen Nichtabgabe der Steuererklärung aufgrund geschätzter Besteuerungsgrundlagen (§ 162 AO) zu niedrig festgesetzt, tritt die Verkürzung bereits mit Bekanntgabe dieses Steuerbescheids ein. [2]In diesem Fall beginnt der Zinslauf i. d. R. mit Ablauf des Fälligkeitstags (vgl. AEAO zu § 235, Nr. 4.1.1 Satz 2).

Bei der Verzinsung von **Vorauszahlungen auf Veranlagungssteuern** beginnt der Zinslauf gesondert für jeden Vorauszahlungszeitraum mit Ablauf des jeweiligen Fälligkeitstags.

4.1.4. [1]Bei einer durch Unterlassen der Anzeige begangenen Hinterziehung von **Schenkungsteuer** beginnt der Lauf der Hinterziehungszinsen zu dem Zeitpunkt, zu dem das Finanzamt bei ordnungsgemäßer Anzeige und Abgabe der Steuererklärung die Steuer festgesetzt hätte. [2]Dieser Zeitpunkt kann unter Berücksichtigung der beim zuständigen Finanzamt durchschnittlich erforderlichen Zeit für die Bearbeitung eingegangener Schenkungsteuererklärungen bestimmt werden (BFH-Urteil vom 28.8.2019, II R 7/17, BStBl. 2020 II S. 247). [3]Diese Grundsätze gelten entsprechend auch für Fälle einer begangenen Hinterziehung von **Erbschaftsteuer.**

4.2. Ende des Zinslaufs

4.2.1. [1]Der Zinslauf endet mit der Zahlung der hinterzogenen Steuer (§ 235 Abs. 3 Satz 1 AO). [2]Erlischt der zu verzinsende Anspruch durch Aufrechnung, gilt der Tag, an dem die Schuld des Aufrechnenden fällig wird, als Tag der Zahlung (§ 238 Abs. 1 Satz 3 AO). [3]Bei der Festsetzung von Hinterziehungszinsen auf Vorauszahlungen (bei Veranlagungs- und Fälligkeitssteuern) endet der Zinslauf mit dem Zeitpunkt der Zahlung der hinterzogenen Steuer, spätestens aber mit dem Ablauf des Fälligkeitstags der Jahressteuer.

4.2.2. [1]Hinterziehungszinsen werden nicht für Zeiten festgesetzt, für die ein Säumniszuschlag entsteht, die Zahlung gestundet oder die Vollziehung ausgesetzt ist (§ 235 Abs. 3 Satz 2 AO), ohne dass es dabei auf die tatsächliche Erhebung von Säumniszuschlägen oder die Zahlung von Stundungs- und/oder Aussetzungszinsen ankommt. [2]Der Zinslauf endet daher spätestens mit Ablauf des Fälligkeitstags.

4.2.3. Wird der Steuerbescheid nach Ende des Zinslaufs aufgehoben, geändert oder nach § 129 AO berichtigt, so bleiben die bis dahin entstandenen Zinsen unberührt (§ 235 Abs. 3 Satz 3 AO).

5. Höhe der Hinterziehungszinsen

5.1. Berechnung der Hinterziehungszinsen im Allgemeinen

5.1.1. Die Hinterziehungszinsen betragen für jeden vollen Monat des Zinslaufs 0,5 % (§ 238 Abs. 1 Satz 1 und 2 AO).

[1]Für die Berechnung der Zinsen wird der zu verzinsende Betrag auf den nächsten durch 50 € teilbaren Betrag abgerundet (§ 238 Abs. 2 AO). [2]Abzurunden ist jeweils der einzelne zu verzinsende Anspruch, d. h. jede einzelne hinterzogene Vorauszahlung/Voranmeldung und die Jahresabschlusszahlung jeweils für sich genommen (vgl. AEAO zu § 238, Nr. 2).

[1]Im Falle von Teilzahlungen eines zu verzinsenden Anspruchs wird nur der Gesamtbetrag gerundet. [2]Eine sich daraus ergebende Abrundungsspitze wird für Zwecke der Verzinsung bei der letzten Teilzahlung abgezogen.

Auch die Rundungsregelung und Kleinbetragsregelung hinsichtlich der Festsetzung der Zinsen gem. § 239 Abs. 2 AO sind für jeden einzelnen Zinsanspruch gesondert anzuwenden (vgl. AEAO zu § 239, Nr. 3).

5.1.2. [1]Zur Vermeidung einer Doppelverzinsung im Hinterziehungsfall sind Zinsen nach § 233a AO, die für denselben Zeitraum festgesetzt wurden, auf die festzusetzenden Hinterziehungszinsen anzurechnen (§ 235 Abs. 4 AO). [2]Im Falle der Hinterziehung von Forschungszulage sind Zinsen nach § 11 FZulG auf Hinterziehungszinsen nach § 235 AO hinsichtlich solcher Einkommen- oder Körperschaftsteueransprüche, die auf einem Rückforderungsanspruch von Forschungszulage aus einer nach § 10 Abs. 3 FZulG geänderten Anrechnung beruhen, anzurechnen, soweit sie für denselben Zeitraum auf den Rückzahlungsanspruch der Forschungszulage festgesetzt wurden.

5.2. Berechnung der Hinterziehungszinsen auf Vorauszahlungen

5.2.1. [1]Die Bemessungsgrundlage von Hinterziehungszinsen auf Vorauszahlungen entspricht grundsätzlich dem (Mehr-)Betrag, der ohne Steuerhinterziehung festgesetzt worden wäre. [2]Sie ist aber begrenzt auf die Abschlusszahlung aufgrund der Jahressteuerfestsetzung (vgl. AEAO zu § 235, Nr. 2.3). [3]Dieser Betrag ist gleichmäßig auf die hinterzogenen Vorauszahlungszeiträume des jeweiligen Kalenderjahrs zu verteilen.

5.2.2. [1]Auf Vorauszahlungen entfallen keine Zinsen gem. § 233a AO. [2]Wird die der Verzinsung nach § 233a AO unterliegende Jahressteuer erst nach Ablauf der Karenzzeit festgesetzt, überschneidet sich der Zinslauf der Hinterziehungszinsen auf Vorauszahlungen mit dem Zinslauf der Nachzahlungszinsen nach § 233a AO auf die Jahressteuer. [3]In diesen Fällen sind Zinsen gem. § 233a AO auf festzusetzende Hinterziehungszinsen auf Vorauszahlungen anzurechnen.

(Fortsetzung S. 325)

2. Voraussetzung für die Eröffnung des Verfahrens

2.1. Eröffnungsgründe

Nach § 16 InsO sind Gründe für die Eröffnung des Insolvenzverfahrens
- die Zahlungsunfähigkeit (§ 17 InsO),
- die drohende Zahlungsunfähigkeit (§ 18 InsO) und
- die Überschuldung (§ 19 InsO).

Die gleichen Eröffnungsgründe gelten auch in Nachlassinsolvenzverfahren (§ 320 InsO).

2.1.1. Zahlungsunfähigkeit

[1]Allgemeiner Eröffnungsgrund ist die Zahlungsunfähigkeit des Schuldners. [2]Sie ist in der Regel anzunehmen, wenn der Schuldner seine Zahlungen eingestellt hat (§ 17 InsO). [3]Leistet der Schuldner noch einzelne Zahlungen, bleiben aber nicht unwesentliche Verbindlichkeiten unerfüllt, ändert dies grundsätzlich nichts an der Zahlungsunfähigkeit (BGH-Urteil vom 10.7.2003, IX ZR 89/02, DB S. 2383).

Zahlungsunfähigkeit ist weiterhin regelmäßig anzunehmen, wenn der Schuldner nicht in der Lage ist, binnen drei Wochen 90% seiner fälligen Gesamtverbindlichkeiten auszugleichen (BGH-Urteil vom 24.5.2005, IX ZR 123/04, NJW S. 3062).

2.1.2. Drohende Zahlungsunfähigkeit

[1]Bei Eigenanträgen des Schuldners ist auch die drohende Zahlungsunfähigkeit Eröffnungsgrund (§ 18 Abs. 1 InsO). [2]Der Schuldner droht zahlungsunfähig zu werden, wenn er voraussichtlich nicht in der Lage sein wird, die bestehenden Zahlungspflichten im Zeitpunkt der Fälligkeit zu erfüllen. [3]In aller Regel ist ein Prognosezeitraum von 24 Monaten zugrunde zu legen (§ 18 Abs. 2 InsO).

2.1.3. Überschuldung

[1]Bei juristischen Personen, Personengesellschaften ohne eine persönlich haftende natürliche Person ist daneben die Überschuldung ein eigenständiger Eröffnungsgrund (§ 19 InsO). [2]Eine Überschuldung liegt vor, wenn das Vermögen des Schuldners die bestehenden Verbindlichkeiten nicht mehr deckt, es sei denn, die Fortführung des Unternehmens in den nächsten zwölf Monaten ist nach den Umständen überwiegend wahrscheinlich (§ 19 Abs. 2 Satz 1 InsO). [3]Eine Ausnahme gilt in den Fällen des § 19 Abs. 3 Satz 2 InsO.

2.2. Eröffnungsantrag

[1]Das Insolvenzverfahren wird nur auf schriftlichen Antrag eröffnet. [2]Antragsberechtigt sind sowohl die Gläubiger als auch der Schuldner (§ 13 Abs. 1 Satz 2 InsO). [3]Den Antrag auf Eröffnung des Insolvenzverfahrens kann außer bei drohender Zahlungsunfähigkeit jeder Gläubiger stellen, der ein rechtliches Interesse an der Eröffnung hat und seinen Anspruch sowie den Eröffnungsgrund glaubhaft macht (§ 14 Abs. 1 InsO). [4]Das rechtliche Interesse eines Gläubigers fehlt beispielsweise dann, wenn er aufgrund eines Aussonderungsrechts innerhalb wie außerhalb des Verfahrens in gleicher Weise Befriedigung erlangen kann.

Bei vollstreckbaren Rückständen ist die Finanzbehörde im Rahmen pflichtgemäßer Ermessensausübung gehalten, bei Vorliegen eines Insolvenzgrundes einen Insolvenzantrag zu stellen.

[1]Nach § 14 Abs. 1 Satz 2 InsO wird ein Insolvenzantrag nicht alleine dadurch unzulässig, dass die Forderung erfüllt wird. [2]Ein von der Finanzbehörde gestellter Insolvenzantrag kann weiterhin trotz Tilgung der Forderungen aufrechterhalten bleiben.

2.3. Rechtsbehelfe

[1]Die Stellung eines Antrag auf Eröffnung eines Insolvenzverfahrens über das Vermögen des Schuldners durch die Finanzbehörde ist kein Verwaltungsakt, sondern stellt schlichtes hoheitliches Handeln dar, dessen Überprüfung dem Finanzgericht und nicht dem Insolvenzgericht obliegt (vgl. BFH-Beschluss vom 31.8.2011, VII B 59/11, BFH/NV S. 2105). [2]Dem Steuerpflichtigen stehen als Rechtsbehelfe hiergegen die allgemeine Leistungsklage (§ 40 Abs. 1 FGO) bzw. im vorläufigen Rechtsschutzverfahren der Antrag auf Erlass einer einstweiligen Anordnung (§ 114 FGO) zu (vgl. BFH-Beschluss vom 12.8.2011, VII B 159/10, BFH/NV S. 2104).

[1]Über den Insolvenzantrag selbst entscheidet das Insolvenzgericht. [2]Gegen eine ablehnende Entscheidung des Insolvenzgerichts über den Insolvenzantrag steht dem antragstellenden Gläubiger das Rechtsmittel der sofortigen Beschwerde zu (§ 34 Abs. 1 InsO). [3]Die Beschwerde ist binnen einer Notfrist von zwei Wochen bei dem Insolvenzgericht einzulegen (§§ 4 und 6 InsO, § 569 ZPO). [4]Die Frist beginnt mit der Verkündung der Entscheidung oder, wenn diese nicht verkündet wird, mit deren Zustellung (§ 6 Abs. 2 InsO). [5]Gegen die Entscheidung des Beschwerdegerichts ist die Rechtsbeschwerde gegeben, soweit sie zugelassen ist (§ 574 ZPO). [6]Die Rechtsbeschwerde ist binnen einer Notfrist von einem Monat nach Zustellung des Beschlusses über die sofortige Beschwerde bei dem Rechtsbeschwerdegericht einzulegen (§ 575 ZPO).

3. Insolvenzeröffnungsverfahren

3.1. Sicherungsmaßnahmen

[1]Die häufigste Sicherungsmaßnahme ist neben dem Vollstreckungsverbot die Anordnung der vorläufigen Insolvenzverwaltung gem. § 21 Abs. 2 Nr. 1 i. V. m. § 22 InsO. [2]Wird diese Anordnung mit dem Erlass eines allgemeinen Verfügungsverbots nach § 21 Abs. 2 Nr. 2 InsO verbunden, geht die Verwaltungs- und Verfügungsbefugnis über das Schuldnervermögen auf den vorläufigen Insolvenzverwalter über. [3]Aufgrund seiner umfassenden Befugnisse wird dieser als starker vorläufiger Insolvenzverwalter bezeichnet. [4]Im Besteuerungsverfahren hat der starke vorläufige Insolvenzverwalter die gleiche Stellung (§ 34 Abs. 3 AO) wie der Insolvenzverwalter im eröffneten Verfahren (vgl. AEAO zu § 251, Nr. 4.2). [5]Die vom starken vorläufigen Insolvenzverwalter begründeten Verbindlichkeiten gelten nach Verfahrenseröffnung als Masseverbindlichkeiten i. S. d. § 55 Abs. 2 InsO (vgl. AEAO zu § 251, Nr. 6.1). [6]Für hierauf bezogene Verwaltungsakte ist er im Insolvenzeröffnungsverfahren Bekanntgabeadressat (vgl. AEAO zu § 251, Nr. 4.3.2). [7]Mit

Bestellung des starken vorläufigen Insolvenzverwalters tritt bereits die Unterbrechungswirkung analog zu § 240 Satz 2 ZPO ein, weshalb ab diesem Zeitpunkt insbesondere keine Steuerbescheide mehr für solche Steuern erlassen werden dürfen, die vor Bestellung des starken vorläufigen Insolvenzverwalters begründet worden sind (vgl. AEAO zu § 251, Nr. 4.1.2). [8]Eine vom Schuldner vor Bestellung eines starken vorläufigen Insolvenzverwalters erteilte Empfangsvollmacht ist weiterhin zu beachten, sofern sie nicht vom starken vorläufigen Insolvenzverwalter widerrufen oder das Insolvenzverfahren eröffnet wurde.

[1]Soweit das Gericht vom Erlass eines allgemeinen Verfügungsverbots absieht und die Rechte des vorläufigen Insolvenzverwalters individuell bestimmt, handelt es sich um einen sog. schwachen vorläufigen Insolvenzverwalter. [2]Dieser ist nicht Vermögensverwalter i. S. d. § 34 Abs. 3 AO; daher obliegen die steuerlichen Pflichten, insbesondere die Steuererklärungspflicht, weiterhin dem Schuldner. [3]Steuerbescheide sind daher an den Schuldner zu richten und diesem bekannt zu geben, soweit kein Empfangsbevollmächtigter bestellt ist.

[1]Der schwache vorläufige Insolvenzverwalter kann in der Regel keine Masseverbindlichkeiten begründen (vgl. BGH-Urteil vom 18.7.2002, IX ZR 195/01, DB S. 2011).[1)] [2]Aufgrund der Regelung des § 55 Abs. 4 InsO gelten jedoch bestimmte Steuerverbindlichkeiten des Schuldners, die vom vorläufigen Insolvenzverwalter oder vom Schuldner mit Zustimmung des vorläufigen Insolvenzverwalters begründet werden, nach Eröffnung des Insolvenzverfahrens als Masseverbindlichkeiten. [3]Zu Einzelheiten der Anwendung des § 55 Abs. 4 InsO siehe BMF-Schreiben vom 11.1.2022, BStBl. I S. 116.

Aus der Bestellung eines Gutachters durch das Insolvenzgericht ergeben sich keine Auswirkungen auf das Besteuerungsverfahren des Schuldners.

3.2. Besonderheiten bei beantragter Eigenverwaltung

Zu den Besonderheiten der vorläufigen Eigenverwaltung nach § 270b InsO vgl. AEAO zu § 251, Nr. 13.1, zu der Vorbereitung einer Sanierung nach § 270d InsO vgl. AEAO zu § 251, Nr. 13.2.

4. Eröffnung des Verfahrens

4.1. Wirkung der Eröffnung des Verfahrens

4.1.1. Allgemeines

[1]Mit der Eröffnung des Insolvenzverfahrens verliert der Schuldner die Befugnis, sein zur Insolvenzmasse gehörendes Vermögen zu verwalten und darüber zu verfügen (§ 80 Abs. 1 InsO), sofern keine Eröffnung unter Anordnung der Eigenverwaltung erfolgt (§ 270 Abs. 1 Satz 1 InsO, vgl. AEAO zu § 251, Nr. 13.2). [2]Die Verwaltungs- und Verfügungsrechte werden durch den Insolvenzverwalter ausgeübt (§ 34 Abs. 3 AO).

[1]Die Insolvenzmasse erfasst das gesamte Vermögen einschließlich der Geschäftsbücher (§ 36 Abs. 2 Nr. 1 InsO), das dem Schuldner zur Zeit der Eröffnung des Verfahrens gehört und das er während des Verfahrens erlangt (sog. Neuerwerb, § 35 InsO). [2]Nicht zur Insolvenzmasse gehören die unpfändbaren Gegenstände i. S. d. § 36 InsO, das Vermögen aus einer nach § 35 Abs. 2 InsO

---

1) NJW 2002, 3326.

freigegebenen Tätigkeit (sog. insolvenzfreies Vermögen, vgl. AEAO zu § 251, Nr. 7) und das nach Ende der Abtretungsfrist bei erteilter Restschuldbefreiung erworbene Vermögen (§ 300a Abs. 1 Satz 1 InsO).

[1]Die Eröffnung des Verfahrens hat weiter die Wirkung, dass alle im letzten Monat vor dem Eröffnungsantrag oder nach diesem Antrag durch Zwangsvollstreckung erlangten Sicherungsrechte ihre Wirksamkeit verlieren (§ 88 InsO). [2]Im Verbraucherinsolvenzverfahren (vgl. AEAO zu § 251, Nr. 12) verlängert sich die Frist nach § 88 Abs. 2 InsO auf drei Monate.

[1]Mit der Eröffnung des Verfahrens können bis zu diesem Zeitpunkt begründete Ansprüche aus dem Steuerschuldverhältnis (Insolvenzforderungen, vgl. AEAO zu § 251, Nr. 5.1) nur noch nach Maßgabe der InsO geltend gemacht werden. [2]Dies gilt auch für Ansprüche, auf die steuerliche Verfahrensvorschriften entsprechend anzuwenden sind (z. B. Rückforderung von Investitionszulage).

4.1.2. Unterbrechungswirkung (analog § 240 ZPO)

[1]Das Steuerfestsetzungsverfahren, das Rechtsbehelfsverfahren und der Lauf der Rechtsbehelfsfristen werden, soweit sie die Insolvenzmasse betreffen oder abstrakt dazu geeignet sind, sich auf zur Tabelle anzumeldende Steuerforderungen auszuwirken, analog zu § 240 ZPO unterbrochen (vgl. BFH-Urteil vom 24.8.2004, VIII R 14/02, BStBl. 2005 II S. 246). [2]Das gilt auch für Rechtsbehelfsverfahren, wenn damit eine Erstattung für die Masse begehrt wird (BFH-Urteil vom 30.7.2019, VIII R 21/16, BStBl. 2021 II S. 171).

[1]Eine Verfahrensunterbrechung tritt jedoch im Steuerfestsetzungsverfahren nicht ein, wenn keine Forderungen gegenüber der Insolvenzmasse für Zeiträume vor Insolvenzeröffnung geltend zu machen sind (z. B. im Falle einer Erstattung für die Masse; BFH-Urteil vom 13.5.2009, XI R 63, BStBl. 2010 II S. 11). [2]Hinsichtlich der Zulässigkeit des Erlasses von Steuerbescheiden wird auf Nr. 4.3.1 verwiesen.

Zur Unterbrechungswirkung bei der gesonderten und einheitlichen Feststellung von Besteuerungsgrundlagen vgl. AEAO zu § 251, Nr. 4.4.

[1]Die Ermittlungsrechte und -pflichten der Finanzbehörde (§ 88 AO) und die Mitwirkungspflichten des Schuldners, des vorläufigen Insolvenzverwalters und des Insolvenzverwalters (§ 34 Abs. 3 AO) bleiben von der Unterbrechungswirkung unberührt. [2]Die Pflicht zur handels- und steuerrechtlichen Rechnungslegung ergibt sich aus § 155 InsO.

Bei der Wiederaufnahme von unterbrochenen Rechtsbehelfsverfahren ist zwischen passiven und aktiven Verfahren zu unterscheiden.

Bei Einspruchs- und Klageverfahren, in denen Insolvenzforderungen strittig sind oder die abstrakt geeignet sind, sich auf zur Tabelle anzumeldende Steuerforderungen auszuwirken (Passiv-Verfahren), wird auf Nr. 5.3. verwiesen.

[1]Bei Einspruchsverfahren, die im Erfolgsfall zu einer Erstattung der bereits gezahlten Steuern in die Insolvenzmasse führen (Aktiv-Verfahren), fehlt es an einer gesetzlichen oder analogen Grundlage für die Aufnahme des Verfahrens durch das Finanzamt. [2]Lediglich dem Insolvenzverwalter steht die Möglichkeit zu, in analoger Anwendung des § 85 Abs. 1 Satz 1 InsO, Rechtsbehelfsverfahren aufzunehmen (BFH-Urteil vom 30.7.2019, VIII R 21/16, a. a. O.). [3]Es bleibt dem Finanzamt aber unbenommen, mit dem Insolvenzverwalter den

Streitstand zu erörtern und den Insolvenzverwalter zur Aufnahme des Verfahrens zu bewegen.

[1] In Klageverfahren, die im Erfolgsfall zu einer Erstattung der bereits gezahlten Steuern in die Insolvenzmasse führen (Aktivprozess), kann das Finanzamt das Verfahren wiederaufnehmen, wenn der Insolvenzverwalter die Aufnahme des Verfahrens abgelehnt hat (§ 85 Abs. 2 InsO). [2] Der Insolvenzverwalter ist in diesem Verfahren dann nicht mehr beteiligt. [3] Die gesetzliche Prozessführungsbefugnis und die Beteiligtenstellung gehen auf den Schuldner über; der im Streit befindliche Massegegenstand wird freigegeben (BFH-Beschluss vom 20.2.2018, XI B 110/17, BFH/NV S. 736).

4.1.3. Auswirkungen auf bei Insolvenzeröffnung anhängige Rechtsbehelfsverfahren und Anträge auf Aussetzung der Vollziehung

[1] Wird während eines anhängigen außergerichtlichen oder gerichtlichen Rechtsbehelfsverfahrens das Insolvenzverfahren eröffnet, so wird das Rechtsbehelfsverfahren grundsätzlich unterbrochen, soweit es die Insolvenzmasse betrifft (Nr. 4.1 des AEAO zu § 251). [2] Die Unterbrechung endet, wenn das Rechtsbehelfsverfahren nach den für das Insolvenzrecht geltenden Vorschriften aufgenommen (vgl. hierzu AEAO zu § 251, Nr. 5.3.1.2.2) oder das Insolvenzverfahren beendet wird.

[1] Ein noch nicht beschiedener Antrag auf Aussetzung der Vollziehung nach § 361 AO bzw. § 69 FGO wird durch die Eröffnung des Insolvenzverfahrens unzulässig (vgl. BFH-Urteil vom 27.11.1974, I R 185/73, BStBl. 1975 II S. 208). [2] Eine gewährte Aussetzung der Vollziehung erledigt sich mit der Eröffnung des Insolvenzverfahrens (siehe § 124 Abs. 2 AO i.V.m. § 41 Abs. 1 InsO). [3] Die Beträge sind zur Tabelle anzumelden (vgl. AEAO zu § 251, Nr. 5.2).

4.1.4. Auswirkungen auf Stundung und Vollstreckungsaufschub

[1] Noch nicht beschiedene Anträge auf Stundung und Vollstreckungsaufschub werden durch die Eröffnung des Insolvenzverfahrens unzulässig. [2] Gewährte Stundungen oder Vollstreckungsaufschübe erledigen sich mit der Eröffnung des Insolvenzverfahrens (siehe § 124 Abs. 2 i.V.m. § 41 Abs. 1 InsO). [3] Die Beträge sind zur Tabelle anzumelden (vgl. AEAO zu § 251, Nr. 5.2).

4.1.5. Wirkungen auf Verfahren gegen Dritte

[1] Verfahren gegen Dritte, die sich nicht in Insolvenz befinden, bleiben grundsätzlich von den Wirkungen der Eröffnung des Insolvenzverfahrens unberührt. [2] Dies gilt z.B. für das Besteuerungsverfahren des nichtinsolventen Ehegatten/Lebenspartners des Schuldners, für das Besteuerungsverfahren der nichtinsolventen Gesellschafter einer Personengesellschaft und für Haftungsverfahren gegen GmbH-Geschäftsführer.

4.2. Stellung und steuerliche Pflichten des Insolvenzverwalters

[1] Der Insolvenzverwalter hat als Vermögensverwalter (§ 34 Abs. 3 AO) die steuerlichen Pflichten des Schuldners zu erfüllen. [2] Er ist daher u.a. gem. § 149 Abs. 1 AO i.V.m. den Einzelsteuergesetzen verpflichtet, Steuererklärungen für den Schuldner abzugeben. [3] Die Steuererklärungspflicht besteht sowohl für Besteuerungszeiträume nach Eröffnung des Insolvenzverfahrens als

auch für Besteuerungszeiträume vor Eröffnung des Insolvenzverfahrens, soweit der Schuldner noch keine Steuererklärungen abgegeben hat.

[1]Der Insolvenzverwalter hat die steuerlichen Pflichten des Schuldners jedoch nur insoweit zu erfüllen, als seine Verfügungsbefugnis reicht. [2]Soweit Besteuerungsgrundlagen den insolvenzfreien Bereich betreffen, insbesondere Umsätze bzw. Einkünfte aus dem nach § 35 Abs. 2 InsO freigegebenen oder pfändungsfreien Vermögen, ist daher nicht der Insolvenzverwalter, sondern der Schuldner zur Erklärung verpflichtet, z. B. zur Abgabe von Umsatzsteuererklärungen für das freigegebene Unternehmen. [3]Entsprechendes gilt für die Erklärung zu Besteuerungsgrundlagen, die den mit dem Schuldner zusammenveranlagten Ehegatten/Lebenspartner betreffen. [4]Soweit die Steuergesetze die eigenhändige Unterzeichnung einer Steuererklärung vorschreiben, muss die Steuererklärung vom Insolvenzverwalter eigenhändig (mit-)unterschrieben werden; dies gilt auch im Fall einer Antragsveranlagung gem. § 46 Abs. 2 Nr. 8 EStG.

[1]Für die Steuererklärungspflicht des Insolvenzverwalters ist es i. d. R. unerheblich, ob die Insolvenzmasse über ausreichende Mittel verfügt, um diese Erklärungen durch einen Dritten erstellen zu lassen (BFH-Urteil vom 23.8.1994, VII R 143/92, BStBl. 1995 II S. 194). [2]Soweit der Insolvenzverwalter verpflichtet ist, Steuererklärungen einschließlich Steueranmeldungen abzugeben, und er dieser Verpflichtung nicht nachkommt, sind Zwangsmaßnahmen (§§ 328, 329 AO) gegen ihn zulässig. [3]Dies gilt auch, wenn aus den angeforderten Erklärungen voraussichtlich nicht mit steuerlichen Auswirkungen zu rechnen ist (sogenannte „Null-Erklärungen" vgl. BFH-Urteil vom 6.11.2012, VII R 72/11, BStBl. 2013 II S. 141). [4]In massearmen Verfahren kann jedoch regelmäßig von der Anwendung von Zwangsmitteln abgesehen werden; die Besteuerungsgrundlagen sind dann zu schätzen.

Erkennt der Insolvenzverwalter während des Verfahrens, dass der Schuldner für die Zeit vor Insolvenzeröffnung unrichtige oder unvollständige Erklärungen abgegeben hat und dass es dadurch zu einer Verkürzung von Steuern kommen kann oder bereits gekommen ist, ist er nach § 153 Abs. 1 AO verpflichtet, die unrichtigen oder unvollständigen Steuererklärungen zu berichtigen oder zu vervollständigen.

[1]Die Steuererklärungspflicht des Insolvenzverwalters endet grundsätzlich mit Aufhebung des Insolvenzverfahrens. [2]Soweit Steuererklärungen vor Aufhebung des Insolvenzverfahrens vom Insolvenzverwalter abzugeben waren, besteht diese Verpflichtung über diesen Zeitpunkt hinaus fort, soweit der frühere Insolvenzverwalter dieser Verpflichtung noch tatsächlich nachkommen kann (§§ 34, 36 AO).

Für Zeiträume nach der Aufhebung des Insolvenzverfahrens obliegen die steuerlichen Pflichten dem Schuldner.

4.3. Verwaltungsakte im Insolvenzverfahren

4.3.1. Vor Insolvenzeröffnung begründete Ansprüche

[1]Während des Insolvenzverfahrens dürfen hinsichtlich Insolvenzforderungen grundsätzlich *keine Bescheide* über die Festsetzung von Ansprüchen aus dem Steuerschuldverhältnis und keine Bescheide, die Besteuerungsgrundlagen

feststellen oder Steuermessbeträge festsetzen, welche die Höhe der zur Insolvenztabelle anzumeldenden Steuerforderungen beeinflussen können, erlassen werden. [2]Ein gleichwohl erlassener Steuerbescheid über einen Steueranspruch, der eine Insolvenzforderung betrifft, ist unwirksam (BFH-Urteil vom 18.12.2002, I R 33/01, BStBl. 2003 II S. 630).

Steuerfestsetzungen i. H. v. 0 €, deren Besteuerungsgrundlagen in einen verbleibenden Verlustvortrag nach § 10d EStG eingehen können, sind ebenfalls unwirksam, da sie abstrakt geeignet sind, sich auf anzumeldende Steuerforderungen auszuwirken, vgl. § 10d Abs. 4 Satz 4 EStG.

[1]Bescheide, die einen Erstattungsanspruch zugunsten der Insolvenzmasse festsetzen, oder Festsetzungen von Steuermessbeträgen, die sich für den Schuldner vorteilhaft auswirken, können ergehen, sofern sie nicht abstrakt geeignet sind, sich auf anzumeldende Steuerforderungen auszuwirken (z. B. über einen Verlustvortrag nach § 10d EStG). [2]Beispielsweise ist das Finanzamt berechtigt, Umsatzsteuerbescheide zu erlassen, in denen eine negative Umsatzsteuer für einen Besteuerungszeitraum vor Eröffnung des Insolvenzverfahrens festgesetzt wird, sofern sich daraus keine Zahllast ergibt (BFH-Urteil vom 13.5.2009, XI R 63/07, BStBl. 2010 II S. 11).

[1]Eine Steuerfestsetzung hat außerdem zu erfolgen, wenn der Insolvenzverwalter ausdrücklich die Erteilung eines Steuerbescheids beantragt, auch wenn sie sich auf anzumeldende Steuerforderungen auswirken kann. [2]Ein solcher Antrag ist erforderlich, wenn der Insolvenzverwalter die Anrechnung von Steuerabzugsbeträgen und/oder Vorauszahlungen begehrt mit dem Ziel ihrer (teilweisen) Erstattung zugunsten der Insolvenzmasse. [3]Die Abgabe einer gesetzlich vorgeschriebenen Steuererklärung ist, mit Ausnahme der Fälle des § 46 Abs. 2 Nr. 8 EStG (vgl. BFH-Urteil vom 20.1.2016, VI R 14/15, BStBl. II S. 380), kein Antrag auf Erteilung eines Steuerbescheids (vgl. AEAO zu § 171, Nr. 2).

Weiterhin können folgende Verwaltungsakte ergehen:

– Verwaltungsakte nach § 251 Abs. 3 AO (ggf. neben einer Bekanntgabe an den widersprechenden Gläubiger, § 179 Abs. 1 InsO),
– Gewerbesteuermessbetragsbescheide (§ 184 AO) und Zerlegungsbescheide (§ 188 AO) nach einem Widerspruch gegen die Anmeldung von Gewerbesteuerforderungen zur Insolvenztabelle durch die erhebungsberechtigte Körperschaft (BFH-Urteil vom 2.7.1997, I R 11/97, BStBl. 1998 II S. 428),
– Bescheide, die Besteuerungsgrundlagen feststellen, die eine vom Insolvenzverwalter im Prüfungstermin bestrittene Steuerforderung betreffen (BFH-Urteil vom 1.4.2003, I R 51/02, BStBl. II S. 779; zu Feststellungsbescheiden vgl. auch AEAO zu § 251, Nr. 4.4).

Für diese Verwaltungsakte ist Bekanntgabeadressat (vgl. AEAO zu § 122, Nr. 1.4) der Insolvenzverwalter.

In Fällen der Eigenverwaltung (vgl. AEAO zu § 251, Nr. 13) ist der Schuldner Bekanntgabeadressat.

Zu Verbindlichkeiten nach § 55 Abs. 2 und 4 InsO vgl. AEAO zu § 251, Nr. 3.1.

4.3.2. Nach Insolvenzeröffnung begründete Ansprüche

Verwaltungsakte, die die Insolvenzmasse betreffen, dürfen erlassen werden.

[1]Bekanntgabeadressat aller die Insolvenzmasse betreffenden Verwaltungsakte ist der Insolvenzverwalter. [2]Dies gilt insbesondere für die Bekanntgabe von
- Steuerbescheiden oder Steuermessbetragsbescheiden wegen Steueransprüchen, die nach der Verfahrenseröffnung begründet und damit sonstige Masseverbindlichkeiten sind,
- Verwaltungsakten nach § 218 Abs. 2 AO,
- Steuerbescheiden wegen Steueransprüchen, die aufgrund einer neuen beruflichen oder gewerblichen, nicht vom Insolvenzverwalter freigegebenen Tätigkeit des Schuldners begründet sind (sog. Neuerwerb, § 35 InsO).

Verwaltungsakte, die das insolvenzfreie Vermögen betreffen, sind an den Schuldner zu richten und diesem bekannt zu geben.

4.3.3. Beispiele für Bescheiderläuterungen bei Bekanntgabe an den Insolvenzverwalter:

„Der Bescheid ergeht an Sie als Insolvenzverwalter/vorläufiger Insolvenzverwalter im Insolvenzverfahren/Verfahren über den Antrag auf Eröffnung des Insolvenzverfahrens über das Vermögen des Schuldners ... ."

Die Erläuterung ist, soweit erforderlich, zur Klarstellung zu ergänzen:

„Die Steuerfestsetzung betrifft die Festsetzung der Umsatzsteuer als sonstige Masseverbindlichkeit."

„Die Festsetzung des Gewerbesteuermessbetrags dient der erhebungsberechtigten Körperschaft als Grundlage zur Fortführung des weiteren Verfahrens aufgrund des Widerspruchs gegen die Anmeldung der Gewerbesteuerforderung zur Tabelle."

4.4. Besonderheiten bei der gesonderten Feststellung von Besteuerungsgrundlagen

4.4.1. Personengesellschaften

4.4.1.1. Insolvenz der Personengesellschaft

Das Insolvenzverfahren einer Personengesellschaft umfasst nur das Gesamthandsvermögen, nicht jedoch das persönliche Vermögen der Gesellschafter oder das Sonderbetriebsvermögen einzelner Gesellschafter.

[1]Zivilrechtlich wird die Personengesellschaft durch die Eröffnung des Insolvenzverfahrens aufgelöst (§ 728 Abs. 1 BGB, § 131 Abs. 1 Nr. 3, § 161 Abs. 2 HGB). [2]Steuerrechtlich besteht sie zunächst fort (vgl. AEAO zu § 122, Nr. 2.7.1).

Ist ausschließlich über das Vermögen der Gesellschaft – nicht aber auch über das Vermögen eines Gesellschafters – ein Insolvenzverfahren eröffnet worden, unterbricht diese Verfahrenseröffnung das (Gewinn-)Feststellungsverfahren nicht, weil dessen steuerlichen Folgen nicht die Insolvenzmasse, sondern ausschließlich die Gesellschafter treffen (BFH-Urteil vom 24.7.1990, VIII R 194/84, BStBl. 1992 II S. 508).

[1]Daher sind weiterhin Feststellungserklärungen abzugeben. [2]Die Pflicht zur Abgabe der Feststellungserklärung obliegt wie bisher den Beteiligten (§§ 179 Abs. 1, 181 Abs. 2 AO), nicht dem Insolvenzverwalter. [3]Dieser ist nur dann zur Abgabe der Feststellungserklärung verpflichtet, wenn er Insolvenzverwalter im Insolvenzverfahren über das Vermögen eines Beteiligten ist. [4]*Seine ggf. bestehende Pflicht* zur Abgabe einer Gewerbesteuererklärung bleibt davon unberührt.

[1]Der Insolvenzverwalter über das Vermögen einer Personengesellschaft ist vorbehaltlich des § 5b Abs. 2 EStG zur elektronischen Übermittlung der E-Bilanz gem. § 5b Abs. 1 EStG verpflichtet, wenn ihm die Abgabepflicht für eine Steuer- oder Feststellungserklärung obliegt, für die die E-Bilanz von Bedeutung ist (insbesondere die Gewerbesteuererklärung oder die Erklärung über die gesonderte und einheitliche Feststellung der Besteuerungsgrundlagen). [2]In diesem Fall hat er auch die nach § 51 Abs. 4 Nr. 1b EStG vom BMF im Einvernehmen mit den obersten Finanzbehörden der Länder bestimmten Mussangaben, die die Feststellungsbeteiligten betreffen, an das Finanzamt zu übermitteln.

Zur Bekanntgabe von Feststellungsbescheiden, wenn die Gesellschaft durch die Eröffnung des Insolvenzverfahrens aufgelöst wird vgl. Nr. 2.5.5 des AEAO zu § 122.

4.4.1.2. Insolvenz eines (oder mehrerer) Gesellschafters der Personengesellschaft

[1]Mit der Eröffnung des Insolvenzverfahrens über das Vermögen eines Feststellungsbeteiligten wird das (Gewinn-) Feststellungsverfahren ausschließlich hinsichtlich der Feststellung des Anteils des in der Insolvenz befindlichen Gesellschafters unterbrochen. [2]Diese Unterbrechung hindert den Fortgang des (Gewinn-) Feststellungsverfahrens gegenüber den übrigen Beteiligten nicht. [3]Insoweit wird vom Grundsatz der Einheitlichkeit des Feststellungsverfahrens (§ 179 Abs. 2 Satz 2 AO) abgewichen.

Sobald dem für die Besteuerung eines Feststellungsbeteiligten zuständigen Finanzamt bekannt wird, dass über das Vermögen dieses Steuerpflichtigen das Insolvenzverfahren eröffnet worden ist, hat es das für die Durchführung der gesonderten und einheitlichen Feststellung zuständige Finanzamt unverzüglich hierüber zu unterrichten.

Wenn im Zeitpunkt der Insolvenzeröffnung noch kein (Gewinn-) Feststellungsbescheid vorliegt, gilt für die Besteuerung des Anteils des insolventen Beteiligten Folgendes:

Eine Unterscheidung zwischen Insolvenz- und Masseforderungen ist bereits im (Gewinn)Feststellungsbescheid gegenüber dem in Insolvenz befindlichen Mitunternehmer vorzunehmen.

[1]Werden durch die gesonderte und einheitliche Feststellung gegenüber dem Schuldner (insolventer Feststellungsbeteiligter) sowohl Besteuerungsgrundlagen, welche der Anmeldung von Insolvenzforderungen dienen, als auch Besteuerungsgrundlagen, welche der Festsetzung von Masseforderungen dienen, festgestellt, so sind die Besteuerungsgrundlagen, welche der Anmeldung von Insolvenzforderungen dienen, gesondert aufzuführen. [2]Dieser Bescheid ist dem Insolvenzverwalter bekannt zu geben. [3]Dabei ist darauf hinzuweisen, dass der *Bescheid, soweit er* Besteuerungsgrundlagen betrifft, die der Anmeldung von Insolvenzforderungen dienen, lediglich ein „informatorischer Bescheid" über die Berechnungsgrundlage ist (vgl. BFH-Urteil vom 24.8.2004, VIII R 14/02, BStBl. 2005 II S. 246).

Zuständig für die Anmeldung der Forderungen zur Tabelle ist und bleibt das für die Besteuerung des Schuldners zuständige Finanzamt. [2]Es nimmt bei Bedarf auch am Prüfungstermin teil.

[1] Wird die von dem Finanzamt angemeldete Forderung im Prüfungstermin bestritten, hat das für die Besteuerung des Schuldners zuständige Finanzamt einen Feststellungsbescheid nach § 251 Abs. 3 AO zu erlassen, der auf Feststellung zur Insolvenztabelle gerichtet ist. [2] Der Feststellungsbescheid nach § 251 Abs. 3 AO ist an die widersprechenden Insolvenzgläubiger bzw. den widersprechenden Insolvenzverwalter zu richten.

[1] Wird kein Einspruch gegen den Feststellungsbescheid nach § 251 Abs. 3 AO eingelegt, gilt die Forderung als festgestellt. [2] Die Berichtigung der Tabelle ist von dem für die Besteuerung des Schuldners zuständigen Finanzamt zu beantragen.

[1] Wird gegen den Feststellungsbescheid nach § 251 Abs. 3 AO Einspruch eingelegt und damit begründet, dass die festgestellte Forderung auf einer Gewinnfeststellung beruht, ist das Gewinnfeststellungsverfahren wieder aufzunehmen. [2] Der Rechtsstreit über den Feststellungsbescheid nach § 251 Abs. 3 AO ist bis zu der abschließenden Entscheidung in dem Gewinnfeststellungsverfahren gem. § 363 Abs. 1 AO auszusetzen.

An diesem Gewinnfeststellungsverfahren sind anstelle des Schuldners die im Prüfungstermin widersprechenden Insolvenzgläubiger bzw. der widersprechende Insolvenzverwalter beteiligt; ihnen ist deshalb auch ein sog. „verkürzter" Gewinnfeststellungsbescheid (§ 183 Abs. 2 Satz 2 AO) bekannt zu geben (BFH-Urteil vom 24.8.2004, VIII R 14/02, a. a. O.).

[1] Die Entscheidung im Gewinnfeststellungsverfahren ist bei der Entscheidung über den Feststellungsbescheid nach § 251 Abs. 3 AO zu berücksichtigen. [2] Die Berichtigung der Tabelle beim Insolvenzgericht ist dann von dem für die Besteuerung des Schuldners zuständigen Finanzamt zu beantragen.

4.4.2. Sonstige Feststellungen von Besteuerungsgrundlagen

[1] Gesonderte Feststellungen von Besteuerungsgrundlagen, denen die abstrakte Eignung fehlt, sich auf anzumeldende Steuerforderungen auszuwirken (z. B. Feststellung des steuerlichen Einlagekontos gem. § 27 KStG), oder wenn der Insolvenzverwalter die Feststellung ausdrücklich beantragt hat (vgl. BFH-Urteil vom 18.12.2002, I R 33/01, BStBl. 2003 II S. 630), sind zulässig. [2] Die Abgabe einer gesetzlich vorgeschriebenen Feststellungserklärung ist kein Antrag auf Erteilung eines Feststellungsbescheids (vgl. AEAO zu § 171, Nr. 2).

4.5. Auskunftsrechte des Insolvenzverwalters gegenüber dem Finanzamt

[1] Der Schuldner selbst hat nach der AO keinen Anspruch auf Akteneinsicht oder Übersendung eines Kontoauszuges, sondern nur ein Recht darauf, dass die Finanzbehörde über seinen Antrag auf Akteneinsicht bzw. seinen Antrag auf Übersendung eines Kontoauszuges nach pflichtgemäßem Ermessen entscheidet. [2] Der Insolvenzverwalter hat keinen darüber hinausgehenden Anspruch (vgl. BFH-Urteil vom 19.3.2013, II R 17/11, BStBl. II S. 639, und BFH-Beschluss vom 15.9.2010, II B 4/10, BFH/NV 2011 S. 2).

[1] Bei Auskunftsanträgen des Insolvenzverwalters nach der AO hat das Finanzamt bei der Ermessensausübung zu berücksichtigen, ob ein berechtigtes Interesse substantiiert dargelegt wurde oder ein solches erkennbar ist, insbesondere ob die begehrte Auskunft der Wahrnehmung von Rechten oder *Pflichten* im konkreten Besteuerungsverfahren dienen kann (vgl. BFH-Beschluss vom 14.4.2011, VII B 201/10, BFH/NV S. 1296). [2] Fehlt es daran,

kann die Erteilung einer Auskunft oder die Übersendung von Kontoauszügen abgelehnt werden (vgl. BFH-Urteil vom 19.3.2013, II R 17/11, a. a. O.).

1 Ein Auskunftsanspruch des Insolvenzverwalters allein wegen des Verdachts anfechtbarer Zahlungen auf Steuerschulden gegenüber dem Finanzamt besteht nicht (BGH-Urteil vom 13.8.2009, IX ZR 58/06, HFR 2010 S. 299).[1)] 2 Der Insolvenzverwalter muss mögliche der Anfechtung unterliegende Rechtshandlungen selbst ermitteln. 3 Das Finanzamt ist nicht verpflichtet, durch Herausgabe von Unterlagen oder durch Erteilung von Auskünften zur Ermittlung von Insolvenzanfechtungstatbeständen beizutragen.

Außersteuerliche Auskunftsrechte des Insolvenzverwalters zur Vorbereitung der Geltendmachung von Anfechtungsansprüchen nach §§ 129 ff. InsO können sich jedoch nach den jeweils einschlägigen Regelungen eines IFG ergeben, wenn der Schuldner zustimmt (§ 30 Abs. 4 Nr. 3 AO).

5. Insolvenzforderungen

5.1. Begriff

1 Eine Insolvenzforderung ist eine zur Zeit der Eröffnung des Insolvenzverfahrens begründete Forderung des Gläubigers gegen den Schuldner (§ 38 InsO). 2 Der Zeitpunkt der steuerrechtlichen Entstehung der Forderung ist für diese Einordnung unmaßgeblich, so dass eine Abgabenforderung – unabhängig von der steuerrechtlichen Entstehung – immer dann als Insolvenzforderung anzusehen ist, wenn ihr Rechtsgrund zum Zeitpunkt der Verfahrenseröffnung bereits gelegt war bzw. der den Steueranspruch begründende Tatbestand nach den steuerrechtlichen Vorschriften bereits vor der Insolvenzeröffnung vollständig verwirklicht und damit abgeschlossen war, es sei denn, dass der Tatbestand der § 55 Abs. 2 oder 4[2)] InsO erfüllt ist.

1 Ist die Steuerforderung im Zeitpunkt der Eröffnung des Insolvenzverfahrens noch nicht gem. § 38 AO entstanden (z. B. Eröffnung im Laufe des Umsatzsteuer-Voranmeldungszeitraums), ist nur die zum Eröffnungszeitpunkt bereits begründete Teilsteuerforderung Insolvenzforderung. 2 Der nach Eröffnung begründete Teil ist Masseforderung.

Abgabenansprüche, die lediglich begründet, aber noch nicht fällig sind, gelten im Zeitpunkt der Verfahrenseröffnung als fällig (§ 41 InsO).

Beispiel 1 (Umsatzsteuer):

Die Umsatzsteuerforderung entsteht bei Sollversteuerung erst mit Ablauf des Voranmeldungszeitraums, in dem die Leistungen ausgeführt worden sind (§ 13 Abs. 1 Nr. 1 Buchstabe a UStG). Dagegen ist sie grundsätzlich bereits begründet, soweit die Leistung erbracht ist.

Im Falle der Istversteuerung nach § 20 UStG entsteht die Umsatzsteuerforderung erst mit Ablauf des Voranmeldungszeitraums, in dem das Entgelt vereinnahmt worden ist (§ 13 Abs. 1 Nr. 1 Buchstabe b UStG). Insolvenzrechtlich begründet ist sie bereits im Zeitpunkt der Vereinnahmung des Entgelts (BFH-Urteil vom 29.1.2009, V R 64/07, BStBl. II S. 682). Das Gleiche gilt für die Anzahlungsbesteuerung nach § 13 Abs. 1 Nr. 1 Buchstabe a Satz 4 UStG.

Zur Verteilung auf die einzelnen Vermögensbereiche vgl. AEAO zu § 251, Nr. 9.2.

---

1) NZI 2009, 722.

2) Steuern begründen in der vorläufigen Eigenverwaltung keine Masseverbindlichkeiten; siehe BGH v. 22.11.2018 IX ZR 167/16, DStR 2019, 174.

Beispiel 2 (Vorsteuerrückforderung):

Der Vorsteuerrückforderungsanspruch (§ 17 Abs. 1 Satz 2 i. V. m. § 17 Abs. 2 Nr. 1 UStG) entsteht ebenfalls erst mit Ablauf des Voranmeldungszeitraums. Er ist aber zur Zeit der Bestellung eines vorläufigen Insolvenzverwalters mit Zustimmungsvorbehalt oder Bestellung eines vorläufigen Insolvenzverwalters, dem die Verwaltungs- und Verfügungsbefugnis über das Vermögen des Schuldners übertragen worden ist, begründet, weil die Uneinbringlichkeit bereits zu diesem Zeitpunkt vorlag (BMF-Schreiben vom 20.5.2015, BStBl. I S. 476). Spätestens ist der Vorsteuerrückforderungsanspruch mit der Eröffnung des Insolvenzverfahrens begründet (BFH-Urteil vom 22.10.2009, V R 14/08, BStBl. II 2011, S. 988, und vom 9.12.2010, V R 22/10, BStBl. II 2011 S. 996).

Beispiel 3 (Lohnsteuer):

Die Lohnsteuer entsteht in dem Zeitpunkt, in dem der Arbeitslohn dem Arbeitnehmer zufließt (§§ 38 Abs. 2, 41a Abs. 1 EStG). Sie ist regelmäßig auch in diesem Zeitpunkt begründet i. S. v. § 38 InsO, unabhängig davon, für welchen Zeitraum die Lohnzahlungen erfolgen.

Beispiel 4 (Rückforderung Investitionszulage):

Der Anspruch auf Rückforderung einer gewährten Investitionszulage ist vor Eröffnung des Insolvenzverfahrens begründet, wenn das zulagenbegünstigte Wirtschaftsgut vor Eröffnung des Insolvenzverfahrens bereits zulagenschädlich verwendet wurde (z. B. Veräußerung oder Umqualifizierung von Anlagevermögen in Umlaufvermögen).
Die nach Eröffnung des Insolvenzverfahrens durch den Insolvenzverwalter erfolgte zulagenschädliche Verwendung des Wirtschaftsgutes führt ebenfalls zu einer Insolvenzforderung. Der Rückforderungsanspruch war schon vor der Eröffnung begründet, weil das vom Schuldner geschaffene öffentlich-rechtliche Verhältnis zur Finanzbehörde, aus dem später der Rückforderungsanspruch entstanden ist, zum Zeitpunkt der Verfahrenseröffnung bereits bestand.

Beispiel 5 (Kraftfahrzeugsteuer):

(aufgehoben)

Beispiel 6 (Einkommen- und Körperschaftsteuer):

Die Einkommen- und Körperschaftsteuer auf die bis zur Insolvenzeröffnung erzielten Einkünfte stellt eine Insolvenzforderung dar.
Für die Zuordnung der Einkünfte und für die Verteilung der Steuer auf die einzelnen Vermögensbereiche vgl. AEAO zu § 251, Nr. 9.1.

Verspätungszuschläge sind Insolvenzforderungen (BFH-Beschluss vom 19.1.2005, VII B 286/04, BFH/NV S. 1001), wenn sie auf Fristversäumnissen des Schuldners bis zur Insolvenzeröffnung beruhen.

Zinsen nach §§ 233 ff. AO auf Insolvenzforderungen für Zeiträume bis zur Eröffnung des Insolvenzverfahrens sind zur Insolvenztabelle anzumelden.

Säumniszuschläge und Zinsen, die seit Eröffnung des Insolvenzverfahrens auf Insolvenzforderungen entstanden sind, sowie rückständige Bußgelder und Zwangsgelder sind nachrangige Insolvenzforderungen i. S. d. § 39 InsO.

5.2. Geltendmachung von Insolvenzforderungen

[1] Insolvenzforderungen sind schriftlich beim Insolvenzverwalter anzumelden (§ 174 Abs. 1 InsO). [2] Liegt der Forderung eine Steuerstraftat des Schuldners nach §§ 370, 373 oder 374 AO zugrunde, sind neben dem Grund und dem Betrag der Forderung auch die Tatsachen, aus denen sich nach Einschätzung der Finanzbehörde eine entsprechende Steuerstraftat ergibt, anzugeben. [3] Zu diesen Forderungen gehören auch die entstandenen Zinsansprüche wie z. B. *Hinterziehungszinsen* (vgl. BFH-Urteil vom 20.3.2012, VII R 12/11, BStBl. II S. 491). [4] Im Zeitpunkt der Anmeldung zur Tabelle muss noch keine

rechtskräftige Verurteilung wegen einer Steuerstraftat vorliegen. [5]Der Insolvenzverwalter führt eine Tabelle, in die er jede angemeldete Forderung mit den in § 174 Abs. 2, 3 InsO genannten Angaben einzutragen hat (§§ 174, 175 InsO). [6]Nachrangige Insolvenzforderungen sind nur auf besondere Aufforderung durch das Insolvenzgericht hin anzumelden (§ 174 Abs. 3 InsO).

5.3. Insolvenzforderungen im Prüfungstermin; Auswirkung auf das Besteuerungsverfahren

Wegen der Auswirkungen auf das Steuerfestsetzungs- und Rechtsbehelfsverfahren ist für die weitere Bearbeitung zunächst zu unterscheiden, ob die Forderung im Prüfungstermin (§ 29 Abs. 1 Nr. 2 InsO) bestritten wurde.

5.3.1. Vom Insolvenzverwalter oder einem Gläubiger bestrittene Forderungen

Ist eine angemeldete Abgabenforderung nach Grund und Höhe im Prüfungstermin bestritten worden, was z. B. auch bei „vorläufigem Bestreiten" oder „auflösend bedingter Feststellung" gegeben ist (vgl. BFH-Beschluss vom 16.3.2016, V B 41/15, BFH/NV S. 1073), muss weiter differenziert werden, ob der Anspruch tituliert ist.

[1]Von einer „Titulierung" im insolvenzrechtlichen Sinne ist auszugehen, wenn vor Insolvenzeröffnung ein Bescheid bekannt gegeben oder eine Steueranmeldung abgegeben worden ist. [2]Arrestanordnungen sind keine Titel i. S. d. § 179 InsO.

Nicht titulierte Ansprüche sind Steuerforderungen, die im Zeitpunkt der Verfahrenseröffnung begründet (§ 38 InsO, vgl. AEAO zu § 251, Nr. 5.1) waren, für die aber bis zur Insolvenzeröffnung noch kein Steuerbescheid wirksam bekannt gegeben wurde oder für die noch keine Steueranmeldung abgegeben wurde oder diese erst nach Verfahrenseröffnung beim Finanzamt eingegangen ist.

5.3.1.1. Nicht titulierte Forderungen

[1]Wird eine nicht titulierte Forderung bestritten, stellt das Finanzamt das Bestehen der Abgabenforderung durch Feststellungsbescheid nach § 251 Abs. 3 AO fest. [2]Inhalts- und Bekanntgabeadressat ist der Bestreitende (Insolvenzverwalter oder -gläubiger; § 179 Abs. 1 InsO).

5.3.1.2. Titulierte Forderungen

[1]Wird eine titulierte Abgabenforderung bestritten, obliegt es dem Bestreitenden, den Widerspruch zu verfolgen (§ 179 Abs. 2 InsO). [2]Es bleibt dem Finanzamt unbenommen – insbesondere zur Erlangung des Stimmrechts (§ 77 InsO) –, das durch die Verfahrenseröffnung unterbrochene Verfahren selbst aufzunehmen (grundlegend BVerwG-Urteil vom 29.4.1988, 8 C 73/85, NJW 1989, S. 314 und Abschnitt 60 Abs. 7 VollstrA).[1)]

5.3.1.2.1. Nicht bestandskräftiger und nicht angefochtener Steuerbescheid

[1]War der Steuerbescheid vor Eröffnung des Verfahrens noch nicht bestandskräftig und wurde noch kein Rechtsbehelf eingelegt, ist der Lauf der Rechts-

1) **Steuererlasse** Nr. **800a**.

behelfsfrist durch die Eröffnung des Verfahrens unterbrochen. [2]Das Finanzamt hat dem Bestreitenden die Aufnahme des Rechtsstreits zu erklären (analog § 240 ZPO). [3]Mit der Bekanntgabe dieser Erklärung beginnt die durch die Verfahrenseröffnung unterbrochene Einspruchsfrist neu zu laufen.

Entsprechendes gilt auch für nicht bestandskräftige Bescheide, mit denen der Tabellenstreit unmittelbar im Zusammenhang steht, wie insbesondere Verlustfeststellungsbescheide oder Gewerbesteuermessbescheide, die zumindest die abstrakte Eignung haben, sich auf Insolvenzforderungen auszuwirken (vgl. Urteil des FG Köln vom 10.8.2017, 13 K 1849/13, EFG S. 1807).

[1]Legt der Bestreitende gegen den Steuerbescheid Einspruch ein, ist das Einspruchsverfahren nach den allgemeinen Vorschriften durchzuführen. [2]Ist der Einspruch begründet, ist eine (neue) Steuerberechnung an den Bestreitenden zu übersenden; die Forderungsanmeldung ist ggf. zu berichtigen. [3]Hat der Einspruch keinen Erfolg, sind der Einspruch und ein ggf. vorliegender Widerspruch gegen die Anmeldung zur Tabelle mit der Einspruchsentscheidung als unbegründet zurückzuweisen und die bestrittenen Steueransprüche als Insolvenzforderungen festzustellen (BFH-Urteil vom 23.2.2005, VII R 63/03, BStBl. II S. 591).

5.3.1.2.2. Angefochtener Steuerbescheid

[1]War der Steuerbescheid vor Eröffnung des Insolvenzverfahrens noch nicht bestandskräftig und vom Schuldner oder dem vorläufigen starken Insolvenzverwalter mit einem zulässigen Einspruch oder einer zulässigen Klage angefochten, hat der Insolvenzverwalter die Möglichkeit – ggf. nach entsprechender Aufforderung durch das Finanzamt –, das Rechtsbehelfsverfahren aufzunehmen und fortzuführen. [2]Das vom Insolvenzverwalter aufgenommene Einspruchsverfahren ist vom Finanzamt weiter zu betreiben.

Nimmt der Insolvenzverwalter trotz Aufforderung durch das Finanzamt seinen Widerspruch gegen die Forderungsanmeldung innerhalb einer angemessenen Frist nicht zurück und den Rechtsstreit von sich auch nicht auf, nimmt das Finanzamt das Einspruchsverfahren auf und führt dieses fort (BFH-Urteil vom 13.11.2007, VII R 61/06, BStBl. 2008 II S. 790).

Das Einspruchsverfahren wird in dem Verfahrensstand fortgesetzt, in dem es bei seiner Unterbrechung zum Stillstand gekommen ist.

Bei einem begründeten Einspruch ist eine Steuerberechnung an den Insolvenzverwalter zu übersenden und die Forderungsanmeldung zu berichtigen.

[1]Kann dem Einspruch in der Sache (Höhe der festgesetzten Steuer) nicht in vollem Umfang entsprochen werden, ist er durch Einspruchsentscheidung (u. U. teilweise) als unbegründet zurückzuweisen. [2]Die Einspruchsentscheidung ist dem Insolvenzverwalter als Einspruchsführer bekannt zu geben. [3]In diesen Fällen ist kein Feststellungsbescheid gem. § 251 Abs. 3 AO zu erlassen.

[1]Die Einspruchsentscheidung muss sich sowohl auf die Rechtmäßigkeit der Steuerforderung als auch auf die rechtmäßige Beanspruchung der Steuerforderung als Insolvenzforderung erstrecken. [2]Dazu ist im Tenor über den Einspruch gegen die Steuerfestsetzung und über den im Prüfungstermin erhobenen Widerspruch zu entscheiden (BFH-Urteil vom 23.2.2005, VII R 63/03, BStBl. II S. 591).

Beispiel der Tenorierung:

Der Einspruch gegen den Bescheid vom ... wird als unbegründet zurückgewiesen.
Die zur Insolvenztabelle angemeldeten Forderungen werden wie folgt als Insolvenzforderungen festgestellt:
(Aufstellung der geltend gemachten Steuerforderungen nebst Säumniszuschlägen wie beim Insolvenzfeststellungsbescheid).

Soweit wegen der streitigen Steuer eine Anmeldung zur Tabelle (§ 175 InsO) vorgenommen wurde, ist die Anmeldung im Anschluss an den Erlass der Einspruchsentscheidung entsprechend zu berichtigen.

[1] Eine Verböserung in der Einspruchsentscheidung ist hingegen unzulässig, da die Verböserung einer nicht zulässigen erstmaligen Festsetzung einer Steuerschuld gleichstehen würde. [2] Die ggf. höhere Steuerforderung muss durch Anmeldung zur Insolvenztabelle geltend gemacht werden.

Falls beim Finanzgericht oder beim BFH Rechtsbehelfsverfahren anhängig sind, informiert die Finanzbehörde das Gericht über das Ergebnis des Prüfungstermins.

Wurden vor Eröffnung des Insolvenzverfahrens neben einem Steuerbescheid auch damit unmittelbar im Zusammenhang stehende Bescheide, wie insbesondere Verlustfeststellungsbescheide oder Gewerbesteuermessbescheide, die zumindest die abstrakte Eignung haben, sich auf Insolvenzforderungen auszuwirken, angefochten, können bei Streitigkeiten über Besteuerungsgrundlagen, die gleichermaßen für die festzustellende Forderung als auch die zugehörigen Bescheide von Bedeutung sind, nicht nur das durch die Insolvenzeröffnung unterbrochene Verfahren bezüglich des angefochtenen Steuerbescheids, sondern auch die unterbrochenen Verfahren für die angefochtenen zugehörigen Bescheide wieder aufgenommen werden (vgl. Urteil des FG Köln vom 10.8.2017, 13 K 1849/13, EFG S. 1807).

5.3.1.2.3. Bestandskräftiger Steuerbescheid

[1] War die Abgabenforderung vor der Eröffnung des Insolvenzverfahrens bereits bestandskräftig festgesetzt, wirkt die Bestandskraft auch gegen den Widersprechenden. [2] Diesem obliegt die Verfolgung seines Widerspruchs. [3] Dabei muss er das Verfahren in der Lage übernehmen, in der es sich bei Eröffnung des Insolvenzverfahrens befand. [4] Liegen keine Wiedereinsetzungsgründe vor und sind die Voraussetzungen der Korrekturvorschriften (insbesondere §§ 129 ff., 164, 165, 172 ff. AO) nicht erfüllt, erlässt das Finanzamt einen Feststellungsbescheid nach § 251 Abs. 3 AO und stellt die Bestandskraft der angemeldeten Forderung fest (BFH-Urteil vom 23.2.2010, VII R 48/07, BStBl. II S. 562).

5.3.2. Vom Schuldner bestrittene Forderungen

[1] Auch dem Schuldner steht das Widerspruchsrecht zu. [2] Dieser Widerspruch steht jedoch der Feststellung der Forderung nicht entgegen (§ 178 Abs. 1 Satz 2 InsO).

[1] Trotz Widerspruchs des Schuldners tritt die Rechtskraftwirkung des Tabelleneintrags ein (§ 178 Abs. 3 InsO). [2] Soweit der Schuldner die zur Tabelle angemeldete Forderung bestreitet, wirkt der Tabelleneintrag nach Insolvenzbeendigung nicht gegen den Schuldner (§ 201 Abs. 2 InsO); insbesondere ist keine Vollstreckung aus der Eintragung in die Tabelle wie aus einem vollstreckbaren Urteil gegen den Schuldner zulässig (vgl. hierzu AEAO zu § 251, Nr. 5.3.4).

[1]Im Falle einer titulierten Forderung obliegt es dem Schuldner, binnen einer Frist von einem Monat, beginnend ab dem Prüfungstermin oder im schriftlichen Verfahren mit dem Bestreiten der Forderung, den Widerspruch zu verfolgen. [2]Nach fruchtlosem Ablauf dieser Frist gilt ein Widerspruch als nicht erhoben (§ 184 Abs. 2 InsO).

Erfolgt der Widerspruch des Schuldners rechtzeitig, kann ein unterbrochenes Einspruchsverfahren vom Finanzamt gegenüber dem Schuldner fortgeführt werden (§ 184 Abs. 1 Satz 2 InsO).

[1]Haben sowohl der Insolvenzverwalter als auch der Schuldner widersprochen, ist es zulässig, den unterbrochenen Rechtsstreit sowohl gegen den Insolvenzverwalter als auch gegen den Schuldner aufzunehmen und damit denselben Rechtsstreit einmal gegen den Insolvenzverwalter auf Feststellung der Forderung zur Insolvenztabelle und zum anderen auf Feststellung der Forderung gegenüber dem Schuldner fortzuführen. [2]Es handelt sich dabei um zwei miteinander verbundene Rechtsbehelfe mit verschiedenen Rechtsbehelfsbegehren (BFH-Urteil vom 13.11.2007, VII R 61/06, BStBl. 2008 II S. 790).

Wird eine nicht titulierte Forderung vom Schuldner bestritten, kann das Finanzamt das Bestehen der Abgabenforderung durch Bescheid nach § 251 Abs. 3 AO feststellen (§ 180 Abs. 1 Satz 1 InsO). [2]Dieser Bescheid ist an den Schuldner zu richten und diesem bekannt zu geben.

Widerspricht der Schuldner der Anmeldung einer Forderung i. S. v. § 302 Nr. 1 InsO, kann das Finanzamt bis zur Aufhebung des Insolvenzverfahrens – unabhängig von einer Titulierung – einen Feststellungsbescheid i. S. v. § 251 Abs. 3 AO mit dem Ziel erlassen, die Forderung von der Restschuldbefreiung auszunehmen, wenn der Schuldner im Zusammenhang mit den angemeldeten Forderungen wegen einer Steuerstraftat nach den §§ 370, 373 oder 374 AO rechtskräftig verurteilt worden ist; ein ergangener Strafbefehl, gegen den kein Einspruch erhoben worden ist, steht einem rechtskräftigen Urteil gleich (§ 410 Abs. 3 StPO).

Erfolgt die rechtskräftige Verurteilung erst nach Beendigung des Insolvenzverfahrens, siehe AEAO zu § 251, Nr. 15.2.

5.3.3. Feststellung der Forderung zur Tabelle

Werden die angemeldeten Forderungen im Prüfungstermin weder vom Insolvenzverwalter noch von einem Insolvenzgläubiger bestritten oder wird ein erhobener Widerspruch beseitigt, so gelten sowohl die titulierten als auch die nicht titulierten Forderungen als festgestellt (§ 178 Abs. 1 InsO).

[1]Die Eintragung der Feststellung zur Tabelle wirkt gegenüber dem Insolvenzverwalter und den übrigen Insolvenzgläubigern wie ein rechtskräftiges Urteil (§ 178 Abs. 3 InsO), unabhängig davon, ob ein Steuerbescheid ergangen ist. [2]Zur Möglichkeit der Änderung eines festgestellten Tabelleneintrags vgl. AEAO zu § 251, Nr. 5.3.5.

Nach Abschluss des Insolvenzverfahrens kann der Insolvenzgläubiger aus der Eintragung in die Tabelle wie aus einem vollstreckbaren Urteil die Zwangsvollstreckung gegen den Schuldner betreiben, sofern nicht Restschuldbefreiung eingetreten ist oder noch ein Widerspruch des Schuldners (vgl. AEAO zu § 251, Nr. 5.3.2) vorliegt.

Die widerspruchslose Feststellung einer Steuerforderung zur Insolvenztabelle bewirkt zwar die Erledigung eines wegen dieser Forderung geführten Finanzrechtsstreits in der Hauptsache, beendet aber nicht zugleich die Unterbrechung (vgl. AEAO zu § 251, Nrn. 4.1.2 und 4.1.3) des finanzgerichtlichen Verfahrens (BFH-Beschluss vom 14.5.2013, X B 134/12, BStBl. II S. 585).

5.3.4. Feststellungsbescheid gem. § 251 Abs. 3 AO

Der Feststellungsbescheid nach § 251 Abs. 3 AO ist kein Steuerbescheid i. S. v. §§ 155 ff. AO. Eine Korrektur richtet sich nach den §§ 129 bis 131 AO.

5.3.5. Änderung von zur Insolvenztabelle festgestellten Steuerforderungen

[1]Der widerspruchslosen Eintragung in die Insolvenztabelle kommt dieselbe Wirkung wie der beim Bestreiten vorzunehmenden Feststellung gem. § 185 InsO i. V. m. § 251 Abs. 3 AO zu. [2]Die widerspruchslose Eintragung kann wie die Feststellung zugunsten des Schuldners unter den Voraussetzungen der §§ 130, 131 AO korrigiert werden (BFH-Urteile vom 24.11.2011, V R 13/11, BStBl. 2012 II S. 298, und vom 24.11.2011, V R 20/10, BFH/NV 2012 S. 711 zur Anwendung des § 130).

Eine Nachmeldung von Insolvenzforderungen zur Tabelle für Besteuerungszeiträume, für die bereits ein festgestellter Tabelleneintrag vorliegt, ist zulässig (vgl. BGH-Urteil vom 19.1.2012, IX ZR 4/11, ZInsO S. 488).

6. Sonstige Masseverbindlichkeiten (§ 55 InsO)

6.1. Begründung von sonstigen Masseverbindlichkeiten

[1]Die durch die Handlungen des Insolvenzverwalters oder in anderer Weise durch die Verwaltung, Verwertung und Verteilung der Insolvenzmasse nach der Eröffnung des Insolvenzverfahrens begründeten Abgabenforderungen (sonstige Masseverbindlichkeiten nach § 55 Abs. 1 InsO) sind vorweg zu begleichen (§ 53 InsO). [2]Nach der Insolvenzeröffnung sind die Abgabenansprüche begründet, wenn der einzelne (unselbständige) Besteuerungstatbestand nach der Insolvenzeröffnung vollständig verwirklicht wurde (BFH-Urteile vom 8.3.2012, V R 24/11, BStBl. II S. 466, vom 25.7.2012, VII R 29/11, BStBl. II 2013 S. 36, und vom 16.5.2013, IV R 23/11, BStBl. II S. 759). [3]Dazu gehören insbesondere

- nach Eröffnung des Insolvenzverfahrens begründete Umsatzsteuer,
- nach Eröffnung des Insolvenzverfahrens vereinnahmte Umsatzsteuer aus Umsätzen vor Eröffnung des Insolvenzverfahrens. [2]Dies gilt sowohl bei Istversteuerung (BFH-Urteil vom 29.1.2009, V R 64/07, BStBl. II S. 682) als *auch bei* Sollversteuerung (BFH-Urteil vom 9.12.2010, V R 22/10, BStBl. 2011 II S. 996),
- Umsatzsteuer aufgrund Vorsteuerberichtigung i. S. v. § 15a UStG (BFH-Urteil vom 9.2.2011, XI R 35/09, BStBl. II S. 1000, und vom 8.3.2012, V R 24/11, a. a. O.),
- [1]Einkommensteuer/Körperschaftsteuer, die sich auf Einkünfte aus der Verwaltung oder der Verwertung der Masse gründet. [2]Die Steuerschuld stellt

auch dann in voller Höhe eine Masseverbindlichkeit dar, wenn der (tatsächlich) zur Masse gelangte Erlös nicht ausreicht, um die aus der Verwertungshandlung resultierende Einkommen-/Körperschaftsteuerforderung zu befriedigen (vgl. BFH-Urteil vom 16.5.2013, IV R 23/11, a. a. O.),

- Einkommensteuer eines in Insolvenz befindlichen Mitunternehmers, die auf seinem nach Insolvenzeröffnung begründeten Gewinnanteil beruht (vgl. BFH-Urteil vom 18.5.2010, X R 60/08, BStBl. 2011 II S. 429),
- Gewerbesteuer bei Weiterführung des Gewerbebetriebs durch den Insolvenzverwalter,
- Lohnsteuer auf nach Eröffnung des Insolvenzverfahrens ausgezahlte Arbeitslöhne.

Weitere Masseverbindlichkeiten sind

- Verbindlichkeiten, die von einem vorläufigen Insolvenzverwalter begründet worden sind, auf den die Verfügungsbefugnis über das Vermögen des Schuldners übergegangen ist (§ 55 Abs. 2 Satz 1 InsO), oder Verbindlichkeiten des Schuldners in der vorläufigen Eigenverwaltung, soweit eine Steuer von der gerichtlichen Anordnung zur Begründung von Masseverbindlichkeiten (§ 270c Abs. 4 InsO) im Einzelfall mit umfasst ist, sowie
- bestimmte Verbindlichkeiten des Schuldners aus dem Steuerschuldverhältnis, die von einem vorläufigen Insolvenzverwalter, vom Schuldner mit Zustimmung eines vorläufigen Insolvenzverwalters oder vom Schuldner nach Bestellung eines vorläufigen Sachwalters begründet worden sind (§ 55 Abs. 4 InsO). [2]Zur Anwendung des § 55 Abs. 4 InsO siehe BMF-Schreiben vom 11.1.2022, BStBl I S. 116.

[1]Die als Masseverbindlichkeiten entstehenden Abgabenansprüche sind durch Steuerbescheid geltend zu machen (BFH-Urteil vom 6.7.2011, II R 34/10, BFH/NV 2012, S. 10). [2]Der Insolvenzverwalter ist Bekanntgabeadressat (vgl. AEAO zu § 122, Nr. 1.4). [3]Die Masse betreffende Verwaltungsakte können grundsätzlich nicht durch die Bekanntgabe an den Schuldner wirksam werden. [4]Der Insolvenzverwalter ist verpflichtet, die entsprechenden Steuererklärungen einschließlich Steueranmeldungen abzugeben (vgl. AEAO zu § 251, Nr. 4.2).

[1]Die Ausnahme stellt das Insolvenzverfahren in Eigenverwaltung dar. [2]Hier werden die Masse betreffende Verwaltungsakte durch Bekanntgabe an den Schuldner wirksam. [3]Steuerliche Erklärungspflichten sind insoweit vom Schuldner zu erfüllen (vgl. AEAO zu § 251, Nr. 13.3).

Der Insolvenzverwalter haftet nach §§ 191, 69 i. V.m. § 34 Abs. 3 AO bei schuldhafter Verletzung seiner steuerlichen Pflichten.

Sind die Kosten des Insolvenzverfahrens gedeckt, reicht die Insolvenzmasse jedoch nicht aus, um die fälligen sonstigen Masseverbindlichkeiten zu erfüllen, hat der Insolvenzverwalter dem Insolvenzgericht die Masseunzulänglichkeit anzuzeigen (§ 208 Abs. 1 Satz 1 InsO).

[1]Die Rangfolge der Vorwegbefriedigung von Masseverbindlichkeiten richtet sich nach § 209 InsO. [2]Zunächst werden die Kosten des Insolvenzverfahrens, das sind die Gerichtskosten und die Vergütung des Insolvenzverwalters sowie ggf. des Gläubigerausschusses, danach die Neumasseverbindlichkeiten (Verbindlichkeiten, die nach Anzeige der Masseunzulänglichkeit begründet wurden) und schließlich die Altmasseverbindlichkeiten befriedigt.

6.2. Durchsetzung von sonstigen Masseverbindlichkeiten

[1]Werden sonstige Masseverbindlichkeiten vom Insolvenzverwalter nicht entrichtet, ist dieser zur unverzüglichen Zahlung aufzufordern. [2]Die Vollstreckung gegen die Masse richtet sich nach den allgemeinen Vorschriften der AO. [3]Grundsätzlich ist während der Dauer des Insolvenzverfahrens die Vollstreckung in die Insolvenzmasse durch Massegläubiger – vorbehaltlich § 90 Abs. 1 InsO – zulässig, weil § 89 InsO nur für Insolvenzgläubiger gilt. [4]Mit der Anzeige der Masseunzulänglichkeit greift allerdings für Massegläubiger das Vollstreckungsverbot wegen Altmasseverbindlichkeiten i. S. v. § 209 Abs. 1 Nr. 3 InsO (§ 210 InsO). [5]Ein gesetzlich verankertes Vollstreckungsverbot für Neumassegläubiger enthält die InsO nicht. [6]Der Insolvenzverwalter kann die Zahlung auf Neumasseverbindlichkeiten verweigern, sobald sich herausstellt, dass die Masse nicht zur vollen Befriedigung aller Neumassegläubiger ausreicht. [7]Für diese greift der Grundsatz der Gleichbehandlung sämtlicher Gläubiger, so dass lediglich eine quotale Befriedigung verlangt werden kann.

7. Insolvenzfreies Vermögen

[1]Übt der Schuldner eine selbständige Tätigkeit aus oder beabsichtigt er, demnächst eine solche Tätigkeit auszuüben, hat der Insolvenzverwalter ihm gegenüber zu erklären, ob Vermögen aus der selbständigen Tätigkeit zur Insolvenzmasse gehört und ob Ansprüche aus dieser Tätigkeit im Insolvenzverfahren geltend gemacht werden können, § 35 Abs. 2 Satz 1 InsO. [2]Diese Freigabeerklärung wirkt grundsätzlich erst ab ihrem Zugang beim Insolvenzschuldner (ex nunc). [3]Die Wirksamkeit der Erklärung wird dabei allerdings nicht vom Insolvenzgericht überprüft. [4]Das Amtsgericht übernimmt lediglich die Vorgaben des Insolvenzverwalters, d. h., der Zugang der Erklärung beim Schuldner ist vom Insolvenzverwalter gegenüber dem Finanzamt nachzuweisen. [5]Eine einmal erteilte Freigabeerklärung ist für den Insolvenzverwalter unwiderruflich. [6]Unterlässt der Insolvenzverwalter in Kenntnis oder bei Erkennbarkeit der selbständigen Tätigkeit des Schuldners (z. B. nach entsprechender Information durch das Finanzamt) die Abgabe der Erklärung nach § 35 Abs. 2 Satz 1 InsO, stellen die durch die selbständige Tätigkeit des Insolvenzschuldners begründeten Verbindlichkeiten Masseverbindlichkeiten nach § 55 Abs. 1 Nr. 1 InsO dar (BFH-Urteil vom 18.12.2019, XI R 10/19, BStBl. 2020 II S. 480).

Keine Masseverbindlichkeiten liegen vor, wenn der Schuldner die Tätigkeit ohne Wissen und Billigung durch den Insolvenzverwalter ausgeübt hat und die Entgelte nicht zur Insolvenzmasse gelangt sind (BFH-Urteile vom 18.5.2010, X R 11/09, BFH/NV 2010 S. 2114 und vom 6.6.2019, V R 51/17, BStBl. 2021 II S. 52).

[1]Steuererstattungsansprüche innerhalb dieses freigegebenen Neuerwerbes stehen immer dem Schuldner zu. [2]Das Finanzamt kann – sofern keine Aufrechnungslage besteht – nach Bekanntgabe der Freigabe solche Guthaben aus dem insolvenzfreien Neuerwerb nur noch schuldbefreiend an ihn leisten. [3]Steuerzahlungen für das insolvenzfreie Vermögen sind vom Schuldner zu leisten.

Einkommensteuernachzahlungen, die auf Einkünften aus nichtselbständiger Tätigkeit oder Renten beruhen, stellen Forderungen gegen das insolvenzfreie

Vermögen dar (BFH-Urteile vom 24.2.2011, VI R 21/10, BStBl. II S. 520 sowie vom 27.7.2011, VI R 9/11, BFH/NV S. 2111 f.).

8. Aufrechnung im Insolvenzverfahren

Für die Aufrechnung in Insolvenzfällen gelten die allgemeinen Grundsätze der § 226 AO i. V. m. §§ 387 ff. BGB, es sind jedoch die Aufrechnungsverbote der §§ 95 und 96 InsO zu beachten.

Die Steuerberechnung nach §§ 16 ff. UStG ist keine Aufrechnung, so dass sie auch nicht den Beschränkungen der §§ 94 ff. InsO unterliegt (BFH-Urteile vom 24.11.2011, V R 13/11, BStBl. 2012 II S. 298, vom 25.7.2012, VII R 30/11, BFH/NV 2013 S. 603 und vom 24.9.2014, V R 48/13, BStBl. 2015 II S. 506).

[1] War ein Gläubiger zum Zeitpunkt der Eröffnung des Insolvenzverfahrens zur Aufrechnung berechtigt, so kann die Aufrechnung auch noch im Insolvenzverfahren erklärt werden (§ 94 InsO). [2] Zur Aufrechnung im Planverfahren vgl. AEAO zu § 251, Nr. 11; zur Aufrechnung im Restschuldbefreiungsverfahren vgl. AEAO zu § 251, Nr. 15.2.

[1] Nach § 95 Abs. 1 InsO kann (noch) nicht aufgerechnet werden, wenn die aufzurechnenden Forderungen oder eine von ihnen aufschiebend bedingt oder noch nicht fällig sind. [2] Die Aufrechnung kann erst erfolgen, wenn die Voraussetzungen (Unbedingtheit oder Fälligkeit) eingetreten sind; hierbei ist die Fälligkeitsfiktion des § 41 InsO nicht anzuwenden. [3] Es gilt allein die steuerrechtliche Fälligkeit (§ 220 AO).

[1] Wird über das Vermögen des Schuldners ein Insolvenzverfahren eröffnet, werden die in diesem Zeitpunkt entstandenen Steuerforderungen des Finanzamts – vorbehaltlich spezieller steuergesetzlicher Fälligkeitsbestimmungen – fällig, ohne dass es dafür ihrer Festsetzung oder Feststellung durch Verwaltungsakt oder einer Anmeldung der Forderung zur Tabelle bedürfte (BFH-Urteil vom 4.5.2004, VII R 45/03, BStBl. II S. 815). [2] Die Befugnis, mit Haftungsansprüchen i. S. d. § 73 AO, die vor Eröffnung des Insolvenzverfahrens begründet worden sind, gegen vorinsolvenzliche Erstattungsansprüche der Organgesellschaft gem. § 226 AO aufzurechnen, besteht auch im Falle einer Insolvenz der Organgesellschaft. [3] Der vorherige Erlass eines Haftungsbescheides, die Feststellung der Haftungsforderung oder deren Anmeldung zur Insolvenztabelle ist nicht erforderlich (BFH-Urteil vom 10.5.2007, VII R 18/05, BStBl. II S. 914). [4] Entsteht der Steuererstattungsanspruch dem Grunde nach vor Erteilung der Restschuldbefreiung, so kann die Aufrechnung ungeachtet der noch nicht erfolgten Festsetzung des Steuererstattungsanspruchs bereits nach dessen Entstehung erklärt werden.

Eine Aufrechnung ist unzulässig,

– wenn ein Insolvenzgläubiger erst nach der Eröffnung des Insolvenzverfahrens etwas zur Masse schuldig geworden ist (§ 96 Abs. 1 Nr. 1 InsO),

Beispiel:

Eine vor der Verfahrenseröffnung fällige Umsatzsteuerforderung kann nicht gegen einen Vorsteuererstattungsanspruch aufgerechnet werden, der aufgrund von Umsätzen nach Eröffnung des Insolvenzverfahrens begründet ist.

Eine Aufrechnung ist aber zulässig, wenn die Gegenforderung und die Hauptforderung vor Verfahrenseröffnung begründet worden sind.

Beispiel:

Die Eröffnung des Insolvenzverfahrens erfolgt am 2.11.02. Die Einkommensteuer 01 wurde als Insolvenzforderung zur Tabelle angemeldet. Die nach Eröffnung des Verfahrens durchgeführte Festsetzung der Umsatzsteuer 01 (vgl. AEAO zu § 251, Nr. 4.3.1) führte zu einer Erstattung.

Mit dem Anspruch auf Einkommensteuernachzahlung 01 kann gegen den Umsatzsteuererstattungsanspruch 01 aufgerechnet werden.

Wurden beide Ansprüche nach der Verfahrenseröffnung im Bereich der Insolvenzmasse begründet, ist eine Aufrechnung ebenfalls zulässig.

– wenn ein Insolvenzgläubiger die Möglichkeit der Aufrechnung durch eine anfechtbare Rechtshandlung erlangt hat (§ 96 Abs. 1 Nr. 3 InsO)

Beispiel:

Die Vorsteuer aus der Vergütung des vorläufigen Insolvenzverwalters, welche nach Insolvenzeröffnung in Rechnung gestellt wurde, kann regelmäßig mit zur Zeit der Insolvenzeröffnung bestehenden Forderungen des Finanzamts nicht aufgerechnet werden. Die Rechtshandlung, die der Vorsteuervergütung zugrunde liegt, ist in der kritischen Zeit vor Insolvenzeröffnung erfolgt und stellt daher häufig eine anfechtbare Rechtshandlung dar (vgl. BFH-Urteile vom 2.11.2010, VII R 6/10, BStBl. 2011 II S. 374, und VII R 62/10, BStBl. 2011 II S. 439).

Lagen zum Zeitpunkt der Begründung der Gegenforderung und der Hauptforderung die Anfechtungsvoraussetzungen der §§ 129 ff. InsO nicht vor, ist die Aufrechnung zulässig.

oder

– wenn ein Gläubiger, dessen Forderung aus dem insolvenzfreien Vermögen des Schuldners zu erfüllen ist, etwas zur Insolvenzmasse schuldet (§ 96 Abs. 1 Nr. 4 InsO).

Beispiel:

Der Schuldner hat aus seiner freigegebenen selbständigen Tätigkeit Umsatzsteuer in Höhe von 10.000 € zu zahlen. Gleichzeitig steht der Insolvenzmasse aus Umsätzen, die der Insolvenzverwalter getätigt hat, eine Umsatzsteuererstattung von 5000 € zu.

Eine Aufrechnung der Umsatzsteuererstattung zur Masse mit der Zahllast aus dem insolvenzfreien Vermögen ist nicht möglich.

Eine Aufrechnung eines Erstattungsanspruchs aus dem insolvenzfreien Vermögen mit Insolvenzforderungen ist aber zulässig (BFH-Beschluss vom 1.9.2010, VII R 35/08, BStBl. 2011 II S. 336).

Beispiel:

Der Schuldner erzielt nach der Insolvenzeröffnung ausschließlich Einkünfte aus einer freigegebenen selbständigen Tätigkeit i. H. v. 10 000 € und leistet Einkommensteuervorauszahlungen i. H. v. 400 €. Die Jahressteuer wird auf 150 € festgesetzt.

Der Erstattungsanspruch i. H. v. 250 € steht dem Schuldner zu, weil er die Vorauszahlungen aus dem freigegebenen Vermögen geleistet hat.

Eine Aufrechnung mit Insolvenzforderungen ist möglich.

9. Verteilung der Steuerforderungen und -erstattungsansprüche auf die insolvenzrechtlichen Vermögensbereiche

Ansprüche aus dem Steuerschuldverhältnis können sich gegen unterschiedliche insolvenzrechtliche Vermögensbereiche (vorinsolvenzlicher Vermögensteil, Insolvenzmasse, ggf. insolvenzfreies Vermögen) richten.

9.1. Einkommensteuer

[1]Die Einkommensteuer ist eine Jahressteuer, die mit Ablauf des Kalenderjahres entsteht (zur Entstehung der Einkommensteuervorauszahlungen siehe § 37 Abs. 1 EStG). [2]Die einheitlich ermittelte Jahressteuer ist grundsätzlich im Verhältnis der Einkünfte den verschiedenen insolvenzrechtlichen Vermögensbereichen zuzuordnen. [3]Die Verteilung der Einkünfte auf die einzelnen Vermögensbereiche hat nach Maßgabe der in den einzelnen Abschnitten zu berücksichtigenden Besteuerungsmerkmale insbesondere unter Beachtung der Gewinnermittlungsvorschriften (§ 4 Abs. 1 EStG oder § 4 Abs. 3 EStG) zu erfolgen (BFH-Urteil vom 9.12.2014, X R 12/12, BFH/NV 2015 S. 988). [4]Da eine konkrete Zuordnung häufig nicht möglich ist, können die Einkünfte im Schätzungswege zeitanteilig zugeordnet werden, es sei denn, dies führt zu einer offensichtlich unzutreffenden Verteilung z.B. bei Aufdeckung stiller Reserven (BFH-Urteil vom 29.3.1984, IV R 271/83, BStBl. II S. 602), Auflösung von Rückstellungen oder Einkünften aus insolvenzfreiem Vermögen. [5]Der Altersentlastungsbetrag gem. § 24a EStG wird quotal bei den entsprechenden Einkünften abgezogen (vgl. BFH-Urteil vom 27.10.2020, VIII R 19/18, BStBl. 2021 II S. 819).

Beispiel:

Das Insolvenzgericht eröffnete am 1.7.01 das Insolvenzverfahren. Der Steuerpflichtige erzielte im Jahr 01 insgesamt Einkünfte von 100 000 €. Hiervon entfallen 60 000 € auf die Veräußerung eines Grundstücks durch den Insolvenzverwalter im Oktober 01. Weitere Einkünfte i. H. v. 10 000 € entfallen auf den Gewinn aus einer vom Insolvenzverwalter freigegebenen selbstständigen Tätigkeit des Schuldners. Hinsichtlich der restlichen Einkünfte von 30 000 € ist eine Zuordnung auf Zeiträume vor Insolvenzeröffnung und nach Insolvenzeröffnung nicht möglich.
Die Verteilung hat vorrangig nach Zuordnung zu den Geschäftsvorfällen zu erfolgen, da eine zeitanteilige Verteilung aller Einkünfte hier zu einem unzutreffenden Ergebnis führen würde.

	Einkünfte	Durch vorinsolvenzliches Vermögen begründet (vorinsolvenzlicher Vermögensbereich)	Durch Insolvenzmasse begründet (Insolvenzmasse)	Insolvenzfreies Vermögen
Zuordnung nach Geschäftsvorfällen	70 000 €		60 000 €	10 000 €
Zeitanteilig zugeordnet	30 000 €	15 000 €	15 000 €	0 €
Summe	**100 000 €**	**15 000 €**	**75 000 €**	**10 000 €**

9.1.1. Einzelveranlagung

Die einheitlich ermittelte Jahressteuer ist im ermittelten Verhältnis der Einkünfte (vgl. AEAO zu § 251, Nr. 9.1) den verschiedenen insolvenzrechtlichen Vermögensbereichen zuzuordnen.

Beispiel 1:

Das Insolvenzgericht eröffnete auf einen Insolvenzantrag vom 1.6.01 das Insolvenzverfahren über das Vermögen des Schuldners am 1.9.01. Der Steuerpflichtige erzielte im Jahr 01 insgesamt Einkünfte von 120 000 €. Hiervon entfallen 100 000 € auf Zeiträume vor Insolvenzeröffnung und je 10 000 € auf Einkünfte der Insolvenzmasse (einschließlich Einkünfte i. S. v. § 55 *Abs. 4 InsO) und des insolvenzfreien* Vermögens. Die einheitlich ermittelte Einkommensteuer beträgt insgesamt 12 000 €.

Die einheitlich ermittelte Steuer ist den insolvenzrechtlichen Vermögensbereichen im Verhältnis der Einkünfte aus den unterschiedlichen Vermögensbereichen zu der Summe der Einkünfte zuzuordnen:

$$\text{Anteiliger Steuerbetrag} = \frac{\text{anteilige Einkünfte des Vermögensbereichs}}{\text{Summe der Einkünfte}} \times \text{Gesamtsteuerbetrag}$$

	Summe	vorinsolvenzlicher Vermögensbereich	Insolvenzmasse	insolvenzfreies Vermögen
Einkünfte	120 000 €	100 000 €	10 000 €	10 000 €
Steuer	12 000 €	10 000 €	1000 €	1000 €

[1]Die einheitlich ermittelte Steuer wird in Höhe des auf den jeweiligen insolvenzrechtlichen Vermögensbereich entfallenden Betrages gegenüber diesem festgesetzt (Insolvenzmasse bzw. insolvenzfreies Vermögen) oder berechnet. [2]Vorauszahlungen und Steuerabzugsbeträge werden im Rahmen der Anrechnungsverfügung bei dem insolvenzrechtlichen Vermögensbereich berücksichtigt, aus dem sie geleistet wurden. [3]Steuererstattungsansprüche aufgrund von Steuervorauszahlungen oder Steuerabzugsbeträgen entstehen in den jeweiligen Vermögensbereichen im Zeitpunkt der Entrichtung der Steuer bzw. des Einbehalts der Steuerabzugsbeträge unter der aufschiebenden Bedingung, dass am Ende des Veranlagungszeitraums die geschuldete Steuer geringer ist als die Summe aus geleisteten Vorauszahlungen und Steuerabzugsbeträgen, vgl. § 36 Abs. 4 EStG (BFH-Urteil vom 29.1.1991, VII R 45/90, BFH/NV S. 791). [4]Eine Verrechnung von Erstattungs- mit Nachzahlungsbeträgen verschiedener Vermögensbereiche im Rahmen der Jahresveranlagung ist nicht statthaft (BFH-Urteil vom 24.2.2015, VII R 27/14, BStBl. II S. 993). [5]Die Möglichkeit einer Aufrechnung z.B. eines Guthabens im *vorinsolvenzrechtlichen*[1)] oder freigegebenen Vermögen mit Insolvenzforderungen unter Beachtung insbesondere der §§ 94 ff. InsO bleibt unberührt.

Beispiel 2 (Fortsetzung von Beispiel 1):

Am 10.3.01 zahlte der Schuldner 600 € Vorauszahlungen. Die festgesetzte Vorauszahlung für das II. Quartal zahlte er nicht. Am 10.9.01 und am 10.12.01 zahlte der Insolvenzverwalter jeweils 600 € Vorauszahlungen. Das Finanzamt setzte gegen den Schuldner keine Vorauszahlungen für das insolvenzfreie Vermögen fest.

	Summe	vorinsolvenzlicher Vermögensbereich	Insolvenzmasse	Insolvenzfreies Vermögen
Einkünfte	120 000 €	100 000 €	10 000 €	10 000 €
Steuer	12 000 €	10 000 €	1000 €	1000 €
Abzgl. geleistete VZ	1800 €	600 €	1200 €	0 €
Zwischensumme		9400 €	– 200 €	1000 €

Zur Tabelle sind 9400 € als Insolvenzforderung anzumelden. Die auf die Insolvenzmasse entfallende Steuer i. H. v. 1000 € ist gegenüber dem Insolvenzverwalter festzusetzen. Das sich nach Anrechnung der geleisteten Vorauszahlungen ergebende Guthaben i. H. v. 200 € ist vorbehaltlich der Aufrechnungsmöglichkeit mit weiteren Masseverbindlichkeiten an die Insolvenzmasse zu erstatten. Die auf das insolvenzfreie Vermögen entfallende Steuer i. H. v. 1000 € ist gegenüber dem Schuldner festzusetzen und der Schuldner zur Zahlung aufzufordern.

---

1) *Redaktionelles Versehen:* richtig „vorinsolvenzlichen".

9.1.2. Zusammenveranlagung

[1] Im Fall der Zusammenveranlagung von Ehegatten/Lebenspartnern zur Einkommensteuer wirken sich auch die Einkünfte des nicht insolventen Ehegatten/Lebenspartners auf die Höhe der Steuerforderung aus. [2] Die mit der Ausübung des Veranlagungswahlrechts begründete Gesamtschuld (§ 26b EStG, § 44 Abs. 1 Satz 1 AO) führt dazu, dass jeder der Gesamtschuldner die Steuer in vollem Umfang schuldet (§ 44 Abs. 1 Satz 2 AO). [3] Für den insolventen Ehegatten/Lebenspartner ist die Gesamtschuld auf die insolvenzrechtlichen Vermögensbereiche zu verteilen.

[1] Hierzu sind zunächst die gesamten Einkünfte, einschließlich der Einkünfte des nicht insolventen Ehegatten/Lebenspartners, auf den Zeitraum vor und nach Insolvenzeröffnung zu verteilen. [2] Die Verteilung der Einkünfte auf die einzelnen Vermögensbereiche hat nach Maßgabe der in den einzelnen Abschnitten zu berücksichtigenden Besteuerungsmerkmale insbesondere unter Beachtung der Gewinnermittlungsvorschriften zu erfolgen (siehe AEAO zu § 251, Nr. 9.1). [3] Soweit eine konkrete Zuordnung, wie beispielsweise bei den Einkünften des nicht insolventen Ehegatten/Lebenspartners, nicht möglich ist, können die Einkünfte zeitanteilig zugeordnet werden, es sei denn, diese Verteilung ist offensichtlich unzutreffend. [4] Die Steuer ist nach dem so ermittelten Verhältnis der Einkünfte auf den Zeitraum vor und nach Insolvenzeröffnung aufzuteilen. [5] Sodann ist die auf den Zeitraum nach Insolvenzeröffnung entfallende Steuerforderung nach dem Verhältnis der auf die Vermögensbereiche Insolvenzmasse und insolvenzfreies Vermögen entfallenden Einkünfte des insolventen Ehegatten/Lebenspartners zu verteilen. [6] Die von dem nicht insolventen Ehegatten/Lebenspartner erzielten Einkünfte bleiben bei dieser Verteilung unberücksichtigt (vgl. BFH-Urteil vom 27.10.2020, VIII R 19/18, BStBl. 2021 II S. 819).

Beispiel 3:

Das Insolvenzgericht eröffnete am 1.10.01 das Insolvenzverfahren über das Vermögen des Schuldners. Der insolvente Ehegatte/Lebenspartner erzielte im Jahr 01 insgesamt Einkünfte von 120 000 €. Hiervon entfallen 100 000 € auf Zeiträume vor Insolvenzeröffnung und 15 000 € auf Einkünfte der Insolvenzmasse sowie 5000 € auf das insolvenzfreie Vermögen. Der nichtinsolvente Ehegatte/Lebenspartner erzielte 60 000 € im gesamten Jahr. Die einheitlich ermittelte Einkommensteuer beträgt insgesamt 18 000 €. Vorauszahlungen leisteten die Steuerpflichtigen sowie der Insolvenzverwalter nicht.
Die einheitlich ermittelte Steuer ist den insolvenzrechtlichen Vermögensbereichen im Verhältnis der Einkünfte aus den unterschiedlichen Vermögensbereichen zu den Gesamteinkünften beider Ehegatten/Lebenspartner zuzuordnen:

1. Schritt:

Die Einkünfte des insolventen Ehegatten/Lebenspartners sind wie angegeben dem vorinsolvenzlichen und dem nachinsolvenzlichen Vermögensbereich zuzuordnen. Für die Zuordnung der vorinsolvenzlichen und der nachinsolvenzlichen Einkünfte des nicht in Insolvenz befindlichen Ehegatten/Lebenspartners sind dessen Einkünfte zeitanteilig zu verteilen:

	Summe	vorinsolvenzlicher Vermögensbereich	Insolvenzmasse	Insolvenzfreies Vermögen
Einkünfte insolventer Ehegatte/Lebenspartner *(s. Sachverhalt Bsp. 3)*	120 000 €	100 000 €	15 000 €	5 000 €

	Summe	vorinsolvenzlicher Vermögensbereich	Insolvenzmasse	Insolvenzfreies Vermögen
Einkünfte nicht insolventer Ehegatte/Lebenspartner	60 000 €	45 000 € (9/12 von 60 000 €)		15 000 € (3/12 von 60 000 €)
Summe	180 000 €	145 000 €		35 000 €
Steuer	18 000 €	14 500 €		3 500 €

Die auf den Zeitraum vor Insolvenzeröffnung entfallende Einkommensteuer beträgt 14 500 € und die auf den Zeitraum nach Insolvenzeröffnung entfallende Einkommensteuer 3 500 €.

2. Schritt:
In einem zweiten Schritt ist die auf den Zeitraum nach Insolvenzeröffnung entfallende Einkommensteuer (3 500 €) nach dem Verhältnis der Einkünfte des insolventen Ehegatten/Lebenspartners in den Vermögensbereichen Insolvenzmasse und insolvenzfreies Vermögen zu verteilen.

	Summe	vorinsolvenzlicher Vermögensbereich	Insolvenzmasse	Insolvenzfreies Vermögen
Steuer	18 000 €	14 500 €	3 500 €	
			2 625 € (15 000 €/ 20 000 € bzw. 3/4)	875 € (5 000 €/20 000 € bzw. 1/4)

Ergebnis zu Beispiel 3:
Insolvenzforderungen sind i. H. v. 14 500 € zur Tabelle anzumelden. Gegen den Insolvenzverwalter sind Masseforderungen i. H. v. 2625 € festzusetzen und gegen den insolventen Schuldner 875 € für den insolvenzfreien Bereich. Gegen den nicht insolventen Ehegatten/Lebenspartner ist eine Steuer i. H. v. 18 000 € festzusetzen, da er insoweit Gesamtschuldner ist.

Vorauszahlungen/anzurechnende Steuerabzugsbeträge

[1] Sind Vorauszahlungen gegen den nicht insolventen Ehegatten/Lebenspartner festgesetzt und geleistet worden, sind diese Vorauszahlungen entsprechend dem Zahlungszeitpunkt auf die vor- und nachinsolvenzlichen Vermögensbereiche zu verteilen. [2] Die Verteilung innerhalb der nachinsolvenzlichen Vermögensbereiche Insolvenzmasse und insolvenzfreies Vermögen erfolgt im Verhältnis der Einkünfte des insolventen Ehegatten/Lebenspartners in diesem Vermögensbereich. [3] Dies gilt entsprechend für die Zuordnung der anzurechnenden Steuerabzugsbeträge des nicht insolventen Ehegatten/Lebenspartners.

Beispiel 4 (Fortsetzung von Beispiel 3):

Der Schuldner leistete keine Vorauszahlungen. Am 10.12.01 zahlte der Insolvenzverwalter 600 € Vorauszahlungen. Das Finanzamt setzte gegen den Schuldner keine Vorauszahlungen für das insolvenzfreie Vermögen fest. Der nicht insolvente Ehegatte/Lebenspartner leistete Vorauszahlungen (ohne Tilgungsbestimmung) zu den jeweiligen Fälligkeitszeitpunkten i. H. v. *insgesamt* 400 € (jeweils 100 €).

	Summe	vorinsolvenzlicher Vermögensbereich	Insolvenzmasse	Insolvenzfreies Vermögen
Steuer	18 000 €	14 500 €	2 625 €	875 €
abzgl. geleistete VZ InsO-Schuldner	–	–	–	–

	Summe	vorinsolvenzlicher Vermögensbereich	Insolvenz-masse	Insolvenzfreies Vermögen
abzgl. geleistete VZ InsO-Verwalter	600 €	–	600 €	–
abzgl. geleistete VZ nicht insolventer Ehegatte/Lebenspartner	400 €	300 €	100 € → 75 € (3/4)	25 € (1/4)
Ergebnis	17 000 €	14 200 €	1 950 €	850 €

600 € geleistete Vorauszahlungen sind im Bereich der Insolvenzmasse abzuziehen. Die Vorauszahlungen i. H. v. 300 €, die der nicht insolvente Ehegatte/Lebenspartner vor der Insolvenzeröffnung geleistet hatte, sind im Bereich der Insolvenzforderungen abzuziehen. Die Vorauszahlung für das IV. Quartal i. H. v. 100 € ist im Verhältnis ¾ zu ¼ (= Verhältnis der Einkünfte des insolventen Ehegatten/Lebenspartners in diesem Bereich) in den Bereichen Insolvenzmasse und insolvenzfreies Vermögen zu berücksichtigen.

Insolvenzforderungen sind i. H. v. 14 200 € zur Tabelle anzumelden. Der Insolvenzverwalter ist zur Zahlung von Masseverbindlichkeiten i. H. v. 1 950 € und der Schuldner für den insolvenzfreien Bereich i. H. v. 850 € aufzufordern.

Gegenüber dem nicht insolventen Ehegatten/Lebenspartner erfolgt eine Steuerfestsetzung i. H. v. 18 000 €. Ferner ist er als Gesamtschuldner zur Zahlung von 17 000 € aufzufordern.

9.1.3. Berücksichtigung von Verlustvor- und -rückträgen

[1]Durch die Berücksichtigung des verbleibenden Verlustvortrags aus dem Vorjahr und dem Verlustrücktrag aus dem Folgejahr bei der Ermittlung des Aufteilungsquotienten wird die Herkunft der negativen Einkünfte aus Zeiträumen vor oder nach Eröffnung des Insolvenzverfahrens entsprechend der insolvenzrechtlichen Begründetheit (§ 38 InsO) berücksichtigt. [2]Zudem wird der Vorgabe des § 10d Abs. 1 und Abs. 2 EStG Rechnung getragen, wonach nicht ausgeglichene negative Einkünfte vorrangig vor Sonderausgaben, außergewöhnlichen Belastungen und sonstigen Abzugsbeträgen abzuziehen sind.

Das Antragsrecht nach § 10d Abs. 1 Satz 5 EStG (Verzicht bzw. Beschränkung des Verlustrücktrags) steht jeweils demjenigen zu, dem die Verfügungsbefugnis über den Vermögensbereich obliegt, in dem der jeweilige Verlust entstanden ist.

[1]Der zum 31.12. eines Jahres verbleibende Verlustvortrag ist vorrangig von den Einkünften des Vermögensbereichs abzuziehen, in dem er begründet worden ist. [2]Ein übersteigender verbleibender Verlustvortrag ist quotal von den vom Insolvenzverwalter erzielten Einkünften und von insolvenzfreien Einkünften abzuziehen.

Die vorstehend beschriebene Berücksichtigung der Verlustvorträge erfolgt auch in den Fällen, in denen aufgrund von § 251 Abs. 2 Satz 1 AO und § 87 InsO nur eine Berechnung des Verlustvortrags durchgeführt worden ist.

Beispiel 5:

Gegen den Insolvenzschuldner wird für 00 eine Einkommensteuer von 0 € festgesetzt. Ein Verlustvortrag wird nicht festgestellt. Im Jahr 01 erzielt der Insolvenzschuldner Einkünfte aus Gewerbebetrieb i. S. v. § 15 EStG i. H. v. –5000 €. Im Jahr 02, dem Jahr der Insolvenzeröffnung, erzielt der Insolvenzschuldner Einkünfte aus Gewerbebetrieb gem. § 15 EStG i. H. v. *insgesamt –40 000 €, davon entfallen* –15 000 € auf den vorinsolvenzlichen Vermögensbereich und –25 000 € auf die Insolvenzmasse.

Im folgenden Jahr erzielt der Insolvenzschuldner Einkünfte i. H. v. 30 000 €. Hiervon entfallen 3000 € auf Einkünfte der Insolvenzmasse (Einkünfte aus Gewerbebetrieb gem. § 15 EStG) sowie 27 000 € auf das insolvenzfreie Vermögen (Einkünfte aus nichtselbständiger Tätigkeit gem. § 19 EStG). Vorauszahlungen leistete der Insolvenzverwalter nicht. Die anzurechnenden Beträge sind geringer als die Jahressteuer.
Der verbleibende Verlustvortrag, der aus dem Bereich der Insolvenzmasse entstammt, ist zunächst mit den positiven Einkünften der Insolvenzmasse i. H. v. 3000 € zu verrechnen. Der danach verbleibende Verlustvortrag i. H. v. 42 000 € (Summe der anteiligen Verlustvorträge im vorinsolvenzlichen Bereich sowie im Bereich der Insolvenzmasse) ist quotal (27 000 € × 20 000 €/42 000 € = 12 857 € sowie 27 000 € × 22 000 €/42 000 € = 14 143 €) mit den positiven Einkünften aus dem Bereich des insolvenzfreien Vermögens zu verrechnen.
Der vortragsfähige Verlust entwickelt sich wie folgt:

VZ	vorinsolvenzlicher Vermögensbereich	Insolvenzmasse	Insolvenzfreies Vermögen	Summe
Verlustvortrag 31.12.01	– 5000 €			– 5000 €
Einkünfte 02	– 15 000 €	– 25 000 €		
Verlustvortrag 31.12.02	– 20 000 €	– 25 000 €		– 45 000 €
Einkünfte Insolvenzmasse 03		3000 €		
Zwischensumme	– 20 000 €	– 22 000 €		– 42 000 €
Einkünfte insolvenzfreies Vermögen 03			27 000 €	
Verlustabzug	12 857 €	14 143 €	– 27 000 €	
Verlustvortrag 31.12.03	– 7143 €	– 7857 €	0 €	– 15 000 €

Der Verlustrücktrag nach § 10d Abs. 1 EStG aus dem Veranlagungszeitraum nach Insolvenzeröffnung (Folgejahr) ist zunächst von den Einkünften desjenigen Vermögensbereichs abzuziehen, in welchem im Folgejahr nicht ausgeglichene negative Einkünfte angefallen sind. Ein danach verbleibender Verlustrücktrag ist ggf. dem zweiten Vermögensbereich (Masseverbindlichkeit bzw. insolvenzfreier Bereich) zuzuordnen. Ein etwaiger Rest ist schließlich von den Einkünften abzuziehen, die auf den Zeitraum vor Eröffnung des Insolvenzverfahrens entfallen.

9.1.4. Einkommensteuererstattungen

[1] Einkommensteuererstattungen, die sich bei einer nach Insolvenzeröffnung vorgenommenen Veranlagung ergeben, stellen, soweit sie nicht ausnahmsweise dem insolvenzfreien Vermögen zuzurechnen sind, grundsätzlich Vermögenswerte der Insolvenzmasse dar (§ 35 Abs. 1 InsO). [2] Sie sind daher grundsätzlich an die Insolvenzmasse auszukehren, sofern keine Aufrechnungsmöglichkeit besteht.

Einkommensteuererstattungen, die während des Insolvenzverfahrens begründet werden und aus einer Lohnsteuerüberzahlung resultieren, gehören in vollem Umfang zur Insolvenzmasse (vgl. BFH-Beschluss vom 29.1.2010, VII B 188/09, BFH/NV S. 1243).

Hat der Schuldner nach Freigabe der selbständigen Tätigkeit Einkommensteuervorauszahlungen aus dem insolvenzfreien Vermögen geleistet und ergeben sich hieraus Einkommensteuererstattungen, fallen diese grundsätzlich in das insolvenzfreie Vermögen und sind vorbehaltlich der Aufrechnung an den Schuldner auszukehren (vgl. BFH-Urteil vom 26.11.2014, VII R 32/13, BStBl. 2015 II S. 561).

[1] Ergibt sich bei Ehegatten/Lebenspartnern bei der Zusammenveranlagung eine Steuererstattung, liegt im Gegensatz zur Gesamtschuldnerschaft bei Steuerschulden keine Gesamtgläubigerschaft vor. [2] Für die Verteilung zwischen ihnen sind die sich aus § 37 Abs. 2 AO ergebenden Grundsätze anzuwenden (vgl. AEAO zu § 37 und BMF-Schreiben vom 14.1.2015, BStBl. I S. 83). [3] Vorauszahlungen aufgrund eines an beide Ehegatten/Lebenspartner gemeinsam gerichteten Vorauszahlungsbescheids ohne individuelle Tilgungsbestimmung sind unabhängig davon, ob die Ehegatten/Lebenspartner später zusammen oder getrennt veranlagt werden, zunächst auf die festgesetzten Steuern beider Ehegatten/Lebenspartner anzurechnen (BFH-Urteil vom 22.3.2011, VII R 42/10, BStBl. II S. 607). [4] Dies gilt auch für die vom nicht insolventen Ehegatten/Lebenspartner nach Insolvenzeröffnung ohne individuelle Tilgungsbestimmung geleisteten Vorauszahlungen (BFH-Urteil vom 30.9.2008, VII R 18/08, BStBl. 2009 II S. 38).

[1] Ergibt sich aus dieser Verteilung ein Erstattungsbetrag für den insolventen Ehegatten/Lebenspartner, so ist der Erstattungsbetrag auf den vor- und nachinsolvenzlichen Zeitraum unter Berücksichtigung der sich in den Vermögensbereichen aufgrund der dort zu berücksichtigenden geleisteten Vorauszahlungen und Steuerabzugsbeträgen ggf. ergebenden Guthaben zu verteilen. [2] Zahlungen des Insolvenzverwalters werden für die Verteilung des Erstattungsbetrages nach § 37 Abs. 2 AO dem insolventen Ehegatten/Lebenspartner zugerechnet, wobei der Insolvenzverwalter ausschließlich die auf die Insolvenzmasse entfallende Steuerschuld zahlt.

Beispiel 6:

Im Rahmen einer Zusammenveranlagung von Ehegatten/Lebenspartnern, bei denen sich nur ein Ehegatte/Lebenspartner in Insolvenz befindet, ergibt sich eine Jahressteuer von 18 000 €, die i. H. v. 14 500 € auf den vorinsolvenzlichen Vermögensteil und i. H. v. 3.500 € auf die Insolvenzmasse entfällt.

Folgende geleistete Vorauszahlungen sind anzurechnen:

– Schuldner		10 000 €
– Insolvenzverwalter sowie		600 €
– Nicht insolventer Ehegatte/ Lebenspartner	bis zur Insolvenzeröffnung	300 €
	nach Insolvenzeröffnung	8100 €

Vorauszahlungen und Steuerabzugsbeträge werden bei den insolvenzrechtlichen Vermögensbereichen berücksichtigt, aus denen sie geleistet wurden.

	Summe	vorinsolvenzlicher Vermögensbereich	Insolvenzmasse
Steuer	18 000 €	14 500 €	3500 €
abzgl. geleistete VZ InsO-Schuldner	10 000 €	10 000 €	–
abzgl. geleistete VZ InsO-Verwalter	600 €		600 €
abzgl. geleistete VZ nicht insolventer Ehegatte/Lebenspartner	8 400 €	300 €	8100 €
Zwischensumme	– 1 000 €	4 200 €	– 5200 €
	– 515,79 € – 484,21 €		– 2779,31 € – 2420,69 €

Die Verteilung des Erstattungsbetrages auf die Ehegatten/Lebenspartner erfolgt zunächst nach § 37 Abs. 2 AO.
Die anschließende Verteilung des auf den insolventen Ehegatten/Lebenspartner entfallenden Erstattungsbetrages auf den vor- und nachinsolvenzlichen Zeitraum erfolgt unter Berücksichtigung des sich im Vermögensbereich Insolvenzmasse ergebenden Guthabens aufgrund der dort zu berücksichtigenden geleisteten Vorauszahlungen und Steuerabzugsbeträge.

1. Verteilung des Erstattungsbetrages der Veranlagung zwischen den Ehegatten/ Lebenspartnern

Insolventer Ehegatte/Lebenspartner:

$$-1000\ € \times \frac{(½ \times 10\,000\ €) + 600\ € + (½ \times 8400\ €)}{19\,000\ €} = -515{,}79\ €$$

Nicht insolventer Ehegatte/Lebenspartner:

$$-1000\ € \times \frac{(½ \times 10\,000\ €) + (½ \times 8400\ €)}{19\,000\ €} = -484{,}21\ €$$

2. Verteilung des nachinsolvenzlichen Erstattungsbetrages zwischen den Ehegatten/ Lebenspartnern

Insolventer Ehegatte/Lebenspartner:

$$-5200\ € \times \frac{600\ € + (½ \times 8100\ €)}{8700\ €} = -2779{,}31\ €$$

Nicht insolventer Ehegatte/Lebenspartner:

$$-5200\ € \times \frac{½ \times 8100\ €}{8700\ €} = -2420{,}69\ €$$

Die nachinsolvenzlich begründete Einkommensteuer i. H. v. 3500 € ist gegenüber dem Insolvenzverwalter festzusetzen und der sich nach Anrechnung der geleisteten Vorauszahlungen für die Insolvenzmasse ergebende Erstattungsanspruch i. H. v. 2779,31 € an diese vorbehaltlich der Aufrechnungsmöglichkeit mit Masseverbindlichkeiten zu erstatten.
Zur Insolvenztabelle ist eine Forderung i. H. v. 2263,52 € (= 2779,31 € – 515,79 €) anzumelden, die sich aus dem auf den insolventen Ehegatten/Lebenspartner aus der Veranlagung entfallenden Erstattungsbetrag i. H. v. 515,79 € unter Berücksichtigung des nachinsolvenzlichen Erstattungsbetrages i. H. v. 2779,31 € zusammensetzt. Gegenüber dem nicht insolventen Ehegatten/Lebenspartner erfolgt eine Steuerfestsetzung i. H. v. 18 000 €. Der anteilig aus der Jahresveranlagung auf diesen entfallende Erstattungsbetrag i. H. v. 484,21 € ist vorbehaltlich etwaiger Aufrechnungsmöglichkeiten zu erstatten.

9.2. Umsatzsteuer

[1]Durch die Eröffnung des Insolvenzverfahrens über das Vermögen des leistenden Unternehmers kommt es zu einer Aufspaltung des Unternehmens in mehrere selbständige Unternehmensteile. [2]Dabei handelt es sich um die Insolvenzmasse und das vom Insolvenzverwalter freigegebene Vermögen sowie einen vorinsolvenzlichen Unternehmensteil. [3]In den Fällen der Eröffnung unter Anordnung der Eigenverwaltung (§ 270 Abs. 1 Satz 1, § 270f Abs. 1 InsO) sowie in den Fällen der Bestellung eines vorläufigen Insolvenzverwalters, wenn für den Schuldner ein allgemeines Verfügungsverbot angeordnet worden ist (§ 21 Abs. 2 Nr. 2 InsO), bestehen die selbständigen Unternehmensteile regelmäßig aus der Insolvenzmasse und dem vorinsolvenzlichen Unternehmensteil. [4]Die Eingangs- und Ausgangsumsätze sind dem Unternehmensteil zuzuordnen, der sie ausgeführt hat.

Zur Wahrung des Grundsatzes der Unternehmenseinheit reicht es aus, dass die Summe der für alle Unternehmensteile insgesamt festgesetzten oder angemeldeten Umsatzsteuer der Umsatzsteuer für das gesamte Unternehmen entspricht (vgl. BFH-Urteil vom 9.12.2010, V R 22/10, BStBl. 2011 II S. 996).

Dabei können Erstattungsansprüche zugunsten eines Unternehmensteils entstehen, während sich für denselben Besteuerungszeitraum Nachforderungen gegen einen anderen Unternehmensteil ergeben können.

Zu den Einzelheiten wird insbesondere auf Abschnitt 17.1 Abs. 11 bis 16 UStAE[1)] verwiesen.

Hinsichtlich der Verwertung von Sicherungsgut wird insbesondere auf Abschnitt 1.2 UStAE[1)] verwiesen.

10. Befriedigung der Insolvenzgläubiger

[1]Die Insolvenzordnung sieht zur Befriedigung der Insolvenzgläubiger grundsätzlich die Verwertung der Insolvenzmasse und die Verteilung des Erlöses nach den Vorschriften der Insolvenzordnung vor (§§ 159 ff., 187 ff. InsO). [2]Abweichend dazu kann die Befriedigung der Gläubiger und die Verwertung der Insolvenzmasse und deren Verteilung an die Beteiligten durch einen Insolvenzplan (§§ 217 ff. InsO) geregelt werden. [3]Die Entscheidung über den Fortgang des Verfahrens (Stilllegung oder Fortführung, Verfahren nach den Vorschriften der InsO oder nach den Regelungen eines Insolvenzplanes) trifft die Gläubigerversammlung.

11. Insolvenzplan

In einem Insolvenzplan (§§ 217 ff. InsO), der vom Insolvenzverwalter – ggf. im Auftrag der Gläubigerversammlung (§ 157 InsO) – oder vom Schuldner selbst eingebracht werden kann, können abweichend von den gesetzlichen Regelungen des Insolvenzverfahrens z. B. geregelt werden:
- die Befriedigung der Gläubiger (einschließlich der Absonderungsgläubiger),
- die Verwertung der Insolvenzmasse,
- die Verteilung der Insolvenzmasse an die Beteiligten und
- die Inanspruchnahme des Schuldners nach Verfahrensbeendigung.

---
1) Nr. **500**.

Über die Wirksamkeit eines Insolvenzplans stimmen die Gläubiger in Gruppen ab, soweit ihnen gem. § 77 InsO ein Stimmrecht im Verfahren eingeräumt ist (§§ 222, 235 ff. InsO).

[1] § 225a InsO sieht für ab dem 1.3.2012 beantragte Insolvenzverfahren die Möglichkeit der Umwandlung von Gläubigerforderungen in Mitgliedschafts- oder Anteilsrechte („Debt-Equity-Swap") vor, die die zustimmende Erklärung des betroffenen Gläubigers voraussetzt. [2] Diese Zustimmung zu erteilen, obliegt der steuerverwaltenden Körperschaft (§ 252 AO). [3] Eine Zustimmung zur Umwandlung von Gläubigerforderungen in Anteils- oder Mitgliedschaftsrechte darf nur unter Beachtung der einschlägigen Vorschriften (insbesondere Haushaltsordnungen) der jeweiligen steuerverwaltenden Körperschaft erfolgen. [4] Die Voraussetzungen zum Erwerb von Beteiligungen an privatrechtlichen Unternehmen und damit zur Zustimmung zu einem derartigen Plan liegen regelmäßig nicht vor, da die unternehmerische Betätigung des Landes oder des Bundes auf die Verfolgung von wichtigen Interessen des Landes bzw. des Bundes zu beschränken ist.

Weist das Insolvenzgericht den Plan nicht zurück, hat das Finanzamt zu prüfen, ob sämtliche angemeldeten Ansprüche enthalten sind und das Finanzamt durch den Plan nicht schlechter gestellt wird, als es ohne den Plan stünde.

[1] Soweit auf Steuerforderungen, die Gegenstand des Insolvenzplans sind, verzichtet wurde, werden diese mit Bestätigung des Plans zu unvollkommenen Forderungen. [2] Sie sind zwar erfüllbar, können aber grundsätzlich gegen den Schuldner nicht mehr geltend gemacht werden. [3] Die Möglichkeit der Inanspruchnahme Dritter im Wege der Haftung bleibt bestehen, soweit nicht ein Haftungsausschluss nach § 227 Abs. 2 InsO in Betracht kommt.

[1] Ein bei Eröffnung des Insolvenzverfahrens bestehendes Aufrechnungsrecht bleibt auch dann erhalten, wenn die aufgerechnete Gegenforderung nach einem rechtskräftig bestätigten Insolvenzplan als erlassen gilt (BGH-Urteil vom 19.5.2011, IX ZR 222/08, WM S. 1182). [2] Entsteht der Steuererstattungsanspruch hingegen erst nach Eröffnung des Insolvenzverfahrens, kann gegen ihn bei vorbehaltslosen Insolvenzplänen lediglich bis zum Erreichen der Planquote mit Insolvenzforderungen unter den allgemeinen Voraussetzungen des § 226 AO aufgerechnet werden.

Auf Abschnitt 61 VollstrA wird hingewiesen.

12. Verbraucherinsolvenzverfahren nach §§ 304 ff. InsO

[1] Die nachstehenden Ausführungen gelten für nach dem 30.6.2014 beantragte Insolvenzverfahren. [2] Für vor dem 1.7.2014 beantragte Verfahren gelten die Ausführungen des AEAO zu § 251, Nr. 12 in der Fassung vom 31.1.2014, BStBl. I S. 290.

[1] Natürliche Personen, die keine selbständige gewerbliche oder freiberufliche Tätigkeit ausüben oder ausgeübt haben, können das Verbraucherinsolvenzverfahren nach §§ 304 ff. InsO beantragen. [2] Dies gilt auch für Personen, die eine selbständige Tätigkeit ausgeübt haben, wenn ihre Vermögensverhältnisse überschaubar sind und gegen sie keine Forderungen aus Arbeitsverhältnissen bestehen. [3] Überschaubar sind Vermögensverhältnisse, wenn der Schuldner zu dem Zeitpunkt, zu dem der Antrag auf Eröffnung des Insolvenzverfahrens gestellt wird, weniger als 20 Gläubiger hat. [4] Forderungen aus Arbeitsverhält-

nissen sind nicht nur die Ansprüche der ehemaligen Arbeitnehmer selbst, sondern auch die Forderungen von Sozialversicherungsträgern und Finanzämtern (z.B. Lohnsteuerforderungen). [5]Der geschäftsführende Alleingesellschafter einer GmbH übt eine selbständige wirtschaftliche Tätigkeit aus. [6]Wird dieser für Lohnsteuerrückstände der GmbH in Haftung genommen, handelt es sich um Forderungen aus Arbeitsverhältnissen i.S.d. § 304 Abs. 1 InsO (BGH-Beschluss vom 22.9.2005, IX ZR 55/04, WM S. 918).

[1]Das Verfahren gliedert sich in drei Abschnitte. [2]Zunächst hat der Schuldner eine außergerichtliche Einigung mit seinen Gläubigern ernsthaft anzustreben (AEAO zu § 251, Nr. 12.1). [3]Gelingt ihm dies nicht, wird auf seinen Antrag ein gerichtliches Schuldenbereinigungsverfahren durchgeführt (AEAO zu § 251, Nr. 12.2). [4]Scheitert auch dies, schließt sich ein Insolvenzverfahren an (AEAO zu § 251, Nr. 12.3).

12.1. Außergerichtlicher Einigungsversuch

Der Schuldner hat den Gläubigern und damit ggf. auch dem Finanzamt zum Zweck der außergerichtlichen Einigung unter anderem z.B. ein Vermögensverzeichnis, eine Aufstellung seiner Verbindlichkeiten und Gläubiger sowie einen Plan zur Schuldenregulierung vorzulegen (vgl. § 305 Abs. 1 InsO).

[1]Das Finanzamt kann nur im Rahmen einer persönlichen Billigkeitsmaßnahme Ansprüche aus dem Steuerschuldverhältnis abweichend festsetzen, stunden oder erlassen. [2]Wird ein Erlass gewährt, erlischt der Anspruch aus dem Steuerschuldnerverhältnis gem. § 47 AO.

Zu den vom Finanzamt zu beachtenden Grundsätzen bei der Bearbeitung von Anträgen auf außergerichtliche Schuldenbereinigung i.S.v. § 305 Abs. 1 Nr. 1 InsO wird auf das BMF-Schreiben vom 27.1.2021, BStBl. I S. 152 hingewiesen.

12.2. Schuldenbereinigungsverfahren

Scheitert der ernsthafte Versuch des Schuldners, eine außergerichtliche Einigung herbeizuführen, so kann er die Eröffnung des Insolvenzverfahrens beantragen.

[1]Mit einem Antrag auf Eröffnung des Insolvenzverfahrens hat der Schuldner die in § 305 Abs. 1 InsO genannten Unterlagen und Erklärungen, insbesondere einen Schuldenbereinigungsplan, vorzulegen. [2]Bei einem inhaltlich ordnungsgemäßen Antrag erklärt das Insolvenzgericht das Insolvenzverfahren bis zur Entscheidung über den Schuldenbereinigungsplan für ruhend (§ 306 Abs. 1 Satz 1 InsO). [3]Das Insolvenzgericht stellt den vom Schuldner genannten Gläubigern gem. § 307 Abs. 1 InsO den Schuldenbereinigungsplan und die Vermögensübersicht zur Stellungnahme binnen einer Notfrist von einem Monat zu.

[1]Das Finanzamt hat die vom Gericht zugestellte Vermögensübersicht und den Schuldenbereinigungsplan unter Beteiligung aller in Betracht kommenden Dienststellen unverzüglich daraufhin zu überprüfen, ob alle bis zum Ablauf der vom Gericht genannten Frist entstandenen Abgabenansprüche (zum Beispiel entstandene, aber noch nicht festgesetzte Abgabenforderungen) aufgenommen worden sind. [2]Noch nicht festgesetzte oder angemeldete Steueransprüche, die bis zum Ablauf der Notfrist entstehen, sind erforderlichenfalls im Schätzungswege zu ermitteln.

Während das Verfahren über den Antrag auf Eröffnung des Insolvenzverfahrens ruht (§ 306 Abs. 1 Satz 1 InsO), sind – unabhängig von etwaigen Sicherungsmaßnahmen des Insolvenzgerichts (§ 306 Abs. 2 InsO) – alle Verwaltungsakte weiterhin dem Schuldner bekannt zu geben.

Gibt das Finanzamt innerhalb der Frist von einem Monat keine Stellungnahme ab, gilt dies nach § 307 Abs. 2 Satz 1 InsO als Einverständnis.

Die unterlassene Ergänzung der Abgabenforderungen hat – falls keine Wiedereinsetzungsgründe vorliegen – die Folge, dass nicht oder nicht in der richtigen Höhe geltend gemachte Forderungen nach § 308 Abs. 3 Satz 2 InsO erlöschen, wenn der Schuldenbereinigungsplan angenommen wird.

Der Schuldenbereinigungsplan gilt als angenommen, wenn
- alle Gläubiger zugestimmt haben,
- kein Gläubiger Einwendungen erhoben hat oder
- die Zustimmung eines oder mehrerer Gläubiger nach § 309 InsO ersetzt wird.

[1]Die Zustimmung des Finanzamts orientiert sich an den im BMF-Schreiben vom 27.1.2021, BStBl. I S. 152, dargestellten Grundsätzen zur außergerichtlichen Einigung. [2]Dabei ist zu beachten, dass akzessorische Sicherheiten (z. B. Zwangshypothek) erlöschen, wenn der Plan keine abweichende Regelung vorsieht. [3]Erforderlichenfalls sind daher entsprechende Einwendungen gegen den Plan zu erheben.

Da bei Nichterfüllung des Plans eine Wiederauflebensklausel gesetzlich nicht vorgesehen ist, soll das Finanzamt in seiner Stellungnahme auf eine solche hinwirken.

[1]Das Insolvenzgericht ersetzt die Zustimmung eines Gläubigers unter den Voraussetzungen des § 309 Abs. 1 InsO und hat dazu den Betroffenen zu hören. [2]Eine gerichtliche Ersetzung der Zustimmung ist jedoch nach § 309 Abs. 3 InsO ausgeschlossen, wenn das Finanzamt glaubhaft macht, dass die Angaben des Schuldners im Schuldenbereinigungsplan dem Grunde oder der Höhe nach unrichtig sind und es deshalb nicht angemessen beteiligt wird.

[1]Das Insolvenzgericht entscheidet über die Ersetzung durch Beschluss. [2]Dagegen stehen dem Antragsteller und dem Gläubiger, dessen Zustimmung ersetzt wird, die sofortige Beschwerde zu (§ 309 Abs. 2 Satz 3 InsO).

Der angenommene Schuldenbereinigungsplan hat nach § 308 Abs. 1 Satz 2 InsO die Wirkung eines (Prozess-)Vergleichs i. S. d. § 794 Abs. 1 Nr. 1 ZPO.

[1]§ 308 Abs. 3 InsO stellt im Interesse des Gläubigerschutzes klar, dass Gläubiger, die keine Möglichkeit der Mitwirkung an dem Schuldenbereinigungsplan hatten, keinen Rechtsverlust erleiden. [2]Dies ist allerdings nur denkbar, wenn dem Finanzamt kein Schuldenbereinigungsplan zur Stellungnahme zugestellt wurde. [3]Allerdings kann sich der Gläubiger der Wirkung des Schuldenbereinigungsplans nicht durch eine unvollständige Forderungsaufstellung, unterlassene oder unzureichende Nachbesserung des Schuldenbereinigungsplans entziehen.

[1]Das Verfahren über den Eröffnungsantrag wird wieder aufgenommen, wenn das Insolvenzgericht nach Anhörung des Schuldners zu der Überzeugung gelangt, dass der Schuldenbereinigungsplan voraussichtlich nicht angenommen wird (§ 306 Abs. 1 Satz 3 InsO) oder Einwendungen gegen den Schuldenbereinigungsplan erhoben werden, die vom Gericht nicht gem. § 309

InsO durch gerichtliche Zustimmung ersetzt werden (§ 311 InsO). [2]Ein erneuter Antrag des Schuldners ist nicht erforderlich.

[1]Soweit ein Gläubiger einen Antrag auf Eröffnung des Insolvenzverfahrens stellt und der Schuldner keinen Eigenantrag nachreicht (§ 306 Abs. 3 InsO), findet ein Schuldenbereinigungsverfahren nicht statt. [2]In diesem Fall ist – wie im Fall des Scheiterns des Schuldenbereinigungsverfahrens – ein Insolvenzverfahren durchzuführen.

Im Übrigen wird auf Abschnitt 63 VollstrA hingewiesen.[1)]

12.3. Eröffnetes Insolvenzverfahren

Grundsätzlich sind die Bestimmungen für das Regelinsolvenzverfahren anzuwenden.

[1]Auch ein Insolvenzplan kann durchgeführt werden (siehe AEAO zu § 251, Nr. 11). [2]Die Regelungen zur Eigenverwaltung gelten jedoch nicht (§ 270 Abs. 2 InsO).

Im Übrigen wird auf Abschnitt 63 VollstrA hingewiesen.[1)]

13. Eigenverwaltung

Die Vorschriften der Eigenverwaltung gelten nicht für Verbraucherinsolvenzverfahren i. S. v. §§ 304 ff. InsO (§ 270 Abs. 2 InsO).

13.1. Vorläufiges Eigenverwaltungsverfahren

[1]Stimmt das Gericht dem Antrag des Schuldners auf Anordnung der Eigenverwaltung zu (§ 270a Abs. 1 InsO), hat es einen vorläufigen Sachwalter (§ 270b Abs. 1 InsO) zu bestellen und kann vorläufige Maßnahmen nach § 21 Abs. 1 und 2 Nr. 1a, 3 bis 5 InsO anordnen. [2]Des Weiteren hat das Gericht auf Antrag des Schuldners anzuordnen, dass der Schuldner Masseverbindlichkeiten begründet. [3]§ 55 Abs. 2 InsO gilt entsprechend (§ 270c Abs. 4 InsO).

In Insolvenzverfahren, die ab dem 1.1.2021 beantragt wurden, gelten bestimmte Steuerverbindlichkeiten des Insolvenzschuldners, die vom Schuldner nach Bestellung eines vorläufigen Sachwalters begründet worden sind, nach Eröffnung des Insolvenzverfahrens als Masseverbindlichkeit (§ 55 Abs. 4 InsO).

Legt der Schuldner dem Gericht einen Insolvenzplan vor, so wird über den Plan im eröffneten Insolvenzverfahren nach den allgemeinen Vorschriften über den Insolvenzplan entschieden.

[1]Die vorläufige Eigenverwaltung wird durch Bestellung eines vorläufigen Insolvenzverwalters aufgehoben. [2]Dies kann auch auf Antrag eines Insolvenzgläubigers erfolgen (§ 270e Abs. 2 InsO).

13.2. Besonderheiten bei der Vorbereitung einer Sanierung nach § 270d InsO (Schutzschirm)

[1]Bei einer angestrebten Sanierung nach § 270d InsO kann das Insolvenzgericht auf Antrag des Schuldners eine Frist zur Vorlage eines Insolvenzplans bestimmen (§ 270d Abs. 1 Satz 1 InsO). [2]Die Frist darf höchstens drei Monate betragen.

[1)] **Steuererlasse** Nr. **800a**.

Stimmt das Gericht dem Antrag des Schuldners zu, hat es einen vorläufigen Sachwalter (§ 270b Abs. 1 InsO) zu bestellen und vorläufige Maßnahmen nach § 21 Abs. 2 Satz 1 Nr. 3 InsO anzuordnen, wenn der Schuldner dies beantragt (§ 270d Abs. 3 InsO).

13.3. Eröffnung des Insolvenzverfahrens

Auf Antrag des Schuldners oder der Gläubigerversammlung kann das Insolvenzgericht die Eigenverwaltung der Insolvenzmasse gem. §§ 270 ff. InsO unter der Aufsicht eines Sachwalters anordnen, wenn dadurch nicht Gläubigerinteressen beeinträchtigt werden (z. B. durch Verfahrensverzögerung).

[1] Die insolvenzrechtlichen Vorschriften bleiben durch die Eigenverwaltung – von wenigen Ausnahmen abgesehen – unberührt. [2] Im Grunde sind nur Befugnisse des Insolvenzverwalters auf den Schuldner selbst zu übertragen. [3] Insolvenzforderungen sind schriftlich beim Sachwalter zur Tabelle anzumelden (§ 270f Abs. 2 InsO). [4] Die Forderungen können vom Schuldner, vom Sachwalter oder von anderen Insolvenzgläubigern bestritten werden; sie gelten insoweit als nicht festgestellt (§ 283 Abs. 1 InsO). [5] Zur Feststellung der bestrittenen Forderungen sind die Ausführungen des AEAO zu § 251, Nr. 5.3 entsprechend anzuwenden. [6] Die Regelung des AEAO zu § 251, Nr. 5.3.2 findet in der Eigenverwaltung keine Anwendung, da § 178 Abs. 1 Satz 2 InsO nicht gilt.

[1] Auswirkungen auf das Besteuerungsverfahren (z. B. die Veranlagungszeiträume) ergeben sich durch die Anordnung der Eigenverwaltung nicht. [2] Umsatzsteuerlich kommt es aber mit der Eröffnung des Insolvenzverfahrens zu einer Aufspaltung des Unternehmens in mehrere Unternehmensteile, zwischen denen einzelne umsatzsteuerrechtliche Berechtigungen und Verpflichtungen nicht miteinander verrechnet werden können. [3] Zu den Einzelheiten vgl. AEAO zu § 251, Nr. 9.2 sowie UStAE Abschnitt 17.1 Abs. 11.[1)] [4] Da der Schuldner im Fall der Eigenverwaltung jedoch selbst rechtsgeschäftlich mit Verfügungsbefugnis handeln kann, der Sachwalter demgegenüber nur Kontroll- und Aufsichtspflichten ausübt, ist der Schuldner selbst steuerlich als Vertreter der Insolvenzmasse i. S. v. §§ 34, 35 AO anzusehen. [5] Daher ist er Bekanntgabeadressat für alle die Insolvenzmasse betreffenden Verwaltungsakte.

Die Eigenverwaltung kann auf Antrag der Gläubigerversammlung, des Schuldners oder eines Gläubigers, der entsprechende Gründe glaubhaft zu machen hat, aufgehoben werden (§ 272 InsO).

[1] Auf Insolvenzverfahren in Eigenverwaltung, die vor dem 1.1.2021 beantragt worden sind, sind die bis dahin geltenden Vorschriften der InsO weiter anzuwenden. [2] Insoweit ist der AEAO zu § 251 in der Fassung des BMF-Schreibens vom 21.1.2014 (BStBl. I S. 290), zuletzt geändert durch das BMF-Schreiben vom 28.1.2021 (BStBl. I S. 145), anzuwenden.

Wenn die Zahlungsunfähigkeit oder Überschuldung des Schuldners auf die COVID-19-Pandemie zurückzuführen ist, sind auf Eigenverwaltungsverfahren, die in 2021 beantragt worden sind, die §§ 270 bis 285 InsO in der bis zum 31.12.2020 geltenden Fassung weiter anzuwenden.

---

1) Nr. **500**.

14. Vorgehensweise nach Aufhebung des Insolvenzverfahrens

Mit Aufhebung des Insolvenzverfahrens erhält der Schuldner die Verwaltungs- und Verfügungsbefugnis über sein Vermögen zurück.

[1]Die Aufrechnungsverbote der §§ 95 und 96 InsO gelten nicht mehr. [2]Steuererstattungsansprüche unterliegen nicht mehr dem Insolvenzbeschlag, es sei denn, es liegt eine wirksame Anordnung der Nachtragsverteilung bzw. der wirksame Vorbehalt der Nachtragsverteilung vor. [3]Mit dem Vorbehalt oder der Anordnung einer Nachtragsverteilung tritt hinsichtlich des einzelnen Erstattungsanspruchs erneut die Insolvenzbeschlagnahme ein (BFH-Urteil vom 28.2.2012, VII R 36/11, BStBl. II S. 451). [4]Soweit sich aus dem Beschluss des Insolvenzgerichts nicht ausdrücklich etwas anderes ergibt, ist anzunehmen, dass der Insolvenzbeschlag hinsichtlich aller Steuerarten fortbesteht, die bis zur Aufhebung des Insolvenzverfahrens (insolvenzrechtlich) begründet worden sind (BFH-Urteil vom 20.9.2016, VII R 10/15, BFH/NV 2017 S. 442). [5]Ein nicht hinreichend bestimmter Beschluss entfaltet keinen Insolvenzbeschlag.

[1]Steuerbescheide sind an den Steuerpflichtigen zu richten und diesem bekannt zu geben. [2]Aus diesem Grund ist für das Jahr der Insolvenzaufhebung z. B. nur eine Einkommensteuerfestsetzung durchzuführen, in der sowohl der Massezeitraum wie auch der Zeitraum nach Abschluss des Verfahrens zusammengefasst werden. [3]Der Schuldner ist auch hinsichtlich der nach Eröffnung des Insolvenzverfahrens begründeten Steuerforderungen weiterhin Steuerschuldner (vgl. BFH-Beschluss vom 23.8.1993, V B 135/91, BFH/NV 1994 S. 186). [4]Somit können die während des Bestehens des Insolvenzverfahrens begründeten Steuerschulden nach Aufhebung des Insolvenzverfahrens gegenüber dem Steuerpflichtigen geltend gemacht und auch vollstreckt werden (vgl. BFH-Urteil vom 28.11.2017, VII R 1/16, BStBl. 2018 II S. 457).

Zur Frage der Prozessführungsbefugnis des Insolvenzverwalters und der Auswirkungen auf noch anhängige Rechtsbehelfsverfahren zu Masseverbindlichkeiten bei Beendigung des Insolvenzverfahrens vgl. BFH-Urteil vom 6.7.2011, II R 34/10, BFH/NV 2012 S. 10.

Änderungen von zur Insolvenztabelle angemeldeten und festgestellten Steuerforderungen, denen der Insolvenzschuldner nicht widersprochen hat oder dessen Widerspruch beseitigt worden ist, sind nach Aufhebung des Insolvenzverfahrens nur möglich, wenn die Voraussetzungen für eine Änderung der festgestellten Forderung nach §§ 130, 131 AO vorliegen.

Schließt sich nach der Aufhebung des Insolvenzverfahrens das Restschuldbefreiungsverfahren an, kann wegen dieser Forderungen nicht vollstreckt, sondern lediglich aufgerechnet werden.

[1]Zur Insolvenztabelle angemeldete, nicht titulierte Forderungen, für die keine Feststellung erfolgt ist, können nach Aufhebung des Insolvenzverfahrens gegenüber dem Steuerpflichtigen unter Beachtung der Ablaufhemmung nach § 171 Abs. 13 AO erstmals geltend gemacht werden (z. B. zum Zwecke der Aufrechnung). [2]Die Erteilung einer Restschuldbefreiung gilt vorbehaltlich § 302 InsO auch für diese Forderungen.

Nach rechtskräftiger Bestätigung eines Insolvenzplans ist eine Änderung einer vorinsolvenzlich erfolgten Steuerfestsetzung nicht mehr möglich (BFH-Urteil vom 22.10.2014, I R 39/13, BStBl. 2015 II S. 577).

[1]Während des laufenden Insolvenzverfahrens ohne rechtlichen Grund an den Insolvenzverwalter ausbezahlte Ansprüche aus dem Steuerschuldverhältnis können nach Aufhebung des Insolvenzverfahrens vom früheren Insolvenzverwalter zurückgefordert werden, wenn die Zahlung auf dessen Anderkonto eingegangen war (BFH-Beschluss vom 12.8.2013, VII B 188/12, ZIP S. 2370). [2]Hiervon zu unterscheiden ist die Rechtslage bei Zahlungen auf ein sog. Sonderkonto, das vom Insolvenzverwalter für den Schuldner als Kontoinhaber (Fremdkonto) eingerichtet wird und bei dem der Insolvenzverwalter lediglich aufgrund seiner treuhänderischen Stellung verfügungsberechtigt ist. [3]Gehen Zahlungen auf ein solches Sonderkonto ein, fallen sie in das Schuldnervermögen und damit in die Insolvenzmasse. [4]Rückforderungen sind somit nicht gegen den Insolvenzverwalter persönlich, sondern nur gegen ihn in seiner Eigenschaft als Insolvenzverwalter geltend zu machen (BFH-Beschluss vom 12.8.2013, VII B 188/12, a. a. O.).

15. Restschuldbefreiung

[1]Die nachstehenden Ausführungen gelten für nach dem 30.6.2014 beantragte Insolvenzverfahren. [2]Für vor dem 1.7.2014 beantragte Verfahren gelten die Ausführungen des AEAO zu § 251, Nr. 15 in der Fassung vom 31.1.2014, BStBl. I S. 290.

15.1. Laufzeit der Abtretungserklärung

[1]Ist der Schuldner eine natürliche Person, so sieht die Insolvenzordnung die Möglichkeit der Restschuldbefreiung vor. [2]Hierzu hat der Schuldner rechtzeitig einen Antrag auf Restschuldbefreiung beim Insolvenzgericht zu stellen (§ 287 Abs. 1 InsO). [3]Um die Restschuldbefreiung zu erlangen, hat der Schuldner den pfändbaren Teil seiner Bezüge für einen Zeitraum von drei Jahren – beginnend ab der Eröffnung des Insolvenzverfahrens – an einen Treuhänder abzutreten (§ 287 Abs. 2 InsO). [4]Zwischen der Beendigung des Insolvenzverfahrens und dem Ende der Abtretungsfrist hat der Schuldner die Obliegenheiten gem. § 295 InsO zu erfüllen.

Der Treuhänder kehrt das Erlangte jährlich nach der im Schlussverzeichnis festgelegten Quote an die Gläubiger aus (§ 292 Abs. 1 Satz 2 InsO).

Das Insolvenzgericht stellt durch öffentlich bekannt zu machenden Beschluss zu Beginn des Verfahrens fest, ob der Antrag auf Restschuldbefreiung zulässig ist und dass der Schuldner Restschuldbefreiung erlangt, wenn er den Obliegenheiten gem. § 295 InsO nachkommt und keine Versagungsgründe nach §§ 290, 297 bis 298 InsO vorliegen (§ 287a InsO).

[1]Das Finanzamt hat zu prüfen, ob nach § 290 Abs. 1 InsO ein Grund vorliegt, die Restschuldbefreiung zu versagen. [2]Es hat insbesondere festzustellen, ob der Schuldner zur Vermeidung von Steuerzahlungen in den letzten drei *Jahren vor* dem Antrag auf Eröffnung des Insolvenzverfahrens oder nach dem Antrag schuldhaft schriftlich unrichtige oder unvollständige Angaben über seine wirtschaftlichen Verhältnisse im Rahmen von Anträgen auf Vollstreckungsaufschub, in Vermögensverzeichnissen, Erlass- und Stundungsanträgen oder Steuererklärungen gemacht hat (§ 290 Abs. 1 Nr. 2 InsO).

[1]Liegen Versagungsgründe nach § 290 InsO vor, so soll das Finanzamt bis zum Schlusstermin oder bis zur Entscheidung über die Einstellung des Verfah-

rens wegen Masseunzulänglichkeit die Versagung der Restschuldbefreiung schriftlich beantragen und glaubhaft machen (§ 290 Abs. 2 InsO). [2] Wird dieser Antrag vom Insolvenzgericht abgewiesen, kann sofortige Beschwerde erhoben werden (§ 290 Abs. 3 InsO). [3] Stellt sich nach dem Schlusstermin heraus, dass Versagungsgründe vorlagen, kann ein Antrag auf Versagung der Restschuldbefreiung binnen sechs Monaten nach Kenntniserlangung durch den Gläubiger nachgeholt werden (§ 297a InsO).

[1] Nach Beendigung des Insolvenzverfahrens, aber noch während der Laufzeit der Abtretungserklärung sind Vollstreckungsmaßnahmen wegen der Insolvenzforderungen in das Vermögen des Schuldners unzulässig (§ 294 Abs. 1 InsO). [2] Aufrechnungen gegen Steuererstattungsansprüche des Schuldners sind aber zulässig, es sei denn, es liegt ein Vorbehalt oder eine wirksame Anordnung der Nachtragsverteilung für diesen Anspruch vor.

Verwaltungsakte sind wieder an den Schuldner zu richten und diesem bekannt zu geben, da der hier zu bestellende Treuhänder keine Befugnis hat, das Vermögen des Schuldners zu verwalten oder über dieses zu verfügen (§ 292 InsO).

Steuererstattungsansprüche nach Aufhebung des Insolvenzverfahrens gehören nicht zu den abtretbaren Bezügen i. S. d. § 287 InsO und können vorbehaltlich der Anordnung einer Nachtragsverteilung mit Insolvenzforderungen aufgerechnet werden (BGH-Urteil vom 21.7.2005, IX ZR 115/04, NJW S. 2988).

Endet bei erteilter Restschuldbefreiung die Abtretungsfrist vor Beendigung des Insolvenzverfahrens, gehören die dann erworbenen Steuererstattungsansprüche nicht mehr zur Insolvenzmasse (§ 300a InsO) und können aufgerechnet werden.

15.2. Ausgenommene Forderungen

Neben Geldstrafen (§ 302 Nr. 2 InsO) und Verbindlichkeiten aus zinslosen Darlehen, die dem Schuldner zur Begleichung der Kosten des Insolvenzverfahrens gewährt wurden (§ 302 Nr. 3 InsO), sind folgende Verbindlichkeiten des Schuldners von der Restschuldbefreiung ausgenommen:

- Verbindlichkeiten aus vorsätzlich begangenen unerlaubten Handlungen (§ 302 Nr. 1 1. Alternative InsO)
- Verbindlichkeiten aus rückständigem gesetzlichen Unterhalt (§ 302 Nr. 1 2. Alternative InsO)
- Verbindlichkeiten aus dem Steuerschuldverhältnis, wenn der Schuldner im Zusammenhang damit wegen einer Steuerstraftat nach §§ 370, 373 oder 374 AO rechtskräftig verurteilt wurde (§ 302 Nr. 1 3. Alternative InsO).

Voraussetzung für eine Ausnahme von der Restschuldbefreiung bei den Verbindlichkeiten nach § 302 Nr. 1 InsO ist, dass der Gläubiger seine Forderung unter Angabe des Rechtsgrundes nach § 174 Abs. 2 InsO zur Tabelle angemeldet hat (vgl. AEAO zu § 251, Nr. 5.2).

Hat das Finanzamt bei der Forderungsanmeldung Tatsachen angegeben, aus denen sich eine Steuerstraftat des Schuldners nach §§ 370, 373 oder 374 AO ergibt, tritt die Ausnahme von der Erteilung der Restschuldbefreiung in folgenden Fällen ein:

- Das Gericht hat die Forderung eingetragen und der Schuldner hat der Anmeldung im Prüfungstermin nicht widersprochen.

- [1]Der Schuldner hat der Anmeldung der Forderung widersprochen und die rechtskräftige Verurteilung wegen einer Steuerstraftat nach den §§ 370, 373 oder 374 AO ist vor Beendigung des Insolvenzverfahrens erfolgt. [2]In diesem Fall kann der Widerspruch durch Feststellungsbescheid nach § 251 Abs. 3 AO beseitigt werden (vgl. AEAO zu § 251, Nr. 5.3.2).
- [1]Der Schuldner hat der Anmeldung der Forderung widersprochen und die rechtskräftige Verurteilung wegen einer Steuerstraftat nach den §§ 370, 373 oder 374 AO ist erst nach Beendigung des Insolvenzverfahrens erfolgt. [2]Da die insolvenzrechtliche Nachhaftung für hinterzogene Steuern auch nach Beendigung des Insolvenzverfahrens bestehen bleibt, ist es unbeachtlich, wann die rechtskräftige Verurteilung erfolgt. [3]Widerspricht der Schuldner lediglich der rechtlichen Einordnung einer Steuerforderung als Anspruch im Sinne von § 302 Nr. 1 InsO (oder ist bei einem Widerspruch gegen den Rechtsgrund und die Höhe der Forderung der Widerspruch gegen die Höhe der Forderung beseitigt), ist dem Finanzamt auch nach Erteilung der Restschuldbefreiung aus der Eintragung der Forderung in der Tabelle – unabhängig vom Vorliegen einer rechtskräftigen Verurteilung wegen einer Steuerstraftat – ein Tabellenauszug zur Durchführung der Vollstreckung zu erteilen (vgl. BGH-Beschluss vom 3.4.2014, IX ZB 93/13, ZInsO 2014 S. 568). [4]Nach Eintritt der Rechtskraft des Urteils kann das Finanzamt sogleich das Vollstreckungsverfahren aufnehmen (vgl. BGH-Urteil vom 2.12.2010, IX ZR 247/09, NJW 2011 S. 1133). [5]Ob die Forderungen von der Restschuldbefreiung nach § 302 Nr. 1 InsO ausgenommen sind, kann der Vollstreckungsschuldner im Steuererhebungsverfahrens überprüfen lassen (z.B. Einspruch gegen Pfändungsmaßnahme, Antrag auf Erteilung eines Abrechnungsbescheides bei Aufrechnung). [6]Für anschließende Klageverfahren ist der Finanzrechtsweg einschlägig.

15.3. Erteilung der Restschuldbefreiung

[1]Nach Aufhebung des Insolvenzverfahrens hat der Schuldner ausschließlich die Obliegenheiten nach § 295 InsO zu erfüllen. [2]Die Versagungsgründe des § 290 InsO gelten nicht mehr.

[1]Wird dem Finanzamt bekannt, dass der Schuldner Obliegenheiten verletzt und dadurch die Befriedigung der Insolvenzgläubiger beeinträchtigt, soll es beim Insolvenzgericht Antrag auf Versagung der Restschuldbefreiung stellen und seine Angaben durch entsprechende Unterlagen glaubhaft machen (§ 296 Abs. 1 InsO). [2]Gegen die Entscheidung des Gerichts ist die sofortige Beschwerde gegeben.

[1]Ist die Laufzeit der Abtretungserklärung ohne vorherige Beendigung verstrichen, hat das Insolvenzgericht nach vorheriger Anhörung des Schuldners, des Treuhänders und der Gläubiger zu entscheiden, ob dem Schuldner die endgültige Restschuldbefreiung zu erteilen ist (§ 300 Abs. 1 Satz 1 InsO). [2]Eine vorzeitige Erteilung der Restschuldbefreiung kommt nach § 300 Abs. 2 InsO in Betracht, wenn der Schuldner die Kosten des Verfahrens und die sonstigen Masseverbindlichkeiten berichtigt hat und
- im Verfahren kein Insolvenzgläubiger eine Forderung angemeldet hat
- oder wenn die Forderungen der Insolvenzgläubiger befriedigt wurden.

[1] Erteilt das Insolvenzgericht die Restschuldbefreiung, wirkt diese gegen alle Insolvenzgläubiger. [2] Die angemeldeten, aber nicht vollständig befriedigten Forderungen wandeln sich in unvollkommene Forderungen um. [3] Das heißt, dass diese Forderungen zwar weiterhin erfüllbar, aber nicht mehr erzwingbar sind. [4] Insoweit entfällt die Möglichkeit einer Aufrechnung gegen Guthaben mit diesen Forderungen, da die Aufrechnung voraussetzt, dass die zur Aufrechnung gestellte Forderung vollwirksam und fällig/erzwingbar ist. [5] Dies gilt nicht, wenn bei Eröffnung des Insolvenzverfahrens die Aufrechnungslage bereits bestand (BGH-Urteil vom 19.5.2011, IX ZR 222/08, WM S. 1182). [6] Weiterhin besteht die Möglichkeit, Haftungs- oder sonstige Gesamtschuldner in Anspruch zu nehmen (§ 301 Abs. 2 InsO).

Masseverbindlichkeiten werden von der Restschuldbefreiung nicht erfasst und können daher auch nach Erteilung der Restschuldbefreiung vollstreckt werden (vgl. BFH-Urteil vom 28.11.2017, VII R 1/16, BStBl. 2018 II S. 457).

[1] Gem. § 303 InsO kann die gewährte Restschuldbefreiung widerrufen werden, wenn innerhalb eines Jahres nach Rechtskraft des Beschlusses nachträglich ein Obliegenheitsverstoß oder eine Verurteilung des Schuldners wegen einer Insolvenzstraftat bekannt wird. [2] Wenn der Schuldner Auskunfts- und Mitwirkungspflichten, die ihm nach der InsO obliegen, vorsätzlich verletzt hat, kann der nachträgliche Widerruf der Restschuldbefreiung innerhalb eines halben Jahres nach Rechtskraft des Beschlusses beantragt werden. [3] Der begründete Antrag ist durch einen Gläubiger bei Gericht zu stellen. [4] Vor dem Beschluss sind der Schuldner und der Insolvenzverwalter bzw. Treuhänder zu hören.

AEAO vor § 347 – Außergerichtliches Rechtsbehelfsverfahren:

1. [1] Das außergerichtliche Rechtsbehelfsverfahren nach der AO (Einspruchsverfahren) ist abzugrenzen
– von den in der AO nicht geregelten nichtförmlichen Rechtsbehelfen (Gegenvorstellung, Sachaufsichtsbeschwerde, Dienstaufsichtsbeschwerde),

(Fortsetzung S. 370)

macht hat (vgl. AEAO zu § 361, Nr. 9.2), nicht aber, wenn eine im Übrigen antragsgemäße Aussetzung/Aufhebung der Vollziehung unter Widerrufsvorbehalt (vgl. AEAO zu § 361, Nr. 9.1) gewährt wurde (BFH-Beschluss vom 12.5.2000, VI B 266/98, BStBl. II S. 536).

12. Aussetzungszinsen

Wegen der Erhebung von Aussetzungszinsen siehe § 237 AO, wegen der nur einjährigen Festsetzungsfrist vgl. AEAO zu § 237, Nr. 4 und 8.

AEAO zu § 362 – Rücknahme des Einspruchs:

1. [1]Für die Rücknahme eines Einspruchs gelten die Formvorschriften für einen Einspruch sinngemäß (§ 362 Abs. 1 Satz 2 AO). [2]Die Rücknahme ist daher schriftlich oder elektronisch oder zur Niederschrift zu erklären. [3]Eine elektronisch erklärte Rücknahme bedarf keiner qualifizierten elektronischen Signatur (vgl. AEAO zu § 357, Nr. 1).

2. [1]Die Rücknahme führt nur zum Verlust des eingelegten Einspruchs, nicht der Einspruchsmöglichkeit schlechthin. [2]Der Einspruch kann daher innerhalb der Einspruchsfrist erneut erhoben werden.

3. [1]Eine Unwirksamkeit der Einspruchsrücknahme ist grundsätzlich innerhalb eines Jahres nach Eingang der Rücknahmeerklärung bei der für die Einlegung des Einspruchs zuständigen Finanzbehörde (§ 362 Abs. 1 Satz 2, § 357 Abs. 2 AO) geltend zu machen. [2]Ein späteres Geltendmachen ist nur in Fällen höherer Gewalt zulässig (§ 362 Abs. 2 Satz 2, § 110 Abs. 3 AO). [3]Nach einem fristgerechten Geltendmachen der Unwirksamkeit der Rücknahme ist das Einspruchsverfahren wieder aufzunehmen und in der Sache zu entscheiden. [4]Sind die vorgetragenen Gründe für die Unwirksamkeit der Einspruchsrücknahme nicht stichhaltig, ist der Einspruch als unzulässig zu verwerfen.

AEAO zu § 363 – Aussetzung und Ruhen des Verfahrens:

1. Die nach § 363 Abs. 2 Satz 1 AO erforderliche Zustimmung des Einspruchsführers zur Verfahrensruhe aus Zweckmäßigkeitsgründen sollte aus Gründen der Klarheit immer schriftlich oder elektronisch erteilt werden.

2. [1]Voraussetzung für eine Verfahrensruhe nach § 363 Abs. 2 Satz 2 AO ist, dass der Einspruchsführer in der Begründung seines Einspruchs die strittige, auch für seinen Steuerfall entscheidungserhebliche Rechtsfrage darlegt und sich hierzu konkret auf ein beim EuGH, beim BVerfG oder bei einem obersten Bundesgericht anhängiges Verfahren beruft (BFH-Urteile vom 26.9.2006, X R 39/05, BStBl. 2007 II S. 222, und vom 30.9.2010, III R 39/08, BStBl. 2011 II S. 11). [2]Eine nach § 363 Abs. 2 Satz 2 AO eingetretene Verfahrensruhe endet, wenn das Gerichtsverfahren, auf das sich der Einspruchsführer berufen hat, abgeschlossen ist. [3]Dies gilt auch, wenn gegen diese Gerichtsentscheidung Verfassungsbeschwerde erhoben wird und der Einspruchsführer sich nicht auf dieses neue Verfahren beruft (BFH-Urteil vom 30.9.2010, III R 39/08, a. a. O.). [4]Endet demnach die Verfahrensruhe, bedarf es insoweit keiner Fortsetzungsmitteilung nach § 363 Abs. 2 Satz 4 AO und somit grundsätzlich auch keiner Ermessensentscheidung (BFH-Urteil vom 26.9.2006, X R 39/05, a. a. O.), soweit nicht im Einzelfall eine Verfahrensruhe aus Zweckmäßigkeitsgründen nach § 363 Abs. 2 Satz 1 AO angemessen erscheint.

3. [1]Sind die Voraussetzungen für eine Verfahrensaussetzung oder Verfahrensruhe erfüllt, kann über den Einspruch insoweit nicht entschieden werden, und zwar weder durch eine Einspruchsentscheidung noch durch den Erlass eines Änderungsbescheids. [2]Über Fragen, die nicht Anlass der Verfahrensaussetzung oder Verfahrensruhe sind, kann dagegen durch Erlass einer Teil-Einspruchsentscheidung (§ 367 Abs. 2a AO) oder eines Teilabhilfebescheids entschieden werden. [3]Dabei wird i. d. R. zur Herbeiführung der Bestandskraft eine Teil-Einspruchsentscheidung zweckmäßig sein (vgl. AEAO zu § 367, Nr. 6). [4]Auch der Erlass von Änderungsbescheiden aus außerhalb des Einspruchsverfahrens liegenden Gründen (z.B. Folgeänderung gem. § 175 Abs. 1 Satz 1 Nr. 1 AO) bleibt zulässig. [5]Änderungsbescheide werden gem. § 365 Abs. 3 AO Gegenstand des anhängigen Verfahrens.

4. [1]Eine Fortsetzungsmitteilung gem. § 363 Abs. 2 Satz 4 AO kann in sämtlichen Fällen des § 363 Abs. 2 AO ergehen. [2]Über ihren Erlass ist nach pflichtgemäßem Ermessen zu entscheiden; die Ermessenserwägungen sind dem Einspruchsführer mitzuteilen (BFH-Urteil vom 26.9.2006, X R 39/05, BStBl. 2007 II S. 222). [3]Ein zureichender Grund für den Erlass einer Fortsetzungsmitteilung liegt insbesondere dann vor, wenn ein weiteres gerichtliches Musterverfahren herbeigeführt werden soll, wenn bereits eine Entscheidung des EuGH, des BVerfG oder des obersten Bundesgerichts in einem Parallelverfahren ergangen ist oder wenn das Begehren des Einspruchsführers letztlich darauf abzielt, seinen Steuerfall „offen zu halten", um von künftigen Änderungen der höchstrichterlichen Rechtsprechung zu derzeit nicht strittigen Fragen zu „profitieren" (BFH-Urteil vom 26.9.2006, X R 39/05, a. a. O.).

Teilt die Finanzbehörde nach § 363 Abs. 2 Satz 4 AO die Fortsetzung des bisher ruhenden Einspruchsverfahrens mit, soll sie vor Erlass einer Einspruchsentscheidung den Beteiligten Gelegenheit geben, sich erneut zu äußern.

5. Zur Unterbrechung eines Einspruchsverfahrens durch eine Insolvenzeröffnung vgl. AEAO zu § 251, Nr. 4.1; zur Aufnahme eines unterbrochenen Einspruchsverfahrens sowie zur Erledigung eines Einspruchsverfahrens vgl. AEAO zu § 251, Nr. 5.3.

AEAO zu § 364 – Offenlegen der Besteuerungsunterlagen:

[1]Den Beteiligten sind die Besteuerungsunterlagen mitzuteilen oder anderweitig offenzulegen, wenn sie dies beantragt haben oder wenn die Einspruchsbegründung dazu Anlass gibt. [2]Wenn die Finanzbehörde es für zweckmäßig hält, kann sie Akteneinsicht gewähren. [3]Hierbei ist sicherzustellen, dass Verhältnisse eines anderen nicht unbefugt offenbart werden. [4]Die Ablehnung eines Antrags auf Akteneinsicht ist mit dem Einspruch anfechtbar. [5]Für das finanzgerichtliche Verfahren gilt § 78 FGO.

AEAO zu § 364a – Erörterung des Sach- und Rechtsstands:

1. [1]§ 364a AO *soll eine einvernehmliche* Erledigung der Einspruchsverfahren fördern und Streitfälle von den Finanzgerichten fernhalten. [2]Ziel einer münd-

Für handschriftliche Notizen

Für handschriftliche Notizen

Für handschriftliche Notizen

Für handschriftliche Notizen

Für handschriftliche Notizen

Für handschriftliche Notizen

Für handschriftliche Notizen

Für handschriftliche Notizen

Für handschriftliche Notizen

Für handschriftliche Notizen

Für handschriftliche Notizen

Für handschriftliche Notizen

Für handschriftliche Notizen

Für handschriftliche Notizen

Für handschriftliche Notizen

Für handschriftliche Notizen